Frank-Peter Herbst

Cuba

„Dieses Land überrascht einen immer wieder. Es passieren seltsame Dinge.
Man muss fest im Guten stehen, um nicht den Kopf zu verlieren."

Miguel Barnet

Impressum

Frank-Peter Herbst
REISE Know-How Cuba

erschienen im
REISE KNOW-HOW Verlag Peter Rump GmbH
Osnabrücker Str. 79, 33649 Bielefeld

© REISE KNOW-HOW Verlag Peter Rump GmbH
2001, 2002, 2003, 2005, 2006,
2007, 2010, 2012, 2015, 2016
**11., neu bearbeitete
und komplett aktualisierte Auflage 2017**

Alle Rechte vorbehalten.

Gestaltung
Umschlag: G. Pawlak, P. Rump (Layout);
   M. Luck (Realisierung)
Inhalt: G. Pawlak (Layout);
   K. Schmelzer, M. Luck (Realisierung)
Karten: der Verlag, C. Raisin, Th. Buri
Fotonachweis: Sonja Körber und Frank-Peter Herbst (kh),
   Zamyra Keus (zk), Peter Rump (pr), Ismael Francisco/
   Prensa Latina (if), www.fotolia.de (Autorennachweis
   jeweils am Bild)
Titelfoto: der Autor (Motiv: Boulevard Prado
   in der kolonialen Altstadt von La Habana)

Lektorat (Aktualisierung): M. Luck
Druck und Bindung: D3 Druckhaus, Hainburg

ISBN 978-3-8317-2869-5
Printed in Germany

Dieses Buch ist erhältlich in jeder Buchhandlung
Deutschlands, der Schweiz, Österreichs, Belgiens
und der Niederlande. Bitte informieren Sie Ihren
Buchhändler über folgende Bezugsadressen:
Deutschland
   Prolit GmbH, Postfach 9, D-35461 Fernwald (Annerod)
   sowie alle Barsortimente
Schweiz
   AVA Verlagsauslieferung AG,
   Postfach 27, CH-8910 Affoltern
Österreich
   Mohr Morawa Buchvertrieb GmbH
   Sulzengasse 2, A-1230 Wien
Niederlande, Belgien
   Willems Adventure, www.willemsadventure.nl

Wer im Buchhandel trotzdem kein Glück hat,
bekommt unsere Bücher auch über unseren
Bücershop im Internet: www.reise-know-how.de

Wir freuen uns über Kritik, Kommentare
und Verbesserungsvorschläge, gern auch
per E-Mail an info@reise-know-how.de.

Alle Informationen in diesem Buch sind
vom Autor mit größter Sorgfalt gesammelt
und vom Lektorat des Verlages gewissenhaft
bearbeitet und überprüft worden.

Da inhaltliche und sachliche Fehler nicht
ausgeschlossen werden können, erklärt
der Verlag, dass alle Angaben im Sinne
der Produkthaftung ohne Garantie erfolgen
und dass Verlag und Autor keinerlei
Verantwortung und Haftung für inhaltliche
und sachliche Fehler übernehmen.

Die Nennung von Firmen und ihren Produkten und ihre Reihenfolge sind als Beispiel
ohne Wertung gegenüber anderen anzu-
sehen. Qualitäts- und Quantitätsangaben
sind rein subjektive Einschätzungen des
Autors und dienen keinesfalls der Bewer-
bung von Firmen oder Produkten.

Frank-Peter Herbst

CUBA

Vorwort

Assoziationen zu Cuba gibt es viele: türkisfarbenes Meer, weiße Strände, Rum, Zigarren und wogende Zuckerrohrfelder. Man denkt an *Ernest Hemingway,* an La Habana, die wohl schönste Stadt der Karibik, und an Rhythmen, die um die ganze Welt gingen: Mambo, Rumba, Cha-Cha-Cha, Son und Salsa.

Cuba ist ein faszinierendes Land, das sich von den anderen Ländern in Lateinamerika stark unterscheidet. Das liegt vor allem an den Spannungen, die durch das Zusammentreffen kommunistischer Kollektivgedanken mit hedonistischem Individualstreben entstehen.

Das Land mit seiner leidvollen Geschichte fasziniert viele durch sein jahrhundertelanges Streben nach Freiheit, das 1959 seinen Höhepunkt erreichte, als die „Rebellion der Bärtigen" unter der Führung von *Fidel Castro* versuchte, Schluss mit Korruption, Misswirtschaft und Mafiafilz zu machen. Für viele Europäer wurde sein Mitstreiter *Ernesto „Che" Guevara* zum Idol ihrer Jugend.

All diese Aspekte machen die Einzigartigkeit Cubas aus. Wer nach Cuba reist, wird zunehmend hinter die Kulissen dieser widersprüchlich-schönen Insel gezogen. Wer länger als ein paar Tage bleibt, ist gezwungen, sich mit diesem Land auseinanderzusetzen. Man erlebt die Mangelwirtschaft, bekommt aber auch die überschäumende Lebenslust zu spüren, die vielen von uns fremd ist. Hier erlebt man, dass das Leben auch Lust ist, Musik und Tanz, und wie die Inselbewohner ihr Schicksal im Alltag bewältigen. Auf Cuba klappt so manches nicht, aber es macht Spaß, es dennoch immer wieder zu versuchen. Mitunter scheint die Zeit still zu stehen, und das muss nicht unbedingt ein Nachteil sein.

Gerade verändern sich die politischen und wirtschaftlichen Verhältnisse im Land und damit die Gesellschaft grundlegend. Vor allem der im Jahr 2015 mit der gegenseitigen diplomatischen Anerkennung eingeleitete Neustart in den Beziehungen zwischen den USA und Cuba bringt neue Chancen, Perspektiven und Risiken mit sich. Dem Land stehen spannende Zeiten bevor!

Ich möchte Ihnen mit diesem Reiseführer ein Stück des heutigen Cuba mit seinen alten Schönheiten und modernen Widersprüchen zeigen. Hier findet man paradiesisch schöne Strände, erlebt den morbiden Charme jahrhundertealter Städte und spürt die Nähe der Menschen, die einen mit ihrer Lebensfreude geradezu anstecken!

Buen viaje – gute Reise!

Frank-Peter Herbst

Danke

An dieser Stelle möchte der Autor allen Menschen herzlich danken, die am Entstehen dieses Buches beteiligt waren: den Angestellten in den Büros der staatlichen Touristikunternehmen, allen Herrschern über Wartelisten und Telefonverbindungen, ohne die ich manchmal nur noch die afrocubanischen Götter hätte bemühen können, dem geduldigen Hotelpersonal, das ich oft genug mit Fragen gequält habe, die sie eigentlich nicht beantworten durften, und allen freundlichen Menschen, die mir auf meinen Wegen durchs Land weitergeholfen haben, sei es mit einem Ersatzreifen oder einem Kaffee. Außerdem danke ich den geduldigen Mitarbeitern im Verlag, besonders meinem Lektor, für die tatkräftige Unterstützung. Auch *avenTOURa* möchte ich für die Mühe danken, mich in die entlegendsten Ecken Cubas zu bringen. Und last but not least danke ich meiner Frau, die mir zur Seite steht.

Muchas gracias!

cu014-2016 kh

Inhalt

1 La Habana – Stadt und Umgebung 14

Vorschläge für Reiserouten

2 Der Westen 90

3 Zentral-Cuba 120

Karten

Exkurse

⌄ Sancti Spíritus

Was man unbedingt wissen muss

Socialismo o muerte, „Sozialismus oder Tod", ist an vielen Hauswänden zu lesen: Noch ist Cuba eines der letzten sozialistischen Länder der Welt. Über *Fidel Castro* abschätzig zu reden, wird in weiten Teilen der Bevölkerung auch nach seinem Tod 2016 auf Ablehnung stoßen. Es gibt zwar eine Opposition im Land und auch Unmut in der Bevölkerung über die politische und wirtschaftliche Situation, aber trotzdem haben die Cubaner ein ausgeprägtes **Nationalbewusstsein.** Sie sind stolz auf ihr Land, dessen Unabhängigkeit sie *Castro* und den Revolutionären von 1959 verdanken.

Vorsicht vor Neppern und Schleppern, die in einem Land mit relativ niedrigem Lebensstandard und gleichzeitig vielen „reichen" Touristen natürlich anzutreffen sind.

Hinweise zur Benutzung

Kuba oder Cuba? Auf der ersten Karte der Insel, die um 1500 gezeichnet wurde, war „Isla de Cuba" zu lesen. In diesem Buch wird für die Insel und ihre Hauptstadt die ortsübliche Schreibweise verwendet: Cuba und La Habana.

In den Ortsbeschreibungen wird Cuba von La Habana ausgehend beschrieben – in zwei Richtungen: zuerst nach Westen zur Region um Pinar del Río, danach folgt die Gegend um Matanzas, zu der La Habana geografisch gehört. Anschließend werden die Orte im Zentrum der Insel von West nach Ost beschrieben. Die unwegsamen Regionen um Santiago de Cuba bilden den Schluss der Ortsbeschreibungen, bevor wir schließlich eine Inseltour auf die Isla de Juventud und den Cayos im Norden unternehmen.

Für diejenigen, die sich die Sehenswürdigkeiten der Insel in relativ kurzer Zeit anschauen möchten, wurden drei Vorschläge für Wochentouren zusammengestellt: Reiseroute West-Cuba, Reiseroute Zentral-Cuba und Reiseroute Oriente (jeweils eingangs der entsprechenden Kapitel).

Im Buch sind alle Preise in Cubanischen Pesos Convertibles (CUC) angegeben, da dies seit 2004 die offizielle Währung auf Cuba ist. Viele Cubaner sprechen zwar noch von Dollar, meinen damit aber den CUC.

Internetadressen

Internetadressen, die über zwei Zeilen verlaufen, können einen Trennstrich enthalten, der nicht zur Adresse gehört.

Der Schmetterling …

… zeigt an, wo man besonders gut Natur erleben kann oder Angebote im Bereich des nachhaltigen Tourismus findet.

MEIN TIPP: …

… steht für spezielle Empfehlungen des Autors: abseits der Hauptpfade, persönlicher Geschmack.

Nicht verpassen!

Die Highlights der Region erkennt man an der gelben Hinterlegung.

Geht man mit Einheimischen zusammen im **Lokal** essen, sollte man daran denken, dass hier die spanische Art des Bezahlens üblich ist: Es wird eine Rechnung pro Tisch ausgestellt; kleinliches Aufrechnen der Einzelbeträge ist nicht üblich.

Die Cubaner lieben das **Wortspiel** und die **Übertreibung.** Ärgern Sie sich nicht über das bisweilen großspurige Auftreten, das gehört zur cubanischen Mentalität und sollte nicht abschrecken. In „Drei traurige Tiger" von *Guillermo Cabrera Infante* gibt es wunderbare Beispiele der cubanischen Lust am Wortspiel (als Urlaubslektüre zu empfehlen).

An Bushaltestellen und vor manchen Geschäften muss man **Schlange stehen.** Es ist nicht möglich, die Reihenfolge der Wartenden zu erkennen. Trifft man auf eine Gruppe wartender Menschen und will sich einreihen, sollte man sich nach dem Letzten in der Schlange erkundigen: *Quién es el último?* Jemand wird sich mit *yo* (ich) melden. Danach antwortet man selbst so auf die Frage des Nächsten, der ankommt.

Wann immer man mit **öffentlichen Verkehrsmitteln** unterwegs ist, sollte man nicht auf genaue Abfahrtszeiten hoffen, auch wenn es gedruckte Fahrpläne gibt. Mehr dazu kann man sich in dem humorvollen Spielfilm „Kubanisch reisen" anschauen, der in einem der vielen Multimediaportale oder in Online-Mediatheken ausgeliehen werden kann. Cuba hat z.B. noch immer mit Ersatzteilproblemen zu kämpfen, so können die alten Fahrzeuge schon mal ausfallen.

Das **Telefonnetz** ist trotz Digitalisierung noch lange nicht perfekt. Wenn es nicht gleich klappt, versucht man es später nochmal.

Viele Angestellte in Hotels und Bewohner von touristischen Orten sprechen **Englisch.**

Wichtige Abkürzungen bei Adressen

apto. – apartamiento – Apartment
Ave. – Avenida – Hauptstraße
bj. – bajo – unten
c/ – calle – Straße
dra. – derecha – rechts
e/ – entre – zwischen
esq. – esquina – Ecke
izq. – izquierda – links

Preiskategorien der Hotels

In diesem Buch werden die Hotels in Preiskategorien unterteilt, dargestellt durch Ziffern. Die Preise gelten für **2 Personen** im **Doppelzimmer (DZ) in der Hochsaison.**

① bis 30 CUC
② 30–50 CUC
③ 50–100 CUC
④ ab 100 CUC

1 La Habana – Stadt und Umgebung | 14

La Habana liegt in Westcuba und ist mit über zwei Millionen Einwohnern die größte Stadt der westindischen Inseln. Die Stadtteile um das alte La Habana wurden immer moderner gebaut. Im Westen erreicht man als nächsten Ort die Hafenstadt **Mariel (S. 88)** und im Osten schließen sich nach den

am Westende der Insel liegt das Naturschutzgebiet Bahía de Guanahacabibes und der Strand María la Gorda, an dem Schnorchler in geringen Tiefen faszinierende Welten entdecken können. Vor der Küste im Norden liegen die unbewohnten Inseln **Cayo Levisa (S. 117)** und **Cayo Jutías (S. 116).**

großen Festungen und modernen Sportstätten die östlichen Strände, die **Playas del Este (S. 79),** an. In **Santa Cruz del Norte (S. 84)** wird nach Öl gebohrt und schließlich im Süden bei **San Antonio de los Baños (S. 86)** liegen alte Heilquellen.

2 Der Westen | 90

An die Provinz La Habana grenzt im Westen die Provinz Pinar del Río, einer der bergigen Teile Cubas. Die Bergwelt beginnt bei den Hügeln des Biosphärenreservats Sierra del Rosario. Publikumsmagneten sind die Gegend um **Pinar del Río (S. 100),** aus der 80 % des cubanischen Tabaks kommt und das Tal von Viñales. Die Tiefebene des Tabaks ist durch ihre pilzartigen Kalksteingebilde, die Mogotes berühmt, die aus der roten Ebene hervorragen. Ganz

3 Zentral-Cuba | 120

Bei **Matanzas (S. 131)** wird Öl gefördert und weiter östlich gibt es endlose Zuckerrohrfelder. Der schönste Badeort Cubas, **Varadero (S. 141),** liegt 150 km von der Hauptstadt entfernt. Die Landschaft ist flach, Berge beginnen erst wieder an der Sierra Escambray bei Cienfuegos, deren höchster Gipfel etwa 1700 Meter hoch ist. Der Süden Zentral-Cubas, die Halbinsel Zapata, besteht zumeist aus Sümpfen und Mangrovendickichten, die vielen Tieren einen Unterschlupf bieten. Die **Bahía de Cochinos (S.154)** hat Strände und das Hinterland lebt vom Zitrusfruchtanbau. **Cienfuegos (S. 162)** und **Santa Clara (S. 174)** sind die nächsten größeren Städte. **Sagua La Grande (S. 180)** und **Remedios (S. 181)** sind heute eher unwichtige Orte. Hier rastet man auf dem Weg zu den vorgelagerten Cayos Santa María mit ihren weißen Stränden. Im Süden ist **Trinidad (S. 186)** der Magnet für Reisende, die Stadt hat ihr Erscheinungsbild bis heute beibehalten. Die Provinzhauptstädte **Sancti Spíritus (S. 202), Ciego de Ávila (S. 207)** und **Camagüey (S. 213)** haben allesamt ihre eigene Tradition und koloniales Erbe. Sie eignen sich gut für einen Zwischenstopp auf dem Weg nach Osten.

und der Rinderzucht. Im Osten beginnt die Gebirgswelt der Sierra Maestra mit ihrem Nationalpark. In der Provinz Santiago liegt der größte Teil des Gebirgszuges Sierra Maestra. Die größte Stadt ist **Santiago de Cuba (S. 261).** Hier hat sich Industrie angesiedelt, es gibt einen großen Hafen mit einer Fischereiflotte und ein größeres Öllager. Lange konnte sich Santiago unabhängig von den kulturellen Einflüssen La Habanas entwickeln und seine eigene Lebensart und seinen Karneval praktizieren. Cubas höchster Berg, der 1900 Meter hohe Pico Turquino, liegt unweit der Stadt. Der Osten mit **Guantánamo (S. 282)** und der kleinen Stadt **Baracoa (S. 286)** ist ein ruhiges Fleckchen Erde.

Inseltouren | 298

Cuba ist von Korallenriffen umgeben, die schwere Wellen von der Küste fernhalten. Davor haben sich viele Inseln gebildet, die alle den Traum der Karibik-Urlauber widerspiegeln: Lange Strände mit weißem,

Der Oriente | 230

Die Gegend um **Holguín (S. 232)** ist von der Landwirtschaft geprägt, dazu findet man noch Tabakfelder. Die Strände von **Guardalavaca (S. 247)** sind der Anziehungspunkt für Ruhesuchende, die Felsformationen dort lassen einige schattige Sandstrände frei. Die Provinz Granma zwischen Santiago de Cuba, Las Tunas und Holguín lebt vom Reisanbau

feinen Sand, dazu Palmen, die Schatten spenden. Vor der Nordküste liegt der Archipiélago de Camagüey mit den Inseln **Cayo Coco (S. 302)** und **Cayo Guillermo (S. 305),** auf der karibischen Seite die **Isla de la Juventud (S. 306)** und **Cayo Largo (S. 316).** Die **Jardines de la Reina (S. 319)** liegen vom Tourismus unberührt im Südosten.

1 La Habana – Stadt und Umgebung

Die Hauptstadt Cubas ist mit ihrer Welterbestätte „La Habana Vieja" ein Muss für alle Cuba-Besucher. Im Osten der Stadt finden sich die Strände Playas del Este, die nicht nur von den Stadtbewohnern gerne besucht werden. Naturliebhaber wandern im Nationalpark Escaleras de Jaruco oder im Tal des Río Yumurí.

⟨ Das beeindruckende Capitolio in Habana

LA HABANA – STADT DER SÄULEN

La Habana liegt im westlichen Teil Cubas und ist mit über zwei Millionen Einwohnern die größte Stadt der Westindischen Inseln. Sie ist **eine der ältesten und malerischsten Städte der „Neuen Welt".**

Übersicht

● **Vorwahl:** 07; die 7 ist im Stadtgebiet bzw. bei den entsprechenden Tel.-Nummern mitzuwählen
● **Einwohner:** ca. 2,1 Millionen

„Der Anblick Havannas von der Hafeneinfahrt aus ist einer der fröhlichsten und farbigsten von allen, die man an den Küsten des tropischen Amerikas nördlich des Äquators genießen kann."
(Alexander von Humboldt)

Im Jahr 1519 wegen der **geschützten und strategisch günstigen Lage** von den Spaniern gegründet, wurde die Siedlung schnell sehr bedeutsam für die spanische Krone: Von hier erfolgte die weitere Eroberung des Kontinents bis nach Nordamerika. 1552 löste La Habana Santiago de Cuba als Hauptstadt ab, 1592 erteilte *Philipp II. von Spanien* das Stadtrecht.

Der **Hafen** war einer der sichersten der Karibik, von Anfang an versehen mit starken Befestigungsanlagen. Da die Hafeneinfahrt eng ist, konnte man Eindringlinge von beiden Seiten unter Feuer nehmen. Nachts wurde die Einfahrt mit einer Eisenkette versperrt, die man tagsüber auf den Grund der Bucht absinken ließ.

Nach den spanischen Konquistadoren, die von La Habana aus zu ihren Eroberungszügen nach Südamerika aufbrachen und ihre Beute für den Weitertransport nach Europa in der Stadt lagerten, entdeckten auch bald französische und englische **Piraten** das lohnenswerte Ziel. Das zog den Bau zahlreicher Festungsanlagen nach sich.

La Habana

Der **wirtschaftliche Aufschwung** der Stadt im 18. Jahrhundert durch Sklaven- und Zuckerhandel spiegelte sich bald im Stadtbild wider: Paläste und prunkvolle Herrschaftshäuser mit Arkaden und schönen Innenhöfen im Stil der spanischen Kolonialarchitektur wurden erbaut, Parks, Plätze und Prunkstraßen angelegt und eine Universität gegründet.

1762 konnten die **Engländer** die Stadt einnehmen, indem sie bei Cojímar an Land gingen und die Festung El Morro von hinten angriffen. Ein Jahr später war die Stadt wieder in der Hand der Spanier; durch Vermittlung Frankreichs hatten die Briten im Gegenzug Florida erhalten (Pariser Frieden). Im Anschluss wurde La Habana zu der am stärksten befestigten Stadt Amerikas ausgebaut.

Mitte des 19. Jahrhunderts hatte La Habana ein Wasserleitungssystem und in den Straßen Gasbeleuchtung. Der relative Wohlstand der Stadt wurde jedoch auf dem Rücken der hart arbeitenden Bevölkerung erwirtschaftet, was zu Revolten führte.

Nach mehrjährigen Kriegen mussten die Spanier 1898 die Insel verlassen. Deren Platz nahmen die **USA** ein, nordamerikanische Unternehmen beeinflussten zusehends die Wirtschaft des Landes. Der „American Way of Life" führte in La Habana zum Bau von Luxushotels, Bars und Casinos, in denen oft rund um die Uhr gefeiert wurde, für die Reichen und Schönen entstanden die Villenviertel Vedado und Miramar. Nach dem Sieg *Castros* 1959 änderte sich das Bild, Trabantenstädte wie Alamar wurden gebaut.

In der **Altstadt Habana Vieja** finden sich zahlreiche (renovierte) Häuser mit verzierten Balkonen und viele historische Denkmäler. Auch die moderneren Stadtteile präsentieren sich mit beeindruckenden öffentlichen Gebäuden, mit ausgedehnten Parkanlagen und Plätzen sowie breiten Alleen.

Markante Gebäude der Stadt sind das *Capitolio,* ein weißes Kalksteingebäude, in dem die Akademie der Wissenschaften untergebracht ist, die *Capitanía* (Hafenmeisterei), der Präsidentenpalast und die Universität von La Habana. Das *Convento de Santa Clara* stammt aus dem Jahr 1644, das *Convento de San Francisco de Asís* entstand noch früher, im Jahr 1575.

Im La Habana der **Gegenwart** spiegeln sich alle Widersprüche des heutigen Cuba wider: die karibische Mentalität der Menschen und die vielfältigen Probleme in ihrem Alltag genauso wie der Versuch, eine funktionierende „Marktwirtschaft" zu praktizieren und dabei die sozialistischen Errungenschaften zu bewahren.

Stadtteile

Die Stadt grenzt im Norden mit der **Uferpromenade Malecón** ans Meer und dehnt sich im Nordwesten um das Hafenbecken herum aus. Die Bucht (Bahía de La Habana) und die dazugehörigen Bereiche sind von der Nationalen Denkmalbehörde Cubas zur Schutzzone erklärt worden, um den kulturhistorischen Wert dieses Gebietes zu erhalten.

Das alte La Habana, **Habana Vieja**, liegt auf einer Art Halbinsel im Hafenbecken, im Westen geht es mit dem Boulevard Prado in den Stadtteil **Centro Habana** über. Darin befindet sich auch ein kleines chinesisches Viertel, das **Barrio Chino.**

1

Ciudad de La Habana – Übersicht

Stadtteil (Consejo Popular)
STADTBEZIRK (Municipio)

Golf von Mexico

PLAZA DE LA REVOLUCIÓN

CENTRO HABANA

Camilo Cienfuegos

66

Casablanca

52

Vedado

HABANA VIEJA

REGLA

62

Koholy

42

Umschlag vorn

Miramar

Buena-vista

Santos Suárez

CERRO

DIEZ DE OCTUBRE

Vibaro

PLAYA

Santa Fé

MARIANAO

H

ARROYO NARANJO

Mariel, Bahia Honda

LA LISA

Punta Brava

Ejército Rebelde-Stausee

Pinar del Rio, Viñales

Aeropuerto José Martí

BOYEROS

Santiago de Las Vegas

Bejucal

San Antonio de los Baños

1

Stadtbezirk *(Municipio):* Stadtteil *(Consejo Popular)*

Arroyo Naranjo: Los Pinos, Poey, Parque Víbora, Mantilla, Párraga, Calvario-Fraternidad, Guinera, Eléctrico, Managua, Callejas

Boyeros: Santiago de Las Vegas, Nuevo Santiago, Boyeros, Wajay, Calabazar, Altahabana-Capdevila, Armada-Aldabo

Centro Habana: Cayo Hueso, Pueblo Nuevo, Los Sitios, Dragones, Colón

Cerro: Latinoamericano, Pilar-Atares, Cerro, Las Cañas, El Canal, Palatino, Armada

Cotorro: San Pedro-Centro Cotorro, Santa María del Rosario, Lotería, Cuatro Caminos, Magdalena-Torriente, Alberro

Diez de Octubre: Luyanó, Jesús del Monte, Lawton, Vista Alegre, Acosta, Sevillano, La Víbora, Santos Suárez, Tamarindo

Guanabacoa: Mañana-Habana Nueva, Villa I, Villa II, Chivas-Roble, Debeche-Nalon, Hata-Naranjo, Peñalver-Bacuranao, Minas-Barreras

Habana del Este: Camilo Cienfuegos, Cojímar, Guiteras, Alturas de Alamar, Alamar-Este, Guanabo, Campo Florido, Alamar-Playa

Habana Vieja: Prado, Catedral, Plaza Vieja, Belén, San Isidro, Jesús María, Tallapiedra

La Lisa: Alturas de La Lisa, Balcón Arimao, Cano-Bello 26-Valle Grande, Punta Brava, Arroyo Arenas, San Agustín, Versalles, Coronela

Marianao: CAI-Los Ángeles, Pocito-Palmas, Zamora-Cocosolo, Libertad, Pogoloti-Belén-Finlay, Santa Felicia

Playa: Santa Fé, Siboney, Cubanacán, Ampliación Almendares, Miramar, Sierra, Ceiba, Buena Vista

Plaza de la Revolución: El Carmelo, Vedado-Malecón, Rampa, Príncipe, Plaza, Nuevo Vedado-Puentes Grandes, Colón-Nuevo Vedado, Vedado

Regla: Guaicanimar, Loma Modelo, Casablanca

San Miguel del Padrón: Rocafort, Luyanó Moderno, Diezmero, San Francisco de Paula, Dolores-Veracruz, Jacomino

1

Der Stadtteil **Vedado** mit seinen Art-déco-Häusern, Bauten der klassischen Moderne, den Ministerien, der Universität und dem großen Friedhof bildet das moderne Zentrum von La Habana.

Im Süden folgt der für Touristen wenig interessante Stadtteil **Cerro.** Weiter südlich, in den Stadtteilen **Boyeros** und Wajay, befinden sich das Erholungsgebiet Parque Lenin, die ExpoCuba und der internationale **Flughafen José Martí.** Südöstlich folgen die großen Gebiete von **Arroyo Naranjo** und **Cotorro.**

Folgt man dem Malecón weiter nach Westen, gelangt man durch einen Tunnel unter dem Río Almendares hindurch nach **Miramar.** Südlich von diesem Villenvorort liegen **Maríanao** und **La Lisa,** eher ruhige Stadtteile. Auch der Stadtteil **Buenavista,** bekannt aus dem Musikfilm von *Wim Wenders,* liegt südlich von Miramar, der dortige *Social Club* existiert jedoch schon lange nicht mehr.

Im Osten, auf der anderen Seite des Hafens, liegt **Casablanca,** wo zwei große Festungen stehen. Der Stadtteil, der südöstlich folgt, heißt **Regla.** Von hier durch das anschließende **Guanabacao** gelangt man um das Hafenbecken herum über Jacomino, San Miguel und Diez de Octubre wieder nach Habana Vieja. Östlich des Hafens am Meer liegen die **Strände** von **Habana del Este.** Die berühmtesten Orte hier sind der Hafen **Cojímars** und das große Dorf **Guanabo.**

Straßennamen

Wer mit dem Stadtplan in der Hand durch La Habana streift, wird bemerken, dass manche Straßen **zwei Namen** haben oder dass die Leute sie anders nennen, als auf dem Plan steht. Zum Verständnis hier ein paar dieser Doppelnamen (neuer Name – alter Name):

Agramonte	Zulueta
Ave. de Maceo	Malecón
Ave. de la Bélgica (nord)	Egido
Ave. de la Bélgica (süd)	Monserrate
Ave. de España	Vives
Ave. de Italia	Av. Galiano
Ave. de la Independencia	Ave. de Rancho Boyeros
Ave. de las Misiones	Monserrate
Ave. Manuel de Céspedes	Ave. del Puerto
Ave. Salvádor Allende	Carlos III
Ave. Simón Bolívar	Ave. Reina
Brasil	Teniente Rey
Calle 23	La Rampa
Calle G	Ave. de los Presidentes
Calzada	La Linea
Capdevila	Cárcel
Leonor Pérez	Paula
Malecón	Ave. de Maceo
Máximo Gómez	Monte
Padre Varela	Belascoain
Paseo Martí	Paseo del Prado
San Martín	San José
San Juan de Dios	Progreso

> In Centro Habana

La Habana

Restaurierung

Das Stadtviertel im historischen Zentrum von La Habana wurde 1982 zum **Weltkulturerbe** erklärt. Die ältesten Häuser stammen aus dem 17. Jh. Doch abseits der mit UNESCO-Geldern restaurierten Straßen verfallen viele Häuser. Die Stadtverwaltung unterstützt ein Projekt, das den Bewohnern ermöglicht, ihren Stadtteil selbst zu sanieren.

Die **Oficina del Historiador** besteht aus Architekten, Konstrukteuren und Handwerkern. Werkstätten wurden geschaffen, die Stadt stellt subventioniertes Baumaterial bereit. 350 Familien beteiligten sich an der Erneuerung ihrer Häuser. Die Hälfte der Häuser in San Isidro, die aus dem 18. und 19. Jh. stammen, müssen vor dem Verfall gerettet werden. 60 % der über 4000 km langen Wasserleitungen sind überaltert, in den letzten Jahren hatte man häufig Rohrbrüche.

Oft fehlt das Geld zur Instandhaltung der alten Gebäude, und unter dem Einfluss von Seeluft und tropischen Wirbelstürmen verwittern viele architektonische Zeugnisse der Kolonialzeit. Verstärkt wird diese Tendenz noch durch die Wirtschaftskrise der letzten Jahre, die alle finanziellen Mittel dem Ziel der Ernährung der Bevölkerung unterordnet. Doch mittlerweile wurde die Erhaltung der Gebäude zur Staatsangelegenheit erklärt.

Eusebio Leal Spengler, der Stadthistoriker, leitet die Sanierung der Altstadt. Das Geld zum Wiederaufbau beschaffte er sich durch die Gründung der Firma *Habaguanex,* die aus touristischen Einnahmen finanziert wird. Dass er und seine unermüdlichen Handwerker Erfolg haben, sieht man an jeder Ecke der Altstadt. Die ersten Objekte waren das Hotel *Valencia* sowie die Restaurants *La Mina, Mesón de la Flota, Casa Árabe* und *El*

cu015-2016 kh

Patio. Vor der Restaurierung wurde das Hotel *Telégrafo* zeitweise vom Zirkus als Raubtierkäfig genutzt.

Mit einer deutschen Firma wurde ein „Lichtplan" ausgearbeitet, nach dessen Umsetzung die Altstadt abends effektvoll beleuchtet ist, um „den Anreiz zu Aktivitäten auch in den nächtlichen Stunden zu geben".

Impressionen aus der Altstadt

Der renommierte Architekt *Julio César Pérez Hernández* legte 2015 nach Befragung der Bewohner einen Plan zur **Umgestaltung der Außenbezirke** in moderne Wohnquartiere vor.

In den folgenden Kapiteln werden auch alle **Luxusherbergen** genannt, sie sind in der Regel prächtige Altbauten, die schon wegen ihrer Architektur sehenswert sind. Außerdem findet der Reisende hier meist Wechselstuben, Infos aller Art und Beistand bei Problemen.

Ende Februar feiert die Stadt **Karneval,** und alle zwei Jahre tobt das **Internationale Jazz-Festival** vor Weihnachten durch die Straßen von La Habana. Im Dezember bietet das **Festival del Nuevo Cine Latinoamérica** eine Bühne für spanischsprachige Filmproduktionen.

Habana Vieja – die Altstadt

Habana Vieja ist das alte Herz der Stadt. Hier kann man stundenlang durch die Gassen streifen und gleichzeitig den **Verfall** der Stadt und ihre **Restaurierung** staunend in Augenschein nehmen. Habana Vieja reicht von der Uferstraße Avenida del Puerto am Canal de Entrada bis zur Avenida de Bélgica mit dem Hauptbahnhof, vorbei am Capitolio bis etwa zum Paseo del Prado (Paseo Martí). Die Straßen Obrapía und Obispo sind seit jeher die Einkaufsmeilen der Cubaner. Zur Unabhängigkeit 1902 schmückten prächtige Triumphbögen die Eingänge der schmalen Straßen.

Wer in der Altstadt wohnt und zwischen seinen Spaziergängen ein wenig Ruhe sucht, dem bleiben nur die Hotels, von denen manche **Dachterrassen** haben, auf denen man etwas vom Trubel abgeschirmt ist. Ansonsten gibt es **Parkanlagen** und kleine Parks auf ehemaligen Ruinengrundstücken, etwa den Parque Humboldt an der Oficios Ecke Muralla oder die schattigen Stellen an der Mercaderes Ecke Lamparilla oder Obrapía. Im Parque Luz Caballero und im Parque Anfíteatro ist es schattig, Bänke laden zum Verweilen ein, auch der Parque Ecológico in der Mercaderes Ecke Empedrado y O'Reilly eignet sich für eine Ruhepause. Wer weiter weg will, fährt mit der Hafenfähre nach Casablanca.

Sehenswertes

Castillo San Salvador de la Punta

König *Philipp II.* ließ die **Festung** 1582 mit zweieinhalb Meter dicken Mauern erbauen. Von hier zog man abends um 21 Uhr die Eisenkette, die durch die Bucht zur Festung El Morro gespannt war, vom Grund des Meeres hoch – damit war der Hafen geschlossen. Dieser Umstand wurde mit einem Kanonenschuss angezeigt. Geschossen wird heute noch, obwohl die Kette längst zerfallen ist und eine Schließung des Hafens nicht mehr erfolgt. Gegenüber der Festung steht das Denkmal des Helden der Freiheitskämpfe gegen die Spanier *Máximo Gómez* (am Ende des Prado).

Nach dem **Gómez-Denkmal,** bei dem auch die Einfahrt zum Tunnel nach Casablanca liegt, schließt sich der **Parque Anfíteatro,** auch **Parque Céspedes** ge-

nannt, an. Die südliche Begrenzung bildet der **Tacón;** an ihm liegt das Kaufhaus für Touristen, der *Palacio de Artesanía.*

Ein Stück weiter, südlich des anschließenden **Parque Luz Caballero,** stehen noch Reste der Befestigungsanlagen *(Cortinua de Valdés)* der Stadt. Dahinter erheben sich die Mauern des Jesuitenklosters **Colegio de San Carlos y San Ambrosio.** An der anschließenden Ecke vom Tacón zur Calle Empedrado liegen einige Touristencafés, Taxistände etc. Nun sieht man schon ein Wahrzeichen der Stadt auf dem Turm der Festung.

08Scu kh

El Castillo de la Real Fuerza

Der älteste **Festungsbau** der Stadt entstand zwischen 1565 und 1583. Seine Errichtung war eine Reaktion auf die Plünderung und Zerstörung der Stadt durch den französischen Piraten *Jacques de Sores* im Jahr 1555. In der Festung war das Hauptquartier des spanischen Kolonialgouverneurs untergebracht. Einen der Wachtürme krönt eine zwei Meter hohe **Bronzestatue („La Giraldilla")**, installiert im Jahr 1631. Es heißt, sie stelle **Doña Isabela de Bobadilla** dar, von 1539 bis 1543 erste Gouverneurin Cubas und Frau des Konquistadoren *Hernando de Soto*. In der linken Hand hält sie das Kreuz des Ritterordens von Calatrava, dem der Auftraggeber der Statue angehörte. La Giraldilla ist zu einem Wahrzeichen von La Habana geworden. 1762 wurde die Figur Kriegsbeute der Engländer, die sie später jedoch wieder herausgaben. Nachdem ein Hurrikan sie 1926

José Martí (1853–1895)

„Die Menschen sind wie Gestirne, einige geben Licht ab und andere leuchten mit dem, was sie bekommen."

Das cubanische Selbstverständnis beruht wesentlich auf den Gedanken des **Volkshelden** *José Martí*. Seine Prosa gilt als eine der brillantesten in spanischer Sprache. 1853 in La Habana geboren, agitiert *Martí* schon als Jugendlicher gegen die spanische Kolonialherrschaft. Er gehört zu den Aufständischen im Zehnjährigen Krieg (1868–1878). 1870 verurteilt man ihn deshalb zu sieben Jahren Zwangsarbeit in den Kalksteinbrüchen, doch ein Jahr später wird er wegen gesundheitlicher Probleme und Arbeitsunfähigkeit nach Spanien ausgewiesen. In Madrid studiert er Philosophie und Jura, 1874 geht er dann nach Mexiko und 1878 zurück nach Cuba. Neben der politischen Arbeit reüssiert *Martí* als **Schriftsteller,** schreibt Poesie und Theaterstücke. Bei der Aufführung eines seiner Stücke lernt er *Carmen Zaya Bazán* kennen und heiratet sie.

Wegen seiner Kritik am politischen System wird er erneut des Landes verwiesen, geht wieder nach Spanien und danach in die USA, wo er zum Führer der cubanischen Unabhängigkeitsbewegung wird. Schon früh erkennt *Martí* das Interesse der USA an einer Einverleibung Cubas und gründet 1892 mit cubanischen Tabakarbeitern in Florida die **Cubanische Revolutionäre Partei** *(Partido Revolucionario Cubano)*. *Martí* vertritt das Konzept einer unabhängigen Nation Cuba inmitten eines freien Lateinamerika.

1895 kehrt er mit den Kämpfern von General *Maceo* nach Cuba zurück. Der deutsche Frachter *Nordstern* setzt die Revolutionäre gegen eine hohe Summe an der cubanischen Küste ab. Der **Unabhängigkeitskrieg** gegen Spanien beginnt ein zweites Mal. In den ersten Tagen des Kampfes, am 19. Mai 1895, in Los Ríos in der Provinz Bayamo, stirbt *José Martí*. Seine Stärke waren eher die Verse als der Kampf, sagt man.

José Martí ist heute **allgegenwärtig** auf Cuba. Seine Büste ziert jedes Schulgebäude, und auch der 1-Peso-Schein ist seinem Andenken gewidmet. Sein Geburtshaus in La Habana ist heute ein Museum.

1

La Habana

herunterriss, hat man sie im Museo de la Ciudad (s.u.) untergebracht und auf dem Turm eine Kopie montiert. Ihr Abbild ziert u.a. das Havana-Club-Etikett.

Die Festung wurde nach dem Abzug der Spanier als Kaserne und Archiv genutzt. Die Mauern der quadratischen Anlage sind sechs Meter dick. Sie stand ursprünglich direkt am Wasser, doch nachdem der Malecón angelegt wurde, blieb nur der Wassergraben übrig. In das Gebäude gelangt man über eine Zugbrücke. Darüber prangt ein steinernes Wappen, das 1579 in Spanien gefertigt wurde. Die Turmglocke läutete bei Feuer, Unwettern und Piratenangriffen. Die Festung beherbergt heute das **Schiffsmuseum.** Ein schattiger Platz schließt an die Festung an.

Rund um die Plaza de Armas

Bereits in der ersten Hälfte des 16. Jh. wurde die Plaza de Armas als Hauptplatz angelegt, ursprünglich zum Exerzieren, daher der Name „Platz der Waffen" (Calle Baratillo, zwischen O'Reilly und Obispo). Heute sind der Platz und die umliegenden Gebäude weitgehend **restauriert** und fast wieder in den Originalzustand versetzt. Auf dem Platz wurden immer schon Bücher verkauft, heute bieten die Händler auch Trödel an. Im Mittelpunkt des Platzes steht eine palmengesäumte **Statue:** Der spanische König Ferdinand VII. musste 1957 dem cubanischen Freiheitshelden Carlos Manuel de Céspedes weichen und ins Stadtmuseum umziehen. An der Ostseite befindet sich **El Templete** (s.u.), an der nördlichen Seite des Platzes steht der **Palacio del Segundo Cabo,** die ehemalige Residenz des

spanischen Militärgouverneurs von 1772 bis 1776, später Postamt und heute Sitz des Kulturministers. Der Innenhof des Gebäudes ist sehenswert. Auch wechselnde Ausstellungen.

Palacio del Conde de Santovenia

Der Palast steht auf der Ostseite des Platzes. Anlässlich der Krönung von Isabel II. von Spanien im September 1833 veranstaltete der damalige Besitzer für die ganze Stadt ein Fest und ließ die Fassade des Hauses nach dem Vorbild der Pariser Tuilerien umbauen. Auf dem Fest stieg ein Heißluftballon mit einer Glückwunschbotschaft vom Dach des Hauses auf. Der Graf von Santovenia starb 1865, sein Nachfolger wurde vertrieben und das Haus an Amerikaner verkauft, die 1867 eine Herberge daraus machten, das **Hotel Santa Isabel,** restauriert in den Jahren 1943 und 1996.

Palacio de los Capitánes Generales

Eine der schönsten Barockbauten La Habanas wurde 1776–86 an der Westseite der Plaza de Armas auf dem Terrain einer Kirche als Gebäude für die Stadtverwaltung errichtet. Von 1790 bis 1898 lebten hier die spanischen Oberbefehlshaber (Generalkapitäne). Danach war das Gebäude der Präsidentenpalast, 1917 wurde es zum städtischen Rathaus. Heute beherbergt es das **Museo de la Ciudad,** das u.a. historische Kutschen, Möbel, Porzellan, Porträts bekannter Cubaner und die originale Bronzestatue der Giraldilla (s.o.) zeigt (3 CUC).

Das Marmorportal mit den korinthischen Säulen wurde 1824 von einem italienischen Bildhauer hinzugefügt. Der Innenhof mit seinen Arkaden und Balkonen ist ein Beispiel für die frühe Ba-

1

rockbauweise. Im Hof stehen ein Yagruma-Baum und zwei Königspalmen. Eine Grabplatte erinnert an den Unfalltod von *María de Cepero,* der Frau des damaligen Stadtkommandeurs, die an dieser Stelle im Jahr 1557 aus Versehen erstochen wurde.

Das **Pflaster** vor dem Haus ist bemerkenswert. Es ist nämlich nicht aus Stein, sondern aus Holz. Damit das Poltern der eisenbeschlagenen Kutschenräder nicht seinen Schlaf störte, ließ der Bürgermeister im 17. Jh. dieses schallschluckende Pflaster verlegen. Heute ist dieser Bereich zur Sicherheit mit Ketten abgesperrt. Man erkennt kaum den Unterschied zwischen Stein und Holz.

El Templete

Die 1827 an der Nordseite des Platzes entstandene **Nachbildung eines dorischen Tempels erinnert an die Stadtgründung,** die hier unter einem großen Ceiba-Baum stattgefunden haben soll. Als die Ceiba später einging, stellte man an ihrer Stelle eine Säule auf; wer sie am 17. Dezember nachts dreimal umrundet, hat einen Wunsch frei. Im Inneren des Gebäudes finden sich drei riesige Gemälde des Malers **Jean-Baptiste Vermay,** der 1815 aus Frankreich auf der Flucht vor *Napoléon* in die Stadt kam und 1818 die Akademie der Schönen Künste San Alejandro gründete. Zu sehen sind „Velázques vor der Ceiba", „Die erste Messe im Freien" sowie „Die Reichen, die Priester und die Soldaten bei

der Gründung der Stadt". Der Sockel in der Mitte des Raumes trägt die Urnen des Künstlers und seiner Frau. Auf dem Zaun um den Tempel stecken bronzene Ananas (Eintritt mit Erklärung 2 CUC).

Rund um die Plaza de la Catedral

Wenn man von der Plaza de Armas im Westen in die Calle O'Reilly läuft und dann in die San Ignacio nach Norden einbiegt, kommt man durch die dichter werdende Menschenmasse zur Plaza de la Catedral, auf der ein **buntes Treiben** herrscht. Die angrenzenden Gebäude aus dem 18. Jh. verdienen einen Besuch; in den letzten Jahren wurden sie gründlich restauriert.

1587 ließ der Gouverneur *Luján* den Sumpf an dieser Stelle als **Zisterne** nutzbar machen, um Schiffe mit Trinkwasser zu versorgen. Später zog man einen Graben vom Río Almendares zur Calle San Ignacio. Eine Tafel an der Ecke Callejón del Chorro und San Ignacio erinnert an diese erste Wasserleitung. 1620 wurde der Sumpf trockengelegt, es entstand die Plaza de Ciénaga. Auf der Zisterne errichtete man im 19. Jh. ein **Badehaus.**

Die angrenzende Gasse Callejón de Chorro hat einige Lokale zu bieten und für den Kunstfreund die Druckerei **Taller Experimentál de Gráfica,** wo man die Entstehung von Radierungen live erleben kann (mit Verkaufsshop).

Die zu Beginn des 18. Jh. auf dem Platz erbaute Kirche wurde nach einigen Streitigkeiten 1789 zur **Kathedrale** geweiht. Der 35 x 35 m große Bau besitzt eine barocke Korallenkalkfassade und zwei asymmetrische Türme. *Alejo Carpentier* nannte sie eine „steingewordene

▷ Oldtimerparade?
Nein, Feierabendverkehr in La Habana!

1

Plaza de la Catedral und Umgebung

0 ——— 40 m

Cuba 03

Fußgängerzone

Parque
Céspedes
(Parque
Anfiteatro)

Chacón

Avenida Carlos M. de Céspedes

Parque
Luz Caballero

Cuba Tacón

Colegio de
San Carlos y
San Ambrosio

Catedral de
San Cristobal

Tejadillo

San Ignacio

Centro
Wilfredo Lam

Empedrado

Wandbild

Casa de Conde
de Lombillo

Palacio
de los Marqueses
de Aguas Claras

Plaza
de la
Catedral

Palacio
del Marqués de Arcos

Castillo de la
Real Fuerza,
Schiffsmuseum

La Giraldilla

(Av. del Puerto)

Palacio
del Segundo
Cabo

El Templete

N. López

Barillo

Plaza de
Carlos Manuel
de Céspedes

Denkmal
Carlos Manuel
de Céspedes

Palacio
del Conde
de Santovenia

Callejón de los
Peluqueros
(Fußgängerzone)

Callejón del Chorro

Palacio del Conde
de Casa Bayona
(Kolonialmuseum)

Mercaderes

Armas

Palacio de los
Capitanes Generales
(Museo de la Ciudad)

Museo Nacional
de Historia Natural

O'Reilly

Kloster
San Gerónimo

Brunnen

Justicia

Automuseum

San Ignacio

Marqueta
de Ciudad

Galería
los Oficios

Oficios

Casa de
los Árabes

Obispo

CADECA

Cuba

Obrapía

Casa de África

Museo
Simón Bolívar

Denkmal
Simón Bolívar

Baratillo

Aguilar

Lonja del
Comercio

Lamparilla

Habana

Amargura

© REISE KNOW-HOW 2017

🟥 **Unterkunft**
1 Hotel del Tejadillo
13 Hotel Florida
14 Hotel Marqués de Prado Ameno
17 Hotel Ambos Mundos
23 Hotel Santa Isabel
27 Hostal Valencia
28 Hostal El Comendador
31 Hotel Conde de Villanueva
38 Hotel Marqués de San Felipe
  y Santiago de Bejucal
39 Hotel Mesón de la Flota

🟦 **Essen und Trinken**
3 La Moneda Cubana
4 Rest. Don Giovanni
6 Rest. La Domenica
7 La Bodeguita del Medio
9 Paladar Doña Eutimia
10 Bar El Bosquecito
11 Café O'Reilly
12 Café de Paris
15 Café Europa
16 Café St. Domingo,
  Panaderia San Jose,
  Café La Luz
19 Restaurant La Mina
20 El Templete
21 Restaurant Al Medina
24 Casa del Rón
25 Casa del Café
26 Bodegón Onda
29 Café Torrelavega
32 Paladar Los Mercaderes
33 Rest. La Imprenta
34 Jardin del Oriente
35 Café del Oriente
36 Museo del Chocolate
40 La Taberna del Pescador

🟧 **Nachtleben**
5 El Morro
12 Café de Paris
13 Hotel Florida
18 Bar Columnata Egipciana,
  Casa de las Infusiones
22 El Caserón del Tango

🟩 **Einkaufen**
8 Taller Experimentál de Gráfica
30 Habana 1791
41 Casa del queso
43 Antiquarische Bücher
44 Galerie

Musik". Der östliche, größere Glocken-turm ermöglicht einen Rundblick über die Stadt. In der Kathedrale wurden lange Zeit die sterblichen Überreste von *Christoph Kolumbus* aufbewahrt, als die Spanier seine erste Ruhestätte, Santo Domingo, 1795 den Franzosen überlassen mussten. Die große Glocke „San Pedro" im rechten Turm stammt aus Spanien und ist sieben Tonnen schwer. „San Miguel", die kleinere, wurde in Matanzas gegossen (Aufstieg 1 CUC).

Das interessante **Museo de Arte Colonial** befindet sich im **Palacio del Conde de Casa Bayona.** Das zweistöckige Gebäude von 1720 liegt auf der Südseite des Kathedralenplatzes und ist ein typisches Haus für La Habana. Es wurde für den Gouverneur *Louis Chacón* erbaut und lediglich dem Adeligen *Bayona* gewidmet. Hier kann man die alte Einrichtung und eine sehenswerte Sammlung von Haustüren mit Buntglasfenstern *(rejas)* und *aldabones,* Türklopfern, bewundern. Außerdem gibt es eine Kutsche des ehemaligen Herren zu sehen. Geöffnet 10–18 Uhr, 5 CUC.

Der **Palacio de los Marqueses de Aguas Claras,** seit 1963 besser bekannt als Restaurant *El Patio,* liegt an der Ostseite des Platzes. Die schöne Stimmung auf dem Platz zieht viele Gäste an, die bei einer Erfrischung den Musikern des Hauses lauschen. Im Inneren kann man unter freiem Himmel im üppig begrünten Patio speisen. Unübertroffen zum Ausruhen ist der schmale Balkon im 2. Stock. Unter dem linken, etwas zurückspringenden Haus von *Sebastian Peñalver* befand sich ursprünglich die Zisterne, auf der im 19. Jh. das Badehaus errichtet wurde. 1931 wurde die neobarocke Fassade ergänzt.

1

An der Nordseite des Platzes liegt die **Casa de Conde de Lombillo,** die 175 Jahre der Familie *de los Pedrosos* gehörte. Die Besitzerin heiratete den Bruder des *Conde de Lombillo* und benannte das Haus auf den besseren Namen um. Daran schließt sich der **Palacio del Marqués de Arcos** an, 1741 für den Schatzmeister der Krone, *Diego Peñalver Angulo,* gebaut. Er ließ einen Teil der Gasse Callejón de Chorro für sein Haus abreißen. In der Hauswand prangt der löwenköpfige Briefeinwurf, der heute noch benutzt werden kann.

In der Calle de Mercaderes verdient das riesige **Wandbild** *(Muralla)* Beachtung, das am letzten Haus vor der Empedrado angebracht ist. Hier hat man alle früheren **Persönlichkeiten La Habanas** verewigt. Das Interessante daran ist die Technik: Die Bilder sind nicht aufgemalt, sondern aus mehrfarbigem feinen Kies gemacht. Es gibt eigens ein Stück zum Anfassen neben der Plakette mit den Namen der Handwerker.

Museo Nacional de la Música

Das Musikmuseum informiert über **cubanische Musik(stile),** ihre Entstehung, Entwicklung und die dazugehörigen Musikinstrumente. Zu sehen sind u.a. afrikanische Trommeln aus dem 19. Jh., Dokumente, Noten und Originalpartituren, auch Musikveranstaltungen finden statt. Calle Cárcel 1, e/Aguilar y Habana, www.museomusica.cult.cu, 3 CUC.

Centro de Arte Contemporáneo Wifredo Lam

Dieses Museum, benannt nach dem surrealistischen Maler und Grafiker *Wifredo Lam* (1902–1982), zeigt **cubanische Kunst der Gegenwart** und natürlich Werke von *Lam.* Täglich 10–17 Uhr, Mo geschlossen. San Ignacio 22, esq. Empedrado, www.bienalhabana.cult.cu.

Callejón de los Peluqueros

Geht man die Calle Aguiar in Richtung Túnel de Bahia, stößt man ab der Ecke Pena Pobre auf eine kleine **Fußgängerzone,** wo buntes Treiben herrscht: Die „Gasse der Friseure" geht auf die Initiative von *Gilberto Valladares* zurück und will Jugendlichen eine berufliche Perspektive bieten. *Valladares* ging zum

cu002-2017-kh

◁ An der Plaza de la Catedral

Stadthistoriker und bat um eine Gasse, in der er seine Schule der Friseure einrichten konnte. Er bekam das Nordende der Calle Aguiar und nannte seinen Laden *Artecorte,* die „Kunst des Abschneidens". Einen Mottospielplatz „Friseure" richtete er gegenüber der Kirche Angel Custodio ein. In der Gasse sorgen einige Lokale fürs leibliche Wohl.

Maqueta del Centro Histórico de La Habana

Auf etwa 140 m² verteilt sich ein originalgetreues **Holzmodell der Stadt.** Dunkelbraun sind die Gebäude gebeizt, die vor dem 20. Jh. entstanden, hellbraun die bis zur Revolution, beige die nach der Revolution errichteten und weiß die geplanten. Das Modell im Maßstab 1:1000 wurde aus dem Holz von Zigarrenkisten gefertigt und gehört zu den größten dieser Art weltweit. Calle Mercaderes 114, Di–Sa 10–18 Uhr, 3 CUC.

Zwischen der Kathedrale und der Plaza de San Francisco kann man u.a. Folgendes sehen:

Kloster San Gerónimo

Der gesamte Block zwischen den Straßen O'Reilly/Obispo und Mercaderes/San Ignacio gehörte früher zum Kloster San Gerónimo. In den 1960er Jahren hat man hier einen vierstöckigen Bürokomplex mit Glasfassade und Autogarage hingepflanzt, der so gar nicht zur Altstadt passen will. Deswegen wurden Teile des Gebäudes mit Sandstein verkleidet und ein pseudoantiker Glockenturm in

der O'Reilly davorgeklebt – ein preiswerter Versuch, Bausünden zu revidieren.

Casa de África

Die größte **afrocubanische Ausstellung** in La Habana basiert auf der Sammlung von *Fernando Ortíz* (1881–1969), Begründer der cubanischen Anthropologie und Musikethnologie. Eine Abteilung informiert (nur auf Spanisch) über die **Oríshas,** die Götter der Santería. Geöffnet Di–So 9–13.30 Uhr, Calle Obrapía 157, e/San Ignacio y Mercaderes.

Wer durch die **Calle Obispo** schlendert, hat die **Fußgängerzone mit vielen Geschäften** vor sich.

Die **Calle de los Oficios** führt von der Plaza de Armas zur Plaza de San Francisco; sie war früher die Gasse der Schreiber. Im ehemaligen Colegio de San Ambrosio ist **arabische Kultur** anzutreffen: Im Restaurant *Al Medina* kann arabisch gespeist werden, und die **Casa de los Árabes,** ein maurischer Palast mit Innenhof, zeigt wechselnde Ausstellungen (Calle de los Oficios 16, e/Obispo y Obrapía). Schräg gegenüber im Eckhaus zur Calle Justicia gibt es ein kleines **Au-**to-Museum.

In der Mercaderes 160, e/Obrapía y Lamparilla ist das **Museo Simón Bolívar** in einer sehenswerten Villa untergebracht. Zu sehen ist u. a. venezolanische Kunst. Geöffnet Di–Sa 9–17 Uhr, So 9–13 Uhr, Eintritt frei.

Gegenüber liegt das **Museo Armería** mit Gewehren, Pistolen und Munition, alles Geschenke von Staatsgästen für *Fidel Castro.* Geöffnet Di–Fr 9.30–17 Uhr, So 9–13 Uhr, Eintritt frei.

MEIN TIPP: Gegenüber (Mercaderes 156, esq. Obrapía) liegt der **Parfümladen Habana 1791,** der innen den Eindruck vermittelt, als stamme er tatsächlich aus dieser Zeit. Verkauft werden Duftwasser, abgefüllt in schönen Fläschchen. Geöffnet tgl. 9.30–18 Uhr.

Museo Nacional de Historia de las Ciencias Carlos J. Finlay

Der cubanische Arzt und Wissenschaftler *Carlos Juan Finlay de Barrés* (1833–1915) entdeckte hier im Jahr 1881, dass Moskitos Gelbfieber übertragen. Große **medizinische Bibliothek.** Calle Cuba 460, e/Teniente Rey y Amargura.

Museo Farmacia Habanera

1853 von spanischen Pharmazeuten **gegründet,** entwickelte sich die Apotheke zur zeitweilig zweitgrößten Apotheke der Welt. Auch heute ist der eindrucksvolle Laden noch in Betrieb und gleichzeitig ein Museum. Es gibt die Apotheke selbst zu sehen, mit den gotischen Möbeln und einer Sammlung alter Gefäße. Im angrenzenden Raum sind medizinische Geräte und alte Rezeptbücher ausgestellt, im dritten Raum ist der Verkauf. In den angrenzenden Häusern liegen weitere dazugehörige sehenswerte Geschäfte. Eintritt frei (Spende). Teniente Rey, e/ Habana y Compostela.

Zollabfertigungsgebäude

Das lang gestreckte Gebäude Amagura Ecke Plaza San Francisco, das wie ein Bahnhof aussieht, wurde Anfang des 20. Jh. von den Amerikanern *Barclay, Parsen* und *Klapp* im Stil der neuen Moderne **als ganzer Straßenblock errichtet.** Es hat einen Arkadengang über seine ganze Breite. Das Gebäude wirkt etwas unproportioniert.

Man hat nun begonnen, Teile des Gebäudes im Hinblick auf die erwarteten Kreuzfahrtgäste zu **renovieren.** Neben dem Block ist ein moderner Terminal in Planung, der durch Stege auch als Jachtanleger benutzt werden soll. Auf dem Mittelstreifen der **Avenida del Puerto** wurden große Palmen angepflanzt, und auch der Rest der Straße wird wohl in naher Zukunft renoviert.

Das einfache **Lokal Los Marinos** 88 (Ave. del Puerto, esq. Justicia, ab 10 Uhr; siehe Karte Umschlag vorn) sieht von Weitem wie ein Schiff aus und gibt sich auch innen maritim, es ist allerdings aus Beton und fest mit der Mole verbunden. Das „Oberdeck" dient als Terrasse. Die Sandwiches sind preiswert, das Bier ebenso, im Restaurantbereich gibt es die üblichen Gerichte.

Plaza de San Francisco de Asís

Dieser Platz ist eine der elegantesten Ecken des alten La Habana. Auffallend ist die **kleine Kirche** aus dem 16. Jh., die im 18. Jh. mit neuen Stilelementen versehen wurde, San Pedro, esq. Leonor Pérez (Paula).

Das große Gebäude mit der Renaissance-Fassade ist die **Lonja del Comercio.** Die Handelsbörse wurde 1909 vom amerikanischen Architekten *Thomas Moore* gebaut. Heute sind ausländische Firmenvertretungen und ein Café darin.

1

Das Gebäude wird von einer Terracotta-Kuppel gekrönt, auf der ein geflügelter Götterbote steht, im Erdgeschoss gibt es auch ein Café.

In den umliegenden Häusern finden sich die Filialen internationaler Modeläden, ein Restaurant und der Löwenbrunnen aus italienischem Marmor, früher zur Trinkwasserversorgung genutzt. Hier stehen meist **Pferdekutschen** für eine Tour durch die Altstadt. Ursprünglich fand hier der Wochenmarkt statt, bis er auf Betreiben der Franziskaner auf die Plaza Vieja verlegt wurde, weil die Marktschreier den Gottesdienst störten.

Convento de San Francisco de Asís

1570 vermachte ein reicher Habanero den Franziskanern sein Vermögen für ein **Kloster,** das 1608 fertiggestellt wurde. Von einem Brand zerstört, wurde es 1737 wiedererrichtet. Der dreistöckige Turm war von Posten besetzt, die vor Piratenüberfällen warnen sollten, außerdem war er eine Art Seezeichen für die einfahrenden Schiffe. Heute ist das Kloster nach den Sonntagsgottesdiensten zu besichtigen und beherbergt u.a. eine Musikschule. Es lohnt sich, auf den **Turm** zu steigen und die Rundumsicht zu genießen (1 CUC).

Vor dem Kloster „geht" das Denkmal für den **Caballero de París** („Gentleman von Paris"), der auf Initiative des Stadthistorikers *Eusebio Leal Spengler* im Kloster zur letzten Ruhe gebettet wurde. Es handelt sich um den Galicier *José María López Lledín,* der in den 1920er Jahren wegen eines vermeintlichen Juwelendiebstahls verurteilt worden ist und im Gefängnis wahnsinnig geworden war.

Nach seiner Entlassung durchstreifte er – langhaarig, mit Bart und im Rittergewand – die Stadt und hielt Einzug in deren Legenden und Geschichten. Er starb 1985 im psychiatrischen Krankenhaus.

Plaza Vieja

Der **Platz aus dem 18. Jh.** wurde 1996 mit Hilfe der UNESCO und von *Habaguanex,* des staatlichen Restaurationsunternehmens, erneuert. Vor der Revolution befand sich darunter eine Tiefgarage; *Habaguanex* ließ sie zuschütten und mit Pflaster belegen. Die Mitte des Platzes ziert ein schöner Brunnen.

Rund um die Plaza Vieja stehen renovierte Häuser: an der Südseite die **Casa de los Condes de Jaruco,** ein prachtvolles Haus mit großartigen Fenstern aus der Mitte des 18. Jh. (heute beherbergt es Andenkenläden), in der Calle Muralla, esq. Mercaderes der **Palacio Cueto,** 1906 im Jugendstil erbaut (später war es das *Vienna Hotel*). An der Westseite liegt die **Casa der Schwestern Cárdenas,** in der eine Galerie untergebracht ist.

In der San Ignacio Ecke Muralla hat die österreichische **Salm-Brauerei** eine Bierbrauanlage installiert und verkauft helles und dunkles Bier in Halbliterkrügen, für mehrere Gäste auch in gekühlten Dreiliter-Glaszylindern. Das Lokal heißt **Factoria Plaza Vieja.**

Die **Fototeca de Cuba** an der Ostseite war der Stadtpalast von *Juan Rico de Mata.* An der Mercaderes, esq. Brasil, liegt die Cámara Oscura. Nach einem Entwurf, der auf *Leonardo da Vinci* zurückgeht, baute die englische *Siden Optical Company* auf dem Dach des Hauses einen Raum, der ein Live-Panorama der

1

Stadt in 35 Metern Höhe auf einen Tisch projiziert, eine von weltweit 54 solcher Anlagen. Geöffnet 9–17 Uhr, So bis 13 Uhr, 2 CUC.

Schließlich bleibt noch die Nordseite mit dem *Café Taberna* und dem neuen *Aparthotel Santo Ángel*.

Läuft man die Uferstraße San Pedro weiter nach Süden, gibt es noch einige Sehenswürdigkeiten, z.B.:

☑ Plaza Vieja

Rum-Museum (Fundación destilera Havana Club)

In einem gelb getünchten Haus aus dem Jahr 1772 befindet sich das Rum-Museum (10–17 Uhr). Es gibt **deutschsprachige Führungen,** der gesamte Produktionsprozess wird erläutert. Im Laden (9.30–17.30 Uhr) kann man Rum kaufen (30 Sorten, bis 60 CUC). Tel. 8624108, www.havanaclubfoundation.com, Ave. San Pedro (Ave. del Puerto) 262, esq. Calle Sol, 7 CUC.

149cu kh

La Habana

Als nächste folgt die Bar *Dos Hermanos,* die von *Ernest Hemingway* regelmäßig besucht wurde, heute werden Touristen angelockt. Daneben steht die **Russisch-Orthodoxe Kirche des heiligen Nikolaus von Myra** im Park hinter dem Konvent von San Francisco.

Eine Ecke weiter, am Ende der Santa Clara, befindet sich die **Muelle de Luz,** die Anlegestelle der Hafenfähre nach Regla und Casablanca (s.a. „Casablanca"), gegenüber renovierte *Habaguanex* das herrliche Hotel *Santander.*

Convento de Santa Clara

Der Convento de Santa Clara aus dem 17. Jh. verfügt über einen bemerkenswerten, **restaurierten Innenhof.** Die Zellen der Nonnen und der kleine Friedhof können Mo bis Fr besichtigt werden. Calle de Cuba 610.

Wandert man die Calle Cuba nach Süden, passiert man drei Kirchen:

Iglesia del Espíritu Santo

Die **älteste Kirche der Stadt** wurde im Jahr 1638 von Sklaven gegründet. Calle Acosta e/Cuba y Damas.

Iglesia de Nuestra Señora de la Merced

Die 1746 erbaute Kirche wurde aufwendig renoviert und besticht so mit einer neuen Außenfassade sowie einer üppigen Innengestaltung. Hier haben die Reichen der Stadt ausgiebig gespendet. Die Mutter Gottes auf der Mondsichel wird von den afrikanisch-stämmigen Cubanern auch als Göttin *Obbatalá* erkannt. Merced, esq. Cuba.

Wo die Calle Cuba auf die Uferstraße stößt, steht die Ruine der **Iglesia de Paula,** die durch Bürgerproteste vor dem Abbruch gerettet wurde. Wer die Leonor Pérez nach Westen entlang läuft, erreicht das Gebiet des Hauptbahnhofes und den **Kunstmarkt** in den Hafenhallen.

1

Museo Casa Natal de José Martí

Das bescheidene **Geburtshaus** des großen cubanischen Dichters und Volkshelden zeigt persönliche Gegenstände, Fotos und Dokumente. Das Haus aus dem Jahr 1810 wurde von der Familie *Martí* von 1852 bis 1857 bewohnt. Gegenüber dem Hauptbahnhof, in der Leonor Pérez 314, e/Picota y Egido.

Praktische Tipps

Unterkunft

Die Hotels in den alten Gemäuern der Stadt wurden von **Habaguanex** restauriert; gute Beschreibungen, Preise und sonstige Informationen finden sich auf www.habaguanexhotels.com, aber auch auf www.havanacityhotels.com.

Hotels (siehe Karte S. 28)

1 **Hotel del Tejadillo** ④, Calle Tejadillo 12, esq. San Ignacio, www.hoteltejadillocuba.com, Tel. 863 7283. Schön renoviertes Haus nahe der Kathedrale mit bewachsenem Patio; einige Zimmer um diesen haben allerdings keine Fenster.

13 **Hotel Florida** ③, Calle Obispo 252, esq. Cuba, www.hotelfloridahavana.com, Tel. 8624127. Elegantes Hotel im Kolonialstil (erbaut 1836), beliebte Bar, 21 Zimmer und 4 Suiten, 7 Zimmer ohne Ausblick, Frühstück 6 CUC.

14 **Hotel Marqués de Prado Ameno** ③, Calle O'Reilly, esq. Cuba, www.hotelmarquesdeprado-ameno.com, Tel. 8624127. Ehemaliger Herrensitz des gleichnamigen Grafen aus dem 19. Jh., 16 Zimmer, fünf davon mit Ausblick, Patio, Bogengänge, schlicht eingerichtet. Das Haus ist über einen hinteren Flur mit dem Hotel *Florida* verbunden (in ruhigen Zeiten wird auch nur dessen Frühstücksraum

und Anmeldung benutzt). Die Zimmer im Mezzaningeschoss sind niedrig.

17 **Hotel Ambos Mundos** ③, Calle Obispo 153, esq. Mercaderes, www.hotelambosmundos-cuba.com, Tel. 8609530. Dieses Haus hat Geschichte: *Federico García Lorca* hielt einst auf der Dachterrasse Hof, *Hemingway* wohnte hier eine Weile; sein Zimmer (No. 511) kann besichtigt werden. 52 (eher kleine) Zimmer, Bar auf der Dachterrasse.

23 **Hotel Santa Isabel** ④, am Nordende der Plaza de Armas, Calle Baratillo 9, e/Obispo y Narciso López, www.hotelsantaisabel.com, Tel. 8608201. Luxuriöses Haus (seit 1867) mit 27 Zimmern, von der Dachterrasse Rundumsicht. Inkl. Frühstück und Parkplatz.

27 **Hostal Valencia** ③, Calle Oficios 53, esq. Obrapía, Tel. 8671037. Ein altes Kolonialhaus, umgebaut zu einem 12-Zimmer-Hotel. Der blumenbehangene Patio ist eine Oase der Ruhe. Alle Zimmer sind groß und mit Bad ausgestattet (keine Toilettentüren). Im Restaurant gibt's gute Paella.

28 **Hostal El Comendador** ③, Calle Obrapía, esq. Baratillo (hinter *Hostal Valencia*), Tel. 8671037. Das Haus wurde im 18. Jh. erbaut und mehrfach umgestaltet, heute zeigt es sich im spanischen Stil vergangener Zeiten. 14 Zimmer, niedrige Decken, manche Balkone mit Hafenblick, nettes Personal.

31 **Hotel Conde de Villanueva** ④, Calle Mercaderes 202, esq. Lamparilla, http://hotelcondedevil-lanueva.com, Tel. 8629293. Sehr angenehmes Haus mit 9 schönen Zimmern, bekannt auch als *Hostal de Habano*.

38 **Hotel Marqués de San Felipe y Santiago de Bejucal** ④, Calle Oficios 152, esq. Amargura, an der Plaza San Francisco de Asís, www.hotelmar-quesdesanfelipe.com, Tel. 8649191. Alter Palast mit 27 modern eingerichteten Zimmern. Auf der Dachterrasse im 6. Stock gibt es ein Fernrohr.

39 **Hotel Mesón de la Flota** ②, Calle Mercaderes 257, e/Amargura y Teniente Rey, Tel. 633838. Einst Matrosenkneipe, heute 5 einfache Zimmer im 1. Stock. Abends gibt es oft eine recht laute Flamencoshow im zugehörigen Restaurant.

Hotels (siehe Karte Umschlag vorn)

41 **Hotel San Miguel** ③, Calle Cuba 2, esq. Peña Pobre, Tel. 8627656. Kleines Hotel von 1860 mit Blick auf die Festung El Morro, 10 Zimmer auf 3 Etagen, intime Bar und Snackbar auf der Dachterrasse.

43 **Palacio O'Farrill** ③, Calle Cuba 102–108, esq. Chacón, Tel. 8605080. Kolonialpalast aus dem 18. Jh., 38 Zimmer, hohe Räume, offene Dachbalken, toller Patio mit Arkaden, gläsernes Kuppeldach, gemütliche Dachterrasse.

66 **Hotel Habana 612** ③, Calle Habana 62, e/Teniente Rey y Muralla. Wieder ein altes Bürgerhaus, jedoch wurden die Zimmer nach dem Motto „Handwerk" kompromisslos modern eingerichtet. Die Möbel zieren Drucke alter Werkzeuge, die Regale werden durch Schraubzwingen gehalten. Nettes Personal, die Bar könnte besser ausgestattet sein, auch die Sitzlandschaften sind eher unbequem. 6 Zimmer im Mezzanin mit niedrigen Decken und 6 im Obergeschoss mit hohen Decken. Die Zimmer No. 6 und 7 haben einen Balkon und gehen zur Straße, der Rest geht zum Patio und ist leiser.

71 **Hotel Raquel** ④, Calle Amargura 103, esq. San Ignacio, www.hotelraquel-cuba.com, Tel. 8608280 Beeindruckende Säulenlobby und Dachterrasse, 25 Zimmer, 1905 als Fabrik geplant.

78 **Convento Santa Clara** ②, Calle Cuba 610 e/ Sol y Luz, Tel. 8669327, 9 Zimmer im Kloster von 1642, 200 m von der Plaza Vieja, eine interessante Anlage um einen Innenhof, preiswerte Zimmer, auch Schlafsäle vorhanden.

81 **Beltrán de Santa Cruz** ③, San Ignacio 411 e/Muralla y Sol, Tel. 8608330. Noch ein Kolonialpalast mit typischem Patio. In den 11 Zimmern wohnten u.a. *Graf Beaujolais* und *Alexander von Humboldt*.

84 **Hotel Los Frailes** ③, Calle Teniente Rey 8, e/Mercaderes y Oficios, www.hotellosfrailescuba. com, Tel. 8629383. Ehemaliges Kloster, restauriert, aber nicht klösterlich karg. 22 Zimmer, im EG ohne Fenster und laut, Bar, Patio.

86 **Convento Las Brigidinas** ③, Calle Oficios 204 e/Teniente Rey y Muralla. Wird auch noch als Kloster

benutzt, die 16 Zimmer werden zumeist von internationalen Reisegesellschaften gebucht.

90 **Hotel Armadores de Santander** ④, Calle Luz, esq. San Pedro, www.hotelarmadoresdesantander. info, Tel. 8627656. Kleines, historisches Hotel an der östlichen Hafenpromenade, große Zimmer, Bar und Dachterrasse mit Hafenblick.

Privat (siehe Karte Umschlag vorn)

28 **Fefita y Luis,** Calle Paseo del Prado 20, e/San Lázaro y Cárcel, 5. Stock. Neubau mit Terrasse. Nette Leute, Zimmer mit AC oder mit Balkon, zentrale Lage, 30 CUC.

35 **Casa Mariveli,** *Marita* und *Evelio Bustamante,* Empedrado 509, e/Villegas y Monserrate, Tel. 8605 248, www.mariveli.com. Kolonialstilhaus mit Veranda und Gemeinschaftsräumen. DZ mit Ventilator oder AC und Bad ca. 30 CUC, Frühstück 3 CUC.

37 **Hostal El Ángel,** Calle Cuarteles 118, 2. Stock, e/Ave. de las Misiones y Havana, Tel. 8600771, www.pradocolonial.com. Im oberen Stockwerk eines alten Hauses werden 3 Zimmer vermietet. 30 CUC, Frühstück 5 CUC.

62 **Casa Juanita,** Calle luz 310, e/Habana y Compostela, Tel. 8615164. Wird von einer rührigen Familie betrieben. Drei Zimmer mit Bad (30 CUC), die anderen mit Gemeinschaftsbad (25 CUC), Dachterrasse mit phänomenalem Blick über die Stadt. Frühstück 3 CUC.

63 **Orlando y Liset,** Aguacate 509, e/Sol y Muralla, apto. 301, Tel. 8675766. Kleine *Casa* im 5. Stock mit Fahrstuhl, 1 helles DZ mit Bad, Terrasse mit schönem Weitblick für 30 CUC.

74 **La Puerta Blanca,** Mercy y Vlady, Calle Cuba 505, e/Teniente Rey y Muralla, Tel. 8672736. 2 Zimmer in altem Haus, Gemeinschaftsbad, an einem netten Patio im ersten Stock gelegen. Angenehmer Vermieter, spricht französisch, englisch, ein Block hinter Plaza Vieja, DZ 30 CUC. Frühstück 3 CUC.

75 **Hostal Plaza Vieja,** Calle Muralla 160, e/San Ignacio y Cuba. Koloniales Ambiente, geräumige Zimmer und zentraler Balkon mit Blick auf den Platz. 30 CUC.

1

79 Hospedaje Miriam y Geraldo, Calle Cuba 611, e/Luz y Sol, Tel. 8627144. Ruhiges Haus, gutes Essen, 2 Zimmer ab 25 CUC, Frühstück 4 CUC.

80 Olga López Hernández, Calle Cuba 611, apto. 1, e/Luz y Santa Clara, gegenüber Eingang zum Kloster Sta. Clara, Tel. 8674561. 2 Zimmer, Gemeinschaftsbad und Fenster zum Hof, nette Leute, Zimmer 30 CUC, Frühstück 3 CUC.

Essen und Trinken

Für kleines Geld gibt's an vielen Straßenecken (fettige) Pizzen, die durchaus einen Versuch wert sind.

Restaurants, Bars etc. (siehe Karte S. 28)

3 La Moneda Cubana, Restaurant in der San Ignacio 77, e/Empedrado y Mercaderes, Tel. 8673 852, 8602167. Etwas überkandidelt, aber toller Blick von der Dachterrasse. Innen mit Geldscheinen aus aller Welt dekoriert.

4 Don Giovanni, Tacón, esq. Empedrado. Italienisch mit Live-Musik.

6 La Domenica, O'Reilly, esq. Mercaderes, mit Außenbereich. Pizza, Pasta und Kuchen.

7 La Bodeguita del Medio, Empedrado 207. „Meinen Mojito in der Bodeguita del Medio und meinen Daiquiri im Floridita", schrieb *Hemingway* einst. Heute würde er diesen Ort wahrscheinlich weiträumig umgehen. Nicht nur, dass der Drink dort stolze 5 CUC kostet, die Qualität ist nicht besser als in anderen Bars. Außerdem sitzt man in einem engen Raum, in den sich unaufhörlich neue Gäste drängen und die, die nicht mehr hineinpassen, drücken von außen die Nasen durch die Gitterstäbe, um einen Blick hineinzuwerfen.

10 El Bosquecito, schräg gegenüber O'Reilly, esq. Transitio. Kleine, schattige Freiluftbar.

11 Café O'Reilly, in der O'Reilly 203, e/Cuba y San Ignacio. Hier wird Kaffee geröstet, verkauft und in den verschiedensten flüssigen Varianten angeboten. Renoviertes Haus.

15 Café Europa, das traditionsreiche Haus in der Obispo, esq. Aguiar ist wiederauferstanden. Sehr preiswertes Essen, günstige Drinks und nostalgischer Saal – was will man mehr? Der Dichter *Robert Walsh* widmete dem Laden ein Gedicht, in dem „die Faulen die Frühen trafen, an verschiedenen Enden ihres Tagewerks".

16 Panadería San José und **Café Santo Domingo,** die Bäckerei und das Café liegen übereinander in der Obispo, e/San Ignacio y Mercaderes und sind an der Fassadenmalerei zu erkennen. Große Auswahl an Naschwerk gibt es unten, danach die Treppe hoch in das kleine, gemütliche Café.

16 Café La Luz, neben der *Panadería San José* in der Obispo. Mal schnell einen Kaffee trinken? Dann hier hin, immer voll, Fließbandarbeiter füllen die Tasse, spülen, putzen, kassieren und schwatzen gleichzeitig. Nur auf Spanisch, nur Pesos. Täglich 12–17 Uhr, *pollo asado* (Brathähnchen) für 22 CUP, Bier 20 CUP.

19 La Mina, Calle Obispo, esq. Oficios. Liegt im Außenbereich des bekannten Lokals an der Plaza de Armas. Angenehmer ist der Innenhof mit freilaufenden Pfauen.

21 Al Medina, Oficios 112, e/Obispo y Obrapía, rechts von der Plaza de Armas, Tel. 630862. Arabische und vegetarische Küche. Guter spanischer Rotwein. Geöffnet 12–23 Uhr, eher teuer.

24 Casa del Rón *(Taberna del Galeón)* und **25 Casa del Café** laden am Ende der Obispo Ecke Baratillo zu Einkehr und Einkauf ein, sind allerdings kühl und dunkel (gut in der Mittagshitze).

26 Bodegón Onda, Obrapía, esq. a Baratillo. Das spanische Lokal liegt hinter dem *Hostal Valencia,* bietet 100 Personen Platz und hat vor allem Tapas im Angebot.

29 Torrelavega, Obrapía, e/Mercaderes y Oficios, Straßencafé mit gutem Preis-Leistungsverhältnis.

33 La Imprenta, Mercaderes 208 e/Lamparilla y Amargura. Eine ehemalige Druckerei. Man kann seine vier Buchstaben auf Buchstaben setzen, die als Sitzmöbel dienen und Kleinigkeiten, wie *medianoches* (Röllchen) essen.

1

34 **Jardin del Oriente,** Amagura e/Officios y Mercaderes, preiswerte Kost im schattigen kleinen Patio, ganz schön und noch preiswert.

35 **Café del Oriente,** Calle Oficios, esq. Amargura, ist mit Eleganz ausgestattet, mit einem Speisesaal über dem Café im ersten Stock.

36 **Museo del Chocolate,** Calle Amagura, esq. Mercaderes, in der Casa de la Cruz Verde, eher ein Schokoladenausschank als ein Museum. Die Renovierung sponserte eine belgische Initiative. Mit Tassenausstellung, Di und Fr um 11 Uhr werden Pralinen gemacht (und verkauft).

40 **La Taberna del Pescador,** San Ignacio 260a, e/Amargura y Lamparilla, Tel. 8672514. Ein Fischrestaurant, das ganz preiswert ist und ab 12.30 Uhr geöffnet hat.

Restaurants, Bars etc.
(siehe Karte Umschlag vorn)

36 **Ivan & Justo,** Aguacate 9, esq. Chacón, Tel. 8639697, nicht ohne Reservierung. Großes, gegenüber vom Museum der Revolution gelegenes Feinschmeckerlokal; ein kleiner Raum und ein höher gelegener Saal. Gute karibische Küche; ein Essen mit Vorspeisen und Getränk kostet rund 30 CUC.

38 **Café de los Artistas,** Callejón de los Peluqueros (Aguiar 22), Tel. 8662418. Hier speist man exzellent zu fairen Preisen, wechselnde Karte.

39 **La Farmacia,** Pena Pobre 6, e/Cuba y Aguiar. In der alten Apotheke am Eingang zum Callejón de los Peluqueros gibt es Kleinigkeiten.

40 **El Zaguán,** Cuarteles 4e, e/Cuba y Aguiar, Tel. 8617235. Eine Mischung aus Bar und Restaurant, etwas versteckt gelegen, rustikal eingerichtet, Hauptgerichte ab 8 CUC.

44 **Rum Rum** (Klatsch), Empedrado 256. Vorne Taverne, hinten intimer Innenhof zum Rauchen, aber das Beste ist die Küche, die Ungewöhnliches zu moderaten Preisen bietet, und auch Weinfreunde finden einen passenden Tropfen. Geöffnet ab Mittag, abends natürlich mit Musik.

45 **O'Reilly 304,** eingekeilt zwischen zwei baufälligen Gebäuden, die Adresse ist auch der Name. Stil-volle, bescheidene Atmosphäre, spektakuläres Essen zu moderaten Preisen, Ceviche ist der Renner, große Cocktailkarte. Ab Mittag.

46 **El del Frente,** O'Reilly 303, gegenüber von O'Reilly 304 und ähnlich hip, Tel. 8630206. Gutes Ceviche, große Räume und eine Dachterrasse mit Bar.

48 **Kpricho,** Calle Habana, e/O'Reilly y San Juan de Dios. Bar und Restaurant mit edlem Ambiente von Künstlerhand gestaltet, normale Preise.

57 **El Chanchullero,** Calle Teniente Rey 457a, e/ Bernaza y El Cristo, Plaza del Cristo, Tel. 8610915. Gute Tapasbar, geöffnet ab 13 Uhr.

73 **Casa del Arroz,** Teniente Rey 60, esq. San Ignacio, hier gibt es Reisgerichte.

76 **Factoria Plaza Vieja** (Salm-Brauerei), gemütliche Halle an der Plaza Vieja, Fassbier für 2 CUC, dazu empfiehlt sich ein „Seafood-skewer".

77 **La Vitola,** San Ignacio, esq. Muralla an der Plaza Vieja. Gute Cocktails in 1950er-Jahre-Ambiente, zudem ganz gutes Frühstück.

82 **Café Escorial,** an der Plaza Vieja, esq. Muralla, serviert werden Kuchen und süße Teilchen. Im Obergeschoss befindet sich die Bar Azúcar.

83 **Café Taberna,** Mercaderes, esq. Teniente Rey, Plaza Vieja, Tel. 8611637. Nettes Ambiente, Live-Musik, nicht zu teuer. Das Essen ist einfach.

85 **La Marina,** Fischrestaurant unter freiem Himmel, Calle Teniente Rey, esq. Oficios, moderate Preise. Manchmal wenig Auswahl.

92 **Cervecería Antiguo Almacén de la Madera y el Tabaco,** die zweite Mikrobrauerei der Salm-Gruppe liegt in einem renovierten Lagerhaus auf dem Pier direkt neben dem Kunstmarkt, Ave. del Puerto y San Pedro. Es gibt Lager, Medium und dunkles Bier vom Fass.

Paladares (siehe Karte S. 28)

9 **Doña Eutimia,** Callejón del Chorro in der Nähe der Plaza Catedral in der Altstadt.

20 **El Templete,** Ave. del Puerto, esq. Narciso López, hinter der Plaza de Armas, Tel. 8668807. Mit einem lässig-eleganten, luftigen Raum, das Restau-

1

rant hat Sitzgelegenheiten im Freien mit Blick auf die Bucht von Habana, die Speisekarte ist abwechslungsreich mit vielen Meeresfrüchten. Ab 12 Uhr.

32 Los Mercaderes, Mercaderes 207, e/Lamparilla y Amargura, Tel. 8612437. Paladar mit drei Speiseräumen im OG, die Musik kann etwas laut werden, das Essen ist jedoch über jeden Zweifel erhaben. Menüs ab 15 CUC, geöffnet 12–16.30 Uhr.

Paladar (siehe Karte Umschlag vorn)

65 Las Clavellinas, Compostela 554, e/Sol y Muralla, Tel. 8606342. Geöffnet ab 12 Uhr, gutes Essen im 2. Stock des Hauses.

Nachtleben

Siehe Karte S. 28

5 El Morro, an der Festung gegenüber der Altstadt, 3 Open-Air-Discos, international/Salsa.

12 Café de Paris, Obispo 202, esq. San Ignacio. Live-Musik, ab 12 Uhr offen, der Laden ist okay und immer voll. Mit gutem Restaurant.

13 Hotel Florida (s.o.), wochentags Tanz zu Live-Musik für 5 CUC (Eintritt inkl. zwei Drinks).

18 Columnata Egipciana, Mercaderes 109, e/ Obispo y Obrapía. Angenehme, geräumige Bar mit kleinen Speisen und häufigen Konzerten; „Casa de infusiones y elixires" steht im Untertitel.

18 Casa de las Infusiones, Calle Mercaderes, e/ Obispo y Obrapía, Bar gegenüber dem *Ambos Mundos,* Spezialitäten sind die Tees.

22 El Caserón del Tango, Calle Justicia 21, e/ Baratillo y Oficios. Was hier gespielt wird, verrät bereits der Name: natürlich argentinischer Tango. Di und Fr abends kann man in dem patio-ähnlichen Tanzsaal mit anderen Paaren seine Runden drehen.

Siehe Karte Umschlag vorn

33 Sloppy Joe's Bar, an der Ecke Zulueta und Anímas. Die berühmteste Bar in den 1920er Jahren wurde rekonstruiert und bietet nun zwar Atmosphäre, aber auch überteuerte Kleinigkeiten.

50 Bar del Edificio Bacardí, Monserrate, e/Neptuno y Empedrados. Bar im Art-déco-Stil im Mezzanine des Bacardí-Hauses (allerdings nur selten geöffnet).

52 El Ojo del Cyclón, O'Reilly 502, Begegnungszentrum, unregelmäßig geöffnet, auch Tango-Veranstaltungen.

56 Bar Monserrate, Monserrate, esq. Obrapía, die 6 Ventilatoren, die an der Decke der immer vollen Bar quirlen, sorgen für frische Luft.

70 Casa de la Cultura, auf einem Hinterhof in der Calle Aquiar, esq. Amargua, Do–So Live-Konzerte.

89 Bar Dos Hermanos, San Pedro, Ave. del Puerto 304, gegenüber dem Hafenterminal, geschichtsschwangere Kneipe, Service eher schlecht.

Einkaufen

Die meisten Geschäfte liegen in der **Obispo.** In der Straße kann man sich auch mit Geld versorgen, sogar an einem Geldautomaten für VISA-Kreditkarten (*Cadeca,* Obispo 257).

Siehe Karte S. 28

30 Habana 1791, Parfüm und ausgesuchte Accessoires gibt es in der Mercaderes 156.

41 Casa del queso, das Käsegeschäft findet sich in der San Ignacio, esq. Armagura.

43 Antiquarische Bücher werden auf der Plaza de Armas vor dem Palacio de los Capitánes Generales verkauft.

44 Galerie, San Ignacio 154. Werke von *Rigoberto Mena Santana;* nicht billig, aber das Geld wert.

Siehe Karte Umschlag vorn

■ **Mercado de Artesanías Antiguas Almacenes de Depósito San José,** dieser **Kunstmarkt** liegt am Malecón, dort, wo die San Ignacio ans Ufer trifft. Auf dem größten Kunstmarkt der Stadt darf nur Selbstgemachtes verkauft werden: zu finden sind hier Musikinstrumente, Plastiken, Bilder, Textilien, Schmuck etc. (M–Sa).

■ **Casaart,** Oficios 18a, e/Obispo y Obrapía. Eine von vielen kleinen Galerien.

■ **Arte Bell,** Chacón 205, e/Aguacate y Compostela, Tel. 8626188.

42 **Artesanía y Biscutería,** Chacón 204, e/Aguacate y Compotelo. Buntes Allerlei.

49 Einen **Antiquitätenladen** gibt es in der Calle San Juan de Dios, esq. Villegas.

51 **Einkaufszentrum Harris Brothers,** alter Name, aber moderner Laden im Block zwischen der Progreso und der O'Reilly, esq. Monserrate, mit Fußböden aus Milchglas, was ein interessantes „Wimmelbild" ergibt. Tgl. außer So 9–21 Uhr geöffnet.

53 **Buch- und CD-Laden La Moderna Poesia,** am Anfang der Obispo, esq. Bernaza. Spanische Bücher und Musik-CDs.

64 Ein kleiner **Bauernmarkt** (Agropecuario Belén) wird in der Calle Sol, e/Habana y Compostela, abgehalten.

69 **El Cristo,** gut ausgestatteter Supermarkt in der Brasil 461, tgl. 9–23 Uhr geöffnet.

87 **Galería los Oficios,** Oficios 166, e/Amargura y Teniente Rey. Die Galerie ist dem Künstler *Nelsón Domínguez* gewidmet.

Centro Habana

Der **Paseo del Prado,** diese zwei Kilometer lange Flaniermeile mit Terrazzoboden, führt vom Capitolio zum Malecón hinunter und trennt die koloniale Altstadt von Centro Habana. Der schattige Boulevard heißt auch **Paseo Martí.** 1772 angelegt, wurde er früher *Extramuros* genannt, lag er doch außerhalb der Stadtmauern. Ende der 1920er Jahre erhielt die Straße von dem französischen

Landschaftsarchitekten *Jean-Claude Nicolas Forestier* ihr heutiges Aussehen. Die Allee in der Mitte wird durch Bänke aus Muschelkalk von den Fahrbahnen getrennt. An mehreren Stellen unterbrechen bronzene Löwen die beeindruckende Reihe. Schulklassen, Müßiggänger und Jugendliche bevölkern die Allee. Am Wochenende verkaufen Maler ihre Arbeiten. Westlich des Prado liegt der Stadtteil, der ab 1850 aus der Altstadt herauswuchs. Hier dominieren preiswerte Mietwohnungen, in die man, um Raum zu gewinnen, Zwischendecken eingezogen hat.

Zwischen der Avenida Simón Bolívar (Reina) und der gebogenen Calle Zanja liegt das Chinesische Viertel, das **Barrio Chino.** 1850 lebten hier 150.000 Menschen, die meisten kamen nach Abschaffung der Sklaverei als billige Arbeitskräfte ins Land. Vor der Revolution waren die chinesischen Theater sehr beliebt, zahlreiche Vergnügungsetablissements entstanden im Umfeld. Heute kommt man eher wegen des Bauernmarkts.

Sehenswertes

Fuente de la India

Das **Denkmal La Noble Habana,** wie die weiße Mädchenstatue auch heißt, wurde 1837 aufgestellt, sie war ein Geschenk des *Conde de Villanueva*. Ein italienischer Bildhauer schuf sie aus dem weißen Marmor Carraras. Vom Campo Marte wanderte sie auf den Parque Central, und seit 1928 steht sie an ihrer heutigen Stelle zwischen den Straßen Dragones und Monte.

1

Centro Habana

0 ——— 200 m

© REISE KNOW-HOW 2017
Cube 04

Caleta de San Lázaro

Malecón

La Rampa

Humboldt

Hospital

Espada

Príncipe

Calzada de Infanta

Vapor

27 de Noviembre

San Lázaro

Calle O

Calle N

Calle 25

Calle 27

27 de Noviembre

Ronda

Mazón

Basarrate

San Francisco

Espada

Hospital

Aramburu

Soledad

San Martín (San José)

Valle

Zanja

Zapata

Salud

Jesús Peregrino

Pocito

Torreón de San Lázaro ★

Denkmal Antonio Maceo

Parque de Maceo

Malecón

San Lázaro

Lagunas

Ánimas

Virtudes

Campanario

Perseverancia

Manrique

Krankenhaus Hermanos Ameijeiras ✚

Edificio Solimar ●

★ Callejón de Hamel

Concordia

Neptuno

San Miguel

San Rafael

Márquez González

Lucena

Gervasio

Escobar

Lealtad

Padre Varela (Belasco-aín)

Zanja

Dragones

Santiago

Chávez

Salud

Barrio Chino

Oquendo

★ Denkmal Julio Antonio Mella

★ Quinta de los Molinos

Avenida Salvador Allende (Carlos III)

Enrique Barnet (Estrella)

Xifrés

Calzada de Ayestarán

Calzada de Infanta

Maloja

Sitios

Peñalver

Desagüe

Benjumeda

Santo Tomás

Clavel

Santa Marta

Árbol Seco

Subirana

Retiro

Plasencia

Lucena

Lugareño

Almendares

Bruzón

Gran Templo Nacional Masónico ★

Avenida Simón Bolívar

Franco

Oquendo

Márquez González

San Carlos

Peñalver

Zigarrenfabrik José Martí ★

Figuras

Condesa

Concepción de la Valle

Carmen

Padre Varela (Belasco-aín)

Rastro

Nueva del Pilar

Lindero

Mercado

Máximo Gómez (Monte)

Cristina

Arroyo (Av. Manglar)

Amenidad

Pedroso

Universidad

Estévez

Santa Rosa

Flores

Matadero

✚ Clínica de Dependientes

Krankenhaus Comandante Manuel Farjado ✚

Anschlusskarte S. 52

Anschlusskarte Umschlag vorn

🟥 Unterkunft
1 Hotel Nacional
3 Jorge L. Cortada
5 Hotel Terral
7 Sra. Caridad
9 Carlos T Vega
11 Casa Cary y Nilo
13 Casa Cary
14 Carlos Luis
   Valderrama Moré
15 Sra. Deisy Aguado
16 Ana Delia
   Cruz Martínez
20 Ana Maria Farinas
21 Casa M'Aloja

🟦 Essen und Trinken
6 Casa Miglis
12 La Guarida
17 Paladar
   San Cristóbal
18 Flor de Loto

🟩 Einkaufen/ Sonstiges
2 Cubacar
8 DHL
19 Einkaufszentrum

🟧 Nachtleben
4 Casa de
   la Trova
10 Palacio
   del Rumba

La Habana

Parque Central

Dieser Platz liegt unmittelbar am Prado zwischen den Straßen San José (San Martín) und Neptuno. In der Mitte erhebt sich ein altes **Denkmal für José Martí.** Am Platz stehen das Hotel Inglaterra und das Gran Teatro, ferner das Kaufhaus Manzana de Gómez, das renoviert wird. Auf dem Platz diskutieren die Baseballbegeisterten lautstark die Spiele ihrer Mannschaften.

Parque de la Fraternidad Americana

Über die Jahrhunderte nichts als ein sumpfiges Gelände, wurde hier nach der Trockenlegung des Areals Anfang des 18. Jh. der **Exerzierplatz Campo de Marte** angelegt. 1928, zur VI. Panamerikanischen Konferenz, wurde daraus ein Park, in dessen Mitte eine mächtige, eingezäunte Ceiba steht, seinerzeit angepflanzt mit Erde aus allen an der Konferenz teilnehmenden Staaten. Im schmiedeeisernen Zaun befindet sich eine Tür, darüber steht „La Paz" (Der Frieden). An den Türpfosten sind die Staatswappen der 19 Teilnehmerländer der Konferenz angebracht.

Museo de Orishas

Hier sind **32 Statuen der Orisha-Gottheiten** der Yoruba-Religion ausgestellt. Führungen auf Spanisch, Texte auch auf Englisch. Ave. Paseo del Prado 615, e/ Monte y Dragones, Tel. 8635953, www. yorubacuba.org/museo.php, Di–So 9–17 Uhr, mit Führung 10 CUC, keine Fotos erlaubt.

Capitolio

Das Gebäude mit der Kuppel, das **dem amerikanischen Capitol ähnlich** sieht und 1929 von 2000 Arbeitern fertiggestellt wurde, ist eines der imposantesten Gebäude in La Habana. Es wurde im Stil

cu014-2017 kh

☐ Paladar San Cristóbal
in einem Innenhof in Centro Habana

der damaligen Zeit gestaltet und sollte ursprünglich in einer weiten Parkanlage stehen. Vorübergehend stoppte eine Kostenexplosion den Weiterbau. Insgesamt brauchte man 17 Jahre, und angeblich kursierten 5000 Architekturzeichnungen, durch die sich die verschiedenen Architekten, die an dem Bau beteiligt waren, durchfinden mussten. Der Zentralbau ist dem Pariser Pantheon nachempfunden und wird von einer **Kuppel in Stahlskelettbauweise** gekrönt. Ursprünglich befanden sich Scheinwerfer auf der Spitze, die ihre Strahlen nachts kilometerweit in fünf Richtungen schickten. Vor der Revolution beherbergte das Gebäude den Senat und das Repräsentantenhaus, heute ist es die 1860 gegründete **Akademie der Wissenschaften.** Unter der 90 Meter hohen Kuppel in der Mitte der Eingangshalle im Mosaikboden kann man durch eine

kleine, runde Glasscheibe den goldgefassten 24-karätigen Diamanten sehen, der den Kilometer 0 der Landesautobahn nach Santiago markiert. Der Stein nennt sich „Stern von Cuba", obwohl er aus Südafrika stammt. Die Idee dazu hatte der Diktator *Machado*. Rechts in der Halle steht die zwölf Meter hohe Bronzeskulptur „La República", die die zweitgrößte in einem Raum stehende Skulptur der Welt sein soll. Über 40 Tonnen schwer und mit Gold überzogen, ein Werk des Italieners *Angello Zanelli*. Die „Arbeit" und die „Tugend" bewachen die Granittreppe, über sechs Meter hohe Figuren. Der linke Gebäudeteil beherbergt heute das **Museo Nacional de Historia Natural,** in dem es u.a. eine Nachbildung der in präkolumbischer Zeit bewohnten Höhle bei Punta del Este zu sehen gibt. Der Bau soll um einen Zentimeter breiter sein als das Capitol in Wa-

Granma, ein nationales Symbol

Ursprünglich war das berühmte Schiff, mit dem die 82 Revolutionäre unter *Castros* Führung am 25.11.1956 zu ihrer schicksalhaften Fahrt nach Cuba aufbrachen, eine Vergnügungsjacht. Das 12 Meter lange **Holzboot** war in Mexiko für 25 Personen gebaut worden. Es war auch nicht für solch eine lange Strecke konstruiert – die Treibstofftanks waren zu klein. Deshalb musste man an Deck extra Behälter für die errechneten 8000 Liter aufstellen. Die Maschinen waren alt und die Jacht dadurch nicht gerade schnell. In den Aufzeichnungen von *Che Guevara* kann man den **Albtraum** nachlesen. Die nächtliche Fahrt aus dem Hafen von *Tuxpan* war von

schlechtem Wetter begleitet. Deshalb wurde die Mannschaft auch gleich nach Erreichen des offenen Meeres seekrank. Tabletten dagegen hatte man vor lauter Kriegsgerät nicht mitgenommen, und so gab es kaum noch „einsatzfähige" Menschen an Bord. Vor der cubanischen Küste ist die Jacht schließlich auch noch gestrandet.

Das Schiff ist später nach La Habana gebracht worden, wo es heute unter Glas auf dem Freigelände des **Revolutionsmuseums** zu sehen ist. Eine Kopie davon gibt es in der Nähe der Stelle, wo es damals auf Grund lief, an der **Playa de Los Colorados,** in der Granma getauften Provinz im Oriente.

1

shington (Capitolio und Museum 2016 wegen Renovierung geschlossen).

Museo de la Revolución

Der ehemalige Präsidentenpalast beherbergt heute das **Revolutionsmuseum.** Hier wird die politische Geschichte Cubas dargestellt, von den ersten Sklavenaufständen bis hin zur Revolution der Bärtigen 1959. Infos in Englisch. Auf dem Freigelände ist in einem gläsernen Schrein die **Jacht „Granma"** ausgestellt, mit der die Revolutionäre um *Fidel Castro* von Mexiko aufbrachen, um Cuba zu befreien. Außerdem stehen dort zwei cubanische Flugzeuge und einige Fahrzeuge. Agramonte (Zulueta), esq. Cuarteles, 8 CUC, bis 16 Uhr.

Vor dem Museum steht noch ein Rest der ehemaligen **Stadtmauer** von 1674. Sie wurde 1863 für die Westerweiterung der Innenstadt niedergerissen. Vorher gab es Straßen mit dem Zusatz *intramuros* (innerhalb der Stadtmauern) und *extramuros* (außerhalb). In der Avenida de Bélgica (Egido) steht noch ein zweiter Mauerrest.

Iglesia del Santo Ángel Custodio

Diese **beeindruckende kleine Kirche** wurde 1672 von Jesuiten auf der kleinen Anhöhe des Pena Pobre erbaut, der östlich des Museo de la Revolución liegt. Nach dem Hurrikan von 1848 wurde sie neugotisch umgebaut, *Juan Bautista Vermay* bemalte den Altar, seit 1880 gibt es das Marmorpflaster. In den 1980er Jahren wurde die Kirche restauriert, auch die Häuschen auf der Rückseite zur Pla-

zuela de Santo Ángel gehören in die Zeit der Gründung.

Wer sich für den cubanischen Dichter und Essayisten **José Lezama Lima** (1910–1976) interessiert, kann sein Wohnhaus besuchen. Als er starb, musste man ihn durchs Fenster herausholen, da er für die Tür zu dick geworden war. Trocadero 162, esq. Industria, tägl. außer Mo ab 9 Uhr.

Die erste Querstraße des Prado, Cárcel, früher Capdevila, beherbergt an der Ecke, in der No. 1, das **Museo Nacional de la Música** (siehe „Habana Vieja"). Zwei Blocks südlicher, zwischen Zuleta und Avenida de las Misiones, hat man einen Rest der **alten Stadtmauer** konserviert.

Das **jüdische Viertel** folgt dem Verlauf der Calle Acosta zwischen Bahnhof und Hafen. Die Synagoge Adath Israel steht an der Ecke der Straßen Acosta und Picota; sie wurde 1959 von osteuropäischen Juden gebaut.

Für Eisenbahn-Fans

Der 1912 eröffnete Hauptbahnhof von La Habana, die **Estación Central de Ferrocarril,** hat eine symmetrische Fassade mit zwei Türmen und einer Uhr in der Mitte. Er ist heute noch in Betrieb. In der Halle ist eine der ältesten Dampfloks Cubas ausgestellt – sie stammt aus dem Jahr 1834.

Der **Vagón Mambí,** der Präsidentenwaggon, der 1912 aus den USA importiert wurde, steht ein Stück weiter in der Calle Oficios 211, e/Muralla y Churruca. Nach dem Ende der Revolution stand er einsatzbereit im Hauptbahnhof. Die Innenausstattung umfasst vier Schlafzimmer mit Bad, einen Speisesalon für acht Personen und eine Küche.

Das Eisenbahnmuseum **Museo del Ferrocarril de Cuba** ist in der Cristina-Station in La Habana Vieja untergebracht, die ab 1859 die Hauptstation der *Western Railway Company* war und 2002 zum Nationaldenkmal erklärt wurde. Das Museum zeigt die Geschichte der ersten Eisenbahn in Lateinamerika, mit einer großen Auswahl an Geräten, Dokumenten und natürlich Lokomotiven. Was nicht im Original zu sehen ist, kann als Modell begutachtet werden. Ave. de Mexico/Cristina, esq. Arroyo, geöffnet 9–17 Uhr, 2 CUC.

Architektur

Art-déco-Freunde sehen in der Ave. de las Misiones 261, e/Empedrado y San Juan de Dios das größte Art-déco-Gebäude in der Karibik, das **Edificio Bacardí,** mit deutschen Kacheln an der Fassade und der goldenen Fledermaus auf dem Dach, gebaut in den 1930er Jahren und etwas heruntergekommen. Für 2 CUC kann man nach oben fahren, das letzte Stockwerk bis zur Aussichtsplattform erreicht man zu Fuß.

Das **Gebäude der Zeitung „El País"** von 1941 sollte die Weltoffenheit des Journals architektonisch widerspiegeln. Geblieben sind die beeindruckend großen Fenster und die schönen Friese. Reina 158, e/San Nicolás y Manrique.

Das riesige **Teatro Fausto** steht am Prado 201, esq. Colón. Es wurde zwar oft verändert, aber der Baustil der späten 1930er Jahre ist noch gut zu erkennen (2016 wegen Sanierung geschlossen).

In der Calle Soledad 205, e/San Lázaro y Animas, steht das **Edificio Solimar,** erbaut 1944. Der Architekt *Manuel Copado* ließ damals ein schmales siebenstöckiges Gebäude mit unterschiedlich großen Apartments und halbrunden Balkonen errichten, das sich mit seiner modernistischen Architektur deutlich von den Häusern der Nachbarschaft abhebt.

An der Ecke Padre Varela (Belascoíín) und Ave. Salvador Allende (Carlos III) steht der **Gran Templo Nacional Masónico** der großen Freimaurerloge. Dieses schlichte Hochhaus, ebenfalls, wie das *Edificio Solimar* im Streamline-Stil erbaut, hat eine Uhr mit Tierkreiszeichen und einen 6 Meter großen, rotierenden Aluminiumglobus mit dem Logensymbol auf dem Dach.

Das **Cine-Teatro América** beherbergte einst ein großes Theater und ein Kino, darüber befanden sich Wohnungen. Heute kommt man selten in die Säle des Kinos, aber die Dekoration existiert noch. Galiano 257, e/Neptuno y Concordia, der größte Bau in der Gegend mit aufstrebender Architektur.

Museo Nacional de Bellas Artes

Ein (renoviertes) Gebäude aus dem Jahr 1954, zwei *quadras* vom Revolutionsmuseum entfernt, beherbergt das **Nationalmuseum der Schönen Künste** mit einer umfangreichen Werkauswahl cubanischer Künstler. Das Museum in der Calle Trocadero, e/Zulueta y Monserrate, war im Jahr 2016 auf unbestimmte Zeit geschlossen. Europäische Werke aus dem 16. Jh. bis zur Gegenwart, u.a. von *Velázquez, Tintoretto, Degas, van Dyck* und *Gainsborough,* wurden, teilweise als Ko-

1

La Habana

pie, in ein Gebäude am Park Martí **ausgelagert** (Museo Internacional de Bellas Artes, 5 CUC).

Callejón de Hamel

In dieser Gasse haben sich der Künstler *Salvador González Escalona* und die Bewohner ein eigenwilliges Paradies geschaffen. **Bunte Wandbilder** mit kubistischen, surrealistischen und expressionistischen Einflüssen machen die Gasse zu einer einzigen großen Galerie, in der auch gern gefeiert und getanzt wird (v.a. sonntags). Benannt ist die Gasse nach einem ihrer ersten Bewohner, *Fernando Belleau Hamel,* einem Nordamerikaner mit französisch-deutschen Wurzeln, der aufgrund seiner Großzügigkeit noch in guter Erinnerung ist. Die Straße wird begrenzt von der Calle Aramburu und der Calle Hospital.

Praktische Tipps

Unterkunft

Hotel (siehe Karte S. 42)
5 **Hotel Terral** (Habaguanex) ④, Malecón, esq. Lealtad, Tel. 8602100. Moderne Einrichtung, toller Blick von der Dachterrasse und den Räumen. 14 Zimmer, allerdings rauscht die Straße doch schon sehr. Alle Zimmer haben riesige Fenster zum Meer.

Hotels (siehe Karte Umschlag vorn)
5 **Deauville** (Gran Caribe) ③, Tel. 8338813, direkt am Malecón, esq. Galliano, in einem angejahrten Art-déco-Gebäude, fast alle Zimmer haben Balkon und Meerblick. Eines der preiswerteren Häuser, mit Cafeteria, Dachterrasse und Pool mit Weitblick im 6. Stock, außerdem Kellerdisco.

6 **Lincoln** (Islazúl) ②, Galliano, esq. Virtudes, Nähe Malecón, Tel. 8628061-65. 1929 gebaut, von außen schlicht, innen große Halle, 135 Zimmer. Hier wurde der Rennfahrer *Juan Manuel Fangio* am 26. Februar 1958 für einen Tag gekidnappt.

13 **Inglaterra** (Gran Caribe) ③, Prado 416, esq. San Rafael y Neptuno, Tel. 8608595-97, www.hotel-inglaterra-cuba.com. *Graham Greene* ließ sich hier in den 1950er Jahren zu seinem Spionage-Roman „Unser Mann in Havanna" inspirieren. Das Café-Restaurant „El Louvre" ist ein guter Platz zum Verweilen und um dem Treiben auf der Straße zuzuschauen, die Zimmer sind eher mau.

14 **Telégrafo** (Habaguanex) ④, 1860 in der Calle Amistad eröffnet, 28 Jahre später an den Prado, esq. Neptuno verlegt, hier wohnte schon *Heinrich Schliemann,* Tel. 8611010. Expressionistisch renoviert. In der Mitte des Hotels, im großen, überdachten Hof, sind Teile der ursprünglichen Säulen und Mauern erhalten. Ebenso behielten die ersten zwei Obergeschosse ihre ursprüngliche Raumaufteilung. Luxuriös mit Blick auf den Prado, 63 Zimmer.

17 **Lido** (Islazúl) ②, Consulado 210, e/Ánimas y Trocadero, Tel. 867110206. Eines der preiswertesten Hotels, deshalb sollte man nicht zu viel erwarten. Die Zimmer im 5. Stock mit Balkon sind teurer. Frühstück im Dachrestaurant.

18 **Hotel Caribbean** (Islazúl) ②, Prado 164, esq. Colón, Tel. 8608210. Am Prado gelegenes Billighotel, von dem man schnell in die Altstadt gelangt. Die Zimmer sind ordentlich, aber winzig, die Flure dunkel und ungemütlich. Zimmer zum Prado laut, nach hinten leiser, aber ohne Fenster.

29 **Park View** (Habaguanex) ②-③, Calle Colón 101, esq. a Morro, Tel. 8613293. Nahe des Prado 1928 als eines der ersten Hotels mit amerikanischem Geld eröffnet. Eher einfaches Haus, vom Dachrestaurant guter Blick, 55 Zimmer.

30 **Sevilla** (Mercure) ④, Trocadero 55, e/Paseo de Martí y Agramonte, Tel. 8608560, 1908 von den Amerikanern *Schutze* und *Weaver* erbaut. Der Blick vom Dachrestaurant im 9. Stock durch die riesigen Fenster auf die Stadt Habana ist sagenhaft. Der

1

Raum selbst ist seit seinem Bau in den 1920er Jahren ein bunter Stilmix. Im Erdgeschoss Ladenpassage mit Shops und Mietwagenschaltern. In der Lobby Fotos aus vorrevolutionären Zeiten. Im Atrium kann man entspannen, Pool im Garten. Die Front zum Trocadero ist im maurischen Stil gehalten.

31 **Parque Central** (Iberostar) ④, Neptuno, e/Prado y Zulueta (am Parque Central), Tel. 8606627. Insgesamt wenig Flair, aber herrlicher Pool mit Bar und Rundumsicht auf dem Dach. Zum Hotel gehört **La Torre,** ein Neubau in der Agramonte mit unterirdischer Verbindung und 60 Zimmern, modern eingerichtet, ebenfalls Dachterrasse mit Bar und Pool.

32 **Hotel Plaza** (Gran Caribe) ④, Ignacio Agramonte (Zulueta) 267, esq. Neptuno, Tel. 8608583, www. hotelplazacuba.com. 188 Zimmer, 1910 gebaut, einst Verlagshaus, ist der klassizistische Stil von La Habanas ältestem Hotel noch in der Halle zu sehen, Zimmer modern und schlicht.

59 **Saratoga** (Habaguanex) ④, Prado 603, esq. a Dragones, Tel. 8681000, 96 Zimmer, das teuerste Hotel am Platze, aber relativ eng, mit Dachterrasse, die Zimmer zum Patio sind leiser, die Umgebung ist leider etwas heruntergekommen.

Privat (siehe Karte S. 42)

3 **Jorge L. Cortada,** Marina 155 e/25 y Príncipe, 4. Stock, apto. 1, Tel. 8274407, 8704687. Großes Apartment am Malecón mit Aussicht: komplett 60 CUC, ein Zimmer mit Bad und Küche 35 CUC.

7 **Sra. Caridad,** Jovellar 208, e/Infanta y San Francisco, Tel. 8782822. 2 Apartments, eines mit separatem Eingang, ab 25 CUC.

9 **Carlos T Vega,** Calle Espada 363, e/Neptuno y San Miguel, apto. 2, Tel. 8738365. Apartment mit separatem Eingang und Balkon für 25 CUC.

11 **Casa Cary y Nilo,** Gervasio 216, e/Concordia y Virtudes, Tel. 8627109, caridadgf45@yahoo.es. 3 schöne DZ in einem alten Kolonialhaus mit hohen Decken. Zimmer mit Kühlschrank, Safe und AC. Frühstück inklusive, 40 CUC pro DZ, Parken am Krankenhaus für 2 CUC pro Tag.

13 **Casa Cary,** Virtudes 511, e/Lealtad y Perserverancia, Tel. 8631802. Ein Zimmer mit AC, Besitzerin spricht englisch. 25 CUC.

14 **Carlos Luis Valderrama Moré,** Neptuno 404, e/San Nicolás y Manrique, 2. Stock, Tel. 8679842. Günstige Lage, 2 schöne Zimmer, eins mit Bad, eins ohne, Balkon, *Carlos* spricht englisch, 25 CUC.

15 **Sra. Deisy Aguado,** Concordia 417 (altos), e/Gervasio y Escobar, Tel. 8625317. Freundliche Atmosphäre. 2 große Zimmer mit Klimaanlage, TV, Kühlschrank und Bad, 25 CUC.

16 **Ana Delia Cruz Martínez,** Neptuno 623, e/Gervasio y Escobar, Tel. 8785578. Ruhig zwischen Universität und Capitolio gelegen, zum Malecón sind es nur drei Blöcke. 2 DZ und ein Apartment. 25–30 CUC.

20 **Ana María Farinas,** Salvador Allende 1005, e/Requena y Almendares, Tel. 8782946, 2 Apartments mit separaten Eingängen, DZ 25 CUC.

21 **Casa M'Aloja,** *Ranses* und *Esperanza,* Maloja 967, e/Infanta y Ayestarán, apto. 2, Tel. 8791784. 2 ruhige DZ, eins mit privatem Eingang, AC, 20 CUC, bepflanzter Patio, Bushaltestelle um die Ecke.

Privat (siehe Karte Umschlag vorn)

7 **Apartamiento Balado,** Galiano 257, e/Neptuno y Concordia, 9. Stock, apto. 98, mit Lift, zu buchen über www.casas-cuba.org. Wohnen im Art-déco-Block, 2 DZ mit Bad, Kühlschrank und AC für 25–30 CUC. Es gibt einen separaten Eingang und einen Blick über Habana Vieja.

10 **Casa Esther,** Aguila 367, e/Neptuno y San Miguel, Tel. 8620401, esthercv2551@cubarte.cult.cu. 4 DZ im 1. Stock, schönes altes Haus, unweit des Capitolio. Um 25 CUC.

16 **Casa Neida García,** Industria 268, e/Neptuno y Virtudes, Tel. 8639459, zwei Blocks vom Parque Central entfernt. 2 Apartments und ein Einzelzimmer. Das Apartment im 1. Stock hat ein Schlafzimmer und ein Kolonialstil-Wohnzimmer mit hoher Decke. In der 2. Etage ist das Zimmer kleiner (ohne Wohnzimmer), aber mit Küche und Terrasse. DZ 25–

30 CUC inkl. Frühstück, das Essen ist sehr gut. Es wird nur Spanisch gesprochen.

22 Dr. Alejandro Osés, Malecón 163 (altos), e/ Aguila y Crespo, apto. 1, Tel. 8637359. Hohe Räume, 3 Zimmer im 1. Stock, ab 25 CUC.

25 Elena J. Lafuente López, Consulado 15 (bajos), e/Cárcel y Genios, apto. 2, Tel. 8617724. Hier geht es einfach zu, 25 CUC.

26 Casa Évora, *Margot* und *Amalia Urrutia,* Prado 20, e/San Lázaro y Cárcel, 7. Stock, apto. A, Tel. 861 7824. Am Prado mit Meerblick, ab 25 CUC.

Essen und Trinken

Restaurants, Paladares etc. (siehe Karte S. 42)

6 Casa Miglis, Lealtad 120, e/Animas y Lagunas, 3 Blocks vom Malecón, Tel. 8641486, www.casa-miglis.com. Na, das ist mal was Exotisches: schwedische Küche in Cuba! Der Chef, *Miglis Michel,* ist ein Filmemacher, der seit 1996 in Cuba lebt. Das renovierte Kolonialhaus hat hohe Decken, die Küche muss jeder selbst beurteilen, ich finde das Lokal einen Ausflug wert. Die Preise sind auf europäischem Niveau, geöffnet ab 12 Uhr.

12 La Guarida, Concordia 418,e/Gervasio y Escobar, Tel. 8669047, im 2. Stock. Das Restaurant wurde bekannt durch den Film „Fresa y Chocolate" (Erdbeer und Schokolade – der erste cubanische Film, der weltweit Beachtung fand!), auch *Rocco,* der Kühlschrank, steht gealtert noch am selben Platz. Hauptgericht ab 12 CUC, unbedingt reservieren!

17 Paladar San Cristóbal, San Rafael 469, e/Lealtad y Companario, Tel. 8679109, 8601705, Mo–Sa ab 12 Uhr. In diesem Paladar, der skurril und erschlagend üppig dekoriert ist, speist man stilvoll auf hohem Niveau, der Ort ist zum Treffpunkt von Intellektuellen und Künstlern geworden. Unbedingt reservieren.

18 Flor de Loto, Salud 313, e/Gervasio y Escobar, Clubrestaurant im Barrio Chino, exzellente Meeresfrüchte als Spezialität.

Restaurants, Paladares etc. (siehe Karte Umschlag vorn)

11 Paladar Amistad de Lanzarote, liegt in der Amistad 211, e/Neptuno y San Miguel, teilweise überhöhte Preise.

15 Prado y Neptuno, Paseo de Martí (Prado), gegenüber dem Hotel *Telégrafo,* serviert gute *Penne Langosta.* Pizzen um 8 CUC.

19 Paladar Doña Blanquita, Paseo de Martí (Prado) 158, e/Colón y Refugio. Man sitzt im Salon oder auf der Terrasse. Das Gericht ab 5 CUC.

21 La California, Calle Crespo 55, e/San Lazaro y Refugio, Tel. 8637510. Eingerichtet in einem Haus aus dem 19. Jh., in den 1930er Jahren ein beliebter Treffpunkt für Jazzmusiker, mit vier Räumen und einem Innenhof. Italienisch geprägte Gerichte, relativ preiswert, mit Raucherraum. Ab Mittag.

23 Castropol, Malecón 107, e/Genios y Crespo, Tel. 8614864, im Erdgeschoss ist eines der üblichen kleinen Restaurants untergebracht, im 1. Stock wird das Ambiente feiner.

23 Nazdarovie, wie der Name vermuten lässt, ein russisches Restaurant, direkt am Malecón, vom Balkon ein herrlicher Blick, gute Preise, authentische Gerichte, Malecón No.25, e/Crespo y Genios im 2. Stock wo die rote Fahne hängt.

24 Paladar Torresón, Malecón 27, im 1. Stock. Das Beste ist der Meerblick, Menü ab 10 CUC.

27 Café 12, Lokal am Prado im dreieckigen Eckhaus zur San Lazaro, die meisten Gäste kommen zum Trinken und Schauen, zu Essen gibt es die üblichen Sandwiches.

58 Los Nardos, Prado 562, Treffpunkt der Sportjugend gegenüber dem Capitolio, im 1. Stock. Ausgezeichnetes und reichhaltiges Essen bei Kerzenschein in anspruchsvollem Ambiente, 6–18 CUC. Geöffnet ab Mittag.

60 Cafetería el Paso, Máximo Gómez, esq. Aponte (50 m vom Supermarkt *Isla de Cuba*). Essen mit Getränk für 6 CUC, man ist vor allem von cubanischen Geschäftsleuten umgeben.

61 Puerto de Sagua, Avenida de Bélgica 603, e/ Acosta y Jesús María, Tel. 8611010. Fischrestaurant,

1

089cu kh

zu erkennen an seinen Bullaugen, nahe dem Bahnhof, zwei Räume, unterschiedliche Preise; im oberen Stock Separées mit gehobenem Preis. Geöffnet 12–24 Uhr.

Nachtleben

Bei allen Etablissements ist eine gewisse **Vorsicht** angeraten, denn Schlepper und zwielichtige Gestalten beiderlei Geschlechts tummeln sich im Nachtleben auf der Suche nach einem Drink, ein wenig „Zuneigung" oder Geld.

Siehe Karte S. 42

4 Casa de la Trova, Calle San Lázaro 661, e/Gervasio y Belascoaín, Tel. 8793373. Freitags Konzerte.

10 Palacio de la Rumba, San Miguel, e/Aramburu y Hospital. Diverse Shows und Konzerte.

Siehe Karte Umschlag vorn

8 Casa de la Música, Calle Galiano, e/Neptuno y Concordia, 16–19 und 22–3.30 Uhr, Mi–So 22 Uhr Konzert mit Vorgruppe. Disco, Salsa. Eintritt: 10–25 CUC, Mo, Di nachmittags 5 CUC.

20 Centro Andalúz, Prado 104, e/Genios y Refugio, Tel. 8636745. Hier gibt es am Wochenende eine Flamencoshow (auch vom Prado aus zu sehen), ansonsten solide spanische Küche.

54 El Floridita – Cuna del Daiquiri, Obispo No. 557, esq. Monserrate (Ave. de Bélgica). *Hemingways* zweite Lieblingsbar enttäuscht. Hier geht es edel und gesittet zu – wenn nicht gerade die Touristenbusse davor halten –, aber es ist kalt, so kalt, dass man sich einen Pullover wünscht. Der Daiquiri kostet genauso viel wie der Mojito, nämlich 6 CUC, was übersteuert ist – da entschädigt auch der rot gewandete Ober nicht. Hier sind Touristen unter sich.

56 Bar Monserrate, Montserrate, esq. Obrapía. Die bessere Option: Einen Blick in die Floridita-Bar werfen und sich dann hierher begeben – hier trinken Cubaner und Touristen.

Theater

Ein Theaterbesuch ist auch dann ein Erlebnis, wenn man kein Spanisch kann.

■ Gran Teatro de La Habana, García Lorca, Paseo de Martí 458, Tel. 613078. Das bekannteste Theater La Habanas wurde 1915 im Neo-Barock errichtet, der mit üppigen Säulen dekorierte Saal fasst bis zu 2000 Personen. *Alejo Carpentier* attestierte dem Bau „Stil ohne Stil". Tagsüber Führungen.

■ **Teatro José Martí,** nach dem baskischen Gründer hieß es 1884 erst *Irijoa* und war ursprünglich eine Operettenbühne. Als die Amerikaner kamen, hieß es *Eden Garden* und wurde zum Sitz der Verfassung gebenden Versammlung. Heute ist es wieder ein prächtiges Theater. Prado, esq. Dragones.

Einkaufen

In der **Calle Neptuno** und dem **Boulevard de San Rafael,** den bevorzugten Einkaufsstraßen der Einheimischen, gibt es eine Menge kleiner Läden.

Siehe Karte Umschlag vorn

■ **Palacio Pedroso,** heute **Palacio de la Artesanía,** Calle Cuba 64: kleine Läden mit cubanischem Handwerk sowie T-Shirts und CDs mit cubanischer Musik, geöffnet 9–19 Uhr.

■ **Manzana de Gómez,** das erste Einkaufszentrum der Stadt, erbaut von 1894 bis 1917, umfasst den Block zwischen den Straßen Neptuno, San Rafael, Zulueta und Monserrate und wird von diagonalen Gängen durchzogen. Der gesamte Häuserblock wird totalsaniert. Das Luxushotel *Gómez* der Kempinski-Gruppe wird einen großen Teil des Blocks einnehmen.

12 **Galeria La Acacia,** San Martín 114, e/Industria y Consulado, Centro Habana, Tel. 39364. Geöffnet Mo–Fr 10–15.30 Uhr, Sa 10–13 Uhr, Bilder des wichtigsten cubanischen Maler der Gegenwart.

34 **Antiquariat,** Progreso oder Empedrado, e/Ave. de las Misiones y Zulueta. Cubanische und ein paar internationale Titel.

60 **Isla de Cuba,** gut ausgestatteter Supermarkt in der Máximo Gómez, esq. Factoría, geöffnet außer So 10–18 Uhr.

91 **Souvenirmarkt,** in der San Rafael, e/Aguila y Ave. de Italia. Großes Angebot.

93 **Zigarrenfabrik José Martí,** *H. Upman,* Calle Belascoaín, e/Penalver y Desague. Eintrittskarten gibt es im Hotel *Saratoga.*

Vedado

La Habana

Die äußere Grenze von Vedado ist der **Malecón,** diese wunderbare Straße, die man immer wieder besuchen muss, am besten abends, wenn die Sonne im Meer verschwindet und die Menschen auf der Ufermauer sitzen und dem Schauspiel beiwohnen. *Avenida del Golfo* hieß sie ursprünglich und wurde mit der aufstrebenden Stadt so etwas wie ein Symbol. In der Zeit von 1901 bis 1950 durch Aufschüttungen angelegt, stehen im westlichen Teil um die Avenida de los Presidentes noch viele alte Villen.

La Rampa oder die „23" *(veintitrés)* ist die Hauptschlagader des modernen La Habana. Sie beginnt an der Almendares-Brücke beim Vedado-Hügel und führt hinunter bis zum Malecón. Im unteren Abschnitt befinden sich neben Geschäften auch zahlreiche Hotels, Niederlassungen von Fluggesellschaften, die Zentrale des staatlichen Reisebüros *Cubatur* sowie das berühmte Hotel *Habana Libre.* Außerdem steht hier der Cubanische Pavillon, der die Landesgeschichte anhand von Objekten, Fotos und seiner eigenen Architektur darstellt.

Sehenswertes

Malecón

Torreón de San Lázaro

Auf dem Malecón, kurz vor der Rampa, steht diese Anlage aus dem 16. Jh. Sie diente dem **Schutz vor Piraten.** Heute stemmt sich der kleine Turm gegen den tosenden Verkehr.

`1`

Vedado

■ Unterkunft
- 3 Casa Blanca Lodging
- 5 Paseo Habana
- 11 Hotel Meliá Cohiba
- 12 Hotel Riviera
- 16 Hotel Presidente
- 21 Hotel Victoria
- 23 Hotel Capri
- 25 Hotel Nacional
- 28 Vedado
- 29 Hotel St. John's
- 32 Hotel Habana Libre
- 33 Hotel Colina
- 36 Graciela Hernández
- 38 Villa Babi

■ Essen und Trinken
- 1 Paladar Doña Juana
- 2 Café Madrigal
- 8 Restaurant Decameron
- 10 Paladar Atelier
- 15 Opera
- 17 Porto Habana
- 18 Paladar Monopoly
- 19 Restaurant El Conejito

- 20 Restaurant La Torre
- 21 La Roca
- 22 Café Laurent
- 24 Restaurant Monseigneur
- 31 Heladeria Coppelia
- 34 El Idilio
- 35 El Hurón Azul
- 39 Bar Bohemia

■ Nachtleben
- 4 Casa de la Amistad
- 11 Habana Café
- 12 Copa Room
- 13 Jazz Café

- 23 Salon Rojo
- 25 Cabaret Parisién
- 27 Jazzclub La Zorra y el Cuervo
- 32 Cabaret Turquino
- 37 Café Cantante mi Habana, Bar El Delirio Habanero

Malecón

Denkmal Calixto García

Casa de las Américas

Avenida de los Presidentes

Museo de la Danza

Hospital Municipal de Maternidad América Arias

Museo de Arte Colonial

Teatro J.A. Mella

Deutsche Botschaft

Casa del Vedado

Cubamar

Casa de la Cultura

CADECA (Wechsel-stube)

Parque John Lennon

Fuerte de Santa Dorotea de la Luna de la Chorrera

Miramar

Fußgänger-brücke

Río Almendares

Parque Almendares

V e d a d o

La Rampa

Calzada de Zapata

Haupteingang

Friedhof

Necrópolis Cristóbal Colón

Chinesischer Friedhof

San Antonio Chiquito

0 ▬▬▬ 200 m

Cuba 05

■ Einkaufen/Sonstiges
6 Bauernmarkt Cuatro Caminos
7 Fundación Ludwig
9 DHL Express
13 Einkaufszentrum,
   Galerías de Paseo
14 Flohmarkt
21 Supermarkt
26 Büros der Fluggesellschaften
30 Kunsthandwerk-Markt

Denkmal für die Opfer der Maine

Nachdem das **US-Kriegsschiff 1898** im Hafen explodierte, wurde das Denkmal unterhalb des *Hotel Nacional* am Malecón gebaut. Vor der Revolution hatte es noch einen Adler an der Spitze. Die Inschrift bezieht sich noch auf die Theorie, dass der amerikanische Geheimdienst das Schiff selbst in die Luft jagte, um einen Grund zur Intervention zu haben. Diese These wurde jedoch später durch Untersuchungen widerlegt.

Avenida de los Presidentes

Der Stadtteil wird vom **Edificio Focsa** überragt; das Hochhaus wurde 1954 in knapp zwei Jahren Bauzeit hochgezogen. Der damals zweitgrößte Betonbau der Welt galt als Meilenstein des Bauwesens und umfasste 38 Stockwerke mit 370 Wohnungen und einem Dachrestaurant. In den 1990er Jahren fiel das Haus im wahrsten Sinne des Wortes unter die Geier; inzwischen wurde es renoviert und die Geier vertrieben.

Die Ave. de los Presidentes zieren Statuen vieler Präsidenten Amerikas; von *Tomás Estrada Palma,* dem ersten Präsidenten Cubas, blieb nur der Sockel samt Schuhen übrig.

Museo de Arte Colonial

Ein Sammler hat in seinem Palast ein **Kolonialmuseum** eröffnet. So gibt es beispielsweise ein Zimmer im chinesischen Stil. Calle 17 No. 502, e/Calle D y Calle E, 5 CUC.

Casa del Vedado

Eine typische Villa der 1920er Jahre an der 23 No. 664, e/Calle D y Calle E. Von

1

außen wie die anderen Häuser der Umgebung, aber hier ist ein **soziokulturelles Projekt** heimisch. Das Herrenhaus schenkte der Kaufmann *Manuel Campa* seiner Tochter. Nach ihrem Tod ging es an das Amt für Denkmalschutz. 2007 wurde es wiedereröffnet, im Zuge des Tourismusprojektes „Routen und Wege", das auf die Geschichte der Stadtarchitektur hinweisen sollte. Um 10, 11.30 und 15 Uhr werden Führungen durch die Räume und den Garten angeboten, Eintritt frei, Spenden sind willkommen.

Museo de la Danza
Alles über den **Tanz auf Cuba,** Linea 251, esq. Ave. de los Presidentes, Dienstag bis Sonntag, 11–18 Uhr, 4 CUC.

Parque John Lennon
Dem Ex-Beatle wurde hier vom Bildhauer *José Villa Soberón* ein offizielles Denkmal gesetzt, weil er in seinen Songs kritisch mit den USA umging. Die **Bronzefigur** des Musikers sitzt lässig und lebensgroß auf einer Parkbank. Calle 17, e/Calle 6 y Calle 8. Da *Lennons* Brille immer geklaut wurde, hat sie der Parkwächter in Verwahrung.

Plaza de la Revolución

Der Platz stellt das politische Zentrum Habanas dar. Er wird von einem 142 m hohen Obelisken mit einem **Denkmal José Martís** aus den 1920er Jahren beherrscht. Die Säule mit dem 5-zackigen Grundriss wurde aus Stahlbeton errichtet und mit 10.000 Tonnen weißen Marmors verkleidet. Um den Platz herum liegen die wichtigsten Ministerien, das Nationaltheater und die **Nationalbiblio-**

thek mit einem Bestand von einer Million Büchern. Man kann manchmal für 5 CUC mit dem Lift an die Spitze des Monuments fahren und den atemberaubenden Blick auf die Stadt genießen; wer zu Fuß hochsteigen will, zahlt 1 CUC. Im Sockel ist ein kleines **Museum** über das Leben und Wirken von *José Martí* untergebracht, 3 CUC Eintritt.

Zu der allseits bekannten Silhouette von *Ché Guevara* an der Stirnseite des Innenministeriums ist 2009 die von *Camilo Cienfuegos* hinzugekommen. *Enrique Avila* schuf auch sie für das Informationsministerium, wo extra eine Blindwand vor die Fassade gebaut wurde, um die beiden Porträts anzugleichen.

Universität
Sie liegt von Grün umgeben auf einem Hügel. Das **neoklassizistische Gebäude** wurde 1902 bezogen. Ursprünglich gab es vier Fakultäten: Philosophie, Jurisprudenz, Medizin und Pharmakologie. Im Jahr 1933 erzwangen die Studenten die Selbstverwaltung, in den 1950er Jahren wurde die Universität zur Brutstätte des Aufruhrs gegen die Diktatur.

Das **Museo Antropológico Montané** auf dem Gelände der Uni informiert über Cubas Frühgeschichte, hauptsächlich über die Taíno- und Siboney-Indígenas. Auch ausgestopfte Tiere sind zu sehen. An der Mathe-Fakultät, Eintritt frei, in den Semesterferien geschlossen.

Nationaltheater
Modernismus pur setzten *Nicolás Arroyo* und *Gabriela Menéndez* Ende der 1950er Jahre in Szene. Die zwei trapezförmigen Theatersäle sind in der Mitte im Bühnenbereich durch einen quaderförmigen Riegel verbunden und von au-

ßen erkennbar. Es gibt zwei Frontfassaden mit separaten Zugängen; der Zugangsbereich des großen Saals ist durch die Glasfassade von der Straße aus sichtbar. Das Haus wurde 1960 eröffnet, dann aber wieder geschlossen, um die Technik zu installieren; die endgültige Eröffnung war 1979. Carlos Manuel de Céspedes, esq. Paseo, Plaza de la Revolución.

Necrópolis Cristóbal Colón

Dieser **Friedhof** mit seinen rund 800.000 prunkvollen Grabstätten zählt zu den wichtigen kulturellen Stätten Amerikas.

Die parkähnliche Anlage von 1868 ist von Alleen durchzogen, in der Mitte liegt eine Kapelle. Nicht selten werden die Gräber von Marmorskulpturen geschmückt. Einige Grabstätten sind arg verfallen, andere wurden renoviert. Die Skulptur der *Amelin de Milagrosa* ist zu einer Wallfahrtsstätte geworden. Die schwangere Frau, die hier begraben liegt, soll bei der Exhumierung ihr Kind im Arm gehalten haben. Nun pilgern die Cubaner hierher, um für ein weiteres Wunder zu beten. Der Eingang, ein großer Bogen von 1904, ist von der Zapata,

Spuren einer Seeschlacht auf dem Friedhof Colón

Auf dem Friedhof Cristóbal Colón befindet sich ein Grabstein für die **Opfer des Deutsch-Französischen Krieges von 1870/71.** Vor der Küste von La Habana ereignete sich damals ein Gefecht zwischen den beiden verfeindeten Staaten. Am 7.11.1870 lief das kleine deutsche **dampfgetriebene Kanonenboot „Meteor"** in den neutralen Hafen von La Habana ein. Kurze Zeit später folgte der französische Kriegsgegner in Gestalt des schnellen, **schwer bewaffneten Seglers „Bouvet".** Nach einigen Drohgebärden beider Schiffe segelte das französische wieder aus dem Hafen hinaus. Der spanische Hafenmeister erlaubte den Deutschen erst einen Tag später die Ausfahrt, doch die „Bouvet" wartete zehn Seemeilen nördlich auf das deutsche Kanonenboot. Sie ging vor der Hafeneinfahrt nach einem kurzen Schusswechsel auf Kollisionskurs, was vom deutschen Kapitän zu spät erkannt wurde. Die Schiffe

schrammten längsseits aneinander, wobei der „Meteor" außer einem Teil der schweren Kanonen zwei Masten abgerissen wurden (die es trotz der Dampfmaschine noch gab). In dem Durcheinander erschossen die Franzosen mit Gewehren zwei deutsche Seeleute und den Steuermann. Damit sich die Takelage nicht in die Schraube wickelte, musste die „Meteor" abdrehen und die Maschine stoppen. Es kam zu einem Schusswechsel mit den noch einsatzfähigen Kanonen beider Schiffe.

Die „Bouvet" setzte nach einem Kesselschaden die Segel und floh in den Hafen, die Meteor wurde von einem spanischen Schiff an der Verfolgung gehindert, da La Habana damals noch der spanischen Krone unterstand und Kampfhandlungen fremder Staaten in spanischen Gewässern nicht geduldet wurden. Die toten Seeleute wurden auf dem Friedhof Cristóbal Colón beigesetzt und später nach Deutschland überführt.

esq. Calle 12, ein Lageplan der berühmten Grabstätten hängt am Eingang, geöffnet 8–18 Uhr, 5 CUC inkl. Faltplan.

Sinagoga Bet Shalom
Die Synagoge in der Calle L 251, e/Calle 13 y Calle 15, ist die **größte der drei in La Habana** und fasst 1500 Gläubige.

Parque Almendares
Ein **Erholungsgebiet** am gleichnamigen Fluss in Höhe der Calle 23. Es gibt ruhige Bänke am Ufer, schattige Pflanzen und allerlei Unterhaltsames wie Ruderbootverleih und das Anfiteatro, wo moderne Musik gespielt wird, Reggae oder Elektronik am Freitagabend und Rap am Samstag. Auch Essensstände finden sich hier und das Restaurant *Club Almendares,* Calle 47 C, esq. Calle 28 A.

Gebäude im Art-déco-Stil

Art-déco-Freunde können mehrfach fündig werden, z.B. in der Ave. G (Ave. de los Presidentes), e/Calle 9 y Calle 11. Hier steht das **Hospital Municipal de Maternidad América Arias** von 1935. Das Glasdach in der Haupthalle ist allerdings vom Stil her eher klassizistisch.

Ein weiterer Bau dieser Art ist die **Clínica de Dependientes** von 1938 in der Calzada de diez de Octubre 130, esq. Alejandro Ramírez. Sie hat eine sehenswerte Eingangshalle mit Art-déco-Säulen und Flieseneinlegearbeiten im Romagnosa-Pavillon.

Innen wie außen Bilderbuch-Art-déco ist das **Apartmenthaus López Serrano** in der Calle 13 No. 108, esq. Calle L.

Die **Casa de las Américas** liegt an der Avenida de los Presidentes, e/Calle 2 y Calle 5, und dient als Kongresszentrum. Es gibt eine Sammlung lateinamerikanischer Kunst, etwas Op-Art *(Victor Vasarely)* und den „Baum des Lebens", ein sechs Meter hohes Keramikrelief aus Mexico im Saal.

Quinta de los Molinos, Avenida Salvador Allende, esq. Luaces. Im Garten der ehemaligen Residenz des Generals *Máximo Gómez* standen ursprünglich die namensgebenden Mühlen; sie mahlten Schnupftabak für die *Real Factoría de Tabaco* der spanischen Krone. Kostenlose Führungen.

⊲ Freizeitvergnügen auf dem Río Almendares

Praktische Tipps

Unterkunft

Die Hotels am Malecón sind in der Regel laut und die modernen Häuser eher schlichte, aber komfortable Klötze. Der Weg in die Altstadt ist weit, immerhin sind die Jazzclubs schnell erreicht.

Hotels (siehe Karte S. 52)

5 **Paseo Habana** (Islazúl) ②, Ave. 17, esq. Calle A, Tel. 8360808. Einfach, preiswert und bequem – und mitten im Vedado.

11 **Meliá Cohiba** (Sol-Meliá) ④, Ave. Paseo, e/ Calle 1 y 3, Tel. 8333636. Das 22-stöckige Haus hat gehobenen Standard mit kleinen Fehlern. 460 Zimmer und in der Halle diverse Einkaufsmöglichkeiten, schnelles WLAN für 8 CUC die Stunde und großer Pool. Die oberen Etagen *(Club Real)* sind eher Luxus.

12 **Riviera** (Gran Caribe) ③, Paseo, esq. Malecón, Tel. 8364051, www.hotelhavanariviera.com. Den berühmten Luxusbau ließ 1957 der Mafiaboss *Meyer-Lansky* erbauen. Äußerlich war der y-förmige, 17-stöckige Bau nicht so aufregend, es war aber das erste große Hotel, das statt der „Rappelkisten" an den Fenstern eine zentrale Klimaanlage besaß. 354 Zimmer, teilweise mit Meerblick, Pool, Restaurant, Wechselstube etc. Vor dem Hotel liegt das kugelförmige Spielkasino, das heute anderen Zwecken dient. Es gibt einen großen Pool, nur könnte das Haus mal saniert werden.

16 **Hotel Presidente** (ROC) ③, Ave. de los Presidentes, esq. Calzada 110, Tel. 8381801-04. In den 1920ern Luxus, heute nach der Renovierung auch wieder: Marmor, edle Kunst, viel Flair. 158 Zimmer, zwei Restaurants, Cafeteria, Snack-Bar, Bar, kleiner Pool, allerdings etwas laut von der Straße her.

21 **Victoria** (Gran Caribe) ③, Calle 19, esq. M., Tel. 8333510, www.hotelvictoriacuba.com. Ein 30-Zimmer-Luxushotel in einem Haus aus den 1920er Jahren, mit Pool und kostenlosen Parkplätzen. Kleine Zimmer, innen abgewohnt, aber ruhige Lage.

23 **Capri** (NH) ④, Calle 21, e/N y O, Tel. 8397200, www.nh-hoteles.de. Berühmtes Hotel aus den 1950er Jahren, lange Zeit geschlossen, nun ist es wieder eröffnet. 220 nette Zimmer, viele mit Blick zum Malecón. Pool auf dem Dach (am Anfang des Films „Soy Cuba" zu sehen).

25 **Nacional** (Gran Caribe) ④, Calle O, esq. 21, Tel. 8363564-67, www.hotelnacional-cuba.com. Luxushotel der 1920er Jahre, hier trafen sich Leinwandgrößen und Politiker. Davon zehrt es noch heute, der Rest ist eher mäßig. Allerdings finden sich hier einige touristische Einrichtungen, zwei Pools und ein Café mit Meerblick.

28 **Vedado** (Gran Caribe) ③, Calle O, esq. 25, Tel. 8364072. 5-stöckiges Hotel in einem 1950er-Jahre-Haus, kleine Zimmer, Pool, Autovermietung, Service mittelmäßig, laut von der Rampa her.

29 **St. John's** (Gran Caribe) ③, Calle 0 No. 216, e/23 y 25, Tel. 8333740. Alle 78 schlichten Zimmer mit Bad und AC, ziemlich in die Jahre gekommen. Im obersten Stockwerk Pool und Bar.

32 **Habana Libre** (Sol-Meliá/Tryp) ④, Paseo (Calle L), esq. La Rampa (23), Tel. 8346100. Das 25-stöckige Hochhaus wurde 1958 als Hilton gebaut und nach der Revolution enteignet. Nicht wirklich gepflegt, aber die Zimmer sind groß und haben oben einen guten Blick, die Lobby ist immer voller Leute, im Seitenflügel sind einige Geschäfte.

33 **Colina** (Islazúl) ②, Calle L 501, e/27 y Jovellar, Tel. 8332065. Die Billigherberge mit 79 Zimmern liegt gegenüber der Universität und zwei Straßen von La Rampa entfernt. Mit Wechselstube und 24-Stunden-Cafeteria, man sollte sich vorher die Zimmer ansehen.

Privat (siehe Karte S. 52)

3 **Casa Blanca Lodging,** Jorge Luis Duany, Calle 13 No. 917, e/8 y 6, Tel. 8335697, http://cadr1.tripod.com. Zimmer mit Bad und AC im 1. Stock eines Kolonialhauses nahe der Línea, Parkplatz vorhanden, der Besitzer spricht englisch, 25 CUC.

36 **Graciela Hernández,** Calle 21 No. 802, e/2 y 4 apto. 25, 6. Stock, Tel. 8334911. Von der Dachterrasse aus hat man einen Rundblick auf die Stadt. 2 DZ 30 CUC, großes Frühstück 5 CUC.

38 **Villa Babi,** Calle 27, e/6 y 8, Tel. 8306373. Die Filmproduzentin und Witwe des Regisseurs *Tomás Gutiérez Alea* vermietet zwei Zimmer mit Bad in ihrem mit Kunst und Kram vollgestopften Haus, mit Terrasse, ab 25 CUC.

Privat (siehe Karte S. 62)

22 **Magali Sevila Leyva,** Calle 13 No. 1207, e/18 y 20, apto. 4, Tel. 8334114. Nähe Malecón, Zimmer mit Bad und AC, ab 25 CUC.

25 **María de las Alvárez,** Calle 28 No. 172, e/17 y 19, Tel. 8302607, 8313382. Das alte Haus hat einen ruhigen Garten und eine weitläufige Veranda zum Ausruhen. Das Zimmer ist villengemäß groß und verfügt über ein Bad. 25 CUC. Von hier fahren Busse für 40 Centavos in die Stadt. Privatparkplatz vorhanden. Die Hausherrin besitzt acht Hunde.

Essen und Trinken

Wer von der Altstadt den Malecón nach Vedado läuft, findet eine ganze Reihe kleiner Gaststätten.

Restaurants, Bars etc. (siehe Karte S. 52)

2 **Café Madrigal,** Calle 17 No. 809, e/2 y 4, Tel. 8312433, ist mehr eine Bar im 1. Stock mit allerlei buntem Volk.

8 **Restaurant Decameron,** Línea 753, e/Paseo y Calle 2, renovierungsbedürftig von außen, aber fabelhafte Küche zu noch moderaten Preisen (Hauptgericht ab 11 CUC, Pizza ab 4,50 CUC).

15 **Opera,** Calle 5 No. 204, e/E y F, Tel. 8312255, geöffnet 19–23 Uhr. Restaurant in einer Villa mit Garten, gute Küche, auch vegetarisch, die Lage und das Ambiente sind hervorragend.

17 **Porto Habana,** Calle E 158 B, e/Calzada y 9na, Tel. 8331425, 8331425, tgl. 12–24 Uhr. Im 11. Stock eines 1950er-Jahre-Wohnhauses, toller Blick, gutes

Essen, vorwiegend kreolisch, ab 6 CUC. Wer tagsüber reservieren will, beachte die Anweisungen auf dem Klingelschild, abends gibt es eine Concierge.

19 **El Conejito,** Calle M 206, esq. Calle 17. Spezialisiert auf Kaninchen, edles Ambiente, von 12 Uhr bis Mitternacht, für Cuba ziemlich hohe Preise.

20 **La Torre,** Calle 17 No. 55, e/M y N. Nicht zu verfehlen, denn es liegt im *Edificio Focsa,* dem größten Gebäude der Stadt. Das Restaurant ist im 33. Stock, man speist mit Blick auf die Stadt, was für den Service entschädigt. Geöffnet von Mittag bis 23.30 Uhr. Es gibt noch eine Bar, in die man sich nach dem Essen begeben kann. Mittlere Preisklasse.

21 **La Roca,** Calle 19, esq. M. Gutes Essen in schöner Atmosphäre, Menüs für 5 CUC.

22 **Café Laurent,** Calle M 257, e/19 y 21 (Penthouse). Reservierung Tel. 8312090, http://cafelaurent.ueuo.com. Tolles Restaurant im 1950er-Jahre-Stil im obersten Stockwerk eines vierstöckigen Gebäudes mit herrlichem Blick von der Terrasse. Obere Preisklasse.

24 **Monseigneur,** Calle 21, esq. Calle O, gegenüber *Hotel Nacional.* Edleres Restaurant mit Pianomusik, die Languste kostet 30 CUC. 12–1 Uhr.

31 **Heladería Coppelia,** diese berühmte Eisdiele liegt seit 1967 im Parque Rampa, esq. Calle L. Sie sieht aus wie ein UFO und war im Film „Erdbeer und Schokolade" zu sehen. Es bilden sich lange Schlangen an den Eingängen, die Angestellten haben alle Hände voll zu tun. Touristen sollen ihr Eis an einem Extrastand außerhalb bekommen, aber es macht mehr Spaß, sich bei den Habaneros einzureihen (Aufpasser wollen Touristen zu dem kleinen Devisen-Eisstand führen). Wer auf den Rummel keinen Wert legt, zahlt an Eisständen in den umliegenden Straßen für eine Portion höchstens die Hälfte.

34 **El Idilio,** Calle G 351, esq. 15, Tel. 8307921. Kleines Restaurant mit guter Küche, tgl. 12–24 Uhr, Hauptgerichte ab 11 CUC, Wein auch glasweise.

35 **El Hurón Azul,** Humboldt 153, esq. Calle P. Hier ist es oft voll, hervorragendes Essen um 15 CUC, es gibt einen Aufschlag für Bedienung. Geöffnet von 12 Uhr bis Mitternacht.

39 Bar Bohemia, Calle 21 No. 1065, e/12 y 14 (die Calle 21 fast bis zum Friedhof fahren), Tel. 8336918. Stilvolle Tapasbar in einer kolonialen Villa.

Restaurants, Bars etc. (siehe Karte S. 62)

24 El Cocinero, Calle 26, e/11 y 13, Tel. 8322355, auf der Dachterrasse (über eine Wendeltreppe zu erreichen) einer ehemaligen Fabrik für Speiseöl, kurz vor der Almendares-Brücke, die 2. Etage in Schwarz und Grau ist vornehm, die offene Terrasse mit Pflanzen hat Bistro-Atmosphäre. Lokale Gerichte, modern zubereitet. Ab Mittag.

20 Restaurante 1830, Calzada 1252. Hervorragende Meeresfrüchte, mit Blick über die Bucht, bietet die in Vedado am westlichen Ende des Malecón gelegene Festung. Die Preise sind hoch, sie entsprechen dem Stil des Hauses. Geöffnet ab Mittag bis 22 Uhr, danach gibt es Tanz im Garten.

Paladares (siehe Karte S. 52)

Ein Menü bekommt man in der Regel ab 10 CUC. Es gibt nur selten eine Speisekarte, daher sollte man sich vorher über den Preis vergewissern.

1 Doña Juana, Calle 19 No. 909, e/Calle 6 y 8, 1. Stock. Das Haus ist an den roten Säulen zu erkennen. Eine Außentreppe führt hinauf, Küche cajuncubanisch, Tel. 8322699, Mo–So 11–23.30 Uhr.

10 Paladar Atelier, Calle 5ta No. 511 (altos), e/Paseo y Calle 2, Tel. 8362025, www.atelier-cuba.com. Die Villa war einst das Herrenhaus von einem Senator der neokolonialen Republik und bietet nun ein einzigartiges Ambiente mit Verwöhnküche, zelebriert auf altem Geschirr in der Ruhe des Hauses. Das Wort „Paladar" führt in die Irre, es handelt sich um ein gehobenes Restaurant, das durchweg gute Kritiken bekommt.

18 Monopoly, Calle K 154, e/Línea y Calle 11. Die Antiquitäten im Haus wurden sicher nicht mit Spielgeld angeschafft. 12 Uhr bis Mitternacht geöffnet.

Paladar (siehe Karte S. 62)

23 Las Mercedes, Calle 18 No. 204, e/Calle 15 y 17, Tel. 8315706. Schöner Garten, gutbürgerlich-karibische Küche. Immer gut besucht, daher Vorbestellung nötig. Geöffnet: von 12 Uhr bis Mitternacht.

Nachtleben

Man muss sich immer im Klaren sein, dass Orte, an denen Ausländer dem Alkohol zusprechen, die ärmere Bevölkerung auf der Suche nach einem Freigetränk oder mehr anziehen. Man sollte sich nicht von Fremden zum Rumtrinken überreden lassen.

Siehe Karte S. 52

4 Casa de la Amistad, Paseo 406, e/17 y 19, Tel. 8302468. Mi und Sa Konzerte, im Obergeschoss kleine Terrasse.

11 Habana Café, am Hotel *Meliá Cohiba,* Ave. Paseo e/1ra y 3ra, Tel. 8333636. Restaurant, Konzerte, Disco, int./Salsa, Eintritt 10 CUC, gute Show ab 21.30 Uhr.

12 Copa Room, im Hotel *Riviera,* Tel. 8364001. Cabaret im Stil der 1950er, täglich ab 22 Uhr.

13 Jazz Café, 1ra y Paseo, Tel. 8553556. Jazz-Club, tagsüber Konzerte, abends auch Restaurant mit Bar, im 3. Stock der *Galerías de Paseo,* inkl. Essen und Getränke bis 10 CUC.

23 Salón Rojo, am *Hotel Capri,* Calle 21, esq. N, Tel. 8333747, Disco, int./Salsa, bis 2 Uhr.

25 Cabaret Parisién, im *Hotel Nacional,* Calle 21 und Calle O, Tel. 8363663. Fr–Mi ab 21 Uhr, Show 22–0.30 Uhr, Eintritt 35 CUC. Ein erfolgreiches Varieté mit großem Kostümaufwand, teilweise in spanischer Sprache. Eine Alternative zum *Tropicana.*

27 La Zorra y el Cuervo, Calle 23 No. 155, e/N y O, Tel. 8332402. Ein ganz toller alter Jazz Club, gute Konzerte ab 23 Uhr, Eintritt 10 CUC inkl. 2 Drinks, bei Touristen sehr beliebt.

1

32 **Cabaret Turquino,** im Hotel *Habana Libre,* Calle L, Tel. 8554011. Cabaretshow, danach oft Disco und Konzerte, im 26. Stock, das Dach kann elektrisch geöffnet werden, Eintritt 10–15 CUC, teure Drinks, touristische Angelegenheit.

37 **El Delirio Habanero,** Bar and Jazzclub am Teatro Nacional, Tel. 8784275, Plaza de la Revolución, Paseo y Calle 39, mit Fenstern zum Platz. Cubaner und Touristen, Cocktails, kleine Gerichte, geöffnet ab 22 Uhr, Eintritt ab 10 CUC.

37 **Café Cantante mi Habana,** Paseo, esq. 39, Tel. 8335713, im Keller des Nationaltheaters an der Plaza de Revolución. Konzerte, Disco. Eintritt ab 10 CUC. Täglich 22 Uhr bis meist 4 Uhr früh.

Siehe Karte S. 52

■ **Casa de la Cultura,** Calzada 909, esq. Calle 8, Tel. 212023. Die alte Villa ist die „Zentrale" des Jazzfestes, großer Innenhof für Veranstaltungen.

Siehe Karte S. 62

28 **El Chevere,** Parque Almendares, Calle 49A, esq. 28A, Freiluftdisco. Hier trifft man sowohl Touristen als auch Einheimische. Ab 22 Uhr, 6–10 CUC, www.club-salseando-chevere.com.

Theater

■ **Teatro Julio Antonio Mella,** Linea 657 e/A y B, Tel. 8338696. Theater und Musicals. Im schattigen Garten des Hauses aus den 1950er Jahren spielen am Nachmittag oft heimische Künstler. Es gibt Getränke zu fairen Preisen.

■ **Teatro Nacional de Cuba,** Paseo 39, Tel. 8793 558. Siehe „Sehenswürdigkeiten".

Einkaufen (siehe Karte S. 52)

Gute Einkaufsmöglichkeiten bieten die **Galerías de Paseo** gegenüber dem Hotel *Meliá Cohiba* am Ende des Paseo.

6 **Bauernmarkt:** Calle 19, esq. Calle B. Hier kauft man Obst und Gemüse für Pesos.

7 **Fundación Ludwig:** Calle 13 No. 509, Tel. 8333 588. Die Stiftung arbeitet mit jungen cubanischen Künstlern zusammen.

21 **Supermarkt:** am Edificio Focsa, Calle 17, esq. Calle M, wochentags 9–18 Uhr.

30 **Kunstmarkt:** Calle 23, e/N y M, der übliche Tand, aber vielleicht findet sich ein Mitbringsel.

Miramar

Im Westen der Stadt gelangt man in das **Botschaftsviertel** Miramar, das vor der Revolution ein gepflegtes Wohngebiet der Reichen war. Die sind während der Revolution dann über Nacht in die USA entschwunden, sodass *Castro* die Häuser beschlagnahmen und umfunktionieren konnte. So wurden daraus Botschaften, Schulen und Regierungsgebäude. Viele der ehemaligen Prunkvillen sind allerdings verfallen und unbewohnt.

Den Stadtteil erreicht man vom Malecón aus über **zwei Tunnel** unter dem Río Almendares. Wie der Tunél de Bahía im Westen, so ist auch dieser für Radfahrer verboten; Radler nehmen die Bahnbrücke südlich davon. Auch die Verlängerung, die Avenida 5ta, ist für Pedalisten bis zum Kreisverkehr (Calle 112) tabu.

In Miramar gibt es auch ein **Meerwasseraquarium;** zu sehen sind tropischmaritime Fauna und Flora in verschiedenen Hallen, außerdem Shows, und es gibt auch eine Bibliothek. Avenida 1ra, esq. 60, 7 CUC.

Kommt man aus dem Tunnel der Avenida 5ta, liegt rechts ein kleiner Park und dahinter eine große Villa, die man die

Casa de las Tejas Verdes nennt, das „Haus der grünen Ziegel". Es präsentiert sich komplett grün mit spitzen Türmchen, die mit grünen Dachziegeln gedeckt sind. Seit der Restaurierung 2009 ist das Haus ein Architekturzentrum. Dahinter liegt eine Gartenanlage mit zwei Wasserbecken.

Sehenswert ist das **Instituto Superior de Arte,** die Kunstschule im Stadtteil Cubanacán. *Ricardo Porro, Vittorio Garatti* und *Roberto Gottardi* schufen ein organisches Gebilde aus Ziegelsteingängen, die die einzelnen kuppelförmigen Räume miteinander verbinden. Zu finden ist das Gelände, wenn man die Avenida 5ta stadtauswärts fährt und dann im zweiten Kreisverkehr die zweite Allee rausfährt (vor der Tankstelle), dann hinter dem Sportplatz die Straße mit dem Mittelstreifen links nimmt und dann die zweite Straße vor dem Wäldchen rechts (Calles 11, 23, 120, 134 y 146).

Unterkunft

Hotels

1 Club Acuario (Cubanacán) ④, bunte mehrstöckige Einzelhäuser an der Ave. 5ra, esq. Calle 248, Tel. 2047628. 170 Zimmer mit Blick aufs Meer, aber weit draußen auf dem Gelände der Marina Hemingway, mit Anlegestellen für Boote hinter den einzelnen Häusern. All inclusive.

1 Hotel Occidental ③, Avenida 5ra, e/Calle 73 y 76. Pool, Fitnessraum, Restaurants, mehrmals am Tag kostenloser Shuttlebus in die Stadt.

4 Panorama Hotel Havana (H10) ④, Ave. 3ra, esq. Calle 70, Tel. 2040100. 300-Zimmer-Haus mit Spiegelfassade. Geld abheben mit VISA-Kreditkarte möglich.

5 Comodoro (Cubanacán) ③-④, Ave. 3ra, esq. Calle 84, Tel. 2045551. 4-stöckiger Block mit 250 schlichten Zimmern und weiteren Zimmern in Bungalows. Pool und vier Bars.

5 Neptuno/Tritón (Gran Caribe) ③, Ave. 3ra, esq. 74, Miramar Beach, Tel. 2041606 und 2040044. Tagungshotel, 266 Doppelzimmer in den zwei Hochhäusern, teils mit Meerblick. Das *Tritón* ist etwas teurer.

8 Hotel Copacabana (Cubanacán) ③, Ave. 1ra, e/44 y 46, Tel. 2041037. Mittelgroßes Hotel am Meer, allerdings kein Sandstrand, Pool, Restaurant, ziemlich ab vom Schuss und meist nur von Rundreisegästen besucht.

10 Hotel Mirazul ③, Ave. 5, e/Calle 36 y 40, Tel. 2040088. Schönes kleines Hotel mit 8 Zimmern, geleitet vom Bildungsministerium.

31 El Bosque (Gaviota) ①, Calle 28a, e/Ave. 49a y 49c, Tel. 2049535. Preiswertes, modernes Haus unweit vom Almendares-Park im Stadtwald, Zimmer mit großen Bogenfenstern.

37 Hotel San Alejandro (Islazul) ③, Ave. 31, e/76 y 78, Marianao, Tel. 2742400. Weit draußen in der Nähe des Tropicana liegt dieses klassizistische Gebäude, das wie ein Regierungsgebäude aussieht. 78 Zimmer, Restaurant, Shop, Check-in ab 16 Uhr.

Privat

17 Casa Alojamiento Playa 16, Ave. 1ra No. 1408, e/14 y 16, Tel. 2091091. Kleines Apartment im 1. Stock eines Hauses in Meeresnähe, eigener Eingang, AC und Kühlschank. 40 CUC.

32 Victoria Anaut, Carmen 456, e/d'Strampes y Juan Delgado, La Vibora, Tel. 7413 828. 15 CUC pro Zimmer, mit Bad, die Küche teilt man mit der Familie. Bushaltestellen in der Nähe, oder in 15 Minuten zur Calle 10 de Octubre laufen; von hier mit dem Metrobus M6 Richtung Vedado.

33 Casa Mercy, Calle 68 No. 4111, e/41 y 43, Tel. 2036735. 2-stöckiges modernes Haus in der Nähe des Tropicana in den Höhen von Belén, um die Ecke befindet sich ein Schnellimbiss. Apartment mit eigenem Eingang, Küchenzeile und AC. Garten und Garage. 35 CUC. Ein weiteres Zimmer mit AC im 1. Stock kostet 25 CUC.

1

Miramar

0 ⸻ 400 m © Reise Know-How 2017

Cuba 06

■ Unterkunft
1 Club Acuario, Hotel Occidental
4 Panorama Hotel Havana
5 Hotel Comodoro, Neptuno/Tritón
8 Hotel Copacabana
10 Mirazul
17 Casa Alojamiento Playa 16
22 Magali Sevila Leyva
25 Maria de las Alvárez
31 Hotel El Bosque
32 Victoria Anaut
33 Casa Mercy
35 Casa Gina
37 Hotel San Alejandro

■ Essen und Trinken
6 Santy Pescador
11 Paladar La Carboncita
13 Paladar El Aljibe
14 El Tocororo

16 Paladar La Fontana
19 Rio Mar
20 Restaurante 1830
23 Paladar Las Mercedes
24 El Cocinero
27 Rest. El Lugar
29 Paladar Los Cactos de 33

■ Nachtleben
2 Bar La Cecilia
8 Club Ipanema
15 Bar La Maison

18 Río Club
26 Casa de la Música Miramar
28 El Chevere (Freiluftdisco)
30 Salon Rosado La Tropical
34 Tropicana
36 Club Macumba Habana

■ Einkaufen/ Sonstiges
3 Supermercado 70
9 DHL Express
15 Warenhaus La Maison

35 **Casa Gina,** Calle 86 No. 526, e/Ave. 5 y 7, Tel. 2034034. Haus im Art-déco-Stil, 3 Zimmer mit separatem Eingang, 30 CUC.

Essen und Trinken

6 **Santy Pescador,** Calle 240A No. 3023, esq. 3ra C, die letzte Straße vor der Marina Hemingway am Fluss, Tel. 52867039. Das beste Fischrestaurant in La Habana, weit weg vom Lärm der Altstadt im Fischerdorf Jaimanitas. Das Restaurant gibt es seit vielen Jahren, es hat eine Terrasse direkt am Steg. Gutes Menü, das vom täglichen Fischfang abhängt, viel vom Grill, immer voll, ab 20 Uhr. Teuer.

11 **Paladar La Carboncita,** Ave. 3ra No. 3804, e/ 38 y 40, Tel. 2030261, in einem schönen Herrenhaus mit Speisesaal und Terrasse aus den 1950er Jahren, *Walter Ginevri* bietet seinen Gästen Pizzen und italienische Speisen im mittleren Preissegment, die Pizza ab 5 CUC.

13 **Paladar El Aljibe,** Ave. 7, e/24 y 26, Tel. 2041 583. Seit rund 50 Jahren gibt es hier *pollo ajibe* und eine große Weinauswahl; mittlerweile gehobene Preise, Hauptgerichte ab 12 CUC.

14 **El Tocororo,** Calle 18, esq. Ave. 3ra, Tel. 2042 209. Koloniale Atmosphäre, etwas teuer, aber Küche und Service sind gut.

16 **La Fontana,** Ave. 3ra No. 305, esq. 46, ab Mittag bis Mitternacht. Das Lokal gibt es schon lange, aber nun haben es Promis entdeckt. Mit Bar, klimatisiertem Speiseraum und Freiluftplätzen.

19 **Río Mar,** Ave. 3ra y Final No. 11, La Puntilla, Tel. 2094838. Eher teurer, aber man sitzt am Wasser mit herrlichem Blick auf die Vedado-Seite der Bucht. Gute Fischgerichte je nach Fang.

27 **Restaurante El Lugar,** Calle 49C, e/Calle 28A, gleich an der Brücke über den Almendares, Tel. 72045162. Geboten wird einfache Küche zu günstigen Preisen, abends Musik. Geöffnet ab 12 Uhr.

29 **Los Cactos de 33,** Calle 36, esq. Ave. 33. Ein traditioneller Paladar, vollgestopft mit Erinnerungsstücken, einfache Küche zu moderaten Preisen.

Nachtleben

Auch hier gilt, vorsichtig zu sein und Augenmaß zu bewahren, vor allem sollte man keines der Etablissements angesäuselt besuchen und sich auch nicht von Fremden zum Rumtrinken überreden lassen. In jedem internationalen Hotel gibt es eine Disco, hier ein paar besondere Lokalitäten:

2 **La Cecilia,** Ave. 5ta y 110. Täglich Freiluftrestaurant, manchmal Konzerte, vor allem Reggaeton.

8 **Club Ipanema,** im Hotel *Copacabana,* Ave. 1ra, e/44 y 46, Tel. 2041037. Disco, int./Salsa, am Wochenende 10 CUC Eintritt inkl. 1 Getränk, groß, Bar mit Meerblick.

15 **Bar La Maison,** Calle 16 No. 701, esq. 7ma, Tel. 2041550. Show, Live-Musik in schöner alter Villa mit Garten.

18 **Río Club,** Calle A No. 314, e/Ave. 3 y 5, Playa, Tel. 2093389. Show und Disco, internationale Musik und Salsa, ab 2 CUC.

26 **Casa de la Música Miramar,** Ave. 35, esq. Calle 20, Tel. 2040447. Konzerte ab 22 Uhr, Eintritt ab 12 CUC.

30 **Salon Rosado La Tropical,** Ave. 41 y 42, esq. 46 Kholy. Mi, Sa Konzerte, sonst Disco, wird von Touristen nicht besucht, man sollte nur hingehen, wenn man sich auskennt, ab 3 CUC.

34 **Tropicana,** in La Ceiba, Calle 72 y Línea de Ferrocarril, Maríanao, Tel. 2671717. Der größte Nachtclub der Welt besteht seit 1931. Auch durch die härtesten Zeiten hat sich dieses Establissement gehalten. Es hat eine besondere Atmosphäre, die im karibischen Raum ihresgleichen sucht. Reservierung ist wichtig, Karten ab 80 CUC bei *Cubatur,* das Essen ist allerdings nur Durchschnitt. 1939 eröffnete im Landhaus Mina ein Cabaret mit Kasino. Nachdem sich die Betreiber zerstritten hatten, kaufte *Martin Fox* die Villa und engagierte den berühmten Architekten *Max Borges,* der die Freiluftbühne mit kühnen Bögen überspannte. 1952 wurde das Gelände

1

mit nun 1700 Plätzen wiedereröffnet. *Martin Fox* heiratete die Habaneserin *Ofelia Suárez,* die später in Hollywood als Schriftstellerin reüssierte. Ihr Haus dort wurde zum Treffpunkt für Exilcubaner.

36 Macumba Habana, Calle 222, esq. 37, San Augustín, La Lisa, Tel. 2732318. Überteuerte Riesendisco, int./Salsa, Mo Modenschau, Do Konzerte, 10–20 CUC.

Einkaufen

3 Supermercado 70: Ave. 3, esq. Calle 70. Eines der größten Kaufhäuser der Stadt, links hinter der russischen Botschaft. Auch am Sonntagvormittag geöffnet.

15 Warenhaus La Maison: Calle 16 No. 701, esq. Calle 7. Großes Angebot, zudem Cafeteria und Pool.

Sonstiges, Veranstaltungen

Um die Hotels *Tritón* und *Comodoro* liegen einige touristische Einrichtungen, der Strand ist in diesem Bereich weniger aufregend.

■ **Marina Hemingway** (Funkverbindung: HF 7462, VHF 16). Der Jachthafen, der *Ernest Hemingway* gewidmet ist, liegt in Santa Fe, ca. 20 Minuten mit dem Taxi in westlicher Richtung vom Stadtkern. Hier werden Angel-, Schnorchel- und Tauchausflüge angeboten. In der letzten Aprilwoche findet hier die Speedboat-Weltmeisterschaft statt. Ruhiger geht es im Mai und Juni sowie im August und September zu, wenn die Marlin-Angel-Wettbewerbe stattfinden. Der „Pesca de la Aguja" wurde 1950 von *Hemingway* persönlich ins Leben gerufen. Amerikaner müssen über Mexiko einreisen oder mit dem eigenen Schiff kommen. Die Geschäfte in dieser Gegend sind auf Jachtbesucher ausgerichtet. Am Ende dieses Bereiches wird die Küste wieder ruhiger.

■ **Playa El Salado** befindet sich noch weiter westlich in Richtung Mariel. Der kleine, geschützte Strand mit ruhigem, klarem Wasser und einigen felsigen Abschnitten eignet sich gut für ruhige Tage.

■ **Teatro Carlos Marx,** Avenida 1ra No. 1010, am Meer, Tel. 2030801. Internationale Musikveranstaltungen.

■ **Künstlerisch gestaltete Straße** von *José Fuster:* Er animierte seine Nachbarn, ihr Umfeld zu verschönern, was zu bewundern ist im Fischerdorf **Jaimanitas** in der **Calle 226,** esq. 3ra A, am Ende der Avenida 5ta vor der Marina Hemingway rechts und von den Bewohnern **„Fusterlandia"** getauft. Das Atelier des Künstlers liegt mittendrin, umgeben von einem wüsten Mix aus Kacheln und Skulpturen.

cu003-2017 kh

◁ Buntes in Fusterlandia

Casablanca

Will man von der Altstadt nach Osten fahren, kann man den kurzen Weg durch den **Tunel de Bahía** nehmen. Die zwei Tunnelröhren, entworfen von französischen Ingenieuren aus Marseille, wurden nach drei Jahren Bauzeit 1958 eröffnet und zwischenzeitlich modernisiert. 25.000 Fahrzeuge benutzen sie tagtäglich und ersparen sich so etwa 25 km Umweg. Für Radfahrer ist die Durchfahrt verboten, sie müssen mit einem speziellen Bus ohne Sitzplätze vom Parque El Curita, esq. Dragones y Águila, durch den Tunnel. Weitere Optionen sind der Metrobus M1 oder ein Taxi aus der Altstadt (2 CUC).

In den östlichen Ortsteil kommt man am besten mit einer der kleinen **Hafenfähren,** die alle paar Minuten für ein paar Pesos von der Anlegestelle schräg gegenüber dem Rum-Museum auf die andere Seite übersetzen (Achtung: Jede zweite Fähre fährt zur Christus-Skulptur nach Casablanca). Da einmal versucht wurde, eine Fähre für die Flucht nach Miami zu kapern, sind die Sicherheitsvorkehrungen hoch.

Die mächtige Christus-Figur **Cristo de La Habana** aus weißem Marmor thront über dem steilen Ufer und blickt nach Süden; die 17 Meter hohe Statue wurde auf Betreiben von *Fulgencio Batistas* Ehefrau von der cubanischen Bildhauerin *Jilma Madera* (1915–2000) geschaffen. Eingeweiht wurde sie zu Weihnachten 1958 – nur 15 Tage später marschierte *Fidel Castro* in die Stadt ein.

In Casablanca angekommen, hat man einen schönen Blick über den Hafen und La Habana Vieja. Es gibt einen Imbissladen, wo man sich stärken kann. Links durch das Gatter führt ein Weg zur **Festung La Cabaña.** Wer mit dem Mietauto anreist, muss 1 CUC Parkgebühr zahlen. Nebenan liegt das **Museo del Che** mit entsprechenden Exponaten.

Fortaleza de San Carlos de la Cabaña

Die Festung beherbergt heute u.a. das **Lokal 5 La Divina Pastora** (siehe Karte S. 66). Es hat ziemlich hohe Preise, dafür bekommt man einen tollen Blick auf das abendliche Vieja mit Sonnenuntergang (12–23 Uhr, Tel. 8608341). Erbaut wurde das Gemäuer 1763 bis 1774. Zur Wasserseite schützt eine große Mauer, und der dahinter liegende 12 m tiefe Graben kann nur auf einer Zugbrücke überquert werden. Auf einem der Ränge findet täglich der **Cañonazo de las Nueve** statt: Um 21 Uhr wird ein Kanonenschuss abgefeuert, der früher das allabendliche Schließen des Hafens mithilfe der Eisenkette bekannt gab. Eintritt 6 CUC. Auf dem Gelände finden sich auch Bars, Restaurants und Souvenirläden.

Auf der gleichen Seite des Hafens befinden sich der Bahnhof für den Hershey-Zug nach Matanzas (s.u.) sowie das **Nationalobservatorium,** das nicht besichtigt werden kann.

Castillo de los Tres Reyes del Morro

Die Festung dominiert seit 1630 den Hafen, ihr Leuchtturm ist eines der **Wahrzeichen der Stadt.** Das Castillo de los Tres Reyes del Morro wurde aufwendig restauriert (Besichtigung 5 CUC). Der

La Habana

1

Festungen El Morro und La Cabaña

0 ━━━ 100 m © Reise Know-How 2017

Cuba 07

Essen und Trinken
1 Bar El Polvorín
2 Rest. Los Doce Apostóles
4 Paladar Doña Carmela
5 Rest. La Divina Pastora
6 La Farmacia

Nachtleben
3 Open Air Discos

Cojimar
Kartenverkauf
Via Monumental
Kontrollstelle
Playas del Este, Varadero
★ Kanonenbatterien • Kartenverkauf
Castillo de los Tres Reyes del Morro
Avenida 1ra
M Schifffahrtsmuseum
★ Kanonenbatterien
Leuchtturm Eingang
Castillo de San Salvador de la Punta
Tunel de Bahía
Kanonenbatterien ★
Eingang
Fortaleza de San Carlos de la Cabaña
Casablanca Bahnhof
Museo Fortificaciones y Armas
Plaza de Armas
C a n a l   d e   E n t r a d a
Aussichtspunkt •
Museo de Comandancia del Che
Kanonenschuss-zeremonie
El Parque de los Mártires
Cárcel
Avenida Carlos M. Céspedes
Peña Pobre
Cuba Tacón
Parque Céspedes
El Cristo de la Habana ★

Leuchtturm wurde an Stelle eines Wehrturms gebaut und bis 1928 mit Rapsöl befeuert. Die Öltanks aus Ton sind im Hof in die Wände eingelassen. Eine der Geschützstellungen beherbergt das kreolische **Lokal 2 Los Doce Apostóles,** geöffnet 12–23 Uhr, Tel. 8638295. An die Kanonen dort kann man sich lehnen und den Sonnenuntergang genießen, wenn einem die dort kreisenden Motten nicht gerade die Sicht versperren. Auch die **Bar 1 El Polvorín** kurz dahinter verspricht einen tollen Blick auf den Sonnenuntergang, geöffnet ab 10 Uhr bis weit nach Mitternacht.

Einen **Paladar** gibt es auch: Oberhalb der Parkplätze serviert **4 Doña Carmela** die üblichen preiswerten cubanischen Gerichte. Comunidad No. 1, casa 10, Tel. 8636048, versteckt in einer Sackgasse und von vorne recht unscheinbar. Man isst unter Avocado-Bäumen im Garten.

Der Grund, weshalb viele Leute nach Casablanca kommen, liegt am örtlichen kleinen Bahnhof: Hier fährt die **Hershey-Bahn** nach Matanzas ab. Und das

Regla

La Habana

schon seit 1917, als der amerikanische Schokoladenkonzern *Hershey* sie anlegen ließ, um seine Erzeugnisse schneller zum Hafen in Matanzas transportieren zu können. Die Strecke war von Anfang an elektrifiziert, und sie ist bis heute die Einzige geblieben. Nur unregelmäßige Fahrten im Zeitlupentempo, 1,50 CUC pro Strecke, normalerweise um 12 Uhr.

Auf der anderen Hafenseite, der Altstadt gegenüber, liegt der schwarze Stadtteil Regla. Hier leben die Mythen der Geheimbünde. Wenige Touristen verirren sich hierher, es gibt einige Industrieareale und die Altstadt mit ihren niedrigen Häusern, ihren Pizzaständen und den überwiegend schwarzen Bewohnern.

Ein Highlight ist die **Iglesia de Nuestra Señora de Regla.** Gleich gegenüber dem Fähranleger steht hinter riesigen Ceibabäumen diese kleine Kirche. Sie

☑ Die Fähre nach Regla

152cu kh

beherbergt die schwarze *Virgen de la Regla,* für Anhänger der Santería die Göttin *Yemayá,* die Orisha des Meeres und der Seefahrer, alljährlich im September Ziel für Tausende von Pilgern. Vor der Kirche sitzt oft eine Wahrsagerin, deren Dienste man für ein paar Pesos in Anspruch nehmen kann.

An der Hauptstraße den Hügel hinauf veranschaulicht das **Museo Municipal de Regla** die Geschichte des Ortes und schwerpunktmäßig die afrocubanischen Kulte. Calle Martí 158, ein Teil der Ausstellung in einem zweiten Gebäude neben der Kirche, geöffnet Mo–Sa 9–17 Uhr, So 9–13 Uhr, 2 CUC.

In der Calle Martí 175, e/Cruz verde y Lamas befindet sich das **Centro Recreativo Cultural Los Orishas** mit Restaurant, Bar und Diskothek (s.u.).

Einen guten Überblick über Dorf und Hafen hat man von der **Colina Lenin,** dem Lenin-Hügel mit einer Statue des Bolschewisten-Führers. Den 1924 zum Denkmal erklärten Hügel erreicht man, wenn man die Straße Albuquerque hinter sich lässt und dann die Straße des 24. Februars nach Guanabacoa rechts den Hügel hinaufgeht; über eine lange Eisentreppe kommt man auf den mit Olivenbäumen bewachsenen Hügel. Das **Lenin-Monument** ist das älteste Lenin-Denkmal außerhalb des ehemaligen Staatsgebiets der UdSSR und wurde von *Antonio Bosch,* damals Bürgermeister von Regla, gestaltet und errichtet. 1984, zum 60. Todestag Lenins, wurde das Denkmal zum nationalen Monument erklärt. Ein kleiner Pavillon auf der Rückseite des Hügels gibt Auskunft über den Bau des Monumentes (meist geschlossen). Das Museumsticket kann man zum Eintritt verwenden.

Verkehrsmittel/-verbindungen

■ Vom Pier gegenüber der Santa Clara, Ecke San Pedro, kann man mit einer überfüllten **Hafenfähre** für 10 Centavos auf die andere Seite kommen. Es gibt eine separate Schlange für Fahrradfahrer. Die Fahrt dauert etwa 10 Minuten.

■ Natürlich kann man sich auch mit einem **Taxi** von der Altstadt aus hinbringen lassen, das dauert aber erheblich länger, ist teurer und die Fahrt führt durch eher langweilige Gegenden. Der weite Weg um den Hafen führte Anfang des 20. Jh. zum Bau des Tunnels.

■ Von Regla fährt der **Bus** Linie 29 nach Guanabacoa; er startet am Parque Martí.

Sonstiges

■ Wer Lust auf Kultur und Geschichtliches hat, fährt weiter in das 5 km entfernte **Guanabacoa.** Hier lockt das **Museo Municipal,** in dem man etwas über die Kulte der Abakua und Palo Monte erfährt. Calle Martí 108, esq. Versalles, 10.30–18 Uhr, So 9–13 Uhr. Außerdem gibt es vor Ort **Friedhöfe** zu besichtigen.

■ In der Martí 175 kann man **Santería-Zubehör** kaufen, und an der Ecke Martí y Lamas gibt's ein ganz nettes **Café.**

■ Abends geht man ins **Centro Recreativo Cultural Los Orishas,** Martí 175, e/Cruz Verde y Lamas, Tel. 7947878. Restaurant, Bar, Disco (am Wochenende) und Veranstaltungsort, geöffnet täglich außer Mo, Eintritt in den Saal 2–3 CUC.

■ Im Anschluss fährt man vielleicht weiter nach **Santa María del Rosario** 16 km östlich von La Habana. Hier stehen **Kolonialbauten,** die schon vor der Revolution restauriert wurden. Die **Dorfkirche** aus den 1770er Jahren ist in gutem Zustand, sie überragt die übrigen Gebäude und ist ein Nationales Kulturdenkmal. Das Gotteshaus ist wegen seiner Lage weit vor der Stadt als „Die Kathedrale der Felder von Cuba" bekannt. Auf den Wandmalereien

La Habana

von *José Nicolás de la Escalera* sieht man zum ersten Mal auch Figuren farbiger Sklaven. Der wunderschön gearbeitete barocke Altar ist 15 Meter hoch. In dieser Kirche heiratete der berühmte Schriftsteller *Alejo Carpentier*.

Südliches La Habana

Hier fangen die endlosen **Vororte im Plattenbaustil** an. Sehenswert ist der Lenin-Park, ein 670 ha großes Naherholungsgebiet etwa 15 km vom Zentrum Richtung Süden, noch über die Ringstraße hinaus. Im **Parque Lenin** dehnen sich zwei Seen aus, für den größeren wurde der Río Almendares aufgestaut. Der Namenspatron *Lenin* steht als Marmorstatue südlich des Stausees. Durch den Park, 1972 auf Initiative von *Castros* langjähriger Gefährtin *Celia Sánchez* angelegt, führt eine Schmalspurbahn. Im Aquarium gibt es Krokodile und heimische Fischarten zu sehen.

■ **Essen und Trinken:** Im Zentrum des Parks liegt **Las Ruinas**, eines der besten Restaurants der Stadt (Calle 100, esq. Cortina de la Presa, Tel. 8578286, Mo geschlossen). Hier wurden über die Ruinen einer alten Zuckermühle moderne Betonteile gestellt. Am Abend viele Mücken, zudem muss man die Rückfahrt klären (Taxi 20 CUC).

Der **Botanische Garten La Habanas** liegt im Süden gegenüber dem Messegelände „ExpoCuba" und zeigt die Flora Cubas und der übrigen tropischen Regionen der Erde. Es gibt einen schönen japanischen Garten zu sehen. Für 5 CUC

wird man mit Führer auf einem Anhänger durch den Park gezogen. Man kann die 30 Kilometer langen Wege auch ohne Führung antreten, aber es gibt keine Erläuterungstafeln. Montags und dienstags ist der Park nur für Touristen offen. Es gibt vier Lokale, das *Bambú* beim japanischen Garten ist das ansprechendste.

Wer gut essen möchte, sollte nördlich vom Parque Lénin auf die Primero Anillo fahren und dann am ersten Autobahnkreuz die zweite Ausfahrt raus auf die 600, unter der Autobahn hindurch und 1,5 km in Richtung Innenstadt fahren; links zweigt die Calle Raquel ab, wo sich das Restaurant *Il Divino* findet.

■ **Essen und Trinken: Paladar Il Divino,** Calle Raquel 50, e/Esperanza y Lindero, reparto Castillo de Averhoff, Mantilla, Arroyo Naranjo, Tel. 6437734, http://cubarestaurantedivino.com. Ein gediegenes Landhaus mit ebensolcher Küche, einem großartigen Weinkeller, einem tollen Garten und bezahlbaren Preisen.

■ **Nachtleben:** Jazz-Liebhaber gehen ins **La Esquina del Jazz,** Calle Martí 270, e/Arnao y Santa Amalia, im Stadtteil Arroyo Naranjo. *William Torres Díaz* übernahm die Kneipe von seinem Vater, der schon Jazzgrößen wie *Dizzy Gillespie* auftreten ließ.

Cerro

Auf diesem Hügel lagen früher die Sommerhäuschen der Reichen. Heute kommt man hauptsächlich wegen der **Rumfabrik Bocoy** her, die bis März 2014 den berühmten Schnaps *Legendario* herstellte. Das rosa Haus ist nicht zu verfehlen, auf der Fassade kämpfen 40 gusseiserne Schwäne mit Schlangen. Die Besichtigung des sehenswerten Hauses

1

ist Mo–Fr 9–17 Uhr möglich (Calzada del Cerro, esq. Patria). Am Rum-Museum (siehe Kap. „Habana Vieja") startet täglich gegen 11 Uhr eine **Rum-Tour** inkl. Legendario-Fabrik, etwa 50 CUC. Die Produktion wurde ausgelagert.

ExpoCuba

Für 1 CUC Eintritt kann man sich in 25 Themen-Pavillons über **Cubas Wissenschaft und Wirtschaft** informieren. Wer zwischendurch eine kleine Pause braucht, kann sich im Turmrestaurant *Don Cuba* stärken. Südlich des Ortsteils Calabazar, Carretera del Rocío in Arroyo Naranja, etwa 5 km südlich des Stausees, gegenüber dem Botanischen Garten.

Teatro Lutgardita

Art déco von 1935 gibt es in der Nähe des Flughafens in der Calzada de Becucal 30901, esq. Castellón, Boyeros, mit einem **grandiosen Zuschauerraum** und gemaltem Abendhimmel. Die Eingänge zum Saal sind als Tempel gebaut: *Tikal, Chichén-Itzá, Quiriguá* und *Uxmal*. Entworfen wurde das Theater von den bekannten cubanischen Architekten *Evelio Govantes* und *Felix Cabarrocas*. Man kommt am Sonntag hinein, wenn dort Veranstaltungen sind. Alles in allem sehr sehenswert.

Museo del Aire (Flugzeugmuseum)

Calle 212, e/Aves 29 y 31, La Lisa. Zu sehen sind 22 Fluggeräte, Eintritt 2 CUC.

Unterkunft

■ **Hotel Bruzón** (Islazúl) ②, Bruzón 217, e/Boyeros y Pozo Dulce, Tel. 8775682, in der Nähe der Plaza de la Revolución gelegen. Renovierte schöne Zimmer, drei Stockwerke, kein Lift, freundliches Personal, einfach.
■ **Hotel Kohly** (Gaviota) ②, Ave. 49 A y 36A, reparto Kohly, Tel. 72040240. Nahe dem Gesundheitszentrum *Gira Garcia*. Einfache Anlagen am bewaldeten Ufer des Almendares, alle Zimmer mit Balkon, Bar am Pool.

Essen und Trinken (siehe Karte S. 62)

27 **Restaurante El Lugar,** Calle 49C, e/Calle 28A, gleich an der Brücke über den Almendares, Tel. 72045162. Geboten wird einfache Küche zu günstigen Preisen, abends Musik. Geöffnet ab 12 Uhr.

Allgemeine Infos zu La Habana

Stadtführungen/Infos

■ **Agencia de Viaje San Cristóbal,** Calle officio, neben dem *Café del Oriente,* e/Amargura y Lamparilla, 1996 von *Habaguanex* gegründet, verfügen deren Stadtführer über bestes Wissen, www.viajes sancristobal.cu.
■ **Aventoura,** das deutsche Unternehmen residiert im *Edificio Bacardí,* Ave. de Bélgica, e/Progreso y Empedrado, Mo–Fr 9–13 und 14–18 Uhr, Sa 10–13 Uhr, Tel. 0053 78632800, www.aventoura.de, 24 Std.-Notfalltel. 52635181.
■ In der Hauptstadt verkehrt ein spezieller **Touristenbus** (s. „Stadtbusse").

La Habana

■ **Cubatur,** Edificio Lonja del Comercio, 5ta, esq. Lamparilla No. 2, Tel. 8602649, www.cubatur.cu.

■ **Cubanacán,** Filiale von Habana, Calle 68 No. 503, e/5ta y 5A, Tel. 2041658.

■ **Fantástico,** Calle 146, esq. Calle 9 (Playa), Tel. 6451179, engagierte Stadtführungen.

■ **Paradiso,** Calle 19 No. 560, esq. Calle C (Vedado), Tel. 8329538. Hier kann man auch Kurse zu afrocubanischer Religion buchen.

■ **Havanatour** hat seine Infobüros im Hotel *Triton* in Miramar und im Hotel *Riviera* in Vedado (s. dort), wer Infos über Inlandsflüge braucht: ein Büro ist im Hotel *Plaza* in La Habana Vieja, www.havanatur.cu.

■ **Horizontes** findet der Ratsuchende in der Calle 23, e/N y M.

■ **Rumbos,** Calle 23, esq. Calle P (Vedado, in den Büros von *Cubana*), Tel. 8708254.

■ **Infotur,** Vedado, Malecón y G.

Unterkunft

La Habana bietet für jeden Geldbeutel ein Bett für die Nacht. Die europäischen Sterne gelten hier nicht, in der Regel ist es immer ein Stern mehr als für ein vergleichbares Haus in Europa gilt, aber dennoch gibt es angenehme Überraschungen. Die teureren Hotels in der Altstadt bieten allerdings nicht nur den üblichen Luxus, sondern ein Flair, das es so in Europa kaum noch gibt. Einige der traditionsreichen Häuser sind inzwischen wieder aufgebaut oder renoviert und empfangen den Gast mit dem Prunk vergangen geglaubter Zeiten. Da gibt es marmorne Bögen in der Halle, Antiquitäten in den Zimmern, cubanische Kunst an den Wänden und kostbare Skulpturen in den Fluren. Die Häuser in den Außenbezirken dagegen sind moderne Kästen mit dem üblichen Komfort.

Nachtleben

Die Casas de La Trova, die an vielen Orten zu finden sind, bieten häufig sehr gute **traditionelle cubanische Musik,** zumeist ohne Eintritt. Ein paar Adressen für Nachtschwärmer sind unter den Stadtteilen aufgeführt.

Botschaften

■ **Deutsche Botschaft** *(Embajada de Alemania),* Calle 13 No. 652, esq. a B, Vedado, Tel. 78333188, www.havanna.diplo.de.

■ **Österreichische Botschaft** *(Embajada de Austria),* Calle 70 No. 6617, esq. Ave. 5ta A, Miramar, Tel. 2042825, havanna-ob@bmeia.gv.at.

■ **Schweizer Botschaft** *(Embajada de Suiza),* 5ta Ave. No. 2005, e/20 y 22, Miramar, Tel. 72042611, www.eda.admin.ch/havana.

Krankenhäuser

■ **Hermanos Ameijeiras,** Calle San Lázaro701, e/ Marquéz González y Belascoaín, Centro Habana, Tel. 707721-29.

■ **Comandante Manuel Farjado,** Calle Zapata, esq. D, Vedado, Tel. 8382452.

Post und Internet

■ Calle Oficios 102, gegenüber der Lonja; im *Hotel Nacional;* im Hotel *Plaza,* 5. Stock durchs Restaurant rechts auf der Terrasse. Außerdem im *Habana Libre* und in der Ejido in der Nähe des Bahnhofes.

■ **ETECSA,** Calle Obispo, e/Compostela y Habana.

■ In allen großen Hotels kommt man ins **Internet,** auch WLAN gibt es in vielen Hotels; man zahlt einen Betrag von 2–5 CUC an der Rezeption und erhält dann ein Passwort.

1

Geldwechsel

■ **Banco Financiero Internacional,** Calle Oficios, esq. Brasil, Mo–Fr 8–15 Uhr.
■ **Wechselstuben CADECA,** Calle Oficios, esq. Baratillo (Plaza de San Francisco), Mo–So 8–22 Uhr, und Calle Obispo, e/Cuba y Aguiar, auch Geldautomaten.
■ **Centro de Tarjetas de Crédito** (Zentrale Kreditkartenstelle), Hotel *Habana Libre,* Ave. 23, e/L y M, Vedado, Tel. 334444. VISA, MasterCard, Access.

Ankunft am Flughafen

Der **Aeropuerto José Martí** befindet sich 25 km südlich der Stadt. Die Fahrt mit dem Taxi die Independencia hinunter kostet zwischen 9 und 20 CUC. Das Flugfeld hat vier Terminals, man sollte sich auf jeden Fall die Nummer merken, von der man fliegt. Kommt man über die Avenida Rancho Boyeros, erreicht man zuerst das Terminal No. 2 für interkontinentale Charter. Vor diesem muss man rechts abbiegen und kommt nach 1,5 km Fahrt an das ultramoderne internationale Terminal No. 3. Der Abflugschalter befindet sich oben. Am Südostende des Flugplatzes liegt die Nummer 1 für Cubana-Flüge, Tel. 8335155. Der Terminal soll demnächst von einer französischen Firma modernisiert werden.

Der **Inlandsterminal** No. 5, Wajay, liegt am Nordwestende der Startbahn, die Abfertigungshalle ist klein und hat den Charme einer Bahnhofshalle. Tritt man jedoch durch die Zollabfertigung, ändert sich das Bild: Plötzlich spannt sich über einem ein Dach aus Palmstroh, der Weg führt durch einen kleinen Garten zum Café, einige Sitzgruppen aus geschnitztem Tropenholz gruppieren sich unter Strohdächern auf hölzernen Säulen, und an der Lamellentür in der Ecke verkündet ein geschnitztes Schild „Abflug". Zweimal die Woche fliegt *Cubana* mit einer ATR 216 nach Santiago. Außerdem gehen hier die Aerogaviota-Flüge und manchmal Maschinen von *Aerotaxi* ab.

Wer am Flughafen Martí ankommt, muss sich zuerst gegen die zahlreichen Kofferträger wehren, die sich in der Hoffnung auf Devisen auf jeden Reisenden stürzen. Dann kann man mit einem **Touristentaxi** für 20 CUC oder mit einem alten Lada für etwa 12 CUC in die Stadt fahren, auf jeden Fall sollte man den Preis vorher aushandeln. Wer Geld sparen will, hat zwei Möglichkeiten: Eine davon ist, mit dem nächsten Taxi zum Terminal 1 zu fahren. Dort nimmt man den Bus mit der Aufschrift „Aeropuerto" in die Stadt. Das kostet ca. 1 Peso.

Fluggesellschaften (Inlandsflüge)

■ **Aerogaviota,** Ave. 47 No. 2814, Kohly.
■ **Cubana,** Calle Infanta, esq. Humboldt, Vedado.

Taxi

■ Die Wagen der Firmen **Cubataxi** (Tel. 8555555) und **Taxi Ok** (Tel. 8776666) stehen immer vor dem Ausgang des Terminals 3 des Flughafens, ansonsten kann jedes Hotel sie rufen.

Mietwagen

Hier die wichtigsten **Verleihfirmen** in der Hauptstadt (s.a. Kapitel „Praktische Reisetipps A–Z", „Verkehrsmittel"):

■ **Cubacar,** Tel. 2042104, www.cubacar.info.
■ **Havanaautos,** Tel. 332891, www.havanautos.com.
■ **Transtur,** www.transtur.cu.
■ **Transgaviota,** Tel. 8335130.
■ **Rex,** Tel. 8335130, http://ge.rexcuba.com.
■ **Via** hat die günstigsten Mietwagen, am besten über www.rent-a-car-cuba.com buchen.

1

Stadtbusse

Zur Thematik siehe auch „Praktische Reisetipps A–Z", „Verkehrsmittel".

Busse fahren oft und sind billig, ein Ticket kostet 40 Centavos. Die Stadtlinien haben alle ein „P" vor der Nummer. Haltestellen erkennt man an den Warteschlangen. In den Bussen gibt es Stehplätze (*parados*) und Sitzplätze (*sentados*), es geht grundsätzlich sehr beengt zu, Taschendiebe treiben ihr Unwesen.

Touristenbusse

● Die beste Variante, durch die Stadt zu kommen, ist der **Habanabus,** der alle 20 Min. verkehrt. Pünktliche Abfahrt in der Regel am Parque Central. Von dort macht die **T1** eine Rundfahrt bis zum Platz der Revolution (Vedado) und dann wieder zurück (dauert ca. 2 Stunden). **T3** fährt vom Parque Central über das Castillo del Morro bis zu den Playas del Este (eine komplette Runde dauert ca. 40 Minuten und ist eine preiswerte und zuverlässige Möglichkeit, zu den Stränden und wieder zurück zu kommen). Der Fahrpreis beträgt 10 CUC pro Person für den T1, für den T2 1 CUC und den T3 3 CUC, dafür bekommt man eine Tageskarte. Der **T1** ist meistens ein Doppeldecker mit offenem Oberdeck und startet am Parque Central; die Erläuterungen zu den Sehenswürdigkeiten (Spanisch, Englisch) sind allerdings nur unten hörbar. Der **T2** hat geschlossene Busse und fährt die Runde von der Plaza de la Revolución, La Cecilia, zur Marina Hemingway.

Weiterreise per Bus

Der **Víazul-Bus** fährt ab Calle 26, esq. Zoológico südlich der Plaza de la Revolución in Vedado gegenüber dem Zoo. Man sollte rechtzeitig an der Busstation

sein. Zum Ticketkauf gibt es zwei Glaskabinen für unterschiedliche Ziele – hier heißt es Schlangestehen. Achten Sie auf den richtigen Schalter, oder fragen Sie: *Esta es la cola para XY?* Die Nummer auf dem Ticket ist keine Platznummer, die Platzwahl ist frei. Am Busbahnhof kann man auch einkaufen, es gibt eine Bank und eine Wechselstube. In der Nähe ist das Ministerio de Communicación, das rund um die Uhr geöffnet ist, mit einem **Internet-Café,** 2,25 CUC pro 30 Min.

Die Busse gehen täglich nach:

● **Viñales,** 12 CUC, 3½ Std.
● **Pinar del Río,** 8 CUC, 3½ Std.
● **Trinidad,** 25 CUC, 6 Std.
● **Cienfuegos,** 20 CUC, 5 Std.
● **Varadero,** 10 CUC, 3 Std.
● **Santiago,** 51 CUC, 16 Std.
● **Playas del Este,** 4 CUC, 2½ Std.
● **Guardalavaca,** 47 CUC, 12 Std.
   Aktuelle Abfahrtszeiten: www.viazul.com.
● Zum **Busbahnhof** muss man den stets überfüllten Metrobus **M2** nehmen. Ansonsten bleibt noch ein **Taxi.** Nach Varadero fahren alle möglichen Busse. Man kann auch auf dem Busparkplatz an der Calle Cuba 64 in der Altstadt einen Fahrer ansprechen. Meist kommt man für 20 CUC hin.
● Wer in die nähere Umgebung will, kann es am **Regional-Terminal,** Apodaca 53, esq. Agamonte, versuchen, aber es gibt keine Fahrpläne, und viele Cubaner machen sich auch auf den Weg, sodass es ziemlich voll ist.

Weiterreise per Bahn

● Außer dem im Kapitel Casablanca beschriebenen Elektrozug nach Matanzas gibt es auch zwei normale Bahnhöfe für Fernzüge. Am Ende der Avenida de Bélgica liegt die **Estación Central de Ferrocarriles.** Leider fahren die Züge wegen Ersatzteilmangels unregelmäßig, und eine Fahrt ist nur für eingefleischte Eisenbahnfans zu empfehlen. Alle anderen reisen auf Langstrecken mit Víazul.

Fahrscheine bekommt man beim Ladis-Büro. Es liegt an der Seite zur Calle Arsenal der Estación Central und ist von 8 bis 17 Uhr geöffnet. Die Fahrscheine muss man am Reisetag kaufen, außer wenn der Zug vor 8 Uhr abfährt. Infotafeln oder Fahrpläne gibt es auf dem Bahnhof nicht.

■ Zwischen der Estación Central und dem Hafen an der Desamperados liegt die gelbe **Estación Coubre,** wo die Züge nach Pinar del Río, Cienfuegos und Sancti Spíritus abfahren. Vom Haupteingang des Hauptbahnhofes nach rechts die Straße hinunter, ca. 200 m, dann rechts ab, nach ca. 100 m kommt eine große Halle, Tickets gibt es an einem Schalter an der rechten Stirnseite. Eine Stunde vor Abfahrt Tickets auf dem Hauptbahnhof an einem Schalter bestätigen lassen!

Der Fahrplan im Info-Kasten dient nur als Anhaltspunkt, es gibt oft Verspätungen.

Der Nachtzug **„Tren Francés"** fährt nach Santiago. Er startet um 18 Uhr, ein Ticket kostet 62 CUC inkl. Verpflegung (Sandwich und Cola).

Weiterreise per Auto

■ **Richtung Westen** (Pinar del Río): Auf dem Malecón durch den Tunnel auf die Ave. 5ta nach Miramar. Nach der Brücke über den Fluss, links auf die Calle 17 und bis zum großen Kreisverkehr, wo man rechts auf die Calle 23 abbiegt, die zum Autobahnkreuz der Autopista Nacional führt. Sie läuft am **Stausee Presa Niña Bonita** vorbei durch ländliche Gegenden, und bald glitzert das Meer wieder zwischen den Sträuchern.

Man kann auch direkt an der Küste entlangfahren, wenn man ab der Marina Hemingway nach Westen einbiegt. Dies ist die alte Straße, die von den Einheimischen benutzt wird, um zum dunklen Strand von **Baracoa** zu kommen.

■ **Richtung Varadero:** Durch den Túnel de Bahía nach Osten in Richtung Varadero fahren und am Kreuz in Alamar auf die Vía Blanca abbiegen. Transfers von La Habana nach Varadero im Taxi kosten 100–120 CUC, Bustransfer für 2 Personen kostet etwa 30 CUC.

■ **Richtung Südosten** (Cienfuegos): Durch den Túnel de Bahía nach Osten in Richtung Varadero fahren und am Kreuz auf die Nacional A1 rechts nach Süden abbiegen.

Wichtige Zugverbindungen (laut offiziellem Aushang)

Zugnr.	Bahnhof	ab	Ziel
1	Estación Central	18.27 Uhr	Santiago de Cuba
3	Estación Central	16.00 Uhr	Santiago de Cuba
3	Estación Central	16.00 Uhr	Guantánamo
5	Estación Central	19.20 Uhr	Bayamo
7	Estación Coubre	21.21 Uhr	Sancti Spíritus
73	Estación Coubre	7.15 Uhr	Cienfuegos
313	Estación Coubre	23.00 Uhr	Pinar del Río

Die Züge fahren nur jeden dritten Tag, nähere Infos am Bahnhof.

Ausflüge

San Francisco de Paula (Süden)

Die Anhänger von *Ernest Hemingway* zieht es zu dem Haus, in dem der berühmte Schriftsteller von 1939 bis 1960 lebte. Bei seiner Abreise vermachte er die Finca dem cubanischen Volk. Das **Museo Ernest Hemingway** in der *Finca La Vigía* liegt 15 km südöstlich vom Zentrum La Habanas in der San Miguel del Padrón. Zur Enttäuschung der Fans ist das Haus nur von außen zu besichtigen; man kann durch die Fenster einen Blick ins gut erhaltene Innere werfen. Auf dem großen Grundstück an der Carretera Central, km 12,5, ist auch das Boot *Hemingways* zu sehen. Fotografieren ist gegen Gebühr möglich. Neben dem Haus steht der Turm, den seine Frau für ihn bauen ließ, den der alte Sturkopf aber nie betreten hat. Stattdessen hausten seine Katzen darin; heute birgt er eine Fotoausstellung. Der tropische Garten ist üppig mit schattigen Palmen bewachsen. Am Swimmingpool vorbei gelangt man zum Grab von *Hemingways* Hunden und zu seinem Boot. Führungen täglich außer Dienstag 10–16 Uhr, So 9–13 Uhr, Eintritt 5 CUC.

El Rincón (Süden)

Der **Wallfahrtsort** der Cubaner mit der Kirche **El Santuario de San Lázaro** ist ca. 20 km vom Zentrum La Habanas entfernt. Die typische Pilgerfahrt führt mit dem M2 nach Santiago de las Vegas und von dort mit einer Pferdekutsche weiter. Die schnellere Möglichkeit ist ein *Panataxi* für ca. 30 CUC hin und zurück, Warten inklusive. Man sollte auf jeden Fall Blumen mitbringen oder welche am Straßenrand kaufen. Der Ausflug gibt einen Einblick in die cubanische Religionspraxis. Der heilige *Lazarus* ist für die Bekämpfung von Krankheiten zuständig und hat seine Santería-Entsprechung im *Babalú Ayé* gefunden, dessen Standbild an der Westseite der Kirche zu sehen ist. Am 16. Dezember findet die Wallfahrt statt, bei der die Menschen teilweise auf Knien zum Heiligtum kriechen und aus der Quelle hinter der Kirche heiliges Wasser abfüllen.

☑ Tabakanpflanzung im Südosten von La Habana

www.fotolia.de © Harald Biebel

GOLF VON MEXIKO

Santiago de las Vegas (Südosten)

Der Name verrät den Ursprung: Die Vegas waren die **Tabakplantagen,** die sich in dem Gebiet südlich des heutigen Flughafens und des Botanischen Gartens erstreckten. Tabak ist inzwischen selten geworden, aber trotzdem kann man zu dem kleinen Ort aus dem 18. Jh. fahren, um sich von der Stadt zu erholen. Möglich ist auch eine **Fahrt mit der Kutsche** zum Rincón. Hinter dem Ort wird es hügeliger, der 220 m hohe Cacahual beherbergt auf der Spitze das Mausoleum für *Antonio Maceo* und *Francisco Gómez.* Von hier hat man einen Blick auf das südliche La Habana. Es gibt einen Pavil-

lon, der Wissenswertes über die Kriegshelden vermittelt. Kurz vorher auf der linken Seite befindet sich eine Tankstelle, eine zweite liegt an der Straße zum Rincón in Ortsmitte rechts. Auf dem Rückweg kann man im Paladar *Villanueva* ein preiswertes Menü bekommen, Calle 182, e/395 y 397. An der Ave. Rancho Boyeros gibt es das Café *Pio Lindo,* Ecke Calzada Managua und eine Pizzería. Berühmtester Sohn der Stadt ist der auch in Europa bekannte Schriftsteller *Italo Calvino,* der hier 1923 geboren wurde. Außerdem gibt es einen **Bahnhof.**

Auf halbem Weg zum Rincón liegt beidseitig der Straße das **Aids-Sanatorium „Los Cocos",** sowie eine psychiatrische Klinik. Außerdem sind hier Versuchsfelder des Landwirtschaftsministeriums.

UMGEBUNG VON LA HABANA

Leicht von La Habana aus zu erreichen sind die östlichen Strände bis Santa Cruz del Norte, das Tal Valle de Yumurí, die Escaleras de Jaruco sowie der Hafen Surgidero de Batabanó. Der Ort Artemisa liegt südwestlich von La Habana, ebenso San Antonio de los Baños, an der Küste befinden sich Mariel und Bahía Honda. Der erste Ort westlich der Hauptstadt ist Cojímar.

Der Metrobus M2 verkehrt zum **Parque de la Fraternidad** in Centro Habana. Auch einen Zug gibt es, der dann zur **Calle Tulipán** in Vedado fährt.

NICHT VERPASSEN!

⮕ **Playas del Este,**
zur Entspannung vom Hauptstadtstress mit den Cubanern an den Strand | 79

⮕ **Playa Jibacoa,**
hier findet man Ruhe | 85

⮕ **San Antonio de los Baños,**
hier kann man eine typisch cubanische Ortschaft besuchen | 86

Diese Tipps sind gelb hinterlegt.

1

Cojímar

15 Minuten mit dem Taxi von La Habana entfernt liegt das kleine Fischerdorf Cojímar an der Mündung des gleichnamigen Flusses. 1649 ließ *G. B. Antonelli* ein Fort zum Schutz der Küste errichten, das die Engländer 1762 eroberten, um auf La Habana vorzustoßen. 1878 verlegte man von hier eine unterseeische Telegrafenleitung nach Amerika. Zwischenzeitlich wurde Cojímar ein Bade- und Kurort, bis ein Hurrikan dem Treiben 1926 ein Ende machte. Durch *Hemingways* „Der alte Mann und das Meer" wurde der Ort weltberühmt. Vorbild für den „alten Mann" war der Kapitän *Fuentes* aus Cojímar. Von hier startete der Schriftsteller seine Angelausflüge. Ein goldenes Denkmal im Hafen erinnert an ihn, die dankbaren Ortsbewohner haben es gestiftet. Selbst die Fischerkneipe *La Terraza* (ursprünglich *Las Arecas*) gibt es noch, inzwischen ein Anlaufpunkt für Touristen aus aller Welt mit entsprechend hohen Preisen. Calle Real 161, esq. a Candelaria, Tel. 7665150, Fischrestaurant ab 12 Uhr, Bar ab 10.30 Uhr.

Sonst ist wenig los, die Reste des Dorfes wurden durch einen Hurrikan im Jahr 2008 stark in Mitleidenschaft gezogen. Es gibt einen kleinen Devisenladen (wenn man den Paseo Panamericano hinunterfährt auf der linken Seite hinter den Villas Panamericano) und neben dem Hotel eine Bäckerei. Über dem Hafen thront die **Festung Torreón,** heute der Stützpunkt der Küstenwache. Am anderen Flussufer liegt **Alamar,** eine graue Plattenbausiedlung, die in den 1970er Jahren hier errichtet wurde. An der Straße Vía Monumental, die nach Cojímar führt, liegt das **Estadio Panamericano.** Das große Rund wurde für die **Panamerikanischen Festspiele** gebaut und fasst 55.000 Zuschauer.

Berühmtester Sohn Cojímars ist der Fotograf **Raúl Corrales Fornos** (1925–2006), bekannt für seine grandiosen Momentaufnahmen des cubanischen Alltags. Teilweise wirken die Szenen irreal und wie gemalt, etwa das Foto „Caballería" aus dem Jahr 1960. Sein Bild einer Rede *Fidel Castros* auf der Plaza de la Revolución zierte den 10-Peso-Schein. *Fornos* verdingte sich als Schuhputzer, Zeitungsausträger und Obstverkäufer, bis er die Fotografie entdeckte und sich einen kleinen Fotoapparat zulegte. Geld für Abzüge hatte er nicht, sodass er sich nur die Negative ansehen konnte. 1944 kam der Durchbruch dank der Arbeit bei einer cubanischen Filmgesellschaft. Das Foto „El Sueño" (Der Traum) gehört zu den Klassikern der Fotografie weltweit. Auf dem Bild sieht man eine karge Stube mit einem Feldbett und einer Kommode mit einer Vase, auf der Liege schläft ein bärtiger Revolutionär, sein Schnellfeuergewehr hat er auf der Kommode abgelegt. An der Wand darüber hängt ein großes Bild im Goldrahmen, darauf eine barbusige Schöne in der gleichen Haltung schlafend und dabei auf den Krieger herabschauend.

Unterkunft

● **Hotel Panamericano** ②, Calle A (Paseo Panamericano), esq. Ave. Central, am Ortseingang, Tel. 7661010. Dieses Haus aus dem Jahre 1991 wird zeitweise als Reha-Klinik genutzt. Die Zimmer sind klein, Pool.

■ **Vista Al Mare/Las Brisas** (Islazúl) ②-③, Tel. 7338545, die Rezeption befindet sich im *Las Brisas*. Diese beiden einfachen, mehrstöckigen Hotels gehören zusammen und liegen dem *Panamericano* gegenüber. Es gibt einfache Apartments und solche mit kompletter Küche.

■ **Essen** kann man im italienischen Restaurant an der Calle A y Ave. Central.

Privat

■ **Candy House,** *Candida Becerra,* Calle Santa Rita 9807, e/Real y Pezuela, in der Nähe des Monumento Hemingway, Tel. 7662698, Mobil 52928982. Im Haus ist ein Paladar, seeseitiger Eingang für Gäste. 2 Zimmer zum Meer. 30 CUC, Frühstück 5 CUC.

■ **Villa Azul,** Calle Real 12, esq. Calle Rita, Tel. 7668921. Ein Haus mit Meerblick, 2 Zimmer im Obergeschoss mit Bad. 30 CUC, Frühstück 5 CUC.

■ **Casa Ferreiro,** *Alejandro y Fara Ferreiro,* Calle E (Los Piños) No. 315, e/29 y 30, Tel. 7650876. Man kann einen Blick aufs Meer erhaschen. Ein Apartment mit Terrasse. 30 CUC, Frühstück 5 CUC.

■ **Villa Estrella,** Calle Martí 460, e/32 y 33, Tel. 7652975. Man vermietet 1 bis 3 Zimmer mit AC. Es gibt einen Pool im schattigen Patio. 30 CUC, Frühstück 5 CUC.

Essen und Trinken

■ Essen kann man im italienischen **Restaurante Allegro** hinter dem Supermarkt (Ave. 78, e/5c y 5d) oder im **La Terracita** in der Villanueva, e/Concha y Pezuela, Tel. 7657118.

Verkehrsmittel/-verbindungen

■ Der **Bus 58** fährt von Centro Habana vom Prado 59 und in Vedado zwischen Av. de la Independencia und Bruzón ab. In Cojímar ist die Haltestelle in der Calle 92. Vor dem Hotel *Panamericano* halten die Busse 195 und 265.

Playas del Este

Umgebung von La Habana

■ **Vorwahl:** 077
■ **Einwohner:** 5000

„Dort in Habana del Este, gleich nach dem Tunnel, hab' ich ein schönes Häuschen …"
(José Manuel Aniceto Díaz)

Etwa 20 Autominuten östlich von La Habana liegt die „Badewanne der Hauptstadt": Die Playas del Este umfassen insgesamt mehr als **80 km Strand,** die sich auf sieben Sandstrände verteilen. Die kleinen unscheinbaren Orte auf der Strecke gehen fast nahtlos ineinander über und bestehen hauptsächlich aus Ferienhäusern und einfachen Hotels.

7 km hinter Cojímar liegt **Bacuranao** mit einem grobkörnigen Sandstrand, einem alten Wachturm und der weitläufigen Ferienanlage *Villa Bacuranao.* Hier landeten 1762 die Engländer, um die Festung Morro von der Rückseite her anzugreifen. Zum Essen begibt man sich ins Restaurant *Bacura/Paolino.*

Nicht weit entfernt liegt die **Marina Puertosol Tarará** an der Mündung des gleichnamigen Flusses. Hier kann man ein Boot chartern, das Schnorchler zu den Riffen hinausfährt (zu buchen über die üblichen Agenturen). Wegen der Dreimeilenzone muss man seinen Reisepass dabeihaben. Skipper melden sich über den VHF-Kanal 77 an. Übernachten kann man vor Ort nicht, da alle Unterkünfte von Patienten der *Operación Milagro* („Wunder") belegt sind. Im Rahmen dieser Initiative werden Augenoperationen für Menschen aus Entwicklungsländern auf Cuba durchgeführt.

1

Playas del Este

Zum Strand von **El Mégano** gehören das 4-Sterne-Hotel Villa Los Pinos und das 3-Sterne-Haus Mégano.

Der Strandabschnitt von **Santa María del Mar** wird durch Kokospalmen beschattet, nach einer schmalen Brücke schließt sich **Boca Ciega** an, wo es nicht ein Hotel gibt. In **Guanabo** stehen einfache, einstöckige Häuser. Der letzte Ort, **Brisas del Mar,** liegt ein wenig abgeschieden, sodass nur wenige Touristen hierherkommen und es entsprechend ruhig ist. Das von schroffen Felsen eingerahmte **Jibacoa** liegt an einer sehr reizvollen Bucht und ist wegen der fast 70 km Entfernung zu La Habana nicht so stark frequentiert.

An Wochenenden oder während der cubanischen Ferien lohnt sich auch für die Bewohner der Hauptstadt die Fahrt an die Strände, manche übernachten auch in den einfachen Unterkünften, auf den Campingplätzen oder gar am Strand. Es wird dann etwas belebter.

In **Santa María del Mar** und **Guanabo** liegen an den Stichwegen zum Strand Imbissbuden, Strandbars und ein paar Devisenläden. Wenn man an den Strand geht, muss man auf seine Sachen achten. Diesen Rat erteilen auch die Polizisten, die über den Strand patrouillieren und mit den Touristinnen flirten.

Die **Straßennamen** stehen in Guanabo übrigens auf den weiß gestrichenen Feldsteinen an den Ecken.

Unterkunft

Hotels am Playa Bacuranao

42 **Villa Bacuranao** (Islazúl) ③, Vía Blanca, km 15,5, reparto Celimar, Tel. 639241-44. Das westliche

Essen und Trinken
1 Mégano
4 Café Mirazul
6 Café Pinomar
8 Restaurant
  Mi Casita de Coral
10 Pizzeria Don Pepe
13 Restaurant Mi Cayito
17 Bodegón del Este
18 Restaurant
  Casa del Pescador

20 Restaurant El Cubano
21 Pizza Don Peppo
22 Pizzastände
23 Café Cubanita
28 BBQ Guanabo
29 Pan.Com
33 Pizza El Piccolo
35 Paladar Tropinini
40 Restaurante Maeda
41 Mirador de Bellomonte

Einkaufen/Sonstiges
3 Laden Villa Los Pinos
15 Caracol-Laden
16 Devisenladen
19 Supermarkt La Barca
25 Reisebüro
26 Parque de Diversiones
34 Bauernmarkt

Umgebung von La Habana

Florida-Straße

Playa Boca Ciega

Boca Ciega

Guanabo

Santa Cruz del Norte, Matanzas

Minas

Via Blanca

Ende der Playas del Este, ursprünglich ein großes Erholungsgebiet, wurde vor einigen Jahren renoviert. Ruhige, weitläufige Anlage mit kleinen Häuschen und leerem Sandstrand, etwa 60 Zimmer mit Dusche, TV und Terrasse. Pool, Bar.

Hotels am Playa El Mégano
2 Villa Mégano (Cubanacán) ②, Via Blanca, km 22,5. Einfache Anlage, die zurzeit für die *Operación Milagro* (s.o.) verwendet wird.

42 Villa Los Pinos (Gran Caribe) ④, Ave. de las Terrazas 21, e/4ta y 5ta, Tel. 971361. 70 Häuschen gruppieren sich um einen Pool, ruhig, einfach und etwas heruntergekommen.

Hotels am Playa Santa María del Mar
5 Hotel Tropicoco (Hoteles C) ②, Ave. Sur y Las Terrazas, Tel. 295122. 180 Zimmer an der ruhigen Strandstraße, mit Laden und Freizeitangeboten.

7 Villa Mirador del Mar (Islazúl) ②-③, Calle 11, e/1era y 3era, Tel. 971354. Unterschiedliche

Zimmer in Bungalows, Pool, etwas abseits des Meeres zwischen Vía Blanca und Hotel *Tropicoco*.

9 Aparthotel Las Terrazas (Islazúl) ③, Ave. de Las Terrazas, e/Calle 10 und Rotonda, Tel. 971315-18, günstig. 154 Zimmer mit Bad, Kochgelegenheit und Kühlschrank, einfach eingerichtet, 2-Zimmer-Apartments kosten 75 CUC; es gibt auch zwei Penthouses für 6 Personen. Der Garten ist sehr angenehm, ausgestattet mit Pool, Bar und Frühstücksterrasse.

11 Hotel Atlántico (Gran Caribe) ③, Ave. de Las Terrazas, e/11 y 12, Tel. 971085. Kleineres, einfaches Hotel.

12 Club Atlántico ④, gegenüber vom Hotel direkt am Strand, 92 komfortable Zimmer, All inclusive. Club und Hotel gehören zusammen.

Hotels am Playa Boca Ciega
14 Sea Club Arenal (Blau) ③, Tel. 971272. Ruhige All-inclusive-Anlage, einstöckig, 5 Gehminuten vom Strand, an einem kleinen See gelegen. 164 Zimmer

1

092cu kh

mit Pool, Restaurant, Bar, Tennisplatz. Bus-Shuttle nach La Habana täglich, für Gäste kostenlos. Über eine Holzbrücke erreicht man den dünengesäumten Strand.

Privat

30 **Bernardo y Adelina,** Calle 478 No. 306, e/3ra y 5ta, Tel. 963609. Apartment am Meer, 25 CUC am Tag, Küche, Esszimmer, Wohnzimmer, Kühlschrank, Dachterrasse, großes Bad, Schlafzimmer, AC.

31 **Villa Mayada,** Calle 1ra No. 49006, e/490 y 492, direkt am Strand, Tel. 0160 5877872, www.villamayada.com. Modern eingerichtet, 2 DZ, mit Bad, Terrasse und Garten, multilinguale Besitzerinnen. 90 CUC pro Woche.

32 **Mercedes Muniz,** Calle F, No. 4, e/24 y Lindero, Tel. 965119. 2 Zimmer in einem 20 m vom Strand entfernten Haus. Küchenbenutzung, DZ 35 CUC.

32 **Casa Andresita** liegt ca. 250 m vom Strand entfernt, in einer ruhigen Seitenstraße. Dort kann man ein Häuschen mit zwei Schlafräumen, Küche, Bad und Wohnzimmer für 60 CUC mieten. Der Besitzer spricht Englisch.

32 **Sra. Nancy Pujol,** Calle 1ra No. 50019, e/500 y 504, Tel. 963062. Das schön gestaltete Häuschen liegt direkt am Strand, der Patio ist zum Strand hin offen. 2 Zimmer mit Küche und gemeinsamen Bad, 40 CUC.

32 **Sol-Mar,** Calle 1ra No. 50017, e/500 y 504, Tel. 963959. Ebenfalls direkt am Strand, ein Zimmer mit separatem Eingang im 1. Stock. 35 CUC.

32 **Alba y Rolando,** Calle 5ta. B No. 50202, Guanabo, Tel. 963223, 3 Zimmer mit Bad und Terrasse, ab 30 CUC, sehr leckeres Essen für ca. 8 CUC.

Strand bei Santa María del Mar

Umgebung von La Habana

32 Orestes García, Calle 500 No. 5A02, e/5ta A y 5ta B, Guanabo, Tel. 962844. Apartment mit Küche, 2-stöckig, 2 DZ mit Bad, eines davon ohne Fenster, 30 CUC. Das Essen ist gut.

36 Casa Leonardo vermietet ein Apartment mit eigenem Eingang, Bad und Terrasse. Calle 504 No. 5B09A, e/5ta B y 5ta C, Tel. 965911. Schlafzimmer, Bad und Kochnische, 35 CUC pro Nacht.

36 Casa Armando, *Armando Guevara González,* Calle 12 No. 24, e/2a y 3ra, Tel. 964921. *Armando* ist ziemlich witzig. 4 Zimmer mit AC, Fernseher, Kühlschrank, teilweise Küche oder eigene Veranda. Zimmer ab 30 CUC, Frühstück 3 CUC.

37 Casa Armando y Onelia, Calle 470 No. 703, e/ 7 y 9, Tel. 965256, pookie777@gmail.com, onelia. ma@transnet.cu. 4 Zimmer in einem 2-stöckigen Haus. 25–30 CUC.

39 El Mirador, *Carmen Dora Mendez Dias,* Guanabo Calle 470 No. 1108, e/11 y 13, Tel. 962715. Fünf Minuten vom Strand, großes Zimmer mit Küchenzeile und Dachterrasse mit weitem Blick, ab 25 CUC.

40 Maeda, Quebec 115, e/476 y 478, Tel. 5297 4575. Der freundliche Besitzer des gleichnamigen Restaurants vermietet saubere Zimmer für 25 CUC inkl. Frühstück; etwas entfernt vom Strand.

Essen und Trinken

Entlang der Ave. de Las Terrazas und auf der Hauptstraße von Guanabo findet man kleine Restaurants und Imbissstände, in denen man preiswert essen kann. Kulinarisch Ausgefallenes sollte man nicht erwarten. In der Calle 466 findet man den besten Peso-Pizzastand.

1 Mégano, Ave. Mégano y Mar, Santa María del Mar, Tel. 971404, einfache Gerichte ab 10 Uhr.

4 Café Mirazul, Ave. de Las Banderas, Santa María del Mar, Tel. 960214, einfache Küche ab 10 Uhr.

6 Café Pinomar, Ave. del Sur, esq. Calle 7, gehört zum El Mégano, einfache Gerichte.

8 Restaurant Mi Casita de Coral, Ave. La Bandera y La Terraza Sur, liegt versteckt hinter der kleinen Klinik zwischen dem Kreisverkehr und dem Block des Hotels *Las Terrazas.* Hier gibt es die üblichen Gerichte in ruhigem Ambiente am Springbrunnen. Ab 10 Uhr morgens.

10 Pizzeria Don Pepe, Ave. de Las Terrazas, esq. 10. Beliebter Strandgrill mit gehobenen Preisen.

13 Restaurant Mi Cayito, das Lokal liegt auf einer Insel in der Lagune Itabo am östlichen Ende Santa Marías. Hier kann man für 2 CUC ein Paddelboot mieten.

17 Bodegón del Este, Calle 1ra y Ave. 1ra, drei Straßen vor dem Knick der Ave. 1ra in Boca Ciega, Tel. 963089, tgl. 12–22 Uhr. Preiswerte kreolische Küche und Fisch, freundlicher Service. Vorspeisen 2–4 CUC, Hauptspeisen ab 5 CUC.

18 Casa del Pescador, Ave. 5, esq. Calle 443. Nettes Fischrestaurant in Boca Ciega.

20 El Cubano, Boca Ciega, Ave. 5ta, e/454 y 456, Tel. 964061. Touristen-Laden mit Restaurant, Bar und Grill. Lokales Essen von 12 bis 22 Uhr.

21 Pizza Don Peppo, Calle 462, ist von der Ave. 5ta zu sehen. Gute Pizza.

23 Café Cubanita, Boca Ciega, Ave. 5ta, esq. Calle 464. Einfaches Essen von 10–22 Uhr.

28 BBQ Guanabo, Guanabo, Calle 476 y 3ra Ave., 10–22 Uhr. Kleiner Grill.

29 Pan.Com, Guanabo, 5ta Ave. No. 47610, e/476 y 478. Schnelle Küche und Milchshakes ab 10 Uhr.

33 Pizza El Piccolo, Ave. 5ta, esq. Calle 502. Guter Pizzaladen, etwas abseits, ab Mittag geöffnet.

35 Paladar Tropinini, Ave. 5ta No. 49213, e/Calle 492 y 494. Klein und gut, Frühstück ab 4 CUC.

40 Restaurante Maeda, Quebec 115, e/476 y 478. Ein kleiner Paladar mit exzellentem Essen im grünen Hof, 12–23 Uhr.

41 Mirador de Bellomonte, von dieser Bar auf einem Hügel hat man einen guten Blick auf das Meer und Guanabo. Am besten mit dem Auto zu erreichen, und zwar von der Vía Blanca Richtung Matanzas fahren und dann bei km 24,5 rechts den Berg hoch.

1

Geldwechsel

■ **CADECA** (Wechselstube): Ave. 5ta No. 47612, e/476 y 478; Edificio Los Corales, Ave. de Las Terrazas, e/10 y 1; beide in Guanabo.
■ **Bank:** Ave. 5ta No. 47810, e/478 y 480, Guanabo, 9–15 Uhr.

Einkaufen

■ **Lebensmittel:** Ave. de Las Terrazas, Guanabo, gegenüber dem Eingang zum Hotel *Tropicoco* gibt es einen kleinen Laden; Ave. de Las Terrazas, zwischen der Diskothek vor Las Terrazas und dem Gesundheitszentrum gibt es ebenfalls einen kleinen Lebensmittelladen; ein **34** **Bauernmarkt** ist in Guanabo in der Calle 492, e/5b y 5c.

Verkehrsmittel/-verbindungen

■ **Bus:** An der Straßenkreuzung Agramonte und Apocada fährt der Bus No. 204 für 40 Centavos nach Guanabo. Sicherer ist der **Touristenbus T3,** der alle halbe Stunde vom Parque Central über das Castillo del Morro bis zu den Hotel der Playa fährt.
■ **Zug:** 2 km oberhalb von Guanabo, noch über der Verbindungsstraße, hält der Hershey-Zug, wenn er denn fährt.
■ Offizielle **Taxis** verlangen ca. 20 CUC in die Hauptstadt, private Taxis sind preiswerter, wobei das vom Fahrer, der Uhrzeit und dem Ziel abhängt.
■ **Mietwagen:** *Havanautos,* am Hotel *Tropicoco,* Tel. 7972952; am Aparthotel *Atlántico,* Tel. 7975502, 802946; beide in Santa María del Mar.
■ **Tankstellen** gibt es am Rondell e/Ave. 5 y 464 in Guanabo und an der Via Blanca gegenüber der Militärakademie bei Bacuranao.
■ **Parken** für 1 CUC pro Tag kann man in Santa María an der Calle 11, e/Ave. de Las Terrazas und Ave. del Sur, in der Calle 13 neben dem Hotel Atlántico und vor dem Restaurant Mi Cayíto.

Santa Cruz del Norte

Der kleine Ort liegt 40 km östlich an der Via Blanca zwischen der Boca de Jaruca und der Playa Jibacoa. Er fällt erst einmal durch seine Fabriken auf. Hier wird seit 1919 der Rum *Havana Club* destilliert. Die **Ronera Santa Cruz** wurde von der berühmten Familie *Arrechbala* 1878 gegründet und nach der Revolution verstaatlicht. Auch Papier und Zigarren werden hier hergestellt. Das Heizkraftwerk verbrennt das schwefelhaltige Erdöl, das am Meer aus den vielen Bohrlöchern gepumpt wird. Daneben steht eine Raffinerie. Außerdem gibt es eine Sperrholzfabrik und eine Zuckermühle.

Am Strand liegt ein **Wassersportzentrum** der staatlichen Gesellschaft *Cubamar*. Schnorcheln im Riff ohne Boot ist verboten. Auf der anderen Seite erheben sich Hügel, die zum **Wandern** einladen. Die Küste von hier bis Escondido säumen steile Kalksteinfelsen. Das Restaurant *Los Amigos* bei km 49,5 der Via Blanca bietet allerlei cubanische Gerichte; obwohl das Lokal mit Geldscheinen tapeziert ist, nimmt es auch VISA.

Der **Bus 669** fährt zur Estación Coubre in La Habana.

Wer mit der **Hershey Electric Railway** von La Habana kommt, macht 5 km hinter Santa Cruz noch Station in Hershey. Manchmal wird die Station auch nach der dortigen Zuckermühle *Camilo Cienfuegos* genannt. Sie war die größte ganz Cubas und gehörte dem amerikanischen Schokoladenmogul *Hershey*; daher auch der Name der Bahnstation.

1

Verkehrsmittel/-verbindungen

■ Verlässt man den Ort in östlicher Richtung mit dem **Auto,** erreicht man nach 6 km den Río Jibacoa, ab hier wird die Landschaft hügeliger. Von der Vía Blanca gelangt man über eine 6 km lange Stichstraße zur Playa Jibacoa.

Ein Abstecher nach Süden führt nach **Jaruco.** Man kann den Schienenbus über die Zuckerrohrplantagen nehmen oder über die 20 km lange, holperige Straße über San Antonio de Río Blanco zu dem Dorf fahren. Der Ort ist über einen Hügel verteilt. Der zentrale Platz wird von der Kirche **San Juan de Bautista** beherrscht. An der Ortsgrenze rauscht der Río Jaruco. Fährt man nach Westen, kommt man in den **Nationalpark Escaleras de Jaruco,** in dem markante Kalksteinfelsen bis zu 200 Meter tafelförmig in die Höhe ragen. Anfahrt: Von der Via Blanca fährt man südwärts nach Jaruco und dann auf der Straße nach Tapaste 16 km bis zum Naturpark, wo es ein Hotel, Restaurants und ein Info-Zentrum gibt. Wanderwege erschließen den Regenwald und verschiedene Höhlensysteme mit Fledermäusen.

In Jaruco schuf die cubanisch-amerikanische Künstlerin *Ana María Mendieta* (1948–1985) ihre **Rupestrian Sculptures,** geritzte und kolorierte Figuren in Kalkstein.

■ **Unterkunft: Hotel Escaleras de Jaruco** ③, Tel. 0692 32665, 35 Zimmer mit AC und Minibar in einem einfachen 2-stöckigen Gebäude, auch *Cabañas.* Anfahrt von La Habana über die Carretera Central nach Tapaste und dort Richtung Jaruco.

Playa Jibacoa

Umgebung von La Habana

Die Unterkünfte in diesem Strandabschnitt sind etwas preiswerter als die an den Playas del Este, deswegen sind hier mehr Einheimische anzutreffen. Die Küste ist **ziemlich felsig,** nur die Strandareale haben weißen Sand. Allerdings stört die Ölraffinerie im Hintergrund optisch doch etwas. Nach La Habana sind es 60 km, nach Varadero 50 km. Am Abzweig zur *Villa Loma* gibt es einen Caracol-Laden mit Lebensmitteln.

Unterkunft

■ **Villa El Abra** (Cubamar) ①, 80 Bungalows, die sehr einfach ausgestattet sind. Man muss vorher bei *Cubamar* in La Habana am Paseo reservieren, Tel. 0692 85120. Auf der Anlage gibt es einen Pool, einen Laden, einen Arzt und ein Lokal.

■ **Cameleon Villas Jibacoa** *(Villa Tropico)* (Gran Caribe) ③, Via Blanca, km 60. 150 All-inclusive-Zimmer in einfachen 3-stöckigen Häusern direkt am Arroyo-Bermejo-Strand (palmenbestanden und gut zum Schnorcheln). Von Arbeitern errichtet, die 1960 die dort stationierten Raketen demontierten.

■ **Villa Loma** (Islazúl) ①, Playa Jibacoa, km 57, Tel. 0692 95316, liegt erhöht an der Flussmündung am Strand. 14 einfache, zum Teil zweistöckige Häuschen, auch Räume mit Gemeinschaftsbad. Etwas renovierungsbedürftig, aber nettes Personal. Das Restaurant befindet sich auf einem alten Turm. Schattiger Sandstrand.

■ **Breeze** (Cubanacán) ④, Arroyo Bermejo, Tel. 0692 95122. Freundliches All-inclusive-Haus. Der Strand vor dem Haus wurde nachträglich angelegt, außerdem großer Pool, und draußen gibt es Korallenriffe.

1

Verkehrsmittel/-verbindungen

■ Es gibt **keine Busstation** an der Playa Jibacoa. Am besten ist noch der Hershey-Zug bis Santa Cruz (wenn er fährt).

Weiterfahrt nach Osten

Nach **Matanzas** sind es nur noch 35 km, nach 10 km führt eine Straße zum Hafen nach **Puerto Escondido.** Hier kann man diverse Tauchausflüge unternehmen, die Buchung sollte man besser von einem Hotel aus tätigen.

Die Strandstraße kommt in einem Bogen wieder auf die Via Blanca. Gegenüber der Einmündung führt ein Weg nach **Canasí** oder **Arcos de Canasí.** Hier gibt es eine Bahnstation des Hershey-Zuges. Wer will, kann von hier nach Matanzas fahren, verpasst dann aber Bacunayagua.

An der Provinzgrenze zu Matanzas kommt man zu einer Sehenswürdigkeit, dem **Mirador de Bacunayagua;** alle Busse halten hier. Der Ausblick von Cubas längster und höchster Brücke ist grandios. Bei km 54,5 kommt noch die Freiluftbar *Los Marinos,* die sich für ein kühles Getränk anbietet.

San Antonio de los Baños

Diese Stadt hat etwa 30.000 Einwohner und liegt ca. 35 km südlich von La Habana. Ende des 18. Jh. als Marktflecken gegründet, hieß sie zunächst *San Antonio Abad.* Im 19. Jh. kamen **Kurbäder** in Mode, und das Wasser der Gegend versprach Heilwirkung. Der **Río Ariguanabo** fließt durch die Stadt und läuft unter einem Ceibabaum hindurch. Er wird gespeist aus dem Laguna-See und 20 Quellen, die im Umkreis liegen. Zu Zeiten des Bäderbooms traf sich die geistige Elite der Insel in den noblen Hotels.

Im Sommerhaus der *Marquise von Campo Florido* liegt das **Museo del Humor.** Hier kann man sich über cubanische Comics und Karikaturen informieren. Calle 60, esq. Ave. 45, Di–Sa 10–18 Uhr, So 9–13 Uhr. Die Künstlerszene trifft sich alle zwei Jahre (an ungeraden Jahren) zur „Biennale des Humors".

Der Ort besitzt ein **Stadtmuseum** in der Calle 66, e/41 y 43. Es gibt eine kleine **Kunstgalerie** in der Calle 58, e/37 y 39. Die Post ist in der Hauptstraße, der Calle 41, esq. 64. Man kann mit der Bahn von der Hauptstadt herfahren; die Karte kostet nur ein paar Pesos.

Fico Gorín betreibt ein kleines **Museum** in seinem Haus an der Kirche, in dem er seine kolorierten Stadtansichten ausstellt.

Am Wochenende steigt die örtliche Party im **Taberna del Tio Cabrera** (um 21 Uhr); unter der Woche ist das Gartenlokal nur am Nachmittag geöffnet. Das **Martinica,** Ave. 21 No. 2823, e/28 y

3, öffnet täglich ab Mittag und serviert preiswerte Fleischgerichte nach kreolischer Art.

Berühmt ist die **Escuela Internacional de Cine y Televisión** in der Nähe.

Der Ort verfügt über einen **Militärflughafen,** der von einem französischen Unternehmen ausgebaut und dann zivil als Entlastung für den Airport von La Habana betrieben werden soll.

Unterkunft

■ **Las Yagrumas** (Islazul) ③, Calle 40 y Final, Tel. 047 384460-63, liegt 1 km nördlich der Stadt am Ufer des Ariguanabo. 70 Zimmer, auch kleine Einzelhäuser. Fahrräder und Ruderboote zum Ausleihen, Pool, Tennisplatz, am Wochenende kommen viele Cubaner. Leider ist die Anlage etwas vernachlässigt.

■ **Hotel Mirador de San Diego** (Islazul) ③, Calle 23 Final, von La Habana auf der 371 kommend in den Ort fahren und auf der Straße bleiben, Tel. 5348 778338. Einfaches Hotel mit Aussichtspunkt und Pool, für eine Nacht okay.

Batabanó

Dieser Ort im Süden der Provinz ist nur für die Leute wichtig, die mit dem Schiff zur **Isla de la Juventud** reisen. Das Wasser des Ariguanabo, das bei der Ceiba in San Antonio de los Baños verschwand, fließt unterirdisch bis hier und verwandelt die Umgebung in Sumpfland mit Mangrovendickichten. Nahebei liegt die **Playa del Cajío,** eine der wenigen Bademöglichkeiten am Golf von Batabanó.

Wenige Kilometer nach dem Ort erreicht man den Fähranleger in dem Fischerdorf **Surgidero de Batabanó,** bekannt für seine Schwämme, die man aus den Kanälen holt. Wenn man auf sein Schiff wartet, kann man in einer der vielen Imbissbuden die örtlichen Fischspezialitäten probieren oder den Schwammverarbeitern an der Calle 1, e/58, bei der Verrichtung ihres Jobs zusehen. Es gibt eine Post und eine Tankstelle in der Calle 64 – sonst hat der Ort nichts zu bieten.

Unterkunft

Es gibt einen **Campingplatz,** den man zu Fuß am besten erreicht, wenn man am Strand nach Osten geht. Nach rund zwei Kilometern sieht man die Fertigbau-Hütten von Playita.

Verkehrsmittel/-verbindungen

Alle **Reservierungen** für Tickets kann man telefonisch unter der Nummer 585355 erledigen.

■ **Bahn:** Der verrottete Bahnhof liegt in der Nähe des Schiffsanlegers. Manchmal kommt ein Zug von La Habana vom Bahnhof Cristina an.

■ **Schiffstickets** kann man in La Habana von 7 bis 12 Uhr am NCC-Schalter kaufen, Tel. 8781841. Am Surgidero de Batabanó (Schiffsanleger) ist es oft schwer möglich. Achten Sie bei der Rückfahrt schon in Nueva Gerona (NCC-Schalter Calle 31, esq. 24) darauf, ob die geplante Rückfahrt eine **Busverbindung nach La Habana** hat, was nicht immer der Fall ist. Gibt es einen Bus, dann sofort reservieren.

Playa Baracoa

Die Playa Baracoa ist ein ruhiger **Strandort,** ca. 30 km auf der Küstenstraße von La Habana nach Westen. In den Ferien wird es allerdings voll. Es gibt **Restaurants und ein paar Casas,** z.B. *Baracoa Beach 432,* Calle 3ra B No. 11432, am östlichen Ortsende in Strandnähe, Tel. 047 378246, 3 Zimmer, ganz nett eingerichtet, 25 CUC ohne Frühstück, oder die *Casa de Juan Daniel y Olivia,* Calle 3ra A No. 14433, e/Calle 144 y 146, Tel. 047 378231, 2 Zimmer, Küche, Bad, schattige Terrasse, 20 CUC plus Essen, oder die zweistöckige Casa von *Manuel y Norales,* Calle 166 No. 75354, Tel. 047 927028, guter Blick von der Dachterrasse. Da in der Nähe von Baracoa die medizinische Fakultät der Uni liegt, kennen alle Studenten den Baracoa-Strand.

Playa El Salado

Hier ist noch einer der wenigen Strandabschnitte mit **weißem Sand und ein paar Palmen.** Ursprünglich stand hier ein einfaches Hotel, dass dann einem Hurrikan zum Opfer fiel. In dem Restgebäude haben sich einige Essens- und Getränkestände angesiedelt. Zudem gibt es einen kleinen Laden. Über eine Brücke (mind. 1,50 CUC) gelangt man auf die andere Seite des Salado-Flüsschens, wo ein Pool und ein Restaurant auf Gäste warten. An der Zufahrt blickt man auf die Reste einer Gokart-Bahn. Unterkünfte gibt es keine.

Zu diesem Strandabschnitt im Westen der Provinz kommt man, wenn man auf der Autopista von Miramar Richtung Mariel fährt. Es gibt eine Tauchbasis, eine Bar und ein Restaurant – eine gute Möglichkeit für **preiswertes Relaxen am Strand.** Zu den cubanischen Ferien wird es allerdings ziemlich voll.

Mariel

Wer die Autopista weiterfährt, erreicht nach 20 km Fahrt parallel zur Küste die **Bucht von Mariel** mit der gleichnamigen **Hafenstadt.** Sie ist ein reiner Industrieort und für Reisende völlig uninteressant. Hier verpestet eine der größten Zementfabriken Cubas die Luft. Weltweite Berühmtheit erlangte der Hafen 1980, als über 100.000 Cubaner die Insel auf allen möglichen Gefährten in Richtung Miami verließen. Inzwischen wird der Hafen zum größten **Containerhafen** der Karibik ausgebaut – als internationale **Freihandelszone** ausgewiesen, sollen hier Devisen ins Land kommen. Auf längere Sicht soll Mariel den Hafen von La Habana von Fracht- und Containerschiffen befreien.

Wer sich dennoch in diese Industriestadt verirrt, kann am Strand im kleinen **Motel La Puntilla** (Calle 128) übernachten, einem einfachen Peso-Hotel, das auch an Ausländer vermietet (20 Zimmer, Tel. 80392548).

Das örtliche **Museum** liegt der Kirche gegenüber, und die **Villa der Militärakademie** überblickt die Stadt von einem Hügel aus.

Auf der Küstenstraße weiter nach Westen, sind nach einer Fahrt durch Zuckerrohr- und Reisfelder die Grenze der Provinz **Pinar del Río** und danach **Bahía Honda** erreicht, wo die Amerikaner 1900 einen weiteren Militärstützpunkt planten; letztlich beschränkten sie sich auf Guantánamo. Zum Übernachten bietet sich der Weg nach **Punta Piedra** an: Auf einem Hügel in der Nähe eines Tanklagers liegt das ganz einfache Motel *Punta de Piedra* mit Blick auf die Bucht. Am nächsten Tag kann man über La Palma weiter nach Viñales fahren.

Bahía Honda

Der Ort liegt am Ende einer **versteckten Bucht,** daher leitet sich auch der Name ab – vorbeisegelnde Schiffe konnten den engen Kanal zur Bucht kaum erkennen. Die Stadt entstand nicht direkt am Wasser, sondern 1 km landeinwärts. Nach dem Sieg über die Spanier verpachtete man 1903 die komplette Bucht an die Amerikaner, die für ihre militärische Hilfe zwei Flottenstützpunkte verlangten. Allerdings verloren sie das Interesse, und, anders als im Fall des Stützpunktes Guantánamo, ging Bahía Honda 1912 zurück an Cuba. Die Regierung plant hier mehrere Golfplätze, was wegen des damit verbundenen hohen Wasserverbrauchs auf wenig Verständnis bei der Bevölkerung stößt.

Artemisa

Das Städtchen liegt an der Carretera Central etwa 50 km hinter La Habana. Echte Revolutions-Nostalgiker können vor dem Ort das **Mausoleum** in der Ave. 28 de Enero besuchen, in dem 17 Revolutionäre zur letzten Ruhe gebettet wurden. Auch eine **Verteidigungsmauer** aus dem Unabhängigkeitskrieg liegt noch in der Gegend.

Hungrige begeben sich in das nett dekorierte **Lokal Roma,** Calle 56 No. 3110, e/31 y 33, drei Blöcke südlich der República, wo das Bier 35 CUP kostet. Grillfisch gibt es im **Restaurante Mis Abuelos,** Calle 17 No. 3809, e/38 y 40, in dem zwar nicht das Essen, aber die Einrichtung noch aus der Zeit der Großeltern stammt.

15 km westlich, an der Straße nach Cayajabos, kann man eine alte **Kaffeeplantage** besichtigen; die Überreste der *Cafetal Buena Vista* wurden als Museum hergerichtet (siehe nächstes Kapitel).

www.fotolia.de © jduha

2 Der Westen

Weltbekannt ist die Gegend um das Tal von Viñales, wo sich bizarre Kalksteinfelsen aus der roten Erde erheben und der weltbeste Tabak angebaut wird. Doch auch Liebhaber einsamer Strände und Taucher kommen im Westen Cubas auf ihre Kosten: Im Naturschutzgebiet von Guanahacabibes gibt es berühmte Tauchreviere.

La Habana Matanzas
Pinar del Río   ATLANTISCHER
OZEAN
Nueva Gerona Santa
Clara
Isla de la   Camagüey Holguín
Juventud
Bayamo Guantánamo
KARIBISCHES
MEER   Santiago
de Cuba

◁ Das Tal von Viñales

ÜBERSICHT

An die Provinz La Habana mit der Hauptstadt grenzt im Westen die Provinz **Pinar del Río,** eine der bergigen Regionen Cubas.

Die Bergwelt beginnt bei den Hügeln des Biosphärenreservats **Sierra del Rosario,** das unter UNESCO-Schutz steht. Kurz nach der Revolution wurde ein Wiederaufforstungsprogramm durchgeführt. Im Reservat entstand 1971 die Modellsiedlung **Las Terrazas.**

Der Publikumsmagnet jedoch ist die Gegend um **Pinar del Río,** aus der 80 % des cubanischen Tabaks kommt. Der gleichnamige Ort ist der Verwaltungssitz der Provinz. In der Nähe liegt **Viñales.** Das verträumte Dorf entstand vor dem Hintergrund der **Sierra de los Órganos** (Orgelpfeifengebirge), das sich, in der Tat wie Orgelpfeifen, am Talende auftürmt. Die Tiefebene des Tabaks ist durch ihre pilzartigen Kalksteingebilde, die **Mogotes,** berühmt.

Ganz am Westende der Insel, in der **Bahía de Corrientes,** liegt der Strand María la Gorda, an dem Schnorchler in geringen Tiefen faszinierende Welten entdecken können. Vor der Küste im Norden liegen die unbewohnten **Inseln Cayo Levisa** und **Jutías.**

Soroa

■ **Vorwahl:** 047

Der **Kur- und Erholungsort** Soroa liegt 80 km südwestlich von La Habana in der Sierra del Rosario. Er ist auf der Autobahn La Habana – Pinar del Río über den Abzweig Candelaría/Soroa zu erreichen. Nach dem Abzweig an der Tankstelle geht es 6 km nach Norden in die Berge, und schon ist man in dem Örtchen, einer Ansammlung von Häusern an der Straße – jedes zweite vermietet Zimmer. Das einfache Lokal *El Avioncito* bei km 7,5 eignet sich für einen kurzen Stopp. Fährt man weiter, folgt rechts die Badestelle Baños Romanos und dahinter der Parkplatz mit dem Eingang zum Wasserfall Arco Iris, links dann der Orchideengarten und danach die kleine Hotelanlage *Villa Soroa.*

Baños Romanos, Mirador de Venus

Die „Römischen Bäder" sind eine alte **Badestelle** bzw. ein Badehaus an einer schwefelhaltigen Heilquelle an der Straße nach Soroa, km 8 (geöffnet 9–17

⇨ **Las Terrazas,**
  ausruhen in der Mustersiedlung in den Bergen | 97
⇨ **Strand von María la Gorda,**
  eignet sich bestens für einen Tauchausflug | 105
⇨ **Valle de Viñales,**
  wandern zu den Mogotes | 106

NICHT VERPASSEN!

Diese Tipps sind gelb hinterlegt.

Reiseroute West-Cuba

La Habana – Viñales – Pinar del Río – Soroa

1. Tag
Die urtümliche Landschaft mit ihren steil aufragenden Karstfelsen ist eine Gegend, die nicht nur dem weltberühmten **Tabak** „gefällt". Auch **Wanderer, Reiter** und **Kletterer** fühlen sich angezogen. Anreise mit Bus oder Bahn nach **Viñales.** Am Nachmittag hat man dank guter Lichtverhältnisse vom Hotel *Los Jazmines* einen grandiosen Blick über das Tal von Viñales mit seinen Kegelfelsen.

2. Tag
Das Regenwasser hat in Jahrmillionen den Kalkstein ausgewaschen und so viele **Höhlen** entstehen lassen, die man am zweiten Tag besuchen kann. In der stillen Natur bietet sich auch eine **Wanderung** an oder vielleicht ein Abstecher zum Baden an die Nordküste. Man sollte sich eine Unterkunft in Pinar del Río reservieren.

3. Tag
Fahrt von Viñales nach **Pinar del Río,** am besten mit einem Taxi. Dieser kleine Ort bezaubert durch seine **alten Kolonialgebäude,** aber auch dank der ruhigen Atmosphäre, die so ganz anders ist als im Rest Cubas.

4. Tag
Besuch der **Zigarren-** oder **Likörfabrik** in Pinar del Río. Für die Rückreise am nächsten Tag kauft man einen Zug-Fahrschein nach Candelaría.

5. Tag
Abfahrt mit dem 9-Uhr-Zug nach Candelaría, von dort mit einem Taxi nach **Soroa.** Das Hotel kostet pro Nacht und Doppelzimmer ca. 50 CUC. Man kann eine kurze **Wanderung** zu einem Aussichtspunkt machen und anschließend eine Dusche unter dem berühmten Wasserfall nehmen. Danach lohnt ein Besuch des Orchideengartens: Inmitten der üppig grünen Berge erstreckt sich ein Garten mit einer riesigen Sammlung seltener **Orchideen,** die ein Naturfreund aus der ganzen Welt zusammengesucht hat.

6. Tag
Von Soroa mit dem Taxi oder einem anderen Verkehrsmittel **zurück** nach Candelaría und von dort mit dem Zug nach La Habana.

cu001-2016kh

GOLF VON
MEXIKO

ARCHIPIÉLAGO DE LOS

116 Cayo Jutías
Leuchtturm ★

Santa Lucía
Nombre de Dios

116 Minas de Matahambre

San Ramón

Cayo Rapado Grande

Bahía de Dimas

Dimas

Cayo de Buena Vista

PINAR DEL RÍO

Arroyos de Mantua

Mantua

104 Guane

Boca de Galafre

Bolívar

Isabel Rubio · El Sábalo

104 Playa Boca de Galafre

GOLFO DE GUANAHACABIBES

Laguna Grande 104
Sandino
Krokodilfarm ★

Cortés

104 Playa Bailén

Punta Abalos

Punta Plumajes

Playa Punta Colorada

La Fe

GUANAHACABIBES-NATIONALPARK

La Jaula

Manuel Lazo

Punta Cajón

Cayos de los Lena

⚓ **Marina Gaviota**

Carabelita

105 **GUANAHACABIBES**

Las Martinas

Leucht-turm ★ **Las Tumbas**

Playa Aqua Muerte

La Bajada

El Vaecito

★ **Leuchtturm**

Cabo San Antonio

Caleta Lurga

Bahía de Corrientes

105

★ **María la Gorda**

Cabo Francés

Leuchtturm ★

Playa Jaimanitas

Cabo Corrientes

KARIBISCHES MEER

Uhr). Der 375 m hohe Mirador de Venus ist ein **Aussichtspunkt,** von dem man bei klarem Wetter beide cubanischen Küsten sieht. Hinter den Baños führt ein steiler Weg eine halbe Stunde durch den Wald hinauf. Auf dem Weg zum Mirador sieht man viele Vögel, Schmetterlinge, Libellen und Eidechsen, was allein schon den Aufstieg lohnt. Dieser ist auch auf dem Rücken eines Pferdes möglich (über das Hotel *Villa Soroa,* s.u.).

Castillo de las Nubes

1867 ließ sich der Großgrundbesitzer *Don Pedro* sein „Wolkenschloss" errichten. Nach der Revolution wurde das Anwesen verstaatlicht. Heute ist darin ein **Restaurant** untergebracht, geöffnet etwa 9–17 Uhr.

Arco Iris

Der **Wasserfall** wird auch „Cubas Regenbogen" genannt, weil manchmal die Sonne so durch das fallende Wasser scheint, dass sich ein schmaler Regenbogen bildet. Geöffnet bis 20 Uhr, 3 CUC. Der Weg führt etwa 400 m durch den Wald, wobei es Treppen hoch und hinunter zu bewältigen gilt. Zunächst erreicht man den Aussichtspunkt am Oberlauf des Wasserfalls. Zum Baden steigt man über eine schmale Treppe hinab zu den Gumpen. Im Frühjahr (Dezember bis März) ist in der Regel nur wenig Wasser vorhanden (am besten an der Kasse Touristen befragen, ob sich der Ausflug gerade lohnt).

Orchideengarten

Die eigentliche Attraktion des Ortes ist der Orchideengarten. **Tomás Felipe Camacho** (1886–1961) hieß der Auswanderer von den Kanaren, der sich hier mit seiner Tochter niederließ. Als sie unter tragischen Umständen verstarb, begann der trauernde Vater, Blumen zu züchten. Er reiste durch die Welt und sammelte seltene Pflanzen, die den Grundstock des Gartens bildeten. Später begann er mit der Orchideenzucht, die dieses schöne Fleckchen Erde berühmt gemacht hat. Zu sehen gibt es über **350 verschiedene Arten,** etwa die seltene *Flor de San Pedro.* Zudem wachsen auf dem Areal 11.000 Zierpflanzen. Geöffnet 9–16 Uhr, 3 CUC.

Unterkunft

● Übernachten kann man im **Hotel Villa Soroa** (Horizontes) ③, Straße nach Soroa, km 8, bei Candelaria, Tel. 853534, 853512. 50 Zimmer in kleinen Bungalows zwischen hohen Bäumen, 10 Apartments mit Küche und AC, Bar, Geldwechsel etc. Die Häuschen 16 bis 24 liegen vorne auf einem Hügel, und man überblickt von der Terrasse das Tal und den Pool. Hier werden allerlei Ausflüge zu Fuß, zu Pferde und mit dem Wagen angeboten. Der Besuch des Wasserfalls ist für Gäste kostenlos.

● Es gibt ein paar **Casas Particulares** (alle an der Carretera nach Soroa): *Estudio del Arte,* im Haus des Malers *Jesus Gastell Soto,* km 8,5, mit Bad und Balkon für 20–25 CUC inkl. Frühstück, Tel. 598116; *Hospedale El Alto,* km 5,5, einfaches Zimmer mit Bad, nette Familie, super Frühstück und Abendessen; *La Curva,* 7 km vor Candelaria, nette Familie, leckeres Essen und ein Stellplatz für das Auto, 20 CUC; *Los Sauces, Jorge L. Vivó* und *Ana L. Rodríguez,* km 3, freundlich, schöner Garten, Klimaanlage und hervorragendes Essen, 20 CUC, Tel. 289372; *Hospedaje Virginia,* km 5, 2 DZ mit Bad und AC bei einer netten Familie, Tel. 2942039, 20 CUC; *Don Agapito,* km 8, ein DZ mit Bad und eigenem Eingang zum schönen, großen Garten im Häuschen des Orchideengarten-Gründers, Tel. 512159.

Verkehrsmittel/-verbindungen

■ Im 20.000-Einwohner-Ort **Candelaría** gibt es einen **Bahnhof,** aber bis Soroa sind es noch 10 km.
■ An der Tankstelle, die an der Autobahnausfahrt Candelaría liegt, kann man den **Bus** Pinar del Río – La Habana verlassen, wenn man dem Fahrer vorher Bescheid gibt. Dann sind es noch etwa 7 km.

Las Terrazas

■ **Vorwahl:** 048

20 km nordöstlich von Soroa, in Richtung San Diego de Nuñez, zweigt ein Weg rechts ab ins **Biosphärenreservat** Las Terrazas. An einer Mautstelle zahlt der Nicht-Hotelgast 4 CUC und erreicht nach rund 12 km die Siedlung Las Terrazas. 1971 wurde nach Waldbränden und Bodenerosion ein Wiederaufforstungs-programm der Regierung beschlossen. Daraus wurde ein UNESCO-konformes Biosphärenreservat. Neben einem Stausee baute man eine terrassenförmig angelegte Siedlung. Durch die UNESCO-Auflagen war den Bauern ein Teil ihrer landwirtschaftlichen Einnahmen genommen worden; die Siedlung Las Terrazas sollte ihnen eine neue Heimat geben. Optisch ist die sozialistische Armenhilfe nicht so gelungen, einfache Platten-

bauten wurden im Halbkreis hochgezogen. Doch die Menschen, die hier leben, sind der Regierung dankbar für ihre Wohnungen und die Infrastruktur, die sie vorher nicht einmal ansatzweise hatten. So gibt es Strom, Telefon, eine Tankstelle, zwei Läden, eine kleine Klinik, zur Entspannung den Dorfplatz mit Brunnen, ein Kino, den Seerosenteich mit einer Affeninsel und natürlich Kneipen.

Zum **Wandern** eignet sich das Gebiet hervorragend. Man sieht Kolibris und wenn man Glück hat sogar Tocororos. Allerdings braucht man einen Führer.

Das Verwaltungszentrum des Reservats liegt nordöstlich der Einmündung zum Hotel *Moka;* es ist bei einer Bar am Ufer eines schilfbestandenen Sees untergebracht.

Eine weitere Mautstelle liegt im Osten des Gebietes, über die man die Straße nach La Habana und die Autobahnauffahrt Cayajabos erreicht. *Víazul* fährt um 16 Uhr nach La Habana.

Unterkunft, Essen und Trinken

■ **Hotel Moka** ④, Tel. 578600, Autopista a Pinar del Río, km 51, ein einmaliges Haus, durchdrungen von Natur. Von den 26 Zimmern schweift der Blick über die Landschaft mit Königspalmen und Teakbäumen. Morgens wecken den Besucher die Hähne, ein Baum wächst durch die Rezeption. Schöne Bar. Man kann Boote und Fahrräder mieten. Dem Hotel ist ein **Campingplatz** angeschlossen. Man kann Wandertouren mit Führer buchen: 3 Std. 20 CUC. Der **Víazul-Bus** hält auf dem Weg von La Habana nach Pinar del Río in der Nähe des Hotels, man sollte den Busfahrer fragen.
■ **Cabañas Rusticas** ①, Tel. 778555, bei den Baños de San Juan. Fünf mit Palmwedeln gedeckte Häuschen auf Stelzen.

■ Eine angenehme *Casa Particular* in der Gegend ist die **Villa Duque** von *Marta* und *Jorge:* 2 Zimmer mit Bad, Garten und Terrasse für 25 CUC auf der Finca *San Andrés,* 2 km von Las Terrazas in Richtung Cayajabos, Tel. 5221431, villaduque@nauta.com.

■ **Preiswert essen** kann man im **Paladar Mercedes** im Zentrum der Plattenbauten, Block 9, links am Hotel die Treppe hinunter. Eine Empfehlung ist auch das vegetarische **Restaurante El Romero.**

■ Bei **María** wird Kaffee ausgeschenkt und verkauft. Treppe am Hotel runter und über die Straße.

■ **Casa de Botes,** im Stausee liegt ein kleines Lokal auf Stelzen, das hauptsächlich Fisch anbietet.

Verkehrsmittel/-verbindungen

■ Der **Víazul-Bus** hält auf dem Weg von La Habana nach Pinar del Río in der Nähe des Hotels *Moka,* man sollte den Busfahrer fragen.

Ausflüge

Baños de San Juan

Der **Río San Juan** fällt hier über flache Felsplateaus ab, es hat sich eine Reihe von ruhigen Teichen gebildet, die sich hervorragend zum **Baden** eignen, etwa 4 km vom Hotel *Moka,* immer dem Weg nach, das Lokal *Bambú* liegt vom Parkplatz flussaufwärts.

Sendero Serafina

Dieser **Wanderweg** führt am Río San Juan vorbei und ist ausgeschildert. Ziel der Wanderung ist die nördlich gelegene **Plantage Santa Serafina.**

Ruta de la Cañada del Infierno

Die Route verläuft westlich am Río Bayate entlang zu den dort gelegenen **ehemaligen Plantagen** Santa Catalina und San Pedro. Über einer schönen **Badestelle** am Largo el Palmar befindet sich eine Bar und das Info-Zentrum des Reservates, einen halben Kilometer weiter liegen malerische Plantagenruinen (weitere, wenn man der Straße noch 2 km folgt).

Cafetal Buena Vista

Wie der Name sagt, hat man von der **ehemaligen Kaffeeplantage** eine gute

Aussicht auf die Sierra del Rosario. Kaffee wurde hier vor 100 Jahren von französischen Flüchtlingen aus Haiti angepflanzt, heute befindet sich im Herrenhaus ein Restaurant. In der Gegend gab es über 50 Plantagen dieser Art. Von hier wurde der Kaffee zum Hafen von Mariel geschafft.

Canopy-Tour

An einer Rolle, die an Drahtseilen hängt, **1600 Meter weit durch die Bäume schweben** kann man zwischen fünf Plattformen, die in den Wipfeln der Tropenriesen angebracht sind. Man bremst mit einem Lederhandschuh, an den Plattformen stehen auch Helfer zum Bremsen bereit. Im Tal wird man dann mit dem Auto wieder abgeholt. Diese Hängepartie kann man über das Hotel *Moka* buchen (s.o.); der einmalige und ökologisch unbedenkliche Spaß kostet 25 CUC für Gäste des *Moka,* für alle anderen 35 CUC; nur die halbe Strecke ist auch möglich.

☐ Canopy-Tour

099cu kh

Pinar del Río

- **Vorwahl:** 048
- **Einwohner:** 189.000

Pinar del Río liegt ca. 150 km von La Habana entfernt. Hier dreht sich alles um **Tabak** – der Ort ist die Wiege der weltbesten Zigarren, ca. 80 % der Gesamtproduktion des Landes stammen aus der Gegend. Eine Möglichkeit, solch ein gerolltes Kunstwerk zu erstehen, besteht z.B. in der Ave. Rafael Ferro/Calle Sol, geöffnet Mo–Sa 9–19 Uhr.

In der Hauptstadt der gleichnamigen Provinz geht es gemütlicher zu als im hektischen La Habana. Aber Achtung: Je mehr Touristen in die Stadt kommen, desto mehr *Jineteros* liegen auf der Lauer, überall wird man angesprochen. Wem das zu viel wird, der sollte nach Viñales weiterreisen.

Geschichte

Die Siedlung, 1669 als Nueva Filipina gegründet, wurde 1774 nach den **Pinienwäldern** der Gegend und dem Río Guamá in Pinar del Río umbenannt. Die Pinien sind den Tabakanbauflächen zum Opfer gefallen, den Fluss gibt es noch. Die Stadt wuchs schnell, denn Tabak war ein gutes Geschäft. Die Tabakbauern sind hier meist nicht in einem Kollektiv organisiert, sondern arbeiten auf eigene Rechnung für eine der sehr familiär anmutenden Fabriken. Schlagzeilen machte Pinar del Río während der Kubakrise, da in der Region der größte Teil der sowjetischen Raketen stationiert war.

Sehenswertes

In der Calle José Martí No. 162 entsteht ein **Museo de la Música** (Eröffnung im Verlauf des Jahres 2017).

Palacio de Guasch

Der skurrilste Bau auf Cuba! Der prominente Arzt *Dr. Guasch* ließ dieses Haus 1909 erbauen, mit der Auflage, seine bevorzugten architektonischen Stile dort verwirklicht zu sehen – **Eklektizismus** par excellence! Heute ist in den Räumen das **Museo de Ciencias Naturales** untergebracht, das sich mit der Evolution von Mensch und Natur beschäftigt. Calle Martí 227, esq. Ave. Pinares, Mo–Sa 9–18 Uhr, So 9–13 Uhr, 1 CUC, eine Fotoerlaubnis kostet ebenfalls 1 CUC.

Unterkunft
2 Casa Colonial, Villa María Antonia
3 Salvador y Ana María
4 Hotel Vuelta Abajo
5 Mary Julia y Roberto
10 Eloina Arteaga Gonzáles
12 Hotel Globo
17 Hotel Italia
18 Villa Aguas Claras, Villa de Isleno Muny
19 Servilio Afre Romeu
21 Hotel Pinar del Río
22 Blanca

Essen und Trinken
1 Rumayor Restaurant
8 Eisdiele
13 Rest. El Marino
14 Rest. La Casona
20 Paladar El Mesón
24 Rest. Las Barrigonas
25 Paladar La Cabaña

Nachtleben
7 Casa de la Música
9 Casa de la Cultura
15 Patio Milanés

Einkaufen/Sonstiges
6 Supermarkt El Comercio
11 ARTex Kunstgewerbeladen
16 Reisebüros, Buchladen
23 Bauernmarkt

Teatro José Jacinto Milanés

Das **Theater,** 1898 eingeweiht und ein Prestigeobjekt der reichen Bürger der Stadt, hat 540 Plätze und ist dem Dichter *José Jacinto Milanés* (1814–1863) gewidmet. Calle Martí, esq. Calle Colón; mit Bar-Cafeteria.

Museo Hermanos Saiz Montes de Oca und Museo Memorial Antonio Guiteras Holmes

Die Häuser der gleichnamigen Revolutionshelden, 1974 und 1982 als kleine Museen eröffnet, sind mit Dokumenten des **Kampfes gegen die Batista-Diktatur** ausgestattet und eigentlich nur für Revolutionsnostalgiker interessant.

Fábrica Guayabita del Pinar

In der *Casa Garay* wird der berühmte **Guavenlikör** hergestellt (siehe Kapitel „Reisetipps A–Z", „Essen und Trinken"). Calle Isabel Rubio 189, e/Sol y Ceferino Fernández, Besichtigung tgl. 8–16 Uhr, Eintritt kostenlos, Spenden werden begrüßt. Nach dem Rundgang werden die Liköre verkauft, allerdings nicht billiger als in den Geschäften in La Habana.

Fábrica de Tabacos Francisco Donatien

Hier werden sie hergestellt, die Kunstwerke mit den klingenden Namen „Romeo et Juliet", „Cohiba" und „H. Upmann". Es ist eine der berühmtesten **Zigarrenfabriken,** die besichtigt werden

Pinar del Río

kann. Das Haus wurde einst als Krankenhaus geplant und zwischenzeitlich als Gefängnis und Schule genutzt, seit 1960 ist hier die Zigarrenfabrik untergebracht. Calle Maceo 157, Mo–Fr 9–17 Uhr, 5 CUC, Tickets auch gegenüber im Zigarrenladen.

Museo Provincial de Historia

In den weit verzweigten unterirdischen Höhlen der Gegend lebten einst die Ureinwohner der Region, die **Guanahata-beyes-Indianer.** Deren Sitten und Gebräuche können im Museum ergründet werden. Musikbegeisterte finden zudem persönliche Gegenstände von **Enrique Jorrín** (1926–1987), dem Komponisten des ersten Cha-Cha-Cha (1951). Calle Martí 58, e/Rubio y Colón, Di–Sa 13–18 Uhr, So 9–13 Uhr.

Praktische Tipps

Unterkunft

Hotels

4 Vuelta Abajo (Islazúl) ③, Calle Martí 103, esq. Morales, Tel. 759381-83. Ein Gebäude aus dem 19. Jh. mitten im Ort, 24 schöne Zimmer, freundliche Leute, die Zimmer nach vorn mit Balkon sind allerdings sehr laut, da das Hotel an einer Straßenkreuzung steht. Das Restaurant ist empfehlenswert.

12 Globo ②, Calle Martí, esq. Isabel Rubio. 40 Zimmer hat das renovierte rosafarbene Haus vom Anfang des 20. Jh. – keine schlechte Wahl.

17 Italia ①, Mageraldo Medina Norte 213, esq. Isabel Rubio, Tel. 776120, 27 Zimmer.

18 Villa Aguas Claras ①, Tel. 778427, diese Bungalow-Anlage liegt etwa 8 km außerhalb in Richtung Viñales. Die Häuschen gruppieren sich um einen Pool in parkähnlichen Landschaft. Man kann einen Spaziergang zum Fluss machen oder eine Reittour buchen. Leider etwas heruntergekommen. Bus No. 7 ins Dorf.

21 Pinar del Río (Islazúl) ③, Calle Martí y Final Autopista, am Ortsende, kurz vor der Autobahnauffahrt, Tel. 755070-74. Renovierter Plattenbau vom Ende der 1970er Jahre, 136 Zimmer und 16 Hütten, mit Shop, Café, Bar und Restaurant. Die Zimmer weit weg von der Bar sind die ruhigsten …

Privat

2 Villa María Antonia, *Isis Camargo* und *Fidel Ortíz,* Isidro de Armas 374, e/Méndez Capote y Colonel Pozo, Tel. 773898, chikyrent@hotmail.com. Modernes Haus in der Nähe des Hospitals Maternity, Apartment mit Bad und Küche im OG des Hauses, separater Eingang, nette Vermieter, 25 CUC.

2 Casa Colonial, *Sra. Lourdes Ravelo,* Isidro de Armas 269, e/Avellaneda y Pepe Portilla, Tel. 774681. Schönes Haus mit Säulenterrasse, kleiner Patio, 2 Zimmer mit Bad, Kühlschrank, Klimaanlage, Ventilator, üppiges Frühstück, ruhig. Sehr nette Familie. DZ 20 CUC.

3 Salvador y Ana María, Alameda 24, e/Volcán y Ave. Ellameda, Tel. 773146. Begrünter Patio, Zimmer mit Bad 15 CUC.

5 Mary Julia y Roberto, Antonio Rubio 70, e/Rafael Morales y Ormani Arenados. Nettes Haus mit klimatisiertem Zimmer mit Bad, Kochnische und Musikanlage, 20 CUC.

10 Eloina Arteaga Gonzáles, Isabel Rubio 18, e/Martí y Adela Azcuy, apto. 4, 2. Stock, Tel. 771798. 2 Zimmer im Herzen der Stadt, unweit des Busbahnhofes, ruhig mit Terrasse, 10–15 CUC.

18 Villa de Isleno Muny, Straße nach Viñales, km 25, Tel. 695450. 2 große Zimmer mit eigener Terrasse. Super Essen, toller Blick, 30 CUC.

19 Servilio Afre Romeu, Ave. Comandante Pinares 157, e/Roldán y Emilio Nuñez, Tel. 752309.

3 Zimmer, schöne Terrasse, netter Garten. Gute Küche, nahe dem Museum, 20 CUC.

22 **Blanca,** Ave. Rafael Ferro 474, Tel. 753805. Eigenes Bad, Parkplatz, Garage, AC. Nicht cubanisch eingerichtet und als „Casa de Manuel Barios" bekannt. 20 CUC plus Essen.

Essen und Trinken

1 **Rumayor,** Straße nach Viñales, km 10, geöffnet 12–15 und 18–22 Uhr. Restaurant mit lauschigem Garten, 1 km die Rafael Morales hinauf, dann links in die Straße nach Viñales. Spezialität: *pollo ahumado,* gegrilltes Hähnchen mit Salz- und Zuckersoße.

8 Die **Eisdiele** liegt in der Calle Martí, esq. Rafael Morales.

13 **El Marino,** Calle Martí Este 52. Fisch.

14 **La Casona,** Calle Martí, esq. Colón. Gutes Lokal.

20 **Paladar El Mesón,** Calle Martí Este 205. Unter der Woche nachmittags geöffnet, serviert wird, was gerade zu bekommen ist. 2016 renoviert.

24 **Las Barrigonas,** Autopista, km 120, Ave. Rafael Ferro/Calle Sol. Das Schnellrestaurant hat auch am frühen Abend noch auf.

25 **Paladar La Cabaña,** Calle 9, e/2 y 4, La Colchonería. Eine gute Option.

Nachtleben, Einkaufen

7 **9** **Kulturveranstaltungen** von Literatur bis Tanz finden in der **Casa de la Música** und in der **Casa de la Cultura** statt.

15 **Patio Milanés,** schöner Veranstaltungsort in der Calle Martí, esq. Colón.

6 **Supermarkt El Comercio:** Verkauft alles, was man braucht, Calle Martí Oeste, esq. Arenado.

11 **ARTex:** Calle Martí Este 36. Souvenirs, Kunst.

16 **Buchladen:** Calle Martí, esq. Colón.

23 **Bauernmarkt:** In der Rafael Ferro gibt's wochentags alles, was Acker und Garten gerade bieten.

Verkehrsmittel/-verbindungen

● **Flug:** Der kleine *Aeropuerto Pinar del Río (QPD)* liegt an der Carretera nach Coloma, km 10; man hat Anschluss an die großen Städte.

● **Mietwagen** gibt es im Hotel *Pinar del Río,* von *Transtur,* Tel. 778178, *Micar,* Tel. 771454, und *Havanautos,* Tel. 778015.

● **Tankstellen:** *Servi Cupet* an der Carretera Central vor dem Ort und am Ortsausgang in der Rafael Morales Sur; *Oro Negro* ebenfalls an der Carretera.

● **Busstation:** Adela Azcuy, e/Colón y Comandante Pinares, Tel. 750887. Busse von *Víazul* fahren täglich 11.30 und 16.30 nach Viñales, 6 CUC, und 8.50 und 14.50 Uhr nach La Habana, 11 CUC.

● **Zug:** Der Bahnhof befindet sich in der 19 de Noviembre/del Occidente. Der Zug „El Lechero" (Der Milchmann) verlässt La Habana um 22.05 Uhr und erreicht Pinar del Río um 3.50 Uhr morgens, zurück 9.45 Uhr morgens für 7 CUC, Tickets ab 7 Uhr am Schalter.

● **Taxi:** Vom *Astro*-Busterminal in La Habana verkehren staatliche Sammeltaxis *(Cubataxi)* für 7 CUC pro Person und Fahrt – der Preis entspricht dem der Busse. In Pinar del Río startet ein *Transtur*-Bus von der Calle Gerado Medina 310 y Carretera Central.

Ausflüge nach Westen

Der kürzeste Weg von Pinar del Río zum Meer führt zur **Bahía de Cortés.** Nach 20 km Fahrt in südwestlicher Richtung erreicht man San Juan y Mártinez, einen Tabakort. Fährt man die Straße weiter, kommt man schließlich bei dem Fischerdorf **Boca de Galafre** ans Meer. Der Zug nach Guane hält 2 km oberhalb des Strandes.

Playa Boca de Galafre

Playa Boca de Galafre ist ein **Strand** am östlichen Ende der Bucht von Cortés. Wer bleiben will, kann in den einfachen Hütten der *Villa Boca de Galafre* für 15 CUC übernachten. Leider wirbelt der Wind den Sand der Bucht auf, sodass das Wasser ziemlich trübe aussieht, und der Strand selbst ist leider auch ziemlich schmutzig.

Playa Bailén und Krokodilfarm

Ähnlich sieht es an der Playa Bailén aus. Der **Strand** liegt etwa 50 km von Pinar del Río entfernt. Von der Schnellstraße biegt man links ab und fährt dann noch 8 km weiter. Unterwegs passiert man die Krokodilfarm **Estación Biológica Zoocriadero,** geöffnet 8–17 Uhr. Am Strand finden sich einige preiswerte Restaurants. Im Sommer kommen viele Cubaner her, sodass es oft eng und laut wird. Ein Peso-Café und ein paar *Casas* ergänzen das Angebot, einzig die *Casa Lucia Peralta,* Tel. 048 296145, ist annehmbar.

Guane und Umgebung

Den einfachen **Campingplatz El Salto** erreicht man nach weiteren 15 km, wenn man über Isabel Rubio (Tankstelle!) und Guane im Bogen zurück nach Pinar del Río fährt. Hier kann man herrlich in einem Wasserfall baden. Dabei kann man sich auch den **Steinwald** anschauen, eine Kalksteinformation mit vielen Hügeln. In Guane gibt es einen Bahnhof, von dem man 3x täglich nach Pinar del Río fahren kann.

Unterkunft evtl. im preiswerten Hotel *Villa Laguna Grande* (Islazúl), Tel. 048 842430 (eigentlich nur für Cubaner). 12 Bungalows liegen in der Nähe des Golfs von Guanahacabibes, 20 km von Guane entfernt am Ufer des **Stausees Laguna Grande** bei Granja Simón Bolívar. Dazu gibt es ein Restaurant. Der bei Anglern beliebte See eignet sich gut zum Baden und für Spaziergänge am Ufer.

Sandino

In dem **nach der Revolution** angelegten Ort wurden Bauern aus der Gegend von Cienfuegos angesiedelt, die man für wenig regimetreu hielt. Später baute man in Sandino Wohnkomplexe für Hurrikanopfer. Und zu guter Letzt entstand hier der erste Neubau einer katholischen Kirche. Ansonsten ist Sandino ein einfacher Ort, die Straßen sind in Zonen eingeteilt. Wenn man von der Carretera in den Ort fährt, findet man schnell ein paar Läden. In der Nähe des Parque de las Pirámides ist ein Supermarkt in einem schrillen Plattenbau untergebracht. Daneben ist der Busbahnhof. Außerdem gibt es das *Motel Alexis, Alexis y Nelyda,* Zona L 33, einen Block östlich der Hauptstraße, mit einem Zimmer, Bad und separatem Eingang, 20 CUC. Hier kann man gut wohnen und morgens die rund 65 km nach **María La Gorda** fahren. Wenn es belegt ist, bleiben noch die *Villa Edilia* an der Poliklinik, Zona M No. 41, Tel. 048 423 843, www.villaedilia.260mb.net, 3 Zimmer mit Bad und AC, 20 CUC, gutes Essen, sowie die *Casa Sunso y Gina,* Zona O No. 22, Tel. 048 423131, 2 einfache Zimmer, Minipatio, 25 CUC, super Essen. Das Hotel des Ortes ist das sehr einfache *Cocibolca,* Tel. 048 822275. Ferner sind eine Tankstelle und eine Bank vorhanden. 10 km sind es nach Puerta La Fé, 22 km zur **Playa Punta Colorada** mit flachem Strand und buntem Sand, aber ohne Infrastruktur.

Zwischen El Valecito und La Bajada sieht man Köhler bei der Holzkohleproduktion. In **La Bajada** gibt es eine einfache Hütte am Wasser für 20 CUC pro Nacht (Mückenschutz!) sowie die schlechte *Casa Particular Villa Azul.* Von La Bajada zur äußersten Spitze **Punta Cajón** sind es 60 km.

Guanahacabibes

🦋 Die **Halbinsel** an der Bucht von Corrientes hat einen großartigen Strand und ist ein **Taucherparadies.** Das Wasser ist klar und fischreich und zum Schnorcheln und Tauchen besser geeignet als das Meer vor Trinidad, Varadero und Santa Lucia. Die ganze Südküste entlang, von Cabo Corrientes bis Punta Cajón, verlaufen Sandstrände, an denen **Karettschildkröten** an Land kommen, um Eier zu legen. Wälder bieten Schutz für Jutías, Leguane, Wildschweine, Hirsche und Rinder.

Mitten im Biosphärenreservat bei der **Punta de los Pocillos** – einst ein Anlaufpunkt für Piraten – liegt die *Villa Cabo San Antonio* (Gaviota) ③ direkt am Playa Las Tumbas, Tel. 048 757656/8. Auf acht hölzerne Hütten verteilen sich rund 70 DZ, die gut ausgestattet und sehr angenehm sind. Dazu gibt es eine kleine Verkaufsstelle und ein einfaches Restaurant.

Wer mit dem Boot kommt, kann die **Marina Gaviota Cabo de San Antonio** ansteuern, Tel. 048 750123. Zur Marina gehören eine Tankstelle, eine Tauchbasis

und das kleine *Restaurante La Claraboya.* Die Gegend heißt **Los Morros de Piedra** und ist am besten mit einem Mietwagen zu erkunden. Man kann in einem weiten Bogen über die äußerste Spitze Punta Cajón nach Playa Las Tumbas zurückfahren. Zeitweise war die Region militärisches Sperrgebiet, da man hier eine Invasion der Amerikaner fürchtete.

Eine gut ausgebaute Teerstraße führt bis zur Bucht <mark>María la Gorda,</mark> die zu den berühmtesten Tauchrevieren Cubas gehört. Die dortige Tauchbasis mit ihren Lehrern hat einen guten Ruf, das Equipment ist allerdings älter. Vom Strand aus lässt sich mit dem Schnorchel bereits Einblick in die Unterwasserwelt nehmen. Von Pinar del Río kommt man mit dem Taxi für etwa 30–40 CUC hin und zurück. Wer im dortigen **Hotel María la Gorda** (Gaviota) ③, Tel. 082 771306, übernachten und sich am nächsten Tag abholen lassen will, zahlt den doppelten Preis. Man sollte unbedingt anrufen und imVoraus buchen, da es keine Alternative gibt, wenn das Hotel voll oder mal wieder einem Hurrikan zum Opfer gefallen ist. Am Eingang der Anlage gibt es ein Restaurant mit einigermaßen akzeptablen Preisen. Es stehen acht neue Häuser mit 50 Zimmern zum Strand und zwölf ohne Meerblick zur Verfügung. Darüber hinaus gibt es ein paar alte Holzhütten am Strand, modernere zweistöckige Gebäude in der ersten Reihe und 20 hölzerne Bungalows, die über Stege zu erreichen sind. Der Strand ist eigentlich paradiesisch, wären da nicht die Sandfliegen …

Es folgt die **Playa Agua Muerte** an der Straße nach María la Gorda; hier gibt es keine Buden, nur Bäume spenden ein wenig Schatten. Die Legende besagt, dass eine Kolumbianerin von Piraten hierher verschleppt wurde. Zur Tarnung ihres tatsächlichen (horizontalen) Gewerbes betrieb sie eine Schenke an der Küste und wurde reich und dick. Später nannte man einen Doppelfelsen in der Gegend **„Las Tetas de María la Gorda"**, „Die Brüste von María der Dicken".

Der unberührte Westen der Halbinsel Guanahacabibes ist ein **Nationalpark,** Näheres im entsprechenden Kapitel.

Valle de Viñales

„Tabak pflanzt man nicht, man heiratet ihn", sagt man hier. Doch die Gegend ist nicht nur für Raucher interessant. Rotbraun ist die Erde, saftig grün sind die Felder, und daraus erheben sich bis zu 200 m hoch die bizarren **Mogotes,** grüne Kegelkarstfelsen. Nach Regenfällen im Sommer steigen dichte Wolken auf und

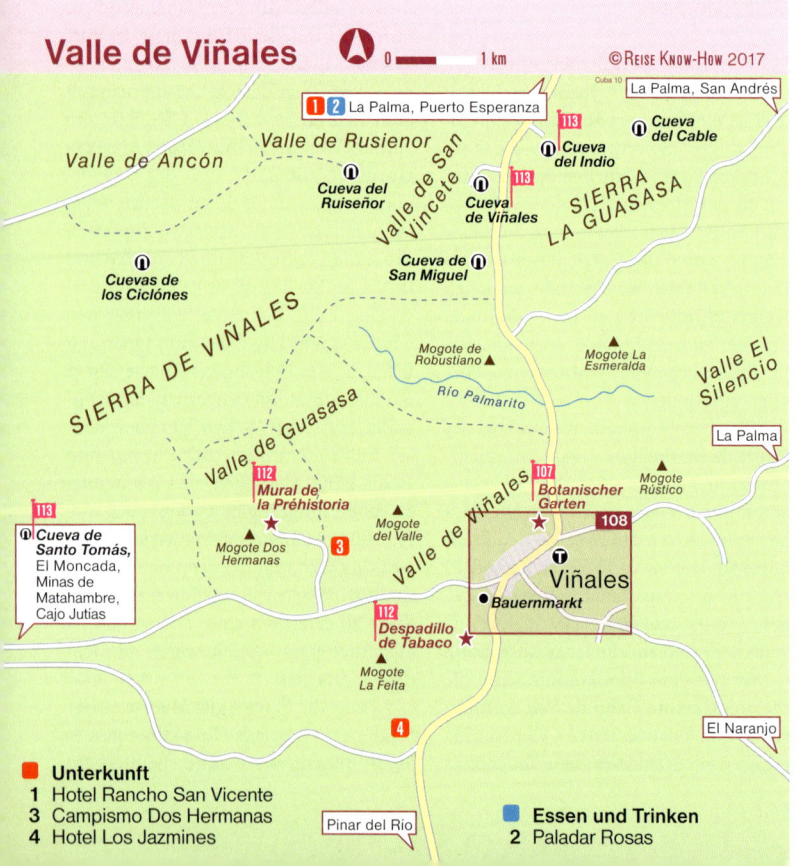

Valle de Viñales 0 ━━━ 1 km © REISE KNOW-HOW 2017

Cuba 10   La Palma, San Andrés

1 **2** La Palma, Puerto Esperanza   113   Ⓝ *Cueva del Cable*

Valle de Rusienor

Valle de Ancón

Ⓝ *Cueva del Indio*

Ⓝ *Cueva del Ruiseñor*   *Valle de San Vincete*   Ⓝ *Cueva de Viñales* 113

SIERRA LA GUASASA

Ⓝ *Cuevas de los Ciclónes*

Cueva de San Miguel Ⓝ

SIERRA DE VIÑALES

▲ *Mogote de Robustiano*   ▲ *Mogote La Esmeralda*   *Valle El Silencio*

Río Palmarito

Valle de Guasasa

La Palma

113   ▲ *Mogote Rústico*

Ⓝ **Cueva de Santo Tomás,** El Moncada, Minas de Matahambre, Cajo Jutias

112 *Mural de la Préhistoria* ★   107 *Botanischer Garten* ★

▲ *Mogote del Valle*   **3**   *Valle de Viñales*   108

▲ *Mogote Dos Hermanas*

Ⓣ **Viñales**

• *Bauernmarkt*

112 *Despadillo de Tabaco* ★

▲ *Mogote La Feita*

4   El Naranjo

Pinar del Rio

Unterkunft
1 Hotel Rancho San Vicente
3 Campismo Dos Hermanas
4 Hotel Los Jazmines

Essen und Trinken
2 Paladar Rosas

hüllen die eigenartigen Felsbrocken in einen dichten Nebel. Vor Millionen von Jahren war das Tal ein ausgedehntes **Höhlensystem,** dessen Decke durch fortschreitende Erosion immer dünner wurde und schließlich einstürzte. Die Mogotes sind die letzten übrig gebliebenen „Stützpfeiler".

Bei **Wanderungen** sollte man feste Schuhe und einen Sonnenhut tragen, in der Regenzeit verwandeln sich die Wege oft in Schlammpisten.

Überall im Tal am Río Cuyaguateje sieht man die palmengedeckten **Trockenscheunen für Tabak.** Zur besseren Luftzirkulation hat man die Giebel offen gelassen. In diesen *casas del tabaco* werden auch heute noch die Blätter getrocknet. Der Tabak wird nach der Regenzeit, Ende Oktober, ausgesät und im Januar kann die Ernte erfolgen. Im Sommer wächst auf den Feldern Gemüse.

Viñales

- **Vorwahl:** 048
- **Einwohner:** 10.000

25 km nördlich von Pinar del Río liegt das **unter Denkmalschutz** stehende Viñales. Der Ort lockt mit seiner Hauptstraße und ihren pastellfarbenen, säulenverzierten Häusern. In der Ortsmitte liegt der typische Platz mit einer **Kirche** aus dem 19. Jahrhundert, der *Casa de Cultura* und dem Denkmal *Martís'*. Der geruhsame Ort ist zeitweise von Touristen aus aller Welt überschwemmt.

Der Westen

Von Pinar del Río kommend, erreicht man zuerst den Abzweig zum Hotel *Los Jazmines*. Am Ortseingang von Viñales folgt eine Rechtskurve und man ist in der Hauptstraße, der Calle Salvador Cisneros; an ihr liegen alle Geschäfte. An der Tankstelle biegt die Hauptstraße nach links ab, und man verlässt den Ort in Richtung San Vicente.

Privater botanischer Garten

Zwei Schwestern legten den Garten in ihrer Jugend rund um ihr Häuschen an und machten ihn der Öffentlichkeit zugänglich. Verwilderte Wege führen durch das große Areal, im Eingangsbereich stehen von Pflanzen **überwucherte Puppen.** Eintritt frei, eine Spende ist erwünscht. Carretera Esperanza 5, gegenüber der Tankstelle.

Unterkunft

Hotels (siehe Karte S. 106)
1 **Rancho San Vicente** (Horizontes) ③, an der auswärts führenden Straße nach Puerto Esperanza, am Eingang zum Valle Ancón am Fluss, Tel. 796201. 32 Zimmer in unterschiedlichen Bungalows, Laden, Restaurant, Pool, eigene schwefelhaltige Thermalquelle. Wanderungen durch das Vicente-Tal, das Tal der Nachtigallen, sowie zu einer 100 m langen Höhle und Reitausflüge. Ins Dorf sind es ca. 5 km.
4 **Los Jazmines** (Horizontes) ③, Carretera nach Viñales, km 23, ins Dorf sind es ca. 2 km, Tel. 796 205. 78 Zimmer und einige Bungalows. Mein Tipp: Am Pool liegen und die atemberaubende Landschaft genießen, mit den Mogotes vis-à-vis. Allerdings herrscht hier ein ständiges Kommen und Gehen, Ruhesuchende sollten es woanders versuchen.

Viñales

■ **Essen und Trinken**
8   La Cuenca
9   Casa Don Tomás
12 Apululu
14 La Berenjena
15 Restaurant El Olivo
17 3J
20 Cocinita del Medio
21 Bar Mogotes
27 DaryTuty
32 Paladar Casa el
    Campesino
37 Paladar La Cabana
39 Paladar Finca Celorio

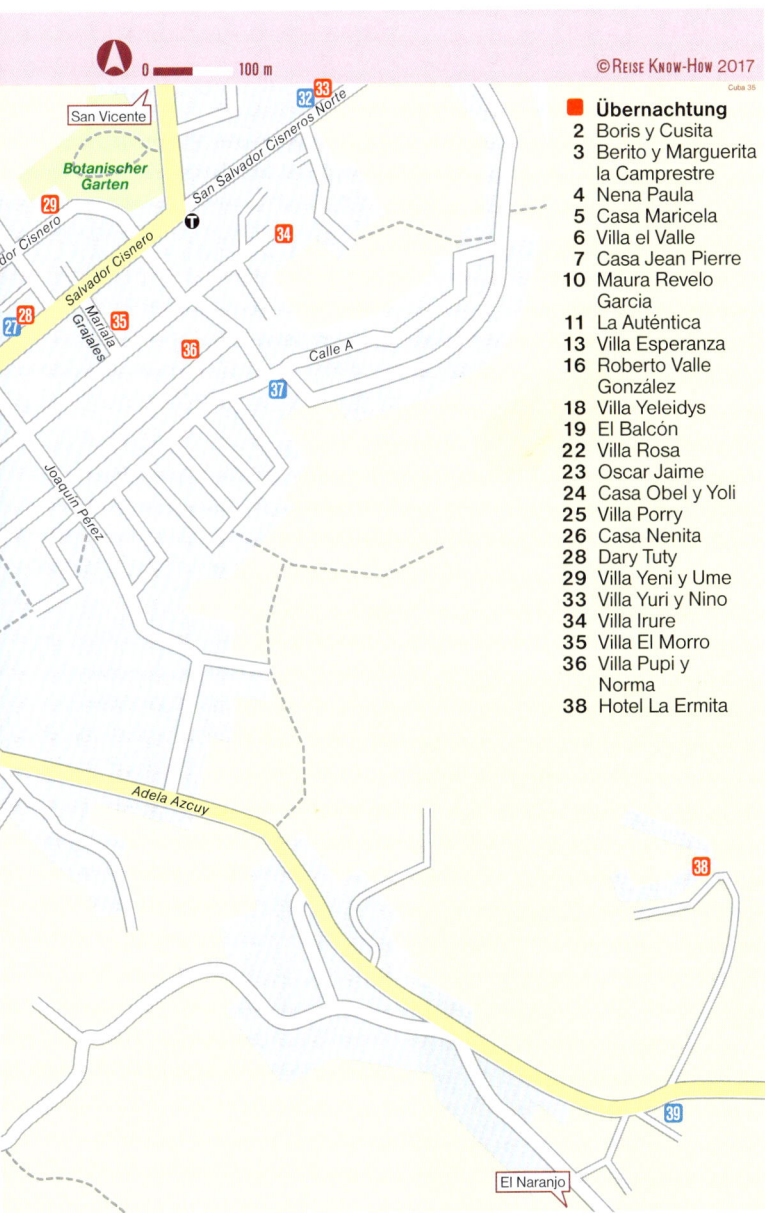

© REISE KNOW-HOW 2017

Cuba 35

■ **Übernachtung**
- **2** Boris y Cusita
- **3** Berito y Marguerita la Camprestre
- **4** Nena Paula
- **5** Casa Maricela
- **6** Villa el Valle
- **7** Casa Jean Pierre
- **10** Maura Revelo Garcia
- **11** La Auténtica
- **13** Villa Esperanza
- **16** Roberto Valle González
- **18** Villa Yeleidys
- **19** El Balcón
- **22** Villa Rosa
- **23** Oscar Jaime
- **24** Casa Obel y Yoli
- **25** Villa Porry
- **26** Casa Nenita
- **28** Dary Tuty
- **29** Villa Yeni y Ume
- **33** Villa Yuri y Nino
- **34** Villa Irure
- **35** Villa El Morro
- **36** Villa Pupi y Norma
- **38** Hotel La Ermita

2

Hotel (siehe Karte S. 108)

38 La Ermita ③ (Horizontes), Carretera de la Ermita, km 1,5, südöstlich von Viñales, Tel. 796250 und 796122. 62 Zimmer. Das einfache Hotel mit Bar, Shop und Pool bietet eine herrliche Aussicht über die Mogotes und auf die Tabakfelder. Ausflüge möglich zu den Höhlenbergen, zur Höhle Santo Tomás oder – eine anstrengende Tour – zu den Wassermenschen „Los Aquáticos" in den Bergen.

Privat (siehe Karte S. 108)

2 Boris y Cusita, Sergio Dopico 19, Tel. 8793108. Familiäre Atmosphäre, gute Küche, sehr angenehm. 25 CUC.

3 Berito y Marguerita la Camprestre, Camilo Cienfuegos 60A, Tel. 695120. Sehr gutes Haus, 1 Zimmer für 2 bis 5 Personen, privates Bad, sauber, ausgezeichnetes Essen, 25 CUC pro Zimmer.

4 Nena Paula, Tel. 696938, Camilo Cienfuegos 56, e/S. Dopico y C. Maragoto. Sehr gutes Haus, 2 Zimmer, 20 CUC, 1 Zimmer mit AC, exzellentes Essen, herzlich, sauber, der Vermieter spricht englisch.

5 Casa Maricela, Celso Maragato 20, Tel. 936 034. In kleinem Häuschen mit separatem Eingang und Garten. 25 CUC, für 9 CUC gibt es Frühstück, außerdem gutes Abendessen.

6 Villa el Valle, *Ramón Dopico,* Salvador Cisneros 81, Tel. 693262, an der Hauptstraße. Schöner Garten hinter dem Haus, einfache Ausstattung, 25 CUC.

7 Casa Jean Pierre, Salvador Cisneros 137, Tel. 7933342. Zimmer mit Bad in einem 2-stöckigen orangefarbenen Haus. *Jean Pierre* ist gelernter Koch, 25 CUC pro Zimmer plus Essen.

10 Maura Revelo Garcia, Salvador Cisneros 131, Tel. 696923. 2 sehr gepflegte Zimmer, eines davon mit eigener Terrasse. Auf der Veranda vor dem Haus kann man im Schaukelstuhl entspannen.

11 La Auténtica, Salvador Cisneros 125, Tel. 6969 685, starauthentica@gmail.com. Empfehlenswerte *Casa* im Zentrum, mit Hof und Garten, 25 CUC.

13 Villa Esperanza, Camilo Cienfuegos 5A, Tel. 796063. 20 CUC kostet das Zimmer in dem kleinen Haus, Essen 8–10 CUC, Frühstück 3 CUC.

16 Roberto Valle González, Adela Azcuy (Norte) 2, Tel. 793112. Kleines Haus mit einem Zimmer und eigenem Obstgarten, sehr nett und gastfreundlich, 25 CUC für Nacht, Frühstück und Abendessen.

18 Villa Yeleidys, Ceferino Fernández 1B, Tel. 796 331. Schönes Haus, 2 DZ mit Bad, schattige Terrasse, im Zentrum, aber ruhig, ab 25 CUC.

19 El Balcón, *Mignelys* und *Juanito,* Rafael Trejo 48A, Obergeschoss (Außentreppe), Tel. 696725, el-balcon2005@gmail.com. 4 Zimmer in einem neuen, schönen Haus mit Dachterrasse, der Besitzer spricht englisch. 40 CUC.

22 Villa Rosa, Adela Azcuy 43, Tel. 793381. DZ mit Bad befindet sich in einem Extrahäuschen auf dem begrünten Innenhof, 20 CUC. Frühstück möglich. Es wird nur Spanisch gesprochen.

23 Oscar Jaime, Adela Azcuy 43. Vom Patio des Penthouses im 2. Stock hat man einen tollen Blick über die Dächer zu den Mogotes, gutes Essen.

◁ Die Kirche von Viñales

24 Casa Obel y Yoli, Salvador Cisneros Interior s/n, Tel. 793243. Ruhige Lage am Ortsrand, separates Häuschen mit Bad, Blick zu den Mogotes, kleine Dachterrasse, hervorragendes Essen (7–10 CUC), sehr nette Leute, *Obel* spricht englisch. 25 CUC.

25 Villa Porry, Salvador Cisneros 53, Tel. 0153 311744. Einfaches DZ mit Bad und sensationeller Aussicht von der Dachterrasse, kleiner Pool, 25 CUC.

26 Casa Nenita, Salvador Cisneros 61, Tel. 893 319, bei der Poliklinik links in die Salvador Cisneros gehen. Kleines Steinhaus mit schönem Blick über Gärten und Mogotes. Zimmer mit AC 25 CUC, mit Ventilator 20 CUC, herzliche Familie, gute Küche.

28 DaryTuty, Salvador Cisneros 48, Tel. 796022, daymita71@nauta.cu. Modern eingerichtete Räume hinter dem gleichnamigen Restaurant. Zimmer 25 CUC, Frühstück 5 CUC.

29 Villa Yeni y Ume, Salvador Cisneros Interior, apto. No. 8, Edificio Colonial, Tel. 238835. Liegt am Ortsrand in einem 3-stöckigen Wohnhaus (Zimmer im 2. Stock mit Balkon) mit wunderschönem Ausblick auf die Berge. Kleines Zimmer mit Bad. Die Familie sucht den Kontakt zu den Mietern. 20 CUC.

33 Villa Yuri y Nino, Salvador Cisneros 35, an der Tankstelle geradeaus weiterfahren bis zu dem Haus mit dem Wagenrad davor, Tel. 0152 453178, yuri-880711@gmail.com. 3 angenehme Zimmer, AC und Ventilator, Kühlschrank, Pool im Hof. Der **Paladar El Campesino** im Haus sorgt fürs leibliche Wohl. Zimmer 25 CUC, Frühstück 5 CUC.

34 Villa Irure, *Sarita Irure Pérez,* Rafael Trejo final 10B, Tel. 696905. Am Ortsrand, dafür aber ruhig, Zimmer 25 CUC, Essen etwas teuer.

35 Villa El Morro, Maríala Grajales 3, e/Salvador Cisneros y Rafael Trejo, Tel. 696773, villamoro985@gmail.com. Das Haus der Freimaurerfamilie liegt in der vorletzten Seitenstraße vor der Tankstelle, Parken vor dem Haus. Schöne Dachterrasse zum Entspannen, Pool, 3 Zimmer, 25 CUC, Frühstück 5 CUC.

36 Villa Pupi y Norma, Camilo Cienfuegos 8, Tel. 696604. DZ um 25 CUC mit Bad, sauber, ruhig, üppiges Frühstück um 3 CUC, gemütliche Sitzgelegenheit im Freien, köstliches Essen.

Campingplatz (siehe Karte S. 106)

3 Campismo Dos Hermanas, am Mural de la Préhistoria, einfache Anlage in traumhafter Lage, auch für Ausländer nutzbar. Hier kann man DZ (Stockbetten) zu jeweils 15 CUC mieten.

Essen und Trinken

Wer die **Calle San Salvador Cisneros** einmal auf und ab läuft, kann sich schnell einen Überblick über die meisten Restaurants verschaffen.

Siehe Karte S. 106
2 Paladar Rosas, gegenüber vom *Rancho San Vicente.* Nettes Lokal mit guter Küche.

Siehe Karte S. 108
8 La Cuenca, Salvador Cisneros 97, am Berg oben, Tel. 696968, lacuenca@nauta.cu. Schick in Schwarz-Weiß mit Sitzplätzen draußen. Verschiedenste, eher europäische Speisen in netter Atmosphäre zu Preisen um 7–9 CUC, Cocktails für 2–3 CUC. Reservierung empfohlen.

9 Casa Don Tomás, das älteste Haus der Stadt, Salvador Cisneros 140, angeboten werden die üblichen einfachen Gerichte.

12 Apululu, Salvador Cisneros 95, e/Adela Azcuy y Ceferino Fernández. Einfache Bar, von der man bei einem Sandwich dem Treiben im Ort zusehen kann.

14 La Berenjena, Salvador Cisneros 81, e/Adela Azcuy y Ceferino Fernández. In diesem Öko-Restaurant gibt es etwas andere Gerichte als die üblichen, ab 7 CUC.

15 Restaurant El Olivo, in der Salvador Cisneros, netter Laden. Gutes Lammgericht, preiswert.

17 3J, Salvador Cisneros 45, eine Tapasbar nach spanischer Art, täglich ab dem Morgen geöffnet, Frühstück gibt's auch.

20 Restaurante Cocinita del Medio, gegenüber dem Museum an der Hauptstraße, gute Küche, Hauptgericht ab 8 CUC.

2

21 Bar Mogotes, Ceferino Fernández, an der Kirche links bis zum Ende der Sackgasse gehen. Gute cubanische Drinks zum Sonnenuntergang auf der Terrasse für 3,50 CUC und kleine Gerichte.

27 DaryTuty, Salvador Cisneros 48, modern und geschmackvoll eingerichtet, mit den üblichen Gerichten zu den üblichen Preisen in der üblichen Qualität staatlicher Restaurants.

32 Paladar Casa el Campesino, Carretera Pinar del Río 173, von der Hauptstraße an der Tankstelle geradeaus, bis links ein Wagenrad im Garten steht. Tolles Lokal am Rande der Felder, sehr freundlich, gute Menüs, guter Daiquiri (nicht auf der Karte), angemessene Preise, allerdings oft von Tourbussen aufgesucht, deshalb am besten reservieren.

37 Paladar La Cabana, Calle 9, e/2 y 4. Liegt etwas versteckt und ist von der Straße nicht zu sehen, es lohnt aber, sich durchzufragen, netter Hof, 10–12 CUC.

39 Paladar Finca Celorio, gegenüber der *Eremita,* gute cubanische Küche, nett serviert.

● **Frühstücken** kann man an dem Peso-Stand rechts neben der *Casa el Campesino.* Morgens schon ab 6 Uhr offen, man kann also sein Frühstück zu sich nehmen, bevor der Bus losfährt.

Internet

● Einen Internetanschluss gibt es bei der Telefongesellschaft **ETECSA** um die Ecke der Plaza.

Verkehrsmittel/-verbindungen

● **Bus:** *Astro* und *Víazul* fahren für 6 CUC täglich einmal nach Pinar del Río. Die Busstation befindet sich an der Autopista Sur y Calle 36, das Büro in der Salvador Cisneros 63, Tel. 793195. *Víazul* fährt für 12 CUC von La Habana täglich nach Viñales: ab 9 Uhr, an 12.15 Uhr, zurück: ab 14 Uhr, an 16.45 Uhr. Auch *Cubanacán* fährt täglich in Richtung Trinidad zum gleichen Preis wie *Víazul.*

● **Taxi:** Ein offizielles Taxi nach La Habana kostet mind. etwa 15 CUC. Dafür fährt *Cubataxi* mit einem Minibus, wobei allerdings vier Personen zusammenkommen müssen.

● **Mopedverleih:** an der *Casa Don Tomás,* 20 CUC pro Tag.

● **Fahrradverleih:** am Parque Martí und bei der *Casa Don Tomás* gibt es Fahrradverleiher, kostet etwa 0,75 CUC pro Stunde. Man kann die Sehenswürdigkeiten gut erradeln.

Ausflüge

Ein **Touristenbus** (Hop on/Hop off) fährt alle halbe Stunde von 9 bis 21 Uhr für 5 CUC zu den Sehenswürdigkeiten wie der Cueva del Indio und dem Mural de la Préhistoria. Haltestellen in der Stadt und an den Hotels Rancho San Vicente und Los Jazmines (Fahrpläne).

Ein **Reisebüro** liegt an der Calle José Martí gegenüber der Kirche. Hier können auch **Reitausflüge** gebucht werden.

Die Gegend um Viñales eignet sich gut zum **Klettern,** man frage nach der Cueva de la Vaca (2 km vom Ortskern).

Despadillo de Tabaco

Kleine **Tabakfabrik** 1 km außerhalb von Viñales auf dem Weg nach Pinar del Río auf der rechten Seite. Die Arbeiter sortieren die Blätter nach Qualität und Farbe. Führungen Mo–Fr 8–16.30 Uhr, Eintritt 2 CUC.

Mural de la Préhistoria

Die **riesige Bergwandmalerei am Mogote Dos Hermanas** an der Straße zwischen Viñales und Moncada, km 28,5, stellt die Entwicklung vom Kopffüßler bis zum Homo Sapiens dar. Sie wurde 1961 von dem cubanischen Maler *Leovigildo González Morillo* geschaffen, einem Schüler des berühmten Mexikaners *Diego Rivera*. Der Künstler dirigierte seine Helfer, die an Seilen in der Felswand hingen, vom Boden aus. Das Bild selbst ist nicht jedermanns Sache, einladend ist auf jeden Fall das Freiluftrestaurant am Fuß des Berges. Im Restaurant befindet sich eine riesige Drehorgel, die im 19. Jh. aus Europa den Weg hierher gefunden hat. Das Essen ist ziemlich teuer. Parken 3 CUC, Tel. 048 696733.

Cueva de Viñales

An der Straße in Richtung San Vicente liegt der Mogote Robustiano. Dahinter, kurz vor der Cueva del Indio auf der linken Seite der Hauptstraße, folgt links die **Höhle.** Hier geht es laut zu, denn in dieser Höhle gibt es an den Wochenenden abends ein Cabaret-Programm. Die Bar in der Eingangskuppel ist rund um die Uhr geöffnet. Im hinteren Teil befinden sich ein **Museum** über das Leben der entflohenen Sklaven (*cimarrones,* Eintritt 3 CUC) und ein Restaurant.

Cueva del Indio

Diese 1920 entdeckte **Höhle** liegt 6 km vom Ort entfernt und kann besichtigt werden. Es erwarten einen Fledermäuse, bizarre Stalaktiten und ein **unterirdischer Fluss.** Man beginnt zu Fuß und wird später in der Höhle von einem Motorboot abgeholt. Eintritt 5 CUC, Parken 2 CUC, Dauer 15 Min. Die Höhle ist gut besucht, eventuell muss man Schlange stehen. Demnächst soll es mehr zu sehen geben, die Wege werden ausgebaut.

Cueva de Santo Tomás

Die **Höhlen** von Santo Tomás hinter dem Dorf Moncada sind **die größten Cubas.** Allein schon die Fahrt nach Westen durch die Sierra de los Órganos ist ein Erlebnis. Die Mogotes sind von einem dichten grünen Teppich überzogen. Weiter oben gibt es Nebelwaldgebiete. Die bisher nur wenig erforschten Höhlen sind das Ziel von Speläologen aus aller Welt. Ein Kilometer auf der sechsten Ebene ist für die Öffentlichkeit freigegeben. Interessierte wenden sich an die *Escuela Espeleológica,* Tel. 793145. Führung 20 CUC inkl. Transfer.

An manchen Stellen gibt es Löcher, durch die das Tageslicht auf den Grund scheint. In stillen Nischen am Wasser schaut man in beängstigende Tiefen. Sobald man jedoch mit der Hand nach unten fasst, ist der Spuk vorbei und Höllenschlunde entpuppen sich als Trugbilder, nämlich als Wasserspiegelung der Höhlendecke. Es gibt unterirdische Flüsse und hohe Felsdome. Die Felsbalkone heißen *increíble,* „unglaublich", oder *Salón del Caos,* „Chaos-Salon". Wie bei allen Höhlenwanderungen braucht man festes Schuhwerk sowie schmutz- und wasserabweisende Kleidung.

≫ Nächste Doppelseite:
Leuchtturm am Cayo Jutías

Der Westen

2

Cayo Jutías

Richtung Minas, nicht über San Vicente fahren. Nordwestlich von Pinar del Río, direkt am Meer, liegt der Industrieort **Santa Lucía.** Etwa 5 km westlich davon befindet sich die Insel Cayo Jutías vor der Küste. Seit Ende der 1990er Jahre ist sie durch einen Damm mit dem Festland verbunden.

Auf der Insel erhebt sich ein alter stählerner **Leuchtturm,** der **Faro de Cayo Jutías,** allerdings steht er in einem Sperrgebiet. Am Ende der Straße liegt ein kleiner, wenig besuchter Strand. *Rumbos* betreibt einen kleinen Imbiss, in dem man frühstücken und Liegen und Schirme mieten kann. Auch zwei Bars und ein Tauchcenter mit Toiletten und Duschen finden sich hier. Es können Tretboote und Liegestühle ausgeliehen werden. Im Restaurant werden Schnorcheltouren zu einem kleinen Cayo angeboten. Noch einsamer wird es, wenn man den Strand entlangwandert. Der Bau einer Feriensiedlung ist geplant. Für Naturliebhaber lohnt der Ausflug auf jeden Fall, ein Strand wie gemalt, mit Korallenriffen davor. Ein Taxi von Pinar kostet inkl. Wartezeit 40 CUC.

Alternativ kann man in **Santa Lucia** wohnen, einige Kilometer von der Insel entfernt. Eine empfehlenswerte Unterkunft ist die *Villa Almendra* in der Calle José Ramon Trujillo, Tel. 048 648114, 20 CUC pro Zimmer plus Essen. Das Örtchen – ein paar Häuser, einige Wohnblocks, sonst nichts außer der schlechten Straße – erreicht man, wenn man von Minas de Matahambre auf die Küstenstraße einbiegt.

Minas de Matahambre

Die **Kleinstadt** liegt in den Bergen etwa 35 km westlich von Viñales. Die Gegend war schon sehr früh besiedelt, wie Funde aus der Steinzeit in den zahlreichen Höhlen um den Ort belegen. 1886 kam es hier zu Kämpfen zwischen der Freiheitsbewegung und den Spaniern. Der Ort lebt(e), wie der Name schon vermuten lässt, vom **Bergbau,** noch heute ragen die verrosteten Reste der alten Fördertürme in den Himmel. Bis Mitte der 1970er Jahre wurde hier **Kupfer** abgebaut, heute sind die Minen geschlossen. Außerdem gab es eine Fabrik für Schwefelsäure. Bis in die 1980er Jahre durchwühlten Geologen und Geophysiker den Boden und fanden u.a. **Pyrit,** eine Schwefel-Eisen-Verbindung, die man einst Katzengold nannte und die in der Halbleiterproduktion Verwendung findet. Phosphatfunde erlaubten die Inbetriebnahme einer großen Düngemittelfabrik.

Die Minen zogen Arbeiter auch aus anderen Ländern an, es gab **soziale Probleme** und eine Trennung in reiche und arme Stadtviertel, Gebiete für Schwarze und Weiße. Prostitution und Glücksspiel beherrschten den Ort lange Jahre. Erst nach *Castros* Revolution kehrte langsam Ruhe ein, und die Situation besserte sich. Die hier geschaffene Bergbauuniversität wurde allerdings Anfang der 1980er Jahre nach Moa verlegt.

2

Der Westen

Puerto Esperanza   # Cayo Levisa

Wem nach Ruhe ist, sollte an die Nordküste nach Puerto Esperanza fahren. Etwa 20 km nördlich von Viñales liegt dieses verschlafene Nest. Ein kleiner **Hafen**
bringt etwas Leben in die Gegend. Am
algenbedeckten Strand kann man von einem langen Holzsteg ins Wasser springen. Essen gibt es nur in den wenigen
Casas. In der Maceo 28 stellt der Maler
Dagoberto seine Werke aus. Bei der Insel
Cayo Inés de Soto fanden Taucher alte
spanische Goldmünzen.

Unterkunft

■ An der See liegt die **Villa Dora González Fuentes,** Tel. 048 793910, Pelayo Cuervo 5, in der man
einfach für 20 CUC wohnen kann (2 DZ). Auch essen
kann man dort, auf der Rückseite findet sich eine
schattige Terrasse.
■ **Villa Dos Palmas,** 13 de Marzo 19, Tel. 048
793865, 20 CUC. *Tony, Cary* und ihre Kinder sind
nett, das Essen ist gut; 2 DZ mit Bad, einstöckiges
Haus mit begrüntem Hof.
■ **Villa Hilda López Pérez,** Calle Frank País 81,
DZ mit Gemeinschaftsbad für 20 CUC.
■ **Villa Maribell,** Calle Maceo 56, Tel. 048 793799.
2 einfache Zimmer mit AC und separatem Bad in einem typischen Haus. Freundliche Familie, 20 CUC.
■ **Casa Teresa Hernández Martínez,** Calle 4ta
No. 7, Tel. 048 793923. Separates Häuschen mit
Wohn-, Schlafzimmer und Bad. Die Familie ist sehr
nett. Übernachtung 20 CUC, Abendessen 8 CUC,
Frühstück 3 CUC. Begrünte Veranda, auch als Pala-
dar genutzt.
■ **Hostal Mar y Tierra,** Juan M. Marquéz 9, Tel.
048 793980. 2 Zimmer in einem 2-stöckigen Haus,
vom Balkon Blick aufs Meer, 25 CUC, gutes Essen.

Die **einsame Insel** Cayo Levisa an der
Atlantikküste östlich von Puerto Esperanza eignet sich hervorragend für einen
entspannten Tag mit Baden, Schnorcheln, Tauchen oder Angeln (der Fang
wird anschließend direkt am Strand zubereitet und verzehrt). Das Eiland ist ein
kleines Paradies, der Sand ist weiß, das
Wasser glasklar.

Früher sind die Indianer vor den Spaniern hierher geflohen, deshalb heißt die
Inselgruppe heute auch **Indios Cayos.**
Hemingway brach oft von der Insel Paraíso zu seinen geliebten Fischzügen auf.

Mit der um 10 und 18 Uhr verkehrenden **Fähre von Palma Rubia** erreicht
man nach einer Überfahrt von einer
Stunde den **Archipel Los Colorados,** zu
der die kleine Koralleninsel gehört. Wer
mit dem Wagen kommt, kann ihn am
Anleger abstellen. Rückfahrt um 9 und
17 Uhr. Da es auf der Insel viele Disteln
gibt, sollte man festes Schuhwerk dabei
haben. Man sollte auch genug Bargeld
mitnehmen. Wer Geld sparen will, kann
auch Trinkwasser mitnehmen. Von der
Anlegestelle führt ein Bohlenweg durch
die Mangroven zum einfachen Hotel
Cayo Levisa, wo man übernachten kann.
Außerdem gibt es eine Tauchbasis, einen
Segelbootverleih und ein Restaurant.
Um die Insel liegen über 20 Tauchreviere. Die Insel ist mit Pinien und zur Fest-
landseite mit Mangroven bewachsen.
Hier nisten Pelikane und Reiher. Die
Anlegestelle im Mangrovengewirr erreicht man von der Küstenstraße, 20 km
nordöstlich von La Palma, oder von La
Habana kommend, 40 km hinter Bahía

2

Honda, in Mirian. Dort führt die Straße durch eine Plantage nach Palma Rubia an der Küste. Ein offizielles **Taxi** von Palma Rubia nach La Habana kostet 70 CUC, ein Privattaxi ist nicht billiger. Die schleichend langsame **Fähre** kostet 20 CUC pro Tour inklusive Verpflegung. Kurz vor dem Anleger gibt es eine Tankstelle, einen Imbiss und Übernachtungsmöglichkeiten.

Unterkunft

■ **Villa Cayo Levisa** (Cubanacán) ③, 30 Bungalows, teilweise gut ausgestattet, alle mit Bad und TV. Preise inkl. Überfahrt. Meistens sind Pauschaltouristen hier, daher reservieren: Tel. 048 756501-07 oder in La Habana über *Havanatour* oder auch in Viñales in dem Reisebüro neben der Tankstelle und im Hotel *Los Jazmines*; Tagesfahrt für 35 CUC inkl. Überfahrt und Mittagessen, Schnorcheltour plus 12 CUC.

■ **Privat** vermieten *Mario* und *Antonia* ein Zimmer, Straße nach Palma Rubia, 2 km vor dem Fähranleger nach Cayo Levisa, Tel. 048 356310, 283067. 3 Zimmer à 25 CUC. Ebenfalls kurz vor dem Anleger liegt *Nenas La Curva*, 25 CUC, Frühstück 4 CUC.

San Diego de Los Baños

Der Weg von Viñales durch die Berge nach San Diego de Los Baños ist schwer zu finden. Man fährt hinter der Tankstelle am Ortsausgang 3 km nach Norden. Hinter den **Mogotes Esmeralda** und **Robustiano** zweigt rechts eine Straße nach La Palma ab. Etwa 9 km fährt man auf der Piste durchs Gebirge bis zum Abzweig nach La Baria; rechts hinein erreicht man es nach etwa 16 km.

cu012-2016 kh

Hier geht es rechts zur Straße in die Berge. Wenn es wieder bergab geht, muss man links in die Straße nach San Andrés einbiegen. Nach weiteren 8 km zweigt man links ab.

Bald ist der kleine Ort am Río San Diego erreicht, der die Grenze zwischen der Sierra de los Órganos und der Sierra del Rosario bildet. Die Gegend heißt **Sierra de Güira.** Bekannt wurde San Diego durch seine Heilquellen. Das **Thermalwasser** sprudelt bis zu 40 °C heiß aus der Erde und wird seit Ende des 19. Jh. in den Badekomplex mit seinen 20 Becken gepumpt. Das stark schwefelhaltige Wasser hilft bei Hautkrankheiten und Muskelschwäche. Mitunter finden sich Einheimische, die für ein entsprechendes Entgeld Badewillige durch die inzwischen ruinierte Anlage führen und das Baden im letzten noch funktionierenden Becken gestatten. Vom Bad führt die Calle 29 durch den Ort, vorbei am Hotel *La Union,* das zumeist von Einheimischen benutzt wird (DZ 50 CUC).

Die Straßen von Viñales nach San Diego sind sehr abenteuerlich. Vor dem Ort gibt es eine **Tankstelle.**

In der Nähe der Heilquellen befindet sich der große **Parque Güira** mit einem Pavillon, einem burgähnlichen Eingang und künstlichen Ruinen, den ein reicher Anwalt in den 1920er Jahren als *Hacienda Cortina* hier anlegen ließ. Davor liegt ein großes Restaurant. Vom Ort zum Park kann man eine **Kutsche** mieten.

10 km auf schlechter Straße westlich davon befinden sich die **Cuevas de Los Portales,** in die *Che Guevara* während der Cuba-Krise aus Angst vor amerikanischen Angriffen sein Hauptquartier verlegen ließ. Die Gegend, in der weitere Höhlen liegen, eignet sich gut für einen Ausflug. Es gibt einen **Campingplatz,** dessen Hütten sogar Bäder haben, sowie ein kleines Restaurant.

Unterkunft

■ **Mirador** (Islazúl) ②, Tel. 048 37866, Calle 23 Final. Diese Hotel ist ein Plattenbau aus den 1920er Jahren in der Nähe der Quellen mit 45 DZ, nicht alle Zimmer haben Aussicht. Es gibt eine Bar, einen Pool und eine traumhaft schöne Umgebung sowie ein nettes Restaurant.

■ **Privat** bei *Caridad* und *Julio Guitérrez,* an der Calle 29 No. 2009, Tel. 048 548037, gegenüber dem Park. DZ mit Gemeinschaftsbad 15–20 CUC.

Der Westen

3 Zentral-Cuba

Die fruchtbare Mitte der Insel wird von der Landwirtschaft dominiert, der größte Teil des cubanischen Zuckers kommt von hier. Auf der Halbinsel Hicacos bei Varadero und auf den östlichen Inseln erstrecken sich die längsten Strände der Karibik. Historisches erwartet die Besucher im verträumten Städtchen Trinidad.

◁ Hausfassaden in Matanzas

ÜBERSICHT

Zu Zentral-Cuba zählen die Provinzen östlich von Mayabeque: **Matanzas, Cienfuegos, Villa Clara, Sancti Spíritus, Ciego de Ávila, Camagüey** und **Las Tunas.** Zu Matanzas gehören die Halbinsel **Zapata** im Süden und der Badeort **Varadero** im Norden. Villa Clara mit Santa Clara umfasst vorgelagerte Inseln und die Orte Remedios und Caibarién. In Las Tunas lohnt noch ein Besuch von **Puerto Padre.**

NICHT VERPASSEN!

Diese Tipps sind gelb hinterlegt.

Wenn man von La Habana und den Playas del Este weiter nach Osten fährt, kommt man an kleinen Industriestandorten vorbei, die so aussehen wie überall in Mittelamerika. Bei **Matanzas** wird Öl gefördert und weiter östlich gibt es endlose Zuckerrohrfelder. Die Landschaft ist flach, Berge gibt es erst wieder bei **Cienfuegos,** beginnend mit der **Sierra Escambray,** deren höchster Gipfel etwa 1700 Meter hoch ist. In der Sierra liegt das Naturschutzgebiet **Topes de Collantes** und, etwas weiter nordwestlich, der **Hanabanilla-Stausee.** Unterhalb der Mitte des Landes verläuft, aus La Habana kommend, die Autopista A1 nach Osten, Richtung **Santiago de Cuba.**

Der Süden Zentral-Cubas, die **Halbinsel Zapata,** besteht hauptsächlich aus Sümpfen. Hier wachsen seit Jahrhunderten Mangrovendickichte, die vielen Tieren Unterschlupf bieten. Einer Tierart hat das allerdings nichts genutzt: dem **Krokodil.** Es war (und ist immer noch) eine Delikatesse und somit vom Aussterben bedroht. Heute beschäftigt sich eine große Krokodilfarm mit der Aufzucht der Echsen. Es gibt nur noch wenige freilebende Exemplare.

Eine weitere Tierart liebt die Gegend: die **Stechmücke.** Auf der Halbinsel Zapata leben Unmengen der Quälgeister. Zum Glück gibt es auf Cuba **keine Malaria.** Trotzdem sollte man die Sümpfe nur mit Insektenschutzmittel und langer Kleidung besuchen. Bricht die Dämmerung über den Kanälen und Lagunen herein, kommen die Mücken heraus und stürzen sich auf alles, was sich bewegt.

Reiseroute Zentral-Cuba

La Habana – Trinidad – Santa Clara

Trinidad ist eine der **schönsten Kolonialstädte** überhaupt. Als der Zuckerboom zu Ende ging, wurde der kleine Ort im Süden einfach vergessen und blieb dadurch in seinem ursprünglichen Zustand erhalten.

1. Tag
Morgens Aufbruch nach Trinidad, am besten mit einem *Víazul*-Bus. Alternativ über **Cienfuegos** und dort die Fußgängerzone oder den botanischen Garten erkunden und am Marktplatz ausspannen. In **Trinidad** lässt man sich vom **kolonialen Flair** des Städtchens inspirieren – und kauft am Bahnhof das Ticket für den Zug nach Iznaga im Valle de los Ingenios, dem Tal der Zuckermühlen.

2. Tag
Das **Valle des los Ingenios** bietet Anschauungsmaterial zu den früheren Lebensumständen der Sklaven und ihrer Herren. Besuch des Sklaventurms; der Aufstieg wird mit einer tollen Aussicht belohnt. Rückfahrt nach Trinidad. Für die Erkundung der Umgebung am nächsten Tag sollte man sich schon am Nachmittag zuvor ein Taxi organisieren (rund 25 CUC). Auch sollte man den Busfahrschein nach Santa Clara kaufen und versuchen, dort eine Unterkunft zu reservieren.

3. Tag
Die **Berge** hinter Trinidad bieten ein heilsames Klima, sodass hier ein großes Sanatorium entstanden ist. Etwas weiter entfernt liegt das Naturschutzgebiet **Topes de Collantes.** Am besten man fährt mit dem Taxi dorthin und hat dann noch Zeit für eine kurze Wanderung zum **Wasserfall Caburni.** Gute Schuhe sind Voraussetzung. Nach der etwas kräftezehrenden Wanderung kann man sich im Wasserbecken oder unter dem Wasserfall erfrischen. Das Taxi hat man warten lassen, und mit dem geht es auch wieder zurück. Mit dem Fahrer kann man einen Ausflug für den nächsten Tag zur Playa Ancón vereinbaren (max. 8 CUC).

4. Tag
Ein Strandtag zum Ausspannen an der **Playa Ancón:** karibisches Feeling, türkis- und obsidianfarbiges Meer, weißer Sand, Palmen …

5. Tag
Nachmittags um etwa 18 Uhr fährt der **Bus nach Santa Clara** ab. Am frühen Abend ist man in dem Städtchen in der Mitte der Insel.

6. Tag
Auf den Spuren der berühmten Revolutionäre in der typisch cubanischen Stadt **Santa Clara,** wo man einen **Stadtspaziergang** unternehmen kann und vielleicht dem **Che-Museum** einen Besuch abstattet. Vor Ort muss man sich frühzeitig um die Rückfahrt nach La Habana kümmern, am besten mit *Víazul.*

Zentral-Cuba

GOLF VON MEXIKO

Península de Hicacos

79 · 80 Playas del Este
Guanabo
Campo Florido
Hershey Electric Railway
S. Antonio del Rio Blanco
84 Santa Cruz del Norte
85 Playa Jibacoa
Arcos de Canasi
Punta Rubalcava
140 Puente de Bacunayagua
Caraballo

141 Varadero
140 Varadero
Marina Dársena
Camarioca
Guasimas
Bahía de Cárderas
151 Cárdenas

Tapaste
85 Jaruco
Bainoa
131 Matanzas
140 Río Canimar
Refugio de Saturno
Cantel
José Smith Comas
Máximo Gómez

an José las Lajas
Zaragoza
Cotilla
Catalina de Güines
Aguacate
Madruga
Ceiba Mocha
139 Cueva de Bellamar
Cidra
Guanábana
Río Canimar
Limonar
Carlos Rojas
Jovellanos

Güines
Pipian
Vegas
Palos
San Antonio de Cabezas
Juan Gualberto Gómez
Fructuoso Rodriguez
Coliseo

Melena del Sur
Osvaldo Sánchez
San Nicolás
Hector Molina
Nueva Paz
Guanamon de Herrera
Alacranes
Bolondrón
Güira de Macurijes
Pedro Betáncourt
Raiz de Jobo
Agramonte

Guanamón de Armenterros
Playa El Rosario
La Ruda
Tasajera
El Estante
Navajas
Camilo Cienfuegos Uno
Pedroso
San Juan
Dos Hermanos

GOLFO DE BATABANÓ
Ensenada de la Broa
A1
Torriente
154 Jagüey Grande

Punta Sombrero
Maneadero Chiquito
Australia
Los Alpes

Punta Gorda
PARQUE
159
NACIONAL
Krokodilfarm
Maneadero
Santo Tomás
PENÍNSULA DE ZAPATA
160 Boca de Guamá
Laguna del Tesóro
Palpite
Playa Larga
159 Cueva de los Peces

Bahía del Tesóro
MATANZAS
DE ZAPATA
Caletón
Buena Ventura
Bahía de Cochinos (Schweinebucht)

Cayo Gordas
Cayo del Macío
Bahía de Cazones
La Salina
158 Playa Girón

GOLFO DE GAZONES
Cayo Diego Pérez
Cayo Ernst Thalman
Cayo Blanco del Sur
151
155

ISLA DE LA JUVENTUD

ARCHIPIÉLAGO DE LOS CANARREOS

Cayo Cantiles
Cayo del Resario
Cayo Largo

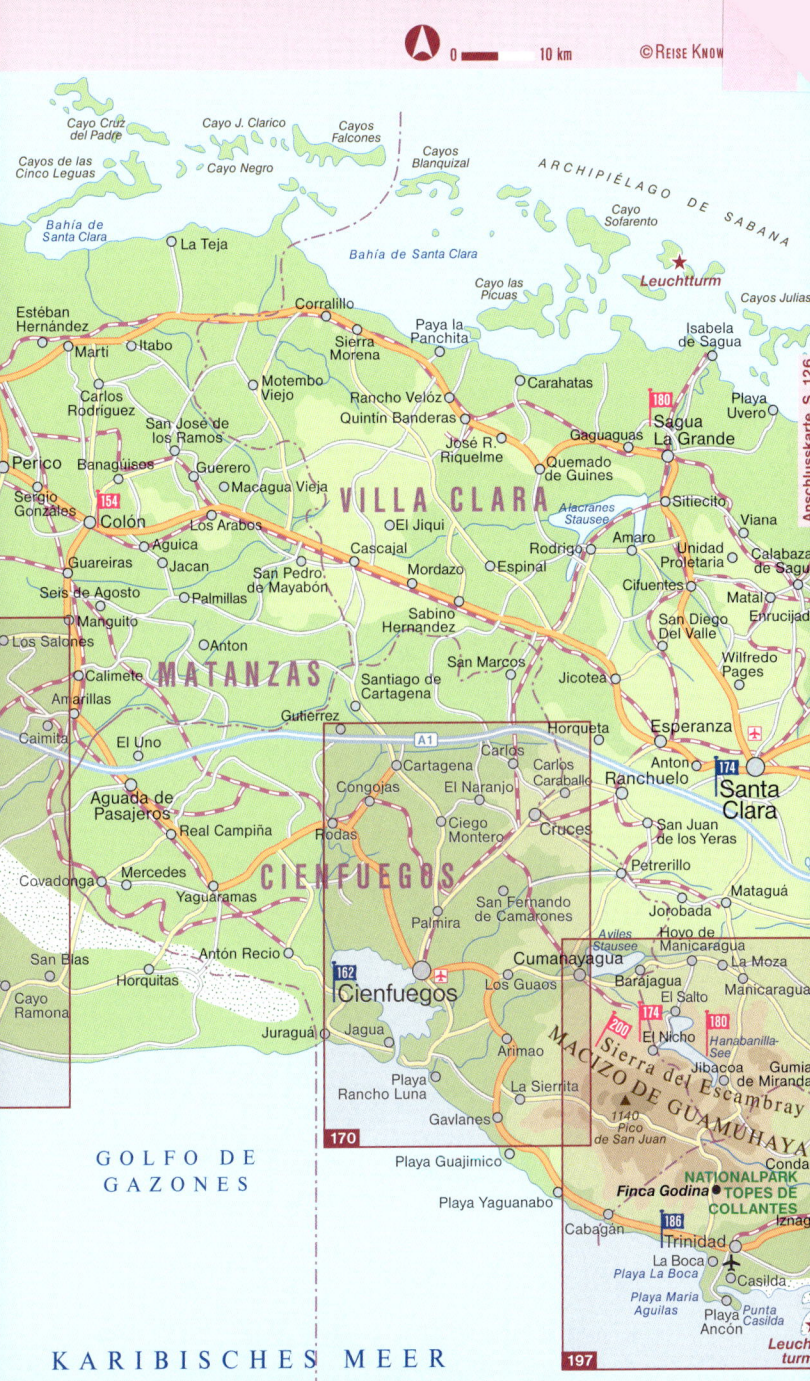

0 — 10 km

Anschlusskarte S. 126

Cayo Cruz del Padre
Cayo J. Clarico
Cayos Falcones
Cayos de las Cinco Leguas
Cayo Negro
Cayos Blanquizal

ARCHIPIÉLAGO DE SABANA

Cayo Sofarento

Bahía de Santa Clara
La Teja
Bahía de Santa Clara
Cayo las Picuas
Cayos Julias

Leuchtturm

Corralillo
Paya la Panchita
Isabela de Sagua

Estéban Hernández
Marti
Itabo
Sierra Morena
Carahatas

Motembo Viejo
Rancho Velóz
Playa Uvero

Carlos Rodriguez
San José de los Ramos
Quintin Banderas
José R. Riquelme
Gaguaguas
Sagua La Grande

Perico
Banaguises
Guerero
Macagua Vieja
Quemado de Guines
Sitiecito

Sergio Gonzales
Colón
Aguica
Los Arabos
El Jiqui
VILLA CLARA
Amaro
Viana
Calabazar de Sagua

Guareiras
Jacan
Cascajal
Mordazo
Espinal
Rodrigo
Unidad Proletaria
Cifuentes
Matal

Seis de Agosto
Palmillas
San Pedro de Mayabón
Sabino Hernandez
San Diego Del Valle
Enrucijada

Manguito
Anton
San Marcos
Wilfredo Pages

Los Salones
Calimete
MATANZAS
Santiago de Cartagena
Jicotea

Amarillas
Gutierrez
Horqueta
Esperanza

Caimita
El Uno
Cartagena
Carlos
Carlos Caraballo
Ranchuelo
Anton
Santa Clara

Aguada de Pasajeros
Cóngojas
El Naranjo
Cruces
San Juan de los Yeras

Real Campiña
Rodas
Ciego Montero
Petrerillo

Mercedes
CIENFUEGOS
Mataguá

Covadonga
Yaguaramas
Jorobada

San Blas
Antón Recio
San Fernando de Camarones
Palmira
Cumanayagua
Hoyo de Manicaragua
La Moza

Cayo Ramona
Horquitas
Cienfuegos
Los Guaos
Aviles Stausee
Barájagua
El Salto
Manicaragua

Juraguá
Jagua
El Nicho
Hanabanilla-See
Jibacoa
Gumia de Miranda

Playa Rancho Luna
Arimao
La Sierrita
Sierra del Escambray
MACIZO DE GUAMUHAYA
1140 Pico de San Juan

Gavlanes
Playa Guajimico
NATIONALPARK TOPES DE COLLANTES
Condad

GOLFO DE GAZONES
Playa Yaguanabo
Finca Godina
Iznaga

Cabagán
Trinidad
La Boca
Playa La Boca
Casilda

Playa Maria Aguilas
Punta Casilda
Playa Ancón
Leucht turm

KARIBISCHES MEER

Zentral-Cuba

VILLA CLARA

Cayos Julias
Isabela de Sagua
Cayos La Vaca
Playa Uvero
180
Sagua La Grande
Cayos del Pajonal
Leuchtturm
Sitiecito
Alacranes Stausee
Viana
Playa Nazabal
Leuchtturm
Unidad Proletaria
El Santo
Cayo Fragoso
Cayo Francés
Cayo Las Brujas
Cayo Santa María
Cifuentes
Calabazar de Sagua
Cayos de la Virazon
Matal
Enrucijada
San Diego Del Valle
Vega Alta
184
Cayos de la Herradura
Wilfreoa Pages
San Antonio de las Vueltas
181
Remedios
183
La Quinta
185
Caibarién
M
Esperanza
Camajuaní
Museo de Agroindustria Azucarero Marcelo Salado
Bahía de Buena Vista
174
Anton
Santa Clara
Minerva Stausee
El Hogar
Zulueta
Buena Vista
Yaguey
Obdulio Morales
Simón Bolívar
Nela
San Juan de los Yeras
Falcón
San José
Remates de Ariosa
General Carillo
Yaguajay
Meneses
Placetas
Guaracabulla
ALTURAS DEL NORDESTE
Jarahueca
Iguara
Mayajigua
Mataguá
Báez
Nazareno
Calabazas
Florencia
Jorobada
Hoyo de Manicaragua
La Moza
Agabama
Guadelupe
El Salto
Manicaragua
Fomento
La Rana
Arroyo Blanco
San Filipe
180
Hanabanilla-See
Gumia de Miranda
Santa Lucia
Cabaiguán
A1
Taguasco
200
Jibacoa
Guayos
Zaza del Medio
Jatíbonico
Sierra del ESCAMBRAY
MACIZO DE GUAMUHAYA
Condado
202
Sancti Spíritus
Majagua
NATIONALPARK TOPES DE COLLANTES
206
Embalse de Zaza
Orlando Gonzáles
186
Finca Godina
Iznaga
Caracusey
Banao
SANCTI SPÍRITUS
Limones Palmero
Trinidad
VALLE DE LOS INGENIOS
La Boca
Playa La Boca
Playa Maria Aguilar
Casilda
Punta Casilda
San Pedro
Guasimal
La Sierpe
El Jibaro
Heriberto Orellanes
Playa Ancón
Leuchtturm
Pojabo
Mapos
Punta Manati
197
Leuchtturm
Tunas de Zaza (Hafen)
Punta Ladrillo

KARIBISCHES MEER

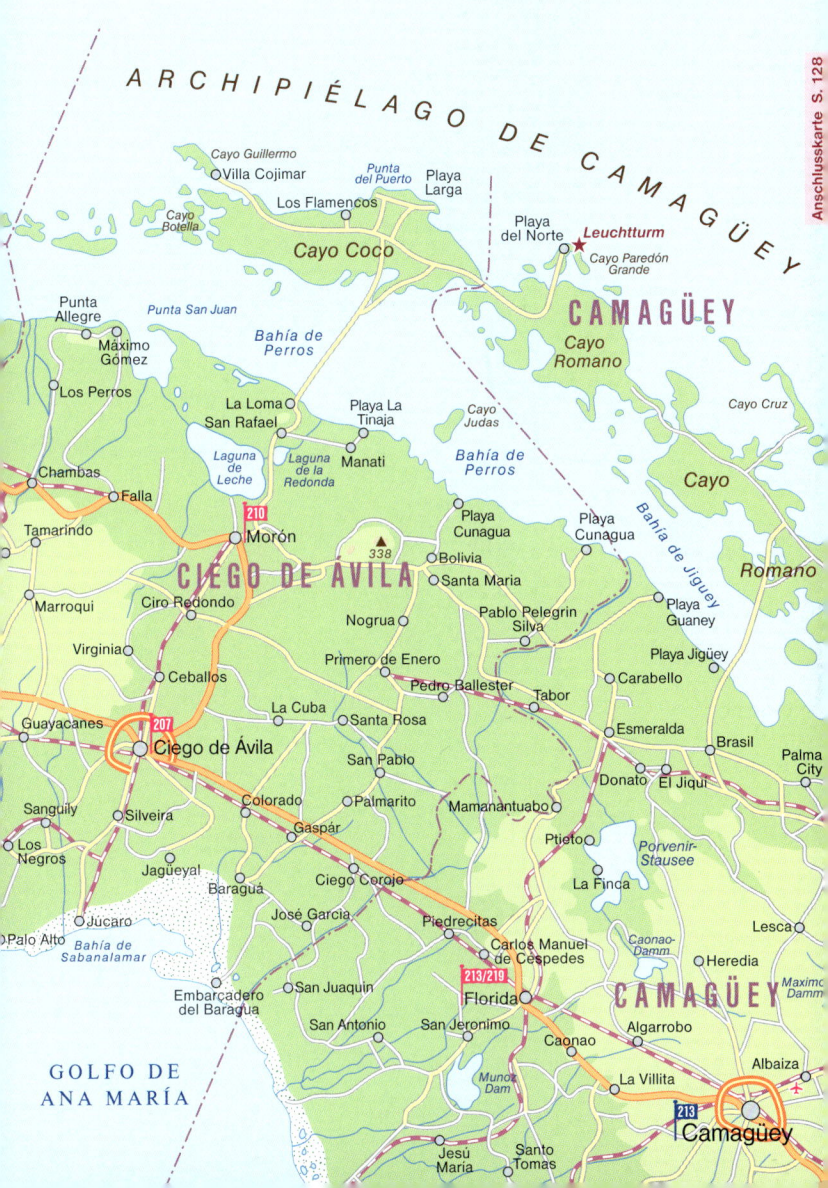

0 — 10 km

ATLANTISCHER
OZEAN

ARCHIPIÉLAGO DE CAMAGÜEY

Cayo Guillermo
Villa Cojimar

Punta
del Puerto

Playa
Larga

Cayo
Botella

Los Flamencos

Cayo Coco

Playa
del Norte

Leuchtturm

Cayo Paredón
Grande

Punta
Allegre

Punta San Juan

CAMAGÜEY

Máximo
Gómez

Bahía de
Perros

Cayo
Romano

Los Perros

Cayo Cruz

La Loma
San Rafael

Playa La
Tinaja

Cayo
Judas

Chambas

Laguna
de
Leche

Laguna
de la
Redonda

Manati

Bahía de
Perros

Cayo

Falla

Bahía de Jiguey

210

Morón

338

Playa
Cunagua

Playa
Cunagua

Romano

Tamarindo

CIEGO DE ÁVILA

Bolivia
Santa María

Marroqui

Ciro Redondo

Nogrua

Pablo Pelegrin
Silva

Playa
Guaney

Virginia

Ceballos

Primero de Enero

Playa Jigüey

La Cuba

Pedro Ballester

Tabor

Carabello

Guayacanes

207

Santa Rosa

Esmeralda

Brasil

Palma
City

Ciego de Ávila

San Pablo

Donato

El Jiquí

Sanguily

Silveira

Colorado

Palmarito

Mamanàntuabo

Los
Negros

Gaspár

Prieto

Porvenir-
Stausee

Jagüeyal

Ciego Corojo

La Finca

Baraguá

José Garcia

Júcaro

Bahía de
Sabanalamar

Piedrecitas

Lesca

Carlos Manuel
de Céspedes

Caonao-
Damm

Heredia

Palo Alto

213/210

Máximo
Damm

Embarcadero
del Baraguá

San Juaquín

Florida

CAMAGÜEY

San Antonio

San Jeronimo

Algarrobo

GOLFO DE
ANA MARÍA

Caonao

Albaiza

Munoz
Dam

La Villita

213

Jesú
Maria

Santo
Tomás

Camagüey

Zentral-Cuba

0 ■——— 10 km

CIEGO DE ÁVILA

La Loma
San Rafael
Playa La Tinaja
Cayo Judas
Cayo Cruz

Laguna de Leche
Laguna de la Redonda
Manati
Bahía de Perros

210 Morón
▲338
Bolivia
Santa Maria

Playa Cunagua
Playa Cunagua

Cayo

Bahía de Jiguey

Punta El Inglés

Romano
Versalles

Ciro Redondo
Nogrua
Pablo Pelegrin Silva
Playa Guaney

Ceballos
Primero de Enero
Playa Jigüey

La Cuba
Pedro Ballester
Tabor
Carabello

Santa Rosa
Esmeralda
Brasil
Bahía de Gloria

San Pablo
Donato
El Jiqui
Palma City

Colorado
Palmarito
Mamanantuabo
Porvenir-Stausee
La Gloria

Gaspár
Ptieto
220
Solá

Jagüeyal
Ciego Corojo
La Finca
Canglión es Río Máximo

Baraguá
José Garcia
Lesca

Piedrecitas
Caonao-Damm
Heredia
Senado

Embarcadero del Baraguá
San Juaquin
Carlos Manuel de Céspedes
Maximo-Damm
Minas

213/219 Florida
San Antonio
San Jeronimo
Algarrobo
Altagraciá
Anschlusskarte S. 127

Caonao
Albaiza
Stausee Amistad Cubano Bulgara

Munoz Dam
La Villita
213 Camagüey

Jesú Maria
Santo Tomas
Agramonte

Embarcadero de Santa Maria
Vertientes
Siboney

Leuchtturm ★
Jimaguayú Stausee

GOLFO DE ANA MARIA

CAMAGÜEY

Stausee Najasa I

Cayo Algodón Grande
Punta Macurijes
El Flamenco
El Guay
El Braso
Najasa

Aguilar
Cuatro Compañeros
San Francisco

Najasa II Stausee
Las Pulgas

KARIBISCHES MEER

Fundo de Buenaventure
Forestal
La Jagua Tres
Cubitas

Cayo Chocolate
Punta Palizon
Santo Rosa

Cayos Pingues
Cándido Conzáles
Victoria
La Elina
Santa Beatriz

319
Haiti
Guayabal

ARCHIPIÉLAGO DE LOS JARDINES DE LA REINA

Cayo Maria Velache
Cayo las Caguamas
Laborinto de las Doce Leguas
Cayo Granada
Santa Cruz del Sur
Cayos Mordazos

© Reise Know-How 2017

Cuba_K03c

ATLANTISCHER OZEAN

ARCHIPIÉLAGO DE CAMAGÜEY

Cayo Guajaba

Punta Arenas

Playa Pinos

Playa Bonita

Bahía de Sabinal

224 Cayo Sabinal

El Sato

Punta Maternillos

Playa Bonita

La Boca

Leuchtturm

Playa Tararacos

Playa los Cocos

220 Nuevitas

221 Playa Santa Lucía

222

Lugareño

Bahía de Nuevitas

Redención

San Miguel de Baga

Camalote

Tabor

Puerto Manatí

Punta Brava

229 Playa Covarrubias

Punta Covarrubias

229 Playa la Herradura

Manatí

Victoria

Guanito

Bahía de Malangueta

Playa Lanita

228 Puerto Padre

229 Bahía de Puerto Padre

Jesús Menéndez

Macedonio

La Guinea

228 Castillo de Salcedo

Delicias

Rojas

Sibanicú

Cascorro

Vázquez

Maniabón

Los Alfonsos

Hatuay

Martí

LAS TUNAS

GRUPO DE MANIABO

225

Guáimaro

Bartle

Bejuco

La Breñosa

San Andrés

226 Las Tunas

Arroyo Muerto

San Augustín

Colombia

El Café

Calixto

Las Parras

Buenaventura

Candido

Jobabo

La Caridad

Omaja

HOLGUÍN

Las Delicias

Las Delicias

Amancio Rodríguez

Sábalo

El Domitorio

Mir

Monte Alto

Antonio Maceo

Vado del Yeso

Salado

GOLFO DE GUACAYABO

Cauto

Guamo

Cauto El Paso

Cauto

Provinzen auf dem Weg nach Ostcuba

Provinz Matanzas

Die Provinz schließt im Westen an La Habana an. Die Landschaft ist, bis auf einen Hügel bei Matanzas, ziemlich flach und wird überwiegend landwirtschaftlich genutzt. Das nordwestlich von Matanzas geförderte Öl wird z.T. im dortigen Kraftwerk zur Stromerzeugung genutzt. Die größten Orte sind Matanzas, Varadero, Cárdenas, Colón, Union de Reyes und Jovellanos. Die herausragenden Punkte sind die Bahía de Cochinos, besser bekannt als **Schweinebucht,** und die **Halbinsel Zapata.** Ein Teil dieser sumpfigen Halbinsel im Süden von Matanzas ist geschütztes Gebiet. Der **Parque National de Zapata** ist ein Ort für Naturliebhaber, speziell Vogelfreunde; es gibt auch geführte Touren.

Provinz Cienfuegos

In den 1970er Jahren entstand die kleine Provinz um die gleichnamige Stadt. Im Osten liegt die **Sierra del Escambray;** auch der 1140 Meter hohe, kahle **Pico de San Juan** befindet sich noch auf dem Gebiet von Cienfuegos. Im Westen grenzt die Provinz an Matanzas und im Norden an Santa Clara.

Die Provinz lebt hauptsächlich vom **Zuckerrohr,** in den Bergen wird etwas Kaffee angebaut und in der Provinzhauptstadt steht eine Zementfabrik. Außerdem gibt es eine Pappfabrik, die mit Abfall aus der Zuckerproduktion arbeitet, und Werften in der geschützten Bahía de Cienfuegos. Eine Krabbenfischerflotte hat hier ihren Stützpunkt.

Von Cienfuegos kann man, um die Sierra del Escambaray herum, an der Küste entlang nach Trinidad oder nach Santa Clara im Norden fahren.

Provinz Villa Clara

In dieser Provinz ist der Anbau von **Zuckerrohr** die Haupteinnahmequelle. Die Provinz grenzt im Westen an Matanzas, im Osten an Sancti Spíritus und ein kleines Stück im Süden an Cienfuegos. Im Norden schließt die Inselgruppe Cayo Santa María die Küste zum Atlantik hin ab. Remedios ist die größte Ortschaft der Gegend.

Provinz Sancti Spíritus

Diese Provinz liegt in der Mitte der Insel, im Westen begrenzt von Villa Clara und im Osten von Ciego de Ávila. Auch hier gibt es endlose Zuckerrohrfelder, dazwischen Viehweiden, dazu noch etwas Reisanbau und einige Tabakfelder. Hauptsehenswürdigkeit ist Trinidad, die Hauptstadt hat viele schöne Kolonialbauten zu bieten. In der Nähe liegt der Zaza-Stausee, ein Paradies für Naturfreunde. Schließlich folgt **Yaguajay,** die Stadt *Camilo Cienfuegos'.* Von hier ist es nicht weit zur Cayo Santa María. Die Insel wird zum Touristenzentrum ausgebaut.

Provinz Ciego de Ávila

Die kleine Provinz in der Mitte Cubas, die „Savanne des Herrn Ávila", wurde im

3

16. Jh. erstmals erwähnt. Heute wird der flache Landstrich von Sancti Spíritus und Camagüey eingeschlossen. Im Norden, vor der sumpfigen Küste, liegen die Inseln der **Jardines del Rey** um **Cayo Coco,** die über einen fast 30 Kilometer langen Damm mit dem Festland verbunden sind (siehe Kapitel „Inseltouren"). Im Süden, vor der ebenfalls sumpfigen Küste der karibischen See, erstrecken sich die Gärten der Königin, die **Jardines de la Reina.** Während der Befreiungskriege versuchten die Spanier an diesem schmalsten Teil Cubas das Vordringen der Rebellen nach Osten zu verhindern, indem sie eine Verteidigungslinie errichteten. Genützt hat es nichts, wie man heute weiß.

Provinz Camagüey

Cubas größte Provinz, *Kama-ui* gesprochen, liegt zwischen Ciego de Ávila und Las Tunas. Im gesamten Gebiet gibt es nur zwei Berge, die **Sierra de Cubitas** im Norden und die **Sierra del Corillo** im Süden, beide nur 300 Meter hohe Hügel. Im Süden, an der Küste der Karibischen See, liegen die **Jardines de la Reina,** ein Naturschutzgebiet mit kleinen Inseln. Die einzige Hafenstadt ist **Santa Cruz del Sur.** Im Norden, an der Atlantikküste, schließt der Archipel von Camagüey mit seinen Inseln die Provinz ab.

Provinz Las Tunas

1519 erlitt der Abenteurer *Alonso de Ojeda* in der Gegend der heutigen Provinz Las Tunas Schiffbruch und konnte sich, an eine hölzerne Marienstatue geklam-

mert, retten. Diesen religiösen Rettungsring schenkte er dann einem indianischen Häuptling, der versprach eine Kirche dafür zu bauen, um es sich mit den weißen Herren nicht zu verderben. Als *Ojeda* weg war, warf der Häuptling die María jedoch wieder ins Meer. Rund 90 Jahre später fischten ein entlaufener Sklave und zwei Indianer die Statue in der Bucht von Nipe wieder aus dem Meer. Danach wurde sie dann zur *Virgen del Cobre,* wo sie in der gleichnamigen Kathedrale heute noch steht.

Im Westen grenzt die Provinz an Camagüey, im Osten an Holguín und südlich schließt sich Bayamo an. Die Provinz zieht sich quer durchs Land vom Atlantik mit seinem Strand von Cobarrubias, bis zum Golf von Guacanayabo im Karibischen Meer. Hier gibt es nur einen Hafenort, **Guayabal,** ansonsten ist die Küste eher sumpfig. Die Bewohner der Provinz leben hauptsächlich von Viehzucht.

Matanzas

■ **Vorwahl:** 052
■ **Einwohner:** 150.000

Diese Hafenstadt rund 100 km östlich von La Habana und 40 km vor Varadero ist um die gleichnamige Bucht herum entstanden. Das Stadtzentrum liegt zwischen den Mündungen der Flüsse Río Yumurí und Río San Juan. Matanzas ist Provinzhauptstadt und ein bedeutender **Industriehafen** (Verschiffung von Öl), zudem Standort von Textilfabriken und zweier Kraftwerke.

Man versucht, etwas vom Geschäft mit den Touristen in Varadero zu profitieren, doch der **Charme** von Matanzas liegt gerade in der verträumten Ruhe, die die Altstadt zwischen den Flussbrücken ausstrahlt.

Der **Parque Libertad** ist der zentrale Platz. Um ihn herum liegen die *Casa de la Cultura,* das Rathaus und das schöne Hotel Velazques. Vor der Kirche steht der Dichter *José Jacinto Milanés* auf seinem Sockel, dahinter liegt ein großes Zahnrad aus einer Zuckerfabrik, das ein beliebtes Fotomotiv ist. Im nördlichen

Stadtteil **Versalles** lebten im 19. Jh. überwiegend Franzosen aus Haiti.

Den **besten Überblick** über die Stadt mit ihren verblichenen Säulengängen hat man von dem kleinen Platz vor der Kapellenruine Monserrate, links hinter dem Ort die Calle 306 den Berg hinauf, über die Treppe La Escalinata.

Die Häuser in Matanzas sind durchnummeriert. Man versuchte damit, die übliche Adressenschreibung zu vereinfachen, aber das System setzt voraus, dass man die Richtung der **Straßennummern** kennt. In früheren Jahren hatten

099cu hk

die Straßen Namen, die auch heute noch von vielen Menschen benutzt werden.

Geschichte

Die Gegend um Matanzas wurde zum ersten Mal von *Sebastián de Ocampo* erwähnt, der 1508 in die Bucht einsegelte. Der Name *matanza* bedeutet „Schlachterei". Eine Version zur Entstehung des Namens deutet auf ein **Massaker** der Spanier an den Indígenas hin. Die harmlosere Variante besagt, dass hier früher

Schlachthäuser für den Bedarf der spanischen Flotte arbeiteten. Das Salz zum Pökeln des Fleisches kam aus den Salinen in der Gegend von Varadero.

Die Stadt selbst wurde im Oktober **1693** von spanischen Einwanderern gegründet; die ersten 36 Familien kamen von den Kanaren. Vorher lebten Indígenas hier, die die Gegend *Guanima* nannten. 1628 segelte von Matanzas die spanische Schatzflotte ab, die vom berühmten holländischen Freibeuter *Piet Heyn* kampflos gekapert wurde. Die Beute soll zwölf Millionen Gulden betragen haben, was heute einem Wert von etwa einer Milliarde Euro entspricht.

Trotz solcher Rückschläge entwickelte sich die Stadt rasant. 1830 suchte jedoch ein **Hurrikan** die Gegend heim und zerstörte große Teile von Matanzas.

Richtig in Schwung kam die Stadt Mitte des 18. Jh., ausgelöst durch den Boom in der **Zuckerindustrie.** Auslöser des Aufschwungs war die Besetzung La Habanas durch die Engländer, wodurch die Spanier ihre Aktivitäten nach Matanzas verlegen mussten. Da Matanzas einen geschützten Hafen hatte, gab es hier gute und sichere Bedingungen für die Ein- und Ausfahrt der spanischen Schiffe. Der Handel mit Sklaven verhalf der Stadt zu weiterem Reichtum. Mitte des 19. Jh. gab es in der Gegend über 450 Zuckermühlen, die für ein Achtel der Weltproduktion verantwortlich waren.

◠ Erdbebensicher: Die alten Bürgerhäuschen sind nur einstöckig

3

Matanzas wurde auch **kulturell** bedeutsam – nicht umsonst trug es den Beinamen „Athen Cubas". Es entstanden Villen im griechischen Stil mit Säulen an den Eingangsportalen.

1844 kam es zu ersten **Aufständen** gegen die Zuckerbarone. Mit dem Ende der Sklaverei wurden schlecht bezahlte Chinesen in den Plantagen ausgebeutet.

1871 führte der Komponist **Miguel Faílde y Pérez** (1852–1921) den ersten *Dánzon* auf – aus dem Tanz entstand später der **Mambo.** Das Stück hieß „Die Höhen von Simpson" und wurde zu Ehren der Farbigen gespielt, die das gleichnamige Sklavenviertel bewohnten.

Der „Tanz der Millionen" hatte um 1920 ein Ende, und die Stadt versank in **Lethargie,** sie wurde zur „Ciudad dormida", zur schlafenden Stadt. Am Río San Juan überwuchern Pflanzen die alten Gebäude.

Geblieben ist die Musik. Matanzas ist eine Hochburg der **Rumba,** die nur gesungen und von Schlaginstrumenten begleitet wird. Die Band *Los Muñequitos* aus den 1960er Jahren ist legendär, doch heute hört die Jugend zumeist Reggaeton und andere Stilrichtungen.

Die gesamte Küste um Matanzas wird auf der Suche nach **Erdöl** immer mehr verschandelt, auch wenn die vermuteten Vorräte bisher nicht gefunden wurden.

Einige **Straßen** hatten früher Namen statt nur Nummern:

- Calle 63 — Jésus María
- Calle 65 — Jauregui
- Calle 67 — Santa Isabel
- Calle 71 — Salamanca
- Calle 73 — Vallarde
- Calle 75 — Daoíz
- Calle 77 — Manzano
- Calle 79 — Contreras
- Calle 83 — Milanés
- Calle 85 — Medio und Independencia
- Calle 87 — San Blás
- Calle 91 — Río
- Calle 97 — Narvaez
- Calle 129 — Calz. General Betancourt
- Calle 218 — Doblada
- Calle 220 — Plumero
- Calle 272 — Tirry
- Calle 288 — Ayuntamiento
- Calle 290 — Santa Teresita
- Calle 292 — Zaragoza
- Calle 294 — Manzanera
- Calle 298 — San Luis
- Calle 306 — Domingo Mujica
- Calle Contreras — Bonifacio Byrne

Sehenswertes

Derzeit plant man die Anlage einer **Uferpromenade.** Sie soll sich am Río San Juan entlang zwischen den Brücken der Calle 298 und der Calzada de Tirry (Calle 272) erstrecken; weitere Renovierungen sollen folgen.

Museo Botica Francesa

Am 1. Januar 1882 eröffneten der Franzose *Ernesto Triolet* und sein cubanischer Schwiegersohn *Juan Fermín de Figueroa* ihre luxuriöse Apotheke. Die Porzellandosen kamen aus Frankreich, die Skulptur der Schutzpatronin aus Italien, die Glasflaschen ließ man in Amerika fertigen. Seit 1964 ist die ehemalige Apotheke ein **Pharmazeutisches Museum** und eine Attraktion der Stadt. Man betritt eine vergangene Welt zwischen Zedernholzregalen und hat den Eindruck,

Matanzas

San Cirillo

14 ★ Puente de Bacunayagua, Marina Dársena, Havanna

16 Castillo de San Severino

★ **Alturas del Simson, La Escalinata, ℹ Ermita de Monserrate**

Versalles

Bahnhof Hershey Electric Railway

ℹ **Iglesia de San Pedro Apóstol**

★ **Parque René Fraga**

Casa de la Cultura (Biblioteca)

Parque Libertad
Archivo Histórico
Museo Botica Francesa
Kathedrale San Carlos

Palacio del Junco (Museo Histórico Provincial)
Teatro Sauto
Kunstgalerie

Mercado La Plaza

Mural del Che

Bahía de Matanzas

Pueblo Nuevo

Bahnhof Matanzas

Busbahnhof San Luis

Bahnhof von Miret

Madruga, Unión de Reyes

General Betancourt

Ⓑ **Busbahnhof**

Badestrand El Tenis

Essen und Trinken
1 Café Monserrate
3 Paladar La Yumuria
7 Café El Jardín del Boulevar
8 Dakura
9 Café Velasco
11 Rest. Esquina del Medio
13 Pizza La Vigia
16 Bella Vista
17 Rest. Ruinas de Matasiete
18 Rest. El Pescadito
19 Eisdiele (Coppelia)
20 Eisdiele El Bolazo

★ **Río Canímar,**
★ **Cueva de Bellamar,**
★ **Refugio de Saturno,**
✈ **Flughafen,**
≈ **Strände La Caridad,**
Buey Vaca, El Mamey,
El Coral, Laguna de Maya,
Varadero, Cárdenas

Unterkunft
2 La Villa Soñada
4 Casa Rabelo
5 Alberto Hernandéz
6 Enriqueta Rantero
9 Hotel Velasco
10 Hostal Paraiso
12 Roberto Chave'z Llerena
14 Casa del Valle
15 Hostal Juventos
21 Canimao, Villa Ana-Beatriz, Oskar y Ana, Ania y Miky, Martha Ruidias, Casa de Ana, Villa Montelimar, Villa Lila

---

hier würden noch wie vor 130 Jahren Pillen gedreht. Im Innenhof steht die Anlage zur Destillation von Wasser, zudem gibt es eine Fachbibliothek.

Seinerzeit wurde Medizin in alle Teile der Insel verkauft. Der Andrang war so groß, dass es extra eine Wartebank für Boten gab. Vor Ort stand auch die erste öffentliche Telefonzelle der Stadt. Geöffnet Mo–Sa 10–18 Uhr, So 9–13 Uhr, 5 CUC für eine kurze Führung. Milanés 4951, e/Santa Teresa y Ayuntamiento, am Parque de la Libertad.

Teatro Sauto

MEIN TIPP: An der Plaza de la Vigía ließ der Zuckerfabrikant *Ambrosio de la Concepción Sauto* 1863 ein Theater mit 770 Plätzen errichten und machte es zum Mittelpunkt des kulturellen Lebens. Viele berühmte ausländische Künstler traten hier auf, darunter die Schauspielerin *Sarah Bernhardt,* der Opernsänger *Enrico Caruso,* die Tänzerin *Anna Pawlowa* und der Gitarrist *Andrés Segovia.* Der Boden im Parkett konnte vom Keller aus

3

hochgekurbelt werden, dann entstand ein großer, ebener Saal, in dem neben Theater auch Raum und Platz für andere Veranstaltungen war. Es diente u.a. dem Terry-Theater in Cienfuegos als Vorbild. Nach 1920 verfiel das Haus und wurde zum Teil als Kino benutzt. Heute erstrahlt die renovierte klassizistische Fassade des Nationalmonuments in einem hellrosa Farbton. Das Theater war schon bald ein Wahrzeichen der Stadt, sodass der mexikanische Maler *Diego Rivera* sagen konnte: „Ich erkenne Matanzas am Sauto".

Casa de la Cultura

Die **Aufführungsstätte volkstümlicher Musik** findet sich in der Calle 272 No. 11916. In der Bibliothek im Nachbarhaus fand im Jahre 1929 die erste Aufführung einer Danzonette statt.

Palacio del Junco

Dieses Haus eines Zuckerfabrikbesitzers wurde bis 1970 von der Gründerfamilie *Don Vicente de Junco y Sardinas* bewohnt und dann in ein **Museum der Provinzgeschichte** umgewandelt. Hier erfährt man z.B. vom oben erwähnten Überfall einer spanischen Silberflotte durch den Piraten *Piet Heyn*. Es werden zahlreiche Exponate zur Stadtgeschichte, Zuckerherstellung und zum Sklavenhandel ausgestellt. Die Wohnräume veranschaulichen das Leben der einstigen Bewohner. Plaza de La Vigíaon 83 (Milanés), e/ Magdalena y Ayllon.

Castillo de San Severino

Diese **Festung** liegt im Norden der Stadt. Man biegt hinter der Linkskurve von der Straße nach La Habana zum Polytechnikum Ernst Thälmann ab, gegenüber der Calle 57. Kurz dahinter führt ein Weg zur Festung. Der Bau aus dem 18. Jahrhundert brauchte lange bis zu seiner Fertigstellung und diente auch als Gefängnis. Man arbeitet an einer Wiederherstellung des Originals mit Haupthaus, Kanonen und Wehranlagen. In einem Raum stehen Orishas, ferner sind Kanonen aus dem 18. Jahrhundert zu sehen.

Sábado de la Rumba

Diese **Musikveranstaltung** findet alle 14 Tage auf dem Platz vor der Casa de la Trova, in der Nähe der Brücke über den Río San Juan statt. Es gibt zwei Rumbagruppen in der Stadt: *Afrocuba de Matanzas* und *Rumba y Son*. Traditionell spielt man die Rumba mit reinen Gesangsgruppen oder Trommlern – dies ist die echte Rumba, die mit der Tanzschulvariante nichts gemein hat. Man kann die Veranstaltungen besuchen oder an einem Workshop teilnehmen. Ein großes **Rumba-Tanzfest** findet immer in der zweiten Oktoberwoche statt.

Sonstiges

In der vorletzten Augustwoche feiert man im Ort den **Karneval,** eine farbenfrohe Angelegenheit mit viel Rumba. Wer nicht nach Santiago zum dortigen Karneval fährt, findet in Matanzas eine gute Alternative.

An der Ecke der Calle 272 zur Recurso (103) gleich hinter der Brücke Calixto García steht eine Mauer (**Mural del Che**) mit einem sehenswerten Che-Wandbild aus zerbrochenen Keramikfliesen (siehe Bild auf S. 444).

Am gegenüberliegenden Ufer, an der Ecke zur Calle 91, arbeitet die **Buchdruckerei Ediciónes Vigía** wie vor 150 Jahren. Man kann ihr einen Besuch abstatten und ein einzigartiges Exemplar eines handgedruckten Buches erstehen (Mo–Sa 9–17 Uhr).

Praktische Tipps

Unterkunft

Hotels

9 Hotel Velasco (Hoteles E) ③, Contreras, e/Santa Teresa y Ayuntamiento, Tel. 253880-84. Das schöne 10-Zimmer-Haus aus dem Jahr 1912 an der Plaza Libertad ist in der Stadt die erste Wahl. Einfache Dachterrasse mit weitem Blick, tolle Bar. Die Zimmer sind eher klein und einfach und haben nur Lichtschächte statt Fenster.

14 Casa del Valle (Horizontes) ③, Carretera de Chirino, km 2, Valle de Yumurí, Tel. 253584. Das Haus liegt westlich des Ortes im Flusstal. Man biegt 14 km westlich von Matanzas von der Via Blanca links in eine Bergstraße ein, die 10 km ins Yumurí-Tal mit seinen 150 Meter hohen Felsen führt. Das zweistöckige Haus, in den 1940ern als Wochenendhaus gebaut, liegt mitten im Wald. Heute sind weitere Gebäude und eine Klinik dazugekommen. Das alte Haus hat einen Bogengang, in dem es sich wunderbar relaxen lässt. 40 Zimmer, 6 Bungalows mit Bad und 8 Apartments mit Gemeinschaftsbad.

21 Canimao (Islazúl) ②, Carretera de Varadero, km 4,5, Tel. 261014. 120 Zimmer mit Bad, AC und Aussicht, Restaurant und Bar. Von der Vía Blanca rechts vor der Brücke landeinwärts über dem gleichnamigen Fluss gelegen, aber auch ein Pool ist vorhanden. Teilweise etwas vernachlässigt, aber nette Umgebung. Der Bus 16 hält an der Brücke. In der Gegend lässt es sich gut **wandern**: Der Pfad *Tierra de los Caracoles* führt zu einer Blumenfarm, der *El-Abra-Trail* auf dem Bacunayagua zur Flussmündung mit Bademöglichkeit im Meer.

Privat

2 La Villa Soñada, Calle 290, e/Santa Isabel, Tel. 242761. Großes Apartment mit Bad, Kühlschrank und AC, die Terrasse kann mitgenutzt werden, 25 CUC. In der Nähe führt ein Steg über den Río Yumurí.

4 Casa Rabelo, *Sra. Mori Rabelo,* Calle 292 (Zaragoza), e/83 (Milanés) y 85 (Medio), Tel. 243433, morirabelo@gmail.com. Großes DZ mit Bad und AC am Innenhof in einem Kolonialhaus. Eigene Garage im Haus ohne Aufpreis. Frau *Rabelo* ist sehr hilfsbereit, spricht gut englisch und kocht hervorragend. 25 CUC, Essen kostet extra.

5 Alberto Hernandéz, Calle Milanés No. 29008, e/Santa Teresita 290 y Zaragoza 292, Tel. 247810, alberto@tuisla.cu. 3 gute Zimmer mit Bad in einem tollen alten Haus, Dachterrasse, kaum Englischkenntnisse, hilfsbereit, ab 20 CUC.

6 Enriqueta Rantero, Contreras No. 29016, e/290 y 292, Tel. 245151. 2 schöne Zimmer, über eine enge Treppe erreichbar, eine Minute vom Parque Libertad, auch gut zum Essen, 25 CUC.

10 Hostal Paraíso, Luis Alberto Valdés Contreras 79 No. 28205A, e/Jovellanos 282 y Ayuntamiento (288), Tel. 052 243397. 2 Zimmer im Obergeschoss, nette Leute, Zimmer und Essen okay, mehr als 20 CUC sollten jedoch nicht bezahlt werden.

12 Roberto Chave'z Llerena und **Margarita Pomero Brito,** Calle 79 No. 27608, e/276 y 280, Tel. 242 577. Großes Haus im Kolonialstil mit 2 Zimmern, Riesenfenster, komfortabel, 20 CUC.

15 Hostal Juventos, *Andros* und *Daine,* Ave. 52 No. 3925, e/39 y 41, Tel. 053 52914266, hostaljuventos@gmail.com. 2 Zimmer für 35 CUC inkl. Frühstück in einer kleinen *Casa.*

3

21 **Villa Ana-Beatriz,** General Betancourt 21603 (Calle 129), e/216 y 218, an der Straße zum Flughafen, Tel. 261576. Das Haus liegt an einer Bushaltestelle in einem Garten am Meer. Zwei Zimmer, DZ mit Frühstück 25 CUC.

21 **Oskar y Ana,** General Betancourt 21604 (Calle 129), e/Doblada 216 y Bajada 218, an der Straße zum Flughafen, Tel. 285603. Das blaue Haus von *Oscar Diáz Bernal* und *Ana Margarita Rufín Bergado* hat einen Garten zum Meer und ein Zimmer im Erdgeschoss für 25 CUC.

21 **Ania y Miky,** Calle 214 No. 13102, e/133 y 131, Playa Matanzas, Tel. 261845. 25 CUC, Frühstück 3 CUC. Ruhiges Haus, Zimmer mit separatem Eingang, die Frau spricht englisch, kleiner Strand in der Nähe.

21 **Martha Ruidias** und **Ernesto Guerra,** Calle 127 No. 20167, e/206 y 208 (Playa), Tel. 261565. Vermieten die Wohnung ihrer Tochter, die im Ausland lebt. Riesiges Bad, 30 CUC inkl. Frühstück.

21 **Casa de Ana** *(Ana Espino Garcia),* Calle 154 No. 12905, e/129 y 131, reparto Reynold Garcia, Tel. 262 413, 262756. 45 CUC inkl. Frühstück und Abendessen. 1 Zimmer mit Kühlschrank, TV, separater Eingang. Sehr angenehmes Haus.

21 **Villa Lila,** Calle 127 No. 21011, e/210 y 212, im Stadtteil Playa, Tel. 262176, www.rentvillalilacuba. com. Ruhiges Haus am Meer in Richtung Varadero, eigene Badebucht, DZ mit Bad und Terrasse mit Seeblick, Baum im Garten. Das alte Ehepaar kümmert sich liebevoll um die Gäste. Zimmer 30 CUC, Frühstück 3 CUC.

21 **Villa Montelimar,** Calle 129 No. 21808, e/218 (Doblada) y 220 (Plumero), im Stadtteil Playa, Tel. 262548. Schönes Zimmer mit Bad, im begrünten Hinterhof gelegen, exzellente Betten, Parkplatz vorhanden, nette Gastfamilie, 25 CUC ohne Frühstück.

Essen und Trinken

1 **Café Monserrate,** auf den Alturas del Simson, am Ende der Calle 306 den Hügel hinauf, somit auch tolle Aussicht.

3 **Paladar La Yumuria,** Calle 83 (Milanés) No. 29202. Nur nachmittags geöffnet, relativ preiswert.

7 **El Jardín del Boulevar,** Calle 85 No. 28805, e/ 288 y 290. Nettes Gartencafé.

8 **Dakura,** Calle 83 (Milanés) No. 27407, e/Magdalena y Matanzas. Kleine Bar: Mojito 1,50 CUC, Gerichte ab 8 CUC, geöffnet ab Mittag.

9 **Café Velasco,** Calle 79 No. 28803, im gleichnamigen Hotel an der Nordseite des Platzes – hier kann man sich als Kolonialherr fühlen.

11 **Esquina del Medio,** Calle 85, esq. 280. Edles Restaurant, kleine Karte, gehobene Preise.

13 **Pizza La Vigía,** Calle 79, esq. 272, kurz vor der Brücke. Mein Favorit, Essen, Trinken und Preise sind wie üblich, jedoch ein riesiger Raum mit alten Glasfenstern, altem Holzfußboden und Tischen unter Bäumen draußen. Untere Preiskategorie.

16 **Bella Vista,** Calle 1ra, e/212 y Playa Allende (= Straße hinter der Tankstelle), Tel. 261824. Cubanische Küche mit Blick aufs Meer, Hauptgerichte um 7 CUC, täglich ab 12 Uhr.

17 **Ruinas de Matasiete,** am Ortsausgang links an der Bucht, in den Ruinen eines alten Ladens mit großer Terrasse und Live-Musik am Wochenende.

18 **El Pescadito,** Calle 272, e/115 y 117. Preiswerte Getränke, manchmal Show.

19 **Eis,** eine *Coppelia* gibt es an der Calle 272 in der Nähe der Überlandbus-Station; Straßenverkauf entlang der 272 im Stadtteil Versalles.

20 **Eisdiele El Bolazo,** General Betancourt (Carretera Central) No. 24406, e/Logia (264) y Los Pinos (Levante). Ab 11 Uhr geöffnet, recht seltsame Sorten bzw. Kreationen, z.B. zwei Kugeln Eis in Cola.

Einkaufen, Sonstiges

■ **CADECA** (Wechselstube): Calle 286 hinter der Kathedrale, tgl. 8–18 Uhr, So 8–12 Uhr.

■ **Bank:** Calle 85, werktags 8–15 Uhr.

■ **Supermärkte:** Calle 298 No. 11914 und Calle 85 No. 29006, e/Calle 290 y 292.

■ **Fotoladen:** Calle 288 No. 8311, e/83 y 85.

3

■ **Post:** Calle 85 No. 28813.

■ **Mercado La Plaza:** Calle 298, Gemüsemarkt mit Essständen, an der Sánchez-Figueras-Brücke, die über den Río San Juan führt.

■ **Tankstelle:** 5 km außerhalb, an der Straße nach Varadero.

■ **Krankenhaus:** Ausländer behandelt die *Clínica Quirúrgica Docente Faustino Pérez Hernández*, km 101, Carretera Central, Matanzas, Tel. 045 256000, 247016, direccionfaustinop.mtz@infomed.sld.cu.

Verkehrsmittel/-verbindungen

■ **Flug:** Der *Aeropuerto Juan Galberto Gómez* liegt 20 km in Richtung Varadero, Tel. 614783.

■ **Bus:** Matanzas liegt an der Vía Blanca La Habana – Varadero und ist gut mit Bussen zu erreichen. Die Station für Überlandbusse ist im alten Bahnhof *(Terminal de Ferrocarriles)* in der Calle 171, Tel. 291473, die Station San Luis für Regionalverkehr in der Calle 298 gegenüber der 127, beide in Pueblo Nuevo. Nach Varadero fährt man mit der *Matanzas Bus Tour* für 10 CUC, der Bus startet vom Parque Libertad; man kann den ganzen Tag fahren und an den Haltestellen die Fahrt unterbrechen, 18.45 Uhr fährt der letzte Bus zurück.

■ Das **Taxi** kostet nach La Habana ca. 45 CUC.

■ **Zug:** Die einzige elektrifizierte Strecke auf Cuba geht von La Habana nach Matanzas. Der *Hershey* fährt in 3 bis 4 Stunden von Casablanca zu einem Bahnhof in der Calle 55 nördlich des Río Yumurí im Stadtteil Versalles (mit preiswertem Restaurant). Da er oft defekt ist, muss man sich vorher erkundigen, die aktuelle Situation gibt's unter Tel. 247254.

Die anderen Züge fahren von einem Bahnhof in Miret, ganz im Süden von Matanzas, ab, in der Calle 181. Ausländer zahlen in CUC. Alle Züge zwischen La Habana und Santiago halten hier. Gegen 17 Uhr geht es nach Osten in 3 Stunden nach Santa Clara für 5 CUC. Tickets rechtzeitig am Morgen kaufen, da die Züge meist voll sind.

Wer auf der Hauptstraße nach Varadero fahren will, muss zwischen Boca de Camarioca und Santa Marta eine Mautgebühr von 2 CUC bezahlen.

Ausflüge

Badestrände

Mehrere kleine Strände erreicht man, wenn man vom Ort aus **Richtung Varadero** fährt: El Tenis (2 km; mit Tretbootverleih), La Caridad (4 km), Buey Vaca (6 km), El Mamey (8 km), El Coral (10 km; mit Palmen, Korallen und Restaurant), Laguna de Maya (12 km; See, Boot- und Pferdverleih, Tauchtouren).

Cueva de Bellamar

8 km südöstlich, bei Canímar, liegt diese absolut **sehenswerte Höhle,** 1861 von chinesischen Steinbrucharbeitern entdeckt und schnell wieder vergessen, da man sich hier vor Dämonen fürchtete. Erst 1948 wurde sie ein zweites Mal entdeckt und für die Öffentlichkeit zugänglich gemacht. In den zwei Kilometer langen Gängen und Sälen fanden Wissenschaftler Überreste von prähistorischen Säugetieren. Außerdem gibt es in den dunklen Tiefen einen Fluss, und die Wände sind oft mit glitzernden Kristallen bedeckt. Besichtigungen ab Matanzas und Varadero. Der Eintritt kostet 15 CUC, die Fotoerlaubnis 5 CUC. Führungen stündlich meist von 9.30 bis 16 Uhr. Sonntags sind viele einheimische Ausflügler in der Gegend zu treffen. Vor der Höhle befinden sich zwei **Restaurants.** Die Busse 16, 17 und 20 fahren von Matanzas' Plaza de la Libertad nur

3

in die Nähe der Höhle. An der Calle 226 muss man aussteigen, da ein zu kleiner Tunnel den Weg versperrt (durch den passt gerade mal ein Kleinwagen). Am besten, man fährt von der alten Bahnstation über die Calle 276, südlich der 171, zu der Höhle. Auch der Bus nach Varadero hält in der Nähe.

Achtung: In den Höhlen ist es feucht und sehr warm! Gutes Schuhwerk ist kein Nachteil bei der Begehung, ebenso kann ein Taschentuch vor dem Mund vor den Erregern der Histoplasmose schützen, die in Höhlen mit Fledermäusen vorkommen kann. In der Gegend gibt es übrigens weitere Höhlen, da sich hier eine etwa 100 km lange Kalksteinverwerfung befindet.

Río Canímar

Etwa 7 km östlich in Richtung Varadero kommt man an die Talbrücke über den Río Canímar. Unmittelbar vor der Brücke zweigt links ein Weg zum Castillo del Morillo ab, der im Bogen etwa 1 km lang abwärts zur Bucht führt. Am Ende steht das zweistöckige **Fort** aus dem 18. Jh. Vier Kanonen bedrohten einst die Angreifer von See. Das Gebäude beherbergt heute ein **Museum** zur Erinnerung an die Studenten der Gruppe „Joven Cuba", die von hier 1935 ins Exil entkommen wollten, aber von *Batistas* Soldaten erschossen wurden.

Bootsfahrt: Auf der anderen Seite der Brücke liegt die Bar *Cubamar*. Von hier kann man sich ein Ruderboot mieten und ein Stück den Fluss hinauffahren. Es gibt auch organisierte Ausflüge nach Canímar Arriba mit Verpflegung für 25 CUC. Vor der Brücke rechts geht es zum *Hotel Canimao,* das ebenfalls Ausflüge anbietet.

Puente de Bacunayagua

Kommt man auf der Via Blanca von La Habana, erreicht man etwa 18 km vor Matanzas den 110 m über dem Meer liegenden **höchsten Viadukt Cubas.** Die Stahlbetonkonstruktion wurde von 1956 bis 1959 gebaut. Es gibt einen Aussichtspunkt mit Bar und Souvenirverkauf, der von den meisten Verkehrsmitteln angesteuert wird, die hier unterwegs sind – daher lauert hier auch eine Unmenge Schlepper.

Refugio de Saturno

Die „Zufluchtsstätte des Saturn" steht unter Wasser und eignet sich gut zum Schwimmen oder Schnorcheln. Von Varadero aus gibt es Ausflüge zur **Höhle.** Man biegt von der Via Blanca nach Varadero in die Straße zum Flughafen ab; etwa 1 km hinter dem Abzweig liegt die große Höhle linker Hand.

Marina Dársena

Wer vor dem Trubel von Varadero noch rasten möchte, kann von der Vía Blanca etwa einen Kilometer vor Varadero links zum **kleinen Hafenort** Marina Dársena abbiegen. Hier findet man ein Schnellrestaurant und einen Laden am Wasser mit Blick zur Halbinsel Hicacos.

Zental-Cuba

Varadero

- **Vorwahl:** 045
- **Einwohner:** 10.000

Der **berühmteste Strand Cubas** liegt auf der lang gestreckten **Halbinsel Hicacos** 140 km östlich von La Habana. Er misst 20 km und hat feinsten weißen Sand, dazu kristallklares Wasser. *Hicacos* heißt der hier wachsende niedrige Strauch, dessen Beeren essbar sind, Varadero ist der Name des kleinen Fischerdorfes auf der Halbinsel. Im 19. Jh. baute man an der Nahtstelle zum Festland den **Kanal Paso Malo** – seitdem erreicht man die Halbinsel über eine Brücke.

Seit dem letzten Viertel des 19. Jh. gibt es hier ein Ferienresort. 1929 kaufte der Industrielle **Alfred Irénée du Pont** (1864–1935) von der cubanischen Regierung ein riesiges Stück Land im Zentrum der Halbinsel Hicacos und ließ eine große Villa im maurisch-modernen Stil erbauen, dazu ein Flugfeld, einen Jachthafen und einen Golfplatz. Den Rest des Landes verkaufte er an andere finanziell gut Gestellte weiter. Damit begann der Run auf die schönen Strände. Bald zogen die Millionäre aus den USA nach Varadero, so auch der Mafiaboss *Al Capone.* Dieser hatte hier seine Villa, ebenso der Diktator *Batista.* Heute wird in dem Haus von *Du Pont* das Nobelrestaurant *Las Américas* betrieben.

Nach der Revolution wurden viele Villen enteignet und der endlose Sandstrand dem einfachen Volk zugänglich gemacht. Heute kann sich eine cubanische Familie einen Aufenthalt in Varadero nicht leisten.

Die touristische Entwicklung Cubas ist eng mit Varadero verbunden. Von hier ausgehend entstanden an der ganzen Küste **Hotelanlagen,** und zwar als *empresas mixtas,* sprich: Joint Ventures mit ausländischer Beteiligung, bei denen Land und Gebäude weiterhin dem cubanischen Staat gehören.

Wer nach Varadero fliegt, sollte nicht erwarten, das „authentische" Cuba zu erleben. **Hier ist alles Fassade** und auf das Wohlergehen der ausländischen Touristen ausgerichtet, denn der Staat benötigt die Devisen. Strandurlauber kommen auf jeden Fall auf ihre Kosten: Der Strand kann sich wirklich sehen lassen, die Sonnenuntergänge sind eine Pracht, die Palette an Hotels ist riesig, es gibt auch preiswerte Lokale – und mit Glück sind sogar Delfine in Strandnähe zu sehen.

Sehenswertes

Mein Tipp: **Parque Retiro Josone,** Ave. Primera, e/56 y 59, geöffnet bis 1 Uhr. Ein luxuriös angelegter Vergnügungs- und Freizeitpark, 9 ha groß, im ehemaligen Anwesen des Diktators *Batista.* Der Name ist die Verbindung von *Jóse* und *Onelia,* den Initiatoren aus dem Jahr 1942. Für 5 CUC/ Std. kann man ein Tretboot mieten. Das Lokal *Dante* liegt schön am See, ebenso die Bar *La Gruta*, die Bäume sind teils mit Namen versehen. Außerdem gibt es ein kleines Freibad.

Museo Municipal, zwischen Ave. Playa und Calle 57, Mo–Sa 10–19, So 14–18 Uhr. Das Stadtmuseum in einer hölzernen Villa dokumentiert die wechselvolle Geschichte des Ortes.

3

Villa Du Pont (Xanadu), Ave. Las Américas, tgl. 12–23 Uhr. Das luxuriöse Anwesen des Waffenfabrikanten *Du Pont* kann man für 2 CUC besichtigen. Es werden auch exklusive Zimmer vermietet. Mit einem Fahrstuhl geht es in den oberen Stock, wo sich die Bar mit Blick in alle Himmelsrichtungen befindet; der Mojito kostet 5 CUC plus 10 % Service.

Die Ostspitze der Halbinsel, **Punta Hicacos,** steht unter Naturschutz, hier an der Laguna de Mangon ist es einsamer. Rundherum sind 23 Tauchgebiete ausgewiesen.

Das Highlight ist die **Cueva de Ambrosio,** Autopista Sur, km 2. In der Höhle haben Höhlenforscher 70 geometrische Zeichnungen und Gegenstände aus Keramik und Muscheln entdeckt, die von den indianischen Ureinwohnern stammen könnten. Allerdings haben in der Zeit der Sklaverei auch entflohene Sklaven die Höhle benutzt, sodass auch sie die Urheber der Zeichnungen sein könnten. Sie liegt an der Straße und ist selbst für Rollstuhlfahrer geeignet. Durch Löcher in der Decke fällt ein wenig Tageslicht ein. Wegen der Fledermäuse darf man nicht mit Blitzlicht fotografieren. Eintritt: 5 CUC inkl. Taschenlampe.

Delfinario, Carretera Las Morlas, km 12,5. Hier gibt es 2x täglich (11 und 15.30 Uhr) eine halbstündige Show und die Möglichkeit, mit den Tieren eine Runde zu drehen. Eintritt: 15 CUC, die Angebote der Hotels sind meist überteuert. Geöffnet täglich 9–17 Uhr. Vor dem Eingang befindet sich die Haltestelle des Touristenbusses.

Varadero West

■ Unterkunft
2 Oasis
4 Villas Punta Blanca
5 Hotel Club Kawama
6 Hotel Villa Tortuga
7 Casa Alba
8 Barlovento
14 Aguazul
18 Sun Beach
20 Hotel Club Amigo Tropical
21 Villa La Mar

22 Casa Calle 29
23 Eunice Rodriguez
24 Jorge Pla y Betty Sanchey
25 Hotel Mar del Sur
26 Turquino
27 Jesús Flores Macías
28 Hotel Club Herradura
29 Los Delfines
35 Víctor M. Villanueva
36 Villa Pupi, Guillermo Borges Acuña

37 Hotel Pullman
39 Hotel Dos Mares
40 Orialy y Julio
41 Beny's House
49 Hotel Cuatro Palmas
53 Palma Real

■ Essen und Trinken
9 Mi Casita
10 Rest. Castel Nuovo
15 Rest. El Ranchón
16 Restaurant El Criollo
17 Restaurant FM 17

3

Zental-Cuba

Praktische Tipps

Unterkunft

Die meisten Häuser sind **All inclusive.** Als Individualreisender hat man fast keine Chance, ein Hotel ohne Vorausbuchung zu finden – an der Rezeption heißt es immer gleich: „Wir sind ausgebucht". Auch die Touristeninfo ist keine Hilfe. In den All-inclusive-Clubs braucht man es gar nicht zu probieren.

Es gibt eine Vielzahl an **Privatunterkünften,** die sich in Qualität und Ausstattung unterscheiden.

Hotels (siehe Karte unten)

An Luxus herrscht kein Mangel. Wer pauschal bucht, sollte sich einen Stadtplan nehmen und das Hotel seiner Wahl anschauen. Auch in Varadero gibt es Häuser in zweiter Reihe, z.B. die Hotels *Villa Mar* und *Mar del Sur.* Will man direkt durch den Hotelgarten zum Strand gehen, muss man sich ein Haus am Wasser suchen. Die folgende **Liste** schließt die All-inclusive-Luxushotels größtenteils aus, die meist traumhaft sind und kaum Anlass zur Klage geben. Aufgeführt sind hier einige der preiswerteren Häuser, an die man manchmal auch ohne Buchung durch einen Veranstalter kommt, sowie einige Luxushotels, die evtl. eine Anfrage wert sind.

2 **Oasis** (Islazúl) ②, Via Blanca, km 130, Tel. 667 380. Wer auf der Durchreise ist und nicht nach Varadero reinfahren will, kann hier die Nacht verbringen, direkt zwischen Meer und Autopista; einfach, billig und – renovierungsbedürftig.

0 ———— 400 m   © REISE KNOW-HOW 2017

Cuba12

19 Pequeño Suárez
30 Restaurant El Aljibe
31 El Bodegón Criollo
34 Eisdiele
43 Rest. Dante, Rest. 1920, Bar Guarapera, Bar La Gruta
51 Barbacoa

Nachtleben
1 Cabaret Tropicana Varadero
38 Disco El Kastillito
44 Rest. The Beatles
50 Disco Havana Club

Einkaufen/ Sonstiges
11 Kunsthandwerksladen
12 Rumbos-Büro
13 Plaza Artesanos
32 Optiker
33 Einkaufszentrum Hicacos, Parque de las 8000 Taquillas
42 Shopping Centro Todo y uno

46 Sportgeschäft
47 Keramikladen und Galerie
48 Casa del Ron/ Casa del Habano
52 Supermarkt

Wassersport
45 Tauchzentrum

Avenida de la Playa
Avenida Tra
Avenida de la Playa
Museo Municipal
Calle 33
Calle 36
Calle 38
Calle 40
Calle 41
Calle 44
Calle 47
Calle 49
Calle 51
Calle 53
Calle 54
Calle 55
Calle 57
Calle 59
Calle 62
Calle 64
Cubacel
Parque Central
Busbahnhof
Autopista Sur
Autopista Sur
Parque Retiro Josone
Avenida 2
Avenida 3
Bahía de Cárdenas

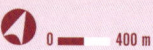

0 ▬▬ 400 m

Anschluss Seite 143

Museo Municipal
Ⓜ
Ave 1ra
★ Parque Retiro Josone

✈ Flughafen,
Marina Puertosol,
Varadero Zentrum,
La Habana,
Cárdenas

DuPonts
Wasserturm
Autopista Sur

Villa DuPont

Varadero Golf Club

Reservat
Canal de

Punta Gorda del Oeste

■ Unterkunft

1 Solymar Arenas Blancas
2 Meson del 1 Barceló Solymar*
3 Varadero Internacional
5 Las Morlas*
6 Villa Cuba*
7 Solsirenas Coral*
8 Breezes Varadero*
10 Tuxpan*
11 Breezes Bella Costa*
13 Meliá Las Américas
15 Meliá Varadero*
16 Allegro Varadero*
17 Brisas del Caribe*

18 Hotel Arenas Doradas
19 Playa de Oro*
20 Turquesa*
21 Club Herradura*
22 Blau Varadero*,
   Meliá Las Antillas*
23 Aguas Azules*
25 Sandals Royal Hicacos*
26 Iberostar Varadero*
27 Paradisus Varadero*
28 Sirenas Las Salina*
29 Iberostar Laguna Azul*
30 TRYP Peninsular Varadero*
31 Iberostar Alameda Varadero*
32 Paradisius Princesa del Mar*
34 Barceló Marina Palace*

4 Villas Punta Blanca (Gran Caribe) ③, ganz im Westen, am Kawama-Hotel vorbei, Ave. Kawama, e/ Calle 35 y 36, Tel. 612137. 300 Zimmer verteilten sich auf 30 Häuser am Strand. Der neuere dreistöckige Teil ist ganz angenehm, die Altbauzimmer in den Häuschen muss man sich vorher ansehen.

5 Club Kawama (Gran Caribe) ③, Ave. 1ra y Calle 1, Tel. 667127. Am Westende des Strandes.

6 Villa Tortuga (Gran Caribe) ②, Calle 9, e/Boulevard y Kawama, Tel. 614747, liegt am Ortsanfang am Strand. Die beste Wahl sind die *Superior*-Zimmer mit Balkon, einfach und manche renovierungsbedürftig, ansonsten für den Preis gut.

8 Barlovento (ROC) ④, Oberklasse, Ave. 1ra, e/9 y 12, Tel. 667140. Schöne Luxusanlage mit Häuschen am Meer unter Bäumen.

18 Sun Beach (Gran Caribe) ③, Calle 17, e/Ave. 1ra y 3ra, Tel. 667490. All inclusive, 7 Stockwerke, in zweiter Reihe, freundliches Personal.

20 Club Amigo Tropical ④, Ave. 1ra, e/Calle 21 y 23, Tel. 613915. All inclusive, 254 Zimmer, direkt am Strand gelegen, zur Seeseite nur Apartments.

21 Villa La Mar (Islazúl) ②, Ave. 3ra, e/28 y 30, Tel. 613910. Mehrere 4-stöckige Gebäude, viele Cubaner, da es das preiswerteste Hotel weit und breit ist; am besten ist der Hoteltrakt „El Delfin" am Wasser. Einen großen Pool gibt es auch.

25 Mar del Sur (Islazúl) ③, Mittelklasse, Calle 3ra, esq. Calle 30, Tel. 612240. 365 Zimmer und 2-Zimmer-Apartments, die sich auf mehrere Häuser verteilen, manche sind ziemliche Bruchbuden. Etwa 10 Minuten Fußweg zum Strand.

28 Club Herradura (Horizontes) ③, Ave. 1ra, e/35 y 36, Tel. 613703. 80 Zimmer, bescheidenes Haus direkt am Strand, preiswertere Zimmer mit Gemeinschaftsbad, laute Animationen.

29 Los Delfines (Islazúl) ④, Ave. 1ra, esq. Calle 39, Tel. 667720. Einfacher Plattenbau mit großen Balkonen direkt am Strand. Das Besondere ist ein altes Herrenhaus, in dem das Restaurant angesiedelt ist. Der Zustand ist mäßig, das Personal nett.

37 Pullman (Islazúl) ②, Ave. 1ra, esq. Calle 49, Tel. 667161. 15 Zimmer in einer alten Villa mit modernem Anbau, nicht am Strand gelegen.

Essen und Trinken
4 Restaurant Meson del Quichote
18 Rest. Natura
33 Kike-Kcho

Nachtleben
3 Cabaret Continental
9 La Bamba
12 Restaurant/Bar Las Américas in der Villa DuPont
24 Club Mambo

Einkaufen
14 Plaza Americá

Wassersport
35 Marina Chapelin

* = All-Inclusive-Hotels, nicht vor Ort buchbar, deshalb im Text nicht beschrieben.

---

39 Dos Mares (Islazúl) ③, Calle 53, esq. Ira, Tel. 612702, 32 Zimmer. Das bescheidene kleine Haus arbeitet auch als Hotelfachschule. Die Zimmer mit den Endziffern -1, -5, -7 und -9 liegen zum Strand und sind ruhiger. Gutes Restaurant.

49 Cuatro Palmas (Mercure) ④, Ave. 1ra, e/Calle 61 y 62, Tel. 667040. Häuschen direkt am Meer unter Bäumen.

53 Palma Real (Hotetur) ③, Ave. 2da, esq. Calle 64. Einfaches 460-Zimmer-Hotel in zweiter Reihe, verfügt über eine Bar am Strand.

Hotels (siehe Karte oben)

1 Solymar Arenas Blancas (Barcelo) ③, Calle 64, e/Ave. 1ra y Autopista, Tel. 614450. 358-Zimmer-Haus am Strand, guter mittlerer Standard, ruhige Gartenanlage.

3 Varadero Internacional (Gran Caribe) ③, Carretera Las Américas, km 1, Tel. 667038. Das erste Hotel am Ort, im Stil der 1950er Jahre erbaut und seitdem wohl auch nicht mehr renoviert.

13 Meliá Las Américas ④, Carretera de las Morlas, Tel. 667600. Spitzenhotel mit Golfplatz 5 km vom Zentrum Varaderos, natürlich am Strand gelegen. 335 Zimmer, 90 Bungalows nach hinten. Der Hinterausgang führt zum Einkaufszentrum.

18 Arenas Doradas (ROC) ④, Autopista nach Varadero, km 17, Tel. 668150-56. 2-stöckige Anlage der oberen Klasse am Meer unter Palmen.

Privat (siehe Karte S. 142)

7 Casa Alba, Calle 9 No. 6, e/Ave. 1ra y Ave. del Mar. Modernes Haus am Ortsanfang nahe dem Hotel *Barlovento*. Auf der 1. Etage befindet sich ein DZ mit Bad, Küche und Wohnzimmer, auf der 2. Etage 2 Zimmer mit Gemeinschaftsbad und Terrasse sowie ein Zimmer mit Bad und Terrasse. Ab 35 CUC.

22 Casa Calle 29, Ave. 1ra y 2da 116. Etwas dunkel, aber sehr groß mit Kochnische, 2 Zimmer, ein Bad, Terrasse geht so, 30 CUC.

23 Eunice Rodríguez, Calle 30 No. 105, Tel. 5614 338. Zimmer mit Bad im Obergeschoss des 2-stöckigen Hauses, 30 CUC.

3

Du Pont und die Villa Xanadu

1802 betrieb der Franzose *Eleuthère Irénée du Pont* in den USA eine Pulvermühle. **Schießpulver** brauchte das Militär in großen Mengen, und so wurde er Mitte des 19. Jh. der größte Sprengstofflieferant für die US-Armee. Die Firma setzte ihr Wachstum mit Dynamit und rauchlosem Pulver fort, auch unter den Nachfahren. Weltbekannt wurde *Du Pont* als Chemiekonzern mit den Marken bzw. Produkten **Nylon, Teflon** und **Kevlar.**

Ein Familienmitglied, *Alfred Irénée du Pont* (1864–1935), trat auch mit Bank- und Immobiliengeschäften in Erscheinung und erwarb 1929 den Mittelteil der Halbinsel Hicacos, um dort Golfplatz, Jachthafen und ein Flugfeld anzulegen. Auf dem Hügel San Bernadino ließ er die prachtvolle **Villa Xanadu** errichten, mit Weinkeller und einem Ballsaal mit Blick in alle vier Himmelsrichtungen. Für seine Tochter wurde die größte private Orgel Amerikas im Wohnzimmer installiert, durch einen Schacht konnte man sie auch im Ballsaal hören, in den Zimmern jedoch nicht.

Die Villa wurde in Anlehnung an die 1256 angelegte Sommerresidenz Xanadu (Shàngdu) in China benannt, ein legendärer Ort des Mongolenherrschers **Kublai Khan** und Synonym für Prunk und Wohlstand. *Kublais* Stadt wurde 1359 zerstört. Bekannt wurde der Ort 1816 vor allem durch das Gedicht „Kubla Khan" von *Samuel Taylor Coleridge.*

Ganz Geschäftsmann veräußerte *Du Pont* die nicht benötigten Grundstücke an andere reiche Amerikaner weiter. Nach *Castros* Machtübername verkaufte er die Villa an die Regierung und konnte dafür mit seiner Familie unbehelligt ausreisen.

24 Jorge Pla y Betty Sanchey, Calle 31 No. 108, Mobil 5612553. Freundliche Vermieter, 2 Zimmer mit Dusche im Erdgeschoss, separate Eingänge, mit kleinem Garten, 30 CUC inkl. Frühstück.

27 Jesús Flores Macías, Calle 37 No. 110, e/1 y Autopista, Tel. 612379, unweit des Busbahnhofes. Zimmer mit Küche, Bad und separatem Eingang, 25 CUC.

35 Víctor M. Villanueva, Ave. 1ra, rechts neben der Kirche. 3 Zimmer ab 25 CUC. Das Haus hat einen ruhigen, schattigen Garten.

36 Villa Pupi, *Guillermo Borges Acuña,* Ave. 2da No. 4610, e/46 y 47. 2 Zimmer, Küche und Wohnzimmer gemeinsam, 35 CUC.

40 Orialy y Julio, Calle 52, 2de Ave. No. 5201. 2 Zimmer mit Bad, eine gemeinsame Küche und gemeinsame Terrasse für 25 CUC, Frühstück 3–5 CUC, Abendessen 10 CUC.

41 Beny's House, Calle 55 No. 124, e/1 y 2, zwar ohne Ausblick, aber mit schöner Terrasse, 2 Zimmer und 1 Apartment. Sehr nette Familie, schöne Zimmer und tolles Essen, 35 CUC inkl. Frühstück.

Essen und Trinken

Es gibt ein großes Angebot an Bars und Restaurants, trotzdem wird man von *Jineteros* angesprochen, die einen in eine Privatwohnung zum Hummeressen mitnehmen wollen – dann muss aber vorher der Preis genau ausgehandelt werden!

Siehe Karte S. 142

9 Mi Casita, Camine del Mar, e/Calle 11 y 12, Tel. 613787, tgl. 12–23 Uhr. Es werden Fisch und Meeresfrüchte seriert. Gutes Preis-Leistungsverhältnis.

10 Castel Nuovo, sehr gute Pizzeria an der Ave. 1, esq. Calle 11.

15 El Ranchón, Ave. 1ra, e/16 y 17, gegenüber dem Sunbeach-Hotel. Ein angenehmes Lokal, beim Fischessen hat man einen schönen Blick auf das Meer, Gerichte ab 5 CUC.

16 Restaurant El Críollo, an der Ave. 1, esq. Calle 18. Wie der Name verspricht, gibt es hier ab Mittag kreolische Küche mit freundlichem Service und günstigen Preisen, das Hauptgericht ab 4 CUC.

17 FM 17, Ave. 1ra, esq. Calle 17. Ein in Varadero eher seltenes „echt cubanisches" Restaurant mit den üblichen Gerichten zu moderaten Preisen, rund um die Uhr geöffnet, abends Live-Auftritte.

19 Pequeño Suárez, Calle 18 No. 106, e/1ra y 3ra, Tel. 613640. Kleines Privatrestaurant mit Plätzen drinnen und draußen, tgl. ab 11.30 Uhr.

30 El Aljibe, Ave. 1ra, e/36 y 37, Tel. 614019. Terrassenrestaurant mit kreolischer Küche, Menü ab 12 CUC.

31 El Bodegón Criollo, Ave. de la Playa, e/Calle 40 y 41, Tel. 667784, tgl. 12–1 Uhr. Kreolische Küche, frischer Hummer ab 25 CUC.

43 Restaurant Dante, im Parque Josone, Ave. 1ra, e/56 und 59, gehobenes Restaurant im Haus des ehemaligen Parkbesitzers, außerdem findet man hier auch die Bars **Guarapera, La Gruta** und **1920.** Hauptgerichte um 16 CUC.

51 Barbacoa, Ave. 1ra, esq. 64, vor dem Hotel *Arenas Blancas,* Tel. 667795. Das empfehlenswerte Lokal bietet vor allem Fisch auf der Terrasse eines alten Hauses, Hummer 10–16 CUC.

Siehe Karte S. 144

4 Mesón del Quichote, Ave. Las Américas, auf dem Hügel neben *Du Ponts* Wasserturm, Tel. 667 796. Internationale Küche, gute Preise.

18 Natura, Restaurant im Hotel *Arenas Doradas.* Reiche Auswahl, guter Service, man muss versuchen zu reservieren, da es zum All-inclusive-Hotel gehört.

☑ Villa Du Pont in Varadero

151cu kh

33 Kike-Kcho, gehobenes Fischrestaurant der Gaviota-Gruppe, Autopista Sur final, geöffnet 12–23 Uhr, Tel. 664115, 664132, reserva@marinagav.co.cu. Großartige Küche, verhaltener Service, Lobster für ca. 30 CUC/Kilo.

Nachtleben, Veranstaltungen

Fast jedes **Hotel** verfügt über eine hauseigene Diskothek.

Auf der Freilichtbühne im **Parque Retiro Josone** finden oft afrocubanische Shows mit Disco statt.

Siehe Karte S. 142

1 Cabaret Tropicana Varadero, Via Blanca, km 31, Tel. 619938, Mi–So 21–2.45 Uhr. Eindrucksvolle Show, die dem legendären *Tropicana* in La Habana Konkurrenz machen will.

38 Disco El Kastillito, Ave. de la Playa, esq. Calle 49, beim Hotel *Cuatro Palmas,* 1 CUC Eintritt.

44 The Beatles, am Eingang zum Park Josone, Ave. 1ra, e/56 y 59, Tel. 667329. Steaks, Meeresfrüchte und Fisch in modernem Ambiente, natürlich hinterlegt mit der Musik der *Fab Four.* Mo, Mi und Fr Disco ab 22 Uhr.

50 Disco Havana Club, Calle 62, esq. 63. Lange Nächte für Touristen, täglich ab 22 Uhr.

Siehe Karte S. 144

3 Cabaret Continental im **Hotel Varadero Internacional,** Tel. 667038, Eintritt 25 CUC, mit Abendessen 40 CUC. Di bis Sa, sehenswerte Show.

9 La Bamba, Ave. Las Américas, im Hotel *Tuxpán,* Tel. 667560. Getanzt wird hier von 22 Uhr bis zum Sonnenaufgang, Eintritt 10 CUC, inkl. 3 Getränken.

12 Restaurant/Bar Las Américas, Playa de Las Américas, Tel. 667750. Essen und Feiern in *Du Ponts* Sommerresidenz. Prunk mit guter internationaler Küche, Fleischgerichte ab 9 CUC.

24 Club Mambo, angesagter Club an der Carretera de Las Morlas, km 14, an dem Dreieck, wo auch der Club *Amigo Varadero* liegt. 23–4 Uhr. Live-Konzerte cubanischer Bands. 10 CUC Eintritt.

Aktivitäten

Der **Touristenkarneval** in Varadero findet im Februar statt. Über das Jahr verteilt gibt es zahlreiche Kulturveranstaltungen und Feste. Ansonsten:

■ **Tauchen:** *Centro Internacional de Buceo Barracuda* **45** (siehe Karte S. 142), Ave. 1ra, e/58 y 59, Tel. 667 072, barracuda@marlinv.var.cyt.cu; *Base Náutica Marina Chapelin* **35** (siehe Karte S. 145), Carretera Las Morlas km 12,5, Tel. 667550. Tauchbasis und -schule, die internationalen Tauchscheine kann man hier in Urlaubskursen machen, Tauchgänge an den Korallenriffen und den versenkten Schiffen.

■ **Golf:** Campo de Golf, Ave. Las Américas, km 8,5, tgl. 7–19 Uhr, Tel. 668482, www.varaderogolfclub.com. 18-Loch-Anlage, auch Unterricht. Der Platz war Austragungsort der *AUDI Tournament* und *PGA European Challenge Tour.* Ausrüstung zum Leihen, Greenfee für 9 oder 18 Löcher.

■ **Reiten:** *Centro Hípico,* Via Blanca km 31, Tel. 667 799. Vermietet auch Kutschen.

■ **Touren:** Viele Hotels haben Schalter der *Viajes Cubanacán;* die Agentur ist auf Tagesausflüge spezialisiert. Meist geht es erst los, wenn eine bestimmte Zahl von Fahrgästen zusammengekommen ist, in der Regel zwischen 5 und 10 Uhr. Ein Kleinbus sammelt die Teilnehmer dann morgens vor der Fahrt auf. Das ist besonders für diejenigen interessant, die einen 14-tägigen Hotelaufenthalt gebucht haben, aber doch mehr vom Land sehen wollen. So kann man mit dem Katamaran zur Cayo

▷ Parque Retiro Josone

Blanco fahren und unterwegs schnorcheln und baden (70 CUC). Oder man fährt in Richtung Schweinebucht und Trinidad, wo eine Fahrt im Dampfzug auf dem Programm steht (ca. 150 CUC). Auch ein Ausflug nach Cayo Largo inkl. Flug für ca. 300 CUC wird angeboten.

Einkaufen, Sonstiges

🟥 **Geldautomaten,** die VISA-Karten akzeptieren, gibt es in der Bank in der Calle 36 und im Einkaufszentrum am Plaza América.

🟥 **Boulevar Caminos del Mar:** Befand sich 2016 im Umbau.

🟥 **Internet:** In allen Hotels möglich, dort oft auch Wifi.

Siehe Karte S. 142

13 **Plaza Artesanos:** Ave. 1ra, esq. Calle 15, am Hotel *Verazul/Aguazul,* Mo–Sa 9–19 Uhr. Kunsthandwerk und Furchtbares, trotzdem lohnt sich der Gang durch die Zelte. In der Mitte gibt es einen Getränkeverkauf mit Sitzplätzen und Toilette.

32 Bei Problemen mit Kontaktlinsen und Brillen hilft **Óptica Miramar Varadero,** Ave. 1ra, e/42 y 44, Tel. 667225.

33 **Centro Comercios Hicacos:** An der Ave. 1ra, e/44 y 46. Sieht von Weitem aus wie eine verlassene Turnhalle, die Läden sind im schattigen Souterrain darunter! In der Mittagshitze gut zum Schlendern.

42 **Todo y uno:** Autopista Ecke Calle 54, hinter der Tankstelle. Einkaufszentrum mit großem Kinderspielplatz, Läden, Imbissständen.

47 **Taller de Cerámica:** Ave. 1ra, hinter dem Hotel *Atabey,* 10–17 Uhr. Die kleine Kunstgalerie bietet hochwertige Keramikarbeiten zum Verkauf an – ei-

105cu kh

Routenvorschläge

Trip nach Matanzas

Für 10 CUC gibt es die *Matanzas Bus Tour,* vom Barceló Marina Palace Hotel nach Matanzas. Zum Parque Libertad, der den Mittelpunkt dieses kleinen Örtchens darstellt, geht es dann die 4. Straße links hinein, die Calle 83. Wer mit einem Pesobus aus Varadero gekommen ist, hat wahrscheinlich trotzdem 2 CUC zahlen müssen und erreicht den Ort in der San Luís-Busstation auf der Calle 298. Von hier läuft man die Straße weiter und dann nach der Brücke Sánchez Figueras, die 5. Straße, die Calle 83, rechts hinein. Bald ist der Parque Libertad erreicht.

Trip nach Cárdenas

Die Stadt der Kutschen erreicht man mit dem Bus Nr. 236 für 50 Centavos von Vardero aus. Allerdings muss man einige Wartezeit in Kauf nehmen. Einfach zur Autopista Sur gehen und sich an der Ecke Calle 54 oder Calle 36 zu den bereits wartenden Cubanern stellen. Man sollte 50 Centavos parat haben, ansonsten ist man einen CUC los. In Cárdenas angekommen, hält er an der Ecke Avenida 13 und Calle 13. Von hier kann man stündlich wieder zurückfahren. Ins Zentrum folgt man der Straße, die der Bus nach Cárdenas gefahren ist. An der Kreuzung der Avenida Céspedes ist der Mittelpunkt des Ortes erreicht. Wendet man sich nach links, kommt man zum Denkmal des Flaggenmastes und dann ans Meer.

Museen

Wen die Museen interessieren, der geht weiter auf der Calle 13 und biegt zwei Straßenblöcke weiter nach links in die Ave. 4 ab. Zurück zur Busstation kann man eine der vielen Pferdekutschen nehmen, aber natürlich kann man auch ein Taxi nehmen.

ne wohltuende Abwechslung im verwirrenden Souvenir-Dschungel. Links daneben gibt es eine **Galerie** mit „besseren" Kunstwerken.

48 Casa del Ron: Ave. 1ra, e/62 y 63. Hier gibt es eine große Auswahl an Rumsorten in altem Ambiente, das Modell einer Rumfabrik und eine Bar, in der man den „Stoff" probieren kann. Gegenüber liegt die **Casa del Habano,** die eine gute Auswahl an Zigarren bereithält.

Siehe Karte S. 144

14 Plaza América: Das gleichnamige moderne Einkaufszentrum am Platz umfasst auch diverse Boutiquen und ein paar Schnellrestaurants.

Notfälle

■ **Clínica Internacional de Varadero,** Calle 61, esq. Ave. 1ra, Tel. 667710, 667226, 667711, 668611 und 667704. Notdienst rund um die Uhr, Ambulanz und Apotheke.

Verkehrsmittel/-verbindungen

■ **Bus:** Um 8, 11.30, 15.30, 18 und 19.30 Uhr gibt es eine Busverbindung nach La Habana über den Flughafen Varadero, 10 CUC; man sollte einen Tag vorher reservieren. Víazul fährt La Habana – Matanzas – Varadero – Cárdenas und erreicht Varadero 12 Uhr mittags. Außerdem fährt täglich ein Bus für 20 CUC nach Trinidad: ab 7.30, an 13.25 Uhr. Meist kann man sich auch von den Hotels die Busfahrt nach La Habana buchen lassen. 25 CUC. Fahrpläne: www.víazul.com. Tickets gibt's auch im Büro in der Ankunftshalle des Flughafens am Ausgang.

■ **Touristenbus:** Jeden Tag kurven die roten Doppeldecker zwischen den großen Hotels im 20 Minutentakt quer über die Halbinsel. Tickets im Bus für 5 CUC pro Tag (nach Datum) kann man ihn nach dem bewährten Prinzip Hop on/Hop off benutzen. Haltestellen mit Fahrplan. Achten Sie dabei aber auf die Richtung. Eine Runde dauert mind. 3 Stunden. Manchmal hat der Fahrer keine Lust zu halten, abends sollte man der Kassiererin Bescheid geben, dass man aussteigen möchte. *Transgaviota* befährt die Strecke zu Stoßzeiten ebenfalls.

■ **Mietwagen:** am Flughafen und in den größeren Hotels; *Havanautos,* Ave. 1 y Calle 31, Tel. 613 733, Flughafen Tel. 63630; *Cubacar,* Hotel *Sol Palmeras,* Tel. 611819, Hotel *LTI-Tuxpan,* Tel. 667 639, Hotel *Meliá Varadero,* Tel. 667013; *Transautos,* Ave. 2 y Calle 64, Tel. 667336, Ave. 1, e/Calle 21 y Calle 22; *Nacional (Gaviota),* Calle 13, e/Av. 2 y Av. 4, Tel. 63706.

■ **Flug:** *Juan Gualberto Gómez Airport (VRA)* liegt 30 km außerhalb, Tel. 613016. Taxi 20–30 CUC zum Hotel. Man kann auch versuchen, mit einem der Transferbusse mitzukommen, das kostet etwa 15 CUC, je nach Verhandlungsgeschick. Fluggesellschaften: *Aerogaviota,* Tel. 63018; *Aerotaxi,* Av. de la Playa, esq. 24, Tel. 62929. In der Ankunftshalle des Flughafens hat *Víazul* ein Ticketbüro.

■ **Schiff:** *Marina Marlin Chapelin,* Carretera Punta de Hicacos, Tel. 667093, Lage: 23°10,53'N, 81°11'W, VHF: Kanäle 72 und 16, SSB Frequenz: 7462, das Becken ist 3 m tief, hat 20 Anleger und alles, was man braucht: Benzin, Wasser, Strom, Restaurant. *Marina Darsena de Varadero,* Vía Blanca, Tel. 63730, Position: Faro Cayo Piedra, Península de Hicacos, Seekarte: 1125/1729 GEOCUBA, VHF: Kanäle 16,19, 68, 72, HF: 2790, Lage: 23°10'N, 81°17'W, das Becken ist 5 m tief und hat 70 Anleger; angegliedert ist die Tauchschule *Darsena* mit Schnorchelmöglichkeiten und Sportfischerei. *Marina Gaviota Varadero,* Península de Hicacos, Tel. 667755, Seekarte: 5003/ 1505 GEOCUBA, Lage: 23°13,6'N, 81°10,4'W, VHF: Kanal 16, maximaler Tiefgang: 3 m, 10 Anleger; im Restaurant *El Galeón* kann man sich lebende Fische aussuchen (9–23 Uhr). Entlang der Küste nach Osten liegen über 500 Inseln und Inselchen, die angesteuert werden können.

Cárdenas

■ **Vorwahl:** 045
■ **Einwohner:** 75.000

Das 1828 gegründete **Hafenstädtchen** 18 km östlich von Varadero eignet sich gut für einen Tagesausflug in die cubanische Alltagswelt. Es gibt einige schöne Häuser zu bewundern, die im Kolonialstil erbaut wurden. Ursprünglich war die Gegend an dieser Küste sehr sumpfig, deshalb war der Ort von Entwässerungskanälen durchzogen. In späterer Zeit, als es trockener wurde, schüttete man sie wieder zu.

An der Calle Línea, esq. Velázquez, stehen noch die **Reste von Cubas erstem Kraftwerk,** das ab 1889 Strom für die Straßenbeleuchtung lieferte. Um 1875 baute man an der Calle Concha, esq. Vives den größten Bahnhof des Landes, die *Estación ferroviaria San Martín.*

Cárdenas ist die **Stadt der Kutschen.** Hier ist die Pferdekutsche bis heute eines der häufigsten Verkehrsmittel geblieben. Die Stadt ist das Zentrum der Fischindustrie und ein Zuckerexporthafen. Das führt leider oft zu Phosphorgeruch in der Luft und zu Öllachen auf dem Meer.

Die **Rumfabrik „Varadero" (Fábrica Arrechabala)** an der Calle Pinillos, esq. Sáez produziert seit 1870 *Ron Varadero* und *Ron Buccaneer.* Fährt man hier weiter, folgt nach 2 km ein kleiner Strand.

Man nennt den Ort auch die **„Flaggenstadt",** weil hier 1850 zum ersten Mal während der Aufstände gegen die Spanier die neue cubanische Fahne gehisst wurde. Der Versuch von General *Narciso López* und fünf weiteren Cuba-

3

nern, mit etwa 500 Amerikanern zusammen eine Revolte vom Zaun zu brechen, scheiterte. Daraufhin machten sich die meisten mit dem Schiff „Creole" aus dem Staub. General *López* wurde hingerichtet. An den Ausfallstraßen stehen noch drei Wehrtürme aus der Zeit der spanischen Besetzung.

1962 kam es in Cárdenas zu großen **Demonstrationen gegen** die Regierung unter **Fidel Castro,** da viele Bewohner unter den Auswirkungen der kommunistischen Wirtschaftspolitik und der Einschränkungen ihrer Freiheiten litten. In der Hauptsache waren es überwiegend ärmere schwarze Frauen, die auf die Straße gingen, auf ihre leeren Kochtöpfe schlugen und Lebensmittel und ein Ende der Unterdrückungsmaßnahmen forderten. Die cubanische Führung reagierte mit der Entsendung von Soldaten und Panzern; es kam zu zahlreichen Verhaftungen und der Hinrichtung der mutmaßlichen Anführer.

Sehenswertes

Eine **Vorbemerkung zur Orientierung:** Alle Straßen auf der Achse Nordost – Südwest sind Avenidas, die Calles laufen in nordwest-südöstlicher Richtung.

Parque Colón: Der Kolumbusplatz liegt in der Ortsmitte an der Ave. de Céspedes, e/Calle 8 y 9. Der Platz trug im Laufe der Geschichte verschiedene Namen, immer denjenigen des gerade regierenden spanischen Königs. 1862 ließ der Bürgermeister eine Kolumbus-Statue aufstellen: Der Eroberer steht mit dem Rücken zur zweitürmigen Kathedrale aus dem Jahr 1846, er runzelt die Stirn, ein Globus zu seinen Füßen. Die **Kathedrale** heißt **Inmaculada Concepción,** sehenswert sind die schönen Buntglasfenster.

Das **Hotel La Dominica,** ursprünglich das Wohnhaus des Gouverneurs und ein Kulturdenkmal, wurde nach der Revolution zum Hotel umgebaut. Einst verlief hinter dem Haus ein Kanal, über den das Zuckerrohr zum Hafen transportiert wurde.

Fahnenmast: Dieses Monument steht am nördlichen Ende der Ave. Céspedes am ehemaligen Zuckerverladeplatz. Es erinnert an das erstmalige Hissen der cubanischen Fahne 1850. Der Platz wurde zum Nationaldenkmal erklärt.

Museo Oscar María de Rojas: Ave. 4, esq. Calle 12. In diesem Haus von 1861 kann man sich ansehen, was die Cubaner unter einer prächtigen **Kutsche** verstanden haben. Ausgang war die Sammlung des deutschen Naturwissenschaftlers *Johann Christoph Gundlach,* die in der Stadt Jovellanos aufbewahrt wurde. 1895 zog das Museum nach größeren Schenkungen nach Cárdenas um, zunächst in die Stadtbibliothek, dann, im Jahre 1918, war der imposante Bau mit seinen 12 Säulen bezugsfertig. Der Name bezieht sich allerdings auf einen weiteren Förderer des Hauses. Geöffnet Di–Sa 10–17 Uhr, So 8–12 Uhr, 5 CUC.

Museo José Antonio Echevarría: *Echevarría* war jener Studentenführer, den die Polizisten *Batistas* 1957 auf der großen Treppe der Universität in La Habana erschossen haben. In seinem Geburtshaus im neoklassizistischen Stil aus dem Jahr 1703 ist das Museum der Lokalgeschichte untergebracht. Eine Wendeltreppe verbindet zwei Stockwerke. Geöffnet Di–Sa 12–20 Uhr, So 8–12 Uhr. Ave. 4 No. 560, esq. Calle 12.

3

Mercado Malacoff: Diese Markthalle von 1840 ist eine Stahlkonstruktion. Das zweistöckige Gebäude ist kreuzförmig und hat eine 16 m hohe Blechkuppel, die in den USA konstruiert und auf das Gebäude gehievt wurde. Der Markt findet Mo–Fr 8–17 Uhr und So 8–14 Uhr statt, Ave. 3, esq. Calle 12.

Praktische Tipps

Unterkunft

■ **Daisy Penate,** García 727, e/Cristina y Minerva, Tel. 532925. Wohnung für bis zu 4 Personen, warmes Wasser, gut eingerichtete Küche, Kühlschrank, zwei Terrassen, Aufenthaltsraum mit TV, freundlich, 25 CUC.
■ **Hostal Angelo,** Calle Espiru (Ave. 14) 656, e/Velázquez (14) y Cristina (15), Mobil 52849108. 2 DZ in einem 2-stöckigen Haus, schattiger, schön gestalteter Patio, 25 CUC, Frühstück 5 CUC, der Besitzer spricht englisch und leitet einen Paladar.
■ **Ricardo Domínguez,** Palma (Ave. 31) 520, e/Industria (Calle 11) y Coronel Verdugo (Calle 12), Mobil 58901357. Schmucker Bungalow mit großem Patio, ein bisschen außerhalb. Es werden zwei große Zimmer mit Bad angeboten, 25 CUC.

Essen und Trinken

■ Wer schnell etwas essen will, findet je einen **El Rápido** auf der Calle 12, esq. Ave. 3, und Calle 8, esq. Céspedes, gegenüber der Post. Beide sind rund um die Uhr auf, genau wie die **Cafeteria La Cubanita** an der Ave. 3, esq. Calle 13 (nahe der Markthalle); hier kann man gemütlich draußen sitzen.
■ **Restaurante Las Palmas,** Ave. Céspedes, esq. Calle 16. Ziemlich großes Lokal in einer alten Villa. Am Wochenende gibt es hier auch Cabaret, die Speisen sind einfach, die Preise niedrig.

■ **Pizzaria La Boloñesa,** Ave. Céspedes, esq. Calle 19. Pizzas für Pesos.
■ **Tradición,** Ave. Céspedes, esq. Velázquez. Einfaches Lokal der Artex-Gruppe, es gibt die üblichen Gerichte, Milchshakes und Cocktails. Ab 10 Uhr.
■ **Hierbabuena,** Ayllón 1058, e/22 y 23. Privates Restaurant mit italienisch angehauchten Menüangeboten ab 8 CUC. Di–So 18.30–22.30 Uhr.
■ **Cubanitas Cárdenas,** in der Calzada, esq. Ruiz, Tel. 452145, serviert werden einfache Gerichte.
■ Die **Casa de la Cultura** in der Céspedes 706 bietet die üblichen Veranstaltungen zum Wohlfühlen.
■ An der Ave. Céspedes, am südlichen Ortseingang zwischen Calle 26 und Calle 27, liegt einer von drei spanischen **Wehrtürmen;** hier kann man unter Bäumen ein Bier trinken und dem Treiben auf der Straße zusehen.

Einkaufen, Sonstiges

■ Es gibt eine Reihe von **Devisenläden** auf der der Ave. 3 in der Nähe der Plaza Malacoff.
■ **Geldwechsel:** *CADECA* (Wechselstube), Ave. 3, e/Calle 12 y 13, in der Nähe der Markthalle.
■ **Post:** Parque Colón, esq. Ave. Céspedes y Calle 8, 9–18 Uhr, außer sonntags.
■ **Telefon:** Ave. Céspedes, in der Nähe der Calle 12, tgl. 8–22 Uhr.
■ **Apotheke:** Calle 12 No. 60.
■ **Kunstgewerbe:** Ave. Céspedes 660, e/Calle 14 y 15.
■ **Buchladen:** *Concha de Venus,* Ave. Céspedes, esq. Calle 12.
■ **Tankstelle:** Calle 13, esq. Ave. 31, in der Nähe des alten spanischen Turms.

Veranstaltungen

■ **Oloóy-Festival,** afrocubanische Feierlichkeiten mit Musik und Tanz im Oktober.

3

■ Am ersten Juli-Wochenende findet der jährliche **Straßenkarneval** statt, ein Besuch lohnt sich.

Verkehrsmittel/-verbindungen

■ Die **Busstation** liegt zwischen der Ave. Céspedes y Calle 22. Es fahren Busse nach La Habana und Matanzas, Colón, Jagüey Grande und Santa Clara. Bus Nr. 236 nach Varadero fährt jede Stunde von der Ecke Av. 13 y Calle 13. *Víazul* kommt zwar durch Cárdenas, hält aber nur in Richtung Trinidad (8.40 Uhr) und Santiago (20.45 Uhr) hier, nicht umgekehrt. **Colectivos** stehen außerhalb der Busstation. Die meisten Fahrer fahren ungern nach Varadero, aus Angst vor Polizeikontrollen. Man kommt höchstens bis zur Brücke in Santa Marta.

■ **Pferdekutschen** fahren für 1 Peso zum Krankenhaus im Nordwesten der Stadt, und dort halten alle Busse Richtung Varadero.

■ Es gibt einen **Bahnhof** in der Av. 8, am Ende der Calle 5. Es ist aber keine Hauptstrecke, also ist es nicht sicher, ob man nach Colón, Jovellanos und Los Arabos kommt.

Colón

■ **Vorwahl:** 045
■ **Einwohner:** 20.000

Der kleine Ort an der Straße von Santa Clara nach Matanzas lebt von der Landwirtschaft. Es gibt eine **Unterkunft**, das Hotel *Santiago-Habana*, ein blauer, vierstöckiger Kasten aus der Sowjet-Ära, mit 40 Zimmern, Máximo Gómez 114 nach Matanzas, Tel. 32675. Die Tankstelle ist in der Calle Máximo Gómez, esq. Trujillo. Der Bus aus dem Süden nach Cárdenas macht hier Station. Schöne **kolonia-**

le **Architektur** weisen die *Escuela de Artes y Oficios*, der *Palacio del Pueblo* und das dreistöckige Hotel *Nuevo Continental* auf, im Stil des Art-déco zeigt sich das *Teatro Canal*.

Ursprünglich hieß die Stadt **Nueva Bermeja,** doch als der Ort 1859 einen Bahnhof bekam, benannte man die Stadt um. Das *Teatro Canal* wurde noch im Art-déco-Stil errichtet, danach folgte die Stilrichtung des Rationalismus, z.B. am Hotel *Santiago-Habana* erkennbar.

Rund um die Schweinebucht

■ **Vorwahl:** 045

Jagüey Grande

Über die Kleinstadt Jagüey Grande, die das Zentrum des Zitrusfruchtanbaus ist, erreicht man auf einer relativ gut ausgebauten Straße die berühmten Strände der **Bahía de Cochinos.** Jagüey Grande verfügt über einen Bahnhof. In der Zuckerfabrik „Central Australia" befand sich *Castros* Befehlszentrale während des Angriffs der Exil-Cubaner 1961. Man hatte seinerzeit Sandhaufen auf die Landebahn des Flugfeldes von Jagüey geschüttet, um den B-26-Bombern der Angreifer die Landung zu erschweren.

Unterkunft (siehe Karte S. 155)

1 **Hostal El Ranchón** ②, Calle 52 No. 915, e/9 y 11, Tel. 912098, im Ortszentrum von Jagüey Grande. Koloniales Haus mit mehreren Zimmern, auch große Zimmer mietbar, angenehmer Service.

1 Privat kann man in Jagüey Grande in der **Casa Zuleida** unterkommen, Calle 15A No. 7211, e/72 y 74, Tel. 913674. 2 DZ mit AC in einem moderneren Haus, die Frau arbeitet als Guide im Zapata-Nationalpark, ab 25 CUC.

2 **Hotel Batey Don Pedro** (Horizontes) ②, Carretera al Central, km 1, nahe Las Salinas und Hatiguanico zwischen Zitrusplantagen gelegen, Tel. 912825. Das Hotel ist eigentlich nicht für Ausländer gedacht, aber man kann es probieren. 10 Holzhütten, auch Fahrradverleih.

3 **Finca Fiesta Campesina**, Autopista, km 142, Tel. 059 2535 oder 059 2045, DZ 30 CUC.

Nach Süden ans Meer

Von der Autopista Nacional sind es noch gut 35 km bis zum Meer, wo einer der geschichtsträchtigsten Strände Cubas liegt. Am 17. April 1961 waren hier **Exil-Cubaner** mit Unterstützung der CIA an Land gegangen, um *Castro* zu stürzen. Die tief eingeschnittene Bucht war unzugänglich und, von einigen Köhlern abgesehen, nahezu unbewohnt. Die **Invasion** wurde jedoch innerhalb von 50 Stunden von den aus allen Himmelsrichtungen herbeieilenden Cubanern mit *Fidel Castro* an der Spitze zurückgeschlagen. Die **Operation Pluto** ging mit der Bombardierung wichtiger Ziele einher. Fast 2000 Exil-Cubaner wurden gefangen genommen. Der Sieg gegen das mächtige Amerika festigte den Sozialismus auf Cuba.

Playa Larga ist ein kleiner Ort, wo es außer den Stränden nicht viel zu sehen gibt, und die sind mitunter voller Tang und Strandgut. Allerdings ist die Gegend bei Tauchern sehr beliebt, gibt es doch 300 m vor der Küste eine Korallenwand. *Viazul* fährt auf seinem Weg von Varadero nach Trinidad einmal am Tag einen

Bogen nach Playa Larga, wo der Bus gegen 15.45 Uhr eintrifft. Geben Sie dem Fahrer Bescheid, dass Sie bei Caletón aussteigen möchten. Ansonsten kann man dreimal am Tag in Jagüey Grande an der Kreuzung der Autopista mit der

Unterkunft
1 El Ranchón, Casa Zuleida
2 Hotel Batey Don Pedro
3 Finca Fiesta Campesina
4 Villa Guamá
5 Hostal Dussac
7 Villa Playa Larga
8 Yaime y Manolito, Casa de Yeny,
  Casa Zuleyda, Marieta y Eliceo,
  Hostal Kiki, Ernesto Delgado
  Chirino, Edenis Payo Chirino,
  Joséfa Pita Cobas,
11 Casa Abella
13 Villa Playa Girón,
  Roberto y Victoria

Essen und Trinken
6 La Terraza de Mily
10 Bar Brig
12 Chiri-chiri

3

Straße 11 nach Playa Larga aussteigen und sich dann am Palmares-Imbiss für die restlichen 20 km ein Taxi nehmen. Im Ort gibt es die erste Straße rechts eine CADECA-Wechselstube und einen Telecom-Laden, die erste Straße links führt zur kleinen Bar *Brisas del Mar*.

Wenn man von der Straße 11/116 nach Playa Larga abbiegt und der Straße folgt, kommt nach der kleinen Bucht der Ort **Caletón.** Hier kann man zwischen Fischerbooten und Palmen ein paar Tage relaxen. Es gibt einige schöne Unterkünfte. Am Ende des Dörfchens hat der Strand noch einen Palmenhain.

Private Unterkunft in Caletón

5 **Hostal Dussac,** *Lioldy Dussac Sánchez* und *Mario López,* vor der Straße nach Caletón nach Westen, Mobil 58246958. Schönes zweistöckiges Haus mit großer Terrasse, freundliche Gastgeber, reichhaltige Verpflegung, gediegene Atmosphäre. DZ 30 CUC.

8 **Yaime y Manolito,** Tel. 987124, yaimerentacz @yahoo.es. 2 Zimmer mit Doppelbett und einem zusätzlichen Stockbett, Klimaanlage, Garage für Pkw, das Haus steht direkt am Badestrand mit schönem Blick auf die Bucht. Strandliegen sind vorhanden. DZ 25 CUC, Essen extra, sehr gut und reichhaltig, sehr nette Leute, sprechen aber nur spanisch. Das Bad im Haus wird auch von den Restaurantbesuchern benutzt.

8 **Casa de Yeny,** Tel. 987385, Haus am Strand, nette Besitzer, 2 Zimmer, reichhaltiges Essen, DZ 25 CUC. Ausflüge, Taxi etc. können organisiert werden.

8 **Casa Zuleyda,** Tel. 052 909402, 045 987599, zuleydacz@yahoo.es. 2 DZ mit eigenem Bad und Klimaanlage. Das Haus liegt direkt am Strand mit einem schönen Garten zum Wasser. DZ 25 CUC, Essen extra.

8 **Marieta y Eliceo,** Tel. 987124. Vermietet wird am Ende der Straße eine *Casa* mit 3 DZ inkl. eigenem Bad, DZ 25 CUC, Klimaanlage. Das Haus liegt ebenfalls direkt am Strand, in der Nähe des Palmenhaines. Der Vermieter spricht englisch.

8 **Hostal Kiki,** *Daylena* und *Kiki,* Calle de la Playa, Tel. 059 987404, Mobil 53112712. Separates Haus am Strand, 2 Zimmer mit Meerblick, mit Bad, Balkon und Garten mit Strandhütte, Benutzung des Wohnzimmers der Eigner. 35 CUC, Frühstück 3 CUC.

8 **Edenis Payo Chirino, Heriberto Rodríguez Gómez,** Tel. 987278. 1 DZ für 20 CUC, sehr nette Familie, liegt nah am Sandstrand!

8 **Ernesto Delgado Chirino,** Tel. 987278. Apartment mit eigenem Eingang und Kochmöglichkeit.

Zentral-Cuba

107cu kh

DZ 50 CUC inkl. Frühstück und Abendessen. Freundliche Familie.

8 **Joséfa Pita Cobas,** Tel. 987133. Im Obergeschoss gibt es ein DZ mit Bad, Küche, Klimaanlage und Terrasse mit wunderbarem Blick auf die Bucht, denn das Haus steht direkt am Meer. Ein weiteres DZ liegt im Erdgeschoss, es hat Bad, TV und eine zum Meer hin gelegene Terrasse. Der Strand am Haus ist steinig, es gibt jedoch einen Sandstrand in der Nähe. 25 CUC.

Naturreservat Las Salinas

Vogelliebhaber und andere Naturinteressierte sind in diesem Reservat genau richtig. Hier gibt es **über 160 Vogelarten** zu sehen, u.a. Flamingos, Kraniche und *Ajaia ajaias*. Der Besuch ist nur mit Führer möglich, der ins Auto zusteigt, er kostet 20 CUC pro Person (2–3 Std.). Man fährt ca. 12 km durch sumpfige Mangrovengebiete zur Laguna de las Salinas, wo Hunderte Vögel überwintern, v.a. Flamingos, Pelikane und Reiher. Das Büro des Parks liegt an der Hauptstraße 11 vor der Kreuzung nach Playa Larga. Eine weitere Führung geht nordwestlich in die Gegend von Santo Tomás.

Zu den **Stränden** gibt es kaum öffentliche Zugangsmöglichkeiten, außerdem fehlt es an Platz zum Liegen, da es ziemlich felsig ist. Trotzdem eignet sich das Meer hier dank des Fischreichtums gut zum Schnorcheln.

Playa Girón und Caleta Buena

In **Playa Girón** gibt es ein **Museum** zum Gedenken an den Überfall der Exil-Cu-

baner und gute Möglichkeiten zum Ausruhen. Jachten hat man die Einfahrt in die Bucht nach den schlechten Erfahrungen von 1961 verboten. So kann man in Ruhe **tauchen,** in Strandnähe ist das Wasser jedoch ziemlich trübe. Es gibt eine Rumbos-Cafeteria und einen Andenkenladen beim Museum, ansonsten ist es auch hier wenig touristisch, und es fehlen die entsprechenden Unterkünfte und Restaurants. Der Strand wird hauptsächlich von Cubanern besucht. Die Küstenstraße nach Osten wird nach ca. 3 km zur Schotterpiste.

Etwas weiter, in **Caleta Buena,** treffen sich viele Schnorchler am Strand, wo es eine kleine Bar und einen Bootsverleih gibt. Für **Taucher** interessant sind mehrere Höhlen in Strandnähe und ein alter Fischkutter, der hier versenkt wurde und in dem allerlei Getier haust (siehe auch unter „Tauchen" im Kapitel „Praktische Reisetipps A–Z"). **Touren** veranstaltet die Tauchbasis *Buceo,* Tel. 984110-17-18. Wer über den Club *Horizontes Caleta Buena* zum Strand will, zahlt 50 CUC, erwirbt also einen Gaststatus für einen Tag, Essen inkl. Hinter diesem Strand wird die Straße noch einsamer, und eine Weiterfahrt empfiehlt sich nicht.

Im April wandern bei Dämmerung Tausende von **Landkrabben** über die Uferstraßen zur Eiablage. Viele kommen dabei unter die Räder.

Unterkunft, Essen und Trinken (siehe Karte S. 155)

■ Auf der Strecke zwischen Playa Larga und Playa Girón gibt es diverse **Campingplätze,** allerdings ohne jegliche Infrastruktur.

7 **Villa Playa Larga** (Horizontes) ②, Tel. 987294, 44 einfache Bungalow-Apartments am weißen Sandstrand, hier wird seit Jahren renoviert.

3

Zentral-Cuba

11 Es gibt einige *casas particulares* an der Straße nach Cienfuegos, sie kosten meist 30 CUC, z.B. die **Casa Abella,** Tel. 984383, gegenüber den einzigen mehrstöckigen Häusern in Playa Girón, 2 DZ, ein Bad, schöner Hof, 25 CUC.

13 **Villa Playa Girón** ③ (Horizontes), Tel. 984110, 200 einfache Bungalow-Zimmer am Strand, mit Pool, Bar, Laden etc., All inclusive, Roller und Fahrradverleih. Die Bucht ist mit einem 200 m langen und 5 m hohen Wellenbrecher aus Beton abgeriegelt, der die Sicht versperrt.

13 **Roberto y Victoria,** Calle 16 No. 1257, Richtung Cienfuegos, Tel. 984186. Ein Zimmer mit AC und Bad, 20 CUC.

6 **La Terraza de Mily,** gegenüber dem Hotel *Horizontes Playa Larga,* Tel. 987376, alain.blanco@nauta.com.cu. Restaurant und *casa particular* mit demselben Namen, ein Apartment wird vermietet, gute cubanische Küche.

10 **Bar Brig,** am Eingang zum Hotel *Playa Girón,* hier gibt es internationale Küche unter dem Strohdach, hauptsächlich Fisch und Meeresfrüchte. Mit beschattetem Garten. Ab 11 Uhr geöffnet.

12 **Chiri-chiri,** Carretera nach Cienfuegos, km 1, Tel. 053 536860, einfache cubanische Gerichte ab 6 CUC für das Hauptgericht, ab 11 Uhr geöffnet.

Verkehrsmittel/-verbindungen

■ **Bus:** *Astro* fährt 3x bzw. 4x die Woche von La Habana nach Playa Larga. Zwischen Cienfuegos und Playa Larga gibt es keinen regulären Busbetrieb. Am besten geht es über Jagüey Grande.

■ Ein **Hop-on/Hop-off-Bus** fährt an den Hotels und Boca de Guamá (s.u.) vorbei (alle halbe Stunde von 9 bis 21 Uhr für 5 CUC).

■ **Zug:** Die Züge La Habana – Cienfuegos halten bei Bedarf in Jagüey Grande. Wer aussteigen will, muss sich mit dem Schaffner in Verbindung setzen.

■ Die **Weiterfahrt nach Cienfuegos** gestaltet sich auf der Küstenstraße etwas mühselig. Ich empfehle in Richtung Norden nach Real Campiña zu fahren und von dort auf der breiteren Straße die Bucht von Cienfuegos zu umfahren.

Halbinsel Zapata

Die Halbinsel Zapata besteht überwiegend aus **Sumpf,** von Kanälen durchzogen und von Wäldern aufgelockert. Es gibt Reiher und eine Vielzahl anderer Vögel, leider auch immer Stechmücken. Hier liegen einige Höhlen, die zum Teil mit Meerwasser gefüllt sind. In der **Cueva de los Peces** kann man sogar tauchen. Diese „Höhle" liegt in der Mitte zwischen den Stränden Playa Larga und Playa Girón an der Straße. Es ist ein Karsttrichter, der etwa 70 m tief ist, darin tummeln sich ungewöhnlich viele bunte Fische. Deswegen kommen Schnorchler gern hierher. Man zahlt 1 CUC, 9–16 Uhr.

■ **Essen und Trinken: El Cenote,** das Fischlokal an der Cueva de los Peces, Gerichte ab 4 CUC.

Laguna del Tesóro

In der Laguna del Tesóro kann man fischen und eine **Krokodilfarm** besichtigen, die *Celia Sánchez* anlegen ließ, um die Tiere vor der Ausrottung zu schützen. Vorführungen im öffentlichen Teil der Anlage zeigen, wie man ein Krokodil fängt. Wenn das Maul zugebunden ist, kann man sich ein Tier um den Hals legen und fotografieren lassen. Alles in Allem, eine mehr als zweifelhafte Veranstaltung (5 CUC). „Esst Krokodil!" steht auf diversen Schildern rund um das Restaurant. Vermutlich landet ein großer Teil der Züchtungen im Kochtopf …

Boots- und Angeltouren durch die Lagune sind möglich. Leider gibt es in der Gegend ziemlich viele Mücken, baden sollte man hier deshalb besser nicht.

3

Boca de Guamá

Die Boca de Guamá ist ein **nachgebildetes Dorf der Ureinwohner.** Angeblich haben die Taíno-Indígenas ihre Schätze in der Lagune versenkt. Das Dorf steht auf einer Insel, die Bildhauerin *Ríta Longo* schuf lebensgroße Figuren für die Inszenierung indigenen Alltags.

4 **Unterkunft: Villa Guamá** (Horizontes) ②, Tel. 915551. Hübscher Komplex, im Stil eines Taíno-Dor-

103cu kh

Zentral-Cuba

fes auf sechs verschiedene Inseln verteilt. Die einfachen, aber großen Häuschen stehen weit ab von anderen Siedlungen teilweise auf Pfählen, die mit Stegen verbunden sind. Nur auf dem Wasserweg von Boca de Guamá zu erreichen, 5 CUC die Fahrt. Am Steg liegt das **Restaurant La Boca** (Spezialität:

Krokodilfleisch) und der Pool. Das Hotel vermittelt geführte Vogelbeobachtungstouren. Denken Sie unbedingt an Mückenschutz!

⊡ Nah am Wasser: Hotel Villa Guamá

Cienfuegos

- **Vorwahl:** 0432, Umland 043
- **Einwohner:** 123.000

Wenn man sich der Stadt nähert, erscheint sie uninteressant, denn man sieht viel Industrie um den modernen Hafen an der **Bahía de Cienfuegos.** Auf der anderen Seite der Bucht steht die **Ruine von Cubas erstem Atomkraftwerk.** Nach der Wende wurde das AKW, das zu 70 % fertig war, nicht mehr weitergebaut, und die Hoffnung vieler Ingenieure, Techniker und derer Familien auf eine sorgenfreie Zukunft war dahin. Zweifel an der Qualität der vier russischen Reaktoren waren laut geworden. Aber letztendlich scheiterte das Projekt an der ungeklärten Finanzierung.

Cienfuegos gilt als **sauberste und gepflegteste Stadt Cubas,** obwohl es hier Zement- und Papicrindustrie sowie einige Werften gibt. Der Hafen wurde ausgebaggert, um Platz für große Zuckerfrachter zu schaffen. Im Kalten Krieg lagen hier russische U-Boote vor Anker.

Viele der alten **Kolonialstilhäuser** sind renoviert. Die Stadt ist äußerst lebendig, aber nicht allzu touristisch, da sie in Konkurrenz zum nahen Trinidad steht. Hauptader ist der **Paseo del Prado** (Calle 37), eine Flanierstraße, die an der Ave. 34 in den schönen **Malecón** übergeht. Entlang des Malecón, vor allem um den riesigen Rápido auf der anderen Straßenseite, spielt sich das Nachtleben der Stadt ab. Der Malecón endet in der **Punta Gorda,** einer kleinen Landzunge, an deren Anfang sich das größte Touristenhotel von Cienfuegos, *La Jagua,* befindet. Vor der Wende war es ein Ort, an dem sich das Leben abspielte, heute ist der Ruhm des Plattenbaus, obwohl frisch renoviert, ein wenig verblichen.

Auch in Cienfuegos gibt es **Straßen,** die alte und neue Namen haben:

- Ave. 46   La Mar
- Ave. 50   Santa Clara
- Ave. 52   Argüelles
- Ave. 54   San Fernando
- Ave. 56   San Carlos
- Ave. 58   Santa Cruz
- Ave. 60   Santa Elena
- Calle 25   Bouyón
- Calle 27   Sab Luis
- Calle 29   Santa Isabel
- Calle 31   D'Clouet
- Calle 33   Houmitier
- Calle 35   Carcel
- Calle 37   Paseo del Prado
- Calle 49   Gloria

Geschichte

Cienfuegos wurde **1514** von dem spanischen Konquistador und späteren Bischof *Bartolomé de las Casas* gegründet und hieß ursprünglich *Ferdinanda de Jagua.* Gegen die allgegenwärtigen Piraten baute man eine **Festung** an dem engen Einfahrtsweg in die Bucht (das Stadtwappen zeigt die Festung und einen Jagua-Baum). Trotzdem siedelten sich hier nur wenige Menschen an. 1821 zerstörte ein Wirbelsturm die Häuser. Im 19. Jh. benannte der französische Händler *Louis de Clouet* den Ort in *Cienfuegos* (100 Feuer) um. Danach zogen viele **Franzosen** hierher, teils aus Frankreich, teils aus Louisiana. Durch die Eisenbahnanbindung 1850 wurde der Hafen ein wichtiger Umschlagplatz. 1957 wurde ein Aufstand von Marineoffizieren gegen die Batista-Diktatur niedergeschlagen.

Sehenswertes

Im Zentrum

Das historische Zentrum der Stadt ist der **Parque Martí,** wo sich Kirche, Rathaus, Theater und Casa de la Cultura befinden. Der Platz gehört zu den Schönsten Cubas. Zwei Löwenstatuen bewachen den Eingang, im Zentrum steht ein Denkmal für *Martí,* außerdem gibt es einen alten Brunnen und Schatten spendende Bäume. Um den Park mit seinen Palmen und dem kleinen Musikpavillon stehen viele schöne restaurierte Gebäude. In einigen von ihnen wird Kunsthandwerk verkauft.

Die **Catedral de la Purísima Concepción** aus dem Jahr 1869 hat französische Buntglasfenster.

Das **Teatro Tomás Terry,** erbaut von 1887 bis 1889, wurde mit *Giuseppe Verdis* Oper *Aida* eingeweiht und ist schon wegen seiner Innenarchitektur bemerkenswert. Die dreistöckigen Logen sind aus Pinienholz, das Stützwerk aus Eisen. Die Bühne kann auf das Niveau der Loge angehoben werden. Der Franzose *Tomás Terry* muss ein echter Wohltäter gewesen sein, der auch den Farbigen seines Ortes eine Begegnungsstätte bauen ließ. Tgl. 9–18 Uhr, Besichtigung 2 CUC, Fotografieren 5 CUC, Tickets ab 6 CUC.

Casa de los Leones, Paseo del Prado, e/Santa Cruz y Santa Elena (Calle 37, e/Ave. 58 y 60). Dieses Stadthaus mit seinen sieben toskanischen Säulen steht etwas erhöht am Paseo del Prado. Es

stammt aus dem 19. Jh. und gehörte dem „Kreis der Handwerker", aus dem später ein Künstlerbund wurde. In dem U-förmigen Gebäude wohnten auch die Stadtkapitäne. Der Name verdankt sich den Löwenfiguren am Tor. Angeblich gab es eine Regelung, wonach nur diplomatische oder konsularische Wohnungen Statuen von Löwen aufweisen durften. Innen ist das Haus in weißem Marmor gehalten.

Museo Provincial, Ave. 54, esq. Calle 27. Das Kolonialgebäude zeigt **Möbel** vergangener Zeiten. Ein Besuch lohnt nur, wenn man das obere Stockwerk ebenfalls besichtigen kann. Di–Sa 9–16.30 Uhr, So 9–12 Uhr.

An seiner Kuppel erkennt man den **Palacio de Gobierno,** das Rathaus; es liegt dem Museum gegenüber an der Calle 29.

Halbinsel Punta Gorda

Im Jahr 1917 ließ der Spanier *Aciclio Valle Blanco* sein Stadthaus, den **20** **Palacio de Valle,** im maurischen Stil umbauen. Das überbordend verzierte Innere kann besichtigt werden. Von der Dachterrasse hat man einen Blick über die Halbinsel. Das teure Restaurant im Erdgeschoss ist nicht empfehlenswert. Wer gut essen will, gehe besser in die alte Villa **16** **Club Cienfuegos** an der Calle 37.

Die Calle 37 endet auf der Halbinsel Punta Gorda. Hier stehen alte **Holzhäuser,** die in den 1920er Jahren in den USA industriell hergestellt und aus Einzelteilen hier zusammengesetzt wurden. Man spürt das Flair der Kolonialzeit, auch wenn die Holzvillen und der Jachtclub am Ende der Halbinsel längst vom cuba-

Cienfuegos

0 — 400 m   © REISE KNOW-HOW 2017

Bahía de Cienfuegos

Santa Clara, La Habana

★ Bot. Garten, Trinidad

Museo Naval Nacional Ⓜ

Avenida 66
Avenida 64
Avenida 62
Avenida 60 Bahnhof
Avenida 58
Avenida 56 Ⓑ Busbahnhof (Fernbusse) 3
Avenida 54
Avenida 52
Avenida 50
Avenida 48

Ausschnitt

Calle 23
Calle 33
Calle 19
Calle 29
Paseo del Prado
Calle 41
Calle 49

1
2

REINA

Avenida 48
Avenida 46

Calle 7
Calle 9
Calle 11
Calle 13
Av. 42
Calle 37

Avenida 44
5
6
7

Av. 5 de Septiembre
Avenida 42
Avenida 40
Avenida 38
Avenida 36
Avenida 34

Calle 45
Calle 51A

Ensenada Marcillán

🏰 Castillo de Jagua, ⚓ Fischerhafen Perche

8 ★ Delfinario, Playa Rancho Luna, Playa Faro Luna, Cementerio Tomás Acea

Avenida 26
10

Calle 37
(Malecón)
Calle 49

11
12
13 ⓣ
14
15 17
16 18

Avenida 20
Calle 35
Avenida 16
PUNTA GORDA

Marina Puertosol, Yachthafen ⚓
Parque de las Esculturas
Clínica Internacional

Av. 12
Paseo del Prado
Av. 8
Av. 4

19 20 21
22
23
24
25
26
27
28
29
30
31

Calle 35

Punta Gorda

Unterkunft
1 Margarita Jiménez Marin
2 Bella Perla Marina
3 La China y Thondik
4 Hostal Kiki & Yanelis
8 Hotel Punta La Cueva
13 Hostal Bahia
14 Mirtha Hostal
15 Hotel Palacio Azul, Annia y José
17 Hostal Armando y Belkis
18 José Luis Cárdenas López
19 Hotel Jagua
20 Palacio de Valle
21 Vista al Mar
22 Perla del Mar
23 Casa Verde
27 Angel e Isabel
28 Antonia y Napoles
29 Dr. Ana Maria Font D'Escoubet
30 La Casita de Ochún, Mandy y Olga, Los Delfines
37 Hotel La Unión
42 Regla Estévez Toledo Puchi
43 Hostal Juventus
44 Eliza y Miguel Angel

Essen und Trinken
5 Doña Nora, Paladar El Lobo
6 Restaurante Las Mamparas
7 El Ocaso
10 El Rápido
12 Finca del Mar
16 Club Cienfuegos
19 La Lobera
20 Palacio de Valle
24 Covadonga
25 Pelícano
26 Villa Lagarto
31 Bar La Punta
32 Restaurant El Palatino
33 Lokal der UNEAC
34 Paladar Bouyón 1825
35 Eisdiele
36 Restaurant Polinesia
38 Pizzeria Dino
40 Te Quedará
41 Café Cantante Benny Moré

Nachtleben
11 Los Pinitos

Markthallen ●

Avenida 58

★ Casa de los Leones

34

Teatro Tomás Terry

35

● Markthallen

Casa de la Cultura

Catedral de la Purísima ⁑ Concepción

Avenida 56

CADECA

42

33

Parque José Martí

Pavillon ●

36   37

38

41

Palacio de Ferrer (Casa de la Cultura)

32 M Museo Provincial

● Palacio de Gobierno (Rathaus)

● Supermarkt

Avenida 54

40

Calle 37 (Paseo del Prado)

Calle 25 · Calle 27 · Calle 29 · Calle 31 · Calle 33 · Calle 35 · Calle 39

Avenida 52

Avenida 50

44

43

Fußgängerzone

---

nischen Alltag überholt wurden. Auf dem Clubgelände liegt die nette Freiluftbar *La Punta*. Von dort kann man um die Halbinsel herumschwimmen oder am Pavillon die Abendsonne genießen.

Der **Parque de las Esculturas,** Calle 37, e/Ave. 4 y 6, wurde von Kunststudenten gestaltet. Einige Skulpturen dienen als Sitzgelegenheit und sind nachts beleuchtet.

Man sollte auch eine Fahrt durch die **Bucht von Cienfuegos** machen, so sieht man die Stadt und das Umland einmal von der anderen Seite.

Museo Naval Nacional

Das große **Marinemuseum** zeigt alles, was mit der cubanischen Seefahrt zu tun hat, z.B. den Aufstand der Marine gegen den Diktator *Batista* im Jahr 1957, außerdem Gegenstände zu Naturkunde, Archäologie und Kunst. Ave. 60, esq. Calle 21, geöffnet Di–Fr 9–17 Uhr, Sa, So 9–13 Uhr.

Cementerio Tomás Acea

Der **Friedhof** liegt etwas außerhalb an der Ave. 5 de Septiembre, die auch zur **Playa Rancho Luna** führt. Ein klassizistisches Eingangstor mit 64 Säulen führt in die Welt der einstmals prunkvollen Friedhofsarchitektur (1 CUC).

Praktische Tipps

Unterkunft

Hotels

8 **Punta La Cueva** (Islazúl) ①, Straße nach Rancho Luna, km 3,5, Circunvalación Carretera a Punta La Cueva, etwas schwer zu finden und ziemlich weit draußen: hinter dem Friedhof Tomás Acea nach 3,4 km rechts ab zur Bucht, Tel. 513956. 60 Zimmer in alten Bungalows im Garten am kleinen Strand. Parken 1 CUC extra. Schöner Blick auf die Bucht.

15 **Palacio Azul** (Gran Caribe) ③, Calle 37 No. 1201, e/12 y 14, Tel. 555828. Der „Blaue Palast" ist eine Villa mit 7 Zimmern und einer Dachterrasse. Das Einzelzimmer neben dem Eingang ist etwas laut, ansonsten ist das Haus eine gute Wahl. Allerdings gibt es kein Restaurant, nur Frühstück wird geboten. Gehört zum Hotel Jagua.

19 **Jagua** (Gran Caribe) ④, Calle 37 (Prado) No. 416e, Tel. 551003. Früher war der 6-stöckige Plattenbau aus den 1950ern, von *Batistas* Bruder erbaut, das erste Haus am Platze, heute wird es wegen seiner Lage geschätzt. Autoverleiher, Cabaret und Restaurant. Die 136 Zimmer sind ganz okay und haben einen guten Ausblick.

22 **Hotel Perla del Mar** (Hoteles E) ③, Punta Gorda, direkt am Wasser, neben der *Casa Verde,* Tel. 551003. Das 2-stöckige Haus wurde in den 1940er Jahren im Modernismus-Stil errichtet und ist eine echte Perle am Meer. Frühstück auf der Terrasse zum Wasser hin, und wer einen Pool oder ein Restaurant braucht, kann ins *Jagua* oder zur *Casa Verde* gehen. 6 Zimmer, im Obergeschoss 2 Suiten.

23 **Casa Verde** (Gran Caribe) ③, Calle 37 No. 1, e/0 y 2, Tel. 551003. 1920 erbaute Villa beim Hotel *Jagua,* zu dem sie auch gehört. 8 stilvolle Zimmer. Im Restaurant am Wasser lässt es sich gut aushalten,

der kleine Garten um das Haus hat einige Bänke im Schatten. Faires Preis-Leistungsverhältnis.

37 **Hotel La Unión** (Cubanacán) ③, Calle 31, esq. 54, Tel. 551020, www.hotellaunion-cuba.com. Gehört der höheren Kategorie an. Man schaut entweder auf die Straße oder, gegen Aufpreis, in den ruhigen Patio. Mit Pool, Bar und Dachterrasse. Parkplatz gegenüber im Hinterhof.

Hotels (siehe Karte S. 170)

2 **Pascaballo** (Islazúl) ②, Straße nach Rancho Luna, km 22, Tel. 592100. Größerer, unansehnlicher 6-stöckiger Plattenbau am Ende der ziemlich schlechten Straße. Über 180 Zimmer, die „Fenster" als Holzjalousien ohne Glas. Das Beste ist die Aussicht. Von Cienfuegos ca. 30 km entfernt. Der Name geht auf eine Furt an der Mündung der Bucht zurück, durch die die Menschen früher geritten sind, um sich den Umweg um die ganze Bucht zu sparen. Pool, aber kein Strand.

108cu kh

3 **Faro Luna** (Carrusel) ③, Straße nach Pasaca-ballo, km 18, Tel. 548139. Kleine Anlage mit wun-derschönen Zimmern im *Modulo B*. Die meisten Zimmer mit Meerblick und Terrasse. Es gibt einen Meerwasserpool im Garten, Bar, Restaurant etc. Rechts grenzt eine kleine Bucht an, in der auch die Bewohner der Gegend schwimmen gehen.

4 **Rancho Luna** (Club Amigo) ③, Straße nach Rancho Luna, km 18, Tel. 548030. 2-stöckiger Plat-tenbau im Futurismus-Look, 220 Zimmer und all in-clusive, mit eigenem Strandabschnitt, Bars, Tauch-schule und Pool. Viele Pauschaltouristen.

Privat auf der Halbinsel Punta Gorda

Es gibt etliche Unterkünfte, hier eine ge-prüfte Auswahl. Das auf den Visitenkar-ten der Zimmervermittler vermerkte „Calle 35, e/0 y Litoral" heißt so viel wie „auf der kleinen Halbinsel Punta Gorda". Hier lässt es sich gut wohnen:

15 **Annia y José,** Calle 35 No. 1202, e/12 y 14, hin-ter dem Palacio Azul, Tel. 519174. 1 Zimmer im Obergeschoss eines Art-déco-Hauses mit Garten, mit Balkon zur Bucht, 30 CUC.

21 **Vista al Mar,** Ave. 37 No. 210, e/2 y 4. Das Haus hat nach hinten zur Bucht einen Garten mit Terras-se. 2 Zimmer ab 30 CUC, Frühstück 5 CUC.

27 **Angel e Isabel,** No. 24. Es gibt 2 Zimmer mit Bad in einem Extra-Anbau im Garten, direkter Zu-gang zum Wasser, Tel. 511519 und 052 683191; auch der **Nachbar** in No. 25 vermietet: moderni-siertes Haus, ebenfalls direkter Zugang über einen Steg zum Wasser, beide 35 CUC pro Nacht.

28 **Antonia y Napoles,** No. 22, Tel. 513191. Zim-mer im Obergeschoss, separates Bad und Balkon, 25 CUC.

◁ Auf der Halbinsel Punta Gorda

29 **Dr. Ana María Font D'Escoubet,** No. 20, Tel 513269. Vom Garten mit Palmen gelangt man über eine Leiter ins Wasser. Sehr gutes Essen! 2 Zimmer mit Gemeinschaftsbad, 30 CUC.

30 **La Casita de Ochún,** No. 16, Tel. 519449. Et-was kleiner, die Zimmer auch. 30 CUC, Meerzugang, das Essen nicht so gut.

30 **Mandy y Olga,** No. 4D (letztes Grundstück vor dem Ende auf Punta Gorda, Tel. 519966). Apart-ment mit Wohn- und Schlafzimmer im 1. Stock, Bal-kon, eigener Eingang, sehr gutes Essen, ab 30 CUC.

30 **Los Delfines,** No. 4E (vorletztes Grundstück vor dem Ende auf Punta Gorda, Tel. 520458). Zimmer mit Privatterrasse und hauseigenem Steg direkt ins Meer, traumhaft, 35 CUC.

Privat in der Innenstadt

1 **Margarita Jiménez Marín,** Ave. 60 No. 3503, e/35 y 37, Nähe Plaza Martí, Tel. 555185, isidroher-rera@correosonline.cu. 25 CUC/DZ, Frühstück 3 CUC pro Person. 2 Zimmer mit Bad und AC, Kolonialbau mit hohen Räumen und Patio. Nette Bewirtung.

2 **Bella Perla Marina,** *Amileidis* und *Waldo,* Calle 39 No. 5818, esq. Ave. 60, Tel. 518991. 2 Zimmer mit Bad in einem Haus aus den 1950er Jahren mit Gar-ten und einer großen Dachterrasse. Stadt- und See-blick, Einrichtung im Art-déco-Stil, AC, Kühlschrank, DZ bis 25 CUC. Die Inhaber sprechen englisch.

3 **La China y Thondik,** Ave. 56 No. 5503 alto, e/55 y 57, Tel. 515079. 2 Zimmer im Zentrum, ab 20 CUC.

4 **Hostal Kiki & Yanelis,** Ave. 48 No. 4508, e/45 y 47, Mobil 0053 53380294, zentral in der Nähe des Busbahnhofs. 3 DZ mit Bad, Küche und Minibar. Dachterrasse. 25 CUC, Frühstück 5 CUC.

13 **Hostal Bahia,** Calle 35, esq. Ave. 20. Liegt ru-hig am Wasser und hat einen großen Balkon, 30 CUC mit Frühstück.

14 **Mirtha Hostal,** Calle 37 No. 1205, e/Ave. 12 y 14, Punta Gorda, Tel. 526286. Das Haus liegt wun-derschön zwischen restaurierten Prachtbauten mit Blick auf's Meer! Die Hausherrin spricht englisch. Apartment mit 2 kleinen Zimmern im EG für 30 CUC,

3

1 Zimmer im OG mit Bad und Terrasse für 25 CUC, Frühstück 5 CUC pro Person, Parken 2 CUC.

17 Hostal Armando y Belkis, Ave. 14 No. 3702, e/ 37 y 39, Tel. 517817. Zimmer mit Bad im Stil der 1950er Jahre, im Patio stehen Bäume, 30 CUC.

18 José Luis Cárdenas López, Ave. 6 No. 3701, e/ 37 y 39, Punta Gorda, Tel. 525261. 20 CUC, mit Klimaanlage, Bad, Wohnzimmer und separatem Eingang. Sympathische, hilfsbereite Familie.

42 Regla Estévez Toledo Puchy, Calle 39 No. 5402, e/54 y 56, Tel. 513802. 2 Zimmer im Zentrum, 25 CUC fürs Zimmer, weitere 10 CUC für Frühstück und Abendessen, sehr schön eingerichtet, Bad, Telefon, hilfsbereite Menschen.

43 Hostal Juventus, Ave. 52 No. 3925, e/39 y 41, Tel. 52914266, hostaljuventas@gmail.com. Kleines, sehr nettes Haus von *Andros* und seiner Frau *Daine*, 2 DZ für ca. 35 CUC inkl. Frühstück.

44 Eliza y Miguel Angel, Avenida 50 No. 4508, Tel. 511920. 2 Zimmer mit Bad im OG, Terrasse, Essen auf Wunsch, angenehme Vermieter, 25 CUC.

Essen und Trinken

5 Paladar El Lobo, Calle 37 No. 4226, e/42 y 44. Ein merkwürdiger Ort, mit alten Rockplakaten tapeziert, auf dem Videoschirm laufen alte Rockkonzerte, ein ausgestopfter Wolf sitzt in der Ecke. Das Essen ist geschmacklich und preislich akzeptabel.

5 Doña Nora, Calle 37 (Prado) No. 4219, e/42 y 44. Essen mit Blick vom Balkon auf den Prado, tgl. ab 8 Uhr, manchmal Wild in Weinsoße.

6 Las Mamparas, Prado (Calle 37) 4004, e/40 y 42, tgl. außer Mo 13–22 Uhr. Sehr gutes Essen, freundlich, günstige Preise.

7 El Ocaso, Calle 37 No. 3806, e/38 y 40. Essen, wenn die Sonne über der Bucht untergeht. Tgl. ab 11 Uhr, cubanische Gerichte ab 8 CUC.

10 El Rápido, Calle 37, esq. 26, Fastfood auf der Terrasse mit Blick auf die Bucht, die Straße liegt allerdings dazwischen.

12 Finca del Mar, Calle 35, e/Ave. 18 y 20, Punta Gorda. Modernes Ambiente mit Sitzplätzen im Garten, mittlere bis hohe Preislage, aber empfehlenswert.

19 La Lobera, Calle 37, e/Ave. 10 y 12, Tel. 512 891. In der Villa auf dem Gelände des alten Jachtclubs speist man stilvoll und gut. Besonders die verschiedenen Terrassen und Balkone sind toll. Man ahnt, wie es hier vor der Revolution zugegangen sein muss. Gute Fleischgerichte, aufmerksamer Service, angemessene Preise (vier Menüs, jeweils ab 20 CUC), nicht überlaufen.

24 Covadonga, am Ende der Calle 37, e/0 y 2, in der Nähe vom Hotel *Jagua,* daneben ein preiswerter Schnellimbiss direkt am Wasser.

25 Pelícano, Ave. 0 No. 3506B (altos), e/35 y 37, Punta Gorda. Das Lokal gegenüber dem Palacio del Valle bietet von der Dachterrasse eine tolle Aussicht auf die Bucht, Spezialität sind Meeresfrüchte-Spieße, täglich außer So ab Mittag.

26 Villa Lagarto, Calle 35 No. 45, e/Ave. 0 y Litoral, Mobil 43519966. Romantische, überdachte und begrünte Terrasse mit Blick auf die Bucht von Cienfuegos, direkt am Wasser, gutes Essen (Menü), allerdings gibt es keine Fischgerichte.

31 Bar La Punta, am äußersten Zipfel der Landzunge Punta Gorda gelegen, kleiner Pavillon, hier werden gute und preiswerte Mojitos serviert, auch einen Imbiss gibt es hier.

32 El Palatino, gegenüber dem Pavillon am Parque Martí, preiswerte Kleinigkeiten, deshalb voll. Hier kann man sich nebenbei porträtieren lassen.

34 Paladar Bouyón 1825, Calle 25 No. 5605, e/Ave. 56 (San Carlos) y 58 (Santa Cruz). Angenehmer Paladar in der Nähe des Platzes, es gibt hauptsächlich Gegrilltes. Geöffnet ab 12 Uhr.

35 Eisdiele, Calle 37 y Ave. 52. Nicht billig, aber es gibt für cubanische Verhältnisse gewagte Kreationen, drei Kugeln zu 1,50 CUP, 10 für 5 CUP.

36 Polinesia, neben der Kathedrale. Gut, schnell, reichhaltig. Keine Karte, aber ein Menü für 9 CUC inkl. Vor- und Nachspeise plus Blick auf den Park – was will man mehr?

38 **Pizzeria Dino,** Calle 31, e/Ave. 54 y 56. Sehr billig und gut, es gibt sogar vegetarische Kost.

40 **Te Quedará,** Ave. 54 No. 3509, e/35 y 37, in der Innenstadt, mit Plätzen draußen, tgl. ab Mittag.

41 **Café Cantante Benny Moré,** Ave. 54, esq. Calle 37. Etwas heruntergekommenes Musiklokal.

Siehe Karte S. 170

1 **Casa del Pescador,** Punta La Milpa, am Eingangskanal hinter dem Hotel *Pascaballo* gelegen, gute Fischgerichte.

Nachtleben

11 **Los Pinitos,** in dieser Open-Air-Disco treffen sich die Einheimischen am Wochenende. Calle 35, e/20 y 22, Eintritt 2 CUC.

Einkaufen, Sonstiges

■ **Palacio de Turismo,** Calle 37 No. 1201.
■ **Internet:** *ETECSA,* Calle 31, e/Ave. 54 y 56.
■ **Markt:** Calle 31, e/Ave. 58 y 60.
■ **Lebensmittelladen:** Ave. 54, esq. Calle 31.
■ **Supermarkt:** am Paseo del Prado, esq. 24.
■ **CADECA** (Wechselstube): Ave. 56, e/33 y 36.
■ **Krankenhaus:** Ausländer behandelt die *Clínica Internacional de Cienfuegos,* Calle 37 No. 202, e/2 y 4, Punta Gorda, Tel. 551622.
■ **Reisebüro:** Ausflüge organisieren *Cubatur,* Calle 37, e/54 y 56, Tel. 451242, und *Mintur,* Calle 37 No. 1406, e/14 y 16, Tel. 451631 und 451627.

Verkehrsmittel/-verbindungen

■ **Bus:** *Víazul* fährt 2x am Tag von La Habana, 5 Stunden, 20 CUC. Einmal am Tag kommt man für 30 CUC nach Santiago, 13 Stunden. Den Busbahnhof findet man in der Calle 49, e/Ave. 56 y 58, unweit des Bahnhofs, Tel. 515720. Tickets sollte man min-

destens eine Stunde vorher kaufen. Das Büro befindet sich neben dem Wartesaal (durch die braune Tür). Innerstädtisch geht es von hier 5–7x täglich zu den Hotels *Rancho Luna, Faro Luna* und *Pascaballo.*

■ **Taxis:** Stand von *Cubataxi* auf der Ave. 50 an der Ecke zur Calle 37, Tel. 8454 oder 9145; Preise: nach Cienfuegos 5 CUC, zu den Stränden 10 CUC.

■ **Bahn:** Der Bahnhof ist in der Calle 49, esq. Ave. 58. Zug Nr. 67 kommt von La Habana. Sehr gemütliche Fahrt durch die fruchtbare Ebene. Die Zugstrecke führt durch ausgedehnte Zuckerrohrfelder und sogar über die Autobahn – ohne Bahnschranke! Der Zug verlässt La Habana um 13.25 Uhr und erreicht Cienfuegos meist gegen halb zwölf Uhr nachts. Die Rückfahrt ist am Nachmittag. Weitere Züge verkehren in unregelmäßigen Abständen zwischen Cienfuegos und Santa Clara, einer vormittags und einer nachmittags für etwa 3 CUC. Eine weitere Verbindung gibt es nach Sancti Spíritus. Diese Fahrt dauert 5 Stunden und kostet unter 3 CUC.

■ **Pferdekutschen** fahren die ganze Calle 37 entlang bis zum Hotel Jagua. Eigentlich nur für Einheimische, die zahlen 2 Pesos, aber für 1 CUC wird man auch mitgenommen.

■ **Mietwagen** bekommt man an den Hotels *Jagua* und *Unión* sowie im *Rancho Luna.*

■ **Tankstelle:** am Prado, esq. Ave. 16, eine weitere kurz vor der Playa Rancho Luna links.

■ **Weiterfahrt nach Trinidad:** Am Friedhof vorbei Richtung Playas; vor der Tankstelle links ab und vor dem Botanischen Garten rechts abbiegen. Abenteuerlicher ist die Fahrt ab San Francisco über La Sierrita und Gavina durch die Berge.

■ **Flug:** Der kleine *Aeropuerto Jaime González (CFG)* (nur innercubanische Flüge) liegt etwa 6 km vom Zentrum entfernt in nordöstlicher Richtung (Caunao, Botanischer Garten).

■ **Boot:** Der Anleger für Boote zum Castillo de Jagua liegt an der Ave. 46, esq. 23. In der Regel fahren zwei Boote pro Tag, manchmal auch nur eins mittags. Sie nehmen über 100 Passagiere auf, die Fahrt kostet 50 Centavos bzw. 2 CUC für Ausländer und dauert etwa eine Dreiviertelstunde. Das Boot stoppt mehrmals, erkundigen Sie sich nach dem richtigen Halt. Die Zeiten sind unterschiedlich. Die letzte Rückfahrt ist gegen 16.30 Uhr, am Tag vorher erfragen, morgens hin und nachmittags zurück.

■ **Jachthafen:** Der Anleger heißt *Marina Puertosol* (Tel. 451241) und befindet sich am Westufer der Bucht, Punta Gorda, Calle 35, e/10 y 11.

Veranstaltungen, Aktivitäten

■ **Fiesta del Camarón:** Das Krabbenfest findet im April statt, wenn man sowieso kaum noch freie Zimmer bekommt, da die Cubaner in diesem Monat selbst gern verreisen.

Cienfuegos Umgebung

© Reise Know-How 2017

0   10 km

Cuba 23

Unterkunft
2 Hotel Pascaballo
3 Hotel Faro Luna
4 Hotel Rancho Luna
5 Villa Guajimico

Essen und Trinken
1 Casa del Pescador

■ **Fiesta de Benny Moré:** Alle zwei Jahre im August wird zu Ehren des berühmten Soneros gefeiert (mehr über den „Barbar des Rhythmus" im Kapitel „Land und Leute" unter „Musik").

■ **Karneval:** im August.

■ **Palacio de Ferrer:** Eine *Casa de la Cultura* liegt an der westlichen Ecke des Parque José Martí, Ave. 54, esq. Calle 25, und bietet ein ständig wechselndes Programm an kulturellen Veranstaltungen und den Blick vom kleinen Eckturm. Eine weitere *Casa de la Cultura* befindet sich am Prado, Ecke 58.

33 **UNEAC-Gartenlokal:** Calle 25 No. 5413, an der Westseite des Platzes, manchmal Konzerte.

■ **Tauchen:** An den Hotels *Rancho Luna* und *Faro Luna* gibt es Tauchzentren, die spannende Touren zu einer riesigen Korallensäule, versunkenen Schiffen und Höhlen anbieten. Außerdem kann man mit kleinen Haien schwimmen. Die Plätze sind in einer guten Viertelstunde erreichbar.

Ausflüge

Strände

Wer baden will, der fährt hinaus zur Playa Rancho Luna oder zu der kleinen Badebucht östlich vom Hotel *Faro Luna*. Ansonsten springen die Einheimischen gleich von Punta Gorda ins Wasser.

Die **Playa Rancho Luna** ist ein kleiner weißer Sandstrand ca. 18 km außerhalb von Cienfuegos. Zugang von der parallel verlaufenden Straße neben dem gleich namigen Hotel. Das Taxi von Cienfuegos kostet ca. 8 CUC.

Delfinario

Das **südlich der Stadt hinter dem Faro Luna** gelegene Delfinarium war eines der ersten auf der Insel. Das Gelände liegt in einer kleinen Bucht am Meer und ist ganz nett gestaltet. Die Show ist nach US-amerikanischem Vorbild gehalten, es geht auch laut zu, wenn viele Cubaner anwesend sind. Geöffnet tgl. außer Mi, Shows um 10 und 14 Uhr, Eintritt 10 CUC, Schwimmen mit den Delfinen 50 CUC, man kann sich dabei vom Personal fotografieren lassen und bekommt dann die Foto-CD für 40 CUC. Taxi aus dem Ort 20 CUC. Straße nach Pascaballo, Playa Faro Luna.

Finca Isabela

Die Finca liegt einige Kilometer außerhalb der Stadt an der Ave. 5 de Septiembre 1 km hinter dem Friedhof. Auf dem ehemaligen **Bauernhof** finden abends Veranstaltungen unter freiem Himmel statt. Das kostet nur 1 CUC pro Person, deshalb kommen viele Cubaner. Mittags halten hier oft Reisebusse.

Castillo de Jagua

1732 starb die Frau des Kommandanten *Juan Castilla Cabeza de Vaca.* Hundert Jahre später, so die Legende, spukte ihr Geist in Gestalt einer blau gewandeten Frau, die sich aus einem schwarzen Vogel verwandelt haben soll, in den Mauern herum. Wachposten wollen die Erscheinung gesehen haben. Eintritt in **eine der größten Festungen des Landes:** 3 CUC. Von Cienfuegos verkehrt eine Fähre, oder man fährt mit dem Boot vom Hotel *Pascaballo* über die Bucht. Der Weg über Land von Westen ist ziemlich weit. Er führt an der Bauruine des Kernkraftwerkes vorbei. Das kleine

Dorf unterhalb des Castillo wird gern fotografiert. Die beste Sicht auf die Häuser hat man bei der Ankunft mit der Fähre.

Jardín Botánico de la Soledad

Der **Botanische Garten von Cienfuegos** gehört zu den bedeutendsten in Lateinamerika. Er liegt fast 20 km nordöstlich bei Guaos. Mit einer *Coco Amarillo* kostet die Fahrt für zwei Personen 15 CUC, *Cubanacán* fährt für 10 CUC pro Person dorthin. Im Jahr 1900 gegründet, gedeihen auf einer riesigen Fläche 2000 Pflanzenarten aus aller Welt betrachten, davon 45 Palmen- und 20 Bambusarten. Ursprünglich als Versuchsfeld für Zuckerrohranbau geplant, entwickelte sich das Areal unter seinem Gründer, dem Zuckerbaron *Atkins,* zu einem Garten, der später von der Harvard-Universität übernommen wurde. Di–So 8–17 Uhr, 3 CUC. Es gibt einen Getränkeverkauf, aber nichts zu essen.

🦋 Laguna de Guanaroca

Die Lagune, ein einsames **Naturschutzgebiet** und Rückzugsort für viele Vogelarten, liegt am Río Arimao, bevor der Fluss in den Golf von Cienfuegos fließt. Man fährt die Hauptstraße nach Rancho Luna, kurz davor am Abzweig nach Pepito Tey gibt es einen Parkplatz mit Bar. Die zweistündige Tour zur Lagune kostet 10 CUC, die sich aber lohnen. Man wird von einem Führer begleitet und läuft durchs Gebüsch zur Lagune, wo ein Ruderboot wartet. Damit geht es auf die andere Seite zu einer Aussichtsplattform, wo Hunderte Rosa Flamingos leben; die

meisten bekommt man in den Wintermonaten zu sehen. Man sollte früh aufbrechen. Buchung auch über das Cuba-
nacán-Büro.

Wasserfall El Nicho in der Sierra del Escambray

Cueva de Martín Infierno

Die große **Höhle** in den Bergen der Sierra del Escambray liegt in der Gemeinde
Cumanayagua in der Gegend von Batey
El Colorado. Im Inneren findet sich **einer der weltgrößten Stalagmiten,** der es
auf über 67 m Länge bringt. Entdeckt
wurde die Höhle im Jahr 1967, ihr Name

153cu kh

Welt. Man kommt nur zu Fuß hin, die Eingänge El Naranjo und Colorado liegen an steilen Hängen. Man sollte sich in Cienfuegos oder Trinidad bei Infotur erkundigen, ob es Führungen gibt.

An der Küste

Auf der Weiterfahrt an der Küste in **Richtung Trinidad** erreicht man nacheinander vier **Flussmündungen,** an denen sich viele Einheimische erfrischen, z.B. an der Brücke über den **Río Yaguanabo.** Davor liegt eine schöne Raststätte über dem Wasser (km 55), in der angeschlossenen *Villa Yaguanabo* (Islazúl) ③ kann man in mehreren Hütten übernachten, Tel. 042 541905. Weitere kleine Strände an Flussmündungen sind nach 80 km die **Playa Inglés** und an der Provinzgrenze die **Playa Caleta de Castro.**

5 **Unterkunft** (siehe Karte S. 170): **Villa Guajimico** (Cubamar) ③, 42 km hinter Cienfuegos, dort, wo man wieder ans Meer kommt, liegt an der Mündung des Río La Jutía diese einfache Ferienanlage, Tel. 042 540946. Mit Pool an den Klippen und 50 Hütten, 8 davon am unsauberen Strand; die Bucht ist voller Seegras. Hierher kommen vor allem Taucher, es gibt Kurse etc.

■ **Essen und Trinken: La Piña Colada,** an der Küstenstraße nach Trinidad, km 42. Privat betriebenes kleines Restaurant mit Sitzplätzen auch draußen. Tgl. ab Mittag.

Museo del Vapor

Wer über Palmira nach Santa Clara weiterfährt, kommt bei Cruces an der Zuckermühle *Maltiempo* („schlechtes Wetter") vorbei. Hier findet sich ein großes

hat mit zwei **Legenden** zu tun: Eine handelt von einem entflohenen Sklaven namens *Martín,* der in der Höhle Zuflucht fand, die andere bezieht sich auf den Glauben der Einheimischen, durch die Höhle könne man bis in die Hölle *(infierno)* gelangen. Die Höhle ist ca. 700 m lang und liegt in 650 m Höhe. Drinnen leben die kleinsten **Fledermäuse** der

3

Eisenbahn-Ausbesserungswerk mit dem **Dampflokmuseum** Museo del Vapor. Am 20. Mai ist Museumstag, der 13. Oktober ist der Jahrestag des Museums und der 9. Dezember der „Tag der Freunde der Eisenbahn", was für Fans alter Lokomotiven besonders reizvoll ist, da man auf fast 20 km Strecke mitfahren kann. Zurzeit hat das Museum sieben Dampfloks am laufen, am häufigsten eine englische *Aurrera* aus dem Jahr 1898. Der Zug fährt regelmäßig 3 x wöchentlich: Sa 12.30 und 18 Uhr, Sonn- und Feiertage 12.30 Uhr; Eintritt und Fahrt 5 CUC.

El Nicho

Die Quelle des Río Hanabanilla liegt in der wunderschönen **Sierra del Escambray.** Obwohl 50 km von Cienfuegos entfernt, lohnt sich ein Tagesausflug auf jeden Fall, z.B. über die Agentur *Mintur* in Cienfuegos (siehe dort). Von den Hotels werden Touren für 30 CUC pro Person mit Mittagessen angeboten. Vom Dorf El Nicho – mit Blick auf den Hanabanilla-Stausee – kommt man zu zahlreichen **Wasserfällen** mit Badestellen. Dazu fährt man die Straße links hinter der Tankstelle auf dem Weg von Cienfuegos nach Playa Rancho Luna in Richtung Trinidad ab, über Los Guaos, Cumanayagua und Barajagua, dann rechts zum See; von dort mit dem Boot weiter (12 CUC). Zurück auf dem gleichen Weg, da die Straße bei La Felicidad in einem unglaublich schlechten Zustand ist.

An der Quelle des Río Hanabanilla ist es natürlich nicht gerade menschenleer. Der Eintritt beträgt 9 CUC pro Person, Touren können auch ab Trinidad gebucht werden.

Santa Clara

- **Vorwahl:** 042
- **Einwohner:** 191.000

Die Stadt, in der *Che* begraben liegt, ist ein guter Zwischenstopp auf der Route von Trinidad nach La Habana. In der **Universitätsstadt** ca. 300 km südöstlich von La Habana fand der letzte große Kampf der cubanischen Revolution statt: Am 31. Dezember 1958 stieß *Che Guevara* mit seinen Kämpfern nach Santa Clara vor, bevor *Fidel Castro* siegreich in La Habana einzog. Fast 40 Jahre später, am 22. Januar 1998, hielt Papst *Johannes Paul II.* während seines Cuba-Besuchs eine Messe in der Stadt ab.

Auch in Santa Clara änderte man nach der Revolution die kirchlichen **Straßennamen:**

9 de Abril	San Miguel
General Roloff	Caridad
Berenguer	San Mateo
Ciclón	Fordoñes de Hara
Maestra Nicolasa	Candelaría
Morales	Sindíco
Serafín García	Nazareno
Eduardo Machado	San Cristobal
Evangelista Yanes	Padre Tuduri
Pedro Esterez	Unión

Monumento Che Guevara: Das Denkmal des Revolutionärs ist die größte Attraktion dieser armen Gemeinde. Es wurde zum zwanzigsten Todestag hier aufgestellt. 1997 wurden die sterblichen Überreste des Volkshelden feierlich ins Mausoleum am Denkmal überführt, in dem auch 38 seiner Kampfgefährten ruhen. *Fidel* selbst entfachte dort eine ewige Flamme. Hinter dem Monument liegt der Eingang zum Che-Museum, das Bilder und Dokumente zeigt. Fotografieren auf dem Gelände verboten.

Monumento al Tren Blindado: Der gepanzerte Zug sollte Nachschub für *Batistas* Truppen heranholen, doch er kam nur bis Santa Clara, wo ihm die Revolutionäre auflauerten – so fielen ihnen jede Menge Waffen in die Hände. Besichtigung jederzeit, meist 1 CUC, die Wagen stehen neben dem Bahnübergang.

Das **Denkmal** für den Oberst der nationalen Befreiungsarmee *Leoncio Vidal* steht im **Parque Vidal.**

Zigarrenfabrik, Calle Maceo, esq. Berenguer. Führung 4 CUC, Tickets über das *Cubatour*-Büro. Im Shop kann man diverse Fabrikate kaufen.

Die **Iglesia del Carmen** aus dem 18. Jh. steht unter Denkmalschutz und ist ebenfalls einen Besuch wert.

An der Nordseite des Parque Vidal liegen das **Teatro de la Caridad,** das 1885 erbaut wurde und heute eines der letzten kolonialen Theater auf Cuba ist und das **Museo de Artes Decorativos,** in dem man kunstgewerbliche Objekte aus der Zeit zwischen dem 17. und 20. Jh. besichtigen kann.

Unterkunft

Hotels

1 La Granjita (Cubanacan) ③, außerhalb an der Carretera de Malezas, km 1,5, Tel. 218190, reserva@granjita.vcl.tur.cu. 2-stöckige achteckige Häuschen, strohgedeckt, mit Pool, Restaurant, manchmal gibt es eine Show, außerdem Internet und Pferde. Das Essen ist gut, die 62 DZ sind geräumig.

☑ Monumento Che Guevara –
hier liegt der Revolutionsführer begraben

cu004-2017kh

Der Mythos „Che" Guevara

Ernesto Guevara Serna wurde am 14.6.1928 als Sohn eines Architekten in Argentinien geboren. Trotz seiner Asthmaanfälle ist er sportlich und bereist in seiner Jugend den südamerikanischen Kontinent. Er studiert in Buenos Aires Medizin und promoviert 1953.

Ein Freund überzeugt ihn, nach Guatemala zu gehen, weil die dortige Revolution Ärzte benötigt. Bis 1954 arbeitet er als **Militärarzt.** Bei einer Reise nach Costa Rica begegnet er in einem Café in San José den Rebellen um *Fidel Castro,* mit denen er seine politischen Ansichten diskutiert. Hier erhält er wegen seines argentinischen Akzents den Beinamen „Che". Kurz darauf lernt er die Sozialistin **Hilda Gadea** kennen. Mit ihr und der Gruppe um *Castro* schmiedet er Pläne zur **Befreiung Lateinamerikas.** Ein mit der Hilfe der *CIA* initiierter Putsch in Guatemala stürzt die Reformregierung unter *Jacóbo Arbenz.* Für die Gruppe wird es zu gefährlich; sie setzt sich nach Mexiko ab. *Hilda* entkommt erst später – sie muss sogar den Grenzfluss durchschwimmen. Wieder mit *Che* zusammen, heiraten sie 1955 in Mexiko City. *Raúl Castro, Fidels* Bruder, ist Trauzeuge. 1956 wird die Tochter *Hildita* geboren. *Che* entschließt sich, an der **Befreiung Cubas** mitzuwirken. Am 25.11.1956 macht sich die Truppe mit einer Menge Material an Bord der altersschwachen Jacht *Granma* von Tuxpan aus auf die schicksalhafte Reise. Der Kampf gegen das Regime *Batista* wird über zwei Jahre dauern.

Im Guerillakampf in der cubanischen Sierra Maestra wird *Che Guevara* zum Kommandanten und **Vertrauten Fidel Castros.** Als er Mitte 1957 ein Schreiben der Rebellen unterzeichnen soll, sagt *Castro* ihm, er solle mit „Commandante" unterschreiben. Von einer Mitrevolutionärin bekommt er dann den berühmten 5-zackigen

Stern geschenkt, den er sich an seine schwarze Baskenmütze steckt.

1959, in der Sierra Escambray, lernt er die Lehrerin **Aleida March de la Torre** kennen, die den Bauern Lesen und Schreiben beizubringen versucht. Sie verlieben sich, *Che* lässt sich von *Hilda* scheiden. *Hildita* bleibt in Cuba bei ihrem Vater. *Aleida* und *Che* heiraten im Juni 1959. Trauzeuge ist abermals *Raúl Castro.* Aus dieser Verbindung gehen vier Kinder hervor.

In den folgenden Jahren übernimmt *Che* wichtige Ämter in der cubanischen Administration. 1959 wird er **Präsident der Nationalbank Cubas,** 1961–1965 Minister für Industrie. Man erklärt ihn zum „von Geburt an cubanischen Staatsbürger". *Che Guevara* wird zum **Ideologen** der Revolutionsregierung, hält dabei aber die Nähe zur Bevölkerung. Trotz seines Asthmas schont er sich nicht und geht bei der Umsetzung seiner Theorien stets mit gutem Beispiel voran. Seine Idee vom „neuen Menschen" in einer gerechten Gesellschaft verkörpert er selbst (so der Mythos). Bald wird er von der cubanischen Jugend als Vorbild angesehen. „¡Seamos como el Che!", machen wir es wie *Che.* Er hält sich viel im Ausland auf, wodurch seine Beziehung zu *Aleida* leidet. Auf einer Reise in die DDR lernt er die Deutsch-Argentinierin **Tamara „Tanja" Bunke** kennen, die seine Dolmetscherin und Gefährtin wird. Sie ist auch bei *Guevaras* Versuch dabei, die Revolution nach Bolivien zu tragen.

Der Einfluss *Guevaras* schwindet jedoch zusehends. Neben seiner gescheiterten Wirtschaftspolitik sind persönliche und ideologische Differenzen mit *Fidel Castro* Grund für seine Entmachtung. Er geht ins **Exil.** 1965 nimmt er am Bürgerkrieg im Kongo teil. Danach versucht er die Revolution in Südamerika durchzusetzen. Ziel des

Kampfes soll die **Befreiung des ganzen Kontinentes** sein. Unerkannt reisen die Guerillas in Bolivien ein. Auch *Tanja Bunke* ist als einzige Frau mit dabei. Die Strapazen sind ungeheuer, *Tanja* wird krank und muss in die Nachhut. Am 31. August **1967** wird die gesamte Nachhut von Regierungstruppen erschossen. Auch *Ernesto Guevara* gerät in einen Hinterhalt und wird **am 9. Oktober von Soldaten ermordet.** Nach offizieller Darstellung des Kommandeurs, Oberst *Joaquín Zenteno Anaya,* erschossen Regierungssoldaten *Guevara* am 8. Oktober bei einem Feuergefecht im Vallegrande, im Südosten Boliviens. Der mit der Obduktion beauftragte Arzt, *Dr. Moises Abraham,* sagte jedoch aus, *Guevara* sei erst am 9. Oktober 1967 verstorben. Er soll zunächst, leicht verwundet, gefangen genommen und dann hingerichtet worden sein – manche vermuten, auf Anordnung der *CIA.* Eine seiner Forderungen war nicht zuletzt: „Vernichtung des Imperialismus durch Beseitigung seiner stärksten Bastion, der imperialistischen Herrschaft der USA". Der Tod *Guevaras* löste auf Cuba große Trauer aus. Regierungschef *Fidel Castro* ordnete eine dreißigtägige Staatstrauer an.

Erst 30 Jahre später, im Oktober 1997, kehrten seine **sterblichen Überreste nach Cuba** zurück. Eine Viertelmillion Cubaner mit *Fidel Castro* an der Spitze defilierte an dem in Santa Clara aufgebahrten Sarg vorbei. Die Gebeine waren erst am 1. Juli 1997 in Bolivien bei Ausgrabungen gefunden worden. Am 5. Juli 1997 hatten argentinische und cubanische Gerichtsmediziner bestätigt, dass es sich tatsächlich um *Che Guevaras* Überreste handelte.

12 Santa Clara Libre (Islazúl) ②, Parque Vidal 6, e/Martha Abreu und Tristá, Tel. 207548. 162 einfache Zimmer im Hochhaus mit geschichtsträchtigen Einschusslöchern in der Fassade. Restaurant und Bar mit Fernsicht im obersten Stock.

29 Motel Los Caneyes (Cubanacan) ③, Ave. Eucaliptos y Circunvalación, 5 km außerhalb der Stadt, Tel. 218140. 90 klimatisierte Zimmer mit Bad in palmgedeckten Bungalows, mit Pool unter Bäumen, ruhig, außer wenn am Wochenende Disco ist. Ausflüge zur Insel Las Brujas werden angeboten. Dazu gibt es ein gutes Restaurant.

Privat

2 Hostal de Olga y Zaida, Evangelista Yanes 20, e/Máximo Gómez y Carolina Rodríguez, Tel. 211711, vermietet 2 Zimmer mit AC und Kühlschrank, schöner Patio, Dachterrasse, zentrumsnah, aber sehr ruhig, 35 CUC.

3 Familia Linares, Julio Jover 32 (altos), e/Luis Estévez y Máximo Gómez, Tel. 225800, linaresmanuel96@yahoo.com. Großes Kolonialhaus in zentraler Lage, Zimmer mit Bad, große Terrasse, ab 25 CUC, es wird englisch gesprochen.

5 La Pergola, Luis Estévez 61, e/Independencia (Boulevard) y Martí, Tel. 208686. *Carmen* und *Carlos* sind hilfsbereit und sympathisch. AC, TV, Kühlschrank, Riesensalon, Patio und besagte Pergola, ab 25 CUC. Ausgezeichnetes Essen.

10 Adrianos Hostal, Marta Abreu 56, e/Villuendas y Zayas, Tel. 205008, www.hostalmarta.com. Kolonial groß, 4 Zimmer, 20–25 CUC, gleicher Besitzer wie *La Pergola.*

13 Hostal Vista Park ①, Leoncio Vidal 1 (altos), e/ Parque Vidal y Maceo, Tel. 219727. Tolle Lage und toller Ausblick mit Balkon und Dachterrasse.

14 José y Vivian Rivero, Maceo 64, e/Independencia y Martí, Tel. 203781. AC und schöne Gartenterrasse, super Essen, Doppelzimmer 15 CUC.

15 Ramon Rodríguez, Independencia 205, e/Unión (Pedro Estévez) y San Isidro, apto. 1, Tel. 203179. 2 Zimmer, modern, ab 25 CUC.

© Reise Know-How 2017

0   200 m

Essen und Trinken
- 7 Casa de la Governador
- 8 Restaurant Colonial 1878
- 9 Taberna El Mejunje
- 17 La Verbena
- 18 Eisdiele (Coppelia)
- 19 El Arrecife
- 24 Paladar Bogedita del Centro
- 28 Paladar La Terraza
- 31 Paladar La Concha

Einkaufen/ Sonstiges
- 6 Supermärkte
- 7 Kunstgewerbe- laden
- 11 Cubatur-Büro

Nachtleben
- 8 Bar La Marquesina

Unterkunft
- 1 La Granjita
- 2 Hostal de Olga y Zaida
- 3 Familia Linares
- 5 La Pergola
- 10 Adrianos Hostal
- 12 Hotel Santa Clara Libre
- 13 Hostal Vista Park
- 14 José und Vivian Rivero
- 15 Ramon Rodriguez
- 16 El Castillito
- 20 El Patio
- 21 Casa Mary
- 22 Hostal Florida
- 23 Louisa Costa Pérez
- 25 Dra. Diana L. Romero Campos
- 26 Yadin Valdes Leon
- 27 Ernesto y Mireya
- 29 Motel Los Caneyes
- 30 Hostal jorgesheila

Zentral-Cuba

16 **El Castillito,** Sr. José Fernández Gonzáles, Calle Cespedes 65-A, e/Maceo y Union, Tel. 292671 und 53563677. Zentral in der Nähe des Boulevards, trotzdem ruhig, DZ mit AC, Safe und Kühlschrank, Bad, große Terrasse. Die Dame des Hauses spricht englisch und kocht gut. 25 CUC, Frühstück 4 CUC pro Person. Parkplatz beim Nachbarn 2 CUC pro Nacht.

20 **El Patio,** Maceo 102, e/Gloria y Mujica, Tel. 207 054, 2 DZ, mit Bad. Hohe Räume mit Fenstern und Türen zum Patio. Freundliche Familie. *Pedro* ist Arzt und spricht englisch. DZ ab 20 CUC.

21 **Casa Mary,** Dra. *María Isabel Obregon,* San Cristóbal (Eduardo Machado) 118, e/Maceo y Unión (Pedro Estérez), Tel. 223441. Schönes Haus, tolles Essen, nette Frau, ab 25 CUC.

22 **Hostal Florida,** Maestra Nicolasa (Candelaria) 56, e/Colón y Maceo, Tel. 208161. *Angel Rodríguez Martínez* vermietet 2 Zimmer für jeweils 25 CUC, schöne, hohe Räume voller Antiquitäten und netter Patio, Zimmer nicht verschließbar.

23 **Louisa Costa Pérez,** Maceo Sur 326, e/Ave. 9 de Abril y Serafín García, Tel. 294167. 1 DZ mit Bad für 20 CUC, zentrumsnah, Mahlzeiten, freundlich, mit Patio.

25 **Dra. Diana L. Romero Campos,** Colón 236, e/ Serafín Garcia y Morales, Tel. 203815. Zimmer mit Bad, zentrumsnah gelegen, 20 CUC, mit Patio.

26 **Yadin Valdes Leon,** Bonifacio Martínez 60, e/ Sindico y Caridad, Tel. 206754. 2 Zimmer, Bad, Terrasse für 15 CUC.

27 **Ernesto y Mireya,** Calle Cuba 227 (altos), e/ Pastora y Síndico, Tel. 273501. Zimmer mit Bad, Kühlschrank, AC, Wohnzimmer kann mitbenutzt werden, super Essen, DZ ab 25 CUC.

30 **Hostal jorgesheila,** Calle Pons y Naranjo (Toscano) 66, e/Real (Coronel Gálves) e Independencia, www.hostaljorgesheila.yolasite.com. Freundlich geführte Unterkunft, Zimmer mit Bad und TV für 25 CUC.

Essen und Trinken

8 **Restaurante Colonial 1878,** Máximo Gómez, e/Marta Abreu y Independencia. Cubanische Küche im schönen Innenhof eines Kolonialgebäudes. Ziemlich teuer, Service – na ja. Man kann probieren, die Peso-Karte zu bekommen.

28 **Paladar La Terraza,** im 1. Stock der Serafín Sánchez 5, e/Cuba y Colón, verkauft für Pesos.

24 **Paladar Bogedita del Centro,** Villuendas Sur 264, e/9 de Abril y Serafín García. Schöner Paladar mit gutem Essen.

9 **Taberna El Mejunje,** Marta Abreu 107, e/Zayas y Alemán, Disco am Wochenende.

31 **Paladar La Concha,** Carretera Central, esq. Danielito. Mittelmäßiges Peso-Restaurant.

7 **Casa de la Governador,** Independencia, esq. Juan Bruno Zayas. Das Beste ist die Atmosphäre, Lobster gibt es für 15 CUC, sonstige Gerichte ab 7 CUC. Geöffnet tgl. ab 11 Uhr.

18 **Coppelia,** Eisdiele in der Colón, südlich des Parks. Wie überall ein Magnet für Ortsansässige.

17 **La Verbena,** Calle Maceo 62, e/Gloria y Buen Viaje, Tel. 206972. Nettes Lokal in der Nähe des Parks Vidal, cubanische Küche mit Menüs ab 7 CUC, tgl. ab 9 Uhr.

19 **El Arrecife,** Cuba 15, esq. San Cristóbal. Fisch und Meeresfrüchte im Stadtzentrum, das Hauptgericht um 7 CUC, geöffnet ab 9 Uhr.

Nachtleben

8 **Bar La Marquesina,** am Parque Vidal, esq. Gómez. Eine bunte Mischung und lange geöffnet.

Einkaufen, Sonstiges

■ **Post,** Calle Colón 10.
■ **Märkte** gibt es außerhalb am Estadio Sandino und zentral in der Calle Cuba 269.
■ **Fotoladen,** Independencia Oeste 55.

3

6 **Läden** finden sich in der Fußgängerzone Independencia „Boulevard", e/Maceo y Zayas.

6 **Boulevard Supermarkt,** Independencia, e/Maceo and Zayas. Alles Mögliche.

7 **Kunstgewerbeladen,** Luis Estévez Norte 9, e/Parque Vidal & Independencia.

Verkehrsmittel/-verbindungen

■ Die **Fernbusstation** ist 2 km außerhalb, das blaue Gebäude Marta Abreu an der Ecke Independencia y Oquendo, Tel. 222522. *Víazul* hat seinen Schalter am Eingang der Busstation, 3x tgl. La Habana, 18 CUC; 1x tgl. Varadero, 12 CUC; 1x tgl. Trinidad, 8 CUC; 3x tgl. Santiago, 35 CUC.

■ **Regionalbus:** An der Calle Marta Abreu, e/Calle Pichardo, 1 km außerhalb.

■ **Bahn:** Der Bahnhof ist zentraler, nämlich nördlich des Parks Vidal an der Estévez. Es gibt Züge nach La Habana, Cienfuegos, Sancti Spíritus, Santiago de Cuba, Holguín, Bayamo und anderen Städten. Weiterfahrt mit Zug Nr. 1. Nach Santiago de Cuba fährt der Zug Nr. 1 für 33 CUC zweimal täglich. Man sollte versuchen, schon morgens im Büro, Luis Estévez Norte 323, zu reservieren.

■ **Flughafen:** *Abel Santamaría (SNU).* Von hier mit *Cubana* nach La Habana und Santiago, mitunter landen Chartermaschinen aus Canada. Außerdem Militärbasis.

■ **Auto:** Tankstellen gibt es an der Carretera Central, esq. General Roloff, und esq. Ave. 9 de Abril. *Transtur* (Tel. 208177) hat einen Schalter im Hotel *Santa Clara Libre,* und **Taxis** warten am Busbahnhof auf Kundschaft.

Hanabanilla-See

Der Stausee Hanabanilla liegt in der Sierra del Escambray. Eine schmale Landstraße führt 30 km in Richtung **Manicaragua** (Unterkunft schwierig); hier links ab in Richtung Cumanayagua. Zwischen Ciro Redondo und Barajagua führt links ein Abzweig geradewegs in die Berge zum malerisch gelegenen Stausee. Das künstliche Wasserreservoir erstreckt sich mit einigen Inseln über eine Länge von 32 km und ist ein **Eldorado für Angler.** Die umliegenden Berge eignen sich gut zum **Wandern.** Von oben wirkt der See wie ein tief zwischen die Berge eingelassener Spiegel. Man kann auch auf dem See rudern oder eine Bootsfahrt zum Río Negro am Südende des Sees unternehmen. Zum Baden wegen der Felsen Gummischuhe tragen.

1 **Unterkunft** (siehe Karte S. 197): **Hotel Hanabanilla** (Islazúl) ②, Tel. 042 208461, 201100. Das 4-stöckige Hotel (einfach, renoviert) bietet 125 kleine, hellhörige Zimmer und von den oberen Stockwerken einen tollen Blick auf den See. Zu Fuß erreicht man das kreolische Restaurant *Río Negro.*

Sagua La Grande

■ **Vorwahl:** 042
■ **Einwohner:** 11.900

Sagua La Grande liegt im Norden der Provinz Cienfuegos an den Ausläufern der Sierra de Bamburanao. Den Ort gibt es erst seit gut 200 Jahren: **1812** wollten

3

die Spanier Santa Clara etwas entgegensetzen und installierten „Villa de la Purísima Concepción de Sagua La Grande". Sagua bedeutet „viel Wasser". Der Wald an der Küste wurde von den Spaniern abgeholzt und zum Bau des Escorial-Palastes bei Madrid verwendet. Bemerkenswert ist, dass Sagua la Grande zu den ersten Städten der Welt mit einer Kanalisation, einem öffentlichen Wasserleitungssystem, Strom, Straßenbahnen und Farbfernsehen gehörte. Hier stationierten die Sowjets im Jahr 1962 Raketen, was zur **Cuba-Krise** führte. Heute ist es ruhig geworden in dem kleinen Städtchen.

Die **neoklassische Architektur** zeugt von dem Reichtum seiner vorrevolutionären Bewohner. Die Plaza Wilfredo Lam ist Fußgängerzone. Leider fehlen die Mittel zur Renovierung der meist heruntergekommenen Stadtvillen. In der *Casa de Cultura* gibt es verschiedene kulturelle Veranstaltungen. Es gibt eine Bahnstation aus dem Jahr 1882, von der aus man zum Hafen **Isabela de Sagua** fahren kann. Ein Zug aus Santa Clara hält gegen 19 Uhr hier. Das **Casino Español** von 1909 wartet noch auf seine Renovierung. Die großen Maler *Wilfredo Lam* und *Alfredo Sosa Brava* sowie der Sänger *Antonio Machin* sind Söhne der Stadt. Außerdem liegt der fischreiche **Stausee Alacranes** in der Nähe, der sich über das Dorf Sieticito erreichen lässt. In Sagua zweigt eine schmale Straße nach Osten ab, über die man nach einem weiten Bogen nach **Playa Uvero** am Meer kommt. Die Häuschen der Fischer stehen auf Stelzen am Ufer.

Nach Westen führt die Straße wieder ans Meer, wo man vor Corralillo rechts zum **Playa El Salto y Ganuza** fahren

kann. Auf der Straße kann man weiter nach Westen in Richtung Cardenás fahren, man erreicht hinter Corralillo einen Abzweig, der zu dem an der Provinzgrenze gelegenen kleinen Ort **Baños de Elguea** mit seinen berühmten **Heilquellen** führt.

Über 1000 **Schiffswracks** liegen hier vor der Küste, versenkt durch Piraten, Spanier oder das Wetter. Lange ließ man sie einfach liegen, in den 1970er Jahren begann *Carisub* im Regierungsauftrag nach den Schiffen und Schätzen zu suchen und fand etwa die *Brigantine Ines de Soto* mit über 30.000 Münzen amerikanischer Prägung und die Fregatte *Arrow* mit 2000 englischen Keramikteilen.

Unterkunft, Essen und Trinken

■ Man findet in Sagua La Grande selbst zurzeit keine Unterkünfte. **Essen** kann man in der *Cafetería El Louvre* oder im *El Colonial*.
■ **Sporthotel Elguea** (Islazúl) ②, Corralillo, Tel. 2686292. Man kann Angelausflüge buchen. Die Attraktion sind die hiesigen Mineralquellen, das Wasser kommt mit einer hohen Konzentration an Brom mit 45 °C aus dem Boden. 139 Zimmer. Am Ende einer Sackgasse, die Therme ist riesig und alt.

Remedios

■ **Vorwahl:** 042
■ **Einwohner:** 20.000

Das Städtchen weist einige Kolonialgebäude mit verzierten Fenstergittern auf. Wer zu Weihnachten vor Ort ist, kann sich die **Karnevalsparade** ansehen, die am 26.12. ihren Höhepunkt erreicht, wenn die zwei Stadtteile um die beste Darbietung wetteifern. Viele Besucher aus dem Umland und Touristen tragen zum bunten Treiben bei.

San Juan de los Remedios wurde 1524 von *Vasco Porcallo de Figueroa* gegründet. Der Ort war das kulturelle Zentrum der Gegend, bis Santa Clara 1689 diesen Platz einnahm. 1692 vernichtete ein Feuer die ganze Pracht. Es wurde dann in späteren Jahren wieder im alten Stil aufgebaut. Heute erfreuen die alten Häuser um den schattigen Platz die Besucher. Die hiesigen **Tabakplantagen** tragen erheblich zur Zigarrenproduktion des Landes bei.

Empfehlenswert ist ein Gang durch den **Parque Martí** mit seinen alten Bäumen, unter denen die Bänke zur Rast einladen.

Museo de las Parrandas Remendianas: Hier geht es um die Karnevalsumzüge, deren Geschichte anschaulich dargestellt ist. Máximo Gómez 71, Di–Sa 9–12 und 13–17 Uhr, So 9–13 Uhr, 1 CUC. Die Parrandas gehen auf die Initiative des Wirtes *Cleorio* gegen Ende des 19. Jh. zurück. Angeblich hat er die Kinder des Ortes angestiftet, einen Umzug mit jeder Menge Krach zu veranstalten, um seine Abneigung gegen die christliche Andacht auszudrücken. Die Kinder haben diesen Spaß natürlich gern unterstützt und machten Krach, was das Zeug hielt. Es gibt auch eine gegenteilige Erklärung: Die Kinder sollten die Gläubigen zum Kirchgang wecken. Daraus entstand im Jahre 1820 das Fest, das um die Weihnachtszeit herum gefeiert wird. **Mein Tipp:** Gleichzeitig gefeiert wird das **Fest des Feuerwerks,** eigentlich eine Raketenschlacht, bei dem wieder unterschiedliche Stadtbezirke wetteifern. Schönheit ist hier unwichtig, Hauptsache es rumst ordentlich. Wie die Sieger ermittelt werden, bleibt ein Rätsel. Auf jeden Fall ist es für Besucher ratsam, in Deckung zu gehen und in dem Geballere Ohrstöpsel zu tragen.

In der Calle Cienfuegos 30, eine Straße vom Park ostwärts, steht das alte **Teatro Rubén Villena.** Aktuelles Programm im Fenster, Preise in CUP.

Kathedrale: Die Parroquia de San Juan Bautista am Parque Martí stammt aus dem 16. Jh. und hat einen geschnitzten, vergoldeten Altar. An der Decke sind geschnitzte Kassetten aus Mahagoni zu sehen. Bemerkenswert ist auch die Statue der Inmaculada Concepción. An Wochentagen kann man die Kirche von 9 bis 11 Uhr besichtigen.

Es gibt noch eine **Kirche am Park,** die Nuestra Señora del Buen Viaje, übersetzt: „Kirche für die gute Weiterreise".

Das **Museo de Música** am Parque Martí 5 beschäftigt sich mit Leben und Werk des Komponisten *Alejandro García Caturla,* der bis zu seiner Ermordung im Jahr 1940 hier lebte.

Die **Galeria Carlos Enrique** am Parque Martí 2 zeigt die Werke des gleichnamigen Künstlers.

Unterkunft

■ **Hotel Mascotte** ③, M. Gómez 14, am Parque Martí, Tel. 395144, 395467. Das zweistöckige Kolonialstilgebäude bietet 10 Zimmer; Nr. 1 und 5 sind sicher die schönsten: groß, ruhig und komfortabel.

■ **Hotel Barcelona** (Cubanacán) ③, José A. Peña No. 67, e/La Pastora y Antonio Maceo, gegenüber der Kirche San Juan Batista, Tel. 395144-45. Relativ neu, 24 Zimmer um einen Patio, Dachterrasse.

Zentral-Cuba

■ **Gladys Aponte,** Brigadier González 32a, e/Independencia y Margall, Tel. 395398. Ein großes Zimmer mit Aussicht, ein kleineres mit Dachterrasse, Zimmer ab 20 CUC, Frühstück ab 3 CUC.

■ **Casa Richard,** Maceo 68, e/Fe del Valle y Cupertino García, Tel. 396649. Geräumiges Haus von 1910 im Zentrum, schöner Hof, ab 20 CUC.

■ **Haydee y Juan,** José A. Peña 73, e/Maceo y La Pastora, Tel. 395082. Hostal im historischen Zentrum, Kolonialstil mit einigen Veränderungen, 3 Zimmer mit Bad, mehrere Terrassen, 25 CUC.

■ **Hostal Casa Yohn,** Independencia 24, e/Brigadier González y Gonzalo de Quesada, Tel. 395240. Historisches Haus mit Hof, Pool und Internetanschluss, ab 25 CUC.

■ **Hostal Las Chinitas,** Independencia 21A, e/ Brigadier Glez. y Maceo, Tel. 395316. Chinesischer Cubaner, spricht etwas englisch. Vorzügliches Essen, tolle Gastfreundschaft. 2 Zimmer mit Bad und AC 20 CUC, Frühstück 2 CUC, abends 8 CUC.

■ **Hostal EL Patio,** Elsa Valdéz Martínez, Calle José A. Peña 72. Mutter und Tochter führen dieses alte kleine, mit Antiquitäten eingerichtete Häuschen, Zimmer mit Bad, für 25 CUC.

Essen und Trinken

■ In der Máximo Gómez 130 gibt es gegenüber der Kathedrale eine **Snackbar,** und eine weitere ist in der José A. Peña 61. In beiden kann mit Pesos bezahlt werden.

■ *Rumbos* **El Louvre** befindet sich an der Südseite des Parks in der Máximo Gómez 122, das Beste ist die Lage.

■ **Las Arcadas,** im Hotel *Mascotte* bietet noch das akzeptabelste Essen im Ort.

■ **Las Leyendas,** Máximo Gómez, e/Margali y Independencia, Kulturzentrum mit diversen Veranstaltungen.

■ **Casa de Cultura,** José A. Peña 67. Dort finden ortsansässige Musiker ihr Publikum.

Verkehrsmittel/-verbindungen

■ Am südlichen Ortsausgang liegt eine **Busstation,** in der täglich Reisemöglichkeiten nach Santa Clara und nach Norden zum Küstenort Caibarién bestehen.

■ Für den innerörtlichen Transport kann man eine **Kutsche** oder einen Radelmann mieten. Für einen Peso wird man zum Busbahnhof gebracht.

Caibarién

■ **Vorwahl:** 042

Von Remedios bis zum **Fischerort** Caibarién sind es etwa 10 km. Am Ortseingang begrüßt eine riesige Krabbe aus Zement die Reisenden. Um den Ort herum gibt es ein paar Hotels und einen Campingplatz; der liegt an der Calle 6, die im Westen des Ortes vom Hotel *España* zur felsigen Punta Blanca führt. Vorher sollte man bei *Havanatur* am zentralen Plaza de la Libertad nachfragen, ob die Hotels oder der Campismo offen und willig sind, einen aufzunehmen. Der Markt ist in der Nähe des Bahnhofs in der Calle 6.

Das **Museo María Escóbar Laredo** am Parque Central, Ave. 9, esq. Calle 10, zeigt u.a. die größte Sammlung von Aufnahmen des Fotografen *Martínez Otero* auf Glasplatten in ganz Lateinamerika.

Entlang des Ufers hat man eine Promenade angelegt, der Prado zeugt noch von der früheren Größe. Im Parque Central steht die Gloieta, ein alter Pavillon. **Karneval** ist Ende August und Mitte Dezember. Im Januar lassen alte Lokomotiven gehörig Dampf ab beim alljährlichen *Festival del Vapor*.

3

Die Hauptstraße ist der Paseo Martí. An der Plaza de la Libertad gibt es außer dem Liceo noch ein altes Apartmenthaus im Art-déco-Stil.

Der örtliche **Strand Punta Brava** ist gar nicht mal so schlecht und mit Sonnenschirmen und Essensständen bestückt.

Wer zu den vorgelagerten **Inseln** will, kann sich überlegen, ob er in Caibarién preiswert übernachtet und dann zweimal am Tag die 80 km fährt, anstatt eines der teuren All-inclusive-Angebote in Anspruch zu nehmen.

Unterkunft, Essen und Trinken

■ **Villa Costa Blanca** ②, Tel. 363654. Einfaches kleines Haus mit 4 Zimmern an der Playa Santa Lucía, rechts der Straße.

■ **Brisas del Mar** (Islazúl) ①, Tel. 351699, Carretera Playa Final, direkt am Strand auf der östlich vorgelagerten Halbinsel. Ruhige Atmosphäre, 7 von 12 Zimmern haben Meerblick, mit Pool und Terrasse. Neben dem Hotel liegt ein kleines Restaurant mit gutem Essen, das auch Zimmer vermietet.

■ **Hostal el Carretero,** *Fernando* und *Mayra,* Calle 18 No. 2112, e/21 y 23, Tel. 363675, 351362. 2 DZ, 1 Bad. 45 CUC Pauschalpreis für 2 Personen inkl. Essen. Sehr freundliche und witzige Gastgeber. Man kann ganz für sich sein. Gemütliche Dachterrasse.

■ **Jorge Felix y Marisol,** Ave. 7 No. 1815, e/18 y 20, Tel. 364277. Ein Zimmer mit Bad, eines mit Gemeinschaftsbad, 40 CUC mit Essen, toller Gastgeber, einfache Zimmer, Parken gratis.

■ **La Nena,** *Noemi y Roberto,* Ave. 13 No. 1415 B, e/14 y 16, gegenüber der alten Busstation, Tel. 364 463. 2 Zimmer im oberen Stockwerk mit Bad und gemeinsamem Aufenthaltsraum, Dachterrasse.

■ **Restaurante La Vicaria,** Plaza de la Libertad, esq. Ave. 9, einfaches Restaurant.

Verkehrsmittel/-verbindungen

■ Vom Bahnhof fahren **Züge** über Remedios nach Santa Clara. Es gibt auch mehrere **Busse** dorthin, sie fahren vom alten Busbahnhof, der westlich der Stadt liegt. Die Tankstelle ist am Ortseingang, von Remedios kommend.

■ Es gibt ein kleines Flugfeld, einen Jachthafen und eine Tankstelle gegenüber dem Flugfeld und eine weitere, wenn man weiterfährt auf der Cayo Santa María vor der einzigen Kreuzung.

■ Ein **Hop-on/Hop-off-Bus** fährt an den Hotels und den Stränden vorbei: alle halbe Stunde von 9–21 Uhr für 5 CUC am Tag.

Ausflüge

Die **Cayos de la Herradura** vor der Nordküste der Provinz Villa Clara sind bislang wenig bekannt und locken mit einsamen Stränden, wenig Infrastruktur, aber Natur pur. Zur Inselgruppe gehören die **Cayo las Brujas** und die **Cayo Santa María.** Durch die Abgeschiedenheit der Lage dieser Inselgruppe sind die Cayos nur mit einem Mietwagen oder Taxi zu erreichen.

Kurz hinter Caibarién kann man über den 45 km langen **Damm Pedraplén** zur Playa La Estrella auf die Cayos fahren. Der Damm hat 45 Brücken, durch die bei Ebbe und Flut das Wasser strömen kann – so soll es keine Umweltschäden geben. Wer den Damm benutzen will, muss am Schalter seinen Pass zeigen und pro Strecke 2 CUC Benutzungsgebühr zahlen.

Unterkunft

■ Auf der Cayo Las Brujas, der Insel der Hexen, gibt es die Ferienanlage **Villa Las Brujas** (Gaviota) ②, Tel. 350199. 24 Zimmer mit Balkon oder Terrasse,

Restaurant *El Farallón* mit Wendeltreppe zum hohen Ausguck, Bar, Frühstücksterrasse. Zufahrt: Vor dem Flughafen links ab. Nicht-Gäste können gegen Gebühr Strand und Liegen benutzen. Übernachtung nur mit Vorbestellung, Essen ist eher bescheiden, die Anlage äußerst angenehm.

■ Zwischen Playa Salina und Playa Manteca stehen die neuen **Hotels Farallón Bomba Este** und **Farallón Bomba Oeste** und noch eine einsame Straße weiter ostwärts das **Hotel San Agustín.**

Ansonsten gibt es **All-inclusive-Hotels,** hier eine Auswahl:

■ Zuerst erreicht man auf der Hauptstraße die Einfahrt zu der in die Jahre gekommenen Hotelanlage **Sol Cayo Santa María** direkt am Strand mit FKK-Bereich, Tel. 351500. Es folgt der Komplex **Melía Cayo Santa María,** Tel. 350800, eine 300-Zimmer-Anlage mit zweigeschossigen Häuschen, die jeweils mehrere Zimmer haben. Eine Stichstraße führt zu einem Supermarkt, links davon liegt das Melía. Für 5 CUC kann man den Hotelstrand benutzen, auch wenn man nicht im Hotel wohnt.

■ Rechter Hand folgt das Hotel **Melía Las Dunas,** Tel. 350100. Es umfasst 80 Häuschen und ist in Bereiche mit und ohne Kinder unterteilt. Die meisten Zimmer haben keinen Meerblick.

■ Der nächste Ferienkomplex an der Hauptstraße ist das preiswertere renovierte Hotelresort **Gaviota Cayo Santa María,** Tel. 350800, in der ersten Reihe. Es wird von der großen Anlage **Gaviota Playa Cayo Santa María,** Tel. 350800, eingekesselt, die dahinter in den Dünen liegt.

■ Nun erwarten einen noch das Hotel **Husa Cayo Santa María,** Tel. 350400, eine etwas ältere Anlage am Strand (10 Min. zu Fuß ins Dorf) und das Hotel **Royalton,** Tel. 350600, das luxuriöser ist und dem Gast alle Annehmlichkeiten bietet. Rechts daneben an der Stichstraße wieder ein Supermarkt. Von hier erreicht man auch das **Memories Paraiso Beach Resort** und das **Memories Azul Beach Resort.** Die Stichstraße endet an der Hotelanlage **Eu-** rostars Cayo Santa María, leider ohne Schatten am Strand.

■ An der Laguna del Este befinden sich ein Shoppingkomplex und die Luxushotels **Warwick Cayo Santa María** und **Ocean Casa del Mar,** ferner die Anlage **Valentín Perla Blanca** (Valentín), Tel. 350 621, mit insgesamt 1000 luxuriösen Zimmern, davon die Hälfte mit Meerblick. Die Straße endet danach an der Playa Gaviota.

Sonstiges

■ **Riff zum Tauchen** in Strandnähe. 54 CUC in der Saison, Tel. 207599, Punta Pequillo, Playa Salina. Es gibt auch einen Flughafen.

■ Der beste **Badestrand** in der Nähe ist die Playa Ensenachos.

■ Die nahe gelegene Marina bietet **Katamaran-Segeln** an die Riffe zum Schnorcheln, Tretboote und Surfbretter.

■ Ein **Delfinario** (vom Damm vor der Insel links ab) verspricht vergnügliche Stunden, Eintritt 3 CUC. Wer zu den Tieren ins Becken steigt, kann hinterher ein Video davon kaufen, ½ Std. 60 CUC. Die Anlage auf Stelzen im Wasser wird von *Gaviota* betrieben, Tel. 350013. Auch das *Restaurante El Bergartin* und die *Bar El Vapor* stehen zur Verfügung.

■ **Krankenhaus:** Ausländer behandelt die *Clínica Cubanacán Turismo y Salud,* Sucursal S.L. Residencial No. 14, Santa Lucía, Tel. 336370.

■ **Busse:** Für 1 CUC kann man mit einem Sightseeing-Bus einmal die Playa Perla Blanca hoch und runter fahren; Halt an den Hotels. *Víazul* fährt über die Cayos Las Brujas, Ensenachos, Santa María und Remedios nach Trinidad (20 CUC).

An der Straße von Caibarién nach Remedios, ca. 3 km nach dem Krabben-Denkmal, liegt das Zuckerfabrikmuseum **Museo de Agroindustria Azucarero Marcelo Salado.** Hier stehen eine riesige Dampfmaschine, Lokomotiven und die

Fabrikanlagen. Mo–Fr 8–16 Uhr, Tel. 363286.

Wer auf der Carretera Nacional weiter nach Morón oder Ciego de Ávila will, kann nach 45 km in Mayajigua an einem See übernachten: **Villa San José del Lago** (Islazúl), 46 kleine gelb-grüne Doppelhäuschen, am Wochenende viele Cubaner, ab 36 CUC; viele Flamingos, Ruder- und Tretbootverleih, Thermalpool.

Bei Yaguajay kann man rechts abfahren und erreicht nach 20 Minuten Jobo Rosado. Von hier führt eine unbefestigte Straße nach Norden in den **Parque Natural Rancho Querete,** in dem es herrliche Badestellen bei zwei Wasserfällen gibt. Auch ein Lokal und Führer sind vorhanden.

Trinidad

- **Vorwahl:** 0341
- **Einwohner:** 40.000

Trinidad hat das ausgeprägteste **koloniale Flair** auf Cuba, der Stadtkern mit seinem alten Straßenpflaster und den pastellfarben gestrichenen Palästen wirkt wie ein Freilichtmuseum. Man sieht die Bewohner ihre Vögel in verzierten Käfigen spazieren tragen und die Menschen in den Hauseingängen sitzen. Täglich ist der Ort Ziel von Tagesausflüglern aus Varadero und La Habana. Wenn sie abends zurückfahren, gehört die Stadt wieder den Einheimischen und den Besuchern, die bleiben. Die Stadt ist voller Souvenirläden und Kneipen. Parken kostet 3 CUC.

Man hat auch hier einige **Straßen** umbenannt. Es folgen die aktuellen und die alten Namen:

Antonio Guiteras	Mercedés
Antonio Maceo	Guitérrez
Abel Santamaría	Lirio
Camillo Cienfuegos	Santo Domingo
Ciro Redondo	San José
Conrado Benítez	Candelaría
Ernesto Valdés Muñoz	Media Luna
Frank País	Carmen
F. Javier Zerquera	Rosario
Fidel Claro	Angarilla
Fernando H. Echerrí	Cristo
Francisco Gómez Toro	Callejón de Peña
Francisco J. Zerquera	Rosario
Gustavo Izquierdo	Gloria
General Lino Pérez	San Procopio
José Martí	Jesús María
José Mendoza	Santa Ana
Jesús Menédez	Alameda
Juan M. Márquez	Amargura
Lino Pérez	San Procopio
Mario Guerra	San Cayetano
Pablo Pichs Girón	Guaurabo
Piro Guinard	Boca
Simón Bolívar	Desengaño
Rubén Martínez Villena	Real
Santiago Escobar	Olvido

Geschichte

1513 von *Diego Velázquez* **als dritte cubanische Siedlung gegründet,** wurde Trinidad Anfang des 19. Jh. durch den Zuckerboom reich, doch nach der Sklavenbefreiung und dem Unabhängigkeitskrieg verlor die Stadt schnell an (wirtschaftlicher) Bedeutung. Geldmangel und die fehlende Anbindung an das Hinterland (es gab früher keine ausge-

3

baute Straße nach Trinidad) ließen die Entwicklung anderer Gewerbe nicht zu, und so ist die Stadt bis heute mehr oder weniger in ihrer ursprünglichen Form erhalten geblieben. 1950 wurde Trinidad zum Nationaldenkmal und 1989 von der UNESCO zum **Weltkulturerbe** erklärt.

Sehenswertes

Überall in Trinidad spaziert man über Kopfsteinpflaster und geht an Häusern mit Holztüren und vergitterten Fenstern entlang. Als Beginn eines Rundgangs empfiehlt sich die ==Plaza Mayor,== der zentrale Platz. Um ihn herum gruppieren sich die Stadtpaläste der ehemals reichsten Familien – die *Iznagas,* die *Brunets*

☑ Ruhige Straße in Trinidad

und die *Ortíz.* Heute beherbergen diese Paläste Museen. Am besten geht man morgens in die Stadt, bevor die Reisebusse kommen.

Museo de Arqueología Guamuhaya: Der frühere Palast der Familie *Ortíz* zeigt Funde aus präkolumbischer Zeit. Dazu gehören ein rund 2000 Jahre altes Grab, Felszeichnungen und ein Schädel. Plaza Mayor, Calle Simón Bolívar 457, Tel. 93420, geöffnet Di–So 9–17 Uhr, 2 CUC.

Museo de Arquitectura Trinitaria: Interessanter Überblick über die örtlichen Bauweisen und eine Auswahl sehenswerter Fenstergitter. Calle Desengaño 83, Tel. 93208, geöffnet Di–So 9–17 Uhr, 2 CUC.

Museo Romántico Trinidad: Das gelb getünchte Gebäude aus dem 19. Jh. an der Nordseite des Platzes gehörte der Familie *Brunet* und zeigt eine Sammlung

cu002-2016 kh

www.fotolia.de · © Camp's

von Möbeln und kolonialem Haushaltsgerät. Plaza Mayor, Tel. 94363, geöffnet Di–So 9–17 Uhr, 2 CUC.

Ermita de la Popa: Um dieses kleine Gotteshaus aus dem 17. Jh. zu erreichen, muss man von der Plaza Mayor steil bergauf gehen; die Ermita steht oben auf dem Hügel. Sie ist heute eher eine Ruine, doch der weite Blick von der Sierra del Escambray bis zum Meer ist herrlich.

Iglesia Parroquial de la Santísima Trinidad: Die Kirche der Heiligen Dreifaltigkeit wurde an der nordöstlichen Seite der Plaza Mayor von 1884 bis 1892 anstelle einer hölzernen Kapelle erbaut. Ihre Attraktion ist der *Cristo de Veracruz,* eine Christusfigur, die eigentlich in die Stadt Veracruz in Mexiko transportiert werden sollte, doch ein Sturm zwang das Schiff zur Umkehr. Der Kirche fehlt übrigens der Kirchturm, denn der Pfarrer brannte seinerzeit mit dem dafür vorgesehenen Geld nach Spanien durch … Die Kirche beherbergt ein kleines Museum.

Ein Stück weiter passiert man ein Haus, in dem *Alexander von Humboldt* (1769–1859) während seiner Erkundung Lateinamerikas wohnte. Geht man weiter, kommt man zum Markt.

Museo Histórico Municipal: Das frühere Stadthaus des Zuckerbarons *Vantero* zeigt heute die wechselvolle Geschichte der Stadt. Wer die Plaza Mayor mal von oben sehen will, kann den zum Museum gehörenden Turm besteigen. Calle Simón Bolívar 423, Tel. 94460, geöffnet Mo–Fr 9–17 Uhr, So 9–13 Uhr, 2 CUC, Fotografieren/Filmen 5 CUC.

[<] Kolonialarchitektur in Trinidad

3

Trinidad

0 ━━━━━ 200 m

Isidro Armenteros

Ciro Redondo

Conrado Benítez

Independencia "Boulevard"

R. Martínez Villena

Ermita de la Popa

18 Museo de la Lucha contra los Bandidos

20 Las Cuevas

12 **13**

P. Pichs Girón

Vicent Suyama

23 **22**

Armagura

17

Boca

Echerri

Museo Romántico **24** **25** **26**

Museo de Arqueología **15** **16**

Bolivar

21

10 **9** Piro Guinart

Busbahnhof

Plaza Mayor

Treppe

Iglesia Parroquial

Echevarria

Topes de Collantes, Cienfuegos

8

5 Museo Histórico Municipal **6** **4** **7**

30 **29** **28** Casa de la Trova

Museo de Arquitectura

Galdós

José Mendoza

Iglesia Santa Ana

3 Palacio Iznaga **33** **34**

Ernesto Valdés Muñoz

31 **32**

Pimpollo

Gustavo Izquierdo

Rosario

Escobar

Simón Bolívar

35 **36** **37** **38**

Antonio Maceo

San Luis

Abel Santamaría

Augustin Penaz

Julio A. Mella

46

39 **40** **41** **42** **43** **44**

J. Menéndez

45

Frank País

Javier Zerguera

José Martí

48 **49**

Francisco Codahia

50

47

Frank Hidalgo Cato

Manuel Fajardo

Eliope Paz

Colón

Playa La Boca

51 **52**

Parque Céspedes

Casa Fischer/ Centro Cultural

Antonio Guiteras

General Lino Pérez

53 **54** CADECA

@ ETECSA

55 **56**

Francisco

Pedro Zerquera

Anastasio Cárdenas

57

Apotheke

Klinik

Camilo Cienfuegos

Jesús Betancourt

58

Bahnhof

Paseo Agramonte

Manuel Fajardo

59

Perseverancia

Julio Cueva Díaz

Playa Ancón, Flughafen

3

■ Unterkunft

■ Essen und Trinken

Museo de la Lucha contra los Bandidos: Im Franziskanerkloster wird die Geschichte der Piraterie dokumentiert, und auch zu *Fidels* Revolution sind Dokumente, Karten, Fotografien und Waffen ausgestellt. In dem von Arkaden umgebenen Innenhof stehen ein alter Militärlaster und ein kleines Kriegsschiff. Auf dem Glockenturm des Klosters, dem Wahrzeichen Trinidads, ermöglichen ovale Fenster verschiedene Eindrücke von der Stadt und Ausblicke in alle Richtungen. Echerri No. 59, geöffnet: tgl. außer Mo 9–17 Uhr, Eintritt: 2 CUC.

Praktische Tipps

Unterkunft

Trinidad bietet Hunderte von privaten Quartieren, die alle um die Gunst des Reisenden buhlen. Man sollte sich keinem *Jinetero* (Schlepper) anvertrauen, da der eine Provision des Vermieters bekommt, die dieser auf die Zimmerpreise aufschlägt. Ein Gang durch den Ort sagt mehr als alle Beteuerungen eines Einheimischen, der Kasse machen will.

Hotels

7 (Siehe Karte S. 197) **Finca María Dolores** (Cubanacán) ③, Straße nach Cienfuegos, km 1,5, Tel. 996410. Einfache und in die Jahre gekommene Unterkunft auf einer 20 Hektar großen Farm, Pferde können ausgeliehen werden, hilfsbereites Personal. 44 Zimmer, am besten sind die mit Blick auf den Río Guaurabo. Ein Taxi ist schwer zu bekommen.

20 **Motel Las Cuevas** (Horizontes) ③, Finca Santa Ana, 1 km nordöstlich der Stadt, westlich der Eremita, Tel. 996133. Auf einem Hügel oberhalb der Stadt gelegen, bietet das Motel 110 einfache Zimmer in 60 Häusern und eine schöne Aussicht. Restaurant,

3

Pool, es können Pferde und Roller gemietet werden. Am Ortseingang Richtung Flughafen, Playa Ancón, am Ortsende links in die Camilo Cienfuegos. Bevor diese zum Feldweg wird (links kleine Kirche) links ab, die steile Auffahrt hoch. Die namensgebende Höhle erreicht man über Treppen vom Motel, 1 CUC.

50 Hotel La Ronda (Hoteles E) ②, Calle José Martí 45, am Parque Céspedes, Tel. 992248. 17 einfache Zimmer um einen Patio, renoviert.

51 Grand Hotel (Iberostar) ③, Calle José Martí 262 y Lino Pérez, gegenüber der Plaza Carillo, Tel. 996 070. Schöne Zimmer mit Balkon, um einen Patio angelegt, super Service.

Privat

3 Belkis Aquino y Jesús del Pino, María Guerra 175, e/José Martí y Frank País, Tel. 996827. 2 Durchgangszimmer in der oberen Etage mit Dachterrasse. 25 CUC, Frühstück 3 CUC.

4 Roman Calderón Zulueta y Barbara, Calle Maceo 540, Tel. 993246, in der Nähe des Busbahnhofs. 2 Zimmer mit AC und Warmwasser, gutes Essen, Dachterrasse. DZ 25 CUC, Abendessen 5 CUC.

5 Casa Meyer, Calle Gustavo Izquierdo 111 (Gloria), e/Piro Guinard y Simón Bolívar (Desengaño), Tel. 993444, meyer_cuba@yahoo.es. 2 Zimmer mit Bad in einem Kolonialhaus mit Patio, Garten und Veranda, ab 20 CUC.

6 Hostal Don José, Calle Maceo 535, e/Piro Guinart y Simón Bolívar, Tel. 993032, jesemtorres2009 @gmail.com. Typisches Kolonialhaus in der Innenstadt, zwei einfache Zimmer, netter kleiner Garten, demnächst ein weiteres Zimmer im hinteren Teil des Grundstücks. 25 CUC.

7 Hostal Vary y Francy, Calle José Martí 450, e/Piro Guinart y Fidel Claro, Tel. 992925, yarifrancy2013@ gmail.com. Ein großes Zimmer mit Klimaanlage und Bad, Terrasse und Dachterrasse, gutes Frühstück, 25 CUC, Frühstück pro Person 4 CUC.

9 Dileivy Hernández Copdevila, Clemente Pereira 229, e/Pablo Pichs Girón y Piro Guinart, Tel. 992994. Im 1. Stock, Terrasse. Die Hausherrin kocht, wäscht und bügelt preiswert, ab 25 CUC.

10 Hostal La Navarra ②, Cleofe Zayas y Victoria Echerri, Piro Guinart 210, e/Maceo y Gustavo Izquierdo, Tel. 993426. 2 Zimmer im Zentrum, Koloniales Haus mit Patio und Terrasse. Ab 20 CUC.

11 Hospedaje Juan Rafael Escalante González, Calle Frank País 562, e/Pablo P. Girón, Tel. 994524. Äußerst nette Leute, exzellente Küche, Zimmer der Spitzenklasse mit kleinem Balkon, 25 CUC.

12 Casa Hospedaje, *Marisol Herrera,* Pablo Pichs Girón 251, e/Independencia y Vicente Suyama, Tel. 993048. 2 Zimmer, eines mit Dachterrasse, von der man den Sonnenuntergang sehen kann. Zimmer 25 CUC, gutes Essen für 8 CUC.

13 Carmen Rosildo y Coreano, Calle Maceo 652, e/Pablo Pichs Girón y Conrado Bénitez, Tel. 993958. Zimmer mit Bad, freundlich, 20 CUC, gutes Essen.

14 Sandra y Victor, Calle Maceo 613, e/Guinart y Pablo Pichs, Tel. 992216. Zentral und modern, DZ mit Terrasse im 1. Stock, 25 CUC, Essen 8 CUC.

15 Fidel Devora y Gladys Rodríguez, Vicente Zuyama 9, e/Pablo P. Girón y Piro Guinart, Nähe Busbahnhof. Dachterrasse mit Blick über Altstadt und Meer. Großes, hohes, schönes Zimmer. 25 CUC inkl. Frühstück.

18 El Rústico, Calle Juan Manuel Marquéz 54A, Tel. 993024, unweit der Plaza Mayor. Schön ausgestattet, mit großer Terrasse, 25 CUC.

21 Rosa González, Rita Montelier 21, e/Ramon Romano y Enrique Villega. 2 Zimmer mit Balkon, gutes Essen auf privater Terrasse 20 CUC, Frühstück 3 CUC, zentral.

32 Pablo Cadalso Esplugas, Calle Ernesto Valdés Muños 69, e/Fco. Javier Zerquera y P. Lumumba, Tel. 993652, 993515. Zimmer mit Bad, Kühlschrank und AC, im Zentrum, kleiner Garten.

36 Isabel y Grisel Echenagusía, Mario Guerra 182, e/Martí y Frank Pais, Tel. 992243, griselisabel @gmail.com. 3 Zimmer mit Bad und AC im oberen Stock, das vordere mit Balkon. Auf dem Dach Terrasse mit Rundblick. Sehr liebenswürdige Leute.

39 Hostal Tito y Vicky, Mario Guerra 177, e/José Martí y Frank Pais, Tel. 993952. 2 DZ, mit Bad, AC,

3

Terrasse, Patio. Blick über Trinidad. Zentral, ruhig. 20 CUC pro Zimmer, 10 CUC für Abendessen und Frühstück. Die Familie spricht etwas Englisch.

40 Mariela y Enrique Gattorno, Calle Mario Guerra 174, e/José Martí (Jesús María) y Francisco Petersen, im Zentrum nahe Parque Céspedes, Tel. 994033, hostal.gattorno@gmail.com. *Mariela* versteht Englisch. Die Zimmer sind neu, das Zimmer mit Balkon geht auf eine ruhige Seitenstraße. DZ 25 CUC, Frühstück pro Person 3–5 CUC.

41 Casa Tamargo, Francisco Javier Zergueya 266, e/Martí y Maceo, Tel. 996669, felixmatilde@yahoo.com. Herrliches Kolonialhaus mit alten Möbeln, offenem Esszimmer und zwei schönen Zimmern um einen tollen Patio. Dachterrasse. Tolles Essen.

44 Casa Léon, Calle Jesús Menéndez 215, e/Juan M., Tel. 994376. Das Kolonialstil-Haus hat einen netten Patio, kühle Räume und einen zuvorkommenden Hausherrn.

45 Barbara y Nancy Jesús Menéndez, Calle Alameda 87, e/Colón y Smith, Tel. 996212. Schöner Garten, Zimmer mit Bad, AC, auf dem Dach mit Terrasse und schönem Blick, 25 CUC.

47 Casa Jorge Mendéz Pérez, Camilo Cienfuegos 121, e/Frank País y Miguel Calzada, Tel. 922464. Ein komfortables Haus mit vier gut ausgestatteten Zimmern, Pool und Terrasse mit einem herrlichen Blick auf die Stadt. Die Gastgeber sind freundlich. 30 CUC.

48 Carlos Gil Lemes, im Zentrum, Calle José Martí 263, e/Colón y Francisco J. Zerquera, Tel. 993142. Ein Zimmer in einem schön renovierten alten Kolonialhaus, grüner Patio, 25 CUC.

49 Maritza Marin Domínguez, Calle Colón 323, e/Gustavo Izquierdo y Maceo, Tel. 994394. Zimmer mit Bad im Erdgeschoss, kleiner Patio, Essen auf Wunsch, die Tochter spricht englisch, 25 CUC.

54 Casa Margot, Calle Camilo Cienfuegos 206, e/José Martí y Francisco Cadahía, Tel. 992453. Die Eheleute *Alfredo* und *Margarita* sind sehr herzlich. 2 Doppelzimmer mit Klimaanlage und Bad.

56 Mercedes Albalat Milford, Calle José Martí 330, e/Francisco Javier Zerguera y Simón Bolívar, Tel. 993350. Haus im Kolonialstil mit mehreren Zim-

mern für je 15 CUC, freundlich, warmes Wasser, zentrumsnah.

57 Hostal Rigoberto, *Rigoberto M. Béquer,* Antonio Guiteras 108, e/Anastacio Cárdenas y Pedro Zerquero, Tel. 993428. 2 Zimmer mit Klimaanlage und Bad, 20 CUC, Frühstück. Im Zentrum, trotzdem ruhig. Hilfsbereite Leute.

Essen und Trinken

7 (Siehe Karte S. 197) **Casa del Campesino,** in der Finca *María Dolores.* Hier werden zum Essen traditionelle Campesino-Gesänge und Tänze „gereicht", nicht jedermanns Sache. Das Essen ist ebenso traditionell wie ausgezeichnet.

8 La Cremería, Calle Maceo, esq. Fidel Claro. Hier gibt es Eis, das man im Patio essen kann.

16 El Jigüe *(Higüeh),* Calle Rubén Martínez Villena 70, Tel. 196476, tgl. 10–18 Uhr. Nicht ganz billig, aber koloniale Atmosphäre und köstliches Geflügel als Spezialität des Hauses.

17 Taberna Canchánchara, Calle del Real, e/Boca y San José, Tel. 994345, tgl. 10–21 Uhr. Auf dem begrünten Innenhof des 1723 erbauten Hauses liegt das Lokal unter einem schattigen Dach. Touristen strömen hierher, um *Canchánchara* zu probieren, ein Cocktail aus 6 cl Rum, 3 cl Limonensaft, 2 cl Honig und Eis. Gute Musik.

22 Paladar Estela, Simón Bolívar 557, Tel. 994 329, die Plätze im Garten sind die besten. Gerichte um 8 CUC, gute Portionen, Weinauswahl.

23 La Botija, Calle Amargura 71B, esq. Boca. In dem oft vollen Restaurant sollte man vor 19 Uhr erscheinen, um noch einen Platz zu ergattern, danach erst wieder ab 21.30 Uhr. Jeden Abend Live-Musik von zwei jungen Bands. Kulinarische Klassiker sind die Brochettes, Spieße aus Garnelen, Fleisch und Gemüse mit Chutney, und das zu günstigen Preisen in kolonialem Ambiente.

24 Museo 1514 (Quince Catorce), Simón Bolívar 515, e/Juan M. Marquéz y Fernando H. Echerri, Tel. 994255, restaurant1514@gmail.com. Das ist ein besonderes Restaurant: Tagsüber sind Geschirr, Besteck, Tischdeko und Gläser im Haus auf Tischen ausgestellt, wie in einem Museum. Abends werden dann damit die Tische im Patio und auf den Terrassen fürstlich eingedeckt. Man speist von seltenen Tellern und trinkt aus alten Kristallgläsern im Schein der vielen Kerzen. Der Besitzer *César Esquerra Álvarez*, die Seele des Hauses, behauptet, alle diese Schätze seien von seiner Familie gesammelt worden. Serviert wird gute kreolische Küche zu angemessenen Preisen. Man sollte reservieren.

25 **La Nueva Era,** Simón Bolívar 518, e/Juan M. Marquéz y Fernando H. Echerri. Weitläufiger Hof mit diversen Terrassen und Sitzecken, mittendrin steht der Ford A der Eltern, oft sind Musiker zu Gast, ab nachmittags geöffnet, Preise moderat.

27 **Casa de los Conspiradores,** Cristo, esq. Rosario, Plaza Mayor, rechts neben der Treppe. Galerie und Restaurant. Besonders schön ist der winzige schattige Garten am Nachmittag, wenn noch Ruhe über dem Platz liegt.

31 **Restaurant Mesón del Regidor,** Simón Bolívar 454, e/E. Valdez Muñoz y R. Martínez Villena, Tel. 996573, 10–22 Uhr. Im ehemaligen Wohnzimmer des königlichen Inspizienten und auf den lustig dekorierten Terrassen werden Schwein und frischer Fisch serviert. Einfach und preiswert.

34 **Piadinaria,** Antonio Maceo, esq. Simón Bolívar. Hier gibt es dünnes Fladenbrot mit verschiedenen Füllungen, preiswert und gut.

35 **Paladar Sol y Son,** in der Simón Bolívar, e/José Martí y Frank País, rechts hinter der Kreuzung zur

cu005-2017 kh

Calle Maceo, Tel. 992926. Nur abends, fast ein Restaurant, gutes Essen, schöner Patio.

35 Cafetería Las Begonias, Antonio Maceo, esq. Simón Bolívar. Patio im klassischen Kolonialstil. Immer voll, Bar im hinteren Teil, auch Frühstück.

43 Restaurant Trinidad Colonial, Calle Maceo 402, esq. Colón, Tel. 4196473, tgl. 8–23 Uhr. Vornehmer, 300 Jahre alter Kolonialbau, Garten mit Zwergpalmen. Zu essen gibt es Fisch, Fleisch und Meeresfrüchte um 12 CUC.

46 Restaurant Santa Ana, Santo Domingo, esq. Plaza Santa Ana, tgl. 9–22.45 Uhr. Patio im klassischen Kolonialstil. Das Gebäude, früher ein Gefängnis, beherbergt heute ein Kulturzentrum. Spezialität des Lokals sind Schweinesteaks (ab 6 CUC).

55 Restaurant Guamuhaya, Calle José Martí 310, Tel. 996473. Koloniale Atmosphäre, die üblichen Gerichte zu den ortsüblichen Preisen.

58 Paladar Daniel, Camilo Cienfuegos 20, e/Anastacio Caradenas y Pedro Zerquera, Tel. 994395.

Nachtleben

Am Wochenende sitzen die Stadtbewohner gern auf der **Treppe an der Kirche** und genießen den Abend.

■ **Centro Cultural** *(Casa Fischer),* Calle General Lino Pérez, esq. Francesco Codanía, meist 24 Stunden geöffnet. Ausstellungen, Live-Musik, am Wochenende auch Folklore-Shows.

17 Bar Canchánchara, in der gleichnamigen Taberna, s.o.

19 Disco Ayala, hinter der Ruine der Ermita oberhalb der Stadt, auf dem Gelände des Hotels *Las Cuevas,* manchmal werden 5–10 CUC Eintritt verlangt. Tanz bis in den frühen Morgen. Malerisches Ambiente in einer großen Höhle mit Wasserbecken, aber stickig-heiß.

26 Casa de la Música, Calle Fernando H. Echerri, das grüne Haus rechts hinter der Pfarrkirche der Santíssima Trinidad an der Plaza Mayor. Live-Musik ab 22 Uhr, Eintritt ab 2 CUC, auch Verkauf von Tonträgern. Viele Leute sitzen einfach vor dem Lokal, um Musik zu hören, vorher wird oft kostenlos auf dem Platz Musik gemacht. Insgesamt geht es hier ziemlich touristisch zu.

37 Bar Las Ruinas del Teatro Brunet, Calle Maceo 461, e/Bolívar y Zerquera. Kein Theater, sondern eine Ruine. Abends Musik und Show, oft Jazz.

52 Bar Daiquirí, Calle General Lino Pérez 313, preiswerte Bar, in der sich die jungen Leute rund um die Uhr treffen.

Einkaufen, Sonstiges

■ **CADECA** (Wechselstube), zwei auf der Calle José Martí, eine in der Marceo, esq. Camilo Cienfuegos, Mo–Sa 8–18 Uhr, So 8–13 Uhr.

■ **Banco de Crédito y Comercial,** Calle José Martí, e/Rosario y Colón.

■ **Banco Financiero Internacional,** Calle José Martí, esq. Calle Camilo Cienfuegos.

■ **Internet:** *ETECSA,* Calle General Lino Pérez, e/Miguel Calzada y José Martí, tgl. 8.30–19.30 Uhr; im Internetcafé an der Calle Maceo, esq. Bolívar, kann man für 2,50 CUC surfen. 2016 arbeitete man an einem flächendeckenden WLAN-Netz.

■ **Fahrradverleih:** nahe der Bar *Las Ruinas del Teatro Brunet,* 3 CUC pro Tag.

■ **Autoverleih:** *Cubacar* residiert in der Calle Lino Pérez 366 und im Hotel *Ancón.*

■ **Tankstellen** befinden sich auf der Calle Real an der Kreuzung zum Flughafen und an der Straße nach Sancti Spíritus, Calle Frank País, esq. Zerquera.

◁ Musik ist immer und überall

3

● **Fiestas Sanjuaneras** mit Tanz und Musik im Ort. Ende Juni.

● **Kunstmarkt:** gegenüber der *Casa de la Música*, allerlei Souvenirs.

28 **Gallery Trinidad,** Rosario 352, kleine Galerie, aber interessante Künstler.

29 **Fondo Cubano de Bienes Culturales,** Simón Bolívar 418, gutes Angebot an Kunsthandwerk.

30 **Galeria del Arte,** Simón Bolívar 43, esq. Rubén Martínez Villena, tgl. 9–17 Uhr. Werke cubanischer Künstler; darunter afrocubanische Arbeiten.

33 **Infotur,** Calle Gustavo Izquierdo 101, e/Piro Guinart y Simón Bolívar, Tel. 998257, trinidir@enet.cu. Hier kann man Touren buchen oder sonstige Informationen einholen.

42 **Casa de la Cultura,** Zerquera 406, Maler arbeiten und verkaufen hier.

Notfälle

● **Apotheke,** Calle General Lino Pérez 103, esq. Anastasio Cárdenas, Tel. 996492.

● **Krankenhaus:** Ausländer behandelt die Klinik in der Calle General Lino Pérez 103, esq. Reforma, Tel. 996492.

Verkehrsmittel/-verbindungen

● Die **Busstation** befindet sich in der Piro Guinart 224, e/Gustavo Izquierdo y Antonio Maceo. Tickets kauft man vor dem Bahnhof bei *Taquilla Campo*. Im Bahnhof selbst ist der *Víazul*-Schalter, Tel. 902660, 902404. *Víazul* fährt tgl. nach: **La Habana,** 6 Std., 30 CUC; **Cienfuegos,** 3 Std., 8 CUC; **Varadero,** 6 Std., 24 CUC; **Santa Clara,** 7 Std., 8 CUC; **Santiago,** 13 Std., 40 CUC; außerdem nach **Cayo Santa María** via Cienfuegos und Caibarién. Abfahrtzeiten erfragen oder unter www.víazul.com nachschauen. Am Wochenende 4x tgl. Bus zur Playa Ancón und zur Playa La Boca.

● Der **Bahnhof** liegt südlich, rechts von der Straße nach Casilda, die Lino Pérez hinunter zu den Bahngleisen, links herum sieht man eine Scheune und ein altes Gebäude. Hier ist das Büro, und hier heißt es verhandeln. Man bekommt eine nummerierte Karte, mit der man sich in die Warteschlange einreiht. Man sollte den Fahrpreis abgezählt bereithalten und ihm dem Schaffner geben. Züge fahren in das Tal Meyer (2 Std., 80 Centavos), täglich etwa 5 und 17.30 Uhr, mit Stopp in Iznaga.

● **Flug:** Südlich des Ortes in Richtung Casilda liegt der *Aeropuerto Alberto Delgado (TND)*. Man kann auch den 50 km entfernten Flughafen *Jaime González (CFG)* bei Cienfuegos in Anspruch nehmen. *Inter* bietet täglich mehrere Flüge von La Habana via Varadero nach Trinidad. Die Strecke La Habana – Trinidad kostet pro Weg 52 CUC. Wer nach Santiago möchte, fliegt mit *Cubana*.

● **Mietwagen:** *Havanautos* im Hotel *Costasur,* Tel. 996100; *Transautos* im Hotel *Ancón,* Tel. 993155, und im Motel *Las Cuevas,* Tel. 992340; *Nacional Rent a Car* in der Calle Frank Paí 479, e/Fidel Claro y Simón Bolívar, Tel. 992577.

● Wer Trinidad mit dem **Boot** ansteuert, fährt zur **Marina Cayo Blanco** an der Playa Ancón: Faro Cayo Blanco, 21°48'N, 80°02'W, Península Ancón, Tel. 994414, Seekarten: 1141/1835, *Geocuba*. Das Hafenbecken mit seinen neun Plätzen ist für 2 m Tiefgang geeignet. Am Steg gibt es einen Pavillon des Tauchcenters (ACUC, SSI, CMAS) und ein Restaurant.

Ausflüge

Empfehlenswert ist der etwa fünfstündige Ausflug zu Pferd zum **Parque el Cubano** und zum **Wasserfall Javira,** den *Rumbos* für 10 CUC anbietet (auch mit Taxi möglich). Manche Vermieter versuchen, den Ritt für 20 CUC zu verkaufen. Oft wird auch am Parkeingang ein Eintrittsgeld von 6,50 CUC gefordert; fragen sie deshalb vorher nach den Kom-

3

plettkosten. Schnorcheltouren werden u.a. nach Cayo Blanco unternommen.

Playa La Boca

Dieser Strand **an der Mündung des Río Guaurabo** ist 4 km vom Ortsrand Trinidads entfernt. Man folgt der Simón Bolívar südlich bis über die Eisenbahnschienen und nimmt dann an der nächsten Gabelung die rechte Straße. In La Boca ist es ursprünglicher als an den anderen Stränden, also auch lauter und schmutziger. Im *Restaurante El Galeón* in der Calle Real 52a kann man ganz passabel essen.

Private Unterkunft

8 Villa Río Mar, San José 65, e/Río y Real, Tel. 993108, manresa@nauta.cu. Großes Haus, 2 Zimmer mit Bad und AC, Terrasse mit Meerblick, nette Leute, 25 CUC.

8 Villa Sonja, Ave. del Mar 11, esq. Calle D, Tel. 992923. 2 Zimmer in hübschem einstöckigen Haus, mit Bad und AC, schöner Garten, 25 CUC, aber alles vorher genau aushandeln.

8 El Capitán, Calle Real 82, Tel. 993051. Einstöckiges Haus am Strand Richtung Playa Ancón. 2 Zimmer, eins mit Meerblick, super Essen, nette Leute, Bushaltestelle vor der Tür, 25 CUC.

8 Hostal Sol y Mar, *Joaquín Pomés Figueredo, Olga Santos Sosa,* Ave. del Mar (Calle Real) 87, Tel. 645530. 2 Zimmer in einem großen Haus im Kolonialstil, mit Bad, AC und Meerblick, Terrasse, die Besitzer sprechen nur spanisch, 25 CUC.

8 Azaris 61, Calle Real 61, Tel. 993301. Schönes Haus am Strand mit schattigem Baum, Patio und Seeblick, ein großes Zimmer mit AC, gute Küche, 25 CUC.

8 Hostal el Ocaso, *Alina Fernández* und *Rolando Capdesuñer,* Ave. del Mar 28, am Ortsende an der Straße nach Ancón links, Tel. 993063. Ein sehr angenehmes Haus, freistehend mit schattigem Garten und großer Dachterrasse, 2 Zimmer mit AC, Bad und Minibar, 25 CUC.

8 Idel y Domingo, *Idel García Lozano* und *José Domingo Renduelez,* Ave. del Mar 9, zum Meer hin. Auf der Veranda sitzend, von Pflanzen umgeben, dazu eine leichte Brise vom Meer – so lässt es sich

Zentral-Cuba

Trinidad Umgebung © REISE KNOW-HOW 2017
0   10 km

Cienfuegos
Ciro Reóndo — Santa Clara
Cumanayagua — Manicaragua
El Túnel de Hanabanilla — El Salto de Hanabanilla
174 — 180 — Güinia de Miranda
El Nicho ★ — Hanabanilla-See
Pico San Juan 1140 m — Jibacoa
201
Parque la Represa — 200 — Salto de Caburní
Cienfuegos — 172 — Topes de Collantes — Valle de los Ingenios
Cueva de Martín Infierno ① — 2 — 3
Yaguanabo — 4 ① ★ — ★ 931 — Condado
Rio Hondo — 186 ★ — 6 — La Pastora
Playa Yaguanabo — Mirador — Iznaga
Cabagán — La Boca — **Trinidad**
Sancti Spíritus, Guaimaro
198 — Playa La Boca — 8 — 7
Playa María Aguilar — ✈ Airport — 199
198 — Casilda — Valle de los Ingenios
Playa Ancón — 10 — 9 ⚓ Jachthafen — Marina Marlin — 12
13 — Bahía de Casilda — Bahía de San Pedro
Cayo Blanco
Cayo Los Iguanas

🟧 **Unterkunft**
1 Hotel Hanabanilla
2 Hotel Los Helechos, Villa Caburní
3 Kurhotel
7 Finca María Dolores
8 Villa Río Mar, Villa Sonja, El Capitán, Hostal Sol y Mar, Azaris 61, Hostal el Ocaso, Idel y Domingo, La Roca
9 Cristina Hostal, Rafael Albalat Sariol
10 Hotel Costasur
12 Trinidad Del Mar
13 Hotel Ancón

🟦 **Essen und Trinken**
7 Casa del Campesino
9 La Marinera

★ 4 Kaffeeplantage/Finca Godina
①   Cueva La Batata
★ 6 Parque el Cubano, Wasserfall Javira

aushalten. An der Ecke gibt es Pizzas und eine Strandbar. 2 Zimmer mit AC, Ventilator, Kühlschrank und Bad, Parkplatz, 25 CUC.

8 **La Roca,** Calle Real 1, e/Gran Via y Ave. del Mar, am Ortseingang hinter der Gabelung, rechter Hand am Meer, Tel. 349765. Mit einer Veranda unter Bäumen, 2 DZ mit Bad und AC, 25 CUC, das Haus ist auch ein Paladar.

Playa María Aguilar

10 km von Trinidad entfernt, belebter und nicht ganz so schön. Auch hier gibt es ein einfaches Hotel. Ein Grillrestaurant liegt ebenfalls auf dem Strand.

Mitte August feiert man hier das **Fest der heiligen Elena.** Biegt man am Ortsende rechts ab, stößt man auf die Uferstraße. Dort gibt es die Bar *Las Caletas.* Links erreicht man zuerst María Aguilar und dann die Playa Ancón. Insgesamt etwa 18 km. Der schönere Weg führt über La Boca immer am Meer entlang, wo man ab der *Las Caletas Bar* wieder auf dem gleichen Weg weiter fährt.

Unterkunft, Essen und Trinken

9 **Cristina Hostal,** Calle Real 69, Tel. 995126, Mobil 53130296, 5 km südlich in Casilda. 2 große Zimmer mit Bad, großer Patio, 20 CUC, nette Leute, gutes Essen.

9 Ebenfalls in Casilda liegt die **Hospedaja-Lodging Rafael Albalat Sariol** *(El Rubio),* Calle Iznaga 125, e/Perla y Norte, Puerto Casilda, Tel. 995119. Riesiger Garten mit Terrasse, das Essen ist super, der Chef hat ein eigenes Fischerboot, ab 20 CUC.

10 **Hotel Costasur** (Club Amigo) ③, Casilda, Carretera María Aguilar, 3 km westlich vom Hotel *Ancón* (s.u.) am Strand, 30 Min. Fußweg von der Marina, Tel. 996172. 111 Zimmer, 20 Bungalows, die bunten Bungalows sind gemütlicher als die heruntergekommenen Zimmer im Altbautrakt. Meerwas-

serpool. Am Strand ist es wegen der scharfkantigen Steine schwierig, ins Wasser zu kommen. Mit Bar, Disco und Tennisplatz. All inclusive. Schnorchel und Fahrräder können ausgeliehen werden. Ein Weg führt vom Hotel am Flughafen vorbei zum kleinen Fischerdorf Casilda.

9 Den Hunger bekämpft man im **Restaurant La Marinera,** Casilda, Calle Jovellano 178, e/Iglesia y Perla. Hier werden Fisch und Meeresfrüchte ab dem Mittag serviert.

Playa Ancón

Die Playa Ancón ist ein **von Palmen gesäumter Strand** auf einer Landzunge 18 km südlich von Trinidad. Über die ebenfalls mit Palmen bestandene Zufahrtsstraße fährt ein Touristenbus zu diesem (noch) schönen Flecken; der Havanatur-Pendelbus startet von 8 bis 18 Uhr für 2 CUC nahe des Parque Céspedes in der Calle Luis Pérez (Fahrplan im Havanatur-Büro). Vor dem Internetcafé stehen Taxis, die Fahrt kostet 10 CUC hin und zurück, der Fahrer holt einen zur gewünschten Zeit wieder ab. Die beliebten *Amarillos* kosten für zwei Personen 8 CUC.

Es gibt auch einen **Touristenzug** für 2 CUC. Abfahrt mehrmals täglich bei der Calle Maceo, der Zug kurvt dann quer durch die Stadt, wo Mutige noch aufspringen können.

Ein **Bus** (Hop on/Hop off) fährt alle halbe Stunde von 9 bis 21 Uhr für 5 CUC aus der Innenstadt von Trinidad an die Strände. Schließlich startet auch noch ein **Colectivo** für 2 CUC von der Haltestelle in der Nähe des Parque Céspedes.

Trotz der Bebauung geht es noch ruhig zu, es ist reichlich Platz zum Baden da – **Vorsicht vor Seeigeln,** man gehe

3

nur mit Badeschuhen ins Wasser. Am Strand kann man sich nachmittags für 2 CUC Liegen mieten. **Schnorcheln** ist vom Strand aus möglich, und wo Felsen sind, gibt es natürlich am meisten zu sehen. Abends kann man am Strand Hummer essen, die **Strandbar** liegt neben dem Hotel *Ancón.*

Von der Marina Marlin am Strand kann man **mit einem Katamaran nach Cayo Blanco** übersetzen und dort schnorcheln, essen, trinken und relaxen. Die Tour dauert 8 Stunden und kostet 59 CUC pro Person inkl. Essen, Getränke und Schnorchelausrüstung. Start ist bereits um 8.30 Uhr, der erste Bus von Trinidad fährt aber erst um 9 Uhr. Buchbar über *Cubatur,* Tel. 838-4597, comercial @opcional.cbt.tur.cu.

Unterkunft

12 **Trinidad Del Mar** (Brisas) ④, Tel. 996500. All inclusive, 240 Zimmer mit Blick auf Berge und Meer, kolonial angehauchte Architektur, die übliche Ausstattung, WLAN, Pool mitten in der Anlage, Essen eher einfach.

13 **Hotel Ancón** (Gran Caribe) ④, Tel. 996120. Das alte All-inclusive-Hotel ist 5-stöckig und hat 280 Zimmer. Optisch kein Meisterwerk, aber die Umgebung macht das wett, denn das Haus mit Disco liegt an der besten Stelle des Strandes, und von allen Balkonen ist der Sonnenuntergang zu sehen.

Valle de los Ingenios

Dieses Tal verdankt seinen Namen den vielen **Zuckerfabriken** *(ingenios)* aus dem 19. Jh. Es liegt einige Kilometer hinter Trinidad auf der linken Seite der gut ausgebauten Straße Richtung Sancti Spíritus. Pinkfarbene Hinweisschilder weisen den Weg ins Tal. Anfahrt mit einem *Amarillo* (25 CUC für zwei Personen hin und zurück) oder Taxi (ca. 30 CUC); Erläuterungen des Fahrers sind im Preis inbegriffen. Eine Bustour, gebucht über ein Hotel, kostet etwa 25 CUC. Es verkehrt auch ein Touristen-Dampfzug mit seitlich offenen Waggons nach Iznaga (10 CUC).

In diesem Tal standen einmal 57 *trapiches,* **Zuckermühlen.** Wie das Leben der Herren und Sklaven einmal ausgesehen hat, kann man noch heute im Herrenhaus der Familie *Iznaga* im gleichnamigen Dorf besichtigen. Dort steht ein 52 m hoher Turm für das Wachpersonal neben einem 52 m tiefen Brunnen. Warum jeweils die gleiche Zahl? Nun, die Söhne der Familie, so die Überlieferung, waren in dieselbe Frau verliebt. Diese sollte demjenigen versprochen werden, der höher baute oder tiefer grub – doch das Ergebnis war ein Unentschieden, und die Söhne gingen leer aus. Das spannendere Bauwerk ist allerdings der Turm, der zur Überwachung der Sklaven diente. Besteigt man ihn (1 CUC), hat man eine herrliche Sicht über das Tal. Danach kann man das Dorf besuchen, in der Cafeteria einen Drink nehmen oder ein wenig im Tal durch die Zuckerfelder wandern.

Ingenio San Isidro: Am Schild rechts ab, 1,5 km hangaufwärts, danach 300 m abwärts. Halb überwucherte Ruinen mit dreistöckigem Glockenturm.

Ingenio Guaímaro (bei San Juan): Am Schild rechts ab auf einen schlechten Weg. Neben den Ruinen der Zuckermühle und des Glockenturms ist ein restauriertes Gebäude zu sehen. Es stammt aus dem 18. Jh. und wurde Mitte des 19. Jh. durch den italienischen Architekten *Daniel Dall Aglio* erweitert und mit

3

großen romantischen Wandmalereien versehen. Zur Besichtigung sollte man sich anmelden (Touristinfo in Trinidad), denn sonst kann es passieren, dass man nicht reinkommt. Der frühere Besitzer der Zuckermühle wurde so reich, dass er in Trinidad den Palacio Cantero, Calle Desengaño, esq. Peña, erbauen ließ.

Nationalpark Sierra del Escambray

Wer Erholung in einem Naturschutzgebiet sucht, kann von Trinidad mit dem Auto in einer Stunde den **Nationalpark Topes de Collantes** erreichen. Es geht von der Calle Maceo am Pare-Schild links ab und über eine serpentinenreiche, steile Landstraße 770 m hinauf nach Nordwesten. Beim Mirador kann man eine Pause einlegen und bei einem Drink den Blick genießen. Nach einer Dreiviertelstunde Fahrt wird die Gegend dann plötzlich wieder stadtähnlich; das ist das Kurgebiet. Das Klima ist feucht, es regnet oft.

1954 beschloss man den Bau eines Lungensanatoriums. Der kasernenartige Klotz in 800 m Höhe bekam den Namen „Kurhotel" **3** (siehe Karte S. 197). Nach der Revolution wurde eine Schule daraus, da Bildung wichtiger war und die reichen Amerikaner sowieso nicht mehr kamen. In den letzten Jahren ist der Kurbetrieb wieder aufgenommen worden.

Das **Hauptinfozentrum** des Parks liegt rechts vor dem Kurhotel; hier bekommt man Wanderkarten. Der Naturpark ist nach wenigen Kilometern erreicht. Eintritt 6,50 CUC. Es gibt dort ein Restaurant, von dem man zum **Wasserfall Salto de Caburní** aufbrechen kann. Holzschilder weisen den beschwerlichen, steilen Weg.

Zum Besuch der üppigen Farne im **Parque la Represa** benötigt man einen Führer (im Infozentrum am Kurhotel), Eintritt 10 CUC. Dieser Park liegt um den Río Vega unterhalb des Hotels *Los Helechos*. In einer ehemaligen Batista-Villa im Park gibt es eine Cafeteria.

Die **Finca Godina** gehörte ursprünglich zu einer Kaffeeplantage. Heute sind hier Naturfreunde und Vogelschützer unterwegs. Sie liegt kurz vor dem Naturpark auf der linken Seite der Straße den Hügel hinauf. Weiter nach Westen wird immer noch Kaffee angebaut. Man erkennt die Plantagen kaum. Die Kaffeepflanzen wachsen schattig an den Hängen verstreut unter den mächtigen Bäumen. Eine geführte Tour (über *Rumbos*) kostet 20 CUC. Ein paar 100 m weiter westlich liegt die **Cueva La Batata;** ein unterirdischer Bach rauscht durch die Höhle.

> Wasserfall El Salto de Caburní

3

114cu kh

■ **Unterkunft** (siehe Karte S. 197): **Hotel Los Helechos** (Gaviota) ③, Tel. 0534 2540330. 105 einfache Zimmer in 1970er-Jahre-Häuschen, mit Thermalbecken. Etwas heruntergekommen, aber die beste Wahl.

■ Die Hotels **Las Pinas** und **Serrano** nebenan sind nur etwas für Einheimische.

Salto de Caburní

Der Ausflug ist nur bei gutem Wetter möglich, festes Schuhwerk ist auf jeden Fall erforderlich. Im Sommer kann der Fluss wenig Wasser führen. Der Eingang ist am Fuß des Hügels zum Kurhotel, der Eintritt zum 60 m hohen Wasserfall kostet leider 10 CUC. Der Hinweg dauert ca. 45 Min., zurück wegen der Steigung anstrengende 2 Stunden, zum Glück im Schatten. Am Felsen angekommen, kann man in den bassinartigen Becken baden, oder, wie es die Einheimischen bevorzugen, von oben reinspringen.

■ **Unterkunft** (siehe Karte S. 197): **Villa Caburní** (Gaviota) ②, 28 Zimmer in mehreren einfachen Zement-Bungalows. Wer Abendunterhaltung sucht, muss zum *Hotel Los Helechos* (s.o.) hochlaufen, wo es eine Pooldisco gibt.

■ **Weiterfahrt:** Wer von hier zum Hanabanilla-See oder nach Santa Clara will, biegt vor dem Kurhotel links in die Straße ab; deren Zustand ist einigermaßen gut.

3

Sancti Spíritus

- **Vorwahl:** 041
- **Einwohner:** 80.000

Die Stadt liegt etwa 80 km nordöstlich von Trinidad und 90 km südöstlich von Santa Clara inmitten von grünen Weiden und schier endlosen Zuckerrohrplantagen. Von Trinidad fährt man etwa zwei Stunden über eine gute Straße an der Sierra del Escambray entlang. Unterwegs besteht die Möglichkeit, im San-Luís-Tal mehrere **Zuckermühlen** aus dem 19. Jh. zu besuchen.

1514 von *Diego Velázquez* an der Stelle einer Indianersiedlung gegründet, verlegte man den Ort acht Jahre später an seinen heutigen Platz. Die Stadt kann mit einer **Vielzahl architektonisch interessanter Gebäude** aus der spanischen Kolonialzeit aufwarten. Die früheren Bewohner waren durch Viehzucht und Tabakanbau zu Wohlstand gelangt, sodass sie sich schöne Häuser leisten konnten. Nicht wenige davon sind trotz zahlreicher Piratenüberfälle erhalten geblieben. In jüngerer Zeit kamen weitere Einnahmequellen hinzu: Reis- und Gemüseanbau sowie Milchwirtschaft. Sancti Spíritus ist zu einem **landwirtschaftlichen Zentrum** geworden. Außerdem ist die Stadt angeblich die Heimat der *Guayabera,* des traditionellen weißen Männerhemdes mit den vielen Taschen.

Sehenswertes

Auf einem Spaziergang durch die teilweise von Kolonialbauten gesäumten Straßen kann man die Plaza Honorato besuchen. Dort steht die Pfarrkirche. Die **Iglesia Parroquial Mayor del Espíritu Santo** gehört zu den ältesten Kirchen Cubas. Ursprünglich aus Holz, wurde sie im 17. Jh. in Stein wieder aufgebaut, nachdem Piraten sie niedergebrannt hatten. Sie verfügt über eine außergewöhnlich schöne, im Mudéjar-Stil geschnitzte Decke. Dieses Kulturdenkmal ist leider oft geschlossen. Der zugehörige dreistöckige Glockenturm aus dem 18. Jh. ist 30 m hoch.

Den Hügel hinauf, im **Museo Colonial,** werden Exponate aus dem kolonialen Alltag der letzten Jahrhunderte ausgestellt. Das Haus mit dem schönen Innenhof in der Placído Sur 74 gehörte ursprünglich der Zuckerdynastie *Iznaga.* Mi–Mo 11–15 Uhr, So 9–13 Uhr.

Teatro Principal: Aus dem Jahr 1876, inzwischen restauriert, glänzt es in der Ave. Jesús Menéndez, ganz in der Nähe des Museums. Weltberühmt ist der hier ansässige „Coro de Claro".

Parallel zur Ave. Jesús Menéndez läuft die malerische Flaniermeile Calle El Llano durch das Viertel San Juan. Sie ist mit ihrem alten Kopfsteinpflaster ebenfalls Nationaldenkmal.

Yayabo-Brücke: Die fünfbogige Brücke über den Río Yayabo erreicht man, wenn man die Ave. Jesús Menéndez weiter Richtung Südwesten läuft. Die Steinbrücke wurde Anfang des 19. Jh. gebaut. Gegenüber, am Ende der Calle Llano, gibt es in einer Grundstücksmauer einen Fries, der ganz aus Maschinenschrott und Kachelresten gefertigt wurde.

Kunstausstellung: Die Werke von *Oscar Fernández Morena* zeigen historische Stadtansichten. Sein ehemaliges Atelier liegt in der Céspedes Sur 26.

Plaza de la Revolución ★

3 4 Santa Clara

B Busbahnhof, Stausee Zaza, Carretera Central, Ciego de Ávila

1 Nuestra Señora de la Caridad
Camping-Buchungs-büro
Parque Maceo

Casa Natal de Serafín Sánchez ★

5
6 7

Laborní

Kutschen-haltestelle
Parque de Diversiones

8

9 Parque Serafín Sánchez

Kunstausstellung

Casa de la Cultura ★
10
18
13 17 @ 19
12 14 15 16
11 Plaza Honorato
Dolores Casa de la Trova ★
Iglesia Parroquial ii
20
CADECA
21
22

Agramonte Oeste
Künstlerverband

El Jibaro

Museo Colonial M
Teatro Principal
24 25

Río Yayabo

Calle El Llano ★
26

Pancho Jimenez

Yayabo-Brücke ★

Bahnhof

Trinidad

San Félix

9 Restaurant Las Arcadas/ Café Bar Arcada
11 Los 500 Años
12 Restaurant Mesón de la Plaza
14 Rijo
20 Los Amigos
24 El Sotano
25 Taberna Yayabo
26 Restaurant Quinta Santa Elena

Unterkunft
1 Martha Rodríguez Martínez
3 Hotel Villa Rancho Hatuey
4 Hotel Villa Los Laureles
5 Hostal La Pantera
8 La Casa Azul

9 Hotel Plaza
13 Hostal Paraiso
15 Hostal del Rijo
16 Antonio Santisteban
21 Don Florencio

Essen und Trinken
2 Restaurante Los Espejos
7 Restaurante 1514

Einkaufen/Sonstiges
6 Fotoladen
10 ARTex
17 Marktladen, UNEAC (Künstlerverein)
18 Casa de Comisiones
19 Gemüsemarkt
22 Kunsthandwerk

Casa Natal de Serafín Sánchez: Endlich einmal eine Generalin! Das Geburtshaus der Heldin der Befreiungskriege liegt in der Céspedes Norte 112, geöffnet Di–Sa 9–17 Uhr, So 9–13 Uhr.

Praktische Tipps

Unterkunft

Hotels

3 **Hotel Villa Rancho Hatuey** (Islazúl) ②, Tel. 361315, auf einem bewaldeten Hügel an der Straße nach Santa Clara 4 km außerhalb, Carretera Central, km 382. 2-stöckiger Bau mit kleinem Pool, oft Reisegruppen.

4 **Hotel Villa Los Laureles** (Islazúl) ②, Tel. 361 016, Carretera Central, km 383, 5 km außerhalb nach Norden. Einfaches Haus mit 50 Zimmern, gro-ßem Pool und Bar. Einige der Bungalows sind renoviert worden, andere in desolatem Zustand.

9 **Hotel Plaza** (Encanto) ③, Tel. 327102. Das alte zweigeschossige Herrenhaus von 1843 (27 Zimmer) steht in der Calle Independencia Norte 2, esq. Ave. de los Mártines, gegenüber dem Park und ist seit 1996 ein Hotel. Preiswerte Zimmer, tolles Ambiente, klasse Service.

15 **Hostal del Rijo** (Islazúl) ③, Plaza Honorato del Castillo 12, esq. Máximo Gómez, gegenüber der Kirche, Tel. 328588, 328 583. Schönes, restauriertes neo-klassisches Haus eines Doktors. 16 Zimmer, toller Blick von der Dachterrasse, gegessen wird im Patio. Autoanfahrt schwierig.

21 **Hotel Don Florencio** (Encanto) ③, Independencia Sur 63, Tel. 328588. Das alte 2-geschossige Stadthaus ist knallblau gestrichen. Es gibt einen Laden im Haus, jedoch kein Restaurant, zum Frühstücken muss man ins Hotel *Plaza Independencia Norte 2* laufen.

115cu kh

Privat

1 Martha Rodríguez Martínez, Placído 69, e/ Calderon y Tirso Marín, Tel. 323556, 200 m vom Park entfernt. 3 schlichte klimatisierte Zimmer, 2 davon teilen sich ein modernes Bad, das dritte hat ein eigenes, 20 CUC, man kann am Abend auf dem Dach sitzen.

5 Hostal La Pantera, Independencia 50F (altos), e/Fajardo y Hernán Laborí, Tel. 25435. 2 klimatisierte Zimmer in einem großen Kolonialhaus mit Bad, hohen Decken, Antiquitäten und Balkon, 20 CUC.

8 La Casa Azul, Maceo 4 Sur, e/Ave. de los Mártines y Doll, Tel. 324336. 2 schöne DZ, eins davon mit Dachterrasse, Bad, AC, die Aussicht ist wunderbar. Nettes älteres Ehepaar, gutes Essen! 5 Min. zum Platz, ruhig. Zimmer 25 CUC, 3 CUC für Frühstück, 7 CUC pro Person für Abendessen.

13 Hostal Paraíso, Calle Máximo Gómez Sur 11, e/Cervantes y Honorato, Tel. 334658. Älteres Haus, 3 Zimmer mit Bad und AC, oben 2 mit eigener Terrasse, unten eins zum bepflanzten Patio hin, ab 20 CUC.

16 Antonio Santisteban, Honorato 7 Sur, e/Llano y Independencia, Tel. 324185. Reizvolles Haus mit 2 Zimmern, ein sehr großes mit Balkendecke und altem Bad, ein kleineres mit modernem Bad, ab 20 CUC.

Essen und Trinken

2 Restaurante Los Espejos, Mariano Hernández (Socorro), e/Céspedes y Martí, nettes kleines Lokal, traditionell cubanisch.

7 Restaurante 1514, in der Céspedes Norte 52 in einem herrschaftlichen Haus aus dem 19. Jh. Einfache und preiswerte Lokalküche.

9 Las Arcadas, annehmbares Essen zu moderaten Preisen im Hotel *Plaza*.

9 Café Bar Arcada, Independencia 1, im Hotel *Plaza*. Der dekorierte Patio ist ein netter Ort für eine Tasse Kaffee.

11 Los 500 Años, Dolores 63, e/Plácido y Panchito Gómez Toro, Tel. 325095, gute Küche im Zentrum in einem alten Gebäude, Hauptgerichte ab 8 CUC, geöffnet ab 11 Uhr, draußen und drinnen.

12 Mesón de la Plaza, *Pollo* und *Sangría* gibt es in diesem alten Kolonialhaus in der Nähe der Kirche, Máximo Gómez Sur 34. Gut, aber oft von Bustouristen belegt.

14 Rijo, Plaza Honorato del Castillo 12, esq. Máximo Gómez. Gute Speisen zu fairen Preisen im edlen Ambiente des gleichnamigen Hotels mit Blick über den Platz.

20 Los Amigos, Céspedes Sur 56, e/Raimundo y Ernesto V. Muñoz, modernes Ambiente in altem Gemäuer, Allerweltsküche zu moderaten Preisen, geöffnet ab 12 Uhr.

24 El Sotano, Eduardo Chivas, e/26 de Julio y Jesús Menéndez, Peso-Paladar am Fluss, ab 11 Uhr.

25 Taberna Yayabo, relativ neues Restaurant mit guter Weinauswahl an der Flussbrücke, Jesús Menéndez 109, Tel. 837552, geöffnet 9–22.30 Uhr.

26 Quinta Santa Elena, San Miguel (Quintero) 60, Tel. 328167, alte Villa in Sichtweite der Brücke, gutes Essen, schöner, schattiger Garten, kreolische Küche, Hauptgerichte ab 7 CUC, 10–24 Uhr.

Veranstaltungen

■ In der **Casa de la Trova,** Máximo Gómez Sur 26, finden **Musikveranstaltungen** statt, ebenso in der **Casa de la Música** beim Museo Colonial und im Restaurant *Quinta Santa Elena*.

■ Die **Casa de la Cultura** liegt in der M. Solano 11 und präsentiert diverse Events.

☒ Straße in Sancti Spíritus

Einkaufen, Sonstiges

- **Post:** Independencia Sur 8.
- **Bank:** Independencia Sur 2.
- **CADECA** (Wechselstube): Independencia Sur 31.
- **Internet:** *Telepunto* in der Independencia Sur (Fußgängerzone), e/Cervantes y Honorato del Castillo, 17–23 Uhr, oder in den Hotels *Plaza* und *Zaza*.
- **6 Fotoladen:** Independencia Norte 50.
- **10 ARTex** hat seine Bühne und seinen Kunstladen am Parque Serafín Sánchez.
- **17 UNEAC:** Der Künstlerverein residiert in der Independencia Sur 10.
- **18 Casa de Comisiones:** eine Art Flohmarkt in der Independencia Sur 6; hier gibt es auch Straßenstände mit Waren des täglichen Bedarfs.
- **19 Gemüsemarkt:** zwischen Céspedes Sur und Independencia Sur, esq. Valdéz Muñoz.
- **22 Kunsthandwerk:** Independencia Sur 55.

Verkehrsmittel/-verbindungen

- Die Station für **Überlandbusse** ist 2 km östlich an der Carretera Central, km 388, esq. B. Maso, Tel. 26517. *Víazul-* und *Astro-*Busse fahren mehrmals täglich nach Trinidad, 70 km, 2 Stunden, nach Ciego de Ávila, 2 Stunden, und nach Santa Clara, 2 Stunden. Außerdem verkehren Víazul-Busse in Richtung La Habana und Santiago.
- Der **Bahnhof** befindet sich im Südwesten, am Ende der Ave. Jesús Menéndez über den Río Yayabo. Allerdings liegt Sancti Spíritus nicht an der Hauptstrecke, daher muss man schon im 20 km entfernten Guayos aussteigen, und zwar wegen des Bahnsteigs nur vom ersten Wagen aus. Weiter dann mit einem Taxi. Die Züge verkehren, wie so oft auf Cuba, unregelmäßig. Das Ticket sollte man in Sancti Spíritus kaufen.
- Die **Tankstelle** liegt in Richtung Santa Clara, 5,5 km auf der Carretera Central.
- **Kutsche zur Busstation,** Avenida de los Martínez, an der Ecke zur Adolfo del Castillo.

Ausflüge

Embalse de Zaza

Am südöstlichen Rand der Stadt liegt der **größte Süßwassersee Cubas.** Beim Bau wurden ganze Dörfer überflutet. Noch heute ragen die Spitzen der Palmen aus den Fluten. Am Ufer haben Freizeiteinrichtungen ihren Platz gefunden und bieten nach einigen anstrengenden Museumsbesuchen etwas Erholung. Die Hauptattraktion jedoch ist der Fischreichtum der Gegend. Außer im Stausee kann man auch im gleichnamigen Fluss, im Río Agabama oder in den Seen Lebrige und Dignora sein Glück versuchen. Die Saison dauert von November bis April.

Unterkunft

- Hinter der *Finca San José* liegt das **Hotel Zaza** (Islazúl) ③, km 5,5, Tel. 327015. Von der Straße nach Ciego de Ávila führt eine Straße rechts ab auf die Halbinsel mit der einfachen Hotelanlage. 65 Zimmer, Restaurant, Bar *Mirador* mit Aussicht; hin und wieder laute Musik von der Pooldisco. Die Bar *Media Luna* ist 5 km entfernt vom Haupthaus. Internet, im Garten wachsen Mangobäume. Der Weg zum See ist nicht ohne Weiteres möglich.
- An der Verbindungsstraße von Remedios nach Morón liegt 20 km hinter Yaguajay der kleine Ort **Mayajigua.** Hier findet sich die kleine **Bungalowanlage Villa San José del Lago** (Islazúl) ②, Ave. Antonio Guiteras, km 1,5, Tel. 0534 1546108. Die einfache Anlage mit 67 Zimmern liegt am namensgebenden kleinen See. Die meisten Gäste kommen wegen der Heilquellen, die den See speisen, aber auch einen normalen Pool gibt es.

Ciego de Ávila

- **Vorwahl:** 033
- **Einwohner:** 90.000

Die Stadt ist ein **Handelszentrum** und dient den umliegenden Farmen als Marktort. Koloniale Sehenswürdigkeiten gibt es hier nicht zu bestaunen, da Ciego de Ávila erst 1840 gegründet wurde. Zum Schutz vor Freiheitskämpfern wurde die **Verteidigungslinie Trocha** mit Gräben, Zaun und Wachtürmen erbaut, trotzdem konnte die Stadt dreimal eingenommen werden. Zehn der schmucklosen Türme kann man noch auf der rechten Seite der Bahngleise und der Straße nach Morón sehen, kurz vor Santo Tomás. In die Stadt kommen viele Touristen, um sofort weiter zur Inselgruppe Jardines de la Reina zu fahren (Näheres zu diesem Nationalpark im Kapitel „Inseltouren").

Im Ort kann man rund um den **Parque Martí** schlendern. Nahebei befinden sich das **Theater** (1927) und das **Regierungsgebäude** (1911).

Das **Museo Municipal Simón Reyes** ist an der José Antonio Echevarría 25 in einer typischen Villa untergebracht und zeigt Exponate zum afrocubanischen Leben (1 CUC).

Außerdem gibt es einen kleinen **Zoo** an der Independencia Este.

Der **Parque de la Ciudad** im Nordwesten der Stadt am Ende der Calle Bembeta ist ein außergewöhnliches Naherholungsgebiet mit dem künstlichen See La Turbina in der Mitte, auf dem ein Lokal schwimmt. Allerlei Skulpturen, Spazierwege und ein Eisenbahnwaggon als Café sind die Attraktionen. Wer sich betätigen möchte und zu alt für den Spielplatz ist, kann ein Ruderboot mieten. Schließlich gibt es noch ein Flugfeld für Modellflieger und weitere interessante Details.

Der preisgekrönte **Boulevard** lädt zum Schlendern ein, die moderne **Fußgängerzone** liegt an der Independencia.

Unterkunft

Hotels

- **Hotel Sevilla** ②, Independencia Oeste 57, Tel. 225603. Von 1920, bestes Haus am Platz, zentrale Lage am Parque Martí mit 24 Zimmern, die Balkone gehen zum Park und von der Bar hat man einen guten Blick, keine Kreditkarten.
- **Hotel Santiago-Habana** (Islazúl) ②, Honorato del Castillo s/n, esq. Chicho Valdés, an der Hauptstraße, Tel. 225703. 5-stöckiges Haus mit 75 Zimmern im typischen 1950er-Jahre-Stil mit Pool.
- **Hotel Ciego de Ávila** (Islazúl) ②, dieses moderne 4-stöckige Haus hat 142 Zimmer und liegt etwas außerhalb an der Carretera nach Ceballos, km 2,5, Tel. 228013. Mehrere Bars und Laden, die Disco ist gut besucht. Meist Reisegruppen.

Privat

- **Aleida Cabrera Ávila,** Independencia 259/ Línea, Tel. 200162. 2 Zimmer mit Bad und Salon, Patio, 20 CUC.
- **Eliecer M. Hernández y Gladys Luis Marrero,** Independencia 205, e/4ta y Ornélio Hernández, Tel. 203179. 20 CUC das Zimmer, Frühstück 3 CUC, sehr schöne Zimmer, Dachterrasse, viele Vögel im Haus, der Hausherr besitzt einen alten *Buick*.
- **María del Carmen,** Pina Calle Cuarta 9, e/Independencia y Candelario Agüero, Tel. 224860. Sehr liebenswürdige Familie, schönes DZ mit Bad und kleiner Küche, das Auto kann geparkt werden. 20 CUC für das DZ.

■ **Martha,** José M. Agramonte 19, e/Independencia y Joaquín Agüer, Tel. 224596. Zentral, 2 DZ, modern, Dachterrasse, 20 CUC.

■ **Casa Yolanda,** Calle 5ta 15, e/República y Hicacos, gegenüber dem Zoo, Tel. 214026, yol.wong@hotmail.com. Schönes Haus, 2 kleine DZ mit Bad und separatem Eingang, Parkplatz, 20 CUC.

■ **Martha,** José M. Agramonte 19, e/Independencia y Joaquín Agüero, Tel. 24596. 2 Zimmer mit Bad, gemütliches Haus mit Dachterrasse, zentrale Lage, geführt von einem jungen Paar, 25 CUC.

■ **Villa Jabón Candado,** *Marilyn Jiménez Pardo,* Chicho Valdés 51, esq. Abraham Delgado, Tel. 225 854. 2 Zimmer mit Bad und AC auf unterschiedlichen Etagen, separater Eingang. Das Zimmer oben verfügt über Terrasse, Küche und Bad. Garage für zwei Autos. 20–25 CUC. Das Haus wurde 1935 fertiggestellt, als Teil einer Gruppe komfortabler Villen in verschiedenen Städten Cubas an der Carretera Central. Diese gehörte dem Klinikgründer *Dr. Rodolfo Romero Viamontes.*

▭ Das Theater in Ciego de Ávila

Essen und Trinken

■ **Restaurante Colonial,** cubanische Küche, moderate Preise und ein Innenhof, in der Independencia Oeste 110, e/Maceo y Simón Reyes.
■ **Doce Plantas Don Pepe,** Schwein und Huhn bei Live-Musik, geöffnet tgl. außer Mo und Di, Independencia Oeste 103.
■ **El Rápido,** der unvermeidliche Schnellimbiss liegt am Parque Martí, esq. Libertad y Honorato de Castillo.
■ **Café La Fontana,** Independencia, esq. Maceo, hier trifft der Name *Café* wirklich zu, es gibt diverse Kaffeeköstlichkeiten, auf den Tischen liegt die Parteizeitung, es werden Neuigkeiten ausgetauscht.
■ **Bar Solaris,** im 12. Stock des höchsten Gebäudes am Parque Martí, Cocktails ab 5 CUC.
■ **Restaurante Flotante Madre de Agua,** das Lokal schwimmt wirklich im See, der sich östlich vom Hotel *Ciego de Ávila* erstreckt. In der Grünanlage um den See liegen noch weitere Lokale. Einfache Hauptgerichte ab 6 CUC.
■ **El Flamenco,** der Paladar liegt am Krankenhaus und serviert gutes Essen.
■ **La Casona,** Calle 3 No. 6, e/Independencia y Joaquín de Agüero, kleines Privatrestaurant, Gerichte ab 7 CUC, geöffnet 12–15 und ab 19 Uhr, Mo geschlossen.
■ **Restaurant Confronta,** Parque Martí, e/Correo Nacional, kleines Angebot mit gutem Essen, nette Bar mit guten Drinks in Peso Cubano. Der Vorbesitzer steht als Gipsmodell hinter der Bar.
■ **El Crucero,** Calle Libertad 366 (altos), e/2 y 3, Bar mit AC, Sitzplätzen draußen und ganz guten cubanischen Gerichten, 11–15 und 18–22 Uhr.
■ **Eisdiele,** die örtliche, oft überfüllte *Coppelia* an der Independencia Oeste, esq. Simón Reyes.

Veranstaltungen, Nachtleben

■ **Casa de la Cultura,** Independencia 76, e/Maceo y Honorato del Castillo.

■ **Casa de la Trova,** der Musentempel ist in der Libertad 130, esq. Simón Reyes und zieht jeden September Musiker aus ganz Cuba an.
■ **Kino** gibt es in der Maceo 51 und Ecke Maceo y Joaquín Agüero.

Einkaufen, Sonstiges

■ **Supermarkt:** Cruz Verde, Independencia, esq. Máximo Gómez.
■ **Gemüsemarkt:** Chicho Valdés Este, e/Agamonte y Calle 1.
■ **Bank:** Independencia Oeste 152, oder Independencia Este, esq. Maceo, oder Agüero Oeste, esq. Honorato del Castillo.
■ **CADECA** (Wechselstube): Independencia Oeste 118, e/Maceo y Simón Reyes.
■ **Post:** Chicho Valdés, esq. Marcial Gómez
■ **Tankstellen:** westlich des Ortes in Majagua, an der Umgehungsstraße nahe dem Busbahnhof und auf der Calle Morón vor der Auffahrt auf die Umgehungsstraße.

Verkehrsmittel/-verbindungen

■ Die Station für **Überlandbusse** ist an der Carretera Central östlich des Zoos, 1,5 km in Richtung Camagüey, Tel. 203197. *Víazul* und der preiswertere Astro-Bus kommen hier durch. *Víazul* nach La Habana 27 CUC, er fährt um 6, 12.40 und 16.40 Uhr, *Astro* kostet 20 CUC. Das übliche Problem: Meist sind die Busse voll, und man muss hoffen, dass Reisende aussteigen und den Platz räumen.
■ Der **Bahnhof** ist südwestlich am Ende der Agramonte. Im Nahbereich gibt es zwei Züge nach Morón für 1 CUC, Nr. 503 täglich um 14.05 Uhr nach Camagüey. Außerdem fährt täglich *La Habana Express* für 25 CUC. Alle anderen Züge kommen hier nachts durch. Nach La Habana: 2 und 4 Uhr; Santiago: 21 Uhr; Holguin: 16.45 Uhr; Bayamo: 3 Uhr. Außerdem gibt es einen restaurierten **Dampfzug** des Zucker-

ministeriums MINAZ. Dieser fährt am Wochenende ab 9 Uhr nach Santo Tomás und zurück, vorbei an den Trocha-Türmen.

■ **Flug:** Der *Aeropuerto Máximo Gómez (AVI)* befindet sich in Ceballos 24 km nördlich der Stadt, auf halbem Weg nach Morón: Nach La Habana oder Santiago kostet der Flug etwa 50 CUC. Cubana-Büro in der Chicho Valdés 83, Tel. 201117. Das Taxi in die Stadt kostet etwa 13 CUC.

■ **Mietwagen:** *Havanautos* hat ein Büro im Flughafengebäude und ein Büro im Hotel *Ciego de Ávila, Transtur* nur im Hotel.

■ **Turistaxi:** Tel. 22997

Ausflüge

■ **Mirador:** Kurz vor der Bolivia, schöner Ausblick.
■ **Florencia:** Die Höhlen dort können besichtigt werden, die Natur ist sehr schön; leider etwas schwierige Anfahrt, deshalb besser fahren lassen.

Morón

■ **Vorwahl:** 033
■ **Einwohner:** 90.000

Wenn man von Ciego de Ávila nach Norden zu den Cayos fahren will, erreicht man auf halbem Wege die Kleinstadt Morón, **inmitten weiter Zuckerrohrfelder** gelegen.

Morón existiert seit der Mitte des 18. Jh. und ist damit rund hundert Jahre älter als die Provinzhauptstadt. Im Ortskern stehen noch einige der alten Häuser im Kolonialstil. Früher war hier das **Zentrum der Hahnenkämpfe.** Das erklärt auch die Skulptur eines Hahns am

südlichen Ortseingang, der zweimal am Tag kräht. Ursprünglich war sie als Erinnerung an einen Bürgermeister aufgestellt worden, welcher „der Hahn" genannt wurde. Nach der Revolution wurde die Skulptur wegen der politischen Ausrichtung des Namensgebers zerstört und später „unpolitisch" wiedererrichtet – nun soll sie eben an Hahnenkämpfe erinnern.

1871 ging die spanische Befestigungslinie **Trocha Júcaro-Morón** in Höhe Moróns quer über die Insel. Sie bestand aus Holzpalisaden und einem Graben mit diversen Wehrtürmen – und konnte die Rebellenarmee unter *Máximo Gómez* und *Antonio Maceo* nicht an ihrem Vormarsch hindern.

Wer die **Zigarrenfabrik** besichtigen will (Führung 2 CUC), sollte sich von seinem Vermieter den Weg beschreiben lassen, denn das Gebäude liegt etwas versteckt.

Berühmtester Sohn der Stadt ist **Pio Leyva** (1917–2006). Der Musiker arbeitete u.a. mit dem Komponisten *Compay Segundo* zusammen; so entstanden zahlreiche Hits wie „Chan Chan". 1997 kooperierten beide für *Ry Cooders* Musikprojekt „Buena Vista Social Club", das durch *Wim Wenders'* gleichnamigen Film international berühmt wurde.

Sehenswert ist das **Museo Municipal de Morón,** auch als „Museo Caonabo" bekannt, mit seiner Sammlung indocubanischer Exponate und zur Geschichte des Hahn(enkampf)s und anderer Bräuche. Es befindet sich in einem eklektizistischen, palastartigen Gebäude in der Calle Castillo 164.

MEIN TIPP: Der **Bahnhof** aus dem Jahr 1924 ist der zweitgrößte in Cuba, eine Mischung aus französischer und Südstaatenarchitektur. Hier installierte die amerikanische Firma *Baldwin Locomotive Works* ein Ausbesserungswerk für ihre Loks, die sie nach Cuba lieferte. Der über 600 m² große Warteraum war komfortabel mit Mahagoni-Bänken und einem schönen Terrazzo-Boden ausgestattet. Eine Treppe aus Carrara-Marmor führte zu den Büros im Obergeschoss.

Information

● Infos gibt es bei **Cubanacán** in der Cristobal Colón 49, Tel. 502181.
● **Infotur** residiert in der Calle Martí, Bar *Kíkiri,* Tel. 505513.

Unterkunft

Hotels

● **Hotel Morón** (Islazúl) ③, an der Ave. de Tarafa s/n, Tel. 502230, 2 km vom Zentrum entfernt. 4-stöckiger Plattenbau auf halbem Weg zwischen dem südlichen Kreisverkehr und dem Bahnhof, 216 Zimmer. Oft Reisegruppen, der Pool steht auch für Gäste von außerhalb zur Verfügung, der Service ist gut, meiden Sie am Wochenende Zimmer in Disconähe.
● **La Casona de Morón** ②, Ave. Cristobal Colón 41, gegenüber dem Bahnhof, Tel. 502236. 2-stöckige Villa mit umlaufendem Balkon und großem Garten mit Bar und Pool. Hier stehen noch weitere Unterkünfte.

Privat

● **G. Marguerita Sierra,** Callejas No. 89, e/Martí y Castillo, Tel. 503798. Großes Zimmer, überdachter Patio, Garten, 20 CUC, gute Küche.
● **Hostal Maite la Qbana,** Luz Caballero 40b, e/Libertad y Agramonte, Tel. 504181. Zentral, 1 Zimmer bis 5 Pers. und eins bis 3 Pers., Bad, AC, Terrasse mit Blick auf Morón und Pool, 25 CUC pro Zimmer

bei 2 Pers., Frühstück 3–5 CUC, Abendessen bis 10 CUC. *Maite* spricht englisch und italienisch.
● **Hostal Vista al Parque,** *Idolka María González Rizo,* Luz Caballero 49d (altos), e/Libertad y Agramonte, Tel. 504181 (Nachbar *Maite*). In der Nähe der *Casa de la Trova* 2 Zimmer mit Bad, AC, Sonnenterrasse, *Idolka* spricht englisch, 25 CUC.
● **Alida de Ávila Companionis,** Calle Serafín Sánchez 106, e/Martí y Castillo, Tel. 504168. Die Wohnung im 1. Stock wird vermietet. 2 Zimmer, Bad, Kühlschrank, 2 Terrassen, ab 20 CUC, gutes Abendessen ab 5 CUC, Frühstück 3 CUC, Garage.
● **Casa Gina,** Callejas 89, e/Martí y Castillo, Tel. 52956585. *Gina* spricht spanisch und italienisch, der Sohn englisch. Das Haus ist sehr schön, Zimmer ab 20 CUC.
● **Hospedaje Liberluz,** *Carlos Manuel Baéz Rodríguez,* Calle Libertad 148, e/Luz Caballero y Padre Cano, Tel. 505054, 52816484. Ein Zimmer mit Bad und kleinem Balkon, 20–30 CUC, auch gutes Restaurant.
● **Casa Belkis,** Castillo 175, e/Callejas y Serafín Sánchez, Mobil 52971477, Tel. 505777, hostalbelkismoron@gmail.com. 2 Zimmer, eins auf dem Dach mit Terrasse, eins für vier Menschen, jeweils mit Bad und AC, alles renoviert und gut gemacht, 25 CUC, Frühstück 5 CUC, Parkplatz 2 CUC. Mit Patio.

Essen und Trinken

● **Las Fuentes** in der Calle Martí 169, e/Agramonte y Libertad, 11–23 Uhr, bietet die größte Auswahl, billiger ist es im **Las Delicias** gegenüber. Auch das **Restaurant im Hotel Morón** ist besser als es aussieht.
● **Paladar Maite la Qbana,** eine Alternative in der Luz Caballero 40b, e/Libertad y Agramonte. Die Küche hat eine italienische Note.
● **El Tíber,** Zayas 17, e/Salomé M. y Cisneros. Typisches Freiluftlokal unter Palmstroh mit kleinen Gerichten ab 9.30 Uhr, Pool.
● **El Ángel,** Calle 12 No. 16a, e/Ave. Tarafa y Carretera a Ciego de Ávila (am Wassertank), Tel. 451604,

3

Hauptgerichte ab 7 CUC, eine gute Wahl für den Abend, geöffnet ab 12 Uhr.

● **Don Papa,** Enrique Varona 56, e/5 y 6, einfacher Laden, Hauptgerichte ab 7 CUC, geöffnet ab 12 Uhr.

● **Las Ruedas,** Villamil 23, e/Vasallo y Narciso López, das private Lokal serviert die üblichen Gerichte, und zwar täglich ab 11 Uhr.

● Die **Casa de la Trova** in der Calle Libertad 74, e/ Martí y Narciso López, ist der Auftrittsort der lokalen Volksmusiker, derweil tobt sich die Jugend in der Hoteldisco aus.

● An der Straße nach Yaguajay bzw. Chambas bei km 2,5 liegt das ganz nette Freiluftrestaurant **El Realengo.**

Veranstaltungen

● Im Dezember gibt es ein **Eisenbahnfest,** bei dem alte Loks unter Dampf gesetzt werden.

● Am ersten Juniwochenende wird jedes Jahr ein **Bolerofest** gefeiert.

Verkehrsmittel/-verbindungen

● **Bus:** Abfahrt vom Bahnhof nach Ciego de Ávila. Zu den Cayos fahren nur die blauen und gelben Busse morgens um halb sieben für die cubanischen Hotelangestellten. Víazul bietet den Cicuito Norte, eine Rundfahrt von Trinidad nach Ciego de Ávila und zurück an. In Moron stoppt der Bus um 12.35 Uhr.

● Im Ortskern, Ecke Martí y Poey, liegt der **Bahnhof,** an den ein Bahnbetriebswerk angeschlossen ist – das Bahnhofsgebäude aus dem Jahr 1924 präsentiert sich wie ein Museum. Man kann alle zwei Tage nach Santiago, Santa Clara und Nuevitas fahren, nach Ciego de Ávila und Camagüey zweimal täglich. Oft fallen jedoch Züge aus, auch der eingesetzte Schienenbus nach Ciego de Ávila ist nicht immer sicher, besser, man versucht es 37 km weiter von der Hauptstrecke in Ciego de Ávila aus.

● Die **Tankstelle** befindet sich in der Nähe des Hotels. Die Straße Richtung Camagüey und Nuevitas ist gut, ebenso in die andere Richtung nach Caibarién.

● Der nächste **Flughafen** ist 23 km entfernt bei Ciro Redondo.

Ausflüge

Angler zieht es 20 km nach Norden, zur **Laguna de la Redonda.** In dem dortigen Angelzentrum kann man Touren buchen oder ein Boot mieten. Man biegt von der Straße nach Cayo Coco ab und erreicht nach kurzer Fahrt den kleinen See, der von Mangrovendickicht umgeben ist. Das *Centro Turístico* und eine Bar ermöglichen einen Zwischenstopp.

In der Nähe liegt die **Laguna de Leche,** der Milchsee. Seinen Namen hat dieser große 66 km² Salzwassersee wegen der Trübung der Wasseroberfläche durch Kalk. Er ist durch einen natürlichen Kanal mit dem Atlantik verbunden. Auch hier sind Angler und Naturfreunde anzutreffen. Der See ist nur von der Südseite zugänglich, wo es diverse Lokale an der Straße gibt. Um Ostern wird der **Carnaval acuático** mit geschmückten Booten gefeiert.

Auf der Weiterfahrt sieht man auf der Halbinsel Turiganó eine Siedlung mit niederländisch anmutenden **Fachwerkhäuschen,** die *Celia Sánchez* hier errichten ließ. Naturfreunde und Angler lieben die Gegend, deshalb zieht es immer mehr Urlauber hierher.

Bald darauf erreicht man bei San Rafael die **Bahia de Perros,** die Hundebucht, und das Meer. Hier kann man über einen Damm zur Insel **Cayo Coco** fahren (siehe Kapitel „Inseltouren").

Zentral-Cuba

Wer von Ciego de Ávila kommt und es nicht bis Camagüey schafft oder einen ruhigen Flecken sucht, kann in der Kleinstadt **Florida** die Carretera verlassen und vor der Tankstelle links in den Ort fahren. Hinter dem Bahnhof in der Calle Joaquin Agüero 525, e/25 de Julio y Perucho Figueredo, kann man in der *Casa Láncara* unterkommen, einem Kolonialhaus aus dem Jahr 1910 mit begrüntem Patio: 2 Zimmer mit eigenem Eingang, Kühlschrank und Safe, jeweils 25 CUC. An der Hauptstraße zum Bahnhof gibt es ein Café, eine Pizzeria und das *Restaurante 1907*. Der Zustand der Straße ist grenzwertig.

Camagüey

■ **Vorwahl:** 0322
■ **Einwohner:** 300.000

Camagüey ist eine der ältesten Städte Cubas, umgeben von grünen Weiden und endlosen Zuckerrohrplantagen. Bei einem Spaziergang durch das denkmalgeschützte Zentrum fallen die riesigen, bauchigen Tonkrüge auf, die neben den Eingangstüren der Häuser oder in den Patios stehen. Da die Stadt früher dauernd mit Wassermangel zu kämpfen hatte, fingen die Leute das Regenwasser in Krügen auf. Die örtlichen Töpfer brannten aus dem Ton der Sierra de Cubitas **große Tonkrüge** *(tinajón),* die schnell zu einem Statussymbol wurden. Bald konnte man in ganz Cuba diese Gefäße kaufen. Es gab noch eine Variante zum Wasserfiltern: Das gesammelte Wasser floss aus einem Krug über einen porösen

Stein in den darunter stehenden *tinajo*. Heute werden die meisten *tinajónes* nur noch als Dekoration benutzt, und so kommt es öfters zu Wasserknappheit.

In neuerer Zeit wurde die **drittgrößte Stadt Cubas** durch die Züchtung der F1-Rinder bekannt, eine Kreuzung aus Holsteinrind und Zebu, die das Klima gut verträgt. Die örtlichen Cowboys werden *vaquero* genannt.

Camagüey ist die Geburtsstadt des berühmten Dichters und politischen Aktivisten **Nicolás Guillén** (1902–1989), geboren in der Calle Hermanos Agüero No. 58 als Sohn einer Unabhängigkeitskämpferin.

Der zweite berühmte Sohn der Stadt ist General **Ignacio Agramonte** (1841–1873), Freiheitskämpfer im Unabhängigkeitskampf gegen Spanien.

Die Straßen heißen heute nach den **Helden der Revolution** (neuer Name – alter Name):

■ Agramonte	Estrada Palma
■ Bartolomé Masó	San Fernando
■ Céspedes	Hospital
■ Enrique Villuendas	Rosario
■ El Solitario	Santa Rita
■ José Ramón Silva	San José
■ O. Primelles	San Estéban
■ Padre Olallo	Pobre
■ Quiñones	Francisquito
■ Ramón Guerrero	Popular
■ E.J. Varona	San Ramón Norte
■ Plaza La Soledad	Plaza El Gallo

Die schmalste Gasse Cubas, **Funda del Catre** (offiziell Ramón Ponte), wurde früher Callejón de la Poza del Mate genannt, weil Mate-Sträucher an ihrem Ende am Ufer des Río Hatibonico wuchsen. Die Straßen Matías Varona, Ángel,

3

★ Cangliones des Río Máximo

Museo Provincial Bahnhof

Regionalbus-haltestelle

✈ Flughafen, Playa Santa Lucía, Nuevitas, Sierra de Cubitas

Parque Finlay

Haltestelle Bus 22 zum Flughafen

Büro Cubanacán

Mercado Central

■ Einkaufen/ Sonstiges
14 Asociación Cubana de Artesanos Artistas
19 Fotogeschäft
27 Tienda El Cartel
38 Gemüsemarkt El Río
39 Fondo Cubano de Bienes Culturales

CADECA

Trova Latina

Plaza de los Trabajadores

■ Nachtleben
8 La Bigornia
12 Rincón de la Música
28 Bar El Cambio

Teatro Principal

Iglesia de la Merced

Ciego de Ávila

Iglesia de Nuestra Señora de la Soledad

Apotheke

Töpferei

Geburtshaus Agramonte

Apotheke

Casa Natal de Nicolás Guillén

Western Union

Universität

Plaza Maceo

Galerie Jover

Parque Ignacio Agramonte

Plaza de la Revolución

★ Miseria, ★ Plazuela de Carmen

Catedral de Nuestra Señora de la Candelaria

Stadion

Denkmal Ignacio Argamonte

Plaza San Juan de Dios

Parque Casino Campestre

♥ Hospital de San Juan de Dios

Puente la Caridad

Plaza Cinco Esquinas

Ciego de Ávila, Florida

★ Funda del Catre

Carretera Central

Busbahnhof, Las Tunas

3

■ Unterkunft
2 Hotel Puerto Principe
3 Andrés Díaz y Martha Valls García
4 Hotel Plaza
5 Osvaldo y Liza Redroso
6 Hotel Colón
10 Hotel Isla de Cuba
13 Elisa Báez Astillero
16 Camino de Hierro
18 Hotel La Avellaneda
20 Gran Hotel
23 Los Vitrales

24 Enma J. Barreto García y Rafael Requejo
25 Casa Daqlgis
26 Hotel El Marqués
31 CasAlta
37 Hotel Camagüey
40 Carlos Peñalva Serrano
41 Hotel Villa Maraguán

■ Essen und Trinken
1 Paladar El Retorno
7 Paladar La Terraza
9 El Patio
15 Bar Casablanca

17 Café Colonial
20 Eisdiele (Coppelia)/ Café Cubanitas
21 Lucky de Ferra's Club
22 Don Ronquillo
29 La Perla de Cuba
30 La Volanta
32 Café Ciudad
33 Casa de la Trova
34 Paladar El Cardenal
35 El Ovejito
36 La Campaña de Toledo

San Rafael und Lugareño gehen auf die **Plaza Cinco Esquinas.** Dann gibt es noch die kürzeste Straße, **Miseria** (Tula Oms), nur vier Meter lang und zwei Meter breit; sie verbindet die Straßen Martí (San Diego) und Hermanos Agüero (San Ignacio) im Abschnitt der **Plazuela de Carmen.**

Parken kann man für 3 CUC auf dem Platz vor der Iglesia de Nuestra Señora de la Merced.

Geschichte

1514 gründete der Eroberer *Diego Velázquez* die Siedlung an der Nordküste. Die Küstenlage hatte jedoch unablässige **Piratenüberfälle** zur Folge, daher zogen die Menschen zweimal um, bis sie 1528 am heutigen Platz im Landesinnern heimisch wurden. Doch selbst dort war man nicht sicher – der berüchtigte walisische Pirat *Henry Morgan* brannte die Stadt 1668 nieder.

Um eine Eroberung zu erschweren, so besagt die Legende, legte man den Ort danach mit einem **verwirrenden Straßennetz** an, aber keine zwölf Jahre später kam es erneut zu einem Überfall.

Der spanische Name *Santa María del Puerto Príncipe* galt bis 1923, dann wurde die Stadt nach dem Kazikenhäuptling *Camagüey* umbenannt.

Sehenswertes

Parque Ignacio Agramonte: Der ehemalige Kirchplatz von 1528 ist heute dem Freiheitskämpfer *Ignacio Agramonte* gewidmet, der im Unabhängigkeitskampf gegen Spanien 1873 erschossen wurde. An den Ecken des Platzes stehen vier Königspalmen symbolisch für die vier Patrioten, die 1851 von den Spaniern hingerichtet wurden. Alle wichtigen Gebäude der Stadt stehen um den Platz herum.

Der **Parque Casino Campestre** ist der größte Stadtpark Cubas. Durch ihn fließt ein Nebenarm des Hatibonico, der Río Juan del Toro. Im Park stehen z.B. die Denkmäler jener spanischen Piloten, die 1933 in 19 Stunden von Sevilla nach Camagüey flogen.

Catedral de Nuestra Señora de la Candelaria: Die Kirche wurde 1530 errichtet, doch in den zahlreichen Kämpfen um die Stadt immer wieder zerstört. Der Glockenturm stürzte 1777, einen Monat nach seiner Fertigstellung, ohne Außeneinwirkung ein. Die *Virgen* bzw. *Señora de la Candelaria* ist die Schutzpatronin der Stadt.

In der **Iglesia de la Merced** kann man ein Grab mit einem Christusbild besichtigen, das aus 23.000 Silbermünzen zusammengesetzt ist.

Etwas weiter südlich befindet sich die **Plaza San Juan de Dios.** Der kopfsteingepflasterte Platz, der im 18. Jh. angelegt wurde, ist von hell getünchten Kolonialhäusern umgeben. Um den Platz herum befinden sich die 1728 erbaute, gleichnamige Kirche im Barockstil, das **Hospital San Juan de Dios,** ein ehemaliges Krankenhaus im maurischen Stil, sowie einige Cafés und Restaurants. Abends finden auf dem Platz gelegentlich Flohmärkte statt. Ein schöner Ort zum Verweilen. In einer schattigen Ecke kann man sich auf Bänke setzen und Bronzeskulpturen betrachten, die Frauen im Gespräch darstellen.

Museo Casa Natal de Ignacio Agramonte: In diesem Herrenhaus wurde *Ignacio Agramonte* 1841 geboren. Plaza de los Trabajadores, e/Agramonte y Candelaria, Di–So 9–13 Uhr.

Das blaue **Geburtshaus** des berühmten Dichters *Nicolás Guillén* liegt in der Calle Hermanos Agüero 58.

Museo Provincial de Historia: In der ehemaligen spanischen Kaserne sind naturkundliche Exponate ausgestellt, ferner gibt es eine Gemäldegalerie. Ave. Mártires, Di–So 9–17 Uhr.

Teatro Principal, General Espinosa. Sehenswertes Gebäude mit einer von Palmen flankierten Marmortreppe und farbigen Glasfenstern. Hier tritt das *Ballet de Camagüey* auf, neben dem Cubanischen Nationalballett von *Alicia Alonso* das berühmteste Ensemble Cubas. Freitag und Samstag um 20.30 Uhr bisweilen Vorstellungen, 5 CUC.

Plazuela de Carmen, mit Skulpturen, die Menschen aus dem Viertel zeigen. Hier liegt auch ein gutes Restaurant.

Die **Plaza de los Trabajores** wurde renoviert und präsentiert sich bunt.

Anfang Februar werden die **Kulturtage** *Jornadas de la Cultura Camagüeyana* veranstaltet.

Praktische Tipps

Unterkunft

Hotels

2 **Hotel Puerto Principe** (Islazúl) ②, Avenida de los Mártires 60, Tel. 282469. Turm aus den 1940er Jahren, 70 unterschiedlich große Zimmer, manche mit Balkon und Blick auf die Straße, einfach, nettes Personal.

4 **Plaza** (Islazúl) ②, Van Horne 1, e/República y Avellaneda, Tel. 283436. Das dreistöckige Gebäude hat 80 Zimmer, meist fensterlos wie das Restaurant, alt, laut aber mit Pool.

6 **Colón** (Islazúl)②, Calle República 472, e/San José y San Martin, Tel. 281185. Das neo-barocke Gebäude beherbergt auf zwei Stockwerken rund 50 Zimmer. Gelegentlich Showdarbietungen. Kleiner Innenhof mit Pflanzen, gemütliches Entspannen in alten geflochtenen Schaukelstühlen.

10 **Isla de Cuba** (Islazúl)①, San Estéban 453, esq. Popular, Tel. 291511. Das 3-stöckige Gebäude ist recht gut ausgestattet, 42 Zimmer.

16 **Camino de Hierro** (Hoteles E) ③, Calle Maceo 67, an der Plaza el Gallo. Relativ neues Hotel in einem schönen Kolonialhaus aus dem 18. Jh, das im 19. Jh. aufgestockt wurde. 10 nette Zimmer, 45 m langer Balkon.

18 **Hotel La Avellaneda** (Cubanacán) ④, Calle República 226, e/Ignacio Agramonte y Callejón del Castellano, Tel. 244958/59. 9 Zimmer in einem Kolonialhaus mit Patio, die Deko ist von der namensgebenden Dichterin *Gertrudis Gómez de Avellaneda* inspiriert. Keine schlechte Wahl.

20 **Gran Hotel** (Islazúl) ②, Calle Maceo 67, e/General Gómez y Ignacio Agramonte, Tel. 284264. Hübsches einfaches Hotel mit 72 Zimmern mitten in der Stadt an der Fußgängerzone. Nettes Jugendstil-Café im 5. Stock und Bar auf dem Dach. Keine Anfahrt mit Auto möglich.

26 **Hotel El Marqués** (Cubanacán) ④, Calle Cisneros 222, e/Hermanos Agüero y Martí, Tel. 244937. 6 Zimmer in einem einstöckigen Kolonialbau mit Säulen unweit vom Parque Ignacio Agramonte.

37 **Hotel Camagüey** (Islazúl) ③, das Hotel liegt an der Carretera Central etwa 5 km südwestlich der Stadt, Tel. 287267. 4-stöckiges Haus inmitten eines Gartens, 140 Zimmer, großer Pool.

41 **Hotel Villa Maraguán** (Cubanacán)②, Circunvalación Este, Tel. 272017. 34 Zimmer, 4 Suiten, moderate Preise. Östlich der Stadt auf einem Hügel. Wie ein Gutshof aufgebaut, mit Pool, Restaurant, Shop, am Wochenende Disco.

Privat

Achtung! Es gibt viele aggressive Schlepper, die einen irgendwohin lotsen wollen – man lasse sich nicht darauf ein!

3 Andrés Díaz y Martha Valls García, Prolongación de Fernando de Zayas, e/1ra y 2da paralela, apto. 8, Stadtteil La Vigía, Tel. 284087, andreshouse@medscape.com. Ruhiges Zimmer im 1. Stock, separater Eingang, AC, Bad, 20 CUC.

5 Osvaldo y Liza Redroso, *Manuel R. Silva,* San José 578 (altos), e/San Rámon y Industria, Tel. 291 821. 20 CUC, Frühstück 3 CUC, Gebühr fürs Parken 2 CUC, netter, gesprächiger Besitzer, eigene Dachterrasse.

13 Elisa Báez Astillero, Astillero 24, e/San Rámon y Lugareno, Tel. 295054. 2 große Räume in Zentrumsnähe.

23 Los Vitrales, Calle Avellaneda, e/General Gómez y Martí, im Zentrum, Tel. 295866. 2 Zimmer in einem Kolonialhaus, voll mit Antiquitäten, hohe Räume, grüner Patio, ab 20 CUC.

24 Enma J. Barreto García y Rafael Requejo, Calle Avellaneda 3, e/General Gómez y Martí, Tel. 295866. 2 Zimmer mit Bad und AC in einem großen Kolonialhaus, das ruhig, aber zentral liegt. 25 CUC, gutes Essen für 20 CUC.

25 Casa Daqlgis, Calle Independencia 251, e/Hermanos Agüero y General Gómez, blaues Eckhaus an der Plaza, 1. Stock, Tel. 285732 (nur spanisch). 2 Zimmer, 25 CUC, AC, Bad, tolles Frühstück 5 CUC. Dachterrasse mit Blick über Camagüey.

31 CasAlta, *Orlando Hernández & Elba,* Calle Cisneros 160 (altos), e/Raúl Lamar y Rosa la Bayamesa, Tel. 274712, Mobil 54660291. Das gut erhaltene Kolonialhaus aus dem 19. Jh. mit 2 großen, nett eingerichteten Zimmern steht im historischen Zentrum ca. 100 m vom Park Ignacio Agramonte entfernt, von der Dachterrasse Ausblick auf die Altstadt, ab 25 CUC. Das nette Lehrer-Ehepaar spricht kaum englisch.

40 Sr. Carlos Peñalva Serrano, Calle Pancha Agramonte 168, e/Cuba y Callejón del Cura, La Caridad, Tel. 281791. 10 Minuten zu Fuß zum Zentrum, nette Familie. 20 CUC, Frühstück 3 CUC, liegt an der Straße, Parkplatz am Haus, toller Garten.

Essen und Trinken

Man kann im Hotel *Colón* und im *Gran Hotel* essen oder in folgenden Lokalen:

1 Paladar El Retorno, Bellavista 115, Vigía, etwas außerhalb, aber gut und preiswert, familiär, man kommt durch das Wohnzimmer.

7 Paladar La Terraza, Station Rosa 8, e/Ste. Rita y San Martin. Sehr guter Paladar.

9 El Patio, Ave. República, e/San Martín y Santa Rita, ein Block vor dem Hotel *Colón,* cubanische Menüs ab 6 CUC, ab 8 Uhr geöffnet, auch Frühstück.

15 Bar Casablanca, Ignacio Agramonte, e/República y Lope Recio. Das renovierte Haus beherbergt ein besseres Restaurant, die Preise sind noch moderat, ab 9 Uhr geöffnet.

17 Café Colonial, Ave. Agramonte, esq. República, schattiger Patio, abends Live-Musik.

20 Café Cubanitas, Independencia, esq. Ave. Agramonte, das Café hat rund um die Uhr geöffnet und ist schon allein dadurch eine Besonderheit – auch nach 24 Uhr gibt es noch Kleinigkeiten für 3 CUC.

20 Eine Eisdiele (Coppelia) liegt in der Independencia neben der Post.

21 Lucky de Ferra's Club, Calle Maceo 55, e/General Gómez y Ignacio Agramonte, im 1. Stock kommt cubanische und internationale Küche auf den Tisch. Ab Mittag.

22 Don Ronquillo, Agramonte, e/República y Lopez Recio, versteckt in der Galería Colonial. Hochpreisig, modern, mit Weinauswahl.

29 La Perla de Cuba, Calle Independencia, esq. Calle Martí, hier werden die *pollo asado* nach Gewicht und in CUP bezahlt.

30 La Volanta, am Südostende des Parque Agramonte in einem alten Kolonialhaus. Hier kann man Essen (für Pesos) bekommen.

32 Café Ciudad, Calle Martí, esq. Cisneros, am Parque Agramonte. Nettes Café in einem schönen Raum, man kann auch draußen sitzen. Guter Kaffee und günstige Sandwiches von 10 bis 22 Uhr.

33 Casa de la Trova, Martí y Cristo 171, tgl. ab 21 Uhr. Das blau-weiße Haus am Park Agramonte. An den Wochenenden kann man mit vielen anderen Touristen im bewachsenen Patio den Boleros, Sones und Guarachas lauschen.

34 Paladar El Cardenal, Martí, e/Hospital y San Antonio, auf der linken Seite im ersten Stock, preiswert und gut.

35 El Ovejito, Hermanos Agüero 280, tgl. 10–22 Uhr, Tel. 92524, nähe Plaza del Carmen. Stilvoll mit alten Möbeln eingerichtetes Herrenhaus mit guten Fleischgerichten, Spezialität ist Lamm. Hauptgerichte um 10 CUC.

36 La Campaña de Toledo, Plaza San Juan de Dios 18, gegenüber Hurtado, Tel. 286812, geöffnet tgl. 10–22 Uhr. Eine Kolonialvilla an idyllischer Plaza, schattiger Patio, spanische und kreolische Gerichte, Spezialität ist Schweinefleisch. Hochpreisig.

Nachtleben

8 La Bigornia heißt der örtliche Jazzclub in der Ave. República, esq. Correa.

12 Rincón de la Música, Ave. República 287, e/San Estéban y Callejón Finlay. Jugendliche musizieren in diesem staatlichen Musikclub täglich ab 19 Uhr außer Di und Sa.

28 Bar El Cambio, Calle Martí 152, tgl. 10–24 Uhr. Beliebtes Lokal, das der Keramiker *Oscar Rodríguez La Seria* gestaltete. Ein angenehmer Ort, mit dem wohl besten Mojito der Stadt.

Einkaufen

■ **Töpferei Oscar Rodríguez La Seria:** Bellavista 420, Tel. 81416. Der Künstler ist international bekannt für seine Tonarbeiten (nur mit Anmeldung).

■ **Galerie des Malers Joel Jover und seiner Frau,** die beide auch schon Ausstellungen im Ausland hatten, Ramón Pinto 109, e/González Hurtado y Matías Varona. An der Tür links neben der Bar *El Cambio* klopfen, und es wird geöffnet.

■ Ein kleinerer Markt, der **Mercado Central,** liegt in der Bahnhofsgegend an der Quiñones.

14 Asociación Cubana de Artesanos Artistas, Calle Padre Valencia 2, esq. Popular, Plaza de los Trabajadores. Verkauf von Kunsthandwerk.

19 Ein **Fotogeschäft** findet man in der Agramonte 430.

27 Musik-CDs bekommt man in der **Tienda El Cartel,** Cisneros 208, einen Block nördlich vom Parque Ignacio Agramonte.

38 Am Ufer des Río Hatibonico, an der Calle Matadero, dehnt sich der große **Gemüsemarkt El Río** aus. Er hat jeden Tag geöffnet und bietet reichlich Essensstände mit Spanferkel-Sandwiches und anderen Köstlichkeiten.

39 Fondo Cubano de Bienes Culturales, Ave. Libertad 112, e/Arrieta y Sifontes. Galerie für Kunst und Kunsthandwerk.

Sonstiges

■ **CADECA** (Wechselstube): Ave. República, e/Calle Oskar Primelles y El Solinario; im Hotel *Camagüey* und am Flughafen; **Banken** gibt es gegenüber der Kirche Merced und an der Independencia am Plaza Maceo.

■ **Western Union,** Maceo 54, esq. General Gómez, im Laden *El Encanto* im 2. Stock.

■ **Internet:** 2 CUC kostet die Stunde Surfen bei *Tele-Punto* in der Ave. República 453, e/San José y San Martín, gegenüber vom Cubana-Büro.

■ **ETECSA** (Telecom): Avellaneda 306.

■ **Infotur** hat ein Büro in der Agramonte 448, hier werden Ausflüge organisiert.

■ **Havanatour** hat einen Tresen im *Gran Hotel* und eine Vertretung im Callejón Monteagudo, e/Calle Cuba y Carretera Central.

■ **Ecotur** residiert in der Calle Céspedes, e/Carretera Central y Calle E, reparto Jayamá.
■ **Cubanacán** ist im Hotel *Plaza* anzutreffen.

Notfälle

■ **Hospital:** *Policlínica Centro medical,* Ave. República 211, Tel. 297810.
■ **Apotheken:** Maceo 8, e/General Gómez y Plaza Maceo, Tel. 280896, 9–17 Uhr; *Farmacia Internacional,* Agramonte 449, e/Independencia y República.

Verkehrsmittel/-verbindungen

■ Die **Fernbusstation** liegt 3 km südwestlich des Zentrums an der Carretera Central Oeste, esq. Perú, Tel. 270395. Fahrradtaxis bringen einen am preiswertesten hin. **Regionalbusse** fahren von der Station in der Nähe des Bahnhofs an der Ave. Carlos J. Finlay ab. Dreimal täglich kurvt ein Bus zur Playa Santa Lucía. Da Camagüey an der Hauptstrecke liegt, kommt man bis zu 5 x am Tag Richtung La Habana oder Santiago. Beachten Sie, dass es mehrere Strecken gibt, die hier parallel laufen, aber andere Endhaltestellen haben, z.B. Busse aus Santiago fahren nach La Habana oder nach Varadero.
■ **Bahn:** Tickets erhält man im Büro über dem Haupt-Ticketbüro gegenüber dem Hotel *Plaza*. Züge fahren von der **Estacion de Ferrocaril,** Avenida Carlos J. Finlay unregelmäßig nach: La Habana, Holguin, Las Tuna, Manzanillo, Matanzas, Santa Clara, Bayamo und Santiago. Die Zeiten sollte man direkt im Büro erfragen. Ein Zug geht nach Morón.

■ **Flughafen:** Der *Aeropuerto Ignacio Agramonte (CMW),* befindet sich etwa 10 km vom Zentrum an der Straße nach Nuevitas, Ave. Finlay, km 7,5, Tel. 261010, 267292. Fluggesellschaften: *Cubana de Aviación* im Flughafen, Tel. 61862, Calle República 400, esq. Correo, Tel. 91338.
■ **Mietwagen:** *Havanautos* und *Cubacar* haben einen Schalter im Hotel *Camagüey. Rex* einen im Flughafen.
■ **Taxis:** Die Preise sind nicht selten erschreckend hoch, handeln Sie mit dem Fahrer! Zum Busbahnhof sollte es nicht mehr als 2 CUC kosten.

Ausflüge

45 km Richtung Ciego de Ávila liegt **Florida** mit einer Zuckermühle und einem Jagdrevier. Es gibt im Ort eine Tankstelle, einen Imbiss und eine Bahnstation.

☐ Tinajónes – die großen Tonkrüge wurden früher zum Sammeln von Regenwasser verwendet

■ **Unterkunft:** Angesichts nur weniger Alternativen ist das **Hotel Florida** (Islazúl) ①, Tel. 514670, noch einigermaßen akzeptabel. Carretera Central, km 536, 2 km westlich. Ein Plattenbau mit dem Charme einer Fertiggarage. Speziell für Jäger, Saison Okt. bis März und Juli/August. 74 Zimmer mit Bad. Shop, Restaurant und Pool.

Cangliones des Río Máximo: Rd. 55 km nördlich der Stadt beim Örtchen **Solá** hat sich der Fluss über 100 m tief in die Kalksteine der Sierra de Cubitas gegraben. Die dabei entstandenen Gumpen locken Einheimische zum Baden an.

Nuevitas

Fährt man von Camagüey nach Nordosten, ist nach etwa 60 km **Minas** erreicht. Dort gibt es einen kleinen Bahnhof; Züge fahren in die größeren Städte und zum Küstenort Nuevitas. In einer Fabrik bei Minas werden Geigen und Gitarren hergestellt (Besichtigung Mo–Fr 7–11 und 13–17 Uhr).

Durch die Ansiedlung von Zement- und Zuckerfabriken hat **Nuevitas** mittlerweile über 40.000 Einwohner. Die hügelige Stadt bietet schöne Ausblicke, z.B. vom Parque Salvador Cisneros Betancourt. Die zweitürmige Kirche Nuestra Señora de la Caridad wurde 1885 eingeweiht. Das Zentrum hat einen kleinen Park, um den sich Holzhäuser gruppieren. Hier findet sich auch das **Historische Museum,** in dem man sich eine Reihe ausgestopfter heimischer Tiere ansehen kann.

Auf dem vorgelagerten **Cayo Sabinal** steht das **Fort San Hilarion,** in dem die letzten Piraten inhaftiert waren. Im Zweiten Weltkrieg schickte Admiral *Dönitz* U-Boote hierher, die über 200 Schiffe in der Karibik versenkten. Heute ist der dortige Mangrovengürtel unter Naturschutz gestellt: Im **Refugio de Fauna Cayo Ballenatos y Manglares** leben acht endemische Tier- und 15 endemische Pflanzenarten.

In den **alten Stadtvierteln** Canta Rana, La Loma, Pastelillo, La Gloria und Tarafa zeigen die Gebäude böhmische Glasmalereien und Mosaikböden.

Der ortsnahe Strand, **Playa Cuatro Vientos,** verläuft unterhalb des Hotels *Caonaba.* Vorgelagert sind drei Inselchen. In der Bucht kann man im Winter **Flamingos** beobachten. Die meisten Hotels organisieren Touren zu den Plätzen.

Unterkunft

■ Am Ortseingang, auf einem Hügel nur 200 m vom Strand entfernt, befindet sich das **Hotel Caonaba** (Islazúl) ①, Calle Alaisa, Tel. 414803. Hier kann man mit Blick auf die Bucht gut ausspannen. 45 einfache Zimmer. Autoverleih möglich.

■ **Privat** kann man bei *Eduardo Cabilla* wohnen, Calle Céspedes 6, e/Martin y Agramonte, gegenüber der Polizei, Tel. 412115. 2 Zimmer mit Bad und AC, das obere hat eine Dachterrasse mit Blick zur Bucht, ab 20 CUC.

Sonstiges

■ **ETECSA,** Calle Maceo 40, e/A. Arango y Agramonte, tagsüber Internetzugang.
■ **Casa de la Cultura La Avellaneda,** Ecke Máximo Gómez y Joaquín de Agüero.

Zental-Cuba

Verkehrsmittel/-verbindungen

● Der **Bahnhof** liegt nahe des Hafens im Norden des Ortes. Wenn die Züge nicht ausfallen, fahren sie 2x am Tag nach Santa Clara und Camagüey.
● Die **Busverbindung** nach Camagüey ist auch nicht verlässlicher. Letzte Rettung sind eventuell Lastwagen, die in der Regel vom Bahnhof abfahren, oder man leistet sich ein Taxi vom Hotel.
● Am Ortseingang nahe dem Hotel gibt es eine **Tankstelle,** an der man auch seine Wasser- und Rumvorräte ergänzen kann.

Ausflüge

Wenn man mit dem Auto in westlicher Richtung die Bucht umrundet, kommt man nach 20 km zur **Halbinsel Cayo Sabinal.** Die schlechte Zufahrtsstraße zweigt südwestlich des Ortes von der Straße nach Camagüey ab. Zur Insel führt eine Brücke mit einem Damm (5 CUC) an der es eine Passkontrolle gibt. Der Damm beeinträchtigt seit seinem Bau den natürlichen Wasseraustausch der Küstenregionen, was zu Umweltschäden führte. Daraus zog man Lehren für den Bau der anderen Dämme.

Die Kalksteininsel hat ein vorgelagertes **Korallenriff** und ist von Sümpfen durchzogen, die Heimstätte stechender Insekten aller Art sind. Hierhin haben sich die von der Cayo Coco geflüchteten **Flamingos** zurückgezogen. *Rumbos* betreibt ein Restaurant am Ende der Straße, an der **Playa los Pinos,** wo es eine Art Nehrung gibt. Man kann für etwa 25 CUC in einfachen Hütten wohnen. An der nordöstlichen Spitze Punta Maternillos steht seit 1850 der **Leuchtturm Faro Colón.** Die Gegend ist bewaldet.

Playa Santa Lucía

● **Vorwahl:** 032

An der sumpfigen Flussmündung des **Canal de la Boca,** auf der anderen Seite der Bucht von Nuevitas, wird Salz gewonnen. Hier liegt ein kleines Touristenzentrum, in dem auch der eine oder andere Cubaner verkehrt. Der 20 km lange **weiße Strand** wird durch ein mächtiges Korallenriff geschützt. Es wachsen nur wenige Bäume am Strand, Kokospalmen wurden angepflanzt. Die Küste rechts und links der Hotels ist unbewohnt. Das vorgelagerte **Korallenriff** und einige **versunkene Schiffe** locken Taucher an.

Es gibt zwei Strände: Zuerst erreicht man die **Playa Santa Lucía,** ein paar Kilometer weiter westlich liegt die Playa Los Cocos, wo auch die Straße endet. Wer weiter läuft, bekommt in der Lagune links der Straße im Juli vielleicht Flamingos zu sehen, die seit ihrer Flucht von Cayo Coco neue Plätze suchen.

La Boca ist ein kleiner Fischerort am Ende der Halbinsel. Hier herrscht noch ein wenig karibisches Treiben mit allerlei bunten Essensständen. Der Strandabschnitt am Canal de la Boca, der schmalen Durchfahrt nach Nuevitas, nennt sich **Playa Los Cocos.** Wer von hier aus **Sabinal** gegenüber besuchen will, kann sich ab La Boca hinüberfahren lassen.

Das **Tauchrevier** ist, wie so oft auf Cuba, bemerkenswert: Am Korallenriff gibt es neben Höhlen- und Tunnelsystemen versunkene Schiffe zu erforschen. In Tauchschulen kann man einen international anerkannten Tauchschein machen. 40 CUC kostet das Tauchen am

3

Riff, besonders zu empfehlen ist jedoch ein Tauchgang im Verbindungskanal zur Lagune, wo das Wrack der 1898 gesunkenen „Mortera" fast ganz überwuchert ist. Auch die Wracks „Nuestra Señora de Alta Gracia" und „Pizarro" kann man tauchend erkunden. Eine Attraktion sind zahme **Bullenhaie** – wer starke Nerven hat, kann zusammen mit ihnen tauchen (70 CUC). Man bedenke: Der Bullenhai gehört zu den Haien, die für die meisten Haiangriffe auf Menschen verantwortlich sind (neben Tigerhai und Weißem Hai).

Weitere **Freizeitaktivitäten** sind möglich, auch Ausflüge mit dem Pferd. Wem das noch nicht reicht, der lässt sich mit dem Hubschrauber über die Strände fliegen.

Reiseinformationen und **Tickets** erhält man an den Schaltern der Reisebüros in den Hotels.

Unterkunft

Nach dem Kreisverkehr (nordwestlich) kommen die Hotels am Meer:

Hotels an der Playa Santa Lucía

4 **Villa Taraco** ③, Tel. 336310. Alte 2-stöckige Häuser direkt am Meer, früher ein Jazzclub, heute eine Hotelfachschule *(Escuela Santa Lucía)*. Ganz gute Unterkunft: 30 Zimmer, Freiluftbar, Restaurant, netter Service der Schüler.

7 **Club Amigo Mayanabo** (Cubanacán) ④, Tel. 336369. Aufgehübschte Anlage aus alten Zeiten, All inclusive.

8 **Club Amigo Caracol** (Cubanacán) ④, Tel. 336 302. Hübsche 2-stöckige Häuschen mit Balkon oder Terrasse. Das Hauptgebäude ist schneckenförmig angelegt, mit Restaurant, Grill, Pool und Palmenstrand. Der Service ist nicht so gut und die Musik, wie so oft, sehr laut. All inclusive.

11 **Brisas Santa Lucía** ④, Ave. Turística, Tel. 336 317. Große Hotelanlage aus 3-stöckigen Häusern,

die sich um den Pool gruppieren. 400 Zimmer, zum Teil behindertengerecht.

Privat an der Playa Los Cocos

1 Hostal Coco Beach, Tel. 52260406, pintao-2014@nauta.cu. Blauer Flachbau mit großer Terrasse am Strand und freundlicher Führung. Der Chef spricht deutsch, die Mahlzeiten sind reichhaltig. DZ mit Frühstück 25 CUC.

Camping

13 Campingplatz, etwa 4 km östlich des Ortseingangs in Richtung Punta Ganado. Wer hier übernachten will, muss über Tel. 398837 reservieren.

Essen und Trinken

■ Wer preiswert essen will, bekommt von einheimischen Fischern für 8–10 CUC **Langusten im Privathaus** serviert.

2 Buccanero, an der Playa Los Cocos, ab 10 Uhr Räucherfleisch und cubanische Gerichte, abends oft Musikveranstaltungen. Vermietung von Liegestühlen, Parkplätze.

3 Bocana Grill, steht auf Pfählen am Kanal, gegenüber der Cayo Sabinal.

5 El Rápido, gegenüber der *Escuela Santa Lucía*, preiswerte Gerichte für jedermann.

10 Luna Mar, kreolische und „italienische" Küche im Centro Comercial, ab 10 Uhr.

12 Bonsai, südlich der Hotelmeile, serviert wird asiatische und einheimische Küche, 10–22 Uhr.

14 Rancho King, Cafetál San Miguel, Carretera de Santa Lucía, km 35, etwa 2 km von der Straße nach Camagüey entfernt. Kreolische Küche und Rindfleisch vom Grill, Mo–Fr 12–20 Uhr.

Einkaufen, Sonstiges

9 Am Hotel *Brisas Santa Lucía* gibt es ein kleines **Einkaufszentrum** und ein Büro der *Cubanacán*.

■ **Internetcafé:** ETECSA an der Hauptstraße am Kreisverkehr.
■ **CADECA:** Wechselstuben in den Hotels.
■ **Nachtclubs** gibt es in den Hotels, z.B. im *Brisas*.
■ **Reisebüros** von *Cubanacán, Cubatur* und *Havanatur* finden sich in den Hotels an der Ave. Turística.
■ **Krankenhaus:** *Clínica Internacional,* Ignacio Residencial 14, Tel. 336203.

Verkehrsmittel/-verbindungen

■ **Mietwagen:** *Cubacar* im Hotel *Cuatro Vientos,* Tel. 36317; *Havanautos* in der *Villa Coral,* Tel. 6429.
■ **Taxi:** Für 25 CUC kommt man mit einem *Taxi particular* nach Camagüey (110 km).
■ **Flug:** Es gibt ein kleines Flugfeld für innercubanische Flüge *(ICAO, MUSL),* irgendwann sollen auch größere Flugzeuge landen können. Der nächstgelegene Flughafen ist in Camagüey.
■ **Bus:** Wenn Touristen vom Hotel zum Flughafen gefahren werden, kann man versuchen mitzufahren (ca. 18 CUC). Oder man fährt bei den Tagesausflügen, etwa nach Trinidad, bis dorthin mit.

Wochentags fahren lokale Busse frühmorgens und abends die Hotelmitarbeiter von Camagüey nach Santa Lucía. Sie halten hinter dem Kreisverkehr am Wohngebiet der Cubaner.

■ **Kutsche:** Von den Hotels zur Playa Los Cocos kostet eine Fahrt enorme 6 CUC, von der Playa Santa Lucía nach La Boca unglaubliche 20 CUC.
■ Von den Hotels zur Playa Los Cocos fährt eine **Bahn auf Gummirädern** für All-inclusive-Gäste.
■ Es gibt zwei **Tankstellen** *(Servi Cupet),* eine am Eingang der Strandmeile und eine zweite, mit Snackbar, am Hotel *Cuatro Vientos.*

Ausflüge

Die Reisebüros bieten eine Vielzahl von Touren mit Bus und Boot an, z.B. eine **Katamaranfahrt zur Playa Bonita:** Der

3

Ausflug dauert 7 Stunden, man wird gegen 9 Uhr vom Hotel abgeholt, kann unterwegs schnorcheln und wird im Inselrestaurant verköstigt (70 CUC).

Eine weitere Tour führt an einem alten englischen Fort vorbei zu einer **Insel,** auf der Flamingos anzutreffen sind. Start 8.30 Uhr, Dauer 7 Stunden, 53 CUC.

Cayo Sabinal

Diese zum Teil recht sumpfige **Halbinsel** an der westlichen Seite der Bucht von Nuevitas erreicht man am besten mit dem Boot von den Hotels in Playa Santa Lucía aus. Ein herrliches, noch weitgehend ruhiges Fleckchen Erde. Hier kann man Anfang des Jahres Flamingos beobachten. An der Punta de Maternillos

Zental-Cuba

steht der Leuchtturm Faro Colón aus dem Jahr 1851. Die **Playa Bonita,** die davor liegt, ist einsam. Außerdem gibt es auf der Insel noch eine Festungsruine. Bootsausflüge bieten die großen Hotels bzw. Reisebüros an. Um 17 Uhr müssen laut Anordnung alle Boote wieder im Hafen sein.

☑ Straßenstand: das Verkehrsschild wurde gleich mitgestrichen

119cu kh

Unterkunft

🟥 Wohnen kann man an der **Playa Los Piños** in einer Anlage, die aus fünf **Bambushütten** besteht. Buchung Tel. 032 44754.

🟥 An der **Playa Brava** gibt es ein **Rumbos-Restaurant,** das auch einige **Hütten** für 25 CUC die Nacht vermietet.

🟥 Auch die **Playa Bonita** hat ein **Rumbos-Restaurant,** hier werden Bootstouristen von Santa Lucía hingeführt.

Guáimaro

Dieser 20.000 Einwohner zählende Ort südöstlich von Camagüey ist Cubanern als „**Ort der Verfassung**" bekannt: 1869 wurde hier die Konstitution für ein freies und unabhängiges Cuba entworfen.

Im Ort gibt es eine Tankstelle. **Übernachten** kann man in einem kleinen Hotel etwas außerhalb an der Carretera Este nach La Tunas (Tel. 032 44803) oder bei *Maiby González Torres,* Calle Victoria 48 (altos), e/Loma y Irene Muñoz, Tel. 032 83449, 032 82466: 2 Zimmer mit AC im 1. Stock, Bad, Küche, Wohnzimmer und Terrasse. 2 Zimmer bietet auch die *Casa Verde,* Calle Victoria 39, im Zentrum, Tel. 032 82995, eins nach vorn mit Terrasse und Gemeinschaftsbad, eins nach hinten mit privatem Bad. Es gibt auch noch den Campingplatz *Monte Oscuro* 20 km nördlich an einem Staudamm. Hier kann man wandern oder sich ein Pferd leihen.

Las Tunas

■ **Vorwahl:** 031
■ **Einwohner:** 119.000

Victoria de Las Tunas ist eine moderne Stadt mit einem Stahlwerk und Glasfabriken. Sie liegt in der Mitte der gleichnamigen Provinz und ist durch die Carretera Central und die Bahnlinie von La Habana nach Santiago mit dem Rest der Insel verbunden.

Die Stadt gibt es seit Mitte des 18. Jh., im Unabhängigkeitskrieg wurde sie niedergebrannt, doch die Bauern der umliegenden Dörfer nutzten den Ort weiterhin als Marktflecken.

1829 wurde hier der Dichter **Juan Cristóbal Nápoles Fajardo**, genannt „El Cucalambé", geboren. Seine Achtsilbenreime zum Indianerleben der Siboneys erregten den Unmut der Spanier und verbreiteten sich sehr schnell während der Unabhängigkeitskriege.

Sehenswertes

Provinzmuseum General García: Francisco Varona s/n, das Gebäude mit der Uhr hinter dem Hotel *Caribe*. Es beschäftigt sich hauptsächlich mit Leben und Werk des Poeten *Fajardo* (Di–Sa 13–21 Uhr, So 8–12 Uhr).

Memorial a los Mártires de Barbados: Das Denkmal erinnert an das Bombenattentat auf den Cubana-Flug 455, bei dem im Jahr 1976 alle 73 Insassen starben. Calle Lucas Ortíz 344, e/Teniente Peiso y Mártires de Barbados.

Der **Parque Vicente García** ist der Mittelpunkt der Stadt, hier liegen Wechselstube, Bank, der Supermarkt *Casa Azúl* und ein Lokal.

Castillo de salcedo (Fuerte de Loma): Die alte Festung an der Avenida Libertad stammt aus dem Jahr 1889.

Skulpturen stehen an jeder Ecke, die Bildhauer-Hochschule versorgt den Ort mit immer neuer Kunst.

Musikfestival: Alljährlich im Juni oder Juli findet ein Festival der traditionellen Musik zu Ehren von *El Cucalambé* statt, das immer Massen von Neugierigen anzieht. Der Austragungsort liegt allerdings außerhalb der Stadt, auf der Anlage des Motels *Cornito*.

Im **Botanischen Garten** an der Carretera del Cornito, km 1, gedeihen Bäume und Sträucher der Region.

Praktische Tipps

Unterkunft

Hotels
■ **Hotel Las Tunas** (Islazúl) ②, Ave. 2 de Diciembre, e/Ave. Carlos J. Finlay y Ave. 30 de Noviembre, Tel. 345014. Altes 4-stöckiges Haus auf einem Hügel, 130 Zimmer. Mit Pool und Restaurant. Günstig, aber eng und ziemlich heruntergekommen.

■ **Motel El Cornito** ②, Carretera Central Richtung Camagüey, km 8, Tel. 345015. Haus in einem Garten, von Bambushainen umgeben, im hinteren Teil gibt es einen Teich. Die einfache Anlage besteht aus Einzel- und Mehrfachbungalows. Pool. Im Sommer, wenn das Musikfestival stattfindet, wird es voll.

■ **Hotel Cadilliac** (Islazúl) ②, Calle Ángel Guardia, e/Francisco Vega y Francisco Varona, Tel. 372 791. Interessant mit seinen Art-déco-Rundungen, ansonsten nichts Besonderes. Renoviert, 8 Zimmer.

Zentral-Cuba

Privat

◼ **W. Zeik Corpas,** im Zentrum, Francisco Vega 188, e/Lucas Ortíz y Vicente García. Nette Zimmer für etwa 22 CUC die Nacht.

◼ **Casa Maríanela Santiago,** Lucas Ortíz 101, Tel. 43259. Mehrere Räume für 20 CUC.

◼ **Enrique y Glennys,** Adolfo Villamar 30A (altos), e/Joaquín Agüero y Guardia, Tel. 45596. Über Wendeltreppe zugänglich, Salon, helles klimatisiertes Zimmer mit Tropenholzmöbeln, Kühlschrank, Bad, Mahlzeiten, Parkplatz, ab 20 CUC.

◼ **Casa Fidel,** 26 de Julio 13a, e/Pelayo Paneque (Rodolfo Ramirez) y Waldemar Membrado (Antonio Maceo). 2 Zimmer im Obergeschoss eines moderneren Hauses, mit separatem Eingang, Aufenthaltsraum, Bad und Küche, Parkmöglichkeit. *Fidel* und seine Frau *Maruchi* leben im Erdgeschoss und sprechen nur spanisch. 25 CUC.

◼ **Rúben Fornariz Sánchez y Maricel Pupo Vargas,** Cucalambé 170B, e/Francisco Vega y Julián Santana, reparto Santo Domingo, Tel. 42102. Großes klimatisiertes Zimmer mit Bad, Küche und Dachterrasse. Ruhige Straße nahe dem Parque Central. 20 CUC.

Essen und Trinken

◼ **La Bodeguita** heißt der örtliche *Rumbos* in der Francisco Varona 293, esq. Lucas Ortíz. Ganz annehmbare Küche, nette Einrichtung.

◼ **Restaurante de la Familia Los Patios,** Ave. Vicente García s/n, e/Julián Santana y Ramón Ortuño. Pizzeria und Bar, Peso-Lokal, hier muss man zuerst wählen und dann bezahlen.

◼ **El Bakán,** Suárez 12, ein Peso-Lokal mit einfacher Küche.

◼ **El Baturro,** Vicente García s/n, e/Julián Santana y Ramón Ortuño. Wohl das beste Lokal im Ort, die Wände sind mit Gedichten beschrieben, italienische Küche, das Hauptgericht ab circa 5 CUC.

◼ **Doñaneli,** Bäckerei in der Calle Francisco Varona, e/Flora y Menocal.

◼ **Cafetería Piropo Dos Gardenias,** Calle Francisco Varona s/n, e/Lucas Ortíz y Vicente García, nicht nur Kaffee ist im Angebot.

◼ **La Venecia,** von dem Peso-Lokal lässt sich beim Frühstück der Park überblicken.

Nachtleben, Veranstaltungen

◼ **Casa de la Cultura,** Vicente García 8, Konzerte, Lesungen etc.

◼ **Discos,** auf dem Gelände des Hotels *Las Tunas,* geöffnet ab 22 Uhr, Eintritt 2 CUC. Preiswerter sind das *Cubana* in der Francisco Varona 275 und das *Luanda* in der Varona 256.

◼ **Nachtclub Sala de Fiesta Luanda,** Calle Francisco Varona s/n, esq. Menocal, hier vergnügen sich Einheimische.

◼ **Café Cantante del Teatro Tunas,** im Theater, Calle Francisco Varona, e/Ángel Guardia y Joaquín Agüero, Musikdarbietungen aller Art, unregelmäßig geöffnet.

◼ **Piano Bar Ébano y Marfil,** Calle Colón 149, e/Francisco Vega y Julián Santana, hier rührt sich was.

Einkaufen, Sonstiges

◼ **Bank:** *BFI,* Vicente García 69, sowie Vicente García, esq. 24 de Febrero.

◼ **CADECA** (Wechselstube): Calle Colón 14, e/Vicente García y Francisco Vega.

◼ **Post,** Vicente García 6.

◼ **ETECSA,** am Boulevard de Las Tunas.

◼ **Internet:** im *Telepunto de Las Tunas,* Calle Francisco Vega 237, e/Lucas Ortíz y Vicente García.

◼ **Gemüsemarkt:** vor dem Bahnhof in der Ave. de Camilo Cienfuegos.

◼ **Supermarkt** *(Casa Azúl):* Vicente García, esq. Francisco Vega, am Park.

◼ **Apotheke:** *Farmacia Internacional,* im Hotel *Las Tunas.*

3

● **Infotur** hat ein Reisebüro in der Calle Francisco Varona 298, Tel. 372717, 371512, infotunas@info-tunas.co.cu

● **Tankstellen:** Carretera Central Oeste, km 2; Carretera Central Oeste y Circunvalación; Calle Francisco Varona, esq. Menocal.

● **Kunsthandwerk,** Colón 171, esq. Francisco Varona y Guardia. Im 1. Stock gibt es eine Bar.

● **Fotoladen,** Lucas Ortíz, esq. Francisco Vega.

Verkehrsmittel/-verbindungen

● Die **Busstation** ist südlich vom Parque Vicente García an der Francisco Varona 240. Die Überlandbusse sind oft voll, und man muss hoffen, dass Fahrgäste aussteigen. *Víazul* fährt diese Ziele an: **La Habana,** 40 CUC, **Trinidad,** 24 CUC, **Ciego de Ávila,** 14 CUC, **Sancti Spíritus,** 18 CUC. Die **Regionalbusstation** ist in der Nähe des Bahnhofs.

● **Bahn:** Die Bahnstation ist am Nordostende der Stadt am Stadion Julio Antonio Mella. Von hier kommt man nach Holguín, Santiago, Camagüey und La Habana. Für die zehnstündige Fahrt in die Hauptstadt zahlt man 35 CUC. Den aktuellen Fahrplan sollte man vor Ort erfragen.

● **Flug:** Der Flughafen *Hermanos Ameijeiras (VTU)* befindet sich 11 km außerhalb, Tel. 42484. *Cubana* fliegt 4x die Woche für 96 CUC nach La Habana. Das Cubana-Büro ist in der Lucas Ortíz 211, das Taxi zum Airport kostet 3 CUC.

● **Kutschen** für kleine Rundfahrten gibt es z.B. an der Frank País.

● **Mietwagen** gibt es im Hotel *Las Tunas.*

● **Tankstellen** an der Ecke Francisco Varona y Lorca und an der Carretera nach Camagüey.

● **Zur A 1** muss man von der Innenstadt kommend nicht nach rechts wie ausgeschildert fahren, sondern nach links über teilweise furchtbar schlechte Straßen.

Ausflüge

Puerto Padre

Von Las Tunas nach Norden fahrend, erreicht man nach 50 km den **Hafenort** Puerto Padre. Vor dem Ort erstrecken sich einige Seen mit Stränden und flachen Zonen, die vielen Tieren eine Heimat bieten. Sehenswert ist das **Castillo de Salcedo;** die alte Festung steht an der Avenida Libertad vor dem Busbahnhof auf einem Hügel und stammt aus dem Jahr 1889. Die **Avenida Libertad** führt geradewegs zum Ufer, wo der alte Landungssteg von einem Hurrikan zerstört wurde. Man hat sich Mühe gegeben und am Wasser einen Malecón angelegt, der ganz hübsch ist. Kurz davor liegt der **Parque de Independencia,** an der nächsten Ecke folgt das *Restaurante El Rápido* mit Sonnenschirmen aus Beton, einen Block östlich das *Restaurante La Marinita.*

Die **Bahía de Puerto Padre** ist durch einen Kanal mit dem Meer verbunden, ebenso wie die westlich liegende **Bahía de Malangueta.** Dazwischen liegt ein Militärgebiet. Die Straße westwärts führt nach Nuevitas. Biegt man rechts ab, erreicht man die **Playa Covarrubias.**

● **Unterkunft: Luis González,** Cuba 28, e/Martí y 24 de Febrero. Sehr sauber und ruhig, 2 Zimmer mit AC und eigenem Bad. Das gesamte Haus ist geschmackvoll eingerichtet, die Familie nett und hilfsbereit. Ab 20 CUC. Das Essen wird im Raum zum Patio serviert.

● Essen kann man im **Restaurante La Marinita,** Calle Paco Cabrera 24, Tel. 515522.

Zentral-Cuba

■ **Tropical Sala de Fiesta 1913,** Calle Jesús Menéndez s/n. Musikveranstaltungen.

■ Eine **CADECA-Wechselstube** findet sich in der Calle Carlos Manuel de Céspedes 56.

■ **Einkaufen:** *Complejo Comercial,* Ave. Libertad, e/24 de Febrero y Angel Amejeira.

■ **Tankstellen:** Ave. Libertad 156 und an der Straße nach Puerto Padre, km 38, Vázquez.

■ Eine **Pannenhilfe** ist die *Asistencia Técnica,* Jesús Menéndez, Tel. 516909.

Playa Covarrubias

Dies ist der Atlantikstrand der Provinz. **Feiner, weißer Sand** und flache Landrücken bestimmen die Küste. Von Puerto Padre sind es rund 50 km. Die Straße ist schlecht. Es gibt ein Tauchcenter, ansonsten ist es hier bisher noch recht ruhig. Von Las Tunas fährt man über La Guinea nach Norden. In Guanito rechts abbiegen, nach etwa 25 km Fahrt ist das Meer erreicht. Wohnen kann man im **Hotel Brisas Covarrubias** (Cubanacán), Tel. 515530, 180 Zimmer in 2-stöckigen Gebäuden um den Pool.

Bahía de Puerto Padre

Fährt man die Straße weiter nach Osten, kommt man zur **Playa Las Bocas,** wo man sich ebenfalls einmieten kann. Hier befinden sich auch ein Lebensmittelladen und eine kleine Bar. Die Carretera 21 endet nach etwa 10 km an der **Playa Lanita,** die ziemlich ungeschützt liegt. Vor dem Ort stehen 100 Hütten des *Campismo* **Playa Corella.** Von Las Bocas kann man ein Boot nehmen und sich über den Kanal nach **El Socucho** übersetzen lassen. Von hier aus kann man wieder Puerto Padre erreichen.

Playa La Herradura

Der zweite schöne Strand liegt auf der Ostseite der Bucht Puerto Padre. Man fährt zum gleichnamigen Ort und hält sich dort rechts, Richtung Holguín. Hier kann man auch tanken. Nach den Ansiedlungen **Delicias** und **Jesús Menéndez** kommt man nach **Lora.** Hier biegt man links zum Meer ab und erreicht nach insgesamt 30 km Fahrt die Playa La Herradura mit türkisfarbenem Meer und weißem Sand. Es gibt dort einige Zimmer und Hütten, z.B. *Zory y Gaby* direkt am Strand, Tel. 53626766, schönes Zimmer mit Veranda und Schaukelstuhl, gutes Essen, Frühstück für 3 CUC.

Des Weiteren findet man an der Playa ein paar **Verkaufsstände** sowie ein größeres preiswertes **Restaurant** am Ende der Bucht.

Ab Holguín zahlt man etwa 25 CUC für eine **Taxifahrt** hierher.

4 Der Oriente

Im östlichen Teil der Insel liegt die 1000 Meter hohe Gebirgskette Sierra Maestra mit geschichtsträchtigen Orten wie Granma und Bayamo. Die zweitgrößte Stadt der Insel, Santiago de Cuba, bietet einen Einblick in kreolische Sitten. Über die koloniale Stadt Holguín kommt man zu den Stränden bei Guardalavaca, und wer ans äußerste Ostende der Insel vorstößt, findet in Baracoa eine beschauliche Kleinstadt mit karibischem Flair.

◁ An der Mündung des Río Yumurí

ÜBERSICHT

Der Oriente ist hauptsächlich das Gebiet **Ostcubas,** eingeteilt in die vier Provinzen **Holguín, Granma, Santiago de Cuba** und **Guantánamo.**

Die **Provinz Holguín** im Norden ist von der Landwirtschaft geprägt. Dazu findet man noch Tabakfelder. Guardalavaca ist der Anziehungspunkt für Ruhesuchende, die Felsformationen dort lassen einige herrliche schattige Sandstrände frei.

Die **Provinz Granma** zwischen Santiago, Las Tunas und Holguín, um die Orte Manzanillo und Bayamo, lebt vom Reisanbau und der Rinderzucht. Im Osten beginnt die Gebirgswelt der Sierra Maestra mit ihrem Nationalparks.

In der **Provinz Santiago de Cuba** liegt der größte Teil der Sierra Maestra. Sie grenzt an die Provinzen Granma und **Guantánamo.** Die größte Stadt ist Santiago de Cuba. Hier hat sich Industrie angesiedelt, es gibt einen Hafen mit einer Fischereiflotte und ein größeres Öllager. Lange konnte sich Santiago unabhängig von den kulturellen Einflüssen La Habanas entwickeln und seine eigene, karibische Lebensart praktizieren – hier findet der berühmte Karneval statt. In der Sierra kann man Cubas höchsten Berg besteigen, den 1972 m hohen Pico Turquino. Der äußerste Osten mit den Städtchen Guantánamo und Baracoa ist ein ruhiges Fleckchen Erde.

Holguín

- ■ **Vorwahl:** 024
- ■ **Einwohner:** 300.000

In der Regel sieht man von Holguín nur den **Flughafen Frank País,** auf dem die internationalen Jets landen. Meist wird man als Pauschaltourist direkt zu den Hotelanlagen nach Guardalavaca nördlich von Holguín oder in die Region Santiago de Cuba gefahren. Dabei besticht die Stadt durch ihre Sauberkeit und bietet dem Besucher einige interessante koloniale Bauwerke. Außerdem gibt es diverse schattige Parks.

Die Provinzhauptstadt **San Isidoro de Holguín** entstand recht früh, vermutlich 1545. Sie wurde nach ihrem Gründer benannt, dem spanischen Kapitän *García de Holguín.* Das Stadtrecht besitzt der Ort seit 1752.

Reiseroute Oriente

Holguín – Santiago de Cuba – Baracoa

1. Tag

Santiago de Cuba, die Stadt des cubanischen Karnevals und der karibischen Lebensfreude, zieht alljährlich Zehntausende Europäer an. Von Holguín aus kann man den *Astro*-Bus für 9 CUC oder den komfortableren *Víazul* für 12 CUC nach Santiago nehmen. Von La Habana erreicht man Santiago mit dem Zug Nr. 1, der am Nachmittag in der Hauptstadt startet. Alternativ kann man für 90 CUC fliegen.

2. Tag

Erkundung der Stadt, abends kann man sich in Santiagos Nachtleben stürzen. Gegenüber vom Hotel *Casa Grande* ist ein Reisebüro, in dem man einen Cubana-Flugschein von Baracoa nach La Habana erstehen kann (ca. 90 CUC, Flüge So, Di und Fr). Man sollte die Unterkunft in Baracoa reservieren (mein Favorit ist das Hotel *El Castillo*).

3. Tag

Wer sich für die Geschichte von Festungen interessiert und grandiose Blicke aufs Meer genießen will, dem sei ein Ausflug zur **Festung Morro** und auf die **Insel Granma** empfohlen. Man fährt mit dem Bus nach Ciudamar, von dort ist die Festung zu Fuß in 15 Min. erreichbar. Von Ciudamar verkehrt stündlich ein Schiff zur Cayo Granma. Oder man macht die Fahrt mit einem Taxi, der Fahrer wartet.

4. Tag

Steile Berge, atemberaubende Natur und einen Einblick in die religiöse Seele Cubas gibt eine Fahrt zum **Gran Piedra,** ins **Valle El Cobre,** zur berühmten Basilika oder zum Parque Bacanao. Mit dem Fahrradtaxi kommt man zum Busbahnhof und kann eine Buskarte für den *Víazul* nach **Baracoa** für den nächsten Tag kaufen. Dabei kann man sich das Denkmal zu Ehren des Generals *Maceo* ansehen.

5. Tag

Aufbruch in den feuchten und üppigen **Osten Cubas.** Hier wachsen die meisten Früchte, hier sind die Menschen weit von der *Capital* entfernt, was sich auch in ihren Festen ausdrückt. Man fährt am Morgen gen Baracoa. Dort hat man vom Hotel *El Castillo* eine einzigartige Sicht über die Stadt. Im Hotel kann man ein Taxi ordern, das am nächsten Tag zur Playa Maguana fährt (20–25 CUC).

6. Tag

Entspannen an der **Playa Maguana** oder Spaziergang um die Bucht, was am besten über den Strand geht. Es gibt eine Brücke *(puente)* rechts der Straße des 1. April, die über den schmalen Fluss auf den Strand führt. Nun läuft man um die Bucht und kann am Hotel *Porto Santo* einen Kaffee trinken und ein Taxi für die Rückfahrt bekommen.

7. Tag

Ein Ausflug auf den **Tafelberg El Yunque** oder zum **Fluss Yumurí** bringt unvergessliche Eindrücke von der üppigen Landschaft der östlichen Provinz. Infos in den Hotels.

8. Tag

Rückreise nach **Holguín** oder **La Habana;** Di, Fr und So fliegt eine Maschine der *Cubana* gegen 7 Uhr morgens.

4

Der Oriente

0 ▬▬▬ 10 km

Altagracia
Redention
San Miguel de Baga
Camalote
Punta Brava
Puerto Manati
Tabor
229 Punta Covarrubia
Playa Covarrubias

Stausee Amistad Cubano Bulgara
Agramonte
Manati
Bahía de Malangueta

Siboney
Sibanicú
Cascorro
Victoria
Guanito
Macedonio
La Guinea
228 *Castillo de Salcedo*

Hatuay
Marti
Vázquez

Stausee Najasa I
225
Guáimaro
Bartle
Bejuco
226
Las Tunas
San Augustin

LAS TUNAS

Najasa
San Francisco
Las Pulgas
Colombia
El Café
Calixto
Arroyo Muerto
Las Parras

Cubitas
Jobabo
La Breñosa

Amancio Rodriguez
La Caridad
Omaja
M

Santo Rosa
Las Delicias

La Elina
Sábalo
El Domitorio
Vado del Yeso

Santa Beatriz
Guayabal
Cauto El Paso

LAS TUNAS
Cauto
Guamo
Cauto Embarcadero
256
Rio Cauto

Punta Birama

Sabana Nueva

GOLFO DE GUACAYABO
Cayo Redondo
GRANMA
Julia

Cayo Manzanillo
257
Manzanillo
Las Novillas
Veguitas
Barranca

Leuchtturm ★
La Demajagua
259
Froya ★ *Finca La Demajagua*
Yara

Campechuela
San Ramón
Palmarito
Cabagan
255
Bartolomé Masó
Buey Arriba

259
Museo Sánchez
Ceiba Hueca
San José
Corradillo
Cienaguita
Stausee Paso Malo
255 **SIERRA**

Media Luna Ⓜ
Vicana
Calla-hacas
Las Mercedes
Villa Santo Domingo ★

260
Niquero
Alto del Naranjo ▲
1298
Pico Turquino 1972 ▲
280

260
Bélic
Estacadero
Marea del Portillo
La Mula
Ocujal
Playa Las Coloradas
281
Pilón
Las Cuevas
424

NATIONALPARK DESEMBARCO DE GRANMA
Leuchtturm ★
La Plata
Mota Uno

El Guafe
260
Leuchtturm ★
Punta Hicacos
Cabo Cruz

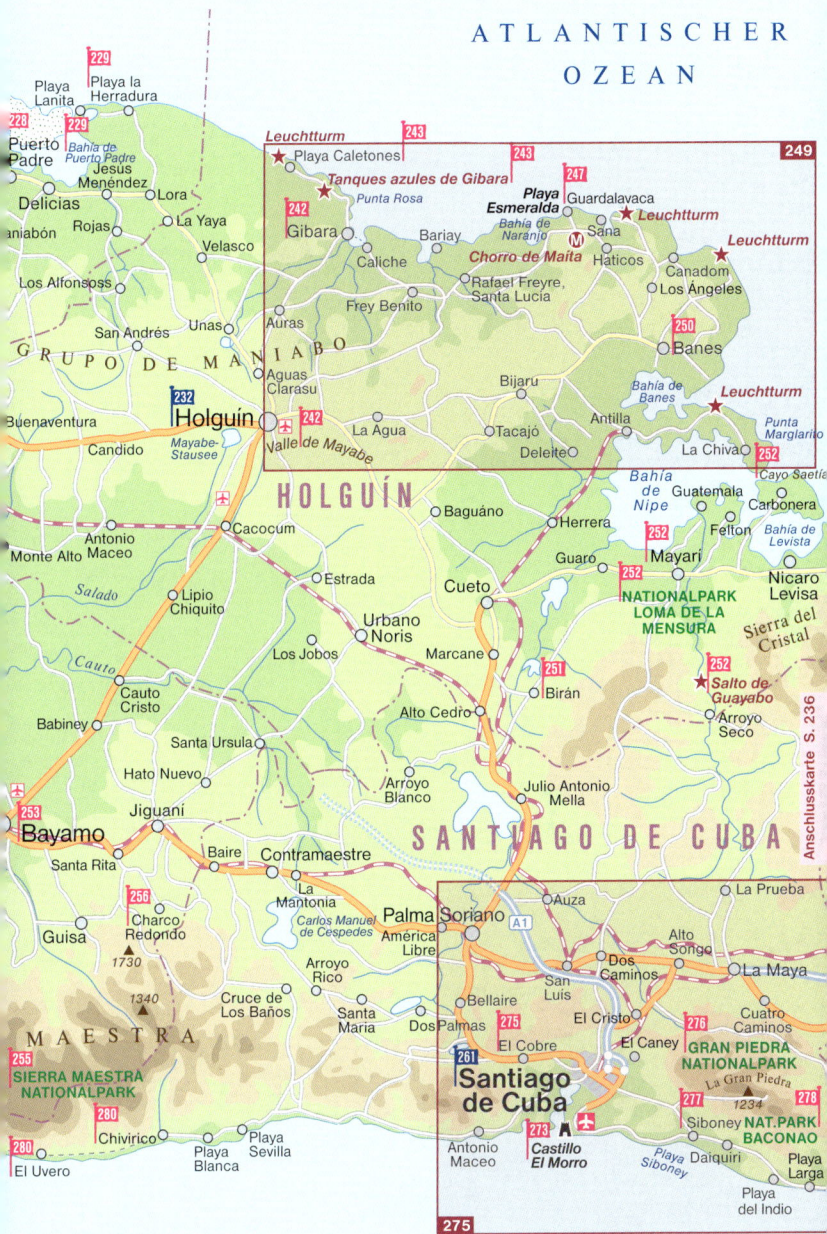

© REISE KNOW-HOW 2017

Cuba_K04a

ATLANTISCHER OZEAN

229 Playa la Herradura
Playa Lanita
228 229
Puerto Padre · *Bahía de Puerto Padre* · Jesús Menéndez
Delicias · Lora
aniabón · Rojas · La Yaya
Los Alfonsoss · Velasco
San Andrés · Unas
GRUPO DE MANIABO
Buenaventura
232 Holguín
Candido · *Mayabe-Stausee*
242 Valle de Mayabe
Aguas Clarasu

Leuchtturm 243
243
Playa Caletones
Tanques azules de Gibara
Punta Rosa
242 Gibara
Bariay
Caliche
Auras
Frey Benito
Rafael Freyre, Santa Lucía
Playa Esmeralda 247 · Guardalavaca
Bahía de Naranjo M Sana · **Leuchtturm**
Chorro de Maita · Haticos
Canadom · Leuchtturm
Los Ángeles
250 Banes
La Agua
Bijaru · *Bahía de Banes* · Leuchtturm
Tacajó · Punta Margilario
Deleite · Antilla · La Chiva
249
252 Cayo Saetie

HOLGUÍN

Baguáno · Herrera
Bahía de Nipe · Guatemala · Carbonera
252 · Felton · *Bahía de Levista*
Cueto · Guaro · 252 Mayari · Nicaro Levisa
Estrada
Lipio Chiquito
Salado
Antonio Maceo
Monte Alto
Cacocum
Urbano Noris
Los Jobos · Marcane
251 · Birán
NATIONALPARK LOMA DE LA MENSURA
Sierra del Cristal
252 ★ *Salto de Guayabo*
Arroyo Seco

Cauto
Cauto Cristo
Babiney
Santa Ursula
Hato Nuevo
253
Bayamo
Santa Rita
Jiguaní · Baire · Contramaestre
Alto Cedro
Arroyo Blanco · Julio Antonio Mella

SANTIAGO DE CUBA

256 Charco Redondo
La Mantonia
Carlos Manuel de Cespedes
Palma Soriano A1
Auza · La Prueba
Guisa
1730
América Libre
Dos Caminos
Alto Songo · La Maya
1340 ▲
Arroyo Rico
San Luis
Cruce de Los Baños
Bellaire · El Cristo
Cuatro Caminos
Santa Maria
Dos Palmas
275 · El Cobre · El Caney
276 GRAN PIEDRA NATIONALPARK
255 SIERRA MAESTRA NATIONALPARK
261 Santiago de Cuba
La Gran Piedra *1234*
277 · Siboney · 278 NAT.PARK BACONAO
280
Chivirico · Playa Sevilla
Playa Blanca
273 **Castillo El Morro**
Antonio Maceo
Playa Siboney · Daiquirí
Playa Larga
280
El Uvero
275
Playa del Indio

Anschlusskarte S. 236

KARIBISCHES MEER

A T L A N T I S C H E R

Leuchtturm ★
○ Canadom

250
○ Banes

Leuchtturm ★
La Chiva ○ *Punta Marglarito*
252
Bahía de Nipe
Guatemala ○
Carbonera
○ Felton
Bahía de Levista
○ Cayo Saetía *Punta Mavari* *Playa Corinthia*
Barrederas

Leuchtturm ★   Leuchtturm ★
Provinzmuseum   ○ Cayo Moa Grande
Baguáno
252
○ Mayarí
Nicaro ○ Levisa
○ Cayo Mambi   Cebolla   **297** Ⓜ Moa   ✈
Cananova   Punta Gorda
Cupey ○   *Punta Guarico*
○ Yamanigüey
252
NATIONALPARK LOMA DE LA MENSURA
Gañete ○
Nibujón   **293**
Play Managu
NATIONALPARK ALEJANDRO DE HUMBOLDT
Sierra del Cristal
★ *Salto de Guayabo*
○ *1231*
297 Sagua de Tánamo
Santa Rita ○
H O L G U Í N
▲ *1139*
296 *El Yunque* ▲ *569*
Playa Managua
A L T U R A   D E
○ Arroyo Seco
Mayari Arriba ○
Santa Catalina
B A R A C O A
Río Toa
S A N T I A G O D E C U B A
Las Carolinas   Palenque
G U A N T Á N A M O
○ Bayata
Felicidad de Yateras
285
Zoológico de Piedra
Río Duaba
○ La Comunal
El Salvador ○
Puriales de Caujerí
C U C H I L L A S   D E   B A R A C O A
○ La Prueba
Jamaica ○   Manuel Tames ○
▲ *1176*
Alto Songo
○ La Maya
○ Costa Rica
282
Guantánamo ✈
Los Canos ○
San Antonio del Sur
286
○ Imías
276
Cuatro Caminos
Cabanas
GRAN PIEDRA NATIONALPARK
Niceto Pérez ○
Paraguay ○
Yacabo
Playa Sabanalamar
277 *La Gran Piedra* *1234*
278 *Valle de la Préhistorico*
Bahía de
Yateras ○
Playa Sabanalamar
285 Tortuguilla
○ Siboney
NAT.PARK BACONAO
Caimanera ○
○ Boquerón
Playa Yateras
○ Daiquiri
Playa Larga
Guantánamo
Hatibonito ○
282
Guantánamo Bay Naval Base (USA)
Playa El Indio   Sigua ○   Playa Cazonal
275

K A R I B I S C H E S   M E E R

Anschlusskarte S. 235

OZEAN

Cayo Guin
Paso de Toa **293**
Playa Duaba
296 **293**
Bahía de
Miel Boca del Punta
Rio Yumuri Fraile
286 **293**
Baracoa
Jamal Sabana Punta de
Maisí
Mata Maisí
286
286 Sabanilla Leuchtturm
La Farola Rio Yumuri La Máquina
Vega
Batea **ALTO DE**
COTILLA Leuchtturm
Bahía de
Jauco La Tinta Ovando
Cajobabo Rio Punta Negra
Seco Leuchtturm

Im Stadtzentrum liegt der **Parque Calixto García.** Der 1720 von den spanischen Militärs als Exerzierplatz angelegte Platz sollte ihre Macht demonstrieren. Nach der Unabhängigkeit Cubas bekam er den Namen des cubanischen Helden im Befreiungskampf, sein Standbild steht im Zentrum. Zahlreiche Händler haben hier ihre Stände aufgebaut. Das Haus von *Calixto García* kann man in der Calle Miró besichtigen. Die für einen Stadtrundgang wichtigen Häuser liegen um den Platz herum. Es finden sich hier zudem mehrere Kaufhäuser, die Gemäldegalerie Moncada, die größte Bibliothek der Stadt und das Kulturhaus. Außerdem liegen hier das Trova-Haus, in dem volkstümliche Lieder gesungen werden, das im Stil des Art déco erbaute **Teatro Eddy Suñol** und das Martí-Kino. Von Interesse sind auch das Museum *La Periquera* und die *Galería Bayado,* in der man Kunsthandwerk und Gemälde erstehen kann. Holguíns ältestes Haus steht in der Calle Morales Lemus. Aus der Stadt kommen übrigens die bekannten Biersorten „Cristal" und „Bucanero".

Im Gebäude *La Periquera* an der Plaza Calixto García befindet sich das **Museo de Historia Provincial La Periquera,** in dem die Geschichte der Region veranschaulicht wird (Mo–Fr 9–17 Uhr, Sa 9–13 Uhr). Das klassizistische Gebäude wurde 1860 als repräsentatives Handelshaus erbaut. Im Unabhängigkeitskrieg vermietete es der Besitzer an die Militärs, die wegen ihrer bunten Uniformen von den Stadtbewohnern „Wellensittiche" *(periquito)* genannt wurden – daher der Name des Hauses („Vogelkäfig"). 1875 starb der Eigentümer, ohne sein Haus je bezogen zu haben, 1978 wurde es zum Denkmal erklärt.

Der Oriente

4

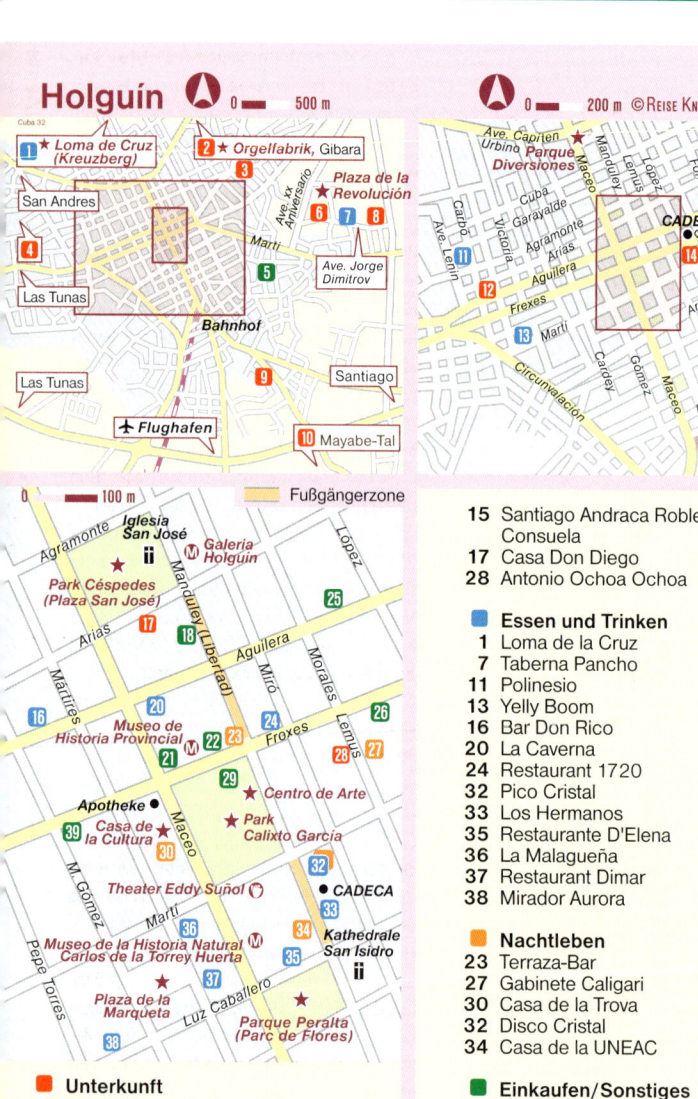

Holguín

0 — 500 m

0 — 200 m ©Reise Know-How 2017

Cuba 32

1 ★ Loma de Cruz (Kreuzberg)

2 ★ Orgelfabrik, Gibara

3

San Andres

Ave. xx Aniversario

Plaza de la ★ Revolución

4

Ave. Jorge Dimitrov

Las Tunas

6 7 8

Marti

5

Bahnhof

Las Tunas

9

Santiago

✈ Flughafen

10 Mayabe-Tal

Ave. Capitán Urbina ★ Parque Diversiones

Mandujey

López

Lemus

Rojas

Fomento

Aguilera

Cuba

Garayalde

Victoria

Maceo

CADECA

Frexes

Carbó

Ave. Lenin

Agramonte

Arias

14

Gast. Feria

Marti

11

Aguilera

Aricochea

12

Frexes

Cables

13

Marti

Angel Guerva

Circunvalación

Cardey

Gómez

Maceo

Vasquez

Rodríguez

15

Bahnhof

0 — 100 m

Fußgängerzone

Agramonte

Iglesia San José

Galeria Holguín

López

Park Céspedes (Plaza San José)

Mandujey (Libertad)

Arias

17

18

25

Aguilera

Miró

Morales

Lemus

16

Martires

20

Museo de Historia Provincial

22 23

24

Frexes

26

21

28 27

29 ★ Centro de Arte

Apotheke ●

★ Park Calixto García

39 Casa de la Cultura

30

Maceo

32

Theater Eddy Suñol 🎭

● CADECA

33

M. Gómez

Marti

36

34

Kathedrale San Isidro

Museo de la Historia Natural Carlos de la Torrey Huerta

35

Pepe Torres

Plaza de la Marqueta

37

38

Luz Caballero

★ Parque Peralta (Parc de Flores)

🟥 Unterkunft

2 Villa ELY
3 Roberto Ferrer González
4 Hostal La Roca Holguinera
6 Hotel Pernik
8 Motel El Bosque
9 Hostal Vivian & Daniel
10 El Mirador de Mayabe
12 Rosaida Ballester
14 Hostal Salermo, Casa Leovigildo

15 Santiago Andraca Roblejo y Consuela
17 Casa Don Diego
28 Antonio Ochoa Ochoa

🟦 Essen und Trinken

1 Loma de la Cruz
7 Taberna Pancho
11 Polinesio
13 Yelly Boom
16 Bar Don Rico
20 La Caverna
24 Restaurant 1720
32 Pico Cristal
33 Los Hermanos
35 Restaurante D'Elena
36 La Malagueña
37 Restaurant Dimar
38 Mirador Aurora

🟧 Nachtleben

23 Terraza-Bar
27 Gabinete Caligari
30 Casa de la Trova
32 Disco Cristal
34 Casa de la UNEAC

🟩 Einkaufen/Sonstiges

5 Bauernmarkt Agropecuarios
18 Bazar Proyecto Desarrollo Local
21 Kino Marti
22 La Epoca
25 Bauernmarkt Agropecuarios
26 Havanatur-Agentur
29 Fondo Nacional de Bienes Culturales
39 Libreria Villena

Der Oriente

Neben diesem Haus liegt das **Kino Martí** mit seiner verzierten Fassade. Die cubanischen Blockbuster kann man sich hier für 1 Peso ansehen.

Am Parque Calixto García befindet sich auch das **Centro de Arte,** das wochentags von 9–16 Uhr wechselnde Ausstellungen präsentiert.

Der **Parque Peralta** hat seinen Namen von General *Julio Grave de Peralta,* der in Marmor gehauen zur Kathedrale blickt – er war einer der Anführer in den Befreiungskriegen gegen die Spanier.

Die **Catedral San Isidro** wurde 1720 an Ort und Stelle der ersten Dorfkirche erbaut und ist in gutem Zustand.

Am schattigen **Parque Céspedes** liegt die **Iglesia San José** mit ihrem hohen Glockenturm und dahinter, an der Calle Manduley, befindet sich die **Galería Holguín.**

Schließlich gibt es noch die **Plaza de la Revolución** östlich des Zentrums – sie dient als Aufmarschplatz für die Parade zum 1. Mai.

Mein Tipp: Im **Museo de la Historia Natural Carlos de la Torrey Huerta** in der Calle Marceo 129, e/Martí y Luz Caballero, ist außer präparierten Vögeln und Kleinsäugern Cubas größte Kollektion von Polymita-Schneckenhäusern untergebracht. Geöffnet Mo–Sa 9–22 Uhr, So 9–21 Uhr, 1 CUC.

Die **Orgelfabrik** in der Carretera de Gibara 301 ist die einzige Fabrik Cubas, in der mechanische Musikinstrumente hergestellt werden. Interessierte können das Gebäude wochentags von 8 bis 16 Uhr besichtigen. Im Jahr werden etwa fünf große Orgeln gebaut, kleinere Instrumente wesentlich mehr. Es gibt mehrere Orgelgruppen im Ort, die regelmäßig Konzerte geben.

Der überdachte Markt von 1848, die **Plaza de la Marqueta,** war einst das Zentrum für Kunst und Kultur. Nach starkem Verfall soll sie wiedererrichtet werden und dann die größte Attraktion des Ortes sein – bislang ist noch nichts passiert. Rings um den Platz liegen diverse Galerien.

Nicht weit vom Zentrum erhebt sich der Kreuzberg **Loma de Cruz,** auf den eine Treppe mit 450 Stufen führt; sie verläuft in der Flucht der Hauptstraßen Maceo und Manduley. Oben öffnet sich eine weite Sicht über die Stadt, das Mayabe-Tal und die Hügel. Am schönsten ist es, wenn die Abendsonne ihre Strahlen über die Stadt schickt und die Häuser in rot-goldenes Licht taucht, oder morgens, wenn die Hitze noch einigermaßen erträglich ist. Bequeme Zeitgenossen fahren über die Straße auf der Westseite nach oben. Mitunter wird oben eine Freiluftbar mit Musik betrieben.

Unterkunft

Hotels

6 **Hotel Pernik** (Islazúl) ③, Ave. Jorge Dimitrov, esq. Plaza de la Revolución, Tel. 481011. Ein rechteckiger Hotelkasten mit mehr als 200 Zimmern, Bar, Restaurant, Schwimmbad. Die Zimmer haben Kunst an den Wänden und eigenen Internetanschluss.

8 **Motel El Bosque** (Islazúl) ③, Ave. Jorge Dimitrov, esq. a 9na, Tel. 481012. 69 Zimmer in Betonbungalows, bewaldeter Garten, Bar, Disco, Pool. Man kann zu Fuß in die Stadt gehen. Alles in allem eine gute Wahl.

10 **El Mirador de Mayabe** (Islazúl) ③, Tel. 422 160. Die schöne Anlage liegt auf einem Hügel, 8 km außerhalb in südöstlicher Richtung; von der Straße zum Flughafen auf die Stadtumgehung abbiegen, dann rechts ab, Alturas de Mayabe, km 8. Vom Pool aus kann man über das Tal von Mayabe bis zur Stadt Holguín schauen. Das Hotel hat einen großen Pool, eine Bar und die regionale Attraktion „Pancho", einen Esel, der Bier trinkt. In einem herrlichen Garten liegen angenehme Bungalows mit Blick in die ruhige Landschaft. Von Holguín kommt man per Rad oder Taxi zum Hotel. Privat oder offiziell, mehr als 10 CUC hin und zurück sollte man nicht zahlen. Von der Straße nach Cuaba im Süden links abbiegen.

Privat

2 Villa ELY, Ave. Cajigal 222, e/26 y 28, Alcides Pino, Tel. 441695. *Roberto* vermietet in einem separaten Gebäude, 33 CUC mit Frühstück.

3 Roberto Ferrer González, Calle Luz 32, e/19 y Paz, reparto Luz, Tel. 425730. 2 Zimmer mit Bad, eines nach vorne mit Privateingang, ab 25 CUC. Großer Patio.

4 Hostal La Roca Holguinera, Calle 26 No. 16 (altos), e/Carretera de Gibara y 5 (reparto Alcides Pino), Tel. 441178, 052 927921, cl8dbv@frcuba.co.cu. 4 DZ auf zwei Etagen in einem netten Haus mit Innenhof und Terrasse. Apartment mit privatem Eingang und Balkon zur Straße. Hilfsbereiter Besitzer, man kann sich vom Busbahnhof abholen lassen.

9 Hostal Vivian & Daniel, Calle 19 No. 17, e/Luz y Río, 2 km vom Zentrum, Tel. 422308. 2 DZ mit Bad und Terrasse, 25 CUC. Garage. Der Hausherr spricht u.a. deutsch und englisch.

12 Rosaida Ballester, Arias 336, e/Dosieto y Carbo, Tel. 429681, 052 783445. 3 Zimmer, eins mit separatem Eingang, 25 CUC.

14 Hostal Salermo, Calle Narciso López 164, e/Frexes y Martí, Tel. 427347. 5 unterschiedliche Zimmer in einem großen alten Haus im Stadtzentrum, ab 25 CUC.

14 Casa Leovigildo, *Elena M. Santiestéban,* Calle Narciso Lopez 156, e/Frexes y Martí, Tel. 422839. 2 Zimmer, große Patios, weltoffene und herzliche Familie, 20 CUC.

15 Santiago Andraca Roblejo y Consuela, Narciso López 258, e/General Rodríguez (Coliseo) y Segunda (Calle 2), apto. 3, 2. Stock, Tel. 426146. Zimmer mit Bad in einem unspektakulären Wohnblock, ab 20 CUC. Der Hausherr sammelt Fähnchen aus den Herkunftsländern seiner Gäste.

17 Casa Don Diego, Arias 167, e/Manduley y Maceo, Tel. 052 269047. Zentral gelegenes Kolonialhaus mit hohen Räumen und Dachterrasse, 2 Zimmer, 25 CUC.

28 Antonio Ochoa Ochoa, Calle Morales Lemus 199, e/Martí y Frexes, Tel. 423959. Geführt von einem älteren Ehepaar, hilfsbereit, nur Frühstück, hohe Räume, AC, 25 CUC.

Essen und Trinken

1 Loma de la Cruz, Alturas de la Loma de la Cruz, wenn man die Treppe hochgestiegen ist, muss man nach links gehen, mit dem Wagen auf der Ave. Capitán Urbino nach Westen und dann rechts den Berg hinauf. Traumhafter Blick. Internationale und cubanische Küche, geöffnet ab Mittag.

7 Taberna Pancho, Ave. Jorge Dimitrov, in der Nähe des Hotels *Pernik,* preiswert, guter Kaffee.

11 Polinesio, in der *Casa de doce pisos,* dem 12-stöckigen Hochhaus im Zentrum, Di–So ab 17 Uhr. Polynesische Küche. Der Zugang ist über den Fahrstuhl an der Rückseite, nur mit Reservierung, Büro im Erdgeschoss.

13 Restaurante-Bar Yelly Boom, Martí 180, e/Renato Guitart y Dositeo Agüilera, geöffnet ab 7 Uhr, Frühstück wird auch angeboten. Das Lokal tauchte im argentinischen Film „Miel para Oshún" (Honig für Oshun) aus dem Jahr 2001 auf.

16 Bar Don Rico, Agüilera 103, e/Mártires y Máximo Gómez, ab 8 Uhr. Großzügige Portionen, auch Frühstück.

20 La Caverna, Maceo, esq. Agüilera. Beatles-Bar: Die *Fab Four* stehen als Bronzefiguren in Lebensgröße an einem Tisch. Songtexte außen an den Fensterscheiben. Täglich ab 16 Uhr geöffnet.

24 Restaurante 1720, Calle Frexes 190, esq. Miró. In einem restaurierten Herrenhaus, Essen zu moderaten Preisen, Touristen-Treffpunkt.

4

32 Pico Cristal, im modernen Bürohaus *Pico Cristal* an der Ecke Calle Libertad und Martí. Hier ist auch die Cubana-Geschäftsstelle. Abends Disco.

33 Los Hermanos, Calle Mercado 9, e/Mártires y Máximo Gómez, Tel. 427314. In diesem Restaurant an der Plaza de la Marqueta gibt es hauptsächlich Fleischgerichte.

35 Restaurante D'Elena, Luz Caballero 102, e/Libertad y Maceo, Tel. 421038. Typisches Cuba-Lokal am Parque Las Flores, ab 8 Uhr.

36 La Malagueña, Martí 128, schräg gegenüber dem Centro de Arte. Gutes Essen für 20 Pesos.

37 Dimar, Calle Mártires 133, e/Luz Caballero y Martí, Plaza de la Marqueta. Kleines Fischlokal, preiswert, ab Mittag.

38 Mirador Aurora, Luz Caballero 132 (altos), e/ Pepe Torres y Máximo Gómez, Tel. 472801. Einfache Gerichte ab 5 CUC, geöffnet ab 11 Uhr.

Veranstaltungen, Nachtleben

■ Anfang Mai findet das Fest der Pilgerer statt, die **Romería del Mayo.** Dann wird auf den Plätzen der Stadt Musik gemacht.

■ **Casa de la Cultura,** diverse Veranstaltungen und Events.

23 Terraza-Bar, Calle Manduley, esq. Frexes, mit Blick über den Parque Calixto García.

27 Gabinete Caligari, Tanzlokal am Parque Calixto García. Musik von Salsa bis Hip-Hop.

30 In der **Casa de la Trova** am Parque Calixto García finden bis spät nachts Auftritte lokaler Musikgrößen statt.

32 Disco Cristal, Calle Manduley 199.

34 Casa de la UNEAC, Veranstaltungsort in der Calle Manduley, e/Caballero y Martí.

Einkaufen, Sonstiges

■ **Apotheke:** Calle Maceo 170, am Parque Calixto García, Mo−Sa 8−22 Uhr.

■ **CADECA** (Wechselstube), Calle Frexes, e/Cervantes y Narciso López; Calle Libertad 205, e/Luz Caballero y Martí.

■ **Mietwagen:** *Havanautos* hat einen Schalter im Motel *El Bosque, Micar* und *Transtur* im Hotel *Pernik*.

5 25 Bauernmarkt Agropecuarios in der Calle 19 (Morales Lemus) und an der Calle 3, reparto Dagoberto Sanfield.

18 Bazar Proyecto Desarollo Local: Calle Manduley (Libertad), e/Agüilera y Áreas. Anders als im Fondo verkaufen hier die Kunsthandwerker auf eigene Rechnung. Mo−Sa 8−18 Uhr.

22 La Epoca, Frexes 194, für alles Mögliche.

26 Infos bei **Havanatur** in der Calle Frexes 172, e/Narciso López y Morales Lemus.

29 Fondo Nacional de Bienes Culturales: Ausstellung von Kunstgewerbe am Parque Calixto García; mit Cafeteria.

39 Librería Villena heißt die ganz gut sortierte Buchhandlung an der Calle Frexes zwei Blocks westlich des Parque Calixto García.

Verkehrsmittel/-verbindungen

■ Der **Bahnhof** ist an der Calle Vidal Pita, im Süden der Stadt. Der Zug Nr. 15 fährt jeden Tag um 18.15 Uhr nach La Habana. Er hält in allen größeren Städten auf dem Weg, z.B. in Las Tunas, Ciego de Ávila, Camagüey, Santa Clara und Matanzas. Eine Fahrt kostet 27 CUC. Tickets gibt es von 7.30 bis 15 Uhr im *Ladis*-Büro gegenüber dem Bahnhof an der Ecke zur Manduley. Auf alle anderen Züge ist kein Verlass.

■ **Bus:** *Víazul* bietet folgende Routen: **La Habana,** 47,50 CUC; **Santiago,** 11 CUC; **Trinidad,** 28 CUC. Abfahrtszeiten siehe vor Ort. Der **Busbahnhof** liegt in der Carretera Central 19, e/20 de Mayo y Independencia, Tel. 461036, 461340, 422111.

■ Ein **Hop-on/Hop-off-Bus** fährt an den Hotels vorbei durch die Stadt bis nach Guardalavaca: alle halbe Stunde von 9−21 Uhr für 5 CUC am Tag.

4

■ **Flug:** Der *Aeropuerto Frank País (HOG)* liegt 15 km südlich der Stadt, Tel. 439330. *Cubana* fliegt für 85 CUC 3x die Woche mit einer Fokker nach La Habana. Auf dem Flughafen landen auch die Charterjets aus Europa. Büro von *Cubana* im Gebäude *Pico Cristal,* Calle Libertad, esq. Martí.

■ **Tankstellen** gibt es an der Carretera Central in Richtung Las Tunas, an der Straße nach Gibara im Norden und an der Carretera gen Süden.

■ **Taxis colectivos** nach Gibara fahren für 4 CUC von der Ave. Cajigal; die nach Guardalavaca starten von der Ave. XX Aniversario.

Ausflüge

Südlich der Stadt liegt das **Valle de Mayabe.** Man fährt die Umgehungsstraße 10 km nach Süden und biegt links ab. Im Tal finden sich große Obstplantagen um den Stausee *Presa de Mayabe.* In der Mitte erhebt sich der Hügel, auf das das Hotel *El Mirador de Mayabe* liegt, das im Abschnitt „Unterkunft" bei Holguín näher beschrieben ist. Ein kleiner Botanischer Garten buhlt um die Aufmerksamkeit der Gäste. Es gibt 3x am Tag eine Busverbindung aus der Stadt zur Bushaltestelle am Fuße des Hügels.

Gibara

■ **Vorwahl:** 05324
■ **Einwohner:** 15.000

Auf dem Weg von Holguín zu den Stränden um Guardalavaca kann man über Gibara fahren – auch *Kolumbus* machte hier Halt, als er 1492 an der Küste Cubas entlangsegelte. Der Zusammenfluss von Río Yabazón und Río Cacoyuguín gab Anlass, die Siedlung **„Río de Mares"** zu taufen, ein Name, der im 19. Jh. nach einer heimischen Pflanzenart in *Gibara* umgewandelt wurde. Der Ort entwickelte sich zu einer bedeutenden Hafenstadt, die Fischerei ist heute noch wichtig. Derzeit wird staatliches Geld in die „Auffrischung" des Stadtbildes investiert.

Hauptsehenswürdigkeiten sind die alten Häuser aus der Kolonialzeit mit ihren Buntglasfenstern und hölzernen Veranden, die um den schattigen Platz der Kirche San Fulgencio herum liegen. In der Independencia 15 kann man das **Stadtmuseum** besuchen und anschließend in den ersten Stock hinaufsteigen, wo das **Kolonialmuseum** untergebracht ist; es zeigt alte Gemälde und Gegenstände aus der spanischen Besatzungszeit. Das **Historische Museum** ist in einem prächtigen Haus in der Luz Caballero 23 untergebracht. Im Nebenhaus kann man sich im *Restaurante El Colonial* stärken. Wer lieber einen Blick aufs Meer hat, sollte ins *Restaurante La Concha* neben dem *Hostal El Faro* gehen; abends wird aus dem Lokal eine Disco.

Berühmtester Sohn der Stadt ist der Schriftsteller und Filmkritiker **Guillermo Cabrera Infante** (1929–2005), der vom Anhänger zum Gegner *Castros* wurde und 1967 endgültig ins Exil nach London ging, wo er den Rest seines Lebens verbrachte und sich mit seiner Entfremdung von der Heimat und mit der cubanischen Politik auseinandersetzte.

Im April werden die Unterkünfte knapp, denn dann findet das internationale **Festival des alternativen Films** statt *(Festival de Cine Pobre).*

Vom Parque de las Madres gelangt man auf eine Landzunge, auf der die

4

Der Oriente

Festung Fernando Siete steht, 1817 zur Stadtgründung erbaut, inzwischen restauriert und eine Sehenswürdigkeit.

Eine weitere Festung, **El Cartelón**, erhebt sich auf einem Hügel und bietet einen schönen Blick auf die Stadt. Die Spanier ließen sie anlegen, vollendeten den Bau aber nicht.

Gibara umgab einst eine **Stadtmauer,** von der noch Reste der Türme stehen.

Man kann mit einer Fähre über die Bucht setzen; geht man dann von der Mole 3,5 km weit, erreicht man einen kleinen Strand. Wer nach **Caliche** zum Playa Blanca übersetzt, kann sich von hier mit einer Kutsche zu den Orten Rafael Freyre oder Frey Benito bringen lassen, von denen es nach Guardalavaca geht. Wer nicht mehr zurückkommt, muss sich nach **Los Bajos** durchfragen, dort kann man Privatzimmer anmieten.

Tanques azules de Gibara heißt die **größte unterirdische Grotte Cubas.** Sie liegt versteckt nahe der Playa Caletónes im Schutzgebiet El Mulito an der Punta de Mangle, ein Pfad führt hin. Wer mag, kann in der Höhle 24 m tief tauchen. Man sollte auf jeden Fall in einer *Casa* einen Führer anheuern, denn im Gebiet der *Cavernas de los Panaderos* erstrecken sich 29 zusammenhängende Höhlen.

Strände

Der örtliche Badestrand liegt am Ende der Independencia. Wem die Strände **El Boquerón, El Faro** und **Playa del Vallado** im Ort zu öffentlich sind, kann z.B. die Uferstraße nach Nordwesten fahren, wo sich einige Strände bis zur Provinzgrenze zu Las Tunas aneinanderreihen, etwa an der **Landspitze Punta de Mang-**

le – hier bieten sich gute Gelegenheiten zur Vogelbeobachtung. Auf dem Weg zum herrlichen Sandstrand **Playa Caletones** passiert man den Leuchtturm an der **Punta Rosa** und fährt an Cubas erstem Windpark vorbei, wo zwölf Windräder Strom erzeugen.

Verlässt man den Ort nach Osten in Richtung Guardalavaca oder nimmt man ein Boot über die Bucht, kommt man zu dem breiten Sandstrand **Playa Blanca.** Umrundet man die Landzunge Punta Peregrina, folgt der lange **Playa Los Bajos,** der bis nach Bariay reicht.

Außerdem gibt es in der Nähe einige **Süßwasserseen** auf halbem Wege nach Holguín, die sich auch gut zur Abkühlung eignen.

Unterkunft

Hotels
■ **Hotel Buenavista** (Palmares) ①, General Sartorio 25, Plaza del Fuerte, Tel. 844399. 4 einfache Zimmer über dem Restaurant *El Faro*.
■ **Hotel E Ordoño** (Cubanacán) ②, Calle J. Peralta e/ Donato Mármol y Independencia, Tel. 844448. Im höchsten Gebäude der Stadt aus dem Jahr 1927, restauriert, 27 Zimmer, sechs lassen sich als Dreibettzimmer nutzen. Von der Dachterrasse schöner Ausblick.
■ **Hotel E Arsenita** (Cubanacán) ③, Calle General Sartorio 22, e/Martí y Luz Caballero, Tel. 844400. 12 Zimmer in einem rot-weiß gestrichenen 2-stöckigen Kolonialhaus vom Anfang des 20. Jh. Von der Dachterrasse kann man das Meer sehen.
■ **Hostal Sol y Mar** ②, *Yván Tamayo* und *Lisandro*, Calle J. Peralta 59, Tel. 52206240. Gelb-blaues Haus aus dem Jahr 1938 im neoklassizistischen Stil mit atemberaubendem Meerblick, privater Terrasse und 4 Zimmern. Der Eigentümer war acht Jahre in Frankreich. 25 CUC.

4

Privat

● **Vitral,** riesiges Haus im Kolonialstil, Independencia 36, e/J. Peralta y Calixto García, Tel. 844469. Patio, Buntglasfenster, Dachterrasse, 25 CUC.

● **Villa Caney,** Calle Sartorio 36, e/J. Peralta y Luz Caballero, Tel. 844552. 2 geräumige Zimmer mit Bad hinter dem grünen Patio eines kolonialen Hauses in Strandnähe, 25 CUC.

● **Casa de los Amigos,** Céspedes 15, e/J. Peralta y Luz Caballero, Tel. 844115, lacasadelosamigos@yahoo.fr. Haus einer in Gibara lebenden französischen Künstlerin. 2 Zimmer mit Bad, Salon und Patio, alle kunstvoll ausgeschmückt, 25 CUC.

● **Los Hermanos,** Céspedes 13, e/Luz Caballero y Peralta, Tel. 844542. Großes Kolonialhaus im Zentrum nahe dem Malecón mit 4 Zimmern und Patio. Die Chefin kocht hervorragend. Die Zimmer sind schon etwas älter, eins hat einen Balkon, 25 CUC.

● **Hostal Las Brisas,** Calle J. Peralta 61, e/J. Mora y M. Grajales, Tel. 845134. Direkt am Meer, mit privatem Hof, Dachterrasse und gutem Essen, 20 CUC. Der Vermieter spricht französisch und englisch.

Essen und Trinken

● Essen kann man im **El Mirador** beim El Cuartelón mit Blick über die Stadt. Im **La Concha** am Parque de las Madres, Tel. 844596, blickt man auf die Bucht. Daneben ist ein **Pesos-Schnellimbiss,** eigentlich der bessere Ort zum Essen. Das **La Cueva,** Calle 2da. esq. Carretera a Playa Caletónes, ist Bar und Restaurant mit guter Küche ab 12 Uhr. Vielleicht die beste Wahl ist das **Restaurante La Esperanza** an der Hafenstraße, wo man schon für 5 CUC etwas zu essen bekommt; unten ist die Strandbar, darüber auf der Terrasse wird das Essen serviert.

Verkehrsmittel/-verbindungen

● Wer mit dem **Bus** nach Holguín will, muss die Straße nach Süden etwa 1 km entlanglaufen. Der Bus fährt 2x täglich. Im *Paladar La Mina* am Busbahnhof kann man ein gutes *pollo frito* essen.

● Ein **Taxi** nach Holguín kostet etwa 20 CUC.

● Die **Fähre** nach Caliche mit Halt in San Antonio fasst 18 Reisende und fährt 2x am Tag, 1 CUC.

● **Tanken** kann man am Ortseingang, von Holguín kommend.

Weiterfahrt nach Guardalavaca

Der Weg ist höllisch, wenn man von Floro Pérez nach Fray Benito abfährt. Unterwegs, nach etwa 35 km, passiert man den Abzweig zum *Campismo Silla de Gibara,* der rechts auf einem Hügel (Las Tinajitas) liegt. Einfache Unterkunft, aber schöne Aussicht. Mit Pool und Bar. Reservierung unter Tel. 421586 in Holguín.

Der **Silla de Gibara,** ein wie ein Sattel geformter Hügel, wurde früher von den Schiffern als Navigationspunkt benutzt, man kann ihn besteigen, um weit über die Landschaft und die See zu schauen. Wer nicht zu Fuß klettern will, kann vom *Campismo* ein Pferd mieten. Oben gibt es ein Lokal, *El Mirador.*

Der kleine See **La Represa** 5 km vor dem Weg zum Campingplatz wird von Einheimischen gern zum Schwimmen genutzt, wenn er Wasser hat. Einheimische kennen die Grotte **Las Cavernas,** die über 10 km lang ist. Das Personal der dortigen Festung kann Touren organisieren.

Playa Santa Lucía

Die Playa Santa Lucía mit dem dazugehörigen Ort **Rafael Freyre** liegt 25 km westlich von Guardalavaca. Rafael Frey-

Der Oriente

re wird auf manchen Karten und von den Einheimischen auch nach der Bucht Santa Lucía genannt. Die örtliche Zuckerfabrik wurde vor einigen Jahren zum **Museum** umgestaltet. Interessant ist es noch etwa 7 km weiter, am Strand **Playa Blanca.** Eisenbahnfreunde interessiert eher das Lokdepot, in dem sich einige alte Dampflokomotiven befinden.

■ **Unterkunft:** Die **Villa Don Lino** (Islazúl) ③ ist eine ruhige Bleibe an der Playa Blanca. Das einfache Haus besitzt 35 Bungalows und einen palmenbestandenen Strand, Tel. 430308, 430310. Die Anlage ist etwas in die Jahre gekommen, Reisende klagten auch über schlechten Service.

Bariay

Bariay ist ein kleiner Ort mit einer vorgelagerten Insel gleichen Namens, angeblich die erste, die **Kolumbus 1492** vor dem cubanischen Festland sah. An der Straße nach Gibara biegt man in Frey Benito rechts ab. Hier steht eine spanische **Festung** aus dem 19. Jh., seit 2002 ein Denkmal – 16 Indianerstatuen werden von den griechischen Säulen der Alten Welt in die Enge getrieben. Außerdem informiert ein **Museumsdorf über das Indianerleben;** ein Besuch der Anlage dauert etwa vier Stunden und kostet mit Verpflegung 20 CUC.

Man kann auch mit einem Boot von Guardalavaca nach Bariay fahren oder von Don Lino etwa 3 km zu Fuß nach Westen zur Playa Blanca gehen.

■ **Essen und Trinken:** Im **Colombo** gibt es preiswerte cubanisch-internationale Gerichte, geöffnet ist ab Mittag.

Bahía de Naranjo

Weiter ostwärts kommt man zuerst zur **Bahía de Vita** mit dem gleichnamigen Jachthafen – Skipper finden alles vor, was sie brauchen. Schon von Weitem grüßt der moderne Leuchtturm.

Als nächstes folgt die **Bahía de Naranjo,** in deren Mitte eine kleine Insel mit einem **Delfinarium** liegt; hier kann man mit den Tieren schwimmen gehen (40 CUC). Mittags gibt es eine Showeinlage, die extra kostet. Die Überfahrt von der Marina zur Delfininsel Cayo Naranjo kostet 12 CUC. Man kann von allen Hotels in Guardalavaca entsprechende Touren buchen.

Früher war die Anlage mitten in der Lagune ein Erholungsgebiet des Militärs auf teilweise künstlichen Inseln, die durch Brücken verbunden sind.

8 Unterkunft (siehe Karte S. 249): **Villa Cayo Naranjo (Bungalow Birancito)** (Gaviota) ④, mitten im Wasser dem Delfinarium gegenüber steht ein Häuschen auf Stelzen in den Mangroven; hier können Naturliebhaber übernachten. 2 Zimmer und Restaurant, die Ausstattung ist einfach, aber die Delfine schwimmen um einen herum. Tel. 802298. Reservierung und Mückenschutz sind wichtig.

Playa Costa Verde, Playa Pesquero

Von der Kreuzung Quatro Palmas erreicht man den Strand namens Costa Verde. Hier steht das teure Resort **LTI Costa Verde,** Tel. 433510; es kostet für Selbstbucher über 200 CUC die Nacht, ähnlich wie das *Playa Costa Verde* (Tel. 433520). Preiswerter ist das **Hotel Playa Pesquero,** einst Cubas größtes Hotel, Tel. 433530; umgeben von einer großen

4

Parkanlage, hat es 900 Zimmer, Freizeitangebote, Restaurants und Geschäfte, Pools und Tennisplätze. *Fidel Castro* persönlich weihte es im Jahr 2003 ein, heute dämmert es vor sich hin, aber der Strand ist schön.

Zum **BioParque Rocazul** bietet sich ein Ausflug von der Playa Pesquero z.B. mit einer Pferdekutsche an. Der Park am westlichen Ufer der Bahía de Naranjo hat einen teilweise befestigten Rundwanderweg, der etwa 2 Stunden dauert und dabei immer wieder Ausblicke auf romantische kleine Buchten bietet. Aktivurlauber können reiten oder fischen, ein kleines Lokal gibt es auch (an der Straße nach Yuraguanal, km 2,5, Pesquero).

Playa Esmeralda

An der Ostseite der Bucht von Naranjo schließt sich die Playa Esmeralda an, die vielfach schon zu Guardalavaca gerechnet wird. Für **Taucher** wurde hier altes Kriegsgerät versenkt; die Panzer unter Wasser bieten ein gespenstisches Bild. An Land empfiehlt sich der ausgeschilderte Naturwanderweg Las Guanas. Von der Carretera, an der es mehrere Luxushotels gibt, sind es 2 km bis zum Meer. Die Straße ist gut ausgebaut.

Unterkunft, Essen und Trinken, Tauchen (siehe Karte S. 249)

5 **Río de Oro** (Sol) ④, Tel. 430090, nach 1 km auf der Straße zur Playa Esmeralda geht es rechts zur **Playa Caletica** ab, an der das Hotel liegt. Fast 300 Zimmer sowie Bungalows mit eigenem Pool.

7 **Sol Río Luna y Mares** (Sol) ④, Carretera nach Guardalavaca, Tel. 430060. Die Straße zur Playa Esmeralda ganz durchfahren und am Ende links abbiegen: Zwei Hotels (All inclusive) bilden eine Einheit, 240 Zimmer am Strand und nach hinten. Die Bars, Wassersportangebote und den Pool können auch Leute nutzen, die nicht im Hotel wohnen.

7 **Essen** kann man im Terrassenlokal **El Conuco de Mongo Viña** an der Naranjo-Bucht in Richtung der Hauptstraße nach Guardalavaca, Abzweig am Hotel *Sol Río Luna y Mares,* Tel. 433310-107. Von hier genießt man den Blick über die Bucht. Cubanische Küche, ganztägig geöffnet.

■ **Tauchen,** *Marian* und *Jan Snijders* bieten mit ihrem Tauchcenter am Hotel *Sol Río Luna y Mares* Kurse für Anfänger und Fortgeschrittene an.

▷ Playa Esmeralda bei Guardalavaca

4

Guardalavaca

Der Oriente

● **Vorwahl:** 024

Der **Name** heißt übersetzt „Hüte die Kuh", man glaubt allerdings, dass es ursprünglich „Guarda la barca" hieß, also „Pass auf das Schiff auf", was wohl eher zutrifft, da es hier Piraten und eine geschützte Bucht gab.

Dieser **touristische Hotspot** liegt etwa 70 km nordöstlich von Holguín. Mit dem Taxi kostet die Fahrt zwischen 25 und 30 CUC, wenn der Fahrer für die Rückfahrt wartet. Der reine Touristenort liegt in einer feinsandigen Bucht, umrahmt von malerischen Felsen, die mit Mandelbäumen und Strandwein bewachsen sind. Deshalb ist dieser Strand auch über weite Teile schattig, was ihn von anderen Stränden auf Cuba unterscheidet. Die meisten Hotels sind All inclusive. Daraus folgt, dass man nicht einfach an die nächste Hotelbar gehen und einen Kaffee trinken kann. Am Westende der Bucht liegen die **freien Strände**, auch sie herrlich mit Bäumen bestanden. Dazwischen gibt es einige preiswerte Bars, die auch von All-inclusive-Urlaubern gern besucht werden.

www.fotolia.de © kavcic

Unterkunft

Hotels (siehe Karte S. 249)

6 **Brisas Club** (Brisas) ④, Tel. 430218. Großzügiges Strandhotel mit 230 Zimmern am östlichen Ende von Guardalavaca.

6 **Villa Cabaña** (Islazúl) ①, Calle 2da, Tel. 430 314. Diese alte Anlage liegt in zweiter Reihe hinter dem *Club Amigo Atlántico* und der *Clínica Internacional.* 20 Apartments verteilen sich in Sechserblocks im Garten, die Rezeption mittendrin.

6 **Club Amigo Atlántico** (Brisas) ④, Tel. 430180. Alte Anlage mit 230 Zimmern, teuer. Die Atlántico-Bungalows mit 136 Zimmern sind schöner und preiswerter, aber sie liegen vom Meer abgewandt.

Privat

Es gibt Apartmenblocks, in denen Zimmer vermietet werden, z.B.:

■ **Armando García García**, Edificio 11, apto. 15, Tel. 430230. 2 Zimmer, Meerblick vom Balkon, zum Strand läuft man 10 Minuten, 20 CUC.

Wer motorisiert ist, sollte besser nach **Yaguajay** (Cuatro Caminos) fahren:

10 **Hostal Carmen,** Tel. 0529 32221. *Carmen Martínez* vermietet 3 Zimmer mit Bad in Yaguajay, dem Ort nach Guardalavaca, in Richtung Banes. Nettes Haus, ab 25 CUC.

10 **Jorge Martínez,** Tel. 52287236, www.villamartinez.com. 25 CUC, Essen ab 4 CUC, der Besitzer spricht etwas deutsch und englisch. Gleich um die Ecke gute Open-air-Kneipe.

Essen und Trinken

7 **Pizza Vicaria,** im *Centro Comercial,* Bulevar Playa Guardalavaca, 9–22 Uhr. Pizza für 5 CUC. Es gibt hier auch noch die **Bar La Rueda.**

8 **El Ancla,** von diesem Fischrestaurant am Westufer der Guardalavaca-Bucht hat man einen herrlichen Blick über den Strand und das Meer. Es steht auf einem Felsen über der Brandung. Vom westlichen Strandende aus führt ein Weg über die kleine Brücke hin. Autofahrer müssen zur Hauptstraße zurück und dort in Richtung Holguín fahren, 800 m weiter geht rechts ein Sandweg zum Lokal ab. Ab 9 Uhr geöffnet.

9 **El Cayuelo,** Tel. 420736. Das preiswerte Fischrestaurant liegt traumhaft am Strand, wo man unter Palmen sitzt und die Aussicht genießt.

10 **Restaurante-Bar Doña Bárbara,** an der Hauptstraße links vor der namensgebenden Kreuzung in Cuatro Caminos, Tel. 2287302. Hier gibt es oft Meeresfrüchte, ab Mittag geöffnet.

Einkaufen, Sonstiges

6 Einkaufen kann man in **Centro Comercial Los Flamboyant** (Mo–Fr 9–15 Uhr) beim *Club Amigo Atlántico.* Hier gibt es auch **Wechselstuben** (Geldwechsel auch in allen Hotels), zudem ein rund um die Uhr geöffnetes **Cubatur-Büro.**

■ Musik-CDs hat der **ARTex-Laden** hinter dem Hotel *Guardalavaca.*

■ Beim *Club Amigo Atlántico* gibt es einen **Souvenirladen.**

■ **Disco La Roca,** hier treffen sich Einheimische und Touristen, die große Terrasse öffnet sich zum Meer hin. Nur in der Saison tgl. ab 21.30 Uhr, 3 CUC.

■ **Krankenhaus:** Ausländer behandelt die *Clínica Cubanacán Turismo y Salud,* Sucursal Guardalavaca Calle 2da No. 15, e/1ra y 2da, Tel. 430291, 430312.

Verkehrsmittel/-verbindungen

■ Wer nach Holguín will, kann versuchen, einen Platz in einem der **Shuttlebusse** von einem der Hotels zu bekommen, das kostet je nach Verhandlungsgeschick ca. 10 CUC, das **Taxi** kostet das Drei-

4

Guardalavaca Umgebung

🐚 1 Playa Blanca `243`
🐚 2 Playa Pesquero `245`
🐚 3 Playa Esmeralda `246`
🐚 4 Playa Caletica `246`

■ **Essen und Trinken**
7 El Conuco de Mongo Viña,
   Vicaria/Bar La Rueda
8 El Ancla
9 El Cayuelo
10 Doña Bárbara

■ **Unterkunft**
5 Río de Oro
6 Villa Cabaña,
   Club Amigo Atlántico,
   Brisas Club
7 Sol Río Luna y Mares
8 Villa Cayo Naranjo
10 Hostal Carmen,
   Jorge Martínez

■ **Einkaufen**
6 Centro Comercial
   Los Flamboyant

---

fache. Es gibt einen **Transtour-Bus,** der täglich für 15 CUC von den Stränden zum Parque Calixto García in Holguín und zurück fährt. Transtour fährt ferner mit einem Doppeldeckerbus mehrmals täglich von den Stränden Pesquero und Esmeralda sowie von Guardalavaca bis hinunter zum Taíno-Dorf beim Museo Chorro de la Maíta und zurück.

■ Es gibt einen **Jachthafen,** die **Marina Gaviota Puerto de Vita,** mit 35 Plätzen und der üblichen Ausstattung.

■ Die **Tankstelle** liegt auf dem Weg zur Playa Esmeralda. Per Auto sind es nach Santa Clara 7 Stunden Fahrt, die A 1 ist gut ausgebaut.

Ausflüge

Oberhalb des Dorfes Yaguajay, an der Straße nach Banes, liegt das **Museo Chorro de la Maíta.** Es zeigt Taíno-Grä-

ber mit Skeletten aus den Jahren 1490 bis 1540. Die Grabstätte ist die größte bekannte dieser Art. 62 Skelette liegen im Museumsraum auf Gipssockeln, wie man sie ausgrub. Von einem Gang an den Wänden kann man von oben auf das Grabfeld hinabsehen. Mo–Sa 9–17 Uhr, So 9–13 Uhr, 5 CUC. Essen kann man ab 12 Uhr bei *Doña Barbara* am Ortseingang rechts vor dem Abzweig nach Banes; es gibt Fischgerichte um 8 CUC.

Aldea Taína ist ein nachgebautes Taíno-Dorf gegenüber dem Museum mit lebensgroßen Figuren der Bewohner. Touristengruppen werden von den Hotelstränden mit Bussen dort hingefahren, um der Präsentation von Tänzen und Riten beizuwohnen (Eintritt 5 CUC).

4

Banes

- **Vorwahl:** 024
- **Einwohner:** 80.000

In diesem Städtchen rund 30 km südöstlich von Guardalavaca spielt sich noch das cubanische Alltagsleben ab, außerdem kann das Museum für indianische Kultur besucht werden. Benannt nach dem Kazikenhäuptling *Baní,* zeigt das **Museo Indocubano Baní** etwa 1000 Exponate aus den Gräbern der Taínos, hauptsächlich kleine Tonfiguren. Hinzu kommt ein goldenes Fruchtbarkeitssymbol, das vielleicht jedoch von den Spaniern stammt. General Marrero 305, esq. José Martí, geöffnet Di–Sa 9–17 Uhr, So 8–12 Uhr, Erklärungen auch in Englisch, 5 CUC, Führungen möglich.

Lange Zeit lebte man vom Zuckeranbau, auch die *United Fruit Company* trieb hier ihr Unwesen, bis die Revolutionäre um *Castro* dem Treiben der Firma ein Ende setzten; ihre Gebäude sind geblieben.

Berühmtester Sohn der Stadt ist kein Geringerer als der frühere Diktator **Fulgencio Batista,** der 1901 in Banes das Licht der Welt erblickte (gest. 1973).

Fidel Castro (1926–2016)

Am 13.8.1926 wird *Fidel Castro Ruz* als **Sohn einer wohlhabenden spanischen Einwandererfamilie** in Birán (Oriente) geboren. Er absolviert die Schule in Santiago und studiert anschließend in La Habana Jura. 1949 fällt er durch Protestaktionen gegen die Regierung auf, bei denen das Rathaus von Cienfuegos besetzt wird.

Bei der Verhandlung nutzt er sein rhetorisches Talent und hält seine erste wichtige Rede: „Ich klage an!" Darin prangert er Misswirtschaft und Korruption auf Cuba an. Die Verhandlung endet mit einem sensationellen Freispruch.

Als sich *Batista* an die Macht putscht, reicht *Castro* sofort Klage vor Gericht ein und fordert 100 Jahre Gefängnis für den Diktator, die er von Rechts wegen für seine Taten bekommen müsse.

Nach dem Abschluss des Studiums auf Cuba setzt er sein Studium in New York und Bogotá fort. Danach widmet er sich ganz der **politischen Arbeit.** Er beginnt eine breitere Schicht von Bauern und Arbeitern für den Gedanken der Befreiung zu begeistern. Man beginnt im Oriente mit dem Widerstand – mit seinem Bruder *Raúl* leitet *Fidel* den Sturm auf die Moncada-Kaserne in Santiago ein, der allerdings fehlschlägt.

Nach der Begnadigung durch *Batista* geht *Fidel Castro* ins Exil nach Mexiko. Dort lernt er *Ernesto „Che" Guevara* kennen und kehrt im Jahr 1956 mit ihm und 80 Revolutionären auf der Jacht *Granma* nach Cuba zurück. Es beginnt ein revolutionärer Guerillakrieg gegen das Batista-Regime, ein Feldzug gegen den Diktator, der **1959** mit dem **Sieg der Revolutionäre** endet.

4

In der **Kirche** der Stadt heiratete *Mirta Diaz-Balart* 1948 einen gewissen *Fidel Castro*, von außen zeigt sich das Gotteshaus im Art-déco-Stil.

Eisenbahnfans können in der Calle Tráfico eine US-amerikanische **Porter-Dampflok** aus dem Jahr 1888 bewundern. Sie steht neben dem Historischen Museum und zog noch bis 1960 Bananenzüge durch die Gegend.

Unterkunft, Essen und Trinken

■ Der **Campismo Puerto Rico Libre** mit Fantasiearchitektur ist die preiswerteste Bleibe. Privat kann man in der Villa von *Sergio Agüilera* wohnen, Iglesia 4089, Zona Nicaragua, Tel. 802412, 20 CUC, oder im **Colonial Guest House,** Calle H 1526F, e/Carretera de Veguitas y Francisco Franco, Tel. 802 204, einem einstöckigen Kolonialhaus am Ortseingang mit einfachem DZ, Dachterrasse und Garten, 25 CUC.
■ Das sehr einfache **Motel Oasis** ①, Tel. 93447, liegt 2 km vor der Stadt, an der Straße nach Los Pasos. 28 Zimmer.
■ **Motel Brisas de Banes** ②, von Los Pasos in Richtung Guardalavaca, 10 km von Banes entfernt, rechts auf einem Hügel gelegen. 8 einfache Hütten an einem Stausee, 30 CUC pro Häuschen.
■ **Villa Glima,** Calle H No. 1526f, e/Carretera de Veguitas y Francisco Franco, Tel. 802204. Ein Zimmer mit gigantischer Deckenhöhe in einem kolonialen Haus am Ortseingang, Dachterrasse mit kleinem Pavillon. 25 CUC.
■ **Essen** kann man im *Restaurante Roberto* in der General Marrero 710 oder gegenüber im Schnellrestaurant *La Vicaria.* An derselben Straße liegt in der No. 327a das Schnellrestaurant *Doña Yulla,* der Paladar *Delicias* findet sich am Parque Céspedes. **Musikfreunde** kommen im Patio des *Café Cantante* auf ihre Kosten, Marrero No. 320.

Verkehrsmittel/-verbindungen

■ Die **Busstation** liegt an der Ecke Tráfico und Los Ángeles, 2x pro Tag gibt es einen Bus nach Holguín und am Nachmittag einen zum nächsten Bahnhof.

Strände

■ Wer baden will, verlässt den Ort nach Osten und erreicht nach 12 km die steinige **Playa de Morales** mit einigen Sandeinsprengseln; hier gibt es ein Lokal. Den Weg noch 6 km weiter nach Norden, kommt die palmengesäumte **Playa de Puerto Rico.** Hier gibt es einige Hütten in einem Strandweinwäldchen. Der *Campismo Popular* vermietet auch an Ausländer für 3,50 CUC. Wer noch nicht genug hat oder Leuchtturmfan ist, kann dem Weg weiter nach Norden folgen und kommt zum **Cabo Lucrécia.**

Birán

In Birán kann man das **Geburtshaus von Fidel Castro** besichtigen, hier kam er 1926 zur Welt. Man fährt von Cueto 7 km über eine Asphaltstraße nach Birán. Man lässt das Dorf rechts liegen und fährt weiter, an einigen Häusern vorbei, auf einem Feldweg Richtung Norden. Nach 2 bis 3 km befindet sich links die Zufahrt zum Gelände. Hinter den Hütten der haitianischen Arbeiter kommt die Farm der Familie *Ruz.* Wer sie sich näher ansehen möchte (10 CUC), frage im Dorf nach dem Führer *(historiador).*

Naturpark Loma de la Mensura

Die Carretera 123 führt von Holguín über Cueto und Mayarí nach Baracoa. „Llego a Cueto, voy para Mayarí", sang *Compay Segundo* – „Komm' ich nach Cueto, geh' ich nach Mayarí", immerhin 35 km, die er da zu Fuß zurücklegen musste. Von dem Durchgangsort Mayarí lohnt ein 30-km-Ausflug zum Naturpark Loma de la Mensura. Vom Ort führt ein Weg in die hügelige Umgebung im Süden; die **Altiplanicie de Nipe** ist interessant für Botaniker, denn häufige Regenfälle haben hier einzigartige Pflanzen entstehen lassen. Touristisch erschlossen ist der 900 m hohe Loma de La Mensura, ein stiller Ort.

In **Mayarí**, an der Ave. Leyte Vidal am Fluss, finden sich drei Cafés, ein Postamt und Läden. Eine Tankstelle gibt es im Norden an der Calle Valenzuela, eine zweite im Süden an der Ave. Maceo.

In der Nähe der Stadt stürzt der **Salto de Guayabo, der höchste Wasserfall des Landes,** über 27 m in die Tiefe; es gibt geführte Touren durch den Wald zum Wasserfall (mit Badepause).

Unterkunft in Mayarí

● **Villa Pinares de Mayarí** (Gaviota) ②, Tel. 024 521412. 600 m hoch gelegenes Häuschen inmitten eines Kiefernwaldes. 28 Zimmer in Holz- und Steinbungalows mit Terrasse, Kühlschrank, Pool und Fahrradverleih. Die Zimmer werden recht gut gepflegt, die Anlage selbst ist in die Jahre gekommen und die Straße dorthin geradezu mörderisch.

● Das **Motel Bitirí** im sozialistischen Weltraumstil ist eine Peso-Unterkunft.

Privat
● **Juan Vicente,** Loma No. 50, Tel. 011 532450 1316, www.juanvicente.webs.com. Neueres Haus, die Playa Juan Vicente ist in der Nähe. 25 CUC.
● **Hostal Kasalta Mayarí,** Calle Valenzuela 6, e/Ave. Carlos M. Céspedes y Martí, gegenüber dem Lokal El Puente, Tel. 024 502603. Geräumiges Zimmer im 2. Stock mit Bad, Balkon und separatem Eingang, 25 CUC.
● **Black & White,** *Sr. Raubel* und *Sra. Belky,* Guiteras 40F, e/José M. Gómez, Tel. 024 503428, raubel-69@nauta.cu. Neues Haus mit Terrasse, 25 CUC.

Essen und Trinken in Mayarí

● **Jardines del Bosque,** Ave. Carlos M. Céspedes 136. Nette Gartenwirtschaft mit einfachen Gerichten ab 6 CUC, der Chef spricht auch deutsch.

Cayo Saetía

Die Insel Cayo Saetía liegt in der **Bahía de Nipe,** 60 km von Guardalavaca entfernt. Man nimmt die Abzweigung nach Felton, dann am „Gaviota"-Schild rechts abbiegen. Für die Fahrt auf das 40 km² große Eiland muss man 10 CUC Maut bezahlen. In den Wäldchen wurden Antilopen, Büffel und andere Wildtiere ausgesetzt, die zur Jagd freigegeben sind. Angeboten werden Jeep- und Pferdeausflüge. Früher war die Insel für das gemeine Volk gesperrt, auch heute kommen noch öfter höhere Beamte zur Entspannung hierher. Kleiner Strand, viele Mücken.

Der Oriente

■ **Unterkunft: Villa Cayo Saetía** (Gaviota) ④, an der Straße nach Felton, Tel. 024 516900. Das Hotel mit Bar und Restaurant bietet 12 mittelmäßige Zimmer im Kolonialstil, häufig ausgebucht. Essen ebenfalls einfach. Ein Ort für Ruhesuchende.

Bayamo

■ **Vorwahl:** 023
■ **Einwohner:** 130.000

Die **gemütliche Hauptstadt der Provinz Granma** am Río Bayamo, durch deren Straßen Pferdekutschen kurven, liegt malerisch vor der Gebirgskulisse der **Sierra Maestra.** Im Gegensatz zu der Ruhe, die die Stadt heute ausstrahlt, ging von ihr früher oft der Gedanke der Rebellion aus. Träge windet sich der Fluss durch den Ort, und Spaziergänger finden sogar eine Fußgängerzone vor, die General García, die am Parque Céspedes beginnt. Obwohl die Stadt an der Carretera Central liegt, kommen nur wenige Touristen.

Bayamo wurde **1514** von *Diego Velázquez* gegründet. Ursprünglich sollte hier das erbeutete Gold eingeschmolzen werden, später dominierte der Anbau von Ingwer und Indigo. Überfälle von Piraten, Erdbeben und Feuer ließen im Laufe der Zeit nur wenige Gebäude übrig.

Der Großgrundbesitzer **Carlos Manuel de Céspedes** befreite am 10. Oktober 1868 seine eigenen Sklaven auf seinem Gut La Demajagua, um mit ihnen gegen die spanische Herrschaft anzukämpfen. Im 20. Jh. beteiligte sich Bayamo neben Santiago de Cuba am Kampf gegen die Diktatur *Batistas.*

Die **Plaza de la Revolución** ist der erste Platz auf Cuba, der so genannt wurde. Hier steht ein Denkmal für *Céspedes* und ihm gegenüber eines für **Pedro Figueredo** (1819–1870), Komponist der cubanischen Nationalhymne „La Bayamesa". Nachdem *Figueredo* 1867 die Melodie geschrieben hatte, schuf er 1868 den Text der Hymne, als aufständische Truppen, denen er angehörte, Bayamo einnahmen.

Vom Originalbau der **Capilla de los Dolores** an der Plaza del Himno Nacional war nach einem Feuer nicht viel übrig geblieben, doch heute ist sie wieder aufgebaut. Innen gibt es einen schönen Barockaltar. Direkt daneben steht die **Iglesia San Salvador,** beide miteinander verbunden.

Museo Casa Natal de Carlos Manuel de Céspedes, Calle Maceo 57, Tel. 4238 64, Di–Sa 12–19 Uhr, So 9–13 Uhr. Das Geburtshaus von *Céspesdes* zeigt koloniale Möbel, historische Dokumente und die Druckerpresse, auf der die erste freie Zeitung der Insel gedruckt wurde.

Museo Provincial, Calle Maceo 58, Tel. 424125, Di–Sa 10–17 Uhr, So 9–13 Uhr. Im Museum ist eine bunte Sammlung archäologischer Fundstücke zu begutachten. Prunkstück ist das Bildnis von General *Maceo,* das aus 13.000 Holzstückchen zusammengesetzt wurde.

Unterkunft

Hotels
■ **Royalton** (Islazúl) ②, Maceo 53, Tel. 422290. Renoviertes Hotel in einem Kolonialhaus an der Nordwestseite des Parque Céspedes. Die schönsten Zimmer gehen zum Park mit Balkon.

4

🔴 **Escuela Telégrafico** ②, José Antonio Saco 108, Tel. 425510. 14 Zimmer mit Balkon, schlechtere Lage als das *Royalton,* aber guter Service.

🔴 **Villa Bayamo** (Islazúl) ②, Carretera de Manzanillo, km 5,5, Tel. 423102, von der Kreuzung mit der Ave. Amado Estévez aus nach Norden. Einfaches Haus außerhalb der Stadt, die Bar ist 24 Stunden geöffnet. 34 Zimmer in Bungalows um den Pool.

🔴 **Sierra Maestra** (Islazúl) ②, Tel. 427970, an der Carretera Central, 3 km Richtung Santiago. 114 Zimmer, mehrstöckiger Klotz, nichts Besonderes, aber für eine Nacht okay.

🔴 **Villa El Yarey,** (Cubanacán) ①, Carretera Vía Santiago, Jiguaní, 4 km auf der Carretera Central nach Osten, dann 6 km nach Norden, nach Dos Ríos, hier südwestlich in Richtung Jiguaní. 14 strohgedeckte Hütten, tolle Landschaft, nettes Personal.

Privat

🔴 **Dolores Marson Sosa,** Pio Rosado 171, e/Capote y Parada, Tel. der Nachbarin 424584 und 422 974. 2 Zimmer, eins mit AC, unweit des Bahnhofs, 20 CUC.

🔴 **Luz Delfina Martí,** Donato Mármol 118, e/Maceo y Francisco Vicente Agüilera, Tel. 423555. Schönes Kolonialhaus mit einem großen DZ, ab 20 CUC.

🔴 **Ana Martí Vázquez,** Céspedes 4, e/Maceo y Canducha Figueredo, Tel. 425323, bayamo_ana_marti@particuba.net. 2 Zimmer in einem mit Antiquitäten möblierten Haus, 1 Zimmer ist eine elegante Suite. 25 CUC.

🔴 **Isabel M. Fonseca,** Donato Mármol 158, e/Canducha Figueredo y Maceo, in der Nähe des Parque Céspedes, Tel. 423296. 2 Zimmer mit Bad und AC, Balkon, schöne Dachterrasse, sehr nette und hilfsbereite Vermieter, leckeres Essen, 18 CUC.

🔴 **Hostal Bayamo,** Ave. Amado Estevez 67 (altos), e/9 y 8, Tel. 429127, http://hostalbayamo.com. In der Nähe der Plaza de la Patria vermieten *Martín* und *Antonio Losada López* 4 komfortable Zimmer in einem 2-stöckigen Haus mit eigenem Bad, auf der Dachterrasse gibt es einen kleinen Pool. 20–25 CUC, Frühstück 4 CUC.

🔴 **Casa España,** *Fernando y Lili,* Ave. Fco. Vicente Aquilera 13a, e/Donato Mármol y José Joaquín Palma, Tel. 423270. Ein junges Paar vermietet 2 Zimmer mit Bad, AC und großen Fenstern, 25 CUC. Grandiose Dachterrasse mit Aussicht.

🔴 **Libia Martí Vázquez,** Calle Máximo Gómez 56, e/Saco y León. Außen eher belanglos, aber man hat einen herrlichen Blick auf den Fluss und den umliegenden Wald. Ein Zimmer mit Bad und Balkon, toller schattiger Patio, 25 CUC.

🔴 **Lydia y Manuel Alvarado Santana,** Donato Mármol 323, e/Canducha Figueredo y General Lora, Tel. 423175. 2 klimatisierte Zimmer mit Gemeinschaftsbad, 25 CUC. Patio und Parkplatz.

Essen und Trinken

Um den Parque Céspedes und in der Calle Saco finden sich einige Peso-Stände für den kleinen Hunger.

🔴 **Restaurante 1513,** Calle García, esq. Calle Lora, Tel. 425921, tgl. 12–22 Uhr. Kreolische Küche zu moderaten Preisen, ganz gute Wahl.

🔴 **La Presa,** Calle Amado Estevel, esq. Carretera Central, Tel. 424123, tgl. 8–17 Uhr. Frischer Fisch zu zivilen Preisen.

🔴 **Paladar Polinesio,** Donato Mármol 107, e/M. Capote y Pio Rosado, 12–24 Uhr, Tel. 422449. Eine gute Wahl zu vernünftigen Preisen.

🔴 **Restaurante Plaza,** teuer, im *Royalton Hotel.*

🔴 **Paladar Sagitario,** Donato Mármol 107, e/Maceo y Vicente Agüilera. Hühnchengerichte werden ab Mittag im schönen Patio serviert. Einer der ältesten Paladare der Stadt.

🔴 **Eiscafé,** am südlichen Ende der Plaza de la Revolución.

🔴 **La Bodega,** Plaza del Himno Nacional 34. Vorne der Platz, in der Mitte die Villa, dahinter der Fluss. Geöffnet meist ab 11 Uhr, Essen ab 5 CUC.

🔴 **La Casona,** hinter der Kirche, begrünter Hof, hier wird Hatuey-Bier ausgeschenkt.

■ **Trébol,** Calle 23 No. 56a, e/16 y Ave. Milanés, Tel. 427042. Nettes Lokal, große Portionen, angemessene Preise.

Veranstaltungen

■ Samstagnachmittag kann man zum **Künstlerverband UNEAC** in die Calle Céspedes 158 gehen, um Bolero zu hören, anschließend kann man in die Calle Máximo Gómez schlendern, wo **Freiluftpartys** veranstaltet werden („Noches de la Cultura Bayamesa").

Einkaufen, Sonstiges

■ **Geldwechsel:** *BANDEC,* Amado Estévez y Plaza de la Patria; General García 101; *CADECA* (Wechselstube), Carretera Central y 2da, reparto Jesús Menéndez, zwischen Tankstelle und Busstation, Mo–Fr 9–18 Uhr, Sa 8–13 Uhr.
■ **DHL,** Maceo, e/Céspedes y Libertad.
■ **Gemüsemarkt:** tgl. vor dem Bahnhof.
■ **Kunstgewerbe:** an der Plaza del Himno Nacional 20.
■ **Apotheke:** *Farmacia Internacional,* General García, e/Figueredo y Lora.
■ **Mietwagen:** *Havanautos* an der Tankstelle *Servi Cupet* an der Carretera Central in Richtung Santiago, Tel. 427375.
■ **Reisebüros:** *Ecotur,* Hotel *Sierra Maestra,* Carretera vía Santiago de Cuba, km 1,5; *Islazul,* General García 207, e/Lora y Masó; *Cubanacán,* Hotel *Telégrafo Calle Saco,* esq. Mármol; *Havanatur,* Libertad s/n, e/Canducha, Figueredo y General Antonio Maceo, reparto El Cristo.

Verkehrsmittel/-verbindungen

■ Innerorts fahren **Pferdekutschen** für einen Peso durch die Stadt.

■ Der **Busbahnhof** ist an der Carretera Central, esq. Jesús Rabí, südöstlich des Parque Céspedes. *Víazul* fährt 3x täglich für 8 CUC nach Santiago, 1x für 48 CUC nach La Habana und 4x für 6 CUC nach Holguín; man kann in allen großen Orten an der Strecke aussteigen. Weitere Destinationen muss man vor Ort erfragen. Büroadresse: Carretera Central 501, Tel. 422167.
■ **Züge** fahren vom Bahnhof in der Calle Saco, esq. Linea, täglich nach Manzanillo und Camagüey und alle zwei Tage nach La Habana und Santiago.
■ **Flughafen:** *Aeropuerto Carlos Manuel de Céspedes (BYM),* 4 km Richtung Holguín, Tel. 427506. Flug nach La Habana: 103 CUC.
■ **Weiterfahrt nach Santiago:** Von der Kirche in der Ortsmitte auf der General García am Parque Céspedes vorbei nach Südosten; bald ist die Carretera Central erreicht, rechts befindet sich das Hotel *Sierra Maestra.*

Ausflüge

Nationalpark Sierra Maestra

70 km fährt man von Bayamo nach Santo Domingo, passiert werden die Ortschaften Bueycito, Bartolomé Masó und Providencia. Bei **Bartolomé Masó** liegt das kleine Hotel *Balcón de la Sierra* ② (km 1, Tel. 023 565535) mit schöner Aussicht und Pool. Zwischen Kaffeeplantagen lugen Gehöfte hervor, steile Pässe geht es hinauf und wieder hinab. Dann ist die Bungalowanlage *Villa Santo Domingo* (Islazúl) ① am Flussufer erreicht, Tel. 023 565568. Zu essen gibt's im *Paladar la Orguidia,* dem Haus links neben der Bücherei, 200 m vor dem Hotel. Privat kann man bei *Heidi* und *Lukas* an der Carretera La Plata, km 19, wohnen: 2 Zimmer, ein DZ mit Bad und ein kleineres, beide mit Terrassenplatz, 20 CUC.

4

Zum **Parque Nacional de la Sierra Maestra** sind es 5 km auf steiler Straße bis zum Sattel Alto del Naranjo, dann weiter zu Fuß. Der Weg links führt auf den höchsten Berg Cubas, den **Pico Turquino** (1972 m). Geführte Touren (2 Tage) kosten etwa 58 CUC inkl. Führer und einer Übernachtung im Basislager. Der Weg rechts führt nach etwa 3 km zur **Comandancia de la Plata,** in der *Fidel Castro* ein geheimes Hauptquartier hatte (Touren zur *Comandancia* von der *Villa Santo Domingo* ab etwa 15 CUC).

Mit dem Taxi kostet ein Weg etwa 20 CUC, der Führer verlangt 10 CUC. Vorher sollte man in Erfahrung bringen, ob der Park auch geöffnet ist. Diese sowie weitere **Informationen** erhält man in Bayamo an der General García, esq. General Lora gegenüber dem *Restaurante 1513* im Islazúl-Büro, das bei der Reservierung von Nationalparktouren hilft (siehe Kapitel „Land und Leute" unter „Nationalparks").

Río Cauto

Auf der Straße in Richtung Las Tunas erreicht man nach 30 km eine Brücke über den Río Cauto. Eine jahrelange Dürreperiode hatte den Fluss fast austrocknen lassen. Verschärfend kam hinzu, dass die Bewohner die Bäume am Ufer zur Brennholzgewinnung fällten. Erosion und das Absinken des Grundwassers waren die Folge. In einem aufwendigen **Wiederaufforstungsprogramm** wurden vor einigen Jahren an einem 50 m breiten Uferstreifen neue Bäume gepflanzt.

Charco Redondo

Bei Charco Redondo 30 km südöstlich von Bayamo fließt der **Río Cautillo** von Kalkfelsen gesäumt mäandernd durch die Ebene. Unter Schatten spendenden Bäumen finden sich Stellen, die zum Baden einladen. Hier liegt auch der *Cam-*

Celia Sánchez Manduley (1920–1980)

Celia Sánchez wurde am 9. Mai 1920 in Media Luna als Tochter eines bekannten Arztes geboren. Sie wurde Mitglied der Untergrundbewegung M-26-7, die sich zum Ziel gesetzt hatte, den Diktator *Batista* zu stürzen. Sie unterstützte *Castro,* der sich nach dem Desaster der „Granma" mit ein paar Getreuen in die Sierra Maestra retten konnte. Sie wurde in den nächsten Jahren zu seiner engsten Vertrauten. **Nach dem Sieg der Revolution wurde** **sie zur ersten Frau im Staate.** In ihrem kleinen Apartment in der Calle 11 in Miramar organisierte sie den Alltag des Revolutionsführers. Der residierte in der ersten Zeit im oberen Stock des ehemaligen Hilton-Hotels in Vedado. Viele sehen *Celia Sánchez* als „Mutter der Nation". Sie starb am 11. Januar 1980 im Alter von 59 Jahren an Krebs. Ihr zu Ehren wurde eine 200 m lange Treppe in Manzanillo gestaltet.

Der Oriente

pismo *Los Cantiles* mit seinen Hütten. Am besten biegt man von der Carretera Central bei Santa Rita nach Charco Redondo ab; vor dem Ort geht rechts eine Straße zum Campismo ab.

Manzanillo

- **Vorwahl:** 023
- **Einwohner:** 110.000

Wenn man von Bayamo nach Westen fährt, erreicht man an der Küste Manzanillo. Die Stadt ist nicht besonders touristisch geprägt, da hier einige Industriebetriebe angesiedelt sind, doch ein Aufenthalt lohnt durchaus. Der Naturfreund kann hier zum **Nationalpark Sierra Maestra** aufbrechen, und auch der **Nationalpark Desembarco de Granma** ist nicht weit.

1784 wurde der Hafenort gegründet. Berühmtheit erlangte er durch seine Werften, außerdem hat Manzanillo seinen Platz in der cubanischen Musikgeschichte. In der Stadt kam **Carlos Puebla** (1917–1989) zur Welt, Komponist des berühmten Liedes „Hasta siempre comandante" (1965), eine Huldigung an *Che Guevara.* 1890 entstand in Manzanillo eine Fabrik für zweiregistrige mechanische Orgeln, die heute noch existiert. Die Gebrüder *Bobolla* importierten zunächst französische Drehorgeln und fingen dann an, selbst zu produzieren, es entstanden auch große Orgeln.

Der Mittelpunkt des Ortes wird durch einige Häuser im spanischen Kolonialstil bestimmt, die um den **Parque Céspedes** liegen. An den Ecken stehen Statuen der Helden *Martí, Merchan, Maceo* und *Masó.* Die Straßen, die hier beginnen, sind nach ihnen benannt. Der Pavillon aus den 1920er Jahren mit maurischen Elementen ist stark an den Patio de los Leónes in der Alhambra (Granada/Spanien) angelehnt und war eine Auftragsarbeit des Bürgermeisters. Dieses Wahrzeichen der Stadt ist sehr gut restauriert. Am Platz steht die **Iglesia de la Puríssima Concepción,** die einen vergoldeten Altar und einige Schnitzereien aufweist.

Die **Gedenkstätte für Celia Sánchez Manduley** (siehe Exkurs) befindet sich in der Calle Caridad, esq. Calle L. Es handelt sich um eine künstlerisch gestaltete Treppe. *Celia Sánchez* war eine der Protagonistinnen der Revolution an der Seite *Castros.* Vom Infozentrum hat man einen guten Blick auf die Stadt, das Meer und eine Bronzefigur.

Das **Teatro Manzanillo,** ein beeindruckender Bau an der Antonio Maceo, esq. Villuendas, wurde 1885 eröffnet. 1852 hatte eine Gruppe von Bürgern eine Gesellschaft zur Finanzierung eines Theaters gegründet. Anteilsscheine und Kredite führten dann zu dem neoklassizistischen Prachtbau.

Das Stadtmuseum **Museo Histórico Municipal** in der Calle José Martí 226 zeigt Exponate aus der Zeit der Spanier und die Einrichtung der Villa, in der sich das Museum befindet. Geöffnet Di–Sa 8–12 und 14–18 Uhr, Sa, So 8–12 und 14–22 Uhr.

Am Wochenende feiern die Einheimischen ein **Straßenfest.** Alle 14 Tage wird auf der Ave. 1. de Mayo ein **Markt** abgehalten, auf dem es auch Musikdarbietungen und diverse Essensstände gibt. Der örtliche **Karneval** findet Ende Juli/Anfang August statt.

4

Entspannen kann man im **Parque Maso** an der Ave. 1. de Mayo, von dem man einen guten Blick auf die Bucht von Manzanillo hat.

Unterkunft

■ **Hotel Guacanayabo** (Islazúl) ②, Circunvalación Camilo Cienfuegos, Tel. 574012. Den 110-Zimmer-Plattenbau gibt es seit Anfang der 1980er. Mit Pool und Bar, abends Disco. Über eine Treppe gelangt man in die Avenida 8, die zum Malecón führt. Grandiose Aussicht, sehr gutes Essen, ansonsten etwas weit außerhalb und ziemlich laut.

■ **Privat:** *Blanca Arias Zamora,* Sariol 245e, e/Saco y Dr. Codina, Tel. 578218, Kolonialhaus mit Holzparkett und großem Schlafzimmer mit Bad oben, 25 CUC, Frühstück 3 CUC, Abendessen 5 CUC; *Casa Fernando y Ada Pedro,* Figueredo 105, e/Martí y Martíres de Vietnam, Tel. 572522, hohes Zimmer ohne Fenster, 25 CUC, Frühstück 3 CUC; *Adrian y Tonia,* Mártires de Vietnam 49, esq. Caridad, Tel. 53028, separater Eingang, hohe Räume, Dachterrasse mit Meerblick, 25 CUC; *Casa de Rubén, Rubén Fonseca Rivera,* Calle León 256, e/San Salvador y Concordia, Tel. 575160, ein Zimmer mit eigenem Eingang in einem modernen Haus, Bad, AC, zentrumsnah, 25 CUC, Frühstück 4 CUC, mit Garage.

Essen und Trinken

■ **Restaurant 1800,** an der Nordwestecke des Parque Céspedes, Merchán, e/Maceo y Saco. Das Lokal ist keine Schönheit, aber das günstige Essen schmeckt, um 8 CUC.

■ **Café La Fuente,** esq. Ave Jesús Menéndez y Maso am Parque Céspedes. Hier kann man ein Bier auf der Terrasse trinken.

■ **Jang Tse,** ein Chinese an der Ecke Calle Merchan y Masó, preiswert.

■ **Restaurante Las Américas,** Maceo 83, esq. Merchan y Masó. Nur nachmittags ab 12 Uhr geöffnet. Kreolische Küche, Preise in CUP, sehr preiswert.

■ **Pizzeria Nápoles,** an der Südwestecke des Parque Céspedes werden kleine Gerichte verkauft, die mit Pesos bezahlt werden.

■ **Eisdiele,** Ave. 1. de Mayo, gegenüber dem Kino, oft muss man Schlange stehen.

■ **Büro Islazúl,** neben der Vermittlung von Hotelzimmern gibt es hier *pollo frito.*

■ **La Licetera,** Ave. Masó, e/9 y 10, am Malecón gelegen. Es lohnt sich, die lokalen kreolischen Spezialitäten zu probieren! Geöffnet ab 12 Uhr.

■ **Restaurante Balcón del Guacanayabo,** an der Calle Camilo Cienfuegos, man kann auch in einfachen Bungalows für 15 CUC übernachten, außerdem täglich Disco.

Nachtleben, Veranstaltungen

■ **Casa de la Trova,** Merchán 213. Trova und Boleros werden geboten.

■ **Brisas del Mar,** die Bar liegt am Malecón und bietet am Wochenende eine Musikshow.

■ **Cabaret Costa Azul,** Ave. 1. de Mayo, esq. López, direkt am Meer. Di bis So wird hier gefeiert und eine Show geboten.

Einkaufen, Sonstiges

■ **Bank:** Calle Merchán 262, esq. Saco, werktags 8–15 Uhr.

■ **CADECA** (Wechselstube), Calle Martí 184, esq. Narcisco López, Mo–Sa 8–18 Uhr, So 8–13 Uhr.

■ **Post:** Calle Martí 184.

■ **Kunstgalerie:** Calle Martí 225, neben dem Stadtmuseum.

■ **Supermarkt:** Calle Martí, esq. Loynaz.

■ **Märkte:** *Agropecuario La Plaza,* Calle Martí, e/ Batería y Muñiz, der Gemüsemarkt ist jeden Tag geöffnet, So nur bis Mittag; *Agropecuario La Kaba,* die-

Der Oriente

ser kleinere Markt liegt in der Calle Perucho Figueredo, esq. Loma.

🔴 **Fotoladen:** Dr. Codina 105, e/Martí y Mártires de Vietnam.

🔴 **Internet:** im *Centro Multiservicios,* Dr. Codina, esq. José Miguel Gómez.

🔴 **Mietwagen:** an der Tankstelle, 3 km Richtung Media Luna.

Notfälle

🔴 **Krankenhaus:** *Policlínico Principal de Urgencia,* Martí y Agüilera.

🔴 **Apotheke:** *Medicinas Naturales,* Maceo 42.

Verkehrsmittel/-verbindungen

🔴 **Flug:** Der *Aeropuerto Sierra Maestra (MZO)* liegt am Fuße derselben 10 km außerhalb des Ortes an der Straße nach Cayo Espino, km 7. Mit *Cubana* geht es 3x die Woche für 100 CUC nach La Habana. Das Taxi vom Parque Céspedes zum Flughafen kostet 7 CUC.

🔴 **Bus:** Der Busbahnhof liegt nur 2 km östlich vom Zentrum Richtung Bayamo. Mit *Astro* kann man nach Yara und Bayamo oder Richtung La Habana und Holguín fahren.

🔴 **Lastwagen** verkehren nach Yara, Media Luna und Pilón. Man wartet an der Kreuzung bei der Tankstelle.

🔴 **Bahn:** Der Bahnhof liegt am Nordende der Stadt, die Merchán immer geradeaus. La Habana, Santiago und Bayamo sind die erreichbaren Ziele, letzteres mehrmals am Tag. Die Karte kostet 2 CUC, etwa 30 CUC muss man für das Ticket nach La Habana zahlen. Allerdings sind die Züge oft verspätet oder fahren unregelmäßig.

🔴 **Pferdedroschken** zum Busbahnhof, Luz Caballero, esq. Doctor Codina; Pferdedroschken am Malecón: Malecón, esq. Saco.

Ausflüge

Finca La Demajagua

Um diesen berühmten Ort zu erreichen, muss man 10 km nach Süden in Richtung Media Luna fahren. Ein beschilderter Abzweig führt Richtung Meer. Hier hat, wie im Geschichtskapitel beschrieben, der **Plantagenbesitzer Carlos Manuel de Céspedes** im Jahr 1868 seine **Sklaven befreit und bewaffnet** und mit ihnen für die Unabhängigkeit von Spanien gekämpft. Heute befindet sich hier, unter großen Bäumen, ein Museum. Man kann sich die alten Zuckerkessel und die Dampfmaschine ansehen, die einst zum Antrieb des Rohrschredders benutzt wurden. Die Sklavenglocke, mit der die Unabhängigkeit eingeläutet wurde, hängt ebenfalls hier. Die Spanier zerstörten die Zuckerfabrik, die Eisenteile liegen von einem Baum durchwachsen hinter dem Denkmal.

Museo Sánchez

In **Media Luna** 50 km Richtung Südwesten steht das Museum der Revolutionsheldin *Celia Sánchez,* Kampfgefährtin *Castros.* Der Zuckerort ist ihre Geburtsstätte. Zu sehen gibt es in dem weißen Holzhaus Fotodokumente, ihr Schuhwerk, Waffen etc. Paúl Podio 111, geöffnet 9–17 Uhr.

4

Niquero

12 km hinter Media Luna kommt man an eine Kreuzung: Rechts ab erreicht man über La Marea de Limónes nach 10 km den **Hafenort** Niquero. Er wurde von Holzfällern und Fischern gegründet, entwickelte sich aber dann in Richtung Landwirtschaft. Zucker und Gemüse wurden von hier verschifft. Samstagnacht steigt in den Straßen von Niquero eine Fete mit Musik, Tanz, Grillständen etc. Im Ort gibt es zwei Tankstellen, ein Hotel und ein **Museum** (2 CUC), das über die archäologischen Funde in der Gegend informiert. Es wurden einige frühzeitliche Grabhöhlen untersucht. Auch eine Kopie der Jacht „Granma" steht hier, das Original des Rebellenschiffs befindet sich im Revolutionsmuseum in La Habana.

Weiter südlich, 5 km hinter Bélic, an der **Playa Las Coloradas,** ging am 2. Dezember 1956 die Besatzung der **Jacht „Granma"** mit *Fidel Castro* an Land und begann ihren Kampf gegen das Batista-Regime – **Portada de la Libertad** heißt die Stelle. Ein Steg führt aufs Meer hinaus zum Ort der Strandung.

Für den „Revolutionsweg", *Castros* Strecke in die Berge, braucht man sieben Stunden, der Weg ist über 30 km lang. Am Ende dieser geführten Tour gibt es einen Bus, der zum Museum in Niquero zurückfährt.

8 km südwestlich der Landungsstelle der Rebellen in Las Coloradas, bei **El Guafe,** beginnt ein 2 km langer, gut ausgeschilderter Wanderweg. Ein unterirdischer Fluss hat hier 20 **Höhlen** geschaffen, von denen eine den von Ureinwohnern geschnitzte **Ídolo del Agua** enthält, am 22. Dezember (Sonnenwende) illuminiert durch einfallende Sonnenstrahlen. Der Weg hin und zurück nimmt etwa 2 Stunden in Anspruch, Mückenschutz ist anzuraten.

Touren in den **Nationalpark Desembarco de Granma** arrangiert das *Royalton Hotel* in Bayamo für 45 CUC.

Die Fahrt durch den Nationalpark kostet 5 CUC. Die passable Straße endet in **Cabo Cruz,** einem kleinen Fischerdorf mit Leuchtturm ohne jegliche Infrastruktur. Die Straße in Richtung Alegría del Pio ist eine ziemliche Holperpiste. Bei Cabo Cruz sind 17 Tauchgründe ausgewiesen, der terrassenförmig abfallende Meeresgrund ist von kleinen Höhlen bedeckt, auch zwei versunkene Schiffe können erkundet werden. Ein Boot steuert die vorgelagerten Cayos an.

Unterkunft

● **Hotel Niquero** (Islazúl) ②, Calle Martí, esq. Céspedes, Tel. 023 592498. Etwas merkwürdige moderne Architektur, aber dafür funktioniert die Technik. 3 Stockwerke, 26 einfache klimatisierte Zimmer mit Kühlschrank zur Straße hin (laut) und nach hinten raus (leise), freundliches Personal, Bar und Dachterrasse mit Aussicht. Von den Balkonen kann man dem Treiben auf der Straße zusehen.

● Etwas außerhalb nach Südwesten gibt es einen **Campingplatz** am Strand, wo man sich für 5 CUC pro Person in eine Viererhütte einmieten kann. Wie auf allen *Campismos* wird es am Wochenende voll, denn der Strand lockt viele Einheimische an.

▷ Renovierte Häuser in Santiago de Cuba

4

Der Oriente

Santiago de Cuba

- **Vorwahl:** 022
- **Einwohner:** 500.000

Die **zweitgrößte Stadt** der Insel liegt eingebettet in eine tolle Kulisse aus Bergen, Meer und Wäldern. Sie war aufgrund ihrer geografischen Lage schon immer Anlaufstelle für Einwanderer aus Jamaika und Haiti. Daher ist der Anteil der dunkelhäutigen Bevölkerung in Santiago sehr viel höher als in anderen Städten Cubas. Die ungezwungene Lebensweise vermittelt ein ausgenommen karibisches Flair, und der **Karneval** (jährlich im Juli) scheint hier besonders ausgelassen gefeiert zu werden. Dann verwandelt sich die ganze Stadt in ein Volksfest, die engen Gassen sind voll mit Menschen, Musik ist allgegenwärtig, unzählige kostümierte Tänzer und Trommler der berühmten *congas* und *comparsas* ziehen durch die Straßen. Der Höhepunkt der **Fiesta del Caribe** sind die Auftritte der *Tumbas Francesas* aus Haiti; ihre Musik ist ein Mix aus westafrikanischen Rhythmen und französischer Salonmusik, entstanden ab dem Ende des 18. Jh.

Santiago kann anstrengend sein, die Leute sind ärmer als in anderen Landesteilen, die Straßenhändler und *jineteros* oft sehr aufdringlich, Taschendiebe häufiger als in östlichen Städten. Aber trotzdem hält einen die Stadt mit ihrem exotischen Flair gefangen, und man fährt immer wieder gern in diese Wiege des Son. Es lohnt sich unbedingt, die Calle Heredia hinunterzuschlendern oder den Stadtteil Tivoli zu besuchen.

cu003-2016 kh

Hinweis: Ähnlich wie in La Habana wurden **viele Straßen nach der Revolution umbenannt,** aber die alten Namen werden von der Bevölkerung weiter benutzt. Hier eine Auswahl (neuer Name – alter Name):

- 10 de Octubre   Galle
- Calixto García   San Fernando
- Cornelio Robert   Jagüey
- Bartolomé Masó   San Basilio
- Desiderio Mesnier   Santa Rosa
- Diego Palacios   Santa Rita
- Donato Mármol   San Augustin
- Felix Peña   Santo Tómas
- General portuondo   Trinidad
- General Lacret   San Pedro
- General Máximo Gómez   San Gerán
- Gonzalo de Quesada   San Ricardo
- Habana   José Miquel Gómez
- Hartmann   San Félix
- Joaquin Castillo Duany   Santa Lucía
- José Antonio Saco   Enramada
- Jesús Menédez   San Cristóbal
- Lacret   San Pedro
- Mayía Rodríguez   Reloj
- Monsenor Barnada   Cuartel de Pardo
- Morua Delgado   Rastro
- Narciso López   San Antonio
- Padre Callejas   Santa Isabel
- Peralejo   Factoría
- Pio Rosado   Carnicería
- Plácido   Paraíso
- Portirio Valiente   Calvario
- Princesa   J. Diego
- Prudencio Martínez   Pedrera
- Raul Pujols   Calle de Siboney
- Porfirio Valiente   Calvario
- Rafael Salcedo   San Carlos
- J. B. Sagarra   San Francisco
- Saturnio Lora   Nueva
- Sánchez Hechevarría   San Gerónimo
- Sao del Indio   San Mateo

Geschichte

Diego Velázquez gründete die Stadt im Jahr **1514.** Zehn Jahre später verlegte er als erster Gouverneur den **Regierungssitz** von Baracoa hierher. Man suchte Gold, fand aber Kupfer. Bis 1549 blieb Santiago Hauptstadt und Zentrum des Sklavenhandels. Eine Zeitlang war der Schmuggel von Rum und Tabak eine wichtige Einnahmequelle. Diese Aktivitäten zogen wiederholt Piraten an, was zum Bau der Festung El Morro führte.

1792 flohen etwa 30.000 französische Pflanzer mit ihren Sklaven vor der „Schwarzen Revolution" auf Haiti nach Santiago. Diese **Haitianer** begründeten unter anderem den Kaffeeanbau in der Sierra Maestra. Mit ihnen zog auch die

französische Lebensart in Santiago de Cuba ein, was sich in Musik, Tanz, Kleidung und Küche niederschlug.

Santiago de Cuba war auch **Ausgangspunkt fortschrittlicher Ideen,** gerade die Französische Revolution übte einen großen Einfluss auf die Bewohner der Stadt aus. Die Freiheitsbestrebungen gegen die Spanische Krone begannen in Santiago de Cuba, gleichzeitig forderte man die Abschaffung der Sklaverei. Mit dem fehlgeschlagenen Sturm der Rebellen um *Fidel Castro* auf die Moncada-Kaserne am 26. Juli 1953 begann in Santiago die **cubanische Revolution.** Bis zum Sieg 1959 war Santiago de Cuba immer wieder Schauplatz bewaffneter Aufstände gegen die Diktatur *Batistas.*

Sehenswertes

Die wichtigsten Sehenswürdigkeiten finden sich um den **Parque Céspedes** entlang der José A. Saco. Der mit Bäumen bestandene Platz ist das Herz Santiagos, um den sich historisch interessante Gebäude gruppieren. Die Palmen darauf hat 2013 leider ein Hurrikan hinweggefegt.

Kathedrale: Den Platz beherrscht die mächtige, hellgrau getünchte **Catedral de Nuestra Señora de la Asunción.** Das Hauptportal bildet eine große Terrasse oberhalb des Parque Céspedes. Der geschnitzte Chorstuhl stammt aus der ersten Kirche an dieser Stelle (1516), im 19. Jh. wurde ein neuer gebaut und der

alte in den Seitentrakt verbannt, alles andere wurde in späteren Jahren erneuert.

Ayuntamiento: Vom hölzernen Balkon des Rathauses verkündete *Fidel Castro* am 1. Januar 1959 den Sieg der Revolution. Es liegt an der Nordseite des Platzes, der Kathedrale gegenüber. Das Gebäude ist eine Nachbildung des früheren Rathauses, das in den 1920ern durch ein Erdbeben zerstört wurde.

Casa Diego Velázquez: Das älteste Haus Santiagos (1516), das Wohnhaus des Gouverneurs *Diego Velázquez,* beherbergt heute das **Museo de Ambiente Histórico Cubano.** Hier gibt es Mobiliar aus cubanischen Edelhölzern und einen Goldschmelzofen im Innenhof zu sehen. In diesem Ofen schmolzen die Spanier das Gold ein, das sie den Azteken geraubt hatten. Danach wurde es nach Spanien verschifft. Calle Peña Félix 612, e/Agüilera, links vom Rathaus, Mo–Sa 9–17 Uhr, So 9–13 Uhr.

Vom **Balcón de Velázquez,** einer alten Festung an der Bartolomé Masó, esq. Mariano Corona, hat man einen guten Blick über die Stadt und die Bucht. Davor finden freitags Kulturveranstaltungen statt, die in der Regel nichts kosten.

Museo del Carnaval: Wer den Karneval verpasst, kann hier die prächtigen Kostüme und Musikinstrumente der berühmtesten Karneval-Comparsas der Stadt bewundern. Manchmal gibt's auch Darbietungen. Calle Heredia 303, e/Pio Rosade y Forfine Valente, Di–Sa 9–17, So 8–12 und 18–22 Uhr, 2 CUC.

Museo Emilio Bacardí: In dem klassizistischen Gebäude, das von der berühmten Rum-Familie gegründet wurde, ist das Museum für cubanische Geschichte untergebracht – mit zeitgenössischer Kunst angereichert. Pio Rosade,

◁ Werbetafeln aus alten Zeiten
in der Calle Enramadas

4

esq. Agüilera, Tel. 24240, geöffnet Di–Sa 9–11 Uhr, Mo 9–12 und 14–18 Uhr, So 9–12 Uhr.

Die alte **Bacardí-Rumfabrik** gegenüber dem neuen Bahnhof existiert noch. Seit der Revolution wird hier unter anderem *Rum Caney* gebrannt. Keine Besichtigungen, nur Ausschank *(barrita)*.

Moncada-Kaserne/Museo Histórico 26 de Julio: Die Kaserne des verhassten Batista-Militärs wurde 1953 von *Fidel Castro* und seinen Gefährten angegriffen. Dieser Angriff sollte zum Fanal eines Volksaufstandes werden, doch die Aktion war ein Desaster (siehe Kapitel „Geschichte"). Das Gebäude im cubanischen Art déco wurde liebevoll restauriert, heute sind darin eine Schule und das Historische Museum untergebracht. Calle General Portuondo, e/Ave. Moncada, Di–Sa 8–22 Uhr, Mo 8–12 und 14–18 Uhr, So 8–12 Uhr.

Museo de la Lucha Clandestina, Calle General Rabí 1, e/Diego Palacios y San Carlos. Eine Adresse, deren Nennung vor 1959 Angst und Schrecken in der Bevölkerung auslöste: Im Gebäude des damaligen Polizeikommissariats wurden unzählige Regimegegner zu Tode gequält. Heute findet sich hier ein Museum zur Geschichte des Untergrundkampfes. Tel. 624689, täglich bis 17 Uhr, 1 CUC.

Necrópolis Santa Ifigenia: Dieser Friedhof ist mindestens so eindrucksvoll wie der in La Habana. *José Martí, Carlos Manuel de Céspedes* und *Fidel Castro* liegen hier begraben. Am Martí-Monument gibt es halbstündlich eine Wachablösung. Die Wege säumen prächtige Mausoleen. Eintritt 1 CUC, Fotografieren 5 CUC.

Casa Natal de José María Heredia: Das Geburtshaus des rebellischen Dichters *José María Heredia* (1803–1839) liegt gleich hinter der Casa de la Trova und ist heute ein kleines Museum, in dem wichtige Stationen im kurzen Leben des Künstlers nachgezeichnet sind. Di–Sa 9–17 Uhr, So 10–12 Uhr.

Antonio Maceo (1845–1896)

Der Mulatte wurde 1845 in Santiago de Cuba geboren. Er kämpfte bereits in der *Guerra de los Diez Años* (1868–78) an der Seite von *Carlos Manuel de Céspedes*. Die zermürbenden Angriffe seiner Rebellenschar waren gefürchtet. Nach dem **Frieden von Zanjón** (1878) wurden den Cubanern zwar mehr Rechte zuerkannt, aber die Freiheit von Spanien gab es nicht. Daraufhin ging *Maceo* ins Exil nach Costa Rica. Jahre später plante er mit *José Martí* und *Máximo Gómez* die endgültige Befreiung Cubas. Mitte der 1890er Jahre kehrte er nach Cuba zurück, um für die **Unabhängigkeit** Cubas zu kämpfen. Im Oktober 1896 erreichte *Maceo* mit seinen Gefährten Mantua. Am 7.12.1896 fiel er im Kampf. Ein Denkmal ist ihm als einem der heldenhaftesten Kämpfer dieser Zeit in Santiago de Cuba errichtet worden. Von *Maceo* stammt auch der Ausspruch: „Nach Freiheit fragt man nicht, man erobert sie mit der Machete". Das Geburtshaus **(Casa Natal de Antonio Maceo)** des Revolutionärs kann man in der Calle Los Marcos 207 besuchen.

> Monumento Maceo

Der Oriente

Casa de la Trova: Hier trafen sich schon immer die Troubadoure Santiagos, um ihrer Leidenschaft für den **Son** zu frönen, einer der wichtigsten cubanischen Musikrichtungen, die Anfang des 20. Jh. in Santiago entstand und sich über die ganze Insel ausbreitete. Heute ist der Son zum Nationalrhythmus geworden. Die Calle Heredia, in der die Casa de la Trova liegt, ist als Kulturstraße von Santiago immer einen Spaziergang wert. 5 CUC.

Padre Pico: Die steile Treppenstraße ist ein bekannter Punkt in Santiago. Man kann von oben über das Häusermeer schauen und anschließend gemütlich durch die Gassen hinunterschlendern.

Museo Casa Natal de Frank País: Bis *Fidel Castro* mit seinen Getreuen von Mexiko aus in Cuba landete, hatte *Frank País Pesqueira* (1934–1957) in Santiago den Widerstand gegen das Batista-Regime organisiert und musste dafür sein Leben lassen – er wurde in den Straßen der Stadt von der Polizei erschossen. Das Museum befindet sich in der Avenida General Banderas.

Casa de las Religiones Populares: zeigt Stücke zur Santería-Religion, Calle 13, No. 206, Mo–Fr 9–17 Uhr, 5 CUC.

Hügel San Juan, Zoo: Am Eingang steht der Friedensbaum, ein Kapok, von einem Eisenzaun umgeben – an dieser Stelle kapitulierten die Spanier 1898. In der Nähe, auf dem Hügel San Juan, kam es zum Kampf zwischen Cubanern, Spaniern und Amerikanern unter *Theodor Roosevelt,* was zur Kapitulation der Spanier führte. Einige Kanonen und diverse Monumente zeugen von der Schlacht. Die Aussicht auf die Berge ist herrlich. Ave. Raúl Pujol, Di–So 10–17 Uhr.

125cu kh

Santiago de Cuba

0   200 m

Neuer Bahnhof

✍ westliche Strände,
★ Friedhof Santa Ifigenia

Rumfabrik
(ehem. Bacardí)

Geburtshaus
General Maceo ★

Calle Sao

Calle Los Maceos

Calle San Fermín

Miguel Gómez

Calle M. Delgado

Iglesia de
Santo Tomás ⛪

Calle Santo Tomás

Calle Larcet

Calle Gen. Portuondo

Calle Felix Peña

Marti-
Theater
13

Calle Peraleljo (Factoría)

Calle Diez de Octubre

Avenida Jesús Méndez

Calle Máximo Górmez (San Germán)

Bahía de
Santiago
de Cuba

Unterkunft
2 Hotel Versalles
6 Casa Tanja
7 Vivian Carreras Martínez
8 Casa Martha
12 Lourdes de la Caridad Gómez
13 Señor Paco Martín
14 Dr. Armando Carballo Fernández
19 Hotel Rex
21 Hotel Santiago de Cuba,
Hotel San Juan,
Hotel Villa Gaviota,
Hotel Las Américas,
Edgardo Gutiérrez Cobas,
Nerka Reyes González
24 Hotel Libertad
27 Clara Aurora
28 Manrique Nistal Bello
30 Adria Vega Mola
31 Gran Hotel Imperial
42 Hotel Casagrande
49 Hostal San Basilio

Alter
Bahnhof

Víazul
Busbahnhof Ⓑ

Calle Sánchez Hechavarría

Iglesia de
San Francisco ⛪

Calle Sagarra

Cornelio Robert

(San Gerónimo)

12

Ausschnitt

Avenida José A. Saco

Padre Pico

4

Markt

Calle Aguilera

Casa de la Trova ★

5

Calle Heredia

(San Pedro)

Parque
de la
Alameda

Orfeón Santiago ♪

Balcón de Velázquez

Calle J. Castillo Duany

Padre
Pico
Treppe

Maqueta de
la Ciudad

Calle Diego Palacios

6

7

Malecón

Avenida Jesús Méndez

Corona

(Santo Tomás)

(San Pedro)

(San Félix)

Calle Gen. Lacret

Calle Hartman

3

Museo
de la Lucha
Clandestina Ⓜ

10

Calle R. Salcedo

José de Diego

Calle Parde Pico

Calle D. Mesnir (Santa Rosa)

8

General Lomero

Avenida 24 de Febrero

José de Diego

Calle Felix Peña

Turística

Calle Calixto García (San Fernando)

9

TIVOLI

Avenida 24 de Febrero (Trocha)

Carr. del Morro

⊕

✍ östliche Strände

Flughafen ✈
2

Essen und Trinken
3 Club Naútico
10 Paladar La Caribeña
15 Balcón del Puerto
17 Eisdiele La Arboleda
20 Eisdiele
22 Setos, Madrileño
26 Paladar La Carreta

29 La Terraza
35 Restaurant Palmares
47 Paladar Las Gallegas
48 Santiago 1900
54 Taberna de Dolores
55 Boulevard Center
56 Casa colonial

57 Don Antonio

Nachtleben
9 Casa de las Tradiciones
11 Taberna del Ron
23 Cabaret Tropicana, Casa del Caribe

© Reise Know-How 2017

Calle C

Calle D

Calle E

Calle F

Calle G

Calle H

Calle I

Calle J

Calle Narciso López

Calle Moncada

Calle 2

★ **Statue General Maceo,**
Ⓑ *Busbahnhof,*
Camagüey **15**

Calle Monseñor Barnada

Calle Rodríguez (Reloj)

del Indio
Museo
Casa Natal de
Frank País Ⓜ
14

Calle Pío Rosada

Calle Los Maceos

Calle Mayía

Calle Saturnino Lora

Calle San Bartolomé

Calle Miguel Gómez (Habana)

Avenida de los Libertadores

Museo Abel
Santamaría Ⓜ
Parque
Histórico
Abel
Santamaría

Moncada-Kaserne,
Museo Histórico
26 de Julio Ⓜ

Avenida G. Moncada

Paseo de Martí

Ⓜ **Iglesia de la**
Santísima
Trinidad

Calle General Portuondo

Calle Sánchez Hechavarría

Profirío Valiente (Calvario)

Avenida Victoriano Garzón

Hernán Cortés

20

21 **22** **23**
★ **Zoo,**
Ⓜ **Casa de las**
Religiones Populares,
Granjita, Siboney,
Guantánamo

17

Calle J.C. Zenea

19
18

Museo
Tomás Romay Ⓜ

Avenida José A. Saco

26

25

Calle Villalón

Calle José A. Saco

Calle Prudencio

Calle Aguilera

Plaza de
Marte

Calle Aguilera

Ⓜ **Iglesia de Nuestra**
Señora de Dolores

24

Calle Heredia

✚

Calle Bartolomé Masó

Avenida 12 de Agosto

SANTA BARBARA

Calle Primera

Martínez

11

Calle J. Castillo Duany

Iglesia
Santa
Lucía Ⓜ

Calle Pío Rosada

Calle Portirio

Calle Mayía Rodríguez

Iglesia de Ⓜ
Nuestra Señora
del Carmen

31

Calle Tamayo Fleites

35

34

(San Pedro)

Parque
Serrano

Avenida José A. Saco

(San Félix)

Calle Pío Rosada

Sala Van Troi,
Cabildo Teatral
Ⓢ

(Enramada)

Parque
Ajedrez **32**
Bus Cayo
Granma
★ Ⓑ

33

36

Casa Diego Velázquez,
Museo de Ambiente
Histórico Cubano Ⓜ

Trocha

27

28

29

Avenida 12 de Agosto

Calle Felix Peña

Ayuntamiento
(Rathaus)

Parque
Céspedes

Ⓢ

Calle Gen. Lacret

Calle Francisco Vicente Aguilera

Ⓢ **37**
CADECA

42

Calle Hartmann

Museo
Municipal
Emilio Bacardí
Moreau Ⓜ

Profirío Valiente (Calvario)

56

55

Plaza
de
Dolores

57

52

Ⓜ **Museo**
del Carnaval

54

53

38

39

40

30

41 **45** **44**
46
Kathedrale

Calle Heredia

43

47

★ **51**
Geburtshaus
José María de Heredia

49

Calle Bartolomé Masó

48

50

Der **Zoo** – inzwischen renoviert und mit einem Internetcafé versehen – ist der zweitgrößte des Landes, zu Zeiten des Ostblocks schickten die sozialistischen Bruderländer eine Menge exotischer Tiere, andere entstanden von selbst, als man cubanische Esel und Zebras in ein Gehege steckte. Alles in allem ein netter Ort, Eintritt 1 CUC.

Die **Uferpromenade (Malecón)** der Stadt, Paseo de La Alameda Michaelsen, ist benannt nach dem Bremer Handelsmann *Hermann Friedrich Wilhelm Michaelsen*, im Jahr 1878 Gründer der Handelskammer in Santiago. Er trat in der Stadt mehrfach als Wohltäter in Erscheinung, sodass man ihm sogar ein Denkmal widmete. Schon 1840 wurde ein Park am Meer angelegt, der Parque Alameda, der 1929 in Alameda Michaelsen umgetauft wurde. In den letzten Jahren entstand eine 400 m lange Promenade bis zum alten Zollgebäude. Der Spielplatz wurde renoviert, entlang der befestigten und begrünten Wege stehen moderne Leuchten und jede Menge Bänke. Es gibt ein Restaurant auf Stelzen im Wasser (**3 Club Naútico**), in einem Lagerhaus soll eine Brauerei mit Ausschank entstehen, auch neue Hafenfähren wird es geben. In den nächsten Jahren soll der Malecón erweitert werden und sogar wieder eine **Straßenbahnlinie** in Betrieb gehen; sie soll vom Anfang des Malecón bis zum Paseo Martí reichen. Nach dem Hurrikan *Sandy* im Jahr 2012 hatte die Regierung Geld für den Wiederaufbau bereitgestellt. Auch neue Kunstwerke sind zu sehen, etwa das „Steinerne Wohnzimmer" des cubanischen Künstlers *José M. Díaz*. Ermöglicht wurde der rasche Bau der Promenade durch viele freiwillige Helfer.

Praktische Tipps

Unterkunft

Hotels (siehe Karte S. 266)

2 **Hotel Versalles** (Cubanacán) ③, Alturas de Versalles, km 0,5, von der Carretera del Morro rechts in die Ave. 1ra, Tel. 691016, liegt im gleichnamigen Wohnviertel im Osten Santiagos am Hang. 72 Zimmer mit Balkon und Blick auf Stadt und Garten, teilweise in zweistöckigen Bungalows, Restaurant, Bar und Pool.

19 **Hotel Rex** (Islazúl) ②, Ave. Victoriano Garzón 10 (altos), e/Pizarro y Pérez Carbó, Tel. 356507. Beim Sturm auf die Moncada-Kaserne hielten sich hier einige Revolutionäre unter *Abel Santamaria* auf. 24 einfache Zimmer, modern eingerichtet, mit WLAN und Dachbar mit Ausblick auf die Plaza de Marte.

21 **Hotel Santiago de Cuba** (Meliá) ④, Ave. de las Américas, esq. M (2,5 km zum Zentrum), Tel. 687070. Das Hotel der Luxusklasse, das etwas abseits liegt, wird von den Santiagueros „Zuckerspeicher" genannt, denn es sieht sehr futuristisch aus. 300 komfortable Zimmer, Fitnesscenter, Bars und Disco, schattige Pools.

21 **San Juan** (Islazúl) ③, Carretera nach Siboney, km 1,5, Tel. 687200, jcarpeta@sanjuan.co.cu. 109 einfache Zimmer, die meisten davon in geräumigen Bungalows. Großer Pool, Wechselstube. Die ruhige Anlage mit Dschungelatmosphäre grenzt an den Zoo. Das heute nicht weiter erwähnenswerte Hotelrestaurant *Leningrado* war einst Santiagos beste Adresse.

21 **Villa Gaviota** ③, Ave. Manduley 502 (am Ende), Tel. 641346. 12 renovierte Häuser in grüner Umgebung mit Pool im Stadtteil Vista Alegre, jedes Zimmer ist anders.

21 **Hotel Las Américas** (Islazúl) ②, Ave. de las Américas y General Cebreco, Tel. 642011. 68 Zimmer, renoviert, moderater Preis. Ein einfaches, aber komfortables Hotel mit kleinem Pool, Restaurant und Cafeteria.

Der Oriente

24 **Hotel Libertad** (Islazúl) ②, Agüilera 658, e/Serafín Sánchez y Pérez Carbó, Tel. 651586, 651 589, an der quirligen Plaza de Marte gelegen. Mehr Jugendherberge als Hotel, 17 Zimmer mit und ohne Fenster, Dachterrasse.

31 **Gran Hotel Imperial** (Cubanacán) ③, José A. Saco, e/Santo Tomás y General Lacret. 5-stöckiges Haus aus dem 19. Jh. im Zentrum, 39 Zimmer, mit Café, Restaurant, Shop und Dachterrasse.

42 **Hotel Casagrande** (Gran Caribe) ④, Calle Heredia 201, esq. Lacret, am Parque Céspedes, Tel. 653 021. Guter Standard, mit Restaurant auf der schönen Dachterrasse. 58 Zimmer. Das Café im Hochparterre ist laut, voll und mit einem ständigen Strom von Besuchern gesegnet, die Dachterrasse ist ruhiger, das Essen dort weniger gut, aber preiswerte Cocktails. Die Zimmer 1 bis 9 liegen zum Platz und sind ruhiger als die zur Heredia. Mit **Reisebüro AvenTOURa,** Tel. 090704.

49 **Hostal San Basilio** (Cubanacán) ②, Calle San Basilio 403, e/Calvario y Carnicería, Tel. 651702. Das nette 8-Zimmer-Hotel im Kolonialstil liegt in der Nähe des Parque Céspedes und stößt mit der Rückseite an den Club *Patio ARTex* (s.u.), was bedeutet, dass es nachts laut werden kann.

Hotels (siehe Karte S. 275)

2 **Hotel Rancho Club** (Islazúl) ②, Carretera Central, km 4,5, Altos de Quintero, Tel. 633202, director @rancho.co.cu. Einfache Anlage am nordwestlichen Stadtrand in Höhe des Autobahnendes.

7 **Hotel Punta Gorda** (Cubanacán) ③, Carretera de Punta Gorda s/n, am Südende der Bucht, Tel. 691 704. Hotel direkt am Wasser mit guter Aussicht auf die Marina Marlin und das Castillo del Morro. Früher gab es nur ein Restaurant an der Marina, jetzt wird alles ausgebaut.

9 **Balcón del Caribe** (Islazúl) ②, Carretera del Morro, km 7,5, Tel. 691506. Günstiges Haus mit traumhafter Lage auf einer Steilklippe über dem Meer. 72 Zimmer und 20 Bungalows, ziemlich einfach. Alle Bungalows mit Meerblick, Terrasse und Hängematte, direkt an der Steilküste. Mit Pool.

Privat (siehe Karte S. 266)

6 **Casa Tanja,** Castillo Duani (Santa Lucía) 101, e/ Padre Pico y Callejón Santiago, Tel. 624490. In der Nähe des Parque Céspedes, hohe Räume um einen grünen Patio, schöner Blick von der Terrasse, angenehmer Ort.

7 **Vivian Carreras Martínez,** Castillo Duany 163, 1/2 Interior, esq. Corona y Padre Pico, apto. 13, Tel. 625311. 2 Zimmer, Dachterrasse mit Blick über die Bucht, feines Essen.

8 **Casa Martha,** Sta. Rosa (Desiderio Mesnier) 168, e/Rabí y Santiago, Tel. 653138. Schönes Haus im Kolonialstil, zentral und doch ruhig. Zimmer mit Bad und Ausblick, 25 CUC. Grüner Patio, gute Küche.

12 **Lourdes de la Caridad Gómez,** Felix Peña 454, e/San Francisco y San Geronimo, Tel. 654468. Das Haus von *Lourdes* hat zwei große Zimmer und einen schönen Innenhof. Es können bis zu vier Personen im Zimmer übernachten. 15–20 CUC.

13 **Señor Paco Martín,** Calle San Pedro 360, e/ San Germán y Trinidad, Tel. 626095. Ein gepflegtes Doppelzimmer in kolonialem Stadthaus mit Patio. Sr. Martín ist wie sein Zimmer äußerst korrekt. 25 CUC, Abendessen ab 8 CUC.

14 **Dr. Armando Carballo Fernández,** San Felix (Hartmann) 306, e/Habana (José Miguel Gómez) y Trinidad (General Portuondo), Tel. 653144, 624961. Nahe Parque Céspedes gelegen. 2 Zimmer mit Bad und AC, Dachterrasse, ab 20 CUC, Parken am Haus.

21 **Edgardo Gutiérrez Cobas,** Calle Terraza 106, e/1ra y 5ta, reparto Ampliación de Terrazas, Tel. 642536. Der Ingenieur und seine Frau, eine Ärztin, sprechen englisch; das Haus liegt in der Nähe des „Zuckerspeichers" *(Hotel Santiago)*. Ein großes und ein kleineres DZ, ab 20 CUC.

21 **Nerka Reyes González,** Calle 4ta, 407,esq. a 17, Vista Allegre, Tel. 644242. Zimmer mit AC in einer alten Villa, 30 CUC inkl. Frühstück.

27 **Clara Aurora,** Pio Rosado (Carnicería) 865, e/ Santa Rosa y Princesa, Tel. 658845, cadiez@fiq.uo. edu.cu. Hügelig und ruhig, von hier sind es nur ein paar Gehminuten zum Parque Céspedes. DZ 20 CUC, Frühstück 5 CUC.

4

28 Manrique Nistal Bello (bzw. *Mario Bello*), Calle Princesa (J. Diego) 565, e/Carnicería (Pio Rosado) y Calvario (Portirio Valiente), Tel. 652196. Sehr nette Familie, hilfsbereit, englisch sprechend, gute Küche, AC, ein kleines und ein größeres Zimmer, Blick aufs Zentrum, 25 CUC.

30 Adria Vega Mola, Calle 5ta No. 50, reparto Ampliación de Terrazas, Tel. 641491. Gutes Essen, der Sohn spricht englisch. 20 CUC.

Essen und Trinken

Santiago de Cuba bietet viele günstige und empfehlenswerte Restaurants. Hier eine kleine Auswahl:

Siehe Karte S. 266

10 Paladar La Caribeña, San Carlos 262, e/San Pedro y Santo Tomás. Auf dem Dach des Hauses mit Rundumblick lässt es sich gut (und teuer) speisen.

15 Balcón del Puerto, etwa 10 km nördlich bei Puerto Boniato. Göttliche Aussicht beim Dinner.

17 Eisdiele La Arboleda, Ave. de los Libertadores, esq. Victoriano Garzón. *Coppelia*-Eistempel mit Milchshakes und Schlangestehen.

22 Setos, Ave. Manduley 154, e/5 y 7, im Stadtteil Vista Alegre. Spanisch-cubanische Mischküche ab 8 CUC für das Menü, das Haus mit seinen hohen Decken und alten Fliesen stammt aus dem Jahr 1902 und wurde restauriert, mit Innen- und Außenbereich und Bar, geöffnet ab 12 Uhr.

22 Madrileño, Calle 8 No. 105, e/3 y 5. In einer Villa im Stadtteil Vista Alegre, ab Mittag werden typische Menüs ab 8 CUC serviert.

26 Paladar La Carreta, Enramada 563, e/San Augustín y Barnada. Preiswert, einfach, gut.

29 La Terraza (*Arlettys*), Calvario 807, e/Santa Rita y San Carlos. Paladar auf dem Dach, Klingel links oben an der Tür.

35 Palmares, Calle Tamayo Fleites, esq. Calle Hartman (San Felix). Gemütliches Restaurant, viele Einheimische. Das Essen schmeckt gut und ist billig.

47 Paladar Las Gallegas, Bartolomé Maso 305. Ab 8 CUC, schöner Balkon, einfaches Essen.

48 Santiago 1900, San Basilio 354, Tel. 623507. Kreolische Küche. Normalerweise sind die Preise in Pesos, aber ich hörte vermehrt Klagen, dass Touristen Pauschalrechnungen vorgelegt wurden.

54 Taberna de Dolores, Agüilera, e/Porfirio Valiente (Calvario) y María Rodríguez (Reloj). An der Plaza Dolores werden einfache Gerichte in einem Patio serviert. Preiswert, manchmal aber herrscht ziemlicher Trubel.

55 Boulevard Center, Calvario 504A, e/Enramadas y Agüilera. Man kann bei gutem Essen und Wein dem Treiben in der Stadt zusehen. Tgl. ab Mittag.

56 Casa colonial, Calle Porfirio Valiente (Plaza Dolores). Sehr gutes Essen für kleines Geld.

57 Don Antonio, Plaza Dolores. Eleganter Kolonialbau, gute Küche, moderate Preise.

Siehe Karte S. 275

6 El Cayo, auf der Insel Cayo Granma in der Hafenbucht, tgl. 11–19 Uhr. Hier gibt es frischen Fisch und Meeresfrüchte. Dazu begeistert ein schöner Ausblick auf die Stadt und die Festung El Morro.

8 El Morro, Carretera del Morro, km 9, Tel. 691 576, tgl. 12–21 Uhr. Gleich neben der Festung El Morro liegt dieses idyllische Gartenrestaurant auf den Klippen über dem karibischen Meer. Es bietet kreolische Küche und Snacks, z.B. gefüllte Teigtaschen, unter schattigen Pergolen mit einem grandiosen Blick auf die See. Zivile Preise und guter Service, häufig von Bustouristen frequentiert.

Nachtleben (siehe Karte S. 266)

9 Casa de las Tradiciones, Calle Rabí 154, hier trifft man viele Salsa-Fans in ursprünglichem Ambiente.

11 Taberna del Ron, vom Parque Céspedes die Calle Heredia nach Osten, hinter dem Museo del Ron rechts, gemischtes Publikum, sauber, guter Service, guter *Mojito*.

4

Der Oriente

23 **Cabaret Tropicana,** Autopista Nacional, km 1,5, Tel. 691576, Mi–So 21–2 Uhr. Nicht so berühmt wie das gleichnamige Haus in La Habana, doch geboten wird ebenfalls eine glänzende und tänzerisch hervorragende Show.

23 **Casa del Caribe,** Ave. Manduley, e/Calle 13. Afrocubanische Zeremonien, Live-Musik.

25 **La Iris,** Plaza del Marte, Sportsbar mit Großleinwand und sechs Fernsehern für die Übertragung von Sportevents.

32 **Bar La Fontana,** José A. Saco, esq. San Pedro. Moderne Peso-Bar mit gemütlichem Inventar.

38 **Schachcafé,** unscheinbares Haus zwischen der Nationalbank und der Kathedrale, tgl. außer Mo, die Show beginnt um 23 Uhr. Eintritt 2 CUC.

40 **Claqueta Bar,** Salsa live neben dem Kino *Rialto,* Felix Peña 654, Eintritt 2 CUC.

43 **Casa de la Trova,** Calle Heredia 208, e/Hartman y Lacret, erste Vorstellung um 20.30 Uhr, ab 22 Uhr im Patio, Eintritt: je nach Band zwischen 5–10 CUC (siehe „Sehenswertes").

51 **Patio ARTex,** Calle Heredia 304, genauso begeisternd wie in der *Casa de la Trova,* nur sind hier die Musikströmungen jünger, mitunter Eintritt.

52 **Pena Coro Madrigalista,** neben dem Bacardí-Museum; hier wird fast täglich Son und traditionelle cubanische Musik gespielt.

53 **Bar/Discoteca Santiagos,** Calle Heredia 304, e/Calvario y Carnicería, 12–3 Uhr. Eintritt 2 CUC.

Veranstaltungen

■ **Teatro Martí,** Félix Pena 313, hier werden spanischsprachige Stücke aufgeführt, am Wochenende ist Kindertheater angesagt.
■ **Orféon Santiago,** Heredia 68. Hier kann man vormittags in der Woche bei Chorproben zuhören.
■ **Sala Van Troi,** José A. Saco 415. Theaterstücke und Puppentheater.
■ Im März findet alljährlich das **Festival de la Trova** statt, zu dem sich die berühmtesten Sänger Cubas ein Stelldichein geben.

■ Das **Festival de Caribe** Mitte Juli bietet afrocubanische Tänze und Kostüme.
■ Der **Karneval** Ende Juli ist ursprünglicher als in anderen Städten Cubas. Zahlreiche Gruppen und Tänzer ziehen ausgelassen tanzend und singend durch die Straßen. In den letzten Jahren hat sich der Karneval zum Publikumsmagnet entwickelt.
■ Im August findet ein **Bolero-Singen** statt, im Dezember haben die **Chorsänger** das Wort.
■ In der Calle Heredia findet einmal pro Monat die **Noche Cultural** statt, bei der auch Artisten und Zauberer auftreten. Verschiedene Musikgruppen werben bis zum frühen Morgen um die Gunst des Publikums.

Einkaufen, Sonstiges

■ **Geldwechsel:** José A. Saco, auf der rechten Seite zwischen Calle Villalón und Calle Prudencio Martínez, ca. 1 km vom Parque Céspedes entfernt; außerdem in der Calle Agüilera 508 direkt hinter der Plaza de Dolores.
■ **Bank:** *Banco Internacional de Crédito y Comercio,* José A. Saco (Enramada) 451, e/Porfirio Valiente (Calvario) y María Rodríguez (Reloj), untergebracht in einem Art-déco-Gebäude.
■ **Post:** Agüilera y Clarín, nahe der Plaza Martí, in der Agüilera 310 und an der Ecke der Heredia zur San Félix. Geöffnet 7–20 Uhr; außerdem in den Hotels *Casagrande* und *Santiago.*
■ **Markt:** Agüilera, esq. Padre Pico.
■ Die **José A. Saco** ist ab der Höhe des Parque Céspedes die **Einkaufsstraße** der Stadt.
■ **Kunst(handwerk) und Souvenirs:** *Casa de la Artesanía,* Calle Lacret 724, Tel. 24027, Mo–Sa 9–21 Uhr; *ARTex,* Calle Lacret, e/Agüilera y Heredia.
■ **Boutiquen:** *La Maison,* Ave. Manduley 52, reparto Vista Alegre, Mo–Sa 8–21 Uhr. Diverse Boutiquen in einem Gebäude.
■ **Galerie:** *Galería Miguel Ángel Botalín Pampín,* Núñez de Balboa 8, e/Pedro Alvarado y Calle 10.

4

4 Das **Centro Comercial La Plaza** findet man in der Ave. Jesús Menéndez, esq. José A. Saco.

5 **Zigarren:** *Casa de Tabaco,* Ave. Jesús Menéndez 703, e/Agüilera y Aduana, Tel. 22366, Mo–Fr 10–18 Uhr.

34 **Musik:** *Discoteca Egrem,* der Plattenladen der Egrem-Studios in der José A. Saco 309 bietet traditionelle cubanische Musik in großer Auswahl.

36 **Casa del Té,** am Parque Céspedes in der Agüilera. Freundlicher Laden.

41 **Bücher:** *Librería La Escalera,* Calle Heredia 265, e/San Félix y Carnicería. Buchladen am Parque Céspedes, gute Auswahl cubanischer Literatur.

50 **Rum:** *Barra del Ron Caney,* Calle Peralejo 103, Eingang von der Calle Bartolomé Masó, tgl. 9–17.30 Uhr. In der Rumfabrik kann man Hochprozentiges kaufen und trinken.

Notfälle

■ **Krankenhaus:** Ausländer behandelt die *Clínica Internacional de Santiago de Cuba,* Ave. Raúl Pujol s/n, esq. 10, reparto Ferreiro, Tel. 642589, 687001.

Internet

■ **ETECSA,** in den Arkaden unter der Kathedrale, Heredia, esq. Calle Félix Peña; **Telepunto,** Hartman, esq. Callejón del Carmen; **Centro Multiservicios de Céspedes,** Heredia s/n, esq. Santo Tomás; **Centro Multiservicios de Alameda,** Ave. Jesús Menéndez 603, e/José A. Saco y Callejón Cuba; **Centro Multiservicios de Vista Allegre,** Calle M, esq. Ampliación de Terrazas; im **Centro tecnológico-recreativo Ferreiro,** einer Einrichtung im Osten der Stadt, gibt es Internetzugang über WLAN.

Verkehrsmittel/-verbindungen

■ **Bus:** Der Busbahnhof liegt in der Ave. Jesús Menéndez (Malecón), esq. Sánchez Hechavarria, gegenüber dem Bahnhof, Tel. 628484.

Víazul: 4x tgl. La Habana, 1x Varadero. Für 50 CUC kann man um 19.30 Uhr nach Trinidad fahren. Der Bus nach La Habana hält auf dem Weg auch nachts in allen großen Städten und braucht 16 Stunden bis nach La Habana. Er fährt um 9.30 Uhr, um 15.15 Uhr und um 20 Uhr ab. Es gibt eine tägliche Verbindung von Baracoa um 7.45 Uhr für 20 CUC, Ankunft: 12.45 Uhr. Eine Fahrt nach Niquero dauert 7 Stunden.

Der Regionalbus 214 fährt nach Playa Siboney, der 207er nach Juraguá.

Ein **Taxi** vom Busbahnhof zum Parque Céspedes sollte nicht mehr als 4 CUC kosten.

◁ Castillo El Morro

Der Oriente

■ **Mietwagen:** *Cubacar* im Hotel *Casagrande; Havanautos* im Hotel *Las Américas; Rex* im Hotel *Santiago;* alle drei auch am Flughafen.

■ **Flug:** Der internationale *Aeropuerto Antonio Maceo (SCU)* liegt 7 km südlich. Es gibt keine Direktflüge aus Europa nach Santiago. Für nationale Flüge empfiehlt sich der Flugplan von *Cubana,* oder man fragt einfach am Flughafen nach. *Cubana* fliegt täglich mehrmals nach La Habana, am Sonntag gibt es auch einen Flug nach Baracoa. *Cubana,* Calle Gen. Lacret (San Pedro), e/Ave. José A. Saco, Tel. 686258. *Aerotaxi* unterhält Flüge nach Baracoa und Guantánamo, am besten vor Ort nachfragen, da sich die Zeiten häufig ändern. Büro im Flughafen, Tel. 651 577. Das **Taxi** zum Airport schlägt mit etwa 5 CUC zu Buche. Der Bus 212 fährt von der Ave. de los Libertadores über Ciudadmar zum Airport, der 213 hält auf dem Hinweg bei der Punta Gorda (Fähre zur Insel Granma).

■ **Bahn:** Der neue, architektonisch außergewöhnliche Bahnhof *Senén Casas Regueiro* liegt am Malecón (Ave. Jesús Menéndez) ein ganzes Stück nördlich des alten. Von La Habana verkehren bis zu drei Züge täglich. Der Express „El Francés" fährt alle drei Tage um 18.25 Uhr nach La Habana mit Stopps in Camagüey und Santa Clara. Er ist schon morgens um 7 Uhr am Ziel und tritt dann abends die Rückreise an. Man sollte mindestens eine Stunde vor Abfahrt vor Ort sein. Weitere Züge gibt es von Guantánamo, Holguín und Bayamo. Diese sind jedoch sehr langsam und fahren unregelmäßig. Seit 2015 gibt es eine Verbindung nach Mella und Alto Cedro in der Gemeinde Cueto in der Provinz Holguín. Tickets am Bahnhof, Tel. 622836, 627759, oder in der Calle Agüilera, e/Bernada y San Agustín, Tel. 652143.

■ **Straßenbahn:** Sie soll den Malecón La Alameda über eine Länge von insgesamt 2 km mit der Ave. Juan A. Gómez-Flor Crombet verbinden. 1908 erstmals in Santiago eingesetzt, sind die Schienen heute zum großen Teil unter dem Asphalt verschwunden. Der Straßenbahnwagen wurde einst in Philadelphia/USA gebaut und ist wegen der engen Gassen ein eher kleines Modell.

■ **Jachthafen:** Die *Marina Internacional Marlin* in **Punta Gorda** hat ein Hafenbecken für Schiffe bis 5,80 m und dreißig Anleger. GPS: 19°59,04'N, 75°52,30'W, Kontaktaufnahme unter HF 7462 Khz: CMA 8; VHF: Kanäle 72 und 16. Von Land aus erreicht man den Hafen in der Calle 1ra No. 4 über die Carretera Turística, die zum Castillo del Morro führt, Tel. 691446.

■ Santiago de Cuba wird neue **Personenfähren** für die Fahrt vom Malecón bis in die Bucht zur *Marina Marlin* erhalten.

■ **Tankstellen** findet man u.a. an der Ecke der Ave. de los Libertadores/Parque Céspedes, am nördlichen Ortseingang an der Carretera Central und an der Ecke Ave. 24 de Feb./Carretera del Morro, selten mit *94 especial.*

Bei der Anfahrt sollte man die **Geschwindigkeitsbegrenzungen** an den Ortseingängen und auf der Autopista beachten – dort stehen Polizeiposten. Das Gassengewirr macht das Fahren beschwerlich.

Ausflüge

Von den Reisebüros und von den Hotels werden verschiedene Touren angeboten, z.B. nach **Baconao,** zum **Gran Piedra** oder zur **Kathedrale El Cobre** für rund 50 CUC, meist jedoch nur als Gruppenfahrt. Im Folgenden ein paar Touren als Anregung für Alleinfahrer. *Cubatur* hat ein Büro in der Heredía esq. General Lacret gegenüber dem Eingang des Hotels *Casagrande.*

Castillo El Morro

Am Anfang der Bucht von Santiago steht die **Festung** El Morro, von der man einen unvergleichlichen Blick auf die Küste und das Bergland der Sierra Maestra

4

hat. Sie wurde 1640 auf einem hohen Felsen neben der Hafeneinfahrt Santiagos zum Schutz vor Piratenübergriffen erbaut. Heute sind die ehrwürdigen Mauern restauriert, und das **Museo de la Piratería** ist hier untergebracht. Man sieht zum Beispiel den Schrägaufzug, mit dem man das Schießpulver aus dem Kellermagazin zu den Geschützstellungen gefahren hat. Das Pulver musste an einem sicheren Ort untergebracht sein, sonst riskierte man bei einem feindlichen Angriff einen Treffer, der zur Explosion der Festung führen konnte. Leider nur spanische Beschriftungen.

Der **Ausblick** von der Festung über die Bucht und die Küste ist sensationell und eine Fahrt zum Castillo wert. Am besten benutzt man den Stadtbus 212 bis nach Ciudadmar. Von dort ist El Morro zu Fuß in etwa 15 Minuten erreicht. Es fährt auch ein Camioneta für 4 Pesos vom Parque Céspedes, esq. Calle San Pedro. Mit dem Taxi kostet es 20 CUC, wenn der Fahrer dort wartet. Eintritt 5 CUC, Fotografieren 5 CUC. Es gibt an der Steilküste ein Restaurant mit Blick aufs Meer, das *El Morro,* in dem eine Tafel stolz verkündet, dass *Paul McCartney* mal hier gewesen ist.

Wer den Ausblick ohne Eintritt genießen will, geht nach rechts den Weg hinunter. Bald kommt eine Kanonenbastion, danach führen Stufen zum Meer. Jeden Abend zum Sonnenuntergang wird ein Kanonenschuss abgefeuert.

Die *Carretera Turística,* die von Santiago zum Castillo führt, wurde durch den Hurrikan *Sandy* 2012 stark beschädigt, ist inzwischen aber repariert. Auf der **Halbinsel Punta Gorda,** auf der aus dem ehemaligen Jachtclub eine **Marina** hervorgegangen ist, steht das *Hotel Pun-* *ta Gorda* (Cubanacán) ③, Carretera de Punta Gorda s/n, Tel. 691704: 11 Zimmer mit Meerblick und eine Suite in einem nett gestalteten Haus mit drei Stockwerken. Vom Malecón in Santiagos Innenstadt gibt es einen Fährbetrieb zur Marina.

Cayo Granma

Die kleine, sehenswerte **Insel in der Bucht von Santiago** kann man mit Booten von Punta Gorda aus erreichen. Die Fähre kann mit Pesos bezahlt werden, obwohl man meist doch 1 CUC los wird. Die Buslinie 212 hält im Zentrum, die Santo Tomás nach Süden stadtauswärts auf der rechten Seite nach ca. sechs Querstraßen. Sie verkehrt mindestens einmal pro Stunde von einem Anleger, der neben dem neuen liegt. Achtung, letzte Rückfahrt meist gegen 18 Uhr! Früher war es eine Zwischenstation für Sklaven, heute leben hier 1500 Menschen in pastellfarbenen Holzhäusern. Hier gibt es keine Autos, an dem verträumten Eiland scheint der Fortschritt vorbeigegangen zu sein, obwohl die meisten Bewohner täglich nach Santiago zur Arbeit pendeln. Man kann zur Iglesia de San Rafael auf dem Hügel steigen und einen 10-minütigen Spaziergang durch den Ort machen. Das Fischrestaurant *Villa Lurdita* mit Bar sorgt für das leibliche Wohl, während man von der Terrasse den schönen Blick über die Bucht bis nach Santiago genießen kann. Ein weiteres preiswertes Restaurant, *El Paraiso,* erreicht man, wenn man vom Anleger links in den Ort wandert.

El Cobre

Die gewaltige Sierra Maestra erstreckt sich im Hintergrund, westlich von Santiago de Cuba. Sie war Zufluchts- und Sammelort für die *Guerrilleros,* aber auch wegen ihrer Kupfer- und Manganvorkommen ist sie von Bedeutung für den Antillenstaat. Im kleinen **Bergbauörtchen** El Cobre zeugen zahlreiche Spuren vom jahrelangen Metallabbau.

Im 17. Jh. berichteten die Einwohner von Marienerscheinungen, sodass in El Cobre eine kleine Wallfahrtskirche errichtet wurde, die Ziel zahlreicher Pilger wurde. Später baute man an dieser Stelle eine größere **Kathedrale** aus Stein zu Ehren der Nationalheiligen Jungfrau Maria. In deren Vorraum werden zahlreiche Votivgaben ausgestellt, *Ernest Hemingway* hat seine **Nobelpreismedaille** für „Der alte Mann und das Meer" hier hinterlassen, und *Fidel Castros* Mutter betete hier für ihren Sohn. Am schönsten ist der Besuch der Messe am Sonntag. Am 8. September findet alljährlich eine Wallfahrt zur Nuestra Señora de la Caridad statt.

Im Jahr 2012 besuchte der damalige Papst *Benedikt XVI.* den Ort.

1 **Unterkunft: Villa El Saltón** (Horizontes) ②, Tel. 022 56326. Kleines Berghotel mit guter Küche. Ein Wasserfall hat drei natürliche Schwimmbecken ausgespült. Von hier lassen sich ausgedehnte Wanderungen durch die Mahagoniwälder und die kleinen Gemüseplantagen der Gegend unternehmen. Anfahrt: In die Carretera Central bei Jiguani nach

Santiago Umgebung ☉ 0 ▬▬▬ 10 km © Reise Know-How 2017

Unterkunft
1 Villa El Saltón
2 Hotel Rancho Club
3 Motel Villa La Gran Piedra
4 Hotel Playa Siboney
5 Hotel Club Amigo Los Corales
7 Hotel Punta Gorda
9 Hotel Balcón del Caribe

Essen und Trinken
6 El Cayo
8 El Morro

Süden abbiegen, durch Baire bei Contramaestre auf dem sehr schlechten Weg immer Richtung Cruce de los Baños oder alternativ über Palma Soriano und Cruce de los Baños, auch eine schlechte Strecke, dauert länger. DZ etwa 60 CUC. Der Bus von *Víazul* hält in Contramaestre.

In Richtung Guantánamo

Vom Hotel *Santiago* in Richtung San Blas auf die A1 fahren. Eine reizvolle, gewundene Straße durch liebliche Landschaft kann man erleben, wenn man die A1 an der Ausfahrt El Cristo verlässt. Hinter Alto Songo gelangt man wieder auf die Hauptstrecke. Eine Tankstelle findet man in La Maya, 10 km weiter.

Nationalpark La Gran Piedra

Der „Große Stein" ist mit **1234 m** der höchste Berg in der östlichen Sierra Maestra. Zur Erkundung fährt man zuerst auf einer Bergstraße auf 1000 m Höhe. Den Gipfel des Felsklotzes im gleichnamigen Nationalpark muss man dann zu Fuß über eine Treppe (2 CUC) mit

☑ El Saltón, der Wasserfall beim gleichnamigen Hotel

127cu kh

450 Stufen erklimmen. Das letzte Stück geht noch über eine Eisentreppe, also nichts für Ungeübte. Von oben eröffnet sich bei gutem Wetter eine einzigartige Rundsicht über die Sierra, evtl. sogar bis Haiti. Je früher man oben ist, desto klarer ist die Sicht. Deshalb sollte man versuchen, bis spätestens 11 Uhr oben angekommen zu sein. Weniger wanderwillige Menschen fahren mit dem Auto weiter bis zum **Mirador Gran Piedra,** der ebenfalls eine grandiose Aussicht bietet – wenn das Wetter mitspielt.

Etwa 2 km hinter dem Motel (s.u.) kann man die ehemalige **Kaffeeplantage El Cafetal La Isabélica** besuchen; zu Fuß braucht man eine halbe Stunde dorthin. Das Haus der französischen Gründer wurde in ein **Museum** umgewandelt, eine gute Gelegenheit, sich über den Kaffeeanbau zu informieren. Carretera de la Gran Piedra, km 14, Di–Sa 9–16 Uhr, So 9–13 Uhr, Eintritt 2 CUC.

Ein **Botanischer Garten** liegt ca. 1 km vor dem Motel links in den Bergen. Von hier wird ganz Cuba mit Gardenien versorgt. Man kann sich gegen eine kleine Spende die Pflanzen zeigen lassen.

3 **Unterkunft:** Wer im Naturpark übernachten will – das kleine, rustikale **Motel Villa La Gran Piedra** (Islazúl) ③ verbreitet gemütlichen Charme. 17 *cabañas*, 5 Bungalows am Steilhang. Carretera La Gran Piedra, km 14, Tel. 022 686147.

Verkehrsmittel/-verbindungen

Es empfiehlt sich, diesen Ausflug mit einem **Taxi** zu machen (inkl. Warten ca. 50 CUC). Für 20 CUC pro Tag plus Benzin kann man sich auch im Hotel *Casagrande* in Santiago ein **Motorrad auslei-**

hen. Allerdings ist die Straße nicht unbedingt für eine gemütliche Fahrt geeignet. Zudem gibt es einen unregelmäßig verkehrenden **Bus. Selbstfahrer** sollten auf Steine achten, die auf dem Weg liegen können, außerdem ist es extrem steil!

Playa Siboney

Der Strand **östlich von Santiago** ist leider ziemlich felsig und nicht sehr sauber. 2012 traf der Hurrikan *Sandy* in der Nähe auf das Festland und zerstörte viel Infrastruktur. Fährt man die Straße zum ehemaligen Hotel *Bucaneros* und lässt dessen Ruinen links liegen, erreicht man eine kleine Badebucht, an der früher die *Cafeteria de Bucaneros* stand. Die Leguane, die hier früher zu sehen waren, sind verschwunden, denn nach der Zerstörung des Hotels blieben auch die Futterspender aus. Gegenüber dem Abzweig in Richtung Berge gelangt man zum *Fiesta Guajira*, einem einfachen Restaurant in der Künstlerkolonie *El Oasis.*

Unterkunft

Alle ab etwa 25 CUC in der Saison.

■ **Villa Siboney,** Tel. 022 39321. 7 Hütten direkt am Strand.

■ **Casa Pepín,** Malecón, Tel. 022 628442. Das einstöckige Haus liegt direkt am Meer, hat eine erstklassige Küche und einen großen Garten; Fremdsprachen werden nicht gesprochen.

■ **Raúl Ferrán y Sra. Teresa,** Ave. Serrano 60, Tel. 022 39546. 2 Zimmer gegenüber dem einfachen

4

■ 4 **Hotel Playa Siboney** (siehe Karte S. 275), gute Küche, Zimmer mit Aussicht, keine Fremdsprachen.
■ **Casa Guillermo,** Malecón, e/4ta y 5ta, Tel. 022 399518. 2 Zimmer in einem 2-stöckigen Haus, Terrasse mit Meerblick.
■ **Casa Vista al Mar,** Ave. Serrano s/n, tanja.rivera@nauta.cu. Unterkunft mit großer Terrasse und Meersicht, mit Frühstück. *Tanja* ist Deutsche und kocht reichhaltig.

MEIN TIPP: Etwas weiter nach Osten zweigt links eine Straße zur *Finca El Porvenír* ab. Hier, in einem bewaldeten Tal, hat man den Fluss aufgestaut und in ein gemauertes **Schwimmbad** geleitet – herrliche Location mit Liegestühlen und Imbissbude. Hier kann man auf ein Bier im Schatten sitzen und das Treiben am und im Schwimmbad beobachten.

Ein weiterer, hauptsächlich von Cubanern frequentierter Strand ist die **Playa Juraguá,** die noch weiter östlich liegt. Die **Playa Daiquirí,** nach der der Rumcocktail benannt wurde, ist Militärgebiet, das ehemalige Hotel eine Entzugsklinik.

Die ehemalige Hühnerfarm **La Granja Siboney** diente *Fidel Castro* und seinen Anhängern als Hauptquartier vor dem Sturm auf die Moncada-Kaserne. Heute ist es ein Museum (geöffnet 9–17 Uhr, 2 CUC).

100 m davor liegt das **Museo de la Guerra hispanica-cubana-norteamericana.** Es stellt Exponate zur spanisch-amerikanischen Seeschlacht im Jahr 1898 aus.

Nationalpark Baconao

Der Parque Nacional de Baconao wurde von der UNESCO als Biosphärenreservat anerkannt, sodass der gesamte artenreiche Baumbestand unter Naturschutz steht. Im Frühling bewegen sich rotfarbene **Krabben** zu Tausenden aus den Bergen zur Eierablage an die Strände, danach, ab Mai, wandern Heere von blauen Krabben ins Meer; die Cubaner essen sie. Der Ort Baconao ist nicht mehr als eine Ansammlung von Häuschen. Gegenüber der Laguna de Baconao liegt die kleine **Playa Cazonal** direkt an der Straße.

Als Touristenattraktion wurden im **Valle Préhistórico** 200 Dinosaurier aus Beton aufgestellt, die zwar einen Eindruck von der Größe der Tiere vermitteln, aber merkwürdig aussehen. Sie wurden von Strafgefangenen in monatelanger Arbeit vor Ort gegossen. Eintritt 2 CUC, Fotografieren 2 CUC. Im Park gibt es ein **Naturhistorisches Museum,** geöffnet 8–16 Uhr.

2 km hinter dem Saurierareal in der Nähe der Tankstelle wird im **Museo Nacional de Transportes La Punta** u.a. der Cadillac des cubanischen Sängers *Benny Moré* ausgestellt; die Wagen sind teilweise in schlechtem Zustand. Geöffnet 8–17 Uhr, Eintritt 2 CUC, Fotografieren 1 CUC. Zum Essen fährt man dann ins *Bocajagua* an der Playa del Indio.

Der schön gestaltete **Kaktusgarten** in der Nähe des Río Sigua (mit Höhle) zeigt etwa 150 Arten der stacheligen Pflanzen. Geöffnet 8–17 Uhr, 5 CUC.

Der Oriente

Unterkunft

5 (Siehe Karte S. 275) **Club Amigo Los Corales** (Cubanacán) ④, Carretera de Baconao, km 38,5, Tel. 022 356121. 300 Zimmer in 2-stöckigen Häusern am Strand bei Baconao, All inclusive, alle Wassersportarten.

■ **Hotel Costa Morena** (Islazul) ③, in Sigua in der Nähe des Kaktusgartens am Kieselstrand, Tel. 022 356121. 110 Zimmer in 2-stöckigen Häusern, teilweise mit Flusssteinen erbaut. Direkt vor dem Hotel kann man in den Klippen schnorcheln, der Strand etwa 200 m weiter wurde 2012 vom Hurrikan *Sandy* in Mitleidenschaft gezogen.

■ **Villa Los Mamoncillos** ①, Tel. 022 39233, an der Playa Verraco 35 km von Santiago entfernt, vermietet manchmal an Ausländer, 88 Zimmer.

Die Küste der Sierra Maestra

Beeindruckend ist die Fahrt auf der einsamen **Küstenstraße** von Santiago nach Westen in **Richtung Pilón** – zur Rechten die Sierra Maestra, zur Linken das Meer. Die einzige Tankstelle auf der Strecke ist in Pilón. Der Zustand der Straße ist sehr schlecht, Brücken sind gesperrt, sodass man eine Furt suchen muss. Achten Sie unbedingt auf Ihre **Sicherheit,** bei Hindernissen nicht anhalten und evtl. umdrehen, es könnten Wegelagerer sein!

Strände westlich von Santiago

Es gibt eine Reihe kleiner Badestrände entlang der Route, der erste ist die **Playa Mar Verde** nach 20 km.

8 km weiter, in **Ensenada Juan González,** erwartet den Taucher ein **Wrack,** die spanische „Vizcaya", die kurz vor der vorletzten Jahrhundertwende im seichten Gewässer leckschlug und sank. Die Aufbauten ragen noch aus dem Wasser, für Schnorchler ein interessantes Objekt.

Etwas weiter kann man sich eine gesunkene spanische **Galeone** ansehen, das Schiff soll „Oquendo" geheißen haben. Wer schnorcheln will, kann die rund 50 m vom Strand schnell zurücklegen. Man sieht sogar noch Kanonen, die nicht geborgen wurden.

Den nächsten Strand erreicht man bei **Caletón Blanco,** 10 km weiter die Straße entlang. Hier ist Sperrgebiet. Es gibt zwar einen *Campismo,* aber ob man dort übernachten kann, ist ungewiss.

Nach insgesamt 65 km Fahrt ab Santiago erreicht man ein Militärheim. 12 km weiter, an der **Playa Sevilla,** liegt das große All-inclusive-Hotel *Sierra Mar* (Brisas) ④, Tel. 022 329110. Der Name stammt von den spanischen Schiffen, die hier 1898 gesunken sind. **Tauchgänge** zu einer Korallenformation bietet das *Sierra Mar Diving Center* (Tel. 022 226337) an. Das ist allerdings auch mit Flossen und Schnorchel vom Strand aus machbar. Mietwagenschalter im Hotel, Essen im Restaurant *Ozeano* in der Nähe des Hotels. Vorher, in Río Seco, zweigt rechts eine ziemlich miese Straße ab, die nach Cruce de los Baños führt.

■ **Unterkunft:** Nach der Playa Blanca, 6 km vor Chivirico in den Alturas de Palo Gordo, erreicht man das kleine **Hotel Guamá,** Tel. 022 626124, 626125. 4 *cabañas* und 4 Zimmer in erhöhter Lage über dem Meer, z.T. mit AC und Bad (Kaltwasser). Das schönste Zimmer ist C4, oft ausgebucht, DZ 15 CUC.

`4`

■ **Essen** kann man im **Restaurante Cayo Dama,** km 62, Tel. 022 691446. Es liegt 2 km vor Chivirico auf einer kleinen Insel.

Chivirico

75 km nach Santiago folgt die schmale Bucht von Chivirico, gut geschützt durch die Berge und erwärmt von Meeresströmungen, sodass ein angenehmes Klima herrscht. Es wird das unvermeidliche Zuckerrohr angebaut. In dem 4000-Seelen-Ort gibt es ein Kino und einen Busbahnhof, von dem man Di, Do und Sa weiter nach Pilón fahren kann, jeweils gegen 11 Uhr; 3x täglich geht es wieder zurück nach Santiago.

Mit der **Pferdekutsche** kann man 5 km weiter nach Westen zur Brücke bei Calentura fahren. Von hier in die Berge nach Al Acarraza sind es etwa 13 km. Weiter sollte man nur mit einem Führer gehen.

Für 50 CUC kann man eine **Jeepsafari** zu den fünf Wasserfällen in der Gegend buchen. Das Gleiche lässt sich preiswerter auch zu Pferde erleben.

■ **Unterkunft:** Oberhalb der Küstenstraße liegt das rote **Hotel Los Galeones Sierra Mar** (Cubanacán) ④, Straße nach Chivirico, km 60, Tel. 022 329 110, in traumhafter Lage an der Steilküste. Der Name stammt von den spanischen Schiffen, die hier 1898 gesunken sind. Tauchgänge können gebucht werden. Eine 300-Stufen-Treppe führt vom Hotel (200 Zimmer mit Balkon) hinunter zum Wasser und zur Strandbar. Das Schwimmen ist wegen der Strömung allerdings nicht ungefährlich. Es gibt einen Bustransfer zum Einkaufen nach Chivirico. Hurrikan *Sandy* hat den Strand 2012 erheblich verkleinert, aber das Personal und die Lage des Hotels sind nach wie vor gut.

Rund um den Pico Turquino

Bei **El Uvero** gibt es ein Monument für den ersten gewonnenen Überfall *Castros* auf einen Stützpunkt *Batistas* im Jahr 1957. An der Straße stehen zwei gelbe Lastautos, die die Rebellen erbeuteten.

Wer noch weiter will, fährt die gut ausgebaute Straße mit tollen **Ausblicken** zum Abzweig vor dem Pico Turquino. Wohnen kann man für 5 CUC die Nacht in den einfachen Steinhäuschen des *Campismo La Mula* (Tel. 022 26262). Es gibt alle zwei Tage eine Busverbindung nach Chivirico.

30 m vor der Küste sank im Jahr 1897 die „Cristobál Colón"; ihr **Wrack** in 15 m Tiefe eignet sich gut für einen Tauchausflug. Auch ohne Tauchgerät kann man es am Meeresgrund liegen sehen.

In der **Touristinfo** in Las Cuevas kann man eine einfache Unterkunft mieten.

Wer Bergtouren liebt, braucht einen Führer für die 10-stündige **Wanderung zum Pico Turquino** und muss 8 CUC beim Posten „Flora y Fauna" bezahlen. Die Touren starten um 4 Uhr morgens von La Mula. Wichtig sind gute Wanderschuhe und ausreichend Trinkwasser. Die Touren werden von Cubanern gemacht, Ausländer besuchen den Berg oft über Bartolomé Maso von Norden her.

Die Weiterfahrt gestaltet sich schwierig, die **Straße** ist in einem jämmerlichen Zustand, teilweise kann man sie auch gar nicht mehr als solche bezeichnen, auch die Brücken sind 2012 ein Opfer des Hurrikans *Sandy* geworden, sodass ohne Allrad kein Weiterkommen möglich ist.

Der Oriente

Marea del Portillo

Hinter **Mota Uno** weichen die Berge etwas zurück, und in Marea del Portillo gibt es wieder Unterkunft. Portillo ist nicht mehr als eine Anhäufung von Häusern und angeblich Cubas wärmster Ort, auf jeden Fall ziemlich trocken. Der Strand der spektakulären Bucht zeichnet sich durch ziemlich dunklen Sand aus. Hier zweigt eine schmale Straße nach Norden, nach Bartolomé Masó, ab. *Cubanacán* hat ein Büro im Hotel.

Unterkunft

■ **Farallón del Caribe – Marea del Portillo** (Club Amigo) ④, Carretera Marea del Portillo, Pilón, Tel. 023 597102 und 597081, All inclusive, 270 Zimmer. Davor gibt es einen palmengesäumten Strandabschnitt mit dunklem Sand, Tennisplatz und den üblichen Wassersportmöglichkeiten. Ausländer werden im Hotel auch medizinisch behandelt.

■ **Casa Barbara,** *Bárbara Méndez Martínez,* Casa No. 14, zwischen dem Lokal Ferlin und dem Strand, Tel. 0597162, Mobil 0970654. 2 Zimmer mit Küche, Balkon und separatem Eingang, die Söhne sind Taxifahrer, was von Nutzen ist. 25 CUC.

Pilón

Der nächste größere Ort ist Pilón 17 km westlich von Portillo. **Hier endet die** mit Oleandersträuchern gesäumte **Küstenstraße,** nun geht es nordwärts Richtung Manzanillo und Bayamo. Es gibt eine Tankstelle, die Leute sind freundlich.

Unterkunft

■ **Motel Mirador** ①, Tel. 023 548866, 5 km in östlicher Richtung auf einem Hügel, tolle Aussicht. Von hier kann man Wanderungen in die Berge unternehmen. Vier Hütten, oft belegt.

■ **Villa Punta Piedra** (Cubanacán) ②, Tel. 023 594421, zwei Gebäude am dunklen Sandstrand, 11 km hinter Pilón (4x am Tag freier Bustransfer) und 5 km westlich von Marea del Portillo. 12 Zimmer, Restaurant und Disco.

Provinz Guantánamo

Guantánamo ist die **östlichste Provinz Cubas.** Von Maisí, dem östlichsten Punkt der Insel, sieht man in klaren Nächten die Lichter Haitis am Horizont, das nur etwa 70 km entfernt liegt. Als die Sklavenaufstände 1791 in der französischen Kolonie Saint-Domingue, dem heutigen Haiti, ausbrachen, flohen viele Plantagenbesitzer nach Guantánamo und brachten ihre französisch geprägte Kultur mit und bauten Zuckerrohr an.

Hinweis

Anfang **Oktober 2016** wurde der Osten Cubas von dem **Hurrikan „Matthew"** getroffen, der dort schwere Zerstörungen anrichtete. Dies gilt vor allem für die Provinz Guantánamo, insbesondere für die Stadt Baracoa und Umgebung. Bei Reisen in diese Gebiete ist mit zum Teil zerstörter Infrastruktur, gesperrten Verkehrswegen u.Ä. zu rechnen.

4

Bekannt wurde der Ort Guantánamo durch den **US-amerikanischen Militärstützpunkt,** der seit 1909 existiert. Die Bucht mitsamt dem Stützpunkt ist hermetisch abgeriegelt.

In der Provinz gibt es die **höchste Luftfeuchtigkeit der Insel,** die Temperaturen liegen oft über denen der restlichen Provinzen. Dies hat den Anbau vieler Obstsorten begünstigt. Auch der *United Fruit Company* war das nicht verborgen geblieben, weshalb sie vor der Revolution einige Plantagen anlegen ließ.

Guantánamo

- **Vorwahl:** 021
- **Einwohner:** 230.000

Guantánamo ist eine **ruhige, afrikanisch geprägte Stadt** zwischen Santiago und Baracoa. Insgesamt wirkt alles marode, an der Hauptstraße zeugen verfallene Prachtbauten vom Ruhm vergangener Tage. Den Stadtrand prägen sozialistische Neubauten und Industriegebäude.

1819 wurde die Stadt als Santa Catalina del Saltadero del Guaso im Mündungsgebiet der **Flüsse** Río Guaso, Río Bano und Río Jaibo gegründet. Ab 1843 hieß die Stadt dann Guantánamo, was in der Sprache der Taíno „Land zwischen den Flüssen" bedeutet.

Die Stadt

Das Wahrzeichen der Stadt ist die **Skulptur La Fama.** Geschaffen von dem italienischen Künstler *Amerigo Chini,*

bläst die Göttin des Gerüchts die Posaune vom Dach des **Palacio Salcines,** Calle Pedro A. Pérez 804, esq. Prado. Im Palast ist das **Museo de Artes Decorativas** untergebracht (Fresken und Keramiken).

Von den Hotels kann man gemütlich mit der Pferdekutsche ins Zentrum fahren, zum **Parque José Martí** muss man dann noch ein paar Häuserblocks laufen (Kutsche: 2 Pesos, Velotaxi: 5 Pesos pro Person, Rückweg wegen der Steigung: 10 Pesos). Inmitten des Parks steht die **Kathedrale Parroquia de Santa Catalina de Riccis.**

Das **Museo Municipal** beherbergt Gegenstände zur Ortsgeschichte und berichtet über die Taíno-Indianer, die diesen Landstrich ursprünglich besiedelten. Es liegt an der Calle Martí, esq. Prado, in einem Kolonialgebäude, das lange als Gefängnis diente. Hier steht ein Modell der Gegend, auf der man sich die Lage der US-Basis ansehen kann.

Die **Hauptstraßen** um den Parque José Martí sind die Pedro A. Pérez, die am Samstagabend zur Partymeile wird, und die Calixto García mit ihren Geschäften. Hier liegt auch die große Markthalle.

Aus der Stadt führt eine Straße nach Norden in Richtung Moa, die nächste größere Ortschaft ist Sagua de Tánamo.

Guantánamo Bay Naval Base (USA)

1898 errichteten die Amerikaner während des Unabhängigkeitskrieges gegen Spanien in der Bucht von Guantánamo einen **Flottenstützpunkt.** Legitimiert wurde diese Maßnahme 1901 durch den *Platt Amendment,* der Eingang in die

Der Oriente

junge cubanische Verfassung fand. Am 10. Oktober 1909 pachtete die US-Administration das etwa 120 km² große Areal für zunächst 2000 US-Dollar jährlich, ab 1934 für 4085 Dollar. Nach der cubanischen Revolution von 1959 verweigerte *Castro* die Annahme der Zahlungen, da er den Stützpunkt als cubanisches Hoheitsgebiet einforderte. 70.000 Tret- und Panzerminen wurden von der **US-Armee** seit den 1960er Jahren auf bzw. um das Gelände verbuddelt, was Guantánamo zu **einem der größten Minenfelder der Welt** machte, bis US-Präsident *Clinton* 1996 die Entminung anordnete. Heute sichern Sensoren, Bewegungsmelder, Flutlicht und Hunderte Kilometer Stacheldrahtzaun das Areal.

Auf dem Stützpunkt leben etwa 3000 Militärs und 4000 Zivilisten. Die **Infrastruktur** stellt alles Notwendige bereit, von der ärztlichen Versorgung über Hafen und Flughafen bis zu *McDonald's* und *Starbuck*.

Im Zusammenhang mit dem „War on Terror" durch US-Präsident *George W. Bush* wurde im Jahr 2002 damit begonnen, Guantánamo als **Gefangenenlager** für (mutmaßliche) islamistische Terroristen zu nutzen, was seitdem zu vielen (internationalen) politischen Kontroversen und rechtlichen Auseinandersetzungen geführt hat. US-Präsident *Barack Obama*, der sein Amt mit dem Versprechen antrat, das Lager aufzulösen, setzte das Vorhaben nie um – immer noch befinden sich Gefangene auf der Basis, unter rechtsstaatlich sehr bedenklichen Umständen.

Selbstverständlich ist der Stützpunkt nicht zu besichtigen, nur von Ferne kann man einen Blick darauf werfen (siehe „Ausflüge").

Praktische Tipps

Unterkunft

Hotels
■ **Hotel Guantánamo** (Islazúl) ②, Calle 13 Norte, e/Abogados y 2 de Octubre, Tel. 381015. Das größte Hotel mit 100 Zimmern liegt an der Plaza Mariana Grajales, erbaut im sozialistischen Stil, inzwischen aber renoviert, mit Pool und Disco.
■ **Casa de los Ensueños** ②, Calle 15 Norte, esq. Abogados, reparto Caribe, Tel. 326304. Das staatliche Hotel hat nur 3 Zimmer, also reservieren!
■ **Villa La Lupe** (Islazúl) ②, Tel. 382634, Carretera El Salvador, km 3,5. Ruhig gelegene Bungalowanlage am Ufer des Río Bano, der zum Baden geeignet ist, mit Restaurant *Quetzalcoatl*. Geräumige Hütten um den Pool, etwas renovierungsbedürftig.
■ **Hotel Martí** (Islazúl) ②, Calixto García, esq. Agüilera, Tel. 329500. Mitten in der Stadt bietet dieses 2-stöckige Art-Déco-Haus 20 Zimmer mit Bad und Balkon.

> Neugierige Kinder in Guantánamo

Privat (ab 20 CUC)

■ **Rafael Ramos Díaz,** San Gregorio 753, e/Prado y Jesús del Sol, Tel. 326826, aalmaralesarceo@ya-hoo.es. Das kleine blaue Haus hat nette Vermieter, einen Patio und eine angenehme Atmosphäre.

■ **Angela Saleido Leyra,** 13 Norte 561, e/Luz Caballero y Carlos Manuel, Tel. 383704. Ein Zimmer, Haus mit Patio.

■ **Cira Alberti Otero,** Martí 819, e/Prado y Agüilera, Tel. 326546. Kolonialhaus, 2 moderne Zimmer mit Bad – das Zimmer oben unter dem Dach ist das beste.

■ **Osmaida Blanco Castello,** General Pedro A. Pérez 665, e/Paseo y Narciso López, Tel. 325193, zentral, aber ruhig. 4 Zimmer plus ein fensterloses im Rückgebäude. Dachterrasse und Patio.

■ **Casa Foster,** *Lisette Foster Lara,* General Pedro A. Pérez 761 (altos), e/Jesús del Sol y Prado, Tel. 325 970. Zentral in der Nähe des Parque José Martí, 2 Zimmer mit Bad und AC. Dachterrasse. Die Vermieter sprechen englisch.

Essen und Trinken

■ **Café Sol,** am Parque José Martí bei der *Casa de la Cultura.* Kalte Getränke.

■ **El Rápido,** Flor Crombet, esq. Los Maceos. Wirklich schnell ist hier nur der Name … Fastfood ab 10 Uhr.

■ **Eisdiele,** General Pérez, esq. Bernabe Varona.

■ **Restaurante Vegetariano,** General Pedro A. Pérez, e/Flor Crombet y Agüilera. Ab 12 Uhr wird in der Casa de la Cultura für CUP einfachst und fleischlos gekocht.

■ **Pizzeria Holguín,** Peso-Pizzeria am Parque José Martí, Calle Calixto García, esq. Flor Crombet.

■ **Panadería de Palmita,** Flor Crombet 305, e/Calixto García y Los Maceos. Brot und Kuchen.

■ **Girasoles,** Calle 15 Norte, ein einfaches Restaurant im Erdgeschoss eines Wohnblocks hinter dem Hotel *Guantánamo.*

■ **Cafetería La Primada,** Calle Calixto García y Agüilera, Tel. 328192. Getränke auf der Basis von Kakao und Kokosnuss.

■ **Restaurante Bodeguita de Paseo,** Ave. Estudiantes, e/Beneficencia y Carlos Manuel. Ab Mittag werden einfache Gerichte serviert.

■ **Taberna La Ruina,** Calle Calixto García, esq. Agüilera. Nomen est omen – in einem heruntergekommenen Haus gibt es ab 10 Uhr Menüs. Mit Bar.

Veranstaltungen

■ **Casa de la Cultura:** an der Westseite des Parque José Martí. Kulturprogramm.

■ **Casa de la Trova Benito Odio,** General Pedro A. Pérez, esq. Crombet. Hier wird traditionelle Musik gespielt.

■ **Patio Sandunga de ARTEX,** Calle Máximo Gómez, e/D. Mármol y B. Varona. Veranstaltungsort für örtliche Musiker.

■ **Joven La Bamba:** Agüilera, e/Calixto García y Los Maceos. An den Wochenenden ab 21 Uhr – hier spielt die Musik auf dem Dach.

Einkaufen, Sonstiges

■ **Geldwechsel:** *BFI,* Calle 13 de Junio, esq. 14 Norte; *CADECA,* General Pedro A. Pérez 963, e/Carretera y Emilio Giro, und Calixto García, esq. Prado; *BANDEC,* Calle 11 Norte, esq. Ahogado, reparto Caribe, und Calle Calixto García 952; *Fincimex Western Union,* Calle San Justo.

■ Der **Parque José Martí** ist der Mittelpunkt der Stadt; um ihn herum findet sich alles, was der Reisende braucht.

■ **Plaza del Mercado Agro Industrial:** Los Maceos, esq. Prado. Die Markthalle mit roter Kuppel ist nicht zu übersehen – hier gibt es alles Mögliche zu kaufen. Mo–Sa 7–19 Uhr, So 7–14 Uhr.

■ **Agropecario:** Markt mit Essensständen an der Plaza Mariana Grajales.

Der Oriente

● **Gaviotatours:** Büro im *Hostal La Habanera*, Maceo, e/Frank País, Tel. 644115.
● **Mietwagen:** bei *Transtur* im Hotel *Guantánamo*.
● **Internet:** *ETECSA*, gegenüber der Plaza de la Revolución, 6 CUC die Stunde.
● **Kunsthandwerk,** Calixto García 855, 1. Stock.
● **Zun-Zun,** Devisenladen, Los Maceos y Agüilera.
● **Tankstellen:** *Oro Negro* liegt in der Calle Los Maceos an der Ecke zur Jesús del Sol, *Servi Cupet* an der Straße nach Baracoa.

Notfälle

● **Krankenhaus:** *Hospital Provincial*, Ave. 26 de Julio, e/11 y 13 Norte, reparto Caribe, Tel. 355450.
● **Apotheke:** *Farmacia Internacional*, Calle Crombet, e/Calixto García y Los Maceos.

Verkehrsmittel/-verbindungen

● **Flug:** *Cubana* fliegt täglich für 90 CUC vom *Aeropuerto Mariana Grajales (GAO)* an der Carretera de Paraguay nach La Habana; Tickets in der Calle Calixto García 517, e/Prado y Agüilera, Tel. 355453. *Aerotaxi* fliegt von Baracoa nach Guantánamo.
● **Bus:** Die Busstation ist in der Ave. Camilo Cienfuegos, Tel. 628484. *Viazul* fährt täglich nach Baracoa für 10 CUC und für 6 CUC nach Santiago. Der *Terminal de Astro* liegt an der Carretera Central a Niceto, km 2,5.
● **Bahn:** Alle drei Tage fährt der Zug 11/12 nach La Habana (910 km, 80 CUC). Der Bahnhof ist in der Calle General Pedro A. Pérez, e/Paseo y 11 Norte.

Ausflüge

Um von Weitem einen Blick auf die **US-Militärbasis** zu werfen, muss man sich einer geführten Gruppe anschließen, da das gesamte Gebiet Sperrzone ist. Man benötigt dazu ein US-Visum, das man in ein bis zwei Tagen bekommt; Anträge über die Hotels *Guantánamo* oder *Santiago* in Santiago de Cuba.

Die Touren führen zum **Mirador de Malones** auf 320 m Höhe (kleine Bar). In der Nähe der Sperrzone übernachten kann man eventuell in dem Hafenort **Caimanera** im gleichnamigen Hotel (Islazúl) ②, Tel. 021 499415. Es liegt ganz schön auf dem Hügel Loma Norte, hat 20 Zimmer, einen Pool, ein Restaurant und eine Bar mit Blick auf die Basis. Im Ort (mit kleinem Laden) wohnten früher Arbeiter der Militärbasis, heute nur Fischer und Salzhersteller.

Einfacher ist ein Ausflug zum **Zoológico de Piedra,** dem Steinernen Zoo. Von Guantánamo geht es 5 km Richtung Baracoa, dann noch ca. 15 km nordwärts nach Felicidad de Yateras am Hügel Alto de Boquerón. Im Park, einem ruhigen, fast mystischen Ort (www.zoologicodepiedra.com), sind über 400 Tierskulpturen aus Kalkstein zu sehen. Ihr Schöpfer ist der Bildhauer *Angel Iñigo Blanco*, ein Landwirt, der bereits im Alter von zehn Jahren Skulpturen herstellte. Er und seine Söhne sind oft anwesend.

Weiterfahrt in Richtung Baracoa

240 km sind es von Guantánamo nach Baracoa. Nach 10 km durch die Ebene nach Osten zweigt die Straße zum Flughafen ab; nun geht es im Tal des Río Yateras zum Meer. Ab der **Playa Yateras** (nur Strohschirme, keine Infrastruktur) führt die Straße an der Küste entlang. Da die Berge den Regen abhalten, ist es eine

4

trockene Gegend. 1 km nachdem die Straße das Meer erreicht hat, liegt rechts am Strand das *Restaurante Doña Yuya,* ein typisches strohgedecktes Haus. Der Strand selbst liegt zwischen Felsen und ist für eine Rast schöner als die Playa Yateras. **Unterkunft** in der *Villa Reve,* auch *Casa Fidel* genannt, an der Straße nach Baracoa, km 43,5, Tortuguilla, Tel. 021 871039. Das Grundstück grenzt ans Meer; toller Garten, nette Leute, ruhig, kleiner Pool, kurz: wunderbar.

Der nächste bekannte Strand folgt, nach San Antonio del Sur (Tankstelle!), in **Imías.** Eine Raststätte kommt hinter dem Ort rechts, auch einen gepflegten *Campismo* mit rustikalen Feldsteinhäuschen gibt es. Leider werden selten Ausländer aufgenommen, aber am Eingang vermietet *José* eine Unterkunft in seinem Haus. Der Fluss bewässert das Tal, sodass sich die Landwirtschaft lohnt.

Bis Cajobabo geht die beeindruckende Fahrt entlang der Küste, meterhohe **Kakteen** stehen am Strand, hier lohnt ein kurzer Spaziergang. Dabei sieht man **versteinerte Korallenriffe** und auf der anderen Seite in der Ferne die Gebirge aufragen. Es gibt für Cubaner eine Anlage mit 70 Hütten direkt am Strand von Cajobabo. Geht man noch 2 km weiter, erreicht man eine felsige Stelle mit einem **Denkmal für José Martí,** der hier 1895 landete, um sich den Rebellen gegen die Spanier anzuschließen.

In **Cajobabo** biegt die Hauptstraße ins Landesinnere ab. Hier wird die Vegetation üppiger. Durch den Dschungel geht es im Tal des Río Jojos aufwärts, über Serpentinen und Brücken überwindet man 600 m Höhenunterschied und passiert den Pass über den Alto de Cotilla. Vorsicht: Steinschlag! Man befindet sich

in der **Sierra del Purial.** Hinter der Brücke über den Río Yumurí kommen die **Cuchillas de Baracoa** in Sicht, die üppige Niederschläge abbekommen. Tolle Ausblicke ergeben sich beim **Viadukt La Farola,** wo selbst die Busse von *Víazul* oft einen Stopp einlegen. Dies ist der einzige Weg nach Baracoa, deswegen belagern oft Einheimische die Busse und bieten Obst oder Schokolade und Cucuruchu-Tüten aus Baracoa an.

Den östlichsten Punkt Cubas, **Punta de Maisí,** erreicht man auch aus Cajobabo, indem man einfach an der Küste weiterfährt. Hinter Río Seco kommt nach etwa 14 km die Punta Caleta mit einem Leuchtturm. Danach geht es noch 5 km an der Küste weiter, dann windet sich die Straße ins Gebirge, und nach einer Fahrt von weiteren 25 km ist der Ort **La Máquina** erreicht. Hier biegt die fürchterliche Piste zur Punta de Maisí ab (siehe „Ausflüge" bei Baracoa). Wer auf der „Hauptstraße" in La Máquina weiterfährt, kommt nach einigen abenteuerlichen Schlaglöchern am Río Yumurí an; von hier führt eine bessere Straße nach Baracoa.

Baracoa

■ **Vorwahl:** 021
■ **Einwohner:** 56.000

In Baracoa herrscht die höchste Luftfeuchtigkeit auf ganz Cuba, und die Temperaturen steigen schon mal über 38 °C. Im Winter regnet es oft. Das **östliche Ende Cubas** ist typisch karibisch: Strände, Palmen und Lebensfreude.

4

Bis heute ist nicht ganz geklärt, ob *Kolumbus* auf seiner ersten Entdeckungsreise am Ort der heutigen Stadt Baracoa am 28. Oktober **1492** erstmals cubanischen Boden betrat oder 200 km weiter westlich. Die Schilderungen in seinem Logbuch lassen die Variante Baracoa jedoch wahrscheinlicher erscheinen. Jedenfalls gründete *Diego Velázquez* die Stadt **1511** an eben jener Stelle, an der *Christoph Kolumbus* an Land gegangen war – das macht Baracoa zur ältesten spanischen Siedlung auf der Insel.

Baracoa liegt an einer Bucht, der **Bahía de Miel,** in die ein Fluss mündet. Allerdings passiert das nicht direkt, sondern erst fließt er auf merkwürdige Weise um die halbe Bucht, im Abstand von etwa 5 m zum Meer, um dann an der Nordostseite ins Meer abzufließen. Das Wasser des Flusses fließt sehr langsam, die Wucht der Wellen jedoch, auch in der Bucht, ist erheblich, sodass Sanddünen vor die Flussmündung gespült werden. Das Flusswasser sucht sich dann in einem Bogen den Weg. In der Regenzeit gibt es mehr davon, als dieser natürliche Kanal abführen kann. Die Folge: Der Fluss staut sich, das Hinterland wird überflutet. Um dem abzuhelfen, kommt die Armee und sprengt eine Bresche in die Düne, die nach ein paar Monaten aber wieder versandet ist, und das Spiel beginnt von Neuem.

Diverse **Hurrikans** haben deutliche Spuren in der Stadt hinterlassen und einige Häuser am Malecón zerstört.

Eine kulinarische Spezialität vor Ort ist **Frangollo,** ein frittierter Brei aus Gemüsebananen und Kakao. Letzterer wird in der Gegend angebaut und zu einer köstlichen Schokolade fermentiert, die die Grundlage für das typisch ostcubanische Gericht bildet. **Cucurucho** ist eine Süßigkeit aus Kokosmilch, Fruchtpüree und Zucker. Das Ganze wird in spitz gerollte Bananenblätter gefüllt und verschnürt; so hält sich die Süßigkeit etwa drei Tage.

Besuchen sollte man die kleine **Catedral de Nuestra Señora de La Asunción** aus dem 19. Jh., die eine große Sehenswürdigkeit birgt, nämlich das Holzkreuz *Cruz de la Parra,* das *Kolumbus* angeblich im Jahr 1492 in Baracoa zurückließ. Vor dem Gotteshaus steht die Büste des Indianerhäuptlings *Hatuey,* der gegen die Spanier kämpfte. Nachdem er gefangen genommen worden war und sich geweigert hatte, Christ zu werden, wurde er 1512 an Ort und Stelle verbrannt.

Das **Museo Municipal** in der Calle Martí, esq. Malecón, beherbergt Gegenstände zur Ortsgeschichte und zum Kampf der Indianer, außerdem wird eine Sammlung bunter Polymita-Schneckenhäuser ausgestellt. Es liegt in der **Festung Matachin** im Südosen des Ortes.

Geht man die Coroneles Galamo stadtauswärts, trifft man an der Ecke zur Calle García auf eine elend steile Treppe, die man in der glühenden Mittagshitze aufwärts keucht, um oben angekommen das **Museo Arqueológico** (Las Cuevas del Paraíso) hoffentlich geöffnet vorzu-

---

Hinweis

Anfang **Oktober 2016** wurde Baracoa von dem Hurrikan „Matthew" schwer getroffen. 70 % der Häuser sind stark beschädigt. Bei Redaktionsschluss war nicht klar, ob und wann Restaurants und Casas Particulares wieder öffnen können. Nur die Hotels waren in Betrieb.

4

finden (mit Artefakten der Taíno-Indianer aus der Vor-Kolumbus-Zeit), oder man stolpert gleich weiter in die Kneipe *El Rancho* und trinkt dort einen Mojito, um den Rückweg leichter zu bewältigen.

Eine weitere Festung, die **Fuerte de la Punta,** bewacht den kleinen Hafen, in dem sich der Rumpf eines gesunkenen Frachtschiffes langsam mit Rost überzieht. Links zwischen den Gebäuden führt eine Treppe zum Wasser.

Die dritte Festung, das **Castillo de Seboruco** aus dem Jahr 1739, hat eine wechselvolle Geschichte hinter sich. Das Gebäude liegt auf einem Hügel in der Stadt und wurde erst um 1900 vollendet, dann außer Dienst gestellt und in ein Hotel umgewandelt. In der Lobby hängen noch alte Fotos vom Umbau.

Die **Tabakfabrik Manuel Fuentes** befindet sich in der Calle Martí 214.

Der lokale **Rumbos-Imbiss** hat sich zum nächtlichen Treffpunkt entwickelt. Jeden Abend im Sommer spielt hier eine lokale Band Son-Musik. Samstagabend verwandelt sich die Hauptstraße häufig in eine Open-Air-Bühne, am Straßenrand wird gegrillt, und es kreisen die Rumflaschen.

⌃ Blick über Baracoa

129cu kh

TV, Meerblick, Bad. Toller Pool, Restaurant, Laden. Es gibt einen 3-stöckigen Neubau mit 28 Balkonzimmern. Blick zum Tafelberg El Yunque.

16 Hostal La Habanera (Gaviota) ②, Calle Maceo 126, Tel. 645273. Geschmackvoll eingerichtet, bis auf die abgehängte Plastikdecke, mit Restaurant und Mietwagenschalter. 10 Zimmer, die besten sind die vier, die sich den Balkon zur Straße teilen.

27 La Rusa (Gaviota) ②, das rötliche Haus am Malecón, Gómez 161, Tel. 643011, wurde von der 1970 verstorbenen Tänzerin *Magdalena Rubenskaya* geführt, die *Alejo Carpentier* zur Hauptfigur seines Romans „La consagracíon de la primavera" inspirierte. Gäste wie *Fidel Castro, Errol Flynn* und *Alain Delon* kamen sicher nicht wegen der engen 12 Zimmer hierher. Auch wer nicht hier wohnt, kann auf der überdachten Terrasse einen Drink nehmen und dem Treiben zuschauen.

28 Hostal Río Miel (Gaviota) ②, Ave. Malecón, esq. Ciro Frías, Tel. 45164-66. 12 Zimmer in den beiden oberen Etagen eines würfelförmigen Hauses.

32 Hostal 1511 (Gaviota) ②, Ciro Frías, e/R. López y Maceo, Tel. 645224. 15 Zimmer in einem Kolonialstil-Haus zwei Straßen oberhalb der Kathedrale.

Praktische Tipps

Unterkunft

Hotels

1 Porto Santo (Gaviota) ③, Tel. 645106. Das Haus liegt direkt am kleinen Flughafen, trotzdem recht ruhig. Es hat einen Pool und einen eigenen kleinen Strand, viele der 80 Zimmer haben einen Balkon zum Meer.

3 Villa Maguana (Gaviota) ②, Tel. 641204, 22 km nördlich an der Straße nach Moa, direkt am Meer mit dem schönsten Strand der Gegend. Gute Unterkunft mit Restaurant.

8 El Castillo (Gaviota) ③, auf den Resten eines alten Forts oberhalb der Stadt erbaut, traumhafter Blick über Baracoa, Tel. 645165. 34 Zimmer mit AC,

Privat

Privatzimmer gibt es ohne Ende, man hat den Eindruck, jedes dritte Haus sei eine *Casa Particular*. Hier eine Auswahl:

6 Clara C. L. Mariana, Grajales 30, Tel. 643361. 2 Zimmer, 35 CUC inkl. Frühstück und Abendessen.

7 Nelia y Yaquelín, Mariana Grajales 11, e/Calixto García y Julio A. Melba, Tel. 643625. Nettes Zimmerchen mit Meerblick für 20 CUC, Frühstück 3 CUC.

10 Casa Edda y Alexis, Flor Crombet 115, e/Frank País y Maraví, Tel. 645801, 052 718547, edda.aguilera@nauta.cu. 3 Zimmer, Terrassen mit Meerblick, der Vermieter spricht deutsch, ab 20 CUC.

11 Casa Tropical, Martí 175, Tel. 643688. *Arnoldo* und *Frank Oliveros* bieten 3 Räume (mit Gemeinschaftsbad) ab 20 CUC, eine sehr gute Küche und einen kleinen Garten.

4

Baracoa

0 — 200 m

Bahía de Miel

Flughafen
Busbahnhof
Festung La Punta
Wrack
Bahía de Baracoa
Markt
Máximo Gómez
Flor Crombet
José Martí
Antonio Maceo
Calixto García
Avenida de los Mártires
Castillo Duany
Coliseo
Peralejo
24 de Febrero
10 de Octubre
Maraví
Frank País
Pelayo Cuervo
Casa de la Trova
Kathedrale
Félix Ruena
ETECSA
Antonio Maceo
Casa de la Cultura
Rafael Trejo
Ciro Frías
Céspedes
1 de Abril
Mella
Mariana Grajales
Flughafen,
Cascades
de Duaba,
Moa, Rio Toa
Castillo de
Seboruco

Fußgängerzone

---

12 Carmen V. Rodríguez, Martí 98, e/10 de Octubre y 24 de Febrero, Tel. 242531. Ein Kolonialstil-Haus im Zentrum und trotzdem relativ ruhig, hohe Decken, grüner Patio. 20 CUC.

13 Oscar R. Lambert, *Isabel Artolo Rosell,* Calle R. López 39, e/Ciro Frías y Céspedes, Tel. 645236. 2 Zimmer mit Bad, eins auf dem Dach mit großer Terrasse und schöner Aussicht. Zimmer 20 CUC, Frühstück 3 CUC, Abendessen 8 CUC.

15 El Mirador, Calle Maceo 86, e/10 de Octubre y 24 de Febrero, 1. Stock, Tel. 643592. Hohe Räume, ein Zimmer mit Balkon zur Straße, eins nach hinten, jeweils mit Bad, freundliche Leute. Ab 20 CUC.

22 Isabel Cabrales Roguez/José Carlos Hernández, Flor Crombet 110, e/Maraví y Frank País. Schöne Unterkunft im Zentrum, 15 CUC, gutes Essen.

23 Casa de Yamilet Selva, Frank País 6, e/Máximo Gómez y Flor Crombet, am Spielplatz, Tel. 645

357. Von der Dachterrasse schaut man aufs Meer und hört die Wellen an den Malecón schlagen. Kleiner Patio. 2 Zimmer mit AC und Bad, 25 CUC.

26 Casa Colonial, *Elsa Figueroa Toirac,* Martí 152, Tel. 643849. Zimmer 20 CUC mit Bad und AC. Gutes Essen (8 CUC), Frühstück 4 CUC. Freundliche Gastgeberin (nur spanisch).

34 Casa Bella Vista, Calixto García 55, e/Coliseo y Peralejo, Tel. 643993. Großes Zimmer mit Balkon, tolle Sicht auf die Bucht und El Yunque, ruhig, ab 20 CUC, plus Essen.

35 La Colina, Calixto García 158. 2 große Zimmer im 2. Stock des Hauses am Hang. Fantastischer Blick von der Terrasse. Unter dem gleichnamigen Paladar des Kochs *Alberto.* Tel. 642658 und 052 704365, inaudissd1969@gmail.com, ab 20 CUC.

38 Ana Torres, Calixto García 162, e/Céspedes y Coroneles Galano, Tel. 642754. Am Ortsrand gele-

39 Restaurant
   El Rancho
41 El Rápido

■ **Einkaufen/Sonstiges**
 5 Ecotur
14 Casa de la Cultura
   El Yunque
18 Cubatur
19 Casa del Chocolate
20 Kunsthandwerk
24 Souvenirstände
29 Havanatur

4 La Rosa Naútica, Calle 1. de Abril No. 185, Barrio La Playa, Tel. 645764 und 058 144654, das Lokal ist ein Kleinod, etwas versteckt speist man zu Preisen ab 5 CUC mit Blick auf die Bahía de Miel.

9 Baracoando, Maceo 96, Tel. 642199. Gemeinschaftsprojekt, auch Vegetarisches, Reservierung nötig, ab 8 CUC, geöffnet ab 11 Uhr.

17 La Libertad, Maceo 133, gegenüber dem Hostal *La Habanera*. Traditionelle Küche ab 9 Uhr, Preise ab 8 CUC.

21 El Colonial, Martí 123, Tel. 643161. Hervorragendes Restaurant mit winzigem Innenhof und antiken Möbeln. Faire Preise, Hauptgerichte ab 7 CUC.

25 Restaurante 485 Aniversario, für den *Pollo* zwischendurch in der Maceo 139.

30 La Cacha, Martí 176, e/Ciro Frías y Céspedes. Private Pizzeria, tgl. ab 11 Uhr, nicht ganz billig.

31 Die Freiluft-Cafeteria El Parque in der Maceo 142 nimmt Pesos.

33 Calalú, Calixto García 151, e/Céspedes y Ciro Frías. Ab 10 Uhr wird aufgetischt, auch die namensgebende Suppe.

36 El buen sabor, Calixto García 134, e/Ciro Frías y Céspedes. Cubanische Kost ab 8 CUC.

37 Paladar La Colina, exzellentes Essen auf der Dachterrasse des Hauses Calixto García 158, *Alberto* ist ein Meister am Grill.

39 El Rancho, preiswertes Essen, der Mojito kostet hier 3 CUC. Blick über die ganze Stadt. Hinter der Kirche die Calle Coroneles Galamo in Richtung Berg laufen und die schmale Treppe 140 Stufen hinauf.

41 Einen El Rápido gibt es an der Tankstelle am Ortseingang.

gen, aber ins Zentrum sind es zu Fuß nur wenige Minuten. 2 Zimmer, gute Küche. DZ 20 CUC, Abendessen pro Person 5 CUC, Frühstück pro Person 3 CUC.
40 Pedro Ruíz Lemus, Calle República 27, e/Moncada y Abel Diáz, Tel. 642548, pedroruizle@gmail.com. Sehr hilfsbereite Leute, hervorragendes Essen, großes Zimmer mit AC, schöner Garten, 25 CUC.
42 Casa Atlantis, Martí 393, Tel. 645158, direkt am Strand, Ortsanfang rechts. 3 Zimmer mit Bad, die Chefin, eine Tierärztin, ist freundlich, kleiner geschützter Patio zum Meer, 20 CUC.

Essen und Trinken

2 La Punta, relativ gutes Restaurant im Hof der gleichnamigen Festung am Nordende, zu normalen Preisen ab 5 CUC das Hauptgericht.

Einkaufen, Veranstaltungen, Notfälle, Sonstiges

■ **Hinweis: Keinesfalls Polymita-Schnecken kaufen,** die evtl. angeboten werden! Sie stehen unter Naturschutz, ihre Ausfuhr ist verboten, ebenso die Einfuhr in die EU.

● **Geldwechsel:** *BANDEC,* Calle Maceo 99; *CADECA* und *Western Union,* Calle Martí 241; jeweils werktags 8.15–16 Uhr, Sa, So 8.30–11.30 Uhr. Eine Bank gibt es in der Calle Martí 166, werktags 8.30–11 und 14–16.30 Uhr.

● **ETECSA** (Internet): Calle Maceo, esq. Rafael Trejo.

● **Markt:** 24 de Febrero, esq. Malecón.

● **Casa de la Trova:** links von der Kathedrale. Musikaufführungen für Touristen, offizielle Öffnungszeiten gibt es nicht, man muss einfach hingehen, Darbietungen i.d.R. um 21 Uhr, am Sonntag auch um 10 Uhr.

● Mitte April findet der **Karneval** statt.

● **Krankenhaus:** *Clínica Internacional,* Calle Martí 237.

5 **18** **29** **Reisebüros:** *Ecotur,* im *Hostal 1511; Cubatur,* Calle Maceo 181, Tel. 645306; *Havanatur,* Calle Martí 181, Tel. 642 171.

14 **Casa de la Cultura El Yunque:** Calle Maceo 124, die schmale Treppe vor dem Ecklokal hoch aufs Dach. Mo–So 8–12 und 14–18 Uhr, oft auch nachts geöffnet, manchmal mit Live-Musik.

19 **Schokolade:** *Casa del Chocolate,* Calle Martí, hier gibt es Kakao in verschiedensten Arten, alle aus Baracoa Anbau.

20 **Kunsthandwerk** gibt es im Kunstgewerbeladen in der Calle Maceo 120, Mo–Sa 8–18 Uhr.

24 Vor der Kathedrale gibt es ein paar **Souvenirstände.**

Verkehrsmittel/-verbindungen

Baracoa scheint das Ende der Welt zu sein, hier kann man stecken bleiben, da alle Busse oft schon zwei Tage im Voraus ausgebucht sind. Man sollte das Ticket für die Rückfahrt daher früh kaufen, oder man sucht sich rechtzeitig ein (legales) Taxi nach Guantánamo; von dort kommt man ohne Probleme weiter. Über Moa nach Guardalavaca zu fahren, ist keine gute Idee; die Strecke ist zwar kürzer als über Santiago, doch der Straßenzustand hinter Baracoa ist derart miserabel, dass man kaum vorwärts kommt.

● **Bus:** Alle zwei Tage kommt ein Bahnbus von Guantánamo, 1x pro Woche ein Bus von Camagüey. Jeden zweiten Tag kommt ein Bus aus La Habana nach 20 Stunden Fahrt in Baracoa an. Täglich fährt *Víazul* über Santiago in Richtung La Habana, ebenso nach Guantánamo. Wer weiter als nach Santiago möchte, sollte sein Ticket schon in Baracoa kaufen, denn in Santiago kann es mit den Plätzen eng werden. Preis 13 CUC, Abfahrt in Santiago 7.30 Uhr, Ankunft 12.15 Uhr. *Transgaviota* fährt Sa über Moa nach Holguín, 30 CUC, nach Santiago/Parque Céspedes kann man einen Platz bei *Cubatur* buchen.

● **Flug:** Am anderen Ende der Bucht gibt es den kleinen *Aeropuerto Gustavo Rizo (BCA). Cubana* fliegt donnerstags und sonntags von La Habana direkt nach Baracoa, mit Zwischenlandung in Santiago de Cuba dienstags und freitags, ferner donnerstags über Varadero nach La Habana. *Aerotaxi* verbindet in unregelmäßigen Abständen Baracoa mit Punta de Maisí, Guantánamo und Santiago.

● **Motorroller** kann man im Hotel *El Castillo* für 30 CUC pro Tag leihen, im Ort geht das auch preiswerter. Ein Fahrrad kostet pro Tag ca. 3 CUC. Das Fahrradtaxi sollte innerorts nicht mehr als 5 Pesos kosten.

Ausflüge

Es gibt ein paar **schöne Strände** in der Umgebung; sie sind entweder klein oder weit entfernt, sodass es hier wohl niemals Massentourismus geben wird.

Organisierte Touren verkaufen die Reisebüros in Baracoa (s.o.).

Wer zum **Humboldt-Nationalpark** möchte, muss vorher zur Bibliothek, Calle Martí, esq. Frank País, und dort den Eintritt bezahlen, bevor er sich Richtung Moa auf den Weg macht. Im Park gibt es Unterkunft für 10 CUC p.P. in Strohhütten (Weiteres s. Kap. „Land und Leute" unter „Nationalparks").

Playa Duaba

Hinter dem Flughafen geht es 5 km nach Norden bis zu diesem Strand an der Mündung des Río Duaba; mit dem Fahrrad kommt man gut dorthin. In der gleichnamigen **Finca,** einer ehemaligen Plantage etwas weiter im Landesinneren, kann man sich die Pflanzen ansehen und essen: Mi, Fr und So kreolisches Abendessen, um 20.30 Uhr Kabarett-Vorstellung. Carretera Mabujabo, km 2.

Die **Cascadas de Duaba** liegen zwar nicht weit entfernt, doch ist der Wasserfall ohne Führer nur schwer zu finden, und man muss auf jeden Fall ein steiniges Flussbett durchwaten.

Playa Managua

Die Playa Managua ist der **bekannteste Strand Baracoas.** Er liegt von Palmen umsäumt an der Straße Richtung Moa, ca. 20 km vom Stadtzentrum entfernt. Eine Taxifahrt kostet etwa 20 CUC, wenn man den Fahrer dort warten lässt. Preiswerter sind die Fahrten, die die Hotels in Baracoa anbieten (7 CUC). Es fährt auch täglich ein Bus für 5 CUC; Abfahrt um 10 Uhr beim Cubatur-Büro, Plaza de Independencia, die Rückfahrt ist gegen 16 Uhr. Für Hungrige steht eine Imbissbude bereit, zum Übernachten das Hotel *Villa Maguana.*

La Boca del Río Yumurí

Zur Mündung des Río Yumurí 30 km östlich von Baracoa fährt man mit dem Auto Richtung Guantánamo und kurz hinter den letzten Häusern von Baracoa links ab (etwa 1 Stunde). Taxis fahren für 20 CUC. Da der Weg dorthin ziemlich bergig ist, ist es mit dem Fahrrad anstrengend. Die Landschaft ist üppig, es wachsen Kokospalmen, die Sandstrände sind schwarz. Kurz vor dem Río Yumurí durchfährt man den **Paso de los Alemanes,** einen gewaltigen Felsen, der einen natürlichen Tunnel für die Straße geschaffen hat. In dieser Gegend siedelten sich im 19. Jh. Deutsche an, die sich unbeliebt machten, weil sie von den Bauern, die die Küstenstraße benutzten, Wegezoll kassierten. Der Fluss lädt zum Baden ein.

In der kleinen Ortschaft gibt es nur einen Imbiss. Dort kann man auch ein Boot chartern, das einen unter reger Anteilnahme der Dorfbevölkerung flussaufwärts bringt. Lokale Führer organisieren Wanderungen durch die Stromschnellen in das Bergdorf **Yumurí,** mittlerweile eine ziemlich touristische Angelegenheit.

Punta de Maisí

Nach 20 km Fahrt von La Boca del Río Yumurí muss man in La Máquina auf eine grauenhafte Piste abbiegen. Auf der hoppelt man dann noch 12 km vorbei an Kaffeepflanzungen. Die Straße wird angeblich oft geschlossen, und man kann sich nicht darauf verlassen, dass sie überhaupt passierbar ist. Die Punta de Maisí ist der **östlichste Punkt Cubas,** der

Leuchtturm dort ist seit 1862 in Betrieb. Man kann ihn mühsam über eine 144-stufige Treppe besteigen. Oben angekommen, bietet sich ein endloser Blick über das Meer in Richtung Haiti – die Insel ist an dunstfreien Tagen gut zu sehen. Wer keine Lust zum Klettern verspürt, kann am Strand vor dem Turm relaxen. Am Punta de Maisí gibt es sogar eine Landepiste für Flugzeuge. Die Gegend ist sehr trocken. Hier treffen sich der Atlantik und die Karibische See im **Paso de los Vientos.**

Río Toa

Ca. 10 km von Baracoa entfernt, in Richtung Moa, gut mit einem Fahrrad zu erreichen, da die Straße intakt und der Verkehr gering ist. Organisiert kostet der Ausflug 20 CUC. Ein einfaches Lokal, die *Finca Rancho Toa,* hat sich auf Bustouristen spezialisiert.

Bahía de Miel

Am südlichen Ende Baracoas liegt die „Honigbucht". Wenn man auf dem wenig einladenden Strand weitergeht, kommt man an die **Mündung des Río Miel.** Da die Fähre nur Cubaner mitnimmt, muss man hinüberwaten oder schwimmen. Das Gepäck transportiert das Boot. Landeinwärts rechts erreicht man ein Fischerdorf. Die Landschaft zeigt sich in grüner Pracht, mit Königspalmen und Bananenpflanzen. Ausla-

dende Bäume spenden dem Wanderer Schatten und machen Lust auf die Berge hinter der Ortschaft. Die Bewohner organisieren auch Touren.

El Yunque

So heißt der 569 m hohe **Tafelberg,** ein Wahrzeichen der Region. Man fährt 2,5 km auf der Straße nach Moa, dann bei der *Finca Duaba* links ab und 4 km weiter zum *Campismo El Yunque;* hier muss man einen Führer nehmen, ab 8 Uhr sollte jemand da sein. Man läuft mindestens zwei Stunden hoch und zwei zurück und muss durch den Oberlauf des Río Duaba waten. Der Aufstieg geht bis zum Aussichtspunkt Meseta del Yunque, unterwegs wachsen Kaffeesträucher, Jagüeycillos, Mahagoni, Zedern, Majaguas und Ocuje *(Calophyllum antillanum).* Man muss nicht unbedingt eine geführte Tour in Baracoa buchen, aber ein Führer im Park ist vorgeschrieben (ca. 20 CUC) und festes Schuhwerk erforderlich, außerdem sollte man ausreichend Trinkwasser mitnehmen. Das Büro des Nationalparks liegt an der Straße nach Moa 30 km westlich von Baracoa am Meer.

Weiterfahrt in Richtung Westen

Nach Westen bis zur nächsten Stadt Moa sind es von Baracoa etwa 75 km, meist an der Küste entlang, die Straße ist allerdings in einem jämmerlichen Zustand. 20 km hinter der *Villa Managua* ist die Provinzgrenze am Río Jiguaní erreicht.

« Vorherige Doppelseite: Am Río Miel

4

Der Oriente

Die Ortschaften **Yamanigüey** und **Punta Gorda** sind unscheinbar, zwischendurch kommt braun-grünes Felsgestein in Sicht, manchmal spärlich mit Buschwerk bewachsen. Hinter Punta Gorda wird die Straße geringfügig besser.

Moa

Die Stadt an einer Meeresbucht und am Río Sagua de Tánamo ist für Touristen nicht wirklich von Interesse, denn hier gibt es größere **Nickelvorkommen,** die im Tagebau gewonnen werden, daher ist die Stadt von Abraumhalden und terrassenförmigen Abschürfungen umgeben. Den Ort dominieren Verhüttungsbetriebe, zu erkennen an ihren Schornsteinen, die die Luft verpesten. Dank eines cubanisch-kanadischen *joint venture* wurde eine neue Nickelfabrik gebaut, die weniger Abgase in die Umwelt entlässt.

Einen Besuch lohnt vielleicht das **Museo de Historia de la Comunidad de Moa** in der Calle Mario Muñoz Monroy 28, gegründet 1982. Es beschäftigt sich mit Geschichte und Kultur der Stadt und Region. Das zweistöckige Haus war das erste Hotel mit vier Räumen im Obergeschoss, in denen die Chefs der amerikanischen Unternehmen logierten, die in der Gegend investierten.

Nahe bei Moa liegt der kleine *Aeropuerto Orestes Acosta (MOA),* von dem man nach Santiago fliegen kann.

■ **Unterkunft:** Einzige Übernachtungsmöglichkeit in Moa ist das vierstöckige **Hotel Miraflores** (Islazúl) ② in der Ave. Amistad s/n auf einem Hügel, Tel. 024 606125, jcarpeta@miraflores.co.cu: 140 Zimmer und Pool, insgesamt okay.

Weiter nach Westen

Bei der Weiterfahrt nach Westen biegt die Straße ins Landesinnere, es wird bergiger, und nach 38 km Fahrt erreicht man das Bauerndorf **Sagua de Tánamo** am Río Sagua. Entlang der Strecke gibt es ab und zu Kontrollpunkte des Militärs. Wer nach Guantánamo will, fährt am Ortsausgang links ab und ist nach 75 km Fahrt durch die Montañas de Sagua dort. Wer die Küstenstraße weiterfahren will, hat noch 50 km am Fuße der Sierra de Cristal bis Mayarí vor sich. Allerdings ist die Bezeichnung „Küstenstraße" nicht ganz korrekt, denn man sieht das Meer nur von Ferne immer wieder durch die Hügel blitzen. 20 km hinter Sagua de Tánamo kann man rechts ab zur **Playa Corinthia** gelangen. Hier gibt es keine Unterkunftsmöglichkeiten.

In **Baguáno** kann man um die Bucht herum nach Guardalavaca weiterreisen oder den Weg nach Holguín nehmen. Der Rest der Strecke ist im Kapitel „Von Guardalavaca nach Osten" beschrieben.

5 Insel-touren

Der Archipiélago de Camagüey an der Küste in Höhe des gleichnamigen Ortes hat mit dem Cayo Guillermo und dem Cayo Coco zwei Ferienparadiese zu bieten, die man bequem mit dem Auto erreichen kann. Zur größten Insel Cubas, der Isla de la Juventud, braucht man die Fähre, und wen es noch weiter in die Karibische See treibt, der nimmt ein Flugzeug nach Cayo Largo del Sur.

◁ Hütte am Strand der Insel Cayo Largo

KARIBISCHES
MEER

NICHT VERPASSEN!

Diese Tipps sind gelb hinterlegt.

ÜBERSICHT

Cuba ist von **Korallenriffen** umgeben, die schwere Wellen von der Küste fernhalten. Davor haben sich Inseln wie aus dem Karibik-Bilderbuch gebildet: lange Strände mit weißem, feinen Sand, dazu Palmen, die Schatten spenden. Vor der Nordküste liegt der **Archipiélago de Camagüey** mit seinen Inseln **Cayo Coco** und **Cayo Guillermo,** auf der karibischen Seite Cubas sind es die **Isla de la Juventud** und unweit davon **Cayo Largo del Sur.** Die **Jardines de la Reina** liegen vom Tourismus unberührt im Südosten.

Archipiélago de Camagüey

Archipiélago de Camagüey heißt die faszinierende Inselwelt, die sich nördlich der Provinzen Ciego de Ávila und Camagüey erstreckt. Die Cayería del Norte, auch **Jardines del Rey** – Gärten des Königs – genannt, rund 400 flache Inselchen im türkisblauen Meer, sind ein Naturparadies mit reicher Flora und Fauna, in dem rund 200 verschiedene Vogelarten und viele Leguane leben. Außerdem locken die vielen Cayos mit **traumhaften Stränden** und geradezu unwirklich anmutendem, feinem weißen Sand. In letzter Zeit hat man zur Sicherung und zum Schutz der Böden Palmen angepflanzt. Ansonsten wachsen hier hauptsächlich Mangroven und Schildkrötengras.

Die Inseln sind **Naturschutzgebiet** und trotzdem touristisch erschlossen, auch mit einem Flughafen an ihrem östlichen Ende. Auf den Inseln sind **Sonnenanbeter, Schnorchler, Taucher und Hochseefischer** unter sich. Naturfreunde können Pelikane, Flamingos und den weißen Reiher *coco blanco* entdecken. An größeren Tieren finden sich Wildschweine, Rinder und Pferde.

Da die meisten **Hotels** nur *all inclusive* gebucht werden können, sollte man hier nur als Pauschaltourist für längere Zeit absteigen. Preiswertere Unterkünfte gibt es an den Stränden auf der Hauptinsel Cuba.

Cayo Coco

● **Vorwahl:** 033

Die viertgrößte Insel des Archipels Camagüey erreicht man über den 25 km langen **Damm Piedraplén** (2 CUC, Reisepass notwendig!). Der Damm führt von Morón über die Hundebucht (Bahía de Perros) zur Playa Larga. In westlicher Richtung kann man über einen weiteren

Damm bis zur Cayo Guillermo fahren (rund 100 km). Ein anderer Damm führt von Jiqui hinüber zur Insel Cayo Romano und von dort weiter zur Cayo Cruz.

Auf Cayo Coco wird zwar der Tourismus ausgebaut, aber die Regierung hat dem Gebiet **sanften Tourismus** verordnet, um die Pflanzen- und Tierwelt der Insel zu schützen. Ökologen vom Forschungszentrum *Ecosistemas Costeros* versuchen, das natürliche Gleichgewicht

Cayo Coco und Cayo Guillermo © REISE KNOW-HOW 2017

Cuba 29

■ **Unterkunft**
2 Playa Pilar
3 Sol Cayo Guillermo,
   Meliá Cayo Guillermo
4 Hotel Daiquiri
5 Villa Vigía,
   Club Cayo Guillermo

6 Villa Cojímar
7 Krystal Laguna Villas
8 Meliá Jardines del Rey
9 Memories Caribe
10 Sitio La Güira
13 Villa Cayo Coco
16 Hotel Colonial
17 Sol Club Cayo Coco

18 Meliá Cayo Coco,
   Pullmann Cayo Coco

■ **Essen und Trinken**
1 Ranchón Playa Pilar
11 Ranchón Los Marquéz
12 Ranchón Playa Flamenco
14 Lenny's Bar & Grill
15 Ranchón Las Dunas
19 Ranchón Las Coloradas
21 Cafetería El Rápido
22 Parador La Silla

■ **Einkaufen**
20 Einkaufszentrum

trotz des hohen Touristenaufkommens zu gewährleisten. Leider haben die Baumaßnamen im Osten der Insel zugenommen; es stehen hier mittlerweile 3500 Hotelbetten zur Verfügung.

Eigentlich kommen nur **Urlauber** auf die Insel, die ihre Hotelanlagen nicht verlassen, es gibt außerhalb der Anlagen auch nur wenig zu erleben. Die All-inclusive-Touristen erkennt man an den bunten Plastikarmbändern. Die Sicherheitsvorkehrungen an Stränden und in Hotels sind augenscheinlich, Cubaner werden selbst beim Verlassen ihrer Arbeitsstätten überprüft. Privatunterkünfte sucht man auf Cayo Coco vergeblich.

Auch **Gesundheitstouristen** sind anzutreffen, denn in der *Clínica Dental* kann man sich gegen harte Währung alle Arten von Zahnbehandlungen angedeihen lassen. Medizinisch behandelt werden Ausländer in der *Clínica Internacional Cayo Coco*, Tel. 301374, 301375. Ein Infobüro gibt's im 16 **Hotel Colonial.** Bei *Transtur* kann man Vogelbeobachtungstouren buchen.

Die Insel an der Korallenküste ist etwa 40 km lang und zum größten Teil mit Mangroven bewachsen, die Myriaden **Stechmücken** anziehen – es ist also immer an ausreichenden Mückenschutz zu denken. Zur Bekämpfung der Plagegeister wurde die Mückenlarven fressende Fischart *Larvifargos* ausgesetzt.

Sehenswert sind vor allem die **Korallenriffe.** Rosa Flamingos sind selten geworden, die scheuen Tiere hat der Lärm verscheucht.

Die **Cueva del Jabalí** (Wildschweinhöhle) westlich von Punta del Cuerno ist eine ziemlich touristische Angelegenheit mit Bar und Cabaret-Show, Di–Sa ab 22 Uhr, 6 CUC Verzehr.

Der alte Flughafen westlich von Sitio La Güira an der Playa Prohibida verfällt und wurde zum **Naturpark El Bagá** umgestaltet, allerdings ohne offiziellen Zugang. Die bekannte **Playa Pilar** kann an den Wochenenden ziemlich voll werden, doch die anderen Strände sind genauso schön.

Unterkunft

7 **Krystal Laguna Villas** (NH) ②, Tel. 301470. Zum Teil auf Pfahlbauten in einer Lagune.

8 **Meliá Jardines del Rey** ④, 2015 eröffnet und mit 1176 (!) Zimmern das bei Weitem größte Hotel auf der Insel.

9 **Memories Caribe** ③, Tel. 302350. 300 Zimmer in 2-stöckigen Häuschen um einen künstlichen See, zudem Restaurants und Bars, eine Disco und alles, was man sonst vielleicht braucht.

10 **Sitio La Güira** ①, zwischen Tankstelle und Naturpark El Bagá liegt ein kleines Haus mit zwei Zimmern und Gemeinschaftsbad sowie ein paar Palmstrohhütten am Strand Uva Caleta, beides gehört *Rumbos*. Das Haus ist in der näheren Umgebung das Preiswerteste. Man erkennt es an dem grünen Zementkürbis an der Straße.

13 **Hotel Villa Cayo Coco** ③, Playa Las Conchas, Avenida los Hoteles, km 2,5. Das Hotel verfügt über 48 große Zimmer in ein- und zweistöckigen Gebäuden. Bar, Café und ein Restaurant mit einfachen Gerichten sind vorhanden.

17 **Sol Club Cayo Coco** ④, Tel. 301280. 270 Zimmer in zwei- und dreistöckigen Gebäuden. Sehr guter Standard, bei Tauchern beliebt, All inclusive.

18 **Pullman Cayo Coco** ④, neue 500-Zimmer-Anlage an der Playa Las Coloradas im Osten. Service, Mitarbeiter und Angebot sind top, auch die Zimmer sind gut geschnitten, und von den meisten sieht man das Meer.

18 **Meliá Cayo Coco** ④, Tel. 301180, am Strand Las Coloradas am äußersten östlichen Ende der Insel auf einer kleinen Halbinsel, 250 Zimmer in bunten Häuschen, All inclusive.

■ Weitere **All-inclusive-Unterkünfte** ④ sind von Ost nach West: *Iberostar Mojito,* Tel. 301470, 350 Zimmer; *Tryp Cayo Coco,* Tel. 301300, 500 Zimmer; *Colonial Cayo Coco,* Tel. 301311, 450 Zimmer; *Pestana,* Tel. 304200, 500 Zimmer; *Memories Flamenco,* Tel. 304100, 620 Zimmer; *Playa Coco,* Tel. 302250, 300 Zimmer.

■ Als **Alternative** bietet sich die Übernachtung in **Morón** auf dem Festland an; 2 CUC Auto-Gebühr an der Passkontrolle und 45 Min. Fahrt dorthin.

Essen und Trinken

Da alles All inclusive ist, gibt es nur wenige Bars und Restaurants. Wer trotzdem Lust auf einen „Ausbruch" verspürt, sollte es an den Strandbuden probieren, die *Palmares* oder *Islazul* betreiben. Von West nach Ost sind das:

1 **Ranchón Playa Pilar,** am Strand gleichen Namens, vom hauseigenen Turm hat man eine gute Rundumsicht, ab 9 Uhr morgens diverse Gerichte ab 7 CUC.

11 **Ranchón Los Marquéz,** beim *Sitio La Güira,* 5 km von der Playa La Jaula entfernt, bietet weit und breit das preiswerteste und beste Essen.

12 **Ranchón Playa Flamenco,** beim *Meliá Jardines del Rey,* über den Strandzugang zwischen den Hotels zu erreichen, ab 10 Uhr geöffnet.

14 **Lenny's Bar & Grill,** an der Playa Prohibida 2 km westlich des Hotels *Villa Cayo Coco,* zu Fuß etwas weit, besser ist es, einen Roller zu mieten. In der Strohhütte sind diverse kanadische Autoschilder angebracht. Zu essen gibt es die üblichen kreolischen Gerichte.

15 **Ranchón Las Dunas,** beim Tryp-Hotel, wo auch die Tourismusschule ist, Huhn ab 3,50 CUC.

19 **Ranchón Las Coloradas,** von *Catec* betrieben, mit herrlichem Ausblick am Ostende der Playa Las Coloradas. Man kann 1,5 km durch die Dünen dorthin laufen und Lobster für 15 CUC essen.

21 Die **Cafetería El Rápido,** in der man auch etwas zu Essen bekommen kann, befindet sich an der Tankstelle.

22 Auf dem Damm, kurz bevor man die Insel erreicht, gibt es ein *Rumbos*-Büro. Die dem Büro angeschlossene Snackbar heißt **Parador La Silla,** ist für eine Rast gut geeignet und hat einen hölzernen Aussichtsturm.

Verkehrsmittel/-verbindungen

■ Der **Aeropuerto Jardines del Rey (CCC)** östlich von Casasa ist der Ort, über den die meisten Touristen die Insel erreichen, Tel. 309165. Von hier fahren Busse zu den Hotels. *Cubana* fliegt täglich um 12.30 und 18 Uhr von La Habana nach Cayo Coco. Die erste Maschine fliegt um 1.45 Uhr wieder zurück, die späte fliegt dann am nächsten Tag um 8.45 Uhr zurück (etwa 70 CUC). *Aerotaxi* kurvt mit seinen geflügelten Bussen für 50 CUC nach Trinidad. *Cubana* hat ein Büro im Tryp-Hotel, Tel. 301300. Die Fahrt zum Flughafen von den Hotels dauert ca. 30 Min.

■ Es gibt eine **Tankstelle** am Ende des Dammes, an der ersten Kreuzung.

■ **Mietwagen:** Havanauto an der Tankstelle oder im Hotel *Sol Club Cayo Coco. Cubacar* hat ein Büro an der zweiten Kreuzung. **Motorroller** kosten etwa 18 CUC ohne Versicherung für 3 Stunden, es besteht Helmpflicht. In allen Hotels gibt es Fahrräder.

■ **Lokaler Transfer:** Um zwischen den Stränden und Hotels hin und her zu fahren, gibt es einen Bus, der von 9 bis 17 Uhr etwa stündlich alle großen Hotels von Cayo Coco und Cayo Guillermo abfährt. Fahrtunterbrechungen beliebig, das Ticket für einen Tag kostet 5 CUC. Die Hotels auf Cayo Guillermo werden ab 9.40 Uhr erreicht. Außerdem gibt es noch die **Straßen-Eisenbahnen** mit übergestülpter Lokomotivenattrappe. 3 Stunden, 12 CUC inkl. Drink im *Sitio La Güira.* Kutschfahrten müssen ausgehandelt werden, das kann teuer werden.

■ Ein **Hop-on/Hop-off-Bus** fährt an den Hotels und den Stränden vorbei: alle halbe Stunde von 9–21 Uhr für 5 CUC am Tag.

Östlich von Cayo Coco liegt **Cayo Paredón Grande,** noch weiter entfernt folgt **Cayo Cruz.** Beide Inseln werden touristisch erschlossen, es sollen pro Insel sechs Hotels entstehen. 2015 wurde mit dem Bau einer Straßenverbindung nach Cayo Cruz begonnen, nach Paredón Grande führt schon eine Straße über drei Brücken. Auf dem gerade einmal 9 km² großen Eiland Paredón gibt es im Norden drei Strände: Los Pinos, Los Lirios und Playa del Norte, wo der 40 m hohe, gelb-schwarze **Leuchtturm Diego Velázquez** steht, der mit Erlaubnis (!) des Leuchtturmwärters bestiegen werden kann. *Sunwing* veranstaltet Katamarantouren zu den Stränden, die anderen Boote fahren zur Playa Pilar.

Cayo Guillermo

Die westliche Nachbarinsel Cayo Guillermo, ebenfalls über einen Damm zu erreichen, ist nur 13 km² groß. Leider sind auch hier die Flamingos in ruhigere Gebiete ausgewichen. Dafür begrüßt eine **unglaubliche Unterwasserwelt** die Taucher; in den Hotels werden vielfältige Aktivitäten geboten. Eine Überfahrt für 5 CUC auf die winzige unbewohnte **Cayo Media Luna** kann gebucht werden.

Hemingway kam zum Fischen hierher und verarbeitete die Gegend literarisch in seinem Buch „Inseln im Strom". Nach seiner Jacht „Pilar" nannte man den schönsten Strandabschnitt **Playa Pilar** – er gehört definitiv zu den herrlichsten Stränden Cubas!

Die Marina **Puertosol Guillermo** beim Hotel *Villa Cojímar* bietet Hochseefischen an (250 CUC/halber Tag).

Kitesurfen wird am langen Strand beim *Sol Cayo Guillermo* angeboten.

Das **Delfinario,** eine Delfinshow-Arena, wurde 2015 eröffnet; sie liegt neben der Marina. Eine (fragwürdige) Show gibt es hier nicht, man kann aber mit den Tieren schwimmen; am besten über die Hotels zu buchen.

Unterkunft

Alle Hotels auf Cayo Guillermo sind für All-Inclusive-Gäste, also von zu Hause aus zu buchen. Hier die größten:

2 **Iberostar Playa Pilar** ④
480 Zimmer (im Bau).
3 **Meliá Cayo Guillermo** ③
300 Zimmer, Tel. 301680.
3 **Sol Cayo Guillermo** ③
268 Zimmer, Tel. 301 760.
4 **Iberostar Hotel Daiquirí** ④
312 Zimmer, Tel. 301650.
5 **RIU Villa Vigía** ③
260 Zimmer in einer weitläufigen Anlage.
5 **Sercotel Club Cayo Guillermo** ③
280 Zimmer, Tel. 301712.
6 **Gran Caribe Club Villa Cojímar** ③
200 Zimmer in Häuschen.

■ **Mietautos** können bei *Transtur* im Hotel *Daiquirí* ausgeliehen werden.
1 Wer nicht im Hotel essen will, begibt sich zum **Ranchón Playa Pilar** (s.o.).
■ **Geld wechseln** kann man in den CADECA-Wechselstuben der Resorts oder in der Bank im Einkaufszentrum am Kreisel.

Isla de la Juventud

- **Vorwahl:** 046
- **Einwohner:** 70.000
- Die Insel präsentiert sich auf einer sehr ausführlichen Homepage (auch auf Englisch) mit vielen Bildern: **www.isladelajuventud-cuba.com.**

„Dichte Wälder, die eine grasgrüne Farbe hatten, bedeckten die Küste, sie wurden nur von gelegentlichen Sandbänken unterbrochen."

(*Robert L. Stevenson, „Die Schatzinsel"*)

Als **Kolumbus** die Insel – von den Einheimischen *Sigüanea* genannt – **1494** entdeckte, nannte er sie zunächst *Isla Evangelista.* Danach wurde sie als die Papageieninsel bekannt; Piraten wie *Sir Francis Drake, John Hawkins* und *Henry Morgan* wählten sie als Versteck. Dies inspirierte *Robert Louis Stevenson* zu seinem Buch **„Die Schatzinsel"** – Schätze wurden allerdings bis heute nicht gefunden. Später nannte man das Eiland *Isla de los Piños.* Lange Zeit diente die Insel als Gefängnis. 1925 schließlich wurde sie in „Insel der Jugend" umbenannt: Große Jugendlager wurden eingerichtet, die Jugendlichen legten Plantagen für Zitrusfrüchte an, die (im flachen Norden) immer noch angebaut werden.

Die Isla de la Juventud erstreckt sich auf einer Fläche von 3050 km². Die Marmorgebirge **Sierra de Caballo** und **Sierra de Las Casas** sind mit 261 bzw. 295 m die höchsten Erhebungen um die Hauptstadt. Seit Hunderten von Jahren wird Marmor abgebaut, ein cubanisch-kanadisches Projekt beschäftigt sich mit der Gewinnung von Gold und Silber.

cu008-2017 kh

Der Süden der Insel besteht aus Buschland und Sumpf; hier leben Krokodile und Wasservögel. Schöne Strände, aber vor allen Dingen eine **faszinierende Unterwasserwelt** machen den Reiz der Insel aus. Insbesondere von der **Punta Francés,** der halbinselförmigen Ausbuchtung im Südwesten der Insel, kann man die Korallengärten mit dem Boot in kürzester Zeit erreichen.

Am 16. Mai 1996 tauchte die damals 29-jährige Cubanerin *Deborah Andollo* bei der Pasaje Escondido an der Punta Francés ohne Ausrüstung 110 m tief senkrecht nach unten, davon 60 m mit Ballast – mit 2 Minuten und 15 Sekunden damals Weltrekord im Luftanhalten (Apnoetauchen).

Im **Tauchzentrum** beim Hotel *Colony,* 46 km von Nueva Gerona (Druckkammer), dem größten Ort der Insel, entfernt, unterrichten Tauchlehrer nach CMAS- und SSI-Richtlinien, von hier aus werden 56 Reviere besucht.

An der Punta del Este kann man **Höhlenmalereien der Taínos,** der indianischen Ureinwohner, entdecken. Die vorgelagerten kleinen Inseln im Osten sind Heimat von Schildkröten, Echsen und Pelikanen.

Durch diverse **Hurrikans** in der letzten Zeit ist der Tourismus auf der Insel eingebrochen, und die Einrichtungen verfallen langsam. Alles wirkt etwas heruntergekommen.

◁ Karibikparadies Isla de la Juventud

Anreise

● **Flug:** *Cubana* fliegt täglich von Havanna nach Nueva Gerona und zurück. Der Flug dauert ca. 30 Minuten und kostet knapp 40 CUC pro Strecke. Der *Aeropuerto Rafael Cabrera Mustelier* (GER) liegt 5 km südlich von Nueva Gerona.

● **Fähre:** Es verkehrt eine Fähre zwischen Batabanó auf dem Festland und der Isla de la Juventud. Die Fahrt dauert rund 2 Stunden und kostet 50 CUC. Das Ticket sollte mindestens einen Tag im Voraus bei der Schifffahrtsgesellschaft *NCC* gekauft werden; Büro in La Habana am Astro-Busbahnhof, von dort fährt auch der Bus nach Batabanó (ca. 5 CUC).

● Am einfachsten ist es, eine Tour über das **Reisebüro** eines Hotels zu buchen; das kostet ca. 50 CUC aus La Habana oder Varadero.

Nueva Gerona

● **Vorwahl:** 046
● **Einwohner:** 60.000

Im 1830 gegründeten Hauptort der Insel kommen die Schiffe und Flugzeuge vom Festland an. Nueva Gerona liegt am Río Las Casas, dem größten Fluss der Insel. Dahinter ragen die Sierra de las Casas und die Sierra de Caballos auf.

Im **Presidio Modelo** (Modellgefängnis) war *Fidel Castro* nach dem Angriff auf die Moncada-Kaserne in Santiago de Cuba interniert. Erbaut unter Diktator *Gerardo Machado* von 1926 bis 1932, besteht die Anstalt aus insgesamt fünf runden Gebäuden, von denen das mittlere der Speisesaal war. Vorgesehen für 2500 Insassen, war das Gefängnis nach der Revolution mit 6000 bis 8000 Häftlingen (u.a. politische Gegner der Kommunisten, Konterrevolutionäre, Homosexuelle, Zeugen Jehovas) oft überfüllt. Das Ge-

Isla de la Juventud

0 ▬▬▬▬▬ 10 km

Punta de los Barcos

Punta El Lindero `314` `314`

Playa El Gallego

Playa Punta Piedra

Playa Paraíso

`314` Playa Bibijagüa

`307` **Nueva Gerona**

Cayos Los Indios

Medio las Nuevas `314`

Casa de José Martí **Finca El Abra** `314`

Chacón

Ⓜ *Sierra de Las Casas 295 m*

Presidio Modelo

Sierra de Caballo 261 m

Punta de Afuera

Playa Buenavista

La Demajagua

Las Nuevas

Vietnam Héroicos

`1` `2`

Punta Buenavista

Cristal La Melvis

✈ **Flughafen Cabrera Mustelier**

Júcaro

Mina de Oro

Los Indios La Victoria

▲ *Loma de cañada 303 m*

La Fé

Mal País Uno `313`

`313`

Botanischer Garten ★

Thermalbad La Fé ★

La Fé

Argelia Libre

Punta Francés `316` **Playa Punta Francés** `315`

Bahía de Sigüanea `3` `4` Dársena

Julio Antonio Mella `313`

Pino Alto

Criadero de Cocodrilos (Krokodilfarm)

Punta de Pedernales

Caleta Grande

`316` Cocodrilo

Cayo Piedra ★ **Kontrollpunkt**

Cayo Piedra

`315` Ciénaga de Lanier

Carapachibey

`315` Playa Larga

★ *Alter Leuchtturm (Faro de Carapachibey)*

`315` Punta del Guanal

0 ▬▬▬▬▬ 20 km

Golf von Batabanó

ARCHIPIÉLAGO DE LOS CANARREOS

Cayo Diego Pérez

`306` **Isla de la Juventud**

Cayo San Juan

Cayo Cantiles

`316` Cayo Largo del Sur

Cayo Rico

Cayo Matías

Cayo Campos

Cayo Ávalos

Cayo del Resario

KARIBISCHES MEER

Cuba 27

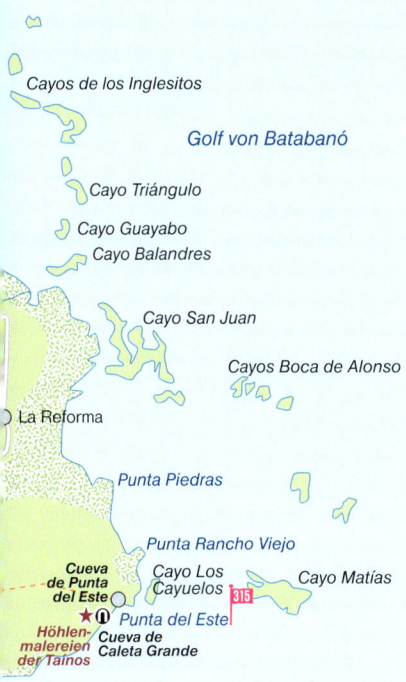

Cayos de los Inglesitos

Golf von Batabanó

Cayo Triángulo

Cayo Guayabo
Cayo Balandres

Cayo San Juan

Cayos Boca de Alonso

La Reforma

Punta Piedras

Punta Rancho Viejo

Cueva
de Punta
del Este
Cayo Los
Cayuelos

Cayo Matías

315

Punta del Este
Höhlen-
malereien
der Taínos
Cueva de
Caleta Grande

KARIBISCHES MEER

■ **Unterkunft**
1 Rancho El Tresoro
2 Villa Isla de Juventud
3 Hotel Colony
5 Villa Marinera
9 Meliá-Sol Cayo Largo
10 Meliá-Sol Pelicano
11 Villa Lindamar
12 Villa Soledad
13 Villa Coral
14 Isla del Sur
15 Barcelo Cayo Largo
16 Villa Playa Blanca
17 Villa Iguaná-Capricho

■ **Essen und Trinken**
7 Taberna del Pirata

■ **Nachtleben**
8 Discoteca Iguaná Azul

■ **Wassersport**
4 Tauchzentrum
6 Tauchzentrum

Cayo Largo del Sur

0 ▬▬ 2 km   ©Reise Know-How 2017

Punta del Este
Punta Iguanita

Punta Mangle Prieto

Golfo von Batabanó

317
Playa Tortuga

Punta
Gancho

Cayos Los Pájaros

Cayería
Los
Majáes
317
Cayo Rico/
Iguana

317
Playa Los Cocos

Cayo
Rico
Combinado
Las
Piedras
Playa
Luna

5
Puertosol
6
7
8
Botanischer
Garten

317
Playa Blanca

17
16

317
Playa Sirena

317
Playa Paraíso

9 10 11 12 13 14 15
Playa
Lindamar

KARIBISCHES MEER

0   100 m
© REISE KNOW-HOW 2017

Unterkunft
1 Casa Daili,
   Villa Más
2 Villa Peña
5 Gerardo y Anita
   Ortega Abreu
9 Casa Joel
   Díaz Prout
14 Villa Gerona
15 Marina Troncoso
25 Maydelin y
   Méndez
26 Casa García
29 Hotel Bamboo,
   La Cubana

Essen und Trinken
3 Rest. La Cocinita
6 Rest. La Vajilla
7 Casa de los Vinos
10 Rest. La Insula
13 Rest. El Conchinito,
   Mesón La Mitta
17 Rest. El Dragón
19 Pizzeria Isola
22 Eisdiele (Coppelia),
   Pizzeria La Góndola
24 Rest. El Rio
27 Rest. El Avión
29 Rest. Bamboo

Nachtleben
4 Disco
   La Movida
12 Cetro Cult.
   Suco Suco
13 Cabaret
   El Patio

Einkaufen/Sonstiges
8 Fotoladen
11 El Boulevard
12 Ecotur,
   Galerie,
   Fondo de
   Bienes
   Culturales
13 Taller de
   Cerámica
16 Bauernmarkt
18 Cubalse
   Supermarkt
20 Kino
21 Auto-
   vermietung
23 Supermarkt

fängnis wurde 1967 geschlossen, große Teile davon sind inzwischen verfallen, im Gebäude Nr. 1 befindet sich ein Museum (seit 1973). Der Presidio liegt außerhalb des Ortes, in östlicher Richtung, an der Straße nach Bibijagüa. Geöffnet Mo–Sa 8–17 Uhr und So 8–13 Uhr.

Museo de Ciencias Naturales, Calle 41 No. 4625, e/46 y 54, Tel. 323143: Dieses Naturhistorische Museum zeigt u.a. eine Kopie der Höhle der Punta del Este. Da die echte schwer zu erreichen ist, bietet sich hier eine gute Gelegenheit zur Besichtigung. Geöffnet Di–Sa 8–17 Uhr, So 8–12 Uhr, 2 CUC. Dem Museum ist ein Planetarium angeschlossen.

Museo Municipal, Calle 30, e/37 y 39, 323791: Sieben Abteilungen beschäftigen sich u.a. mit der Piraterie, der Revolution und dem Kolonialismus. Geöffnet Di–Sa 8–17 Uhr, So 8–12 Uhr, Eintritt 1 CUC.

El Pinero: Dieses alte Fährschiff tat ab den 1920er Jahren Dienst. Auf ihm fuhren *Castro* und seine Anhänger nach ihrer Entlassung aus dem Gefängnis 1955 zum Festland. Seit 1978 ist das Schiff *Monumento Nacional*. Es steht auf der kleinen Plaza Memorial El Pinero am Ufer des Flusses, Calle 33, e/26 y 28.

Der **Parque Central** wird von der Kirche, dem Museum, dem alten Kino und der Fußgängerzone Calle 39 begrenzt. Am Platz steht die **Iglesia Nuestra Señora de Los Dolores,** Calle 28, e/39 (José Martí) y 37. Wahrlich schmerzhaft ist der Anblick der Kirche für Freunde stiltreuer Architektur, denn die barocke Fassade wurde nach einem Hurrikan 1929 in Zuckerbäckerfarbtönen gestrichen und mit dem Turm einer Trutzburg, der halbrunde Balkone aufweist, versehen.

Inseltouren

Unterkunft

Hotels (siehe Karte S. 308)

1 Rancho El Tresoro (Caribe) ②, Tel. 323035, ranjoij@enet.cu. Der renovierte, sehr einfache Komplex aus den 1950er Jahren liegt südlich vom Ort in einem Wäldchen, Autopista, km 2,5. 50 Zimmer, auf mehrere Blocks verteilt.

2 Villa Isla de Juventud (Gaviota) ②, Tel. 323 035. Das angenehme zweistöckige Haus liegt an der ruhigen Straße zum Flughafen und nach La Fé, km 2,5. 20 einfache Zimmer. Hinter dem Haus gibt es eine Brücke über den Río Las Casas; hier kann man einen kleinen Ausflug starten.

Hotels (siehe Karte S. 310)

29 Die Hotels **La Cubana,** Calle 39, e/16 y 18, Tel. 323512, und **Bamboo** am Ende der Calle 46, Tel. 324924, sind Cubanern vorbehalten. Das *Bamboo* verfügt über ein beliebtes **29** Restaurant.

Privat (siehe Karte S. 310)

1 Casa Daili, Calle 8 No. 4932, e/49 y 53, Tel. 322 972. Das Haus einer Taxifahrerin liegt nahe der Busstation nach Süden. Kleines Zimmer mit Bad für 20 CUC. Terrasse, Aufenthaltsraum, gutes Essen.

1 Villa Más, Calle 41 No. 4108, e/8 y 10, apto. 7. 2 DZ mit AC und Kühlschrank, von der Dachterrasse hat man einen guten Blick, eine Garage steht zur Verfügung. 20 CUC.

2 Villa Peña, Calle 10 No. 3710, e/37 y 39, Ecke Fußgängerzone, Tel. 322345. 2 Zimmer im Erdgeschoss mit separatem Eingang, Gemeinschaftsbad, Dachterrasse, 25 CUC. Unter der gleichen Telefonnummer vermietet auch die Cousine zwei Zimmer im Haus gegenüber (No. 3707).

5 Gerardo y Anita Ortega Abreu, Calle 20 No. 3518, e/35 y 37, in der Nähe der Disco La Vajilla, Tel. 326560. 2 Zimmer in der aufgestockten 2. Etage, schattige Terrassen, 25 CUC.

9 Casa Joel Díaz Prout, Calle 49 No. 2214, e/22 y 24. DZ 15 CUC, mit Balkon, ohne Telefon, nette und hilfsbereite Menschen.

14 Villa Gerona, Calle 35 No. 2410, e/24 y 26, Tel. 312962. 3 Zimmer mit Bad, 25 CUC, mind. 2 Nächte. Bar, Terrasse, Bewachung.

15 Marina Troncoso, Calle 35, e/24 y 22, Tel. 061 24379. Gute Bleibe für 20 CUC.

25 Maydelín y Méndez, Calle 45 No. 3632, e/36 y 38, Tel. 326428. 2 Zimmer mit Gemeinschaftsbad in einem einstöckigen Haus, sehr sauber, Essen mehr als genug und gut, *Maydelin* spricht etwas englisch. Übernachtung 20 CUC, Frühstück 3 CUC, Abendessen 7–10 CUC.

26 Casa García, Calle 45 No. 3606, e/36 y 38, Tel. 324903. 2 DZ mit Bad, AC und Küchenzeile, 20 CUC. Innenhof, Dachterrasse und kleine Bar.

Essen und Trinken (siehe Karte S. 310)

Am besten, man spaziert einfach durch die **Calle 39 (José Martí),** denn dort sind die meisten Lokale zu finden.

3 La Cocinita, Calle 18, esq. 41. Kleinigkeiten.

6 La Vajilla, Calle 37, e/20 y 22. Nicht immer geöffnete Esshalle, abends Disco.

7 Casa de los Vinos, Calle 20, esq. 41. In dieser netten, rustikal eingerichteten Seemannsbar trinken hauptsächlich Einheimische obskure liebliche Weinsorten, tgl. außer Do, meist ab 18 Uhr.

10 La Insula, Calle 39 (José Martí), e/24 y 26, esq. 22. Das Edelrestaurant des Ortes, am Wochenende nachts auch Party. Auch preiswerte Gerichte.

13 El Conchinito, Calle 39 (José Martí), e/24 y 26, esq. 24. Luftiges Lokal, kreolische Kleinigkeiten, hauptsächlich Schwein, ab Mittag geöffnet.

13 Mesón La Mitta, Calle 39 (José Martí) No. 2416, e/24 y 26. Paladar im 1. Stock, einfach und gut.

17 El Dragón heißt der örtliche Asiate in der Calle 39 (José Martí), esq. 26. Etwa acht Tische in schöner Umgebung, moderate Preise, geöffnet normalerweise ab 12 Uhr.

19 Pizzeria Isola, Calle 30, esq. 35. Einfache, aber gute Peso-Pizzeria.

5

22 **Pizzeria La Góndola,** Calle 35, esq. 30, bietet neben den üblichen Pizzen „à la Cubana" auch Fleischgerichte, geöffnet meist 12–22 Uhr, preiswert, zu zahlen in CUP.

22 **Coppelia,** die beliebte Eisdiele in der Calle 32, esq. 37, liegt im Innenhof eines ehemaligen Theaters und hat ab 11 Uhr geöffnet.

24 **El Río,** Fischrestaurant vor der Brücke am Fluss in der Calle 32, e/33 y Río. Peso-Lokal mit gutem Essen und Terrasse.

27 **El Avión,** Calle 41, e/38 y 40, cubanische Küche, in der Einrichtung eines Flugzeugs, Peso-Lokal.

Nachtleben, Veranstaltungen

■ **Casa de la Cultura,** Calle 37, esq. 24. Live-Musik hauptsächlich am Wochenende.

■ Anfang März feiert die Stadt das **Grapefruit-Festival (Festival de la Toronja),** eine Art Karneval mit Umzügen, Kostümen und Musik.

4 **Disco La Movida,** Calle 18, am Fluss. Salsa ohne Alkohol, Open Air ab Mitternacht.

12 **Centro Cultural Suco Suco,** Calle 39 (José Martí), e/24 y 26. Im netten Patio spielen örtliche Musiker am Wochenende den *Suco Suco,* der in abgemilderter Form auch in Europa in den 1950er Jahren kurz ein Modetanz war. Geöffnet ab 19 Uhr.

13 **El Patio,** an der Calle 24, e/37 y 39. Am Wochenende Kabarett-Shows ab 23 Uhr, danach Party. Ab 3 CUC.

Aktivitäten

■ **Reitausflüge:** Bei *Sergio Morales Sosa* kann man Reitpferde mit und ohne Begleiter leihen, 5 CUC pro Stunde. An der Straße nach Sigüanea, km 1,5, Tel. 23309.

12 **Ausflüge:** *Ecotur,* Calle 24, e/31 y 33, Tel. 327 101, Mo–Fr 8–17 Uhr, Sa bis 12 Uhr. Wer in die Sperrzone im Süden oder ins Refugio de los Indios will, muss hier den Führer buchen; meist 10 CUC.

Notfälle

■ **Apotheke** *(farmacía):* Calle 39 (José Martí), esq. 24, Mo–Sa 9–23 Uhr.

■ **Krankenhaus:** *Hospital General Héroes de Baire,* Calle 39 (José Martí), e/41 y 45, Tel. 323012, Krankentransport: Tel. 322366.

Einkaufen, Sonstiges

■ Entlang der **Calle 39,** e/22 y 28, bzw. **Calle 35,** e/24 y 32, befindet sich eine Reihe von Geschäften.

■ **CADECA** (Wechselstube), Calle 39, esq. 20 y 22; Calle Martí 1802 und 2602 (Automaten).

■ **Bank:** *BANDEC,* Calle José Martí, e/18 y 20.

■ **ETECSA,** Calle 41 No. 2802, esq. 28. Internetzugang und Telefonieren ab 8.30 Uhr.

■ **Post:** Calle 39 (José Martí), e/18 y 20, Mo–Sa 8–18 Uhr.

■ **Tankstelle:** Calle 39 (José Martí), esq. 30; Calle 39, esq. 34.

■ **Mietfahrzeuge:** *Cubacar,* Calle 32, esq. 39, Tel. 326666; *Havanautos,* Calle 32, esq. 39, Tel. 324432; *Transtur,* am Schiffsanleger, Calle 37, e/20 y 22, und am Hotel *El Colony,* Tel. 326666. *Havanautos* verleiht auch Zweiräder.

■ **Pferdedroschken:** Sie kosten i.d.R. 5 CUC pro Stunde, doch alles ist Verhandlungssache.

8 **Fotoladen:** Calle 39 (José Martí), esq. 26, e/20 y 22.

11 **El Boulevard,** Calle 39 (José Martí), e/22 y 24. Bekleidung und Parfüm.

12 **Galerie:** Calle 39 (José Martí), e/24 y 26.

12 **Fondo de Bienes Culturales,** Calle 39 (José Martí) No. 1810, e/24 y 26, Kunsthandwerk und regionale Produkte, Mo–Sa 9–20 Uhr.

13 **Taller de Cerámica,** Calle 37, esq. 26, Getöpfertes aus der Region.

16 **Bauernmarkt:** Calle 35, esq. 24, Di–Sa ab 7 Uhr morgens.

18 **Supermarkt:** *Cubalse,* Calle 35, e/30 y 32, das Nötigste für Selbstversorger, Mo–Sa 10–18 Uhr.

Verkehrsmittel/-verbindungen

Ausflüge

Ganz wichtig ist das Ticket für die Rückfahrt bzw. den Rückflug, da es schon mal zu Ausfällen oder Verspätungen kommen kann. Wer gleich bei der Hinreise Rückfahrt/-flug bucht, muss dann nur zusehen, dass er rechtzeitig am Terminal erscheint.

■ **Flug:** Der Flughafen heißt *Aeropuerto Rafael Cabrera Mustelier (GER). Cubana* fliegt täglich um 7.40 und 17.15 Uhr ab La Habana, zurück geht es um 8.50 und 18.25 Uhr; Preis: 43 CUC one way, Tel. 322200. Achtung: Wer nicht eine Woche vor dem Rückflug sein Ticket reserviert, muss ein VIP-Ticket lösen, das 6 CUC mehr kostet, aber auch eine bevorzugte Behandlung bietet. Vom Airport fährt der Bus „Servicio aero" für 1 CUC ins Dorf, Taxi 5 CUC.

■ **Schiff** von Batabanó: Die Anlegestelle NCC ist an der Ecke von Calle 31 und 24. Tickets inkl. Bustransfer von La Habana kosten ca. 15 CUC.

Es gibt einen **Katamaran** am Tag gegen 8 Uhr und von Nueva Gerona um 11 Uhr. Er ist nur von La Habana aus buchbar, man sollte morgens um 7 Uhr am Astroterminal sein, um Bus und Fähre zu buchen, tagsüber ist das nicht möglich, weil der Terminal dann nicht besetzt ist. Die Gesellschaft heißt *Empresa Viamar.* Der Bus von La Habana zum Fähranleger kostet 5 CUC und geht 4x pro Tag. Ich rate unbedingt einen Rückfahrtschein zu buchen! Der Katamaran nimmt 8 Personen für sage und schreibe 50 CUC pro Überfahrt mit.

■ **Jachthafen:** Am Schnellbootterminal im Ort oder in Dársena im Westen der Insel. Mittlerweile legen auch vermehrt Schiffe an der Marina El Colony an, mit einem kleinen Dock für Reparaturarbeiten, Tankstelle und Verkauf von etwas Zubehör, Anmeldung: VHF Kanal 16.

■ **Taxi:** Ein deutscher Taxifahrer kann über Tel. 01 52616270 gerufen werden; *Cubataxi,* für alle Transporte, Tel. 326666 und 323121.

■ **Bus:** Busbahnhof in der Calle 45, esq. Calle 39.

Thermalbad La Fé

Die Thermalquelle am Ortsrand von La Fé (ursprünglich Santa Fé) speist **zwei Pools,** die zum Entspannen im Heilwasser einladen. Man kann den Besuch mit einem Abstecher zur Krokodilfarm oder zum Botanischen Garten verbinden.

Krokodilfarm

Bei Cayo Piedra 30 km südlich von Nueva Gerona liegt der **Criadero de Cocodrilos.** Die Mitarbeiter der Farm kümmern sich um etwa 400 Krokodile und informieren über Aufzucht, Ernährung und weitere Lebensaspekte der Tiere. Geöffnet tgl. 7–17 Uhr, Eintritt 3 CUC, Tel. 327101.

Botanischer Garten

6 km westlich von La Fé liegt der botanische Garten **Jungla de Jones,** in dem die wichtigsten einheimischen und andere exotische Pflanzen gedeihen. Der Garten geht zurück auf *Harry Sanford Jones,* ein Biologe aus Chicago, der vor Ort lebte und von seinen Reisen Pflanzen(samen) mitbrachte und kultivierte. Nach seinem Tod und der Ermordung seiner Frau *Helen Rodman* verfiel der Garten; erst nach der Revolution wurde er wieder in Schuss gebracht. Geöffnet 8–20 Uhr, Eintritt 3 CUC. Es gibt vor Ort auch eine **Heilquelle** mit Badehäuschen.

Casa de José Martí/ Finca El Abra

1870 verbrachte hier *José Martí* zwei Monate bis zu seiner Ausweisung nach Spanien. Der Besitzer des Anwesens, *José Sardá,* hatte den nach der Haft in La Habana schwer erkrankten Helden auf sein Gut geholt. Die Finca liegt malerisch am Fuße der Sierra de Las Casas südwestlich von Nueva Gerona; es führt eine schöne Allee dorthin. Geöffnet Di–So 9–17 Uhr, Eintritt 1 CUC, Tel. 396206.

Sierra de Las Casas

Wer in die Sierra will, sollte das vom Ende der Calle 22 aus tun. Am Fuße der Berge gibt es eine **Höhle** und eine **Schwimmstelle.** Die Spitze der Sierra wird „Pilotensitz" genannt und bietet bei gutem Wetter eine schöne Rundumsicht.

Playa Paraíso

Den **malerisch gelegenen Strand** nördlich von Chacón erreicht man aus Nueva Gerona für 3–4 CUC mit der Pferdekutsche, mit dem Taxi (3–5 CUC hin und zurück) oder mit dem Fahrrad. Begrenzt wird er von der Punta Colombo und der Punta Bibijagüa, nur 500 m vorgelagert ist die Insel Cayo de los Monos. Ein rustikaler *ranchón* bietet Fisch, Meeresfrüchte und Getränke an. Am Strand finden sich noch Bahngleise, die von einer kleinen Anlegestelle zum Gefängnis Presidio Modelo (s.o.) führten.

Es folgt die **Playa El Gallego (El Pescador)** mit einem Holzsteg und einem kleinen Restaurant.

Playa Punta Piedra

Dieser Strand 3 km nördlich von Nueva Gerona zwischen der Mündung des Río Las Casas und dem westlichen Teil der Sierra Colombo liegt **Nueva Gerona am nächsten.** An dem bei den Einheimischen beliebten Strand gibt es ein kleines Restaurant und eine Bar.

Playa Bibijagüa

Marmorteilchen der umliegenden Hügel färben den 6 km von Nueva Gerona entfernten Sandstrand schwarz. Der Strand gliedert sich in einen „cubanischen" Abschnitt und den Teil des Hotels *Villa Gaviota.* Das blau-grüne Wasser vor dem Palmenstrand ist, wenn der Wind günstig steht, absolut klar; der Strand geht auf den ersten 200 m flach ins Wasser hinein. Freunde des Schnorchelns finden hier schon in 2 m Tiefe reichlich bunte Fische zwischen den Meerespflanzen vor. Verpflegungsmöglichkeiten bieten der Kokosnussverkäufer und ein *ranchón,* in dem man gut und preiswert Meeresfrüchte essen kann. Am Strand gibt es Kunstwerke aus Marmor zu sehen. Das Hotel *Arenas Negras* vermietet nicht an Ausländer. Der Campingplatz *Arenas Negras* verfügt über ein paar Hütten, die man im Büro in der Calle 37, esq. 22, in Nueva Gerona reservieren kann. Der letzte Bus nach Nueva Gerona verlässt Bibijagüa gegen 18.30 Uhr. Die Kutsche bringt einen für 5 CUC, ein Taxi für 6 CUC hin und zurück.

Inseltouren

Bahía de Sigüanea

Hier an der Westküste, etwa 40 km von Nueva Gerona entfernt, treffen sich Tauchbegeisterte in einem **4 Tauchzentrum** (siehe Karte S. 308), das allen Anforderungen an den Sport gerecht wird. An der **Punta Francés** gibt es über 50 Tauchplätze mit Höhlen und Tunnels in sehr klarem Wasser. Man braucht einen offiziellen Führer, da das Gebiet als Reservat ausgewiesen ist, Tel. 38194. Der Palmenstrand ist sehr flach; wer weit hinausläuft, kann gut schnorcheln. Beim Hotel *Colony* führt ein langer Steg aufs Meer hinaus zu einer Bar.

Es fährt ein **Bus** für ca. 3 CUC von Nueva Gerona zum Hotel *Colony:* Abfahrt morgens um 7 Uhr, zurück abends um 17 Uhr, er hält an der Calle 41, esq. 18, in Nueva Gerona. Ein **Taxi** kostet etwa 20 CUC.

Wenn einmal wöchentlich ein Kreuzfahrtschiff in der Bucht vor Anker geht, ist es für kurze Zeit mit der Ruhe vorbei.

3 Unterkunft (siehe Karte S. 308): **Hotel Colony** (Gran Caribe) ③, an der Bucht von Sigüanea, Tel. 398181 und 398282. Der 2-stöckige Plattenbau von 1958 gehörte in vorrevolutionärer Zeit zur Hilton-

Gruppe. Es gibt auch Häuschen mit Balkon oder Terrasse, die zwar teurer sind, aber auch die bessere Wahl. Die Hurrikans der letzten Jahre haben das Haus weiter in Mitleidenschaft gezogen, aber man repariert tapfer dagegen an. Tagesausflüge inkl. Schnorchelausrüstung und Verpflegung ab 25 CUC.

Der Süden der Insel

Der touristisch unerschlossene südliche Teil der Insel ist bedeckt von Busch- und Sumpfland, in dem Wildschweine und Enten leben, die gejagt werden.

Der 60 km von Nueva Gerona entfernte Strand **Punta del Este** liegt im Südosten der Insel in einem Ökoreservat. Zwei **Höhlen** laden zur Besichtigung ein, die Cueva de Punta del Este und die Cueva de Caleta Grande. In beiden sieht man gut erhaltene Felszeichnungen aus der Zeit der Taíno-Indianer. Die 1910 entdeckte Cueva de Punta del Este weist über 200 Zeichnungen auf; man deutet sie als eine Art Kalender. Die Höhle liegt unter einer Kalksteinspitze etwa 200 m vom Strand entfernt. Mückenschutz ist dringend zu empfehlen.

Erwähnenswert im Süden der Insel ist noch die einsame **Playa Larga.** 15 km durch den Wald nach Westen erreicht man die **Punta del Guanal,** wo Meeresschildkröten ihre Eier ablegen. Ein Stück weiter steht einer der ältesten Leuchttürme ganz Lateinamerikas, der **Faro de Carapachibey.**

Hinter Mella folgt der **Nationalpark Ciénaga de Lanier;** man überquert den Straßendamm nach Cayo Piedra und biegt nach links in den Park ab. Hier wachsen viele endemische Pflanzen, der Park ist zudem ein Rückzugsgebiet für viele Tiere, darunter Krokodile, diverse

Zugang zur Punta del Este

Achtung: Man braucht eine **Erlaubnis** für das Gebiet um Punta del Este. Deshalb empfiehlt es sich, eine Tour zu buchen. Es werden Touren mit Fahrer und Wagen für etwa 75 CUC angeboten. In Cayo Piedra gibt es einen **Kontrollpunkt;** wer eine Genehmigung hat, kann weiterfahren.

Vogelarten (Papageien), Rebhühner und Meerestiere.

Die Straße endet im 700-Seelen-Dorf **Cocodrilo** am Ende der Welt – hier fehlt jegliche Infrastruktur. Die Bewohner kamen einst von den Cayman-Inseln und sprachen englisch; sie nannten ihre Siedlung Jacksonville. Vom Hotel *Colony* kann man Tagesfahrten hierher buchen.

Für 8 CUC geht es mit dem Boot zur **Playa Punta Francés** im Naturschutzgebiet. Der Name des Strandes geht auf den französischen Freibeuter *François Le Clerc* zurück, der im 16. Jh. systematisch die Häfen bzw. Küstenorte der Insel überfiel. *Le Clerc* war übrigens der erste urkundlich belegte Pirat mit einem Holzbein. Vor dem Strand ankern heute Kreuzfahrtschiffe; dann fallen Hunderte Menschen auf einmal in die friedliche Gegend ein, und man sollte den Ort eher meiden.

Cayo Largo del Sur

■ **Vorwahl:** 045

Tauchen, Korallenriffe, Sand und Meer – wer das sucht und sonst nichts, ist hier bestens aufgehoben. Auf Cayo Largo gibt es sogar einen FKK-Strand, die **Playa Paraíso.** Die 25 km lange Insel liegt gegenüber der Halbinsel Zapata im Karibischen Meer. Sie gehört zum **Archipiélago de Los Canarreos,** das sich östlich der Isla de la Juventud erstreckt. Es ist alles da, was ein Ferienparadies ausmacht: Hotelanlagen, blendend weiße Sandstrände, Sonnenschein und klares Meerwasser. Einziger Nachteil sind die unzähligen Moskitos, die sich allabendlich aus den Mangrovensümpfen aufmachen, um sich auf die Touristen zu stürzen.

Im Nordwesten der Insel beim **Hafen Puertosol** liegt eine Siedlung der cubanischen Hotelangestellten und Arbeiter. Hier finden sich ein Markt, Läden und Restaurants. Von der Hotelmeile kann man die 7 km mit dem Bus fahren (5x täglich).

Verkehrsmittel/-verbindungen

■ **Schiffsverbindungen** zum Festland oder zu den Nachbarinseln **gibt es nicht.**
■ Der kleine internationale **Flughafen** heißt *Aeropuerto Vilo Acuña* (CYO), Tel. 05346 248125. *Aerotaxi* und *Aerocaribbean* haben dort ein Büro, Infos über *Cubatur*, Tel. 348018. *Aerocaribbean* fliegt z.B. von La Habana für 200 CUC hin und zurück. Den Besuch der Insel bucht man am besten über ein Reisebüro; auf eigene Faust wird es teurer.
■ Wer mit dem **eigenen Boot** kommt: Marina Puertosol, VHF Kanal 16 oder 19, bei Combinado in der Nähe vom Flughafen, bietet ein kleines Hotel, Einkaufsmöglichkeiten und ein Tauchzentrum.

Die Strände

Cayo Largo del Sur liegt weit in der Karibischen See, daher kann der Wind hier schon mal unberechenbar stark sein. Folglich ist beim Schwimmen Vorsicht geboten. An den Stränden wird bei Gefahr die rote Flagge gehisst, dann sollte man den Gang in die Wellen unbedingt unterlassen!

Im Jahr 2001 verwüstete der Hurrikan *Michelle* große Teile der Insel; damals mussten viele Hotels neu aufgebaut bzw. grundlegend renoviert werden.

Playa Paraíso, Playa Sirena: Etwas weniger als zwei Stunden läuft man auf dem Weg von den Hotels nach Westen. Die Landebahn bleibt rechts liegen, und bald erreicht man eine schmale Landzunge, auf der zuerst der Nacktbadestrand Playa Paraíso und etwas weiter die Playa Sirena kommen. Das besondere Kennzeichen dieser Bucht ist ihre geschützte Lage. An der Playa Sirena gibt es ein kleines Restaurant und einen Laden für Taucher. Man kann auch eine Bootstour vom Hotel aus machen oder für 25 CUC an einem motorisierten Ausflug teilnehmen.

Playa Blanca, Playa Los Cocos: Das sind die Strände, die man nacheinander erreicht, wenn man die Hotelmeile in nordöstlicher Richtung verlässt.

Die **Playa Tortuga** liegt etwa 7 km hinter der Playa Los Cocos. Hierher kommen **Schildkröten** zur Eiablage. Eine Schildkrötenfarm gibt es am anderen Ende der Insel, am Flughafen vorbei, bei Combinado. Hier leben Carey-, Caguama- und Grüne Schildkröten. Wer die nötige Energie hat, kann mit dem Fahrrad zur Punta del Este fahren, der Weg ab Los Cocos ist aber eher schlecht.

Cayo Rico/Iguaná: Ein reichlich touristisches, aber schönes Inselchen voller Leguane, 15 km westlich, mit dem Boot in etwa einer Stunde zu erreichen. Die zutraulichen Tiere sind Besucher gewöhnt und fressen sogar aus der Hand. Eine Tour über ein Hotel kostet inkl. Verpflegung 45 CUC. Man kann vom Boot aus schnorcheln.

Botanischer Garten: Zwischen den Hotels *Villa Lindamar* und *Sol Club Meliá Pelícano,* neben einem Teich an Straße, liegt dieser kleine Privatgarten, der zu besichtigen ist.

Unterkunft

Alle Hotels gehören zu den Ketten Gran Caribe (www.gran-caribe.com) und Sol-Meliá (www.melia.com) und bieten All inclusive. Zu empfehlen ist eine Vorabbuchung im Heimatland.

Siehe Karte S. 309

5 **Villa Marinera** ③, Tel. 248384, 248 133. Renovierte Bungalows am Strand, Pool und Shop, Tauchbasis am westlichen Ende der Insel beim Ort, Bootstransfer zur Playa Sirena.

9 **Meliá-Sol Cayo Largo** ④, Tel. 248260, Familienhotel (eine Reihe von 4-Zimmer-Häusern) mit allen Einrichtungen, jedes Haus mit Terrasse/Balkon.

10 **Meliá-Sol Pelícano** ④, Hotel mit 300 Zimmern, Tennisplatz und allem Komfort.

■ **Gran Caribe Resort,** Tel. 248111/18; hierzu gehören zwei Hotels: **11** **Villa Lindamar** ③, Hotelanlage mit palmstrohgedeckten Häuschen, 63 Apartments mit dem üblichen Komfort, Bustransfer zur Tauchbasis; **14** **Isla del Sur** ③, rechteckiger Bau, 57 Zimmer mit Blick zum Pool, daneben eine kleine Bungalowsiedlung im cubanischen Dorfstil. Dieser Komplex war der erste auf der Insel. Hier findet sich alles, was man so braucht: Bank, Läden, Erste-Hilfe-Station.

12 **Villa Soledad** ③, Tel. 248111/118. Einfache Anlage mit 43 Zimmern in Häuschen. Restaurant, Bar und Pool benutzt man im Nachbarhotel.

13 **Villa Coral** ③, 60 Zimmer in mehreren Kolonialstil-Häusern um einen Pool, wahlweise Meer- oder Gartenblick. Restaurant, Bar. 2015 renoviert.

15 **Barcelo Cayo Largo** ④, Hotel mit 110 Zimmern und 184 Bungalows, mit Tennisplatz, Pools und allem Komfort.

16 **Villa Playa Blanca** ④, 45 luxuriöse Holzhäuschen hinter den Dünen, Gratis-Shuttlebus zu den Stränden.

17 **Villa Iguaná-Capricho** ④, 46 zweistöckige Bungalows hinter den Dünen im Osten, Meerblick nur für Gäste im oberen Stockwerk.

Inseltouren

Aktivitäten, Sonstiges (siehe Karte S. 309)

6 Tauchen: Das Tauchsportzentrum liegt gegenüber der Playa Sirena in der Bungalowanlage *Villa Marinera*. Pro Tauchgang zahlt man 35 CUC, Mengenrabatt möglich. Ausrüstung kann ausgeliehen werden. Mit dem Boot werden etwa 40 verschiedene Reviere angefahren.

7 In der **Taberna del Pirata** hinter der Playa Paradiso gibt es einfache Gerichte und Sandwiches.

8 Die **Discoteca Iguaná Azul** ist im alten Flughafengebäude untergebracht. Nachts gibt es einen Busservice zu den Hotels.

■ **Läden** für den Reisebedarf, Lebensmittel etc. gibt es in allen großen Hotels, außerdem im Dorf, am Flughafen und an der Playa Sirena.

Jardines de la Reina

Vor der Südküste der Provinzen Ciego de Ávila und Camagüey liegen die „Gärten der Königin", von *Christoph Kolumbus* so benannt zu Ehren der spanischen Königin *Isabella, die Katholische*. Die gesamte Gruppe aus mangrovenbewachsenen Koralleninseln ist 160 km lang und wurde zum **Parque Nacional Jardines de la Reina** erklärt. Zum Archipel gehören u.a. die Inseln Cayo Bretón, Cayo Alcatráz, Cayo Grande, Cayo Caballones und Cayo Anclitas. Die einzigen Bewohner der Eilande sind Leguane, Jutías, Nagetiere und viele Vogelarten.

Der kommerzielle Fischfang ist hier verboten, dadurch hat sich eine reiche Unterwasserfauna erhalten können. Dieses **Tauchparadies** gilt als das exklusivs-

te in Cuba. Das Korallenriff am Rande der Inselkette ist eines der größten der Welt und nahezu intakt. Die cubanischen Behörden haben strenge Vorschriften für das Tauchen in den Gärten der Königin erlassen, Nachttauchen z.B. ist nicht gestattet.

Von Ciego de Ávila gelangt man über den 25 km entfernten Fischereihafen **Embarcadero de Júcaro** ins Inselreich. Touren werden offiziell zwar nicht angeboten, aber man kann es bei *Havanatur* im Hotel *Tritón* in La Habana versuchen, Tel. 2019874.

Unterkunft

■ Die einzigen Unterkünfte in den Jardines sind **Hotelschiffe** vor den **Cayos Cinco Balas.** Das Hotelschiff *Flotante Tortuga* ④ ist ein Ponton mit sieben komfortablen Kabinen, es gehört der italienischen Gruppe *Avalon*. Mittlerweile fahren fünf weitere Schiffe in das Gebiet – ein exklusives Vergnügen: 1 Woche Vollpension inkl. 15 Tauchgänge kostet zwischen 3000 und 4200 US-Dollar. Buchung über www.nautilus-tauchreisen.de, www.cubandivingcenters.com, www.magictours.at oder www.cuba-diving.de.

◁ Tauchparadies Karibisches Meer

5

Praktische
Reisetipps
A–Z

Alle Informationen darüber, was man braucht,
um die Insel entspannt zu bereisen.

◁ Nur wenige Euro kostet der Großverbraucher-Zwiebelzopf
auf dem Bauernmarkt von Sancti Spiritus

Anreise

Flug

Nonstop- oder **Direktverbindungen** aus dem deutschsprachigen Raum nach Cuba bestehen mit *Condor* von Frankfurt nach La Habana, Varadero und Holguín, ebenfalls mit *Condor* von München und Wien nach Varadero sowie von München nach Holguín, mit *Air Berlin* von Düsseldorf und Berlin nach Varadero und La Habana, mit *Eurowings* von Köln/Bonn nach Varadero und La Habana, mit *Austrian Airlines* von Wien nach La Habana sowie mit *Edelweiss Air* von Zürich nach La Habana.

Daneben gibt es **Umsteigeverbindungen** mit *Air France* (über Paris), *Iberia* (über Madrid), *Aeroflot* (über Moskau), *Air Europa* (über Madrid), *Air Canada* (über Toronto oder Montreal) sowie mit *KLM* über Amsterdam. Diese können billiger sein als die Nonstop-Flüge, aber man muss eine längere Flugdauer einkalkulieren.

Die Dauer eines Direktflugs nach Cuba liegt etwa bei **11 Stunden,** mit Zwischenlandung oder Umsteigen sind es zwei bis drei Stunden mehr. Die Einreise selbst kann dauern, denn bei der Passkontrolle geht es oft nur langsam voran.

Flugpreise

Je nach Fluggesellschaft, Jahreszeit und Aufenthaltsdauer auf Cuba kostet ein **Economy-Ticket** von Deutschland, Österreich oder der Schweiz hin und zurück nach La Habana ab **700 Euro.**

Hauptsaison auf Cuba sind die Sommerferienzeit und das Winterhalbjahr, in dem die Preise für Flüge rund um Weihnachten/Neujahr besonders hoch sind und 1000 Euro betragen können.

Preiswertere Flüge sind oftmals mit **Jugend- und Studententickets,** je nach Airline für alle jungen Leute bis 25 Jahre und Studenten bis 34 Jahre, möglich.

Kinder unter zwei Jahren fliegen ohne Sitzplatzanspruch für 10 % des Erwachsenenpreises, ältere Kinder zahlen je nach Fluggesellschaft um 25–50 % weniger, ab dem 12. Lebensjahr gilt der Erwachsenentarif.

In Deutschland gibt es von Frankfurt aus die häufigsten Verbindungen nach Cuba, Tickets für Flüge von und nach anderen deutschen Flughäfen sind oft teurer. Da kann es für Deutsche attraktiver sein, mit einem **Rail-and-Fly-Ticket** per Bahn nach Frankfurt zu reisen (entweder bereits im Flugpreis enthalten oder 35–60 Euro extra). Man kann je nach Fluglinie auch einen **Zubringerflug** der gleichen Airline von einem kleineren Flughafen in Deutschland buchen. Außerdem gibt es die **Fly & Drive-Angebote,** wobei eine Fahrt vom und zum Flughafen mit einem Mietwagen im Ticketpreis inbegriffen ist.

Buchung

Für Tickets der Linienfluggesellschaften kann man bei folgendem zuverlässigen Reisebüro meistens günstigere Preise als bei vielen anderen finden:

● **Jet-Travel,** In der Flent 7, 53773 Hennef (Sieg), Tel. 02242 868606, www.jet-travel.de unter der Auswahl „Flüge".

Kleines „Flug-Know-how"

Check-in

Nicht vergessen: Ohne **gültigen Reisepass** (auch für Kinder, s.u. „Ein- und Ausreisebestimmungen") und **Touristenkarte** kommt man nicht an Bord eines Flugzeuges nach Cuba!

Bei den meisten internationalen Flügen muss man **zwei bis drei Stunden vor Abflug am Schalter** der Fluggesellschaft eingecheckt haben. Je nach Fluggesellschaft kann man das in der Regel ab 23 Stunden vor dem Flug vorab zu Hause im Internet erledigen und muss am Flughafen nur noch die ausgedruckte Boardkarte mit Barcode nach unten auf den Scanner legen und sein Gepäck am entsprechenden Schalter abgeben. Reist man nur mit Handgepäck, kann man je nach Fluggesellschaft nach einer kurzen Prüfung gleich durch die Schranke in den Boardingraum.

Das Gepäck

In der **Economy Class** darf man pro Person in der Regel ein Handgepäckstück bis zu 7 kg in die Kabine mitnehmen (nicht größer als 55 x 40 x 20 cm) und bei Bedarf zusätzlich ein Gepäckstück bis zu 23 kg einchecken. In der **Business Class** sind es pro Person meist zwei Handgepäckstücke (insgesamt nicht mehr als 12 kg) und ein Gepäckstück bis zu 30 kg zum Einchecken. Aufgepasst: Bei sogenannten Billigfluggesellschaften gelten andere Gewichtsklassen. Man sollte sich beim Kauf des Tickets über die Bestimmungen der Airline informieren.

Beim **Packen des Handgepäcks** sollte man darauf achten, dass man Getränke oder vergleichbare Substanzen (Gel, Parfüm, Shampoo, Creme, Zahnpasta, Suppe, Käse, Lotion, Rasierschaum, Aerosole etc.) nur in geringen Mengen bis zu jeweils 100 ml mit ins Flugzeug nehmen darf. Diese Substanzen muss man separat in einem durchsichtigen Plastikbeutel (z. B. Gefrierbeutel) transportieren, den man beim Durchleuchten in eine der bereitstehenden Schalen auf das Fließband legen sollte. Auch das Notebook oder Smartphone muss in eine solche Schale gelegt werden. Hat man einen Gürtel mit einer Schnalle aus Metall, empfiehlt es sich, diesen auszuziehen und ebenfalls in die Schale zu legen, da sonst in der Regel der Metalldetektor anschlägt und man vom Flughafenpersonal abgetastet werden muss.

Aus Sicherheitsgründen dürfen Nagelfeilen sowie Messer und Scheren aller Art, also auch Taschenmesser, nicht im Handgepäck untergebracht werden. Diese Gegenstände sollte man unbedingt daheim lassen oder im aufzugebenden Gepäck verstauen, sonst werden sie bei der Sicherheitskontrolle einfach weggeworfen. Darüber hinaus gilt, dass leicht entzündliche Gase in Sprühdosen (Schuhspray, Campinggas, Feuerzeugfüllung), Benzinfeuerzeuge und Feuerwerkskörper etc. nicht im Koffer oder dem Handgepäck transportiert werden dürfen.

Von einem Verschließen des Gepäcks mittels eines Vorhängeschlosses wird abgeraten, da das Gepäck vom Flughafenpersonal bei Auffälligkeiten beim Durchleuchten durchsucht werden können muss.

Mit dem eigenen Boot

Für Skipper gibt es eine Menge Anlauf-
ziele an Cubas Küsten. Wenn Sie in die
12-Meilenzone einfahren, nehmen Sie
über Funk Kontakt mit der Hafenbehör-
de *Autoridad Portuaria* auf. Die erreicht
man über den VHF-Kanal 68. Wer es
weniger formell versuchen will, ruft auf
dem HF-Kanal 2790 bei der *Red Touris-
tica* an. Schlägt auch das fehl, dann bleibt
nur noch die Küstenwache auf HF 2760
oder VHF Kanal 16. In Varadero kann
man für drei Tage ohne Visum an Land
gehen. **Jachthäfen** gibt es in La Habana,
María La Gorda in der Provinz Pinar del
Río, Varadero, Cayo Coco, Playa Ancón
bei Trinidad, Bahía de Naranjo (Marina
Bahía de Vita) bei Guardalavaca, Punta
La Gorda bei Santiago und Jucaro in der
Provinz Ciego de Ávila.

Auto fahren

Auf Cuba herrscht **Rechtsverkehr.** Die
Verkehrsregeln sind den europäischen
sehr ähnlich. Bei der Fahrt gibt es einiges
zu beachten: Anstelle des Blinkers benutzen viele Cubaner den aus dem Fenster gestreckten linken Arm. Das Rechts-
abbiegen geschieht meist einfach ohne
Benutzung des Blinkers.

Verkehrsampeln befinden sich immer hinter den Querstraßen, was irritie-
rend ist beim Abbiegen, da man unver-
sehens die rote Ampel des Querverkehrs
passiert. Allerdings gibt es immer mehr
Ampeln mit digitalem Sekundenzähler.

Auf dem Land gibt es trotz guter Straßen unvorhersehbare **Schlaglöcher** in
der Straßendecke. Auch **Bahnübergän-**

014cu kh

ge sind der Schrecken der Autofahrer, da die Warnleuchten oft ausfallen. Manchmal ragen auch die Schienen sehr hoch über das Straßenniveau hinaus. Um nicht die Ölwanne des Wagens zu ruinieren, sollte man langsam darüberfahren. **Nach Einbruch der Dämmerung** sollte man sich außerhalb der großen Städte möglichst nicht mit dem Auto auf die Straße wagen, denn es gibt dort unbeleuchtete Fahrradfahrer, Fußgänger, Tiere und Autos – dadurch steigt das Unfallrisiko enorm.

Die Hauptstraßen sind gut ausgebaut und über weite Teile des Landes von blühenden Sträuchern gesäumt. Wenn man über Land fährt, sollte man über eine gute **Orientierung** verfügen, da es nur wenige Hinweis- und Ortsschilder gibt. Man sollte sich alle Orte in Zielrichtung merken, da die nächste Stadt nicht unbedingt auf Hinweisschildern angeschlagen ist, mitunter auch nur die größte oder die am weitesten entfernt liegende.

Das **Tankstellennetz** auf Cuba ist mittlerweile gut. Im Landesinneren gibt es natürlich weniger Tankstellen. Man sollte den Mietwagen vollgetankt übernehmen, um nicht gleich mit der Tankstellensuche beginnen zu müssen. Mietwagen müssen mit *Super-Benzin (Gasolina Especial 92 Oktan)* betankt werden, das einheitlich 1,40 CUC kostet. Dieselkraftstoff ist mit 0,90 CUC preiswerter, aber Dieselfahrzeuge haben nur wenige Autoverleiher im Angebot. Touristen tanken bei *Oro Negro* oder *Servi Cupet*. Es gibt immer noch Tankstellen nur für

Einheimische, die meist ein wenig mitgenommen aussehen. Das Procedere beim Tanken geht normalerweise wie folgt: Man fährt an die Zapfsäule und geht zum Schalter; dort bezahlt man einen Betrag, und für die entsprechende Menge Benzin wird die Zapfsäule freigegeben (das soll den Spritdiebstahl eindämmen). Oder man sagt dem Kassierer, dass man den Tank voll haben möchte *(lleno, por favor),* dann kommt ein Mitarbeiter und betankt den Wagen, anschließend zahlt man an der Kasse. Viele Tankstellen führen übrigens ein gutes Sortiment an Rum und Softdrinks.

An den Ausfallstraßen sieht man bisweilen Menschenansammlungen, die von **Lastwagen** mitgenommen werden wollen. Um dies zu organisieren, gibt es staatliche Angestellte, die wegen ihrer gelben Westen *amarillos* genannt werden. Sie vergeben die Warteplätze. Lastwagen müssen immer halten und werden von den „Gelben" mit Fahrgästen versorgt.

Wer jemanden mitnehmen will, sollte fragen: *A dónde?* (Wohin?). Fragt man „Ist das die Straße nach XY?", bekommt man oft Falschaussagen von Leuten, die mitgenommen werden wollen und so ihre Chance wittern. Das Sie selbst woandershin wollten, haben die Tramper dann aus „Versehen" überhört.

Parken in La Habana kostet grundsätzlich 0,50 CUC für die erste Stunde und 0,25 CUC für jede weitere Stunde. Meist taucht nach Verlassen des Autos sofort ein Parkwächter auf, der ein winziges Zettelchen mit der Ankunftsuhrzeit beschriftet und es dem Fahrer aushändigt. Beim Wegfahren zeigt man den Zettel und zahlt. Ohne Zettel sind selbst ernannte Parkplatzwächter unterwegs.

‹ Mit Warn-Wagenheber: schnell mal den Reifen wechseln

Vor größeren Ortschaften gibt es **Geschwindigkeitsbegrenzungen** auf meist 40 km/h. Man sollte sie unbedingt einhalten, denn kurz hinter dem Schild steht ein fester Polizeiposten – die Beamten stoppen Raser sofort!

Seit 2014 haben cubanische Autos neue **Nummernschilder;** Touristen aus Deutschland dürften sie bekannt vorkommen, denn sie sind mit der FE-Schrift versehen, die auch die Kennzeichen deutscher Autos schmückt. Staatliche Autos haben einen blauen Streifen links, alle anderen sind weiß. Die Buchstaben bedeuten: A = staatlich; F, M = Armee und Innenmisterium; C, D, E = Diplomaten; K = ausländische Unternehmer; P = Privatautos; PEXT = ausländische Journalisten; T = Touristenautos (Mietwagen).

⌄ Mobiler Gemüseverkäufer

Bekleidung

Wer im Sommer nach Cuba fliegt, sollte nur leichte Bekleidung mitnehmen. Es ist Tag und Nacht warm und feucht. Im Hotel sollte man versuchen, die Klimaanlage so einzustellen, dass es keinen eisigen Strom von Zugluft gibt. Männer sollten lange Hosen im Gepäck haben, da in einigen Hotels und Restaurants eine angemessene Garderobe gern gesehen ist. **Leichte Tropenkleidung** benötigt man während des ganzen Jahres. Wichtig ist, dass die Kleidungsstücke nicht allzu eng am Körper anliegen, sondern weit geschnitten sind, um so ein Maximum an Bewegung und Belüftung zu ermöglichen.

Eine **Kopfbedeckung** sollte im Gepäck nicht fehlen. *La sombra* heißt „der Schatten", von diesem Wort leitet sich auch der **Sombrero** ab. Man kann es mit den üblichen Baseballcaps versuchen oder einen Strohhut kaufen, allerdings verformen sich die billigen in der tropischen Feuchtigkeit und werden dann zu unförmigen Gebilden. Am besten ist der **Panamahut,** der den Vorteil hat, dass man ihn zusammenrollen kann und er dann nicht viel Platz im Urlaubsgepäck benötigt. Es gibt das Modell zum Zusammenrollen und eine Variante, die man flachdrücken kann. Gegen die Polarluft der Klimaanlage in Verkehrsmitteln hilft sehr gut ein **Leinentuch,** das man auch als Strandmatte oder Einkaufsbeutel benutzen kann. Außerdem empfiehlt es sich, Socken mit in den Bus zu nehmen.

Ganz wichtig sind **Schuhe,** in denen man bequem laufen kann. Cuba hat heftige Tropengewitter, deswegen haben die

cu009-2017 kh

Menschen überall im Land Ablaufrinnen quer oder schräg über die Bürgersteige gezogen, um die Fluten abzuleiten. In größeren Städten, wo es eine Kanalisation gibt, können schon mal die Schächte offen oder die Roste beschädigt sein, da ist man mit dünnen Sandalen schlecht beraten und hat sich schnell den Fuß verstaucht. Für steinige Strände oder Flussdurchquerungen eignen sich Gummilatschen gut.

Einkäufe

Lebensmittel

Eine ausreichende Versorgung ist immer noch nicht gewährleistet. Der Gang in ein Geschäft ist für uns verwöhnte Europäer nicht sehr ergiebig. Touristen können in speziellen **„Devisenläden"** Lebensmittel aus dem Import kaufen – die Preise sind etwa so hoch wie bei uns. Auch Cubaner können dort ihr Glück versuchen – wenn sie Pesos Convertibles besitzen. In den größeren Städten kann man auch Konsumgüter erwerben.

Auf den **Bauernmärkten** wird dagegen mit Pesos bezahlt. Seit 1995 können die Landarbeiter auf solchen *agromercados (mercados agropectuarios)* Gemüse auf eigene Rechnung verkaufen. Der angeschriebene Preis beträgt etwa ein Viertel gegenüber dem Preis in Convertibles, allerdings kann es passieren, dass von Touristen der Preis in Convertibles verlangt wird. Weigern Sie sich, wenn Sie keine nationalen Pesos besitzen, zeigen Sie dem Händler eine 0,25-CUC-Münze,

wenn er einen Peso verlangt. Probieren Sie mal die Tomaten, die unvergleichlich aromatisch schmecken!

Kunst und Kunsthandwerk

Als Mitbringsel werden vor allem Gemälde und Kunsthandwerk gekauft. Für die **Ausfuhr größerer Bilder** ist eine „Autorización de Exportación" notwendig. Diese besteht aus einem nummerierten Schreiben und einer nummerierten Marke, die auf die Rückseite des Gemäldes geklebt wird. Das Schreiben trägt Stempel und Unterschrift eines Beamten. Man muss den Verkäufer nach der *autorización* fragen. Bilder ohne das Papier bekommt man natürlich billiger, die Ausfuhr ist dann aber illegal. Auskünfte und Genehmigungen bekommt man bei *Bienes Culturales,* Calle 17 No. 1009, e/ 10 y 12, La Habana, Tel. 07 839658.

Die meisten **Ölbilder** lassen sich gut rollen. Bei **Fotos** ist das nicht zu empfehlen, da die Gelatineschicht beim Austrocknen rissig werden kann. Man sollte zusammengerollte alte Fotos zu Hause in Spülmittelwasser aufweichen lassen und dann zwischen zwei Glasplatten oder auf einer Presse trocknen.

Bücher

Bücher sind auf Cuba teuer, aber mit etwas Glück kann man ein seltenes oder vergriffenes Buch in spanischer oder englischer Sprache kaufen. In den Devisenläden der Hotels finden sich immer mehr cubanische Klassiker zu annehmbaren Preisen, etwa ein Gedichtband von *Nicolás Guillen* für 5 CUC.

6

Die Herstellung der „Havanna"

Nachdem die *vegueros,* die Tabakpflanzer, auf den *vegas* genannten Plantagen im Vuelta Abajo bei Pinar del Río die Blätter geerntet haben, müssen sie getrocknet und fermentiert werden. Dazu werden sie in den kleinen Feldschuppen mit Strohdach, den *casas de tabaco,* über Monate zum **Trocknen** aufgehängt. Durch die Sonnenhitze, die auf die Dächer brennt, reifen die Blätter. Zwischendurch werden sie immer höher gehängt, da im oberen Teil des Schuppens die Luft trockener ist. Die **Fermentation** in *gavillas* geschieht mit Hilfe der Feuchtigkeit.

Diese Blätter bekommen nun die nächsten Fachleute, die Dreher, *torcedores.* Die Arbeit des Zigarrendrehers wird auch heute von Hand verrichtet. Männer und Frauen jeden Alters sitzen rauchend an Holztischen von der Form altmodischer Schulpulte, schneiden und rollen die Tabakblätter, während sie dem **Vorleser** lauschen, der mit Information und Unterhaltung aus Zeitungen und Büchern die Arbeit etwas kurzweiliger gestaltet. Diese Vorleser sind eine cubanische Erfindung aus der Fabrik Partagas. Vorleser zu sein ist ein ehrenvolles Amt, und aus ihren Reihen gingen noch bis zur Mitte des 20. Jahrhunderts Journalisten und Redner hervor. Natürlich kam auch Politisches zum Vortrag, deshalb versuchten die Spanier in den letzten Jahren ihrer Herrschaft, die Vorleser zu verbieten, was jedoch nicht gelang.

Die Zigarrendreher haben Tabakblätter *(tripas)* von jeder Farbe vor sich liegen, die sie je nach Sorte und Struktur in Form rollen, mit Deckblättern *(capas)* versehen und an einem Ende zuschneiden. Die halbfertigen Zigarren werden in Holztafeln mit Rillen gelegt, deren Hälften zusammengeklappt und unter eine Handpresse geschoben werden. Im nächsten Arbeitsgang wird das offene Ende der Zigarre zugespitzt, mit dem vorher aus einem Tabakblatt zugeschnittenen Rundstück versehen und schließlich verklebt.

Die **Deckblätter** sind der ganze Stolz der Dreher. Sie müssen makellos und mindestens 25 cm breit sein. Früher streute man auf die Strohdächer der Trockenschuppen Vogelmist, um ein zu schnelles Trocknen der Blätter zu verhindern.

Als letzter Arbeitsgang kommt die **Bauchbinde** um die Zigarre. Dieses kleine Stück Papier wurde von einem europäischen Händler als Werbeträger auf seiner Ware ersonnen. Da sie zusätzlich die Finger des Rauchers vor Nikotinverfärbungen schützt und auch noch die Deckblätter zusammenhält, trat sie ihren Siegeszug alsbald durch die ganze Zunft an. Das führte zu Auswüchsen, handsignierte oder mit Goldstaub und Vogelfedern verzierte Exemplare kann man heute in Museen bewundern.

Zum Schluss werden die Zigarren noch einmal kontrolliert und dann in Zedernholzkisten verpackt, die die Feuchtigkeit speichern und so die Qualität erhalten. Ein geübter Zigarrendreher bringt es auf 200 Stück pro Tag.

Stempel und Verpackung

Leider gibt es viele **Fälschungen** von Leuten, die von den Namen der weltbesten Zigarren profitieren wollen. Wenn man in Europa die cubanische Zigarre in Kisten kaufen möchte, sollte man zunächst eine probieren und sich das Objekt der Begierde anschauen. Die Kiste sollte in einem guten Zustand sein und nicht so aussehen, als sei sie durch ein Dutzend Hände potenzieller Käufer gegangen.

Zigarren

Überall auf der Straße wird man angesprochen, ob man Zigarren kaufen will. Die hat dann vielleicht der Bruder des Verkäufers in der Küche gebastelt, und mit der berühmten *Havanna* teilen sie nur das Aussehen. Also **Hände weg vom Kauf auf der Straße!** Wenn man eine gute Zigarre kaufen möchte, geht man in die **staatlichen Läden** in La Habana, in die großen Hotels oder in eine Zigarrenfabrik. **Zigarren niemals von Privatleuten kaufen!** Der Kauf auf dem Airport vor der Abreise lohnt nicht, da die Auswahl dort begrenzt ist. Seit einigen Jahren haben die offiziellen Schachteln ein holografisches Siegel.

Die **Zigarrenproduktion** ist ein jahrhundertealtes, kunstvolles Handwerk, dessen Beherrschung viel Erfahrung erfordert und auf Cuba in hohem Ansehen steht. Die *puros habanos* werden unter den Namen *Partagas, Monte Cristo* oder *Cohiba* in alle Welt exportiert und genießen unter Kennern Weltruhm. In La Habana gibt es sechs Zigarrenfabriken: *La Corona, H. Upmann, El Rey del Mundo, Romeo y Julieta, Partágas* hinter dem Capitolio und *El Laguito* in Miramar.

Den Anfang machte der Sohn eines Schweizer Tabakladenbesitzers, **Zino Davidoff,** der Ende des 19. Jh. durch Amerika reiste, um seine Geschäftskenntnisse aufzubessern. Zwei Jahre arbeitete er auf cubanischen Plantagen und lernte alles über Tabak und die Herstellung einer guten Zigarre. Zurück in Europa, verhalf er der *Havanna* dort zum Durchbruch.

Nach der Revolution gab es einen Einbruch im Tabak-Geschäft. Für *Fidel Castro* passten die goldverzierten Verpa-

Vorn links ist die grün-weiße **Staatsbanderole** mit roter Nummer und nur unter UV-Licht sichtbarer Mikroschrift. In der oberen rechten Ecke ist der **Habanos-Aufkleber.** Wenn die Banderole aufgerissen wurde, heißt dies erst mal nichts. Auf jeder Kiste gibt es den **Habanos-Stempel,** den Sie sich näher anschauen sollten. Dies sollte ein Brandstempel sein und kein brauner Druck. Darunter kann ein gedruckter Stempel sein, der zwei Reihen Buchstaben enthält. Die obere Reihe hat mind. zwei Buchstaben, die für die Fabrik stehen:

BM	*Briones Montoto,* „Romeo y Julieta"
EL	*El Laguito*
FPG	*Fernando Pérez German,* „Partagas"
FR	*Fernandez Roig,* „La Corona"
JM	*José Martí,* „H. Upmann"
LP	*Lázaro Peña,* „El Rey del Mundo"

Darunter steht das **Datum** oder ein **Buchstabencode:**

N I V E L A C U S O
1 2 3 4 5 6 7 8 9 0

„Juni 2016" wäre dann z.B. mit „OANA" gestempelt.

Vollständig **von Hand** gefertigte Zigarren tragen die Bezeichnung *Totalmente a mano,* Zigarren mit **Shortfiller** das Kürzel *TC (tripa corta).*

Kosten die Zigarren weniger als 40 % des üblichen Preises, sind es Fälschungen. Wenn man sich ein wenig auskennt, sollte einem ein hohes Gewicht verdächtig sein. Amateure rollen zu feuchten Tabak zu fest.

ckungen und die vielen Sorten nicht in die Vorstellung von Gleichheit und Volksherrschaft. Also sollte es nur noch eine Zigarre des Volkes in einer schmucklosen Verpackung geben. Dadurch ging der Export schlagartig zurück. Keiner wollte die Volkszigarre im Ausland kaufen. Zur Rettung nahm man von Regierungsseite Kontakt mit dem europäischen Zigarrenspezialisten *Zino Davidoff* auf. Der sah seine Leidenschaft und sein Geschäft bedroht und reiste eilends nach Cuba, um die Dinge zu regeln. Von staatlicher Seite wurde dann beschlossen, für den Export in die kapitalistischen Länder die alten Variationen wieder einzuführen – und der Erfolg stellte sich wieder ein. Die Zigarre des Volkes gibt es für die Cubaner trotzdem. Anfangs flohen auch reiche Tabakpflanzer vor der Revolution und nahmen ihre Kunst und die Namen ihrer Marken mit, um im Ausland zu reüssieren. Einige versuchten mit rechtlichen Mitteln, die Zigarrenproduktion auf Cuba zu bremsen. So gibt es etwa die *La Corona*, die nicht aus Cuba kommt, neben der echten *Havanna* gleichen Namens.

Formen: Eine gerade Zigarre wird als *Parejo* bezeichnet, während die *Figurado* unterschiedlich dick ist. Die *Culebra* ist ein Bündel aus drei korkenzieherartig gedrehten Zigarren. Es war ursprünglich die Tagesration der Zigarrendreher, die Form erschwerte den „Missbrauch" der Eigenbedarfsstücke.

Zigarrenmarken (Auswahl)
- *Cohiba, El Laguito*
- *Cohiba, Lanceros*
- *Cohiba, Vitola No. 1*
- *Cuaba, Generosos*
- *Cuaba, Tradicionales*
- *Partagas, Coronas Grande*
- *Partagas, Mille Fleur*
- *Partagas, Serie du Connaisseur*
- *Romeo y Julieta, Cedros de Luxe No. 1*
- *Romeo y Julieta, Chicos*
- *H. Upmann, Super Coronas*
- *H. Upmann, Coronas Major*
- *H. Upmann, Royal Corona*

Geschäfte für Zigarrenliebhaber
Fábrica Partagas: Industria 520, e/Dragones y Barcelona, Habana Vieja. Diese Fabrik liegt hinter dem Capitolio, hier befindet sich der bekannteste Zigarrenladen La Habanas. Gut sortiert und mit sachkundigem Personal. Am hinteren Ende des Ladens gelangt man in die gemütliche Raucherbar.

Casa de Habana: Mercaderes, esq. Obrapía, Habana Vieja.

Fábrica La Corona: Agramonte 106, e/Colón y Refugio, Habana Vieja, Tel. 338389. In den Räumen des ehemaligen Theaters gibt es auch seltene Sorten zu kaufen. Eine Raucherbar ist angegliedert.

Hostal Conde de Villanueva: Mercaderes 202, esq. Lamparilla, Habana Vieja. Der Hotelladen bietet eine gute Auswahl.

Hotel Nacional: am Malecón. Hat eine sehr gute Auswahl, viele Accessoires und eine stilvolle Raucherbar.

Hotel Habana Libre: Vedado. Hat die größte Auswahl des Stadtteils.

La Casa del Habano Varadero: gegenüber dem Hotel *Cuatro Palmas,* Avenida 1ra, e/Calle 61 y 62. Großer Laden, viel Auswahl und gute Beratung, aber teuer.

Ein- und Ausreise-bestimmungen

Zur Einreise benötigen Deutsche, Österreicher und Schweizer einen nach Einreisedatum noch mindestens sechs Monate gültigen **Reisepass** und eine **Touristenkarte,** die man bei der Buchung über einen Reiseveranstalter bekommt. Individualreisende können die Karte auch bei der Botschaft bekommen, dort kostet sie 25 Euro. Eine Kopie des Passes muss mitgeschickt werden. Zur Sicherheit sollte man sich mindestens zwei Wochen vor der Abreise um dieses Dokument bemühen.

Die **Touristenkarte** berechtigt zu einem Aufenthalt von 30 Tagen und wird bei der Ausreise am Zoll einbehalten. Weitere 30 Tage können zu Urlaubszwecken in Cuba beantragt werden. Dazu begibt man sich ins Immigrationsbüro *(oficina de imigración)* des Bezirks, in dem man gerade wohnt. Für den Stempel sind dann 25 CUC fällig. Diese bezahlt man in Briefmarken. Die speziellen „CUC-Marken" können bei den mit harter Währung operierenden Banken gekauft werden. Es empfiehlt sich die Verlängerung rechtzeitig zu beantragen und möglichst bereits um 8 Uhr morgens im Immigrationsbüro zu sein. Eine *Imigración* ist z.B. in La Habana im Stadtteil Miramar, in der Calle 186, e/ 1ra y 5ta.

Bei **Reisen mit Kindern** benötigt jedes Kind seinen eigenen Reisepass. Kindereinträge im Reisepass eines Elternteils sind nicht mehr gültig. Reisen Minderjährige nicht in Begleitung beider Elternteile, kann man vor allem bei Flug-rückkehr in die EU nach einer Einverständniserklärung des anderen Sorgeberechtigten gefragt werden, als Schutzmaßnahme gegen eine mögliche Kindesentführung; weitere Informationen z.B. unter www.auswaertiges-amt.de, Stichwort „Einverständniserklärung für Minderjährige". Reist man mit Pflegekindern, sollte man sich vor der Abreise informieren, ob zusätzliche Dokumente zur Einreise notwendig sind.

Außerdem benötigt man eine **private Reisekrankenversicherung.** Deutsche gesetzliche Versicherungen werden nicht anerkannt. Die Dokumente dazu müssen mitgeführt werden (dabei ist es empfehlenswert, die Versicherung zu bitten, die Begleitpolice in spanischer oder englischer Sprache auszustellen). Falls man länger als zwei Monate in Cuba bleiben möchte, gibt es die Möglichkeit, ein **Visum** zu beantragen, ein eher schwieriges Unterfangen. Die lästigen Formalitäten kann man auch durch die Visum Centrale erledigen lassen (www.visumcentrale.de, www.visumcentrale.at, http://cibt-visas.ch). Dort kann man sich auch ein Business-Visum besorgen.

Aktuelle Einreisebestimmungen

Die genannten Einreisebestimmungen können sich **kurzfristig ändern,** daher raten wir, sich grundsätzlich kurz vor Abreise beim Auswärtigen Amt (www.auswaertiges-amt.de, www.bmeia.gv.at oder www.eda.admin.ch) oder bei der jeweiligen Botschaft zu informieren.

Man kann auch direkt bei der entsprechenden **Botschaft der Republik Cuba** in seinem jeweiligen Land versuchen, ein Visum zu bekommen:

■ **Deutschland:** Stavangerstr. 20, 10439 Berlin, Tel. 030 44717319, www.cubadiplomatica.cu/alemania

■ **Österreich:** Kaiserstr. 84, 1070 Wien, Tel. 01 8778198, www.cubadiplomatica.cu/austria

■ **Schweiz:** Gesellschaftsstr. 8, 3012 Bern, www.cubadiplomatica.cu/suiza

Sonst muss man es wie überall machen: kurz ins Ausland und wieder zurückreisen. Für einen Pauschalpreis bieten die staatlichen Touristikunternehmen einen Flug nach Mexiko an, mit Hotel und der neuen Touristenkarte. Die Touristenkarte berechtigt nur zum Aufenthalt in lizenzierten *casas particulares* bzw. Hotels. Möchte man bei Freunden wohnen, muss die Touristenkarte in ein **Besuchervisum** umgewandelt werden, was ebenfalls im zuständigen Immigrationsbüro beantragt wird. Bezahlt wird wiederum mit „CUC-Marken". Beim Antrag muss man von dem Familienoberhaupt begleitet werden. Cubaner, die lizenzierte *casas particulares* führen, dürfen eine Person pro Jahr einladen.

Geschäftsreisende brauchen ein kostenpflichtiges **Visum** von der Botschaft der Republik Cuba. Für den Antrag benötigt man ein Formular, das es in der Botschaft und bei *Cubatur* (www.cubatur.cu) gibt, ein Passbild und einen frankierten Rückumschlag. Außerdem muss der Pass mitgeschickt werden.

Einreise

Eingeführt werden dürfen **Dinge des persönlichen Bedarfs,** solange sie eine „angemessene Stückzahl" nicht über-

cu004-2016 kh

schreiten. Was angemessen ist, hängt allerdings von dem Ermessen des Beamten der Einreisebehörde ab. Teure oder spezielle Dinge, wie technische Geräte, sollte man bei der Einreise registrieren lassen. Beim **Zoll** muss man eventuell nachweisen, dass man pro Reisetag 50 CUC zur Verfügung oder sein Hotel schon bezahlt hat – Devisen sind eben wichtig für den cubanischen Staat.

Verboten ist die Einfuhr von pornografischen und staatsfeindlichen Zeitungen, Zeitschriften oder Büchern. Verboten ist auch die Einfuhr frischer Lebensmittel, das gilt auch für das von der Flugreise übrig gebliebene Butterbrot oder den Apfel im Handgepäck; diese sollte man im Flugzeug zurücklassen. Die Ein- und Ausfuhr von Pesos ist ebenfalls verboten.

Ausreise

Bei der Ausreise wird von Touristen eine **Gebühr** von 25 CUC erhoben. Bei Pauschalreisen bezahlt diese der Veranstalter. Individualreisende sollten darauf achten, dass die Gebühr auf den Flugpreis aufgeschlagen wird, ansonsten gibt es noch die Möglichkeit, auf dem Heimatflughafen am Schalter zu zahlen. Die Schalter für Bareinzahlungen in Cuba gibt es seit 2015 nicht mehr.

Eine Besonderheit gibt es im Zusammenhang mit dem **Washingtoner Artenschutzabkommen.** Cuba züchtet Krokodile in Reservaten und Farmen. Deshalb darf man, mit den entsprechenden Papieren versehen, Produkte aus Krokodilhaut ausführen.

Verboten ist die Ausfuhr von den bunten Polymita-Schneckenhäusern. Bei

Kunstwerken ab etwa 100 CUC, wie beispielsweise Gemälden, muss man ein Formular beim Zoll vorlegen, das die Galerie beim Kauf ausstellt. Darauf sind der Künstler, der Laden und der Verkäufer mit seiner Unterschrift sowie eine laufende Nummer vermerkt. Bei kleinen Zeichnungen oder Drucken reichen auch Name und Anschrift des Verkäufers (Näheres siehe unter „Einkäufe").

Zigarrenfreunde können 20 lose Zigarren, bis zu 50 in verschlossenen und versiegelten Kisten ausführen. Damit der Schwarzhandel eingedämmt wird, muss man die Quittung vorzeigen, wenn man mehr als 50 Zigarren ausführt. Denken Sie auch daran, dass Sie zwar die „Lungentorpedos" aus Cuba leicht herausbekommen, aber noch durch einen europäischen Zoll müssen, da heißt es dann: zahlen.

Wer über Paris fliegt, muss beim Rückflug aus dem Transit in den Schengenraum einreisen. Dies bedeutet, dass man cubanische Waren durch die Zollkontrolle bringen muss. Da Flüssigkeiten verboten sind, wird einem der *Havana Club* abgenommen, es sei denn, man hat auf dem Flughafen eine durchsichtige **Zolltüte** gekauft, die die Kassiererin mit dem Kassenzettel versehen und zugeklebt hat.

◁ Die Botschaft der Schweiz
in Miramar/La Habana

Einfuhrbestimmungen für Europa

Bei der Wiedereinreise in die EU und die Schweiz gelten verschiedene Freigrenzen, Verbote und Beschränkungen.

■ Die wichtigsten **Freigrenzen** für die Einreise im Flug- und Seeverkehr sind: 200 St. Zigaretten oder 100 St. Zigarillos oder 50 St. Zigarren oder 250 g Rauchtabak (ab 17 Jahren); 1 Liter Spirituosen über 22 Vol.-% (ab 17 Jahren), 4 Liter nicht schäumende Weine, 16 Liter Bier und andere Waren zur persönlichen Verwendung oder als Geschenk im Wert von 430 Euro p.P. bzw. bei Reisenden bis 15 Jahre 175 Euro. Für Einreise in die Schweiz 300 SFr p.P.

■ Bei Überschreitungen dieser Mengen- und Wertgrenzen müssen die Waren angemeldet und versteuert werden. Hierbei fallen **Abgaben** von 15 % bzw. 17,5 % des Kaufpreises (bis 700 Euro Warenwert) an. Bei Kaufpreisen über 700 Euro liegen die Abgaben zwischen 19 % und 35 %. Hohe Abgaben bei Zigaretten und Spirituosen!

■ **Verbotene Waffen** sind u.a. Springmesser, Butterflymesser, Faustmesser, Schlagringe, Wurfsterne, Stockdegen, Stahlruten, ausländische Elektroschocker und Reizstoffsprays.

■ Als **artengeschützte Produkte** gelten z.B. Korallen (auch am Strand gefundene), diverse Schnecken- und Muschelarten, Schlangen- und Krokodilleder, Elfenbein, Schildkrötenteile, Whisky mit eingelegter Kobra, verschiedene Tierfelle, Kakteen, Orchideen und bestimmte Kaviarsorten.

■ Bei **Arzneimitteln** ist die Menge eines üblichen Drei-Monatseigenbedarfs erlaubt. Anabolika sind in jedem Fall verboten.

■ **Markengefälschte Produkte** aller Art sind für den eigenen Gebrauch und als Geschenk in geringer Stückzahl erlaubt.

■ Für **Drogen** gilt: Auch Kleinmengen sowie Hanfsamen, Kokatee und -blätter sind verboten, ggf. auch im Ausland gekaufte starke Schmerz- und Beruhigungsmittel.

■ **Feuerwerkskörper** sind einfuhrverboten.

■ Für **Fleisch, Wurst, Käse, Milchprodukte und Eier** aus Nicht-EU/EFTA-Ländern gilt ein generelles Einfuhrverbot.

■ **Pflanzensanitäre Vorschriften:** Pflanzen mit Wurzeln oder Erde ohne Pflanzengesundheitszeugnis aus nicht-europäischen Ländern sind einfuhrverboten (nur aus Mittelmeeranrainerstaaten frei). Auch für bestimmte frische Früchte in größeren Mengen gelten Verbote.

■ Für die Mitnahme von **Haustieren** gelten besondere Veterinärvorschriften.

■ **Barmittel** über 10.000 Euro (bzw. Schweiz: 10.000 SFr) sind dem Zoll bei Aus- und Einreise schriftlich anzumelden.

■ Für selbst aufgegebene **Postsendungen** gelten gesonderte Regelungen und eine Freigrenze von 45 Euro Warenwert. **Internetbestellungen** und Sendungen von Firmen über 22 Euro Warenwert sind abgabenpflichtig.

■ Die Zollbestimmungen und die Steuersätze für die **Schweiz und Österreich** können von dem Gesagten etwas abweichen.

Nähere Informationen

■ **Deutschland:** www.zoll.de
■ **Österreich:** www.bmf.gv.at
■ **Schweiz:** www.ezv.admin.ch

Elektrizität

Die **Netzspannung** auf Cuba beträgt 110 Volt, 60 Hz. Meist werden **amerikanische Stecker** benutzt. Also braucht man elektrische Geräte, die sich auf 110 Volt umstellen lassen und dazu einen **Steckeradapter** auf die amerikanische Dose, die Standard auf Cuba ist. Hierbei gibt es zwei Formen: Die alten Steckdosen haben zwei schmale Schlitze, für die man unbedingt einen Adapter braucht, neuere amerikanische Dosen haben Löcher, in die sowohl Flachstecker als auch Stecker mit runden Stiften passen; in diese Dosen kann man auch europäische Rundstecker einstöpseln. Vereinzelt findet man 220 Volt, 60 Hz. Das ist der Starkstrom für Herde, manchmal haben diese auch eine Steckdose anderer Norm und man kann dort anzapfen.

Inzwischen sind Stromabschaltungen zwar selten geworden, trotzdem ist eine **Taschenlampe** immer hilfreich. Wer empfindliches Gerät am Stromnetz betreiben will, sollte einen Spannungskonstanthalter im Gepäck haben, da die häufigen **Stromschwankungen** zwischen ca. 90 und 130 Volt zu erheblichen Beschädigungen der Geräte führen können. In den meisten Unterkünften hat ein freundlicher Cubaner mit dem Filzstift die Spannung auf die Steckdose geschrieben. Ich habe auch schon Hotels erlebt, in denen hinter amerikanischen Steckdosen 220 Volt lauerten. Mitunter schöpft man Verdacht, wenn der Tauchsieder sofort heiß wird und die Dose nicht beschriftet ist. In der Regel haben diese Steckdosen jedoch neben den zwei üblichen, rechteckigen Löchern noch ein drittes für die Erdung. Im Zweifel hilft nur zu fragen, oder man untersucht die elektrischen Geräte in unmittelbarer Umgebung der Dose. Fernseher und Kühlschränke zum Beispiel haben ein Typenschild auf der Rückseite, auf dem die Spannung angegeben ist. Allerdings kann man sein Handy-Ladegerät durchaus mit 110 Volt betreiben, nur dauert das doppelt so lange.

Essen und Trinken

„Eine Languste braucht elf Minuten im Backofen oder sechs am Spieß über Holzkohlenfeuer. An Gewürzen nur Butter, Knoblauch und Zitrone".

(Fidel Castro)

Die cubanische Küche hat **afrikanische und kreolische Einflüsse** und wurde natürlich auch von den spanischen Kolonialherren geprägt. Die brachten ihre kulinarische Kultur und ihre Lebensmittel mit und bauten sie auf der Antilleninsel an. **Bohnen** *(judías)* zum Beispiel gibt es in allen spanischsprachigen Ländern, also auch auf Cuba.

Das Essen auf Cuba ist **nichts für verwöhnte Gaumen.** Schweinefleisch und Hähnchen gibt es immer, Rindfleisch oder Fisch eher selten. Bei den Hauptgerichten werden die Zutaten oft sehr weich gekocht, insgesamt ist die Küche ziemlich schwer. Die Versorgungslage auf dem Land ist schlecht, also muss man mit dem, was da ist, auskommen. So entstehen aus Mangel oft neue Varianten altbekannter Gerichte. Inzwischen gibt es aber auch kreative junge Köche, die Erstaunliches zustande bringen.

Die Cubaner, die keinen offiziellen Zugang zum CUC haben, bekommen **Bezugsscheine** für Grundnahrungsmittel und Kleidung, die sogenannte *libreta.* Damit kann man Brot kaufen und Erzeugnisse der Region wie Reis, Bohnen, Zucker und Kaffee erhalten. Milch gibt es nur für Kinder bis zu sieben Jahren. Fisch und Fleisch sind für die meisten Cubaner unerschwinglich; viele Menschen halten sich Tiere in den beengten

140cu kh

häuslichen Verhältnissen, um wenigstens hin und wieder etwas Fleisch auf dem Teller zu haben.

Sollte man **Pizza** essen wollen, gilt es zu bedenken, dass Cuba nicht Berlin ist. Man bekommt eine ziemlich weiche Angelegenheit mit viel Ketchup und etwas Käse, jedoch oft mit gutem, frischem Teig zubereitet. Mit Cubanern an einer Hauswand zu lehnen, eine frische, ölig tropfende Peso-Pizza in der Hand, ist definitiv ein Vergnügen, das es zu Hause so nicht gibt.

⌂ Grillmeister: Das Schwein
für den Abend ist schon mittags auf dem Spieß

Der **Nachtisch** ist meist von Karies hervorrufender Süße und gehört in der Regel in die Rubrik Pudding.

Essensmöglichkeiten

Grundsätzlich finden sich drei verschiedene Möglichkeiten der Verköstigung auf Cuba, die man unbedingt kennen sollte, damit man vorher schon eine Aussage über die Qualität machen kann: Es gibt die staatlichen **Restaurants,** die privaten **Paladares** und schließlich die **Restaurants von Organisationen.** In den nächsten Jahren sollen über 12.000 gastronomische und Serviceeinrichtungen privatisiert werden. Bestehende Betriebe werden an Kooperativen oder Privatunternehmen verpachtet, darunter fast alle staatlichen Restaurants und Reparaturdienstleister. Bisher ist dieser Prozess bei fast einem Drittel der Betriebe abgeschlossen. Besonders die Zulieferung muss im Einzelfall geklärt werden.

Restaurants

Diese sind **meist staatlich geführt,** Service, Kochkünste und Ausstattung können sehr unterschiedlich sein. Die Regierung ist bestrebt, die Privatisierung der Restaurants voranzutreiben, doch das dauert.

In den internationalen **Hotels** hat man sich auf den Geschmack der Touristen aus aller Welt eingestellt und brutzelt eher Altbekanntes. Fischgerichte stehen oft auf der Speisekarte, und die Auswahl an (saisonalen) Früchten lässt den Mangel außerhalb der Resortanlagen weit weg erscheinen.

In vielen **teureren Lokalen** wird man vom Kellner an den Tisch geleitet, also sollte man nicht zielstrebig den erstbesten freien Tisch ansteuern, denn der könnte schon für jemand anders vorgesehen sein.

Paladares

Paladares sind **private Restaurants.** Der Name entstammt der brasilianischen Seifenoper „Vale Tudo", die Anfang der 1990er Jahre in Cuba sehr populär war, just als die ersten privat betriebenen Restaurants aufkamen. In diesen (touristischen) Lokalen gibt es meist gutes Essen, bezahlt werden muss in CUC – es empfiehlt sich immer, vorher nach dem Preis

zu fragen. Inzwischen hat man die (steuerlichen) Auflagen gelockert, sodass es immer mehr *Paladares* mit immer mehr Sitzplätzen gibt. Auch eine neue kulinarische Vielfalt breitet sich langsam aus.

Wenn man mit einem Vermittler in ein *Paladar* geht, erhält er eine Kommission von mindestens 1 CUC – der Betrag wird natürlich dem Gast aufgeschlagen. Ohne einen solchen Vermittler findet man das Lokal jedoch oft nicht.

Vegetarisch essen in Cuba

Vegetarier müssen in Cuba nicht verhungern – auch wenn sie eher belächelt (beneidet?) werden mögen, denn Cubaner haben oft nicht den Luxus der Wahl und sind glücklich über das, was sie haben, erst recht, wenn es Fleisch ist. Ein (vegetarischer) Klassiker der cubanischen Küche ist „Moros y Cristianos" (siehe nächste Seite). Außerdem gibt es oft Yucca und Bohnen und natürlich Früchte. Ansonsten muss man schauen, was die jeweilige Speisekarte hergibt oder gezielt nach **„comida sin carne"** (Essen ohne Fleisch) fragen. In La Habana finden sich mehrere vegetarische Restaurants, z.B. das *El Biki* in der Calle San Lazaro, esq. Infanta, oder das *Opera* in der Calle 5ta No. 204, e/E y F, Vedado. Insgesamt ist in den Restaurants eine Ausrichtung auf gesunde und ökologisch erzeugte Lebensmittel zu bemerken. Das Hotelfrühstück beinhaltet oft Obst der Saison.

Cubanische Gerichte

20 Min. im geschlossenen Topf quellen lassen. Der Reis saugt die Flüssigkeit dabei auf. *Congrí* wird auch kalt als Beilage serviert.

Ananasgemüse
Die Ananas wird halbiert und ausgehöhlt. Gefüllt wird sie mit klein geschnittenem Gemüse, das kurz gedünstet wurde, z.B.: Paprika, Gurkenstücke, Tomaten, Frühlingszwiebeln. Gewürzt wird mit Kurkuma und Koriandergrün. Das Ganze kommt dann mit Ananasstücken wieder in die Schale und wird mit Kokosflocken bestreut.

Calalú
Dies ist nicht die Suppe aus Jamaika, sondern eine Speise der *Yorubas* aus Mehl und Schweinefleisch und das Lieblingsgericht des Gottes *Changó*.

Conejo con ajo
Kaninchen in Knoblauch, steht leider nicht oft auf der Speisekarte.

Picadillo habanero
Rindergehacktes mit Tomaten und Oliven gebraten.

Congrí/Moros y Cristianos
Das **cubanische Nationalgericht** ist eine Mischung aus zwei Teilen Reis und einem Teil schwarzen Bohnen. Die Bohnen werden mit der dreifachen Menge Wasser über Nacht eingeweicht. Dazu kommt eine klein geschnittene Paprikaschote. Mit dem Wasser wird das Ganze fast gar gekocht. In der Pfanne werden inzwischen klein geschnittene Zwiebeln, Tomaten, Knoblauch und Chilis in Öl angedünstet und mit Wasser abgelöscht. Wenn alles kocht, kommen die Bohnen, Salz und Pfeffer dazu, dann der gut gewässerte Reis. Alles zusammen noch einmal aufkochen, evtl. noch Wasser dazugeben und dann

Ropa vieja
Die „Alten Kleider" sind eine Art Resteverwertung. Zutaten sind Rinderrippe oder Braten sowie Zwiebeln, Tomaten, Chillies, Knoblauch und Gewürze. Das Rindfleisch wird eine Stunde in Wasser gekocht und anschließend zerfasert. Das Gemüse wird angebraten und dann etwas eingekocht. Zum Schluss wird das Fleisch hinzugegeben.

Fufu
Kochbananen werden püriert und mit gerösteter Schweineschwarte gemischt.

Fritura de malanga
Die Süßkartoffel Malanga, als Brei frittiert.

Ochinchín
Die Lieblingsspeise der Göttin *Ochún*, Krebsfleisch wird mit etwas Kresse, Mangoldblättern und Mandeln zubereitet.

Tamales
Mit Fleisch oder Gemüse gefüllte Maismehltaschen, die in Maisblättern eingewickelt gebacken werden.

Tostónes
Unreife Kochbananen *(platanos verdes)* werden in Scheiben geschnitten und zwischen zwei Holzbrettern platt geklopft. Anschließend werden sie gewürzt, in Ei gewendet und frittiert.

Pollo
Hähnchen gibt es häufig, mal frittiert, mal gegrillt *(pollo frito)*. Am feinsten schmeckt es mit Orangensaft.

Nachspeisen

Zucker gibt es überall auf der Insel, so sind auch die meisten Nachspeisen damit reichlich versehen. Hier ein paar Kostproben:

■ Im Roman „Paradiso" von *Lezama Lima* steht das Rezept einer **Creme** aus Kokosraspeln, Ananasraspeln und einer halben Dose Kondensmilch. Darüber wird Anisett-Likör geträufelt. Im Kühlschrank abkühlen lassen.
■ **Flan** ist eine sehr süße Crème Caramel, davon kann man nur kleine Portionen essen.
■ **Natilla** ist der ebenso süße Vanillepudding.
■ **Casquito de guayaba con queso** ist Guavenmarmelade mit einer Scheibe Käse. Oder man mischt Kokosflocken mit Käse und Zucker, das heißt dann *coco rallado y queso.*
■ **Churros** sind Fettgebäck, mit Zucker bestreut.
■ **Cucuruchu** ist eine Spezialität aus Baracoa, eine in Tüten aus Bananenblättern gefüllte Fruchtmischung aus Ananas, Kokosmilch und Honig. Als Deckel wird ein Blatt darüber gebunden.
■ Das beste **helado** (Eis) wird auf den Straßen für ein paar Pesos verkauft.

Zuckersirup im Heimverfahren

Man setze einen Liter Wasser auf, bringe es zum Kochen und rühre ein Kilo Zucker hinein. Dies schäumt stark. Der Schaum wird abgeschöpft. Nach fünfminütigem Kochen lässt man die Masse erkalten, wobei sie klebrig und gummiartig wird und nur schwer aus dem Topf geht. In Flaschen abgefüllt, hält sie dann ein halbes Jahr. Wer diese Mühe scheut, kann sich im gut sortierten Supermarkt auch das fertige Produkt, z.B. von *Riemenschmid*, kaufen (ca. 7 Euro). Verwendung findet der Sirup zur Herstellung von Cocktails und Speiseeis.

Restaurants von Organisationen

Die dritte Möglichkeit umgeht das Paladar-Gesetz, indem das Geschäft als Clubheim ausgewiesen wird. Deshalb gibt es hier mehr Tische, also auch mehr zahlende Gäste. Ansonsten gilt alles, was für die Paladares gesagt wurde. So gibt es z.B. in La Habana das *Flor de Loto* der chinesischen Freundschaftsgesellschaft und das *El Nardo* der Sportjugend.

Getränke

Wasser

Mineralwasser bekommt man überall. Mit Kohlensäure *(con gas)* in grünen Flaschen oder ohne *(sin)* in blauen, werden sie von *Ciego Montero* aus Holguín vertrieben. Die Cubaner trinken oft in Flaschen abgefülltes Leitungswasser, was unseren Mägen Probleme bereiten kann.

Kaffee

Als ein Straßenverkäufer dem Helden in „Drei traurige Tiger" einen Kaffee anbietet, sagte dieser: „Nein danke, ich muss noch fahren". Hier das Rezept für den starken **Café cubano:** Man braucht dazu eine dieser achteckigen, italienischen Espressokannen und natürlich fein gemahlenen Kaffee, der auf der Insel angebaut wird. Man kann ihn auch in hübschen Schmuckverpackungen als Souvenir mitbringen. Dann braucht man noch eine Schüssel, einen Quirl, einen Esslöffel Zucker pro Person und eine Prise Zimt, dann kann es losgehen. Der Start ist der gleiche wie in Italien, aber sobald sich

6

der Kaffee aus dem Röhrchen in der Mitte auf dem Boden (der Maschine) auszubreiten beginnt, nimmt man die Kanne vom Herd, schüttet diesen Schluck in eine Schüssel mit dem Zucker und schlägt ihn mit dem Quirl schaumig. Die Kanne kommt wieder auf den Herd. Ist der Kaffee durchgelaufen, wird er in Tassen gefüllt. Ein Löffel Schaum darauf und eine Prise Zimt dazu.

Weniger stark ist der *Café americano.* Er wird auch mit Milch serviert und ist ähnlich wie Pulverkaffee. *Café con leche* ist der Milchkaffee, wie man ihn aus Spanien kennt. *Café mezclado* ist mit Zusätzen wie z.B. Zichorie.

Guarapo

Das ist der **Zuckerrohrsaft,** den es vielfach „frisch gepresst" gibt. Dafür wird der Stängel durch zwei gezahnte Walzen gekurbelt und der Saft aufgefangen. Serviert wird er dann mit Eiswürfeln.

Softdrinks

Der säuerlich schmeckende Tamarindensaft wird in Dosen verkauft. Es gibt eine Cola namens *Tropicola* bzw. *Tucola,* die für die Zubereitung von *Cuba Libre* verwendet wird. Bei Hitze hilft das alkoholfreie Malzgetränk *Malta,* das immer häufiger zu finden ist. Selbst gemachte Limettenlimonade wird in vielen Bars und Restaurants angeboten.

> Bald ist das Bier kalt, die Eismänner sind da

Bier

Bier *(cerveza)* trinken die Cubaner am liebsten. *Cristal* und *Mayábe* sind die bekanntesten und auch teuersten Marken. *Bucanero* ist in manchen Gegenden etwas preiswerter als *Cristal,* schmeckt aber ähnlich. *Hatuey* heißt das dunklere Starkbier. *Guama* mit 4,8 % schmeckt ein wenig säuerlich, ist aber gut trinkbar. Für Freunde frisch gezapften Gerstensaftes gibt es in La Habana **zwei Kleinbrauereien,** die beide zum österreichischen Salm-Konzern gehören. Die ältere entstand an der Plaza Vieja, San Ignacio, esq. Muralla, eine weitere gibt es an der Ave. del Puerto gegenüber der Iglesia de Paula. Hier wurde eine Werfthalle in einen Veranstaltungsort verwandelt, die Brauanlage fand in einem Glaskasten Platz. Auch in Santiago gibt es einen Brauereiausschank am Malecón.

Rum

Das Wort erschien erstmals in *Diderots* und *d'Alemberts* berühmter Enzyklopädie Mitte des 18. Jh. In einem Fachbuch heißt es: „… *die Ausdehnung des karibischen Rums entspricht etwa der Entfernung zwischen Aquavit und Grappa".* Soll heißen: Rum (spanisch: **ron**) schmeckt überall anders.

Auf Cuba war es **Facundo Bacardí,** ein spanischer Einwanderer, der 1838 eine kleine Rumfabrik in Santiago de Cuba gründete. Dank der guten Qualität seines Schnapses konnte er mit seinen drei Söhnen rasch ein expandierendes Unternehmen aufbauen. Die Familie *Bacardí* unterstützte die Revolutionäre in den 1950er Jahren finanziell, vermutlich

Rumherstellung

Rum ist ein Destillat aus Zuckerrohr und wird in allen Ländern erzeugt, in denen es Zuckerrohr gibt. Man verwendet den Brei aus Zucker und Wasser, *Melasse* genannt. Die Melasse lässt man in der Rumfabrik erst einmal gären. Dazu braucht es eine speziell auf Cuba gezüchtete Hefesorte. Hinzukommen die Rückstände aus alten Brennvorgängen, *Dunder* genannt. Dabei entsteht ein Alkoholgemisch, das bei der anschließenden Destillation durch Verdampfen vom Wasser getrennt wird. Der gewonnene Rum hat um 80 % Alkoholgehalt und wird *aquardiente,* brennendes Wasser, genannt. Nun muss der Rum reifen. Dazu wird er in Holzfässer aus kanadischer Eiche abgefüllt und ab und zu bewegt. Der Rum zum Mixen ist nach drei Jahren reif und sieht nach dem Filtern durch Holzkohle klar aus. Wir kennen alle den *Bacardí,* der zum Synonym für dreijährigen, weißen Rum geworden ist. Die Trinkstärke von 40 % wird durch Zugabe von Quellwasser erreicht. Die pur getrunkenen Sorten brauchen mindestens fünf Jahre und heißen dann *añejo.* Vor dem Abfüllen wird der Rum gefiltert, wodurch die älteren Jahrgänge ihre charakteristische braune Farbe verlieren. Die wird ihnen mit Karamell wieder zurückgegeben. Jetzt wird der Alkoholgehalt durch Zugabe von Wasser eingestellt. Anschließend wird er 1½ Monate in Fässern gelagert, bevor er in Flaschen abgefüllt wird. Den Kubikzentimeter Rum schmeckt man angeblich auch noch aus der Verdünnung mit 100 Litern Wasser heraus.

um sich bei den zukünftigen Machthabern in ein günstiges Licht zu setzen. Das schlug allerdings fehl. *Castro* enteignete die *Bacardís,* und diese gingen nach Puerto Rico, von wo sie die Flasche mit der Fledermaus über den ganzen westlichen Globus „fliegen" ließen. Heute sitzt das Tier übrigens wieder auf seiner goldenen Kugel auf dem Dach des Stammhauses der Familie, schräg hinter dem Revolutionsmuseum in La Habana, und wartet auf das Abtreten der Kommunisten, denn dann werden seine ursprünglichen Besitzer wiederkommen. Das Haus ist renoviert und hat seine Art-déco-Kacheln oben an der Fassade zurückerhalten. Die ursprüngliche Fabrik in Santiago de Cuba wurde von der Revolutionsregierung weiterbetrieben, das Produkt aus rechtlichen Gründen in „Havana Club" umbenannt. Produziert wurde alsbald ein Getränk, das genauso mit Preisen geehrt wurde wie der ursprüngliche *Bacardí.* Von den fast zehn Millionen Litern *Havana Club* trinken die Cubaner selbst immerhin 20.000 Liter jährlich. Die Faustregel beim Kauf: je dunkler die Farbe, desto älter und teurer das Getränk.

Guayabita del Pinar

So heißt ein Likör mit eingelegten Guayabitas, kleinen **Guaven.** Diese Spezialität gibt es nur in Pinar del Río, die Guayabitas wachsen dort wild. Es gibt eine 30%-ige süße *(dulce)* und eine 40%-ige herbere Variante *(seca).* Die Früchte gären einen Monat in Stahltanks unter Zugabe von Karamell und Vanille. Der Geschmack ist etwas gewöhnungsbedürftig, aber als Sammler seltener

Schnäpse konnte ich auch hier nicht widerstehen. Exportiert wird der gelbliche Schnaps nicht, die Jahresproduktion von etwa einer halben Million Flaschen wird im Lande selbst getrunken.

Cocktails

Hier einige **Rezepte zum Selbermixen.** Wer die einschlägigen Bar-Mix-Bücher besitzt, kann dort nachschlagen und findet mitunter abweichende Rezepte. Diese Cocktails sind weltweit bekannt, und so haben sich die Varianten entwickelt. Oft wird statt Limone eine Zitrone verwendet. Beim Zucker scheiden sich die Geister. Ein „berühmter" Mixer verwendete Puderzucker. Die meisten Rezepte schlagen Zuckersirup vor, der Cubaner nimmt natürlich braunen Rohrzucker, und die Europäer haben schon immer den gebleichten Fabrikzucker aus der Rübe genommen.

Rumkrieg

Zwischen dem Rumhersteller **Bacardí** und **Havana Club,** vertreten durch *Pernod-Ricard,* tobt ein Kampf, der von Bacardís Seite mit allen Mitteln geführt wird.

Als Castro 1960 cubanische Betriebe verstaatlichte, floh die Familie *Arechabala* auf die Bahamas und destillierte dort mit den *Bacardís* weiter Rum. In der cubanischen Destille wurde unter dem Namen *Havana Club* produziert und exportiert.

Bacardí unternahm daraufhin alles, um Cuba zu schaden und schreckte sogar vor Mord nicht zurück. Eine harmlosere Attacke war der Vertrieb eines Rums mit Namen *Havana Club* von *Bacardí,* nach internationalem Recht ist das **Piraterie** und somit verboten.

Cuba ist Mitglied des Abkommens für Internationale Marken-Registrierung. Im cubanischen Büro für industrielles Eigentum sind außer *Coca-Cola* etwa 3000 weitere US-Marken registriert, deren Einträge regelmäßig erneuert werden. Obwohl amerikanischen Unternehmen der Export nach Cuba untersagt ist und der Markenschutz nach drei Jahren der Nichtvermarktung verfällt, erkennt Cuba diese Regelungen an. Leider hatte es *Havana Club* umgekehrt versäumt, in den boykottierten Ländern den Markenschutz zu erneuern. Dies veranlasste *Bacardí* das Recht für sich zu beanspruchen.

Die EU und **Pernod-Ricard** verklagten daraufhin bei der WTO *Bacardí* wegen Betrugs, Raub des Markennamens und Täuschung des Verbrauchers. Das Bezirksgericht New York Süd entschied aufgrund des Helms-Burton-Gesetzes 1999 zugunsten von *Bacardí.* Allerdings schlugen die Wellen in der Öffentlichkeit so hoch, dass Bacardí die Fälschung vom Markt nahm.

Castro hatte 1994 persönlich *Pernod-Ricard* mit dem Export beauftragt, doch die Anwälte ermitteln weiter. Havana Rum and Liquors heißt nun Havana Club Holding, Bacardí kaufte 1996 von einer Liechtensteiner Firma das Havana-Club-Markenrecht. 2015 erteilte die US-Regierung Pernod-Ricard erstmals das Recht, eine Markenregistrierung in den USA vorzunehmen.

Daiquirí

Der Name ist dem gleichnamigen Strand am Fuße der Sierra Maestra angelehnt. Dort waren einst Landvermesser und Geologen tätig, die sich angeblich nach getaner Arbeit diesen Drink in der Hotelbar mixen ließen. Verwendet werden: 5 cl weißer Rum, 2 cl Zuckersirup, 2 cl Zitronensaft. Im Shaker mit Eis schütteln und abgießen. Ich persönlich bevorzuge die Variante „frozen", biswielen auch „frappé" genannt. Dabei kommen die Zutaten plus acht Eiswürfel in den Elektromixer, und ab geht die Post – bis daraus ein alkoholisierter Eisschnee geworden ist. Statt Zitronensaft schmeckt übrigens auch Grapefruitsaft.

⌄ Stammhaus Bacardí in La Habana

018cu kh

Mojito

Dieses Getränk gilt als **Metapher Cubas,** wie *Cabrera Infantes* Protagonist in „Drei traurige Tiger" bemerkte: Wasser, Vegetation, Zucker, Rum und Kälte. Der Ursprung dieses Cocktails soll schon im 16. Jh. liegen, als der Drink gegen Infektionen helfen sollte. Ein Büschel Minze und den Saft einer halben Limone mit einem halben Teelöffel Zucker in einem großen Glas verrühren, statt der Limone geht auch *Lime Juice* aus dem Getränkeregal. Die Minze leicht zerdrücken. Dazu 4 cl weißer Rum und reichlich Eis. Das Ganze mit Mineralwasser auffüllen.

Dieses Getränk kostet auf dem Lande 1,50 CUC, in Restaurants und in La Habana maximal 3 CUC, nur in den dortigen Luxusbars wie etwa der *Floridita* und in der *Bodegita del Medio* kosten sie 6 CUC.

Cubanita

Die cubanische Variante der *Bloody Mary* hat folgende Zusammensetzung: 5 cl Tomatensaft, Eis, Limettensaft und 2 cl Rum, gewürzt mit Pfeffer und Tabasco.

Cuba Libre

„**Freies Cuba**" ist das Mixgetränk für Eilige: 4 cl Rum über ein paar Eiswürfel in ein hohes Glas schütten, mit *Tropicola* auffüllen und eine Limonenscheibe dazu – fertig. Übrigens: Verlangen Sie nicht nach „Cola", denn das ist ein geradezu unanständiges Wort auf Cuba, sondern bestellen Sie das ortsübliche Zuckerwasser *Tropicola* oder *Tucola*.

Fotografieren

Auf Cuba ist es **verboten, militärische Objekte, Brücken und Flugplätze und verschiedene öffentliche Gebäude** zu fotografieren, die als solche allerdings nicht immer gekennzeichnet sind. Mit *zona militar* bezeichnete Gebiete dürfen weder betreten noch fotografiert werden!

Welche Kamera man für seine Reise wählt, hängt von den eigenen Ansprüchen und dem Geldbeutel ab. Auf Reisen sollten Sie Beschädigung oder Diebstahl einkalkulieren. Gute Bilder werden nicht von der perfekten technischen Ausrüstung gemacht, sondern vom Menschen hinter der Kamera.

Fototipps

■ Die **Auflösung** ist ein wichtiger Faktor beim Fotografieren, in Megapixeln angegeben drückt sie die Genauigkeit der Bilddarstellung aus.

■ **Fotoapparate** sind empfindlich gegen Nässe, Verschmutzung und Hitze und entsprechend aufzubewahren bzw. zu schützen.

■ In La Habana und Santiago bieten vereinzelt Läden **digitale Druckdienste** an.

■ **Tipp:** Mehrmals Speicherkarten wechseln, so ist bei Verlust der Kamera wenigstens ein Teil der Bilder gerettet.

■ Das **Ladegerät** muss mit 110 Volt betrieben werden können (siehe auch „Elektrizität"). Nötig ist ein Adapter für US-Flachstecker, damit kann man seine Akkus dann mit 110 Volt aufladen, was nur länger dauert.

■ Dass die Bitte um **Fotografie-Erlaubnis** bei Personen manchmal mit einer Geldforderung verbunden ist, sollte aufgrund der sozialen Lage in Cuba nicht überraschen.

■ Wer ein **Übertragungskabel** (AV-Kabel mit CINCH-Steckern für den Fernseher) mitnimmt, um die Fotos über den Hotelfernseher anzuschauen, muss in den Kameraeinstellungen im Wiedergabemenü von PAL auf NTSC-Norm umstellen.

Frau allein auf Cuba

Geht eine Frau allein durch die Straßen, wird sie oft **Komplimente, Pfiffe** oder ähnliche **Anmache** hören. Cubaner flirten recht aufdringlich. Frau sollte sich auf keinen Fall darauf einlassen, es ist ein Spiel, das nur mit Kenntnis der Regeln gespielt werden sollte. Bleiben Sie nicht stehen, und versuchen Sie nicht, den „Verehrer" zurechtzuweisen, das ist gegen die Regeln. Sagen Sie im Weitergehen eine Nichtigkeit, und die Sache ist erledigt, das Spiel gespielt und fertig. Sollte der Mann keine Ruhe geben, hilft ein *„Déjame tranquila, no me molestes!"* („Lass mich in Ruhe, belästige mich nicht!"). Die größte Sicherheit gibt natürlich die Begleitung durch einen Mann. Dass man nachts als Frau nicht allein in die finstersten Gassen von La Habana gehen sollte, versteht sich von selbst.

Geht eine Frau mit einem männlichen Cubaner aus, wird evtl. von ihr erwartet, die Rechnungen zu begleichen – am besten vorher die Lage klären.

Geld

Von 1993 bis 2004 gab es in Cuba drei Währungen: den Peso Nacional CUP, den US-Dollar und die Hilfswährung Peso Convertible CUC, ein auf cubanischem Papier gedruckter Dollar. Dieses Durcheinander ordnete man 2004 und schaffte den Dollar als offizielle Währung ab; bis zu einem Stichtag mussten die Cubaner ihre Dollars in CUC umtauschen, was relativ problemlos über die Bühne ging.

Seit 2014 wird an der Abschaffung des CUC gearbeitet; die Devisenläden des Landes tauschen ihre CUC-Bestände bei der Zentralbank in CUP ein.

Cubas Währungen

Cuba hat zwei gültige Währungen, den **Peso Cubano** (Abk. **CUP,** auch *moneda nacional* genannt) und den **Peso Convertible** (Abk. **CUC,** auch *chavito* genannt). Der offizielle Umtauschkurs von Pesos Convertibles = (in US-Dollar umwandelbare Pesos) in cubanische Pesos ist 1:25 – der Convertible entspricht also 25 Pesos Cubanos. Ein Rücktausch von Pesos Cubanos in Pesos Convertibles ist in Wechselstuben und Banken möglich, aber nicht gern gesehen.

Der Peso Convertible entspricht im Wert etwa dem des US-Dollars. Convertibles sind außerhalb des Landes wertlos, sie können mit Glück bei den Wechselstuben am Flughafen in harte Währung zurückgetauscht werden. An den Wechselstuben kann man für Convertibles problemlos CUP bekommen.

Inzwischen kann man nahezu überall **in beiden Währungen bezahlen,** in der einen, der anderen oder sogar gemischt. In der Praxis laufen die CUP- und CUC-Währungssysteme parallel bzw. durcheinander. Kostet etwas z.B. 40 Pesos Cubanos, kann man dafür 2 CUC zahlen und erhält 10 Pesos oder aber 40 CUC-Centavos Wechselgeld. Das geht alles vollkommen durcheinander, man muss also mit dem Umrechnen aufpassen.

Achtung! Es sind **Betrüger** am Werk, die gerade gelandeten Touristen Dollar oder Euro gegen Pesos Convertibles zum sagenhaften Kurs von 2:1 wechseln wollen. Doch man bekommt dann Pesos Cubanos, die der Laie von CUC kaum unterscheiden kann.

Wechselkurse (Stand Januar 2017)

- 1 CUC = 22,22 CUP; 1 CUP = 0,04 CUC
- **1 CUC = 0,88 Euro; 1 Euro = 1,13 CUC**
- 1 Euro = 25,21 CUP
- 1 CUC = 0,95 SFr; 1 SFr = 1,05 CUC
- Aktuelle Wechselkurse: www.oanda.com

Münzen und Scheine

Auf den Münzen weist nichts darauf hin, ob es sich um einen Peso Convertible oder Peso Cubano handelt, aber alle „revolutionären" Abbildungen sind auf den Cubanos, für die Convertibles fand man „touristische" Abbildungen. Abgegriffene oder korrodierte Bronzemünzen sind immer Pesos Cubanos.

6

Peso Cubano (CUP)

- **Münzen** (runder Rand): 5 und 20 Centavos (100 Centavos sind 1 Peso/CUP), 1 und 3 CUP.
- **Noten:** 1, 3, 5, 10, 20, 50, 100 und seit Neuestem 200, 500 und 1000 CUP.
- Mit dem cubanischen Peso kann man an Kaffee- und Eisständen, Pizzabuden, auf den Agromärkten, bei der Post für Briefmarken innerhalb Cubas und für Inlandstelefonate **bezahlen.** Man sollte auf die Preise achten und überlegen, ob die Pizza statt 6 CUC nicht ggf. nur 6 Pesos Cubanos kostet. Bei aufgeschriebenen Preisen ist das Zeichen für Pesos das gleiche wie für Dollar, nur dass das Peso-Zeichen einen senkrechten Strich hat und das Dollarzeichen zwei. Viele Preisauszeichnungen sind immer noch in Dollar, auch wenn CUC gemeint ist. Versuchen Sie in Peso Cubano zu bezahlen, das ist immer preiswerter!

Ist in diesem Buch z.B. von einem „Peso-Lokal" die Rede, ist damit gemeint, dass die Bezahlung mit Pesos Cubanos erfolgen muss.

Peso Convertible (CUC)

- **Münzen** (achteckig geprägter Rand): 1, 5, 10, 25 und 50 Centavos (100 Centavos sind 1 Peso/CUC), 1 und 5 CUC.
- **Noten:** 1, 3, 5, 10, 20, 50 und 100 CUC.

CADECA-Wechselstuben und Banken

Die Banken und Wechselstuben sind **staatlich,** die **Wechselkurse festgelegt.** CADECA-Wechselstuben haben in der Regel keine so großen Bestände an Pesos Convertibles vorrätig wie die Banken, sodass man ggf. nicht den gewünschten Betrag bekommt. Auch unsichere Datenleitungen und Stromausfall können den Tausch erschweren. Der Wechselkurs ist immer angeschlagen. Normaler-

weise benötigt man einen Reisepass zum Tauschen, neuerdings kann es auch ohne klappen.

Zählen Sie beim Umtausch immer nach! Versuchen Sie, kleinere Scheine zu bekommen, denn das erspart im Reisealltag Probleme bei der Geldrückgabe, will man z.B. mit einem 20-CUC-Schein eine Flasche Mineralwasser bezahlen.

An den Wechselstuben gibt es **Warteschlangen** für Einheimische und für Ausländer. Wer Devisen in Pesos Cubanos umtauschen will, muss die Frage stellen: „¿Cual es la cola para vender divisa?" (*divisa* = Dollar oder Euro) – In welche Warteschlange muss ich mich stellen, um Devisen zu verkaufen? Viele Cubaner stehen hier an, weil sie die CUC, die sie (verdient) haben, in Pesos Cubanos umtauschen möchten.

Wer abends aus Europa ankommt und den Wechselschalter am Flughafen geschlossen vorfindet, hat evtl. ein Problem, denn ist kein Transfer ins Hotel gebucht, fehlt dann das Geld, um den Taxifahrer zu bezahlen. Natürlich wird dieser auch US-Dollar oder Euro nehmen und in Pesos zurückgeben, aber zu einem schlechteren Kurs.

Auf einen Geldwechsel im **Hotel** sollte man sich nicht verlassen, kleinere Häuser wechseln nicht. Will man im eigenen Hotel tauschen, braucht man den Pass nicht vorzulegen, geht man in ein anderes Hotel, wird er oft verlangt. Der Kurs ist schlechter als bei Banken oder in den CADECA-Wechselstuben.

- Zu **Banken und Wechselstuben in Cuba** siehe www.cubacurrency.com unter dem Stichwort „Financial Institutions" bzw. „Casas de Cambio SA (CADECA)" und www.bc.gob.cu, die Website der cubanischen Zentralbank *Banco Central de Cuba (BCC)*.

Euro

Der Euro wird in **Banken und Wechselstuben** ohne Abschlag gegen Pesos Convertibles getauscht.

Direkt mit Euro zahlen kann man in den **Touristengebieten** (Varadero, Cayo Largo, Cayo Coco, Guardalavaca etc.).

Die **Preise** in den (touristischen) Läden und Restaurants sind in Peso Convertible ausgezeichnet. Vorsicht: Wer 1 Euro statt 1 CUC gibt, zahlt drauf, da der Euro mehr wert ist.

Wer **Trinkgeld** in Euro geben will, kann nur Papiergeld verwenden, das die Einheimischen dann gegen eine andere Währung tauschen können. Wenn Sie ein Cubaner anspricht, der Euro-Münzen gegen Papiergeld eintauschen will, können Sie das bedenkenlos tun.

Kreditkarten

In den USA ausgestellte Kreditkarten werden nicht akzeptiert, ebensowenig EC-/Maestro-Karten!

Bei der Akzeptanz von Kreditkarten gibt es große Unterschiede zwischen **VISA Card** und MasterCard. Während VISA-Karten an vielen Geldautomaten (*cajero automático)* akzeptiert werden, trifft dies auf MasterCard nicht zu. Mit MasterCard kann man nur in ausgewählten Banken am Schalter (also zu den Öffnungszeiten) Geld abholen.

Weiterhelfen bei Problemen kann evtl. ein Besuch in einer Filiale von **Financiera CIMEX:** *Oficina Central/Head Office* in La Habana, Miramar, Municipio Playa, Calle 8 No. 319, e/3ra y 5ta Ave., Tel. 024 3191, 024 1399; weitere Filialen unter www.uts-transaction.com.

Um mit der Kreditkarte **Bargeld** am Geldautomaten abzuheben, muss man den jeweiligen PIN-Code eingeben. Im **VISA-Zentralbüro** im Hotel *Habana Libre* sowie beim *BFI (Banco Financiero Internacional),* im Hotel *Nacional,* im Hotel *Panorama,* am Flughafen und bei den **Wechselstuben** *(CADECA)* können CUC in bar über die Kreditkarte abgehoben werden. Ob und in welcher Höhe Kosten für die Barabhebung anfallen, variiert je nach kartenausstellender Bank und der Bank, bei der die Abhebung erfolgt. Man sollte sich daher vor der Reise bei seiner Hausbank informieren, mit welcher Bank sie vor Ort zusammenarbeitet und auch bei www.geld-abheben-im-ausland.de die Konditionen für die Kreditkarten vergleichen, mit denen man im Ausland gebührenfrei Bargeld abheben kann. Achtung: Hat man bei Barabhebungen am Geldautomaten die Wahl, sollte man den Betrag immer in der Landeswährung vom Konto abbuchen lassen und nicht in Euro. Bei einer Abbuchung in Euro wird die *Dynamic Currency Conversion* zugrunde gelegt, die erhebliche Kosten verursachen kann, bei Abbuchung in der Landeswährung wird hingegen der offizielle Devisenkurs der eigenen Bank zugrunde gelegt, was am sichersten ist.

Mit VISA-Kreditkarte liegt das monatliche **Barabhebungslimit** teilweise zwischen 250 und 500 CUC.

Bekannt ist, dass es zu **Überlastungen der Datenleitungen** und **Stromausfällen** kommen kann. In Varadero und La Habana geht es noch, aber in anderen Orten braucht man eventuell Geduld. Deshalb rate ich davon ab, in Restaurants oder Devisenläden mit Kreditkarte zu bezahlen.

Die **Wechselstuben CADECA** zahlen Pesos Convertibles auf VISA-Kreditkarte bei Vorlage des Passes aus.

Reisekosten

Man sollte vor der Reise Schätzungen anstellen. Hier einige **Anhaltspunkte:**

■ **Unterkunft:** Die Übernachtung kostet mindestens 25 CUC im Doppelzimmer (privat), das Frühstück dazu meist 5 CUC pro Person. In Hotels kann die Nacht natürlich auch 120 CUC kosten.

■ **Essen:** An Ständen oder in Restaurants auf dem Lande kommt man täglich mit 15 CUC aus, in Städten muss man das Doppelte rechnen.

■ **Getränke:** Kaffee und Bier kosten nicht viel, aber der *Mojito* schlägt in La Habana mit 3 CUC zu Buche. Dazu kommt das übliche Trinkgeld für die Musiker, das man geben sollte, wenn einem die Musik gefällt (und die Musik ist gut in Cubas Kneipen). Also kommen nochmals mindestens 10 CUC pro Abend dazu.

■ **Transport:** Für Víazul-Busse und Taxis sollte man als Tourist ca. 15 CUC am Tag rechnen.

■ **Sonstiges:** Für Museen, Tauchausflüge, Bootsoder Bustouren, Souvenirkäufe und andere Aktivitäten können pro Tag zwischen 10 und 50 CUC einkalkuliert werden.

■ **Nicht vergessen:** Vergewissern Sie sich, dass die **Ausreisesteuer** (Flughafengebühr) im Flugpreis enthalten war.

Gesundheit

„Wenn ich wirklich einmal sterbe, wird es wahrscheinlich niemand glauben."
(Fidel Castro)

Laut WHO braucht man **keine Pflichtimpfungen.** Die gute Nachricht: Cuba ist malariafrei! Das heißt natürlich nicht, dass es hier keine Mücken gibt, besonders in den sumpfigen Gegenden an der Südküste wird man abends von den Quälgeistern arg heimgesucht – also die entsprechenden Mittel zum Einreiben mitnehmen. Eine Impfung gegen Hepatitis A wird empfohlen. Es hat 2013 vereinzelte Fälle von Cholera in Ostcuba gegeben, die Ansteckungsgefahr für westliche Reisende ist (war) jedoch gering. Bei der Einreise wird man evtl. gefragt, ob man im letzten halben Jahr in Afrika war; so versucht man die Einschleppung von Ebola zu verhindern.

Medizinische Versorgung

Auf Cuba gibt es, besonders für Ausländer, eine **sehr gute medizinische Versorgung,** die privat zu zahlen ist. Eine **Auslandskrankenversicherung** muss bei der Einreise nachgewiesen werden (siehe auch unter „Versicherungen").

■ In vielen Gemeinden gibt es **Sanitätsstellen** *(Clínica Médica).* Man kann über jedes Hotel einen Arzt erreichen, manche Hotels haben auch Krankenschwestern angestellt.

■ **Polikliniken** sind eigentlich nur für Einheimische, Leistungen werden in CUP abgerechnet.

Zur Gesundheitsvorsorge siehe auch das Kapitel **„Reisegesundheits-Information Cuba"** im Anhang und unter www.crm.de.

■ **Krankenwagen:** La Habana, Tel. 07 405093, Santiago de Cuba, Tel. 022 626485.

■ **Ärzte** sind über das Ausländerspital *Cira García* für Notfälle erreichbar, Tel. 0537 2042811/12. Rechnungen sind in CUC zu bezahlen. Ein Unfallkrankenhaus befindet sich ebenfalls dort (s.u.).

■ **Rechnungen** über Behandlungen werden von Kliniken außerhalb von La Habana auf einem Formular von *Cubanacan Turismo de Salud* ausgestellt. Die Kliniken *Cira García* und *Cimeq* benutzen eigene Formulare. Die Originalrechnung muss vom Patienten selbst unterschrieben und mit Unterschrift und Stempel der Klinik versehen sein.

■ **Unfallkrankenhaus:** *Clínica Central „Cira García",* Calle 20 No. 4101, esq. 41, Playa, Tel. 07 2040 330, 2042811-14, 2040331, 2041847, 2044300-09, 2042668, www.cirag.cu, auch Zahnbehandlungen.

■ **Hospital Cimeq,** Calle 216 y Ave. 11B, Siboney, Centro Habana, Tel. 07 2736548, 8581226.

■ **Hospital Clínico Quirúrgico „Hermanos Amejeiras",** San Lazaro 701, e/Marques Gonzáles y Belascoaín, Centro Habana, Tel. 07 8776077, 8761 000, man benutzt den Eingang in der Padre Varela (Belascoaín).

■ **Complejo Científico Ortopédico Internacional „Frank País",** Ave. 51 No. 19603, esq. 202, La Lisa, Tel. 07 2627022, 2627755.

■ **Hospital Clínico Quirúrgico „General Calixto García",** Ave. de Universidad, Vedado, Tel. 07 2627 022, 2627755.

■ **Hospital Gineco-Obstetrico „Ramón González Coro"** (Geburtsklinik), Calle 21 No. 856, Vedado, Tel. 07 8382631-40.

■ **Centro Internacional de Retinosis Pigmentaria „Camilo Cienfuegos"** (Augenklinik), Calle 1, esq. Calle 13 No. 151, Vedado, Tel. 07 8333538, 8323507, 8364060.

■ **Apotheken** in La Habana: *Farmacia Internacional,* Ave. 41, esq. Calle 20, Miramar Playa; im Hotel *Comodoro* in Miramar, jeweils Tel. 07 2049 385; im Hotel *Habana Libre* in Vedado, Tel. 07 554593.

Reiseapotheke

Das Wichtigste für eine Reiseapotheke für Cuba sind Anti-Mückenmittel, eine Salbe gegen den Juckreiz, Wundsalbe und Pflaster, Fieberthermometer, Mittel bei Durchfall, Mittel, um den Mineralverlust bei Durchfall auszugleichen, Kopfschmerztabletten und eine Salbe, um Sonnenbrand zu lindern. Bei Magenproblemen empfehlen Cubaner einen starken Kamillentee.

Am Ende der Reise gebe ich meine in Deutschland gekauften Medikamente in der nächsten Poliklinik ab, meist schreibe ich noch spanische Erklärungen auf die Packung.

Hygiene

Die **sanitären Einrichtungen** außerhalb der großen Hotels entsprechen oft nicht dem gewohnten hygienischen Standard in Europa.

Die **Wasserversorgung** bereitet den Cubanern noch Probleme. Es gibt vielerorts Wasser aus dem Tankwagen. Im Hotel kann das schon mal zu Belästigungen führen, wenn nachts der Laster kommt und eine halbe Stunde lang mit laufendem Motor das Wasser mit Hilfe seiner Zapfwellenpumpe in die Tanks auf dem Dach des Hauses drückt. Das ist aber immer noch angenehmer, als das Leitungswasser mancherorts, das durch alte Eisenrohre, Gummischläuche und andere Materialien zum Hahn gelangt. In La Habana Vieja wurde Anfang 2015 das Leitungsnetz erneuert.

Zum **Kochen und Trinken** und zur Eisbereitung nimmt man *agua sin gas,* am preiswertesten aus dem Supermarkt.

In größeren Hotels und Devisenläden bekommt man **Toilettenartikel** zu kaufen, die allerdings sehr teuer sind. Oft wird man von Cubanern nach Seife gefragt. Auch Toilettenpapier ist teuer, in manchen öffentlichen WCs wird es von der Toilettenfrau nur blattweise abgegeben, man sollte also vorsorgen.

Informations-stellen

Cubanisches Fremdenverkehrsbüro

■ Stavangerstr. 20, 10439 **Berlin,** Tel. 030 4471 9658, 44718949, www.cubainfo.de, www.cubatravel.cu, www.autenticacuba.com.

Reiseagenturen in La Habana

■ **AvenTOURa,** Edificio Bacardí, Monserate 261, Oficinas 001–004, Tel. 07 8632800, 8615629, Mo–Fr 9.30–18 Uhr, Sa 10–13 Uhr.
■ **Cubatur,** Calle 23, esq. L, Tel. 07 8384597, www.cubatur.cu.
■ **infotur,** Calle 28 No. 303, e/3ra y 5ta Ave., Playa, www.infotur.cu.
■ **Viajes San Cristóbal,** Calle Oficios 110, e/Lamparilla y Amargura, Tel. 07 8619171, www.viajessancristobal.cu.

Internet

■ **www.cubatravel.tur.cu:** offizielle Informationen für Touristen auch in deutscher Sprache.
■ **www.granma.cu:** Online-Ausgabe der cubanischen Parteizeitung, auch auf Deutsch.

■ **www.cuba-individual.com, www.erlebe-kuba.de:** Infos für Reisende, die zweitgenannte Seite ist ein Reisebüro.
■ **www.cubaweb.cu:** umfassende rechtliche Infos einer Tourismusorganisation, auf Spanisch.
■ **www.cubana.cu:** die internationale Fluglinie Cubas, auf Spanisch und Englisch.
■ **www.cubagob.cu:** offizielle Seite der Regierung, auch Nachrichten über Sport, Kultur, Gesundheit und Wetter (Hurrikanwarnungen).
■ **www.acn.cu:** die cubanische Presseagentur *Agencia Cubana de Noticias* mit Veröffentlichungen auf Spanisch und Englisch, auch Wetter.
■ **www.viazul.com:** die staatliche Busgesellschaft mit Zielen und Fahrplänen, auch Englisch.
■ **http://desdecuba.com/generationy_de/:** der Cuba-Blog „Generation Y" von *Yoani Sánchez* in deutscher Übersetzung.
■ **www.infotur.cu:** *Infotur, Emprestur,* Adressen aller Reisebüros, Flughäfen, auch Deutsch.
■ **www.lapapeleta.cult.cu:** Kulturnotizen und Veranstaltungskalender für ganz Cuba.
■ **www.ecured.cu:** Geschichte, Politik, Sport, Kultur etc. in Foren und Artikeln (Spanisch).
■ **www.tropicana-touristik.de:** Cuba-Spezialist und Agent von Cubanacán in Deutschland.
■ **www.lahabana.com:** *Cuba's Digital Destination,* so der Untertitel der Website, informiert in englischer Sprache über Kultur, Events, Restaurants, Sport und vieles mehr. Mit Veranstaltungsmagazin als Download.

Hotels
Viele Hotels auf Cuba gehören staatlichen Gesellschaften, die bei den Ortsbeschreibungen jeweils in Klammern angegeben sind. Im Internet findet man sie dann auf der Website des entsprechenden Unternehmens:

■ **www.cubanacan.de**
■ **www.gran-caribe.cu**
■ **www.gaviota-grupo.com**

- www.habaguanexhotels.com
- www.islazul.cu
- www.meliacuba.com
- www.iberostar.com

Sonstiges

Wer den Menschen in Cuba helfen will, findet eine Reihe gemeinnütziger Initiativen und Vereine, die sich auf der Insel engagieren.

■ **Cuba Sí,** www.cuba-si.org. Die Arbeitsgemeinschaft in der Partei DIE LINKE setzt sich für die politische und materielle Solidarität mit Cuba ein.

■ **Kuba Hilfe e.V.,** www.kuba-hilfe.de. Die gemeinnützige Kuba-Hilfe/Bernhard Adolph-Stiftung unterstützt Kinderheime sowie medizinische und soziale Einrichtungen in Cuba und vermittelt Patenschaften.

■ **Freundschaftsgesellschaft BRD-Kuba e.V.,** www.fgbrdkuba.de. Die Cuba-Solidaritätsorganisation besteht bereits seit 1974 und hat zum Ziel, die Beziehungen zwischen Deutschland und Cuba zu fördern.

■ **Humanitäre Cuba Hilfe e.V.,** www.hch-ev.de. Medizinische Hilfslieferungen, humanitäre, kulturelle und politische Projekte, Informationsarbeit.

■ **KIRCHE IN NOT,** www.kirche-in-not.de. Unterstützt Hilfsprojekte vor Ort.

Studieren in Cuba

Für ein Studium in Cuba muss man Studiengebühren zahlen, Spanischkenntnisse werden vorausgesetzt.

■ Infos beim cubanischen Bildungsministerium unter **www.cubaeduca.cu.**

Heiraten

Dazu braucht man Reisepass, Geburtsurkunde und ein Ehefähigkeitszeugnis.

Cubanische Dokumente muss das *MINREX* (cubanisches Außenministerium, www.cubaminrex.cu) beglaubigen, und es muss eine Übersetzung vorliegen (ein Übersetzungsbüro ist z.B. *ESTI* in La Habana/Vedado, www.esti.cu). Die *Consultoría Jurídica Internacional,* Calle 16 No. 314, e/3ra Ave. y 5ta Ave. Miramar, beschafft die Dokumente. In Deutschland hilft die cubanische Botschaft (www.cubadiplomatica.cu).

Landkarten

Sehr praktisch, gut lesbar und mit allen wesentlichen Informationen versehen ist die **Cuba-Karte** des REISE KNOW-HOW Verlags *(world mapping project)* im Maßstab 1:650.000 (auch als Download auf www.reise-know-how.de). In den Buchläden auf der Insel gibt es einen brauchbaren Straßenatlas mit Ringbindung (Verlag Escandón Ediciónes, Spanien).

Wer eine **elektronische Karte** für sein Smartphone benutzen möchte, sollte bedenken, das die normalen Systeme wie *Google maps* ständig Verbindung mit dem Internet-Server aufnehmen, wodurch sehr hohe Kosten entstehen. Besser ist es, sich vor der Reise einen Offline-Kartensatz auf sein Gerät herunterzuladen. Für *Android* gibt es die Karten, die *Openstreetmap* zur Verfügung stellt, z.B. *MapFactor Navigator Free.* Für das *iPhone* gibt es *City Maps 2Go* mit ganz brauchbaren Karten.

Mit Kindern unterwegs

Cubaner lieben Kinder! Die meisten Hotels verfügen über **kindgerechte Einrichtungen,** wie z.B. Planschbecken und Spielplätze. In vielen Hotels übernachten Kinder bis zu zwölf Jahren frei. All-inclusive-Hotels haben oft Kindermädchen oder Programmangebote für Kinder, damit die Eltern auch einmal etwas alleine unternehmen können. In den örtlichen Kulturhäusern *(Casa de la Cultura)* gibt es bisweilen Kindervorstellungen am Nachmittag. Spielzeug, Malsachen etc. sollte man mitbringen, denn die sind auf Cuba Mangelware und könnten am Ende der Reise an cubanische Kinder verschenkt werden. Grundsätzlich zu bedenken ist, dass cubanische Kinder anders aufwachsen und in ihrem Leben andere Prioritäten und Werte gelten als bei uns.

Beeindruckend für Kinder sind die **Delfinarien,** z.B. in Varadero, Cienfuegos und Guardalavaca (siehe jeweils in den Ortskapiteln).

Große **Kinderspielplätze** finden sich z.B. im Parque Lenin in La Habana und in Matanzas, der Vergnügungspark Isla de Coco lockt in La Habana Playa.

⌄ Stelzenläufer begeistern nicht nur Kinder

cu011-2017 kh

Wer sich auf Land und Leute einlassen will, kann mit den Kindern evtl. ins örtliche Baseballstadion gehen oder in eine *copelia* (Eisdiele), wo viele cubanische Familien anzutreffen sind.

Achtung: Unbedingt ein Auge auf die Elektrik in der Unterkunft werfen, blanke Anschlüsse an Wasserboilern können schon mal vorkommen.

Nachtleben

Es gibt auf der Insel ein ausgeprägtes Nachtleben, das **an Wochenenden** bis zum Morgen dauern kann. Besonders in den großen Städten geht es dann hoch her. Der Vorteil ist, dass man im Hotel oft noch spät abends etwas zu essen bekommt. Andererseits muss man in den Städten auch damit rechnen, dass es in der Nähe von Lokalen oft unruhig ist und auch in der Hotelbar die Musiker erst nach Hause gehen, wenn Mitternacht längst vorbei ist. Lärmempfindliche Menschen sollten die Bereiche meiden, in denen die Cubaner Musik hören und feiern. Das sind gerne die Poolbars oder überhaupt Bars, in denen man die Musik aufdrehen kann.

Die Adressen der angesagten Bars sind in den jeweiligen Ortsbeschreibungen angegeben.

Notfälle

Wird der **Reisepass oder Personalausweis gestohlen,** muss man dies bei der örtlichen Polizei melden. Darüber hinaus sollte man sich an die nächste diplomatische Auslandsvertretung seines Landes wenden, damit man einen Ersatz-Reiseausweis zur Rückkehr ausgestellt bekommt (ohne kommt man nicht an Bord eines Flugzeuges!).

Auch in **dringenden Notfällen,** z.B. medizinischer oder rechtlicher Art, sind die **Auslandsvertretungen in La Habana** bemüht, vermittelnd zu helfen:

■ **Deutschland:** *Embajada de Alemania,* Calle 13 No. 652, esq. a B, Vedado, Tel. 07 8333188, www.havanna.diplo.de
■ **Österreich:** *Embajada de Austria,* Calle 70 No. 6617, esq. Ave. 5ta A, Miramar, Tel. 07 2042825, havanna-ob@bmeia.gv.at
■ **Schweiz:** *Embajada de Suiza,* Ave. 5ta No. 2005, e/20 y 22, Miramar, Tel. 07 2042611, www.eda.admin.ch/havana

Bei **Verlust oder Diebstahl der Kreditkarte** sollte man diese umgehend sperren lassen. Für deutsche Kreditkarten gibt es die einheitliche **Sperrnummer 0049 116 116** und im Ausland zusätzlich **0049 30 40 50 40 50.** Der Touring Club Schweiz (TCS) betreibt einen Kartensperrservice (Infos unter Tel. 0844 888 111). Für VISA-Karten sollten sich Österreicher und Schweizer vor der Reise die Rufnummer der kartenausstellenden Bank notiert haben.

Vorsicht bei Geldnot: *Western Union* (www.westernunion.com) tätigt Überweisungen nur aus den USA, *Asistur*

Notfall-Tipps

Vorsorgemaßnahmen vor Reiseantritt

■ Vor der Einreise muss eine **Auslandsreise-Krankenversicherung** abgeschlossen werden (siehe auch Kapitel Versicherungen).

■ Ein Impfpass und evtl. ein **Gesundheitspass** mit Blutgruppe, Allergien, benötigten Medikamenten u.Ä. sollte mit auf die Reise genommen werden, ebenso die Medikamente selbst.

■ Bei der Hausbank sollte man sich über die Möglichkeiten der **Geldüberweisung** informieren und ggf. rechtzeitig eine Kreditkarte beantragen und sich über Notfallhilfen und Sperrmodalitäten des Kreditkarteninstituts kundig machen.

■ Für Postempfang und Kontoverfügung sollten bei der Post bzw. Bank an vertrauenswürdige Personen **Vollmachten** ausgestellt werden. Gegebenenfalls sollte man seinem Rechtsanwalt eine Vertretungsvollmacht für Notfälle geben.

■ Die **Dokumente** sollten wassergeschützt am Körper aufbewahrt oder im Hotelsafe gegen ausführliche Quittung hinterlegt werden.

■ Auf alle Fälle sollte man sich **Kopien** von Pass, Flugticket, Kredit- und Scheckkarten, Reiseschecks und sonstigen Dokumenten anfertigen, einen Satz wasserdicht verpacken und getrennt von den Originalen mitnehmen, einen zweiten Satz zu Hause hinterlegen.

Im Krankheitsfall

■ Bei **schweren Krankheitsfällen** sollte außer dem Notfallservice der Versicherung auch die Botschaft bzw. das Konsulat des Heimatlandes informiert werden.

Verlust von Dokumenten/Geld

■ Von der **Polizei** sollte bei Verlusten ein ausführliches Protokoll ausgestellt werden.

■ Den betroffenen Stellen sollte der Verlust zügig gemeldet werden, möglichst zusammen mit Nummern bzw. Kopien der verlorenen Dokumente (Pass: Botschaft bzw. Konsulat; Tickets: Fluggesellschaft; Schecks, Kreditkarten: Bank).

■ Botschaften bzw. Konsulate (s. „Notfälle") stellen bei Passverlust einen **Ersatzpass** aus, nachdem die Identität geklärt ist. Beste Voraussetzung dafür ist eine Fotokopie des Originals. Sonst wird beim Einwohnermeldeamt der Heimatstadt angefragt, was Zeit und Geld kostet.

Beschaffung von Geld

■ **Überweisung** von der Hausbank auf ein Konto der *Banco Metropolitano* auf Cuba ist möglich. Auch *Asistur* versendet Geld (www.asistur.cu). *UTS Transaktion* kann Geld an Privatpersonen mittels Kreditkarten, Debitkarten, LSV oder DirectDebit-Karten anweisen. Von der Schweiz aus kann die *AWS switzerland SA* Geld auf eine Debitkarte lautend auf den Namen des Empfängers überweisen lassen, oder es wird dort bar ausbezahlt.

■ Vertreter des **Kreditkarteninstituts** zahlen nach Klärung der Identität ein Notfallgeld. Auf eine rasche Ausstellung der Ersatzkarte sollte man nicht in jedem Fall vertrauen.

■ **Reise-Notfall-Versicherungen** zahlen je nach Vertragsklauseln bis zu 1500 Euro Notfalldarlehen, direkt über Vertreter im Reiseland, falls vorhanden.

■ Die **Botschaften bzw. Konsulate** leihen nur in absoluten Ausnahmefällen Geld, zumeist auch nur in Form von Rückflugticket. Allerdings kann in Notfällen eine Information an Verwandte in Deutschland erfolgen, die das benötigte Geld dann auf ein Konto des Auswärtigen Amtes einzahlen müssen.

auch von Europa (www.asistur.cu), *UTS* aus der Schweiz über Büros von *Financiera CIMEX* bzw. mit einer eigenen Karte (nähere Infos unter www.uts-transaction.com).

Sollte das **Mobiltelefon** im Ausland verloren gehen oder gestohlen werden, sollte man bei einem Laufzeitvertrag, aber auch bei bestimmten Prepaid-Abonnements die Nutzung der SIM umgehend beim Provider sperren lassen (nicht immer kostenfrei!). So erspart man sich nach der Rückkehr dicke Rechnung, die man selbst nicht vertelefoniert hat. Dazu muss man in der Regel folgende **Angaben** machen können: Rufnummer, SIM-Kartennummer (auf SIM vermerkt), Kundennummer bzw. -kennwort und IMEI-Nummer (elektronische Zulassungsnummer, erscheint nach Eingabe des Tastencodes Stern-Raute-null-sechs-Raute auf dem Display), die man in der Regel auch bei der Polizei bei der Diebstahl- oder Verlustmeldung angeben muss.

Wichtige Kontaktadressen/-daten

■ **Polizei:** Tel. 116, in La Habana Tel. 07 677777 und 820116, Calle Picota, e/Leonor Pérez y San Isidro, am Hauptbahnhof.

■ **Feuerwehr:** Tel. 115, Tel. 07 811115 (La Habana).

■ **Unfallrettung:** Tel. 118, in La Habana Tel. 07 405345 und 407113.

■ **Krankenhaus:** *Clínica Central Cira García,* Calle 20 No. 4101, esq. Calle 43, La Habana, Miramar, Tel. 07 2042811.

■ **Rechtsanwälte** sind auf Cuba in sog. Kollektivanwaltsbüros organisiert; diese sind berechtigt, vor jedem Gericht aufzutreten. Bei Prozessen besteht grundsätzlich Anwaltspflicht. Eine Adresse für alle Fälle: *Dr. María Elena Pubillones, Bufete Internacional S.A.,* 5ta Avenida 4002, esq. Calle 40, La Habana, Miramar, Tel. 07 2045126/27, deutschsprachig.

Öffnungszeiten

Banken sind Montag bis Freitag 9–15 bzw. 17 Uhr, am Monatsletzten nur bis 12 Uhr mittags geöffnet. Hotel-Devisenläden sind üblicherweise täglich (auch Samstag und Sonntag) von 10 bis 21 Uhr, **Touristenläden** in der Woche von 9 bis 18 Uhr, Sonntag von 9 bis 13 Uhr geöffnet. Wenn man dringend Geld braucht, lohnt auf jeden Fall der Gang in das nächste größere Hotel.

Die meisten **Museen** in der Hauptstadt La Habana sind am Sonntag und Montag geschlossen.

Orientierung und Adressen

In den in der Kolonialzeit von den Spaniern schachbrettartig angelegten Siedlungen wurden die **Straßen** nummeriert, nur in Städten bekamen sie Namen (mit religiösem Bezug), die dann nach 1959 oft durch die Namen von Revolutionshelden ersetzt wurden. Die Bevölkerung behielt meist die alten Namen bei, dadurch kann es zu Doppelnennungen kommen.

Die Straßenzüge begrenzen die **Häuserblocks,** die *manzana* heißen; man benutzt aber als Entfernungsangabe die Bürgersteige, die man *cuadra* nennt. So heißt es dann „sólo tres cuadras", „nur drei Querstraßen" (Bürgersteige). Eine *manzana* entspricht vier *cuadras.*

021cu kh

Beispiel: „Calle Cuba 212, apto. 20, 1er piso" besagt, dass der Gesuchte in der Straße *(Calle)* Cuba Nr. 212 wohnt und dort im Apartment 20 in der 1. Etage. Namen stehen nicht an den Türen, d.h. man klingelt an der mit „1er piso" bezeichneten Klingel.

Die *Casa de la Cultura* in Cienfuegos ist in der Calle 25, e/Ave. 54 y 56. Zur genaueren Bestimmung wird angegeben, zwischen *(e/ = entre)* welchen Blöcken sich die Straße befindet, in diesem Beispiel also zwischen der Avenida 54 (Ave.) und *(y)* der Avenida 56. Bei Avenidas mit Nummern stehen oft noch Buchstaben dahinter. Es sind die Ordnungszahlen, gesprochen und vorne mit der Zahl versehen: *1ra (primera), 2da (segunda), 3ra (tercera), 4ta (cuarta), 5ta (quinta), 6ta (sexta), 7ma (séptima), 8va (octava), 9na (novena).*

Die **Avenidas,** mehrspurige Straßen, sind mit geraden Zahlen versehen, die **Calles** mit ungeraden. In La Habana gibt es auch Calles mit Buchstaben, die Calle O etwa. Davon zweigt die 23 ab. Manchmal gibt es zusätzlich noch Namen, besagte Calle 23 heißt allgemein „La Rampa". Die Straßennummern sind oft auf **weiß gestrichenen Markierungssteinen** gepinselt, die an den Straßenecken stehen. Ecke heißt *esquina* und wird in Adressen *esq.* abgekürzt. Bei größeren Orten sollte man fragen, in welchem Viertel, *barrio* oder *reparto,* sich die gesuchte Adresse befindet. Steht *s/n* in der Adresse, ist sie in einer Kleinstadt, wo es keine Nummern gibt: *sin número.* Weiter

⌂ Blick auf die Altstadt
von La Habana bei Sonnenuntergang

6

kommt vor: *cerca de* für „in der Nähe von" und *enfrente* für „gegenüber".

So leicht die Orientierung in den Städten ist (wenn man sich mal daran gewöhnt hat), so schwierig wird es auf dem Land. Dort gibt es noch nicht überall Ortsschilder, sodass man sich oft fragt, ob die Ansammlung kleiner Häuser schon der Ort auf der Karte ist oder nur eine Kooperative. Dann hilft nur, zu fragen. Will man nach dem Weg fragen, wendet man sich am besten an einen Uniformierten, die sind meist hilfsbereit und sprechen oft Englisch.

Ctra. heißt **Carretera** und CN ist die **Carretera Nacional,** die **Autopista** ist die Autobahn.

Post

Die staatliche Post wurde 2012 neu strukturiert, um effizienter zu arbeiten. Auf der sicheren Seite ist man aber nur, wenn man die Dienste von **DHL** in Anspruch nimmt, vor allem für größere Sendungen. Mit einem Postlauf von vier bis fünf Wochentagen und zuverlässiger Auslieferung ist das die beste Option für Wichtiges. Mittlerweile kann man von einigen Postämtern *(casa de correos)* in Cuba DHL-Sendungen aufgeben.

■ **DHL:** www.dhl.de, Hauptbüro in La Habana/Miramar, Ave. 1ra y Calle 26, Mo–Fr 8.30–18 Uhr, Sa 8–14 Uhr; Büros auch im Hotel *Las Yagrumas* in Miramar und in Vedado, Calle Calzada 818, e/2 y 4.

Eine **Postkarte** *(postal),* egal wohin, kostet 0,75 CUC, Briefe 0,85 CUC. Es gibt „prepaid postcards", da ist das Porto bereits aufgedruckt, also schon bezahlt. Ich hörte, dass diese Karten eher ankommen, da die Marke nicht gestohlen werden kann. Manche Marken kleben nicht und müssen mit Klebstoff an der Karte befestigt werden.

Briefmarken *(sellos)* kauft man in der Post in Pesos oder in den Hotels für teure Devisen. Sammlermarken werden nur gegen CUC verkauft.

Will man sich Post aus Europa schicken lassen, adressiert man die Sendung unter *Poste Restante* an das Correo Central in La Habana (sie kommt im *Ministerio de las Comunicaciónes* an und wird weitergeleitet).

Rad fahren

Treibstoffnot macht Radfahrer. Bis zu drei Cubaner passen auf einen Drahtesel. Fahrräder als Taxisrsatz, als Transportmittel für schwere Lasten, überall begegnen einem die draufgängerischen Pedalisten – nachts meist ohne Licht, was die Sache für Rad- und Autofahrer gefährlich macht, erst recht auf unbeleuchteten Straßen.

Beim Ausbruch der Benzinknappheit importierte der Staat eine Million Fahrräder aus China und propagierte die Bedeutung des Fahrrads für **Mobilität und Gesundheit.** Inzwischen gibt es eine eigene Fahrradindustrie, Fahrradverleihstationen und mancherorts sogar bewachte Fahrradabstellplätze.

Der Túnel de la Bahía, der unter dem Hafen von La Habana hindurchführt, darf aus Sicherheitsgründen nicht mit dem Rad durchfahren werden. Dafür gibt es den **Ciclobús,** der im Minutentakt die Radler durch die miefige Röhre transportiert. Die Hafenfähre von der Altstadt nach Regla wird stark von Radfahrern frequentiert, deshalb bilden Radler sogar eine eigene Schlange am Kassenhäuschen.

Wer vorhat, die Insel mit eigenem Rad zu erkunden, sollte sich bei seiner Fluggesellschaft über die Transportmodalitäten erkundigen. Ansonsten gibt es die Möglichkeit, über spezielle Reisebüros auch an **geführten Radtouren** teilzunehmen, was in den letzten Jahren viel Zuspruch gefunden hat.

Bei der Planung von Strecken auf offenem Gelände: Der **Wind** weht meist von Ost nach West. Wer genug hat vom Gegenwind, kann das Rad in Víazul-Bussen transportieren.

Man kann sich im Land ein **Rad leihen.** Dann sollte man von zu Hause auf jeden Fall ein stabiles Schloss mitnehmen – und sich Gedanken über die Beleuchtung machen: Ein kleines LED-Rücklicht und eine batteriebetriebene Klemmlampe sollte man auf jeden Fall dabeihaben.

Wer sein **eigenes Rad** mitnehmen will, sollte sich bei der Airline, mit der er fliegt, nach den Transportbedingungen und -kosten erkundigen.

☑ Wer sein Rad liebt, hat es immer bei sich

022cu kh

Schwule und Lesben

Es gibt in Cuba **keine Schwulen- bzw. LGBT-Szene** nach westlichen Vorbildern. In La Habana existiert ein System von versteckten Treffpunkten; es handelt sich um sog. *fiestas particulares*, **privat organisierte Partys,** bei denen in Privathäusern und -gärten in den Vororten der Hauptstadt gefeiert wird. Nachts ist der Malecón in La Habana der wichtigste Treffpunkt. Auch der Strand von Mi Cayíto zwischen Santa María und Guanabo hat sich zu einem Hotspot entwickelt.

Seit 1979 sind homosexuelle Handlungen unter Erwachsenen in Cuba **straffrei,** davor wurden Schwule, Lesben, Bi- und Transsexuelle verfolgt und in Arbeitslager gesteckt. 2010 entschuldigte sich *Fidel Castro* für diese Unterdrückungspolitik. Das ändert aber nichts an der **gesellschaftlichen Ächtung** von Schwulen und Lesben, wie der Film „Erdbeer und Schokolade" von *Tomás Gutiérrez Alea* eindrucksvoll zeigt. Hunderte Homosexuelle paradierten 2015 durch La Habana und feierten die Fortschritte, die ihre Bewegung erreicht hat. Immerhin ist die Tochter von *Raúl Castro* die bekannteste Fürsprecherin für Schwule und Lesben auf der Insel. Im Parlament stimmte sie gegen ein Antidiskriminierungsgesetz, da in ihm HIV-Status und Geschlechtsidentität nicht zur Sprache kommen – es war das erste Mal, dass es im cubanischen Parlament überhaupt eine Gegenstimme gab. Dass über die Rechte von Lesben, Schwulen, Bi- und Transsexuellen öffentlich gesprochen wird, ist ein großer Fortschritt. Ein Dokumentarfilm beleuchtet die Schwulenszene in La Habana: „Kuba und die Nacht – zwei Heimatländer" von *Christians Liffers* (erschienen auf DVD).

Sicherheit

Cuba gilt im Vergleich zu anderen lateinamerikanischen Ländern als sicheres Reiseland, doch auch hier hat die **Kleinkriminalität** zugenommen. Eine starke Polizeipräsenz in La Habana soll Diebe abschrecken. Als Grundregeln für das eigene Verhalten gelten: keine Wertsachen zur Schau stellen, alles Wichtige im Hotelsafe lassen. Selbst einfache Hotels bieten gegen geringe Gebühr einen Safe *(caja fuerte)* an. Achten Sie auf jugendliche Radfahrer, in La Habana benutzen Taschendiebe auch das Fahrrad. Wenn man einen Leihwagen mietet, kann es passieren, dass Teile wie die Batterie oder die Räder gestohlen werden. In der Regel ist man gegen solche Diebstähle versichert. Man sollte kein Gepäck unbeaufsichtigt lassen, vor allem nicht auf Flughäfen und in den Langstreckenzügen, die in der cubanischen Nacht unterwegs sind. In den Zügen hilft ein einfaches Fahrradschloss, mit dem man sein Gepäck sichert.

Aktuelle Reisehinweise zur allgemeinen Sicherheitslage

■ **Deutschland:** www.auswaertiges-amt.de, Tel. 030 18172000
■ **Österreich:** www.bmeia.gv.at, Tel. 01 901154411
■ **Schweiz:** www.eda.admin.ch, Tel. 0800 247365

Vorsicht: In manchen Läden versucht man gerne, das Wechselgeld falsch zurückzugeben, oder höhere Preise zu kassieren, als auf dem Preisschild steht. Auch Restaurants können sich bei der Rechnung „irren". Wechseln sie kein Geld bei Privatleuten oder auf der Straße. Auch ist inzwischen mehr Falschgeld im Umlauf.

Polizei

Cuba leistet sich mehrere Polizeiformen. Die **Policía Nacional Revolucionária,** PNR, die „Revolutionäre Nationalpolizei", gibt es seit der Revolution. Sie untersteht dem Innenministerium. Ihre Aufgabe ist die Aufrechthaltung von Ruhe und Ordnung und die Sicherheit im Straßenverkehr. Die Motorradstreifen sind mit Suzuki- oder Moto-Guzzi-Maschinen ausgerüstet, von den Cubanern *caballito* (Pferdchen) genannt.

Die **Brigada Especial** befasst sich mit der Terrorabwehr und der Bekämpfung von Bandenkriminalität, bei Bedarf unterstützt vom *Grupo Táctico Especial.*

Die **Policia Especializada,** die „Spezialisierte Polizei", dient dem Schutz von Touristen vor Kleinkriminalität, hauptsächlich in La Habana. Ihre Uniformen tragen eine fünfstellige Dienstnummer. Bewaffnet sind sie mit Funkgeräten und Schlagstöcken. Nur die Vorgesetzten führen eine russische Makarov-Pistole mit sich.

> ⊳ Die rote Fahne bedeutet: Baden verboten

Sport und Erholung

Sport spielt auf der Karibikinsel eine wichtige Rolle. Große Sportevents wie die Leichtathletik-WM oder die Olympischen Spiele werden mit Interesse verfolgt. Die Cubaner nehmen begeistert Anteil, leiden mit und führen wahre Freudentänze in den Lokalen auf, in denen die Fernseher bei jeder Veranstaltung laufen. Das Land hat weltberühmte Sportler hervorgebracht, z.B. den Hochspringer *Javier Sotomayor,* der 1992 bei den Olympischen Spielen in Barcelona Gold holte und bis heute mit 2,45 m den Weltrekord hält. Extrem populär auf der Insel ist Boxen; legendär ist *Teofilo Stevenson,* der dreimal olympisches Gold erringen konnte.

Baseball

Beisbol wird mit Begeisterung gespielt. In den Städten sieht man Jugendliche begeistert üben, während die Erwachsenen über das letzte Spiel debattieren. Man sagt, dass Baseball aus Cuba stammt. Die Taíno-Indianer sollen ein ähnliches Spiel namens *Batos* gespielt haben.

Heute hat jede Provinz ihr eigenes „Nationalteam", aufgeteilt in viele regionale Gruppen. Hauptsaison ist von Oktober bis März, dann werden die wichtigen Spiele ausgetragen. Das Prozedere bis zum möglichen Sieg ist langwierig und kompliziert: Jede Mannschaft muss etwa 90 Spiele bestehen. Im Viertelfinale spielen die Favoriten vier Spiele, von denen sie zum Aufrücken drei gewinnen müssen. Im Halbfinale werden sieben Spiele gespielt, der Sieger braucht vier gewonnene Spiele, um im Finale antreten zu können. Dort spielen dann die Sieger aus der Region Oriente gegen die Sieger von der West-Region.

Natürlich will Cuba den USA den Rang als beste Baseballnation streitig machen. Wenn beide Länder gegeneinander spielen, geht es hoch her, und die Lokale mit Fernseher sind umlagert.

Fischen

Wer Salz- oder Süßwasserfische fangen will, braucht, wie in anderen Ländern auch, eine **Erlaubnis.** Diese kostet rund 25 CUC und gilt für die ganze Insel. Außer bei der Jagd auf die berühmten Marline auf hoher See, kann man auch in ruhigeren Gewässern fündig werden, zum Beispiel auf dem Hanabanilla-Stausee, wo es ziemlich viele Forellen gibt. Bei Morón in Ciego de Ávila gibt es die Laguna de Leche und die Laguna de la Redonda, die als Fischgründe bekannt sind.

Fußball

„**Viva el Fútbol**", ein Projekt der cubanischen Kinderhilfsorganisation *Camaquito* (www.camaquito.org), will Kindern und Jugendlichen eine sinnvolle Freizeit durch Fußball ermöglichen. Gleichzeitig soll das Projekt die Bewohner von ärme-

0242cu kh

ren Stadtvierteln bei der Anlage eigener Sportstätten unterstützen. Wer Sportbekleidung oder Fußbälle spenden will, kann das über *avenTOURa* machen (www.aventoura.de).

Übrigens bestritt die Fußballnationalmannschaft der **USA** im Oktober 2016 das erste Freundschaftsspiel gegen Cuba seit 69 Jahren; es endete 2:0 für die Amerikaner.

Golf

Nach der Revolution war dieser urkapitalistische Sport auf der Zuckerinsel verpönt, doch mittlerweile gibt es wieder einen 18-Loch-Platz in La Habana und den berühmten **Varadero Golf Club.** Weitere Anlagen sind in Planung.

Reiten

In vielen Ferienzentren kann man sich Pferde leihen, auch im Parque Lenin in La Habana stehen die Vierbeiner bereit (man kann sie für eine halbe Stunde oder länger mieten). Wer nicht nur stundenweise reiten will, kann in Viñales an **geführten Touren** teilnehmen, zum Beispiel vom Hotel *La Ermita* aus, in Pinar del Río ab dem Hotel *Aguas Claras* oder von Las Terrazas aus. Auch Strandurlauber in Varadero, Cayo Largo und Guardalavaca brauchen auf das Reitvergnügen nicht zu verzichten.

Tennis

Viele große **Hotels** besitzen Tennisplätze, sodass auch die Liebhaber dieser Sportart nicht zu kurz kommen.

Tauchen

Eine der großen Attraktionen von Cuba sind seine **Tauchreviere.** Sie offenbaren

▷ In María La Gorda kann man vom Hotelstrand aus schnorcheln

eine unberührte Unterwasserwelt, die sich auf fast 6000 Kilometer Küstenlinie erstreckt. Die Vielzahl an Unterwasserlandschaften, Höhlen, Tunneln und gesunkenen Schiffen sowie eins der größten Korallenriffe der Welt, das **Canarreos-Riff,** laden zum Besuch ein. Zu sehen gibt es Rochen, Barrakudas, Haie, Muränen, viele Krusten- und Weichtiere und tropische Fische. **Tauchsaison ist ganzjährig** bei einer Sicht bis zu 40 Metern und Wassertemperaturen zwischen 24 und 28 °C.

Fidel Castro war selbst ein begeisterter Taucher, und so nimmt es nicht wunder, dass die Regierung einiges für die Tauchsportler getan hat. In Varadero wurde altes Kriegsmaterial vor der Küste versenkt, Raketen, Flugzeuge und Schiffe. Die wurden nicht einfach angebohrt, sondern fachgerecht behandelt. So hat man alles Gefährliche für die späteren

024cu kh

Taucher entfernt, Öle abgesaugt und lose Teile festgeschweißt. Dann wurden die Schiffe an bestimmten taucherfreundlichen Stellen mit Bojen markiert, versenkt und der Tier- und Pflanzenwelt überlassen.

In Deutschland kann man Tauchtouren z.B. über www.nautilus-tauchreisen.de buchen.

Tauchreviere

■ **María la Gorda:** liegt an der südlichen Küste der Westspitze, gegenüber von Cancún in Mexiko. Dieser Ort war früher Treffpunkt für Korsaren und Piraten und es finden sich noch Überreste von versunkenen Galeonen, Ankern und Kanonen. Direkt am 8 km langen Sandstrand liegt die Hotelanlage *Villa María*

la Gorda, mit einer Reihe Bungalows und mit gut ausgestatteten Vier-Doppel-zimmer-Häusern.

Zum Tauchen werden vom Hotel aus bis zu 40 Stellen in Tiefen von 5 bis 45 m angefahren. Herausragend sind die **Höhle La Sala de María,** die in rund 20 m Tiefe liegt und das **Tal der Schwarzen Korallen** mit einem großen Korallenriff.

024cu kh

Ancla del Pirata liegt nur 15 m tief. Hier kann man auch ohne Bootsfahrt, mit dem Schnorchel vom Strand aus, die Wunderwelt unter Wasser entdecken.

■ **Cabo de San Antonio:** Die Westspitze Cubas ist Naturschutzgebiet, doch es gibt eine Tauchbasis, *Marina de Cabo San Antonio,* in der Nähe des Leuchtturms. 8 km davor hat man auch Unterkünfte geschaffen. Vor der Küste liegen 32 ausgewiesene Tauchgründe am Riffgürtel mit sehr poetischen Namen, die sich im Halbkreis um die Landspitze ziehen, im Süden dicht am Ufer, im Norden entfernter. Eine Plattform liegt 300 Meter vor der Küste. Es werden Tag-und Nachttauchausflüge und zahlreiche Kurse nach ACUC angeboten. Eine Dekompressionskammer ist im Marinehospital in La Habana.

■ Auch direkt am Strand von **Cayo Jutías** und **Cayo Levisa** an der Nordostküste kann man tauchen; Tauchbasen im Hotel *Cayo Levisa* und in La Palma (SSI und ACUC), Tel. 03 82756501-03, comercial@cayolevisa.co.cu, 5 km Bootsfahrt von Palma Rubia entfernt. Papageienfische und Hirnkorallen tummeln sich in 3 bis 40 Metern Tiefe, zudem findet man noch einige gesunkene Schiffe aus dem 17. und 18. Jahrhundert.

■ **Isla de la Juventud:** Das Hotel *Colony* ist das Mekka der Unterwasserfans, allerdings hat es unter den Hurrikans der letzten Jahre erheblich gelitten. Das dazugehörige Tauchzentrum ist voll ausgestattet und besitzt eine Dekompressionskammer. Die Tauchgründe werden vom

◁ Fertigmachen zum Tauchgang

6

Hotel aus angefahren. Zur Auswahl stehen 50 Tauchplätze mit Tiefen von 5 bis 46 Metern, bekannt für ihre zum Teil grandiosen Unterwassertäler, -tunnel und -kanäle. Hier findet man über 40 Korallenarten, im Canarreos-Riff auch die seltene Schwarze Koralle. Vor dem **Cabo Francés,** etwa eine Stunde Bootsfahrt vom Hotel entfernt, tut sich ein 1000 Meter tiefer Graben im Meer auf. In der Gegend liegen auch Wracks: Nördlich von Punta Francés in Richtung Cayos Los Indios sind drei gut erhaltene spanische Galeeren zu finden.

Tauchsaison ist ganzjährig bei durchschnittlich 24 °C Wassertemperatur. Es herrscht gute Sicht, da das Revier nicht von Wellen beeinträchtigt wird. Fünf Tauchgänge kosten 150 CUC.

■ **La Habana:** Auch an der Küste der Hauptstadt gibt es Attraktionen unter Wasser. Hier liegen das Panzerschiff *Sánchez Barcastegui* und der Frachter *Coral Island.* Tauchbasen in der Marina Hemingway im Westen und der Marina Tarará im Osten.

■ An den **Playas del Este** bietet *Professy's Diver Team* in Guanabo seine Dienste an. Neben Tauchgängen (PADI und CMAS) werden auch individuelle Touren organisiert, 9ta, No. 46805, e/468 y 470, Tel. 07 964163.

■ **Varadero:** *Castro* ließ vor den beliebten Badestränden mehr als 20 Schiffe und anderes Militärmaterial versenken. Jetzt wächst es langsam zu und bietet den Meeresbewohnern eine neue Heimat. Zum Schnorcheln gibt es wenige Plätze, man kann jedoch mit den Tauchern an verschiedene Stellen fahren und sein Glück versuchen. Einige Wracks liegen nicht tief. Weiter draußen zieht sich die Sabana-Inselgruppe nach

Osten. Tauchbasen sind im Hotel *Cuatro Palmas* und die Marina Gaviota.

■ **Cayo Largo del Sur:** Auf der Inselgruppe im Süden gibt es 38 Tauchplätze zwischen den Korallenriffen. Hier tummeln sich Stachelrochen und Walhaie.

■ **Jardines del Rey:** Auch an der Nordküste gibt es weite Riffe, Korallen und Schwämme. In **Santa Lucia** liegen zwei Schiffe auf dem Meeresboden, ein spanisches aus dem 19. und ein cubanisches aus dem 20. Jh. Beide Wracks sind gut für Taucher zu erreichen, die Wassertiefe beträgt etwa 28 m. Die Tauchbasis ist *Shark friends* im Hotel *Brisas;* auf **Cayo Guillermo** *Green Moray* im Hotel *Meliá;* auf **Cayo Coco** im Hotel *Tryp.* Im Norden verspricht die Cayo Las Brujas Unterwassererlebnisse.

■ **Zapata-Sümpfe:** Vor der Sumpflandschaft breitet sich die Karibische See mit 27 °C warmem Wasser aus. Die Sicht unter Wasser kann bis zu 25 m betragen.

■ **Cueva de los Peces:** Auf dem Grund vor der Küste liegt ein 17 Meter langes Stahlbetonboot, das von Schwämmen und Fischen bevölkert ist.

■ **Schweinebucht: El Tanque** erreicht man von einem kleinen Sandstrand, der 22,5 km hinter der Playa Larga liegt und 12,5 km vor Girón. Die Korallenrücken ziehen sich entlang einer Wand bis in 35 Meter Tiefe. Bei 12 Metern liegt seit 2006 ein Wrack im nahezu strömungslosen Wasser.

Auch vor dem Lokal *Punta Perdiz* an der Uferstraße liegt ein Wrack in 12 Metern Tiefe, umschwirrt von gelbschwänzigen Fischen, ein großer Anker wurde von Korallen bevölkert.

4 km vor dem Hotel *Playa Girón* folgt **Los Cocos** mit Wänden, einem Tunnel und einem Wrack in 22 Metern Tiefe.

Schmetterlings- und Hundsfische tummeln sich an der Wand. Die **Tauchcenter** sind: *Playa Larga,* Tel. 05345 987212, webnautica@enet.cu; *Playa Girón,* Tel. 05345 984110 und 984117, comercial@peninsula.tur.cu. Die nächste **Druckkammer** hat das Hospital im 93 km entfernten Cárdenas.

■ **Caleta Buena** ist ein *cenote,* ein Kalksteinloch voller Fische, 4 km hinter dem Hotel *Playa Girón* und über einen natürlichen Tunnel mit dem Meer verbunden (neben dem Restaurant).

■ **Guardalavaca:** Hier sind die Tauchbasen das *Eagle Ray* am Hotel *Atlántico* und die *Sea Lovers* im Hotel *Río de Luna y Mares.*

■ **Playa Covarrubias:** Tauchbasis *Covarrubias (ACUC),* Puerto Padre, Tel. 53 31515530, comercial@villacovarrubias. co.cu. Das Areal ist zwischen 5 und 35 m tief. Es leben hier Gelbschwanz-Snapper, Große Barracudas, Cubera, Schweinsfische, Muränen, Kaiserfische, Zackenbarsche und Krebse.

■ **Jardines de la Reina:** Die Inseln rund 100 km südlich der Küste sind von verschiedenen kleinen Haiarten, wie den Bullsharks und den Zitronenhaien bevölkert. Man kann die Riffe allerdings nicht so leicht erreichen, da sie unter Naturschutz stehen. Dafür kann man Tauchgänge in **Cienfuegos** (Hotels *Faro Luna* und *Rancho Luna*) und an der **Playa Ancón** bei Trinidad buchen.

■ Im **Osten** gibt es in **Marea del Portillo** das Tauchzentrum *Albacoa* an der Carretera Granma, km 12,5, Marea del Portillo, Pilón, Tel. 023 597139 und 597008, reservas@marea.co.cu. Die nächstliegende Druckkammer ist im Militärhospital in Santiago de Cuba. Man taucht in Tunneln, Höhlen und bei mehreren Wracks

(englische und spanische Schiffe aus dem 17. bis 19. Jh.). Außer Fischen gibt es bei **Cabo Cruz** Schwämme, Korallen und Seefarne zu sehen.

Surfen und Boot fahren

Liebhaber des Surfsports können sich im Winter auf die **Passatwinde** an den Atlantikstränden beispielsweise bei Guardalavaca freuen. Im Süden ist das Surfen nicht so weit verbreitet, zumal die richtigen Wellenberge in der Gegend um Santiago eher selten sind.

Ansonsten gibt es alles zu leihen, was sonst noch Rümpfe hat, wie z.B. **Kajaks, Ruder-** und **Segelboote** sowie **Tretboote.** Die großen Hotels am Meer bieten eigentlich alles, was man so zum Wassersport benötigt, inklusive dem geschulten Personal.

Bergsteigen

Seine Ausrüstung sollte man selbst mitbringen, Verleihstellen gibt es auf Cuba nicht. Die beste Zeit für das Bergsteigen liegt zwischen Oktober und April, da es dann trocken, aber nicht ganz so heiß und schwül ist. Beste Region ist die westliche Provinz **Pinar del Río** und hier insbesondere der **Nationalpark Valle de Viñales,** aber auch die übrige Sierra de los Órganos mit vielen Höhlen. In Viñales wird im November sogar ein Kletterfest gefeiert.

Weitere Regionen sind die Höhen La Habana-Matanzas und der Nationalpark Escaleras de Jaruco bei La Habana. In La Habana Stadt wird am El Morro gebouldert. Im Zentrum Cubas liegt die Sierra

de Escambray, allerdings gibt es hier keine einfachen Anfahrten. Im Osten, in der Provinz Camagüey, bietet sich die Sierra de Cubitas an, dann folgt das gesamte Bergmassiv der Südküste von Santiago de Cuba bis Baracoa. In Santiago kann man gut bouldern. Sogar auf der Isla de Juventud und auf Cayo Coco gibt es Möglichkeiten für Wanderungen.

Sprache

Die Landessprache ist **Spanisch.** In größeren Städten und in den Urlaubszentren, vor allem in großen Hotels, wird auch Englisch und gelegentlich Deutsch gesprochen. Wenn Reisegruppen im Hotel sind und man Fragen hat, gibt deren Reiseleiter, der in der Regel über gute Sprachkenntnisse verfügt, gern Auskunft. In ländlichen Gegenden spricht man fast nur Spanisch. Auch sind die Beschriftungen in Museen meist nur auf Spanisch. Wer seine Reise selbst organisiert, ist mit einigen Spanischkenntnissen gut beraten.

Buchtipps

■ **Spanisch für Cuba – Wort für Wort,** Kauderwelsch Band 123, und **Cuba Slang,** Kauderwelsch Band 175, praxisnahe und gut verständliche Sprachführer, erschienen im Reise Know-How Verlag, Bielefeld.

Eine Besonderheit des cubanischen Spanisch ist die **Aussprache** der Buchstaben „z" und „c" (vor „e" und „i"), die nicht wie das englische „th", sondern als scharfes „s" gesprochen werden. Die Cubaner sprechen schnell, auch verschlucken sie gern die letzte Silbe eines Wortes, sodass mehrere Wörter wie ein zusammenhängendes klingen können.

■ **Sprachschulen:** Eine Möglichkeit, Spanisch zu lernen, bietet das *Sprachcaffe* in La Habana, Miramar, www.sprachcaffe-kuba.com. In Habana Vieja, Calle Justicia 21, gibt es die Sprachschule *Academia Máximo* (www.academia-maximo.com), in der man Gruppenunterricht für Anfänger und Einzelunterricht ab einer Woche bekommen kann. Die Sprachschule kann von Deutschland aus z.B. über *aventOURa* (www.aventoura.de) gebucht werden, auch in Verbindung mit einem Salsakurs.
■ **Dolmetscher:** *ESTI (Equipo de Servicios de Traductores e Intérpretes),* Calle 11 No. 514, e/ D y E, Vedado, La Habana, Tel. 07 8327395, www.esti.cu, ab 60 CUC pro halbem Tag.

Telefonieren und Internet

Das Telefonnetz Cubas ist digitalisiert worden, wadurch sich viele Telefonnummern geändert haben. Die neuen Nummern sind sechsstellig, in der Hauptstadt siebenstellig. Meist wird nur eine Nummer vorangestellt.

Manche Zimmervermieter besitzen mittlerweile ein Mobiltelefon.

Informationen zum Diebstahl oder Verlust des Handys unter „Notfälle".

6

Private Anschlüsse

Inlandsgespräche können an privaten Anschlüssen direkt gewählt werden. Sie kosten 5 Pesos die Minute. Für nationale Gespräche wählt man die 0 und wartet den hohen Ton ab, dann folgt die Vorwahl und die Nummer, wie üblich. Es gibt sogar noch handvermittelte Gespräche; diese sind billiger, etwa 1 Peso, aber die Tonqualität ist schlechter.

Ins Ausland kann man immer nur über den Vermittlungsdienst telefonieren; der Angerufene übernimmt die Gesprächskosten. Es kann jedoch ziemlich lange dauern, bis die Verbindung zustande kommt.

Öffentliche Telefone

Hier sind oft nur nationale Gespräche möglich (5 Pesos die Minute). Münztelefone funktionieren meist mit Pesos, neuere auch mit CUC. Mit den neueren Modellen sind auch Gespräche im gan-

Vorwahlnummern

Landesvorwahl Cuba	**0053**	Manzanillo	023
		Matanzas	052
Ancón	0419	Morón	0335
Arroyo Blanco	0418	Nueva Gerona	046
Artemisa	047	Palma Soriano	0225
Baracoa	021	Pinar del Río	048
Batabanó	062	Playa Covarrubias	031
Bayamo	023	Playa Jibacoa	047
Camagüey und Umgebung	0322	Playa Santa Lucía	032
Caibarién	042	Playas del Este	077
Cárdenas	045	Rancho Luna	043
Cayo Coco und Provinz	033	Remedios	042
Cayo Largo del Sur	045	San Antonio de los Baños	0650
Ciego de Ávila	033	Sancti Spíritus	041
Cienfuegos	0432	Santa Clara (Villa Clara)	042
El Cobre	022	Santa Cruz del Norte	0692
Girón und Playa Larga	059	Santa Lucía	032
Granma, Provinz	023	Santiago de Cuba	022
Guantánamo	021	Santiago de Cuba, Provinz	022
Guardalavaca	024	Soroa	047
Holguín und Provinz	024	Topes de Collantes	042
Isla de la Juventud	046	Trinidad	0341
Jatibonico	041	Varadero	045
La Habana	07	Villa Clara, Provinz	042
Las Tunas und Provinz	031	Viñales	048

zen Land möglich, während die älteren Modelle nur für Lokalgespräche taugen.

Mittlerweile ist das ganze Land von **Kartentelefonen** überzogen, die in blauen Plastikblasen in den Hauptstraßen angebracht wurden. Diese Geräte arbeiten mit den Karten der staatlichen Gesellschaft ETECSA. Die Karten können mit CUC in Hotels und in den Büros der *Correo international* gekauft werden. Die billigste Karte kostet 5 CUC für das Inland. Es können **lokale** und **nationale Karten** erworben werden. Lokalgespräche kosten 5 Centavos (für Ausländer 0,50 CUC) pro Minute, nationale Gespräche zwischen 35 Centavos und 1 CUC. Man telefoniert somit zu einem 20-fach höheren Preis als mit den alten Peso-Telefonen! Der Vorteil liegt jedoch in der Einfachheit und in der (mittlerweile) hohen Verbreitung der Kartentelefone.

Auch **internationale Anrufe** können direkt getätigt werden. Dazu wählt man zuerst 119 – danach die Landeskennzahl und die Ortskennzahl ohne die Nullen. Die Kosten sind jedoch recht hoch: nach Deutschland 5 CUC/Min., in die Schweiz und Österreich 4,50 CUC/Min. Aus den großen Hotels kostet die Minute nach Europa 4,20 CUC.

Correo Internacional

In den Büros von *Correo Internacional* können ebenfalls Anrufe getätigt werden, zudem steht meist auch ein **Fax** bereit. Internationale Anrufe und den Fax-Service bezahlt man in CUC. Für nationale Gespräche gilt dies meist auch, in seltenen Fällen bietet das Büro dafür einen Peso-Service an. Die Preise liegen über denen der Kartentelefone, abge-

rechnet wird im Minutentakt. Telefonieren und Faxen nach Europa kostet pro Minute ca. 6 CUC.

In den Büros der ETECSA können Telefonkarten in *Pesos Cubanos* gekauft werden; 10 Pesos reichen für nationale Anrufe recht lange.

Mobiltelefone

Das nationale Funknetz arbeitet fast flächendeckend auf ganz Cuba. Man nutzt 900 MHz GSM wie in Europa. Der einzige cubanische Mobilfunkanbieter **Cubacel** (www.cubacel.cu) hat **Roamingverträge** mit allen deutschen, österreichischen und schweizerischen Anbietern, d.h. man kann sein Mobiltelefon problemlos auch auf Cuba einsetzen, was allerdings wegen der internationalen Roaminggebühren ganz schön ins Geld gehen kann. Das gilt umso mehr für die Nutzung von Smartphone-Datapacks – Rechnungen mit vierstelligen Summen nach 14 Tagen Urlaub und täglich 20 MB Datenmenge sind da keine Ausnahme! Solche Kosten umgeht man, wenn man sich auf SMS beschränkt (der Empfang ist i.d.R. kostenfrei), über eine kostenlose WLAN-Verbindung E-Mails schreibt, *Skype* bzw. *Facetime* zum Telefonieren nutzt oder auch *Whatsapp* und andere kostenlose Bericht-Apps zur Kommunikation bevorzugt.

Beim Laden des Handys auf Cuba auf die **Netzspannung** achten!

Eine **cubanische SIM**-Karte erhält man in den ETECSA-Läden.

Firmen wie **DCalling** bieten einen verbilligten Minutenpreis an (Cuba 89 Cent/Min.). Dazu muss man sich bei dem Unternehmen registrieren und ruft von seinem Handy die Callback-Nummer an und legt nach dem Freizeichen auf, *DCalling* ruft zurück und Sie tippen die Zielrufnummer ein.

Achtung: Der Anruf auf einen cubanischen Mobilanschluss kostet auch den Angerufenen etwas. Daher wird der Anruf oft nicht entgegengenommen.

Vorwahlen

■ In Cuba von Mobiltelefon zu Mobiltelefon: Cubanische Mobilnummern beginnen mit einer 05.

■ In Cuba vom Mobiltelefon zu einem Festnetzanschluss: Vorwahl + achtstellige Telefonnummer; die erste 0 ist nicht mehr nötig.

■ In Cuba aus dem Festnetz zu einem Mobiltelefon: von La Habana in eine beliebige Provinz 0 + Vorwahl + achtstellige Telefonnummer; von einer Provinz in eine andere Provinz 01 + Vorwahl + Telefonnummer.

■ Im cubanischen Festnetz: 0 + Vorwahl + sechsstellige Telefonnummer.

■ In Cuba vom Mobiltelefon zu einem Anschluss anderswo: 119 oder das Plus-Zeichen, dann Landesvorwahl + Ortsvorwahl + (Mobil)Nummer.

Internet und E-Mail

Cuba war lange gezwungen, über Satellit ins Netz zu gehen, was die Verbindungen langsam und teuer machte. 2011 legte man ein Glasfaserkabel nach Venezuela; mit der Inbetriebnahme 2013 war die Insel erstmals über eine Leitung mit dem Internet verbunden. 2013 schuf man über 100 neue Zugangspunkte und den nationalen E-Mail-Service *Nauta*. Inzwischen unterhält die Telefongesellschaft ETECSA **Internetcafés** im ganzen Land.

In den letzten Jahren hat sich das Angebot im cubanischen **Intranet** stark erweitert, mittlerweile verfügt es über eine Enzyklopädie, eine Suchmaschine sowie ein soziales Netzwerk. Ärzte, Künstler und Journalisten können einen privaten Internetanschluss beantragen.

Seit 2011 gibt es das soziale Netzwerk **Redsocial.** Es richtet sich vor allem an Studierende und kann über das cubanische Intranet aufgerufen werden.

Die Telefongesellschaft ETECSA hat den Preis für eine Stunde drahtlosen Internetzugang 2015 landesweit auf 2 CUC festgesetzt. Man kann sich rund um die Uhr mit einer temporalen oder permanenten Nauta-Karte einloggen, entsprechende Coupons sind in allen ETECSA-Filialen erhältlich (der Pass ist vorzulegen). **WLAN** gibt es in:

■ **La Habana:** Ave. 23 (La Rampa) vom Malecón bis zum *Cine Yara;* im Park nahe der Ave. 51 in La Lisa; Parque Fé del Valle, zwischen Galiano und San Rafael; im Amphitheater von Maríano; Paseo de la Villa Panamericana

■ **Pinar del Río:** Parque Independencia und Parque Roberto Amarán

■ **Artemisa:** Boulevard und Parque de la Iglesia

■ **Mayabeque:** Boulevard und Parque de San José und Parque de Güines

■ **Matanzas:** Parque La Libertad und Parque Peñas Altas

■ **Villa Clara:** Parque Leoncio Vidal und Remedios

■ **Cienfuegos:** Parque Martí und im *El Rápido* in Punta Gorda

■ **Sancti Spíritus:** Parque Serafín Sánchez und Parque Céspedes in Trinidad

■ **Ciego de Ávila:** Parque Martí und im Stadtkern von Morón

■ **Camagüey:** Parque Agramonte; Plaza del Gall; in Las Tunas Plaza Martiana und Tanque de Buena Vista

- **Holguín:** Parque Calixto García und Parque Julio Grave de Peralta
- **Granma:** Boulevard de Bayamo und Boulevard de Manzanillo
- **Santiago de Cuba:** Parque Céspedes, Parque Ferreiro und Plaza de Marte
- **Guantánamo:** Parque Martí und Parque Central in Baracoa
- **Isla de la Juventud:** Nueva Gerona/Boulevard

Trinkgeld

Es gibt **keine einheitliche Regelung.** In manchen Lokalen wird inzwischen eine Servicegebühr auf die Rechnung aufgeschlagen; üblich sind 10 % der Rechnungssumme. Ich habe beobachtet, dass mancherorts die Bedienung das Trinkgeld sofort an einen Kassierer ablieferte. Auf meine Nachfrage wurde mir erklärt, dass die Trinkgelder gesammelt und dann auf das gesamte Personal verteilt werden, sodass auch die Angestellten etwas bekommen, die nicht direkt an der „Geldquelle" arbeiten. Bei Liveauftritten geht immer jemand mit dem Hut herum; ich gebe, wenn es mir gefallen hat, meist 0,50–1 CUC.

Uhrzeit

Cuba liegt westlich von Europa, also ist es dort früher. Der **Zeitunterschied** zur mitteleuropäischen Zeit (MEZ) beträgt **sechs Stunden:** Um 12 Uhr mittags in La Habana ist es in Frankfurt bereits 18 Uhr.

Die Uhrzeit wird mit „son las" angesagt, *son las ocho y media* ist dann acht und einhalb, also halb neun. Man benutzt die Zählung bis zwölf mit dem Zusatz „de la tarde" oder „de la noche" für Nachmittag und Abend. Man findet auch die amerikanischen Bezeichnungen **a.m.** (*ante meridiem* = vor dem Mittag) und **p.m.** *(past meridiem)* für nachmittags und abends bis Mitternacht.

Die **Sommerzeit** dauert vom zweiten Märzwochenende bis zum letzten Novemberwochenende. Die Uhr wird dann eine Stunde vorgestellt.

Unterkunft

Hotels

Cuba bietet eine ganze Reihe erstklassig ausgestatteter Hotels in traumhafter Lage, die internationalen Standards absolut gerecht werden. Daneben gibt es eine Reihe einfacher Häuser. Zurzeit versucht man energisch, die alten Unterkünfte aus der Zeit des Austausches mit den sozialistischen Bruderstaaten zu renovieren. In den nächsten Jahren wird sich die Kapazität der Hotelbetten wahrscheinlich verdoppeln.

Bei den höherklassigen Hotels dominieren die **Ketten,** zum Teil als Joint-Ventures mit europäischen Firmen. *Cubanacan, Gran Caribe* und *Habaguanex* sind die teureren Häuser, *Gaviota, Islazul* und *Horizontes* preiswerter.

Die meisten Hotels haben keine eigene **Internetseite.** Gehören sie jedoch zu einer der oben genannten Ketten, findet man sie auf deren Homepage (siehe im Kapitel „Informationsstellen").

Es gibt eine ganze Reihe **Luxushotels,** die ihresgleichen suchen, aber nicht so teuer sind wie z.B. in Deutschland. Wer sich wie ein Kolonialherr fühlen möchte, der sollte sich die Hotels von *Habaguanex* in **Habana Vieja** anschauen, er wird dort mit Sicherheit unvergessliche Stunden verbringen.

Die **cubanischen Sterne** sind etwa wie folgt zu verstehen: *-Hotels bieten nicht mehr als ein Dach über dem Kopf. Bei **-Hotels sollte man auch keinen Komfort erwarten, *** bedeuten schlichte Mittelklasse. ****-Hotels haben einen gehobenen Service.

Wer nicht über einen heimischen Veranstalter bucht, sondern vor Ort an die Rezeption eines Hotels geht, zahlt völlig

überteuerte Zimmerpreise, besonders in den ausländischen All-inclusive-Häusern. Will/muss man **in Cuba buchen,** sollte man zu einer Reiseagentur gehen, in vielen Hotels sind cubanische Agenturen vertreten, die auch vorab die Verfügbarkeit prüfen können. Wer in La Habana ist, kann zu AvenToura im Bacardí-Haus gehen und es dort versuchen.

Check-in ist in den meisten Häusern erst ab 16 Uhr, die Abreise muss dagegen meist schon bis 12 Uhr erfolgen; wer später abgeholt wird, sollte klären wohin mit dem Gepäck so lange. Manche Hotels verlangen eine Gebühr fürs Abstellen, bei anderen lässt man seinen Koffer einfach an der Rezeption, wo auf ihn aufgepasst wird. Vereinzelt kann man das Zimmer gegen Gebühr auch länger in Anspruch nehmen, etwa wenn der Flieger von Varadero erst abends startet und man noch ein letztes Mal schwimmen und danach duschen möchte.

Das Zimmerpersonal freut sich über ein paar CUC **Trinkgeld** *(propina)* pro Woche, bei nur einer Übernachtung sollte man 1 CUC geben oder eine Sachspende in Form von Seife, Kerzen oder Ähnlichem hinterlassen. Euro-Münzen als Trinkgeld zu geben, ist übrigens problematisch, da diese in Cuba nur schwer zu wechseln sind.

Es gibt Hotels der unteren Preisklassen, die **nur für Cubaner** sind. Hier bekommt man als Ausländer nur nach zähen Verhandlungen ein Zimmer, wenn überhaupt. Das ist dann zwar preiswert, aber die Ausstattung ist in der Regel sehr einfach.

In den Touristenhochburgen Cubas gibt es viele (teure) **All-inclusive-Hotels,** mit der negativen Folge, dass den ortsansässigen Restaurants das Wasser

Preiskategorien der Hotels

In diesem Buch werden die Hotels in Preiskategorien unterteilt, dargestellt durch Ziffern. Die Preise gelten für 2 Personen im **Doppelzimmer (DZ) in der Hochsaison.**

① bis 30 CUC
② 30–50 CUC
③ 50–100 CUC
④ ab 100 CUC

6

abgegraben wird, denn warum sollte man sein Hotel verlassen und ein Lokal außerhalb aufsuchen, wenn man sowieso für alles bezahlt hat?

Privatzimmer

Casa particular heißt ein Haus oder Zimmer, das von Privatpersonen vermietet werden. Allerdings verhindert die Steuerpolitik diese Privatinitiative eher. Die Eigentümer bezahlen bis zu 250 CUC im Monat, unabhängig von ihren Mieteinnahmen. Haben sie zu wenig Gäste, um diese Summe aufzubringen, und melden sich von der Steuerliste ab, müssen sie drei Monate lang warten, bis sie eine neue Lizenz bekommen. Vermieten sie ohne Lizenz, kann auch der Mieter Ärger bekommen und muss mit einer Geldstrafe rechnen.

Die offiziellen *casas particulares* haben ein **Schild** (s. Abb.) mit dem Zusatz: „Arrenador Divisa". Die Preise liegen zwischen 20 und 30 CUC pro Tag und Zimmer. Wenn man sich von einem Schlepper *(jinetero)* zum Haus bringen lässt, steigt der Preis, da der Cubaner eine Provision erhält. Man sollte das nicht unterstützen, zumal der Vermittler natürlich die *Casa* empfiehlt, die ihm am meiste zahlt. Manche Schlepper stellen sich auch während der Verhandlungen mit Pensionsbesitzern einfach dazu, um die Provision zu kassieren.

Viele Häuser übertreffen das durchschnittliche Hotelniveau in den großen Städten. Die Vermieter stehen gern mit Rat und Tat zur Seite. Oft sind die Zimmer auch geräumiger als Hotelzimmer. Häufig wird man von einer *Casa* an die nächste weitervermittelt.

Auch **online** kann man *Casas* buchen, z.B. bei www.cuba-individual.com oder www.mycasaparticular.com oder über http://cubacasas.net.

Vorsicht: Manche Anbieter bzw. Vermieter bedienen sich des Internets, um **falsche Angaben** zu machen, auch in Form von Fotomontagen oder mit Bildern anderer Zimmer.

Camping

Zeltplätze heißen auf Cuba **campismo** – nur Zelte gibt es dort selten. In der Regel stehen auf den Plätzen einfache Hütten, **cabañas,** mit Betten, ein bis zwei Stühlen und einem Tisch. Bettzeug ist nicht vorhanden, kann aber meist ausgeliehen werden. Gebucht werden diese Unterkünfte über das Campismo-Büro in der jeweiligen Provinzhauptstadt. Der Preis pro Nacht ist mit etwa 10 CUC recht hoch, dafür bekommt man auch schon ein besser ausgestattetes Zimmer. **Wildes Zelten** ist verboten.

Casas particulares haben stets ein blaues Schild vor der Tür

143-cu-kh

Unterwegs auf Cuba

Cuba ist über tausend Kilometer lang, in zwei Wochen kann man die Insel unmöglich ganz bereisen. Deshalb finden sich in den Ortsbeschreibungen ein paar **Routenvorschläge für Rundreisen** durch jeweils einen Teil der Insel. Es sind Touren, die man gut mit dem Leihwagen, dem Bus oder der Bahn machen kann. Jede dieser Touren dauert etwa eine Woche, doch sollte man zwei Tage Luft haben, falls ein Verkehrsmittel nicht funktioniert oder ausgebucht ist.

Inzwischen gibt es **Navigations-Apps,** die hilfreich sein können, wenn man wenig spanisch spricht oder sich schlecht orientieren kann.

Geführte Touren sind über Hotels oder über ein Büro der staatlichen Reisegesellschaft *Infotur, Havanatur* oder *Gaviota* zu buchen.

Verhaltenstipps

Man sollte beim Bezahlen im **Restaurant** unter Freunden nicht kleinlich sein, da es meist nur eine Rechnung pro Tisch gibt. Wenn man die Stunde des Zahlens verpasst hat, sollte man sich in der nächsten Bar revanchieren. Auch muss man wissen, dass man in den besseren Restaurants einen Platz zugewiesen bekommt, also sollte man sich zuerst nach dem Kellner umsehen.

Cuba ist ein armes Land. Also sollte man Leuten, die man mag oder die einem geholfen haben, etwas **schenken,** nicht als Almosen, sondern als Aufmerksamkeit oder Dankeschön. Begehrt sind zum Beispiel Kleidungsstücke, Kosmetika, Stifte, Papier und Kerzen.

Braucht man (in La Habana) Hilfe, ist der Polizist an der Ecke immer die beste Wahl.

Verkehrsmittel

Fahrpläne

„Fahrpläne? – Welche Fahrpläne, ich bin der Plan!"

(José Hernandez de Villa)

Es gibt Fahrpläne für alle Verkehrsmittel, oh ja, nur bekommt man die nicht zu Gesicht. Kein Cubaner wird sich aufregen, wenn der Bus erst Stunden später fährt. Man sollte froh sein, überhaupt einen Bus und einen Platz darin zu bekommen. Die Cubaner versuchen zwar, die Fahrpläne auch einzuhalten, aber **manchmal muss improvisiert werden.** Und Achtung: der Versuch, den Beamten am Schalter mit Geld zur „Korrektur" des Fahrplans zu bewegen, scheitert bei alten Revolutionären, weil die nämlich tatsächlich **nicht bestechlich** sind.

Auch wenn das Flugzeug nach Santiago plötzlich einen Abstecher nach Holguín macht, wundert das keinen Cubaner. Man wartet ab, trinkt einen Kaffee und irgendwann kommt man dann doch noch in Santiago an. Wenn dort ein Cubaner auf einen wartet, wird auch er sich nicht wundern, man sollte nur trotzdem versuchen, telefonisch die Verspätung mitzuteilen. Leider kann auch das Telefonieren zum Abenteuer werden, denn das Netz ist oft überlastet. Selten kann man mal schnell zum Flughafen telefonieren, um eine Abflugzeit einzuholen. Am einfachsten ist es, einen Cubaner zum Anrufen zu bewegen, etwa jemanden von der Hotelrezeption.

Bicitaxis

Die dreirädrigen **Fahrradrikschas** gibt es in allen Städten. Sie sind oft fantasievoll ausstaffiert, manche haben ein Dach gegen Regen und Sonne, andere ein Radio. Bicitaxis bringen einen auf kurzen Distanzen durch den Ort, und der Fahrer hat garantiert noch ein Zimmer zu vermieten. In der Regel sind es selbstständige Kleinunternehmer.

Coco amarillo

Die meist **gelben Dreiräder** sind gar nicht zu übersehen. Mit einem Motorrollerfahrgestell und einer geschwungenen Karosserie aus Fiberglas sind sie in allen großen Städten anzutreffen. Sie haben zwei bequeme Sitze und Platz für das Gepäck und die Einkäufe. Außerdem hat man ein Dach über dem Kopf und kann sich trotzdem den Wind um die Nase wehen lassen. Der Preis für eine Fahrt den Malecón von La Habana hinunter liegt bei 5 CUC.

▷ Garantiert keine Parkplatzprobleme:
Cocos sind für den Stadtverkehr bestens geeignet

Busse

Wer auf eigene Faust mit öffentlichen Bussen unterwegs ist, lernt ganz schnell „cubanisch reisen", so der Titel eines Films. Damit verbunden sind Wartelisten an Busbahnhöfen, Flughäfen und Schiffsanlegern. In solche **listas de espera** werden die Reisenden der Reihe nach eingetragen, und wenn der nächste Bus drei Plätze frei hat, werden eben die ersten drei auf der Liste aufgerufen. Es liegt mitunter auch am Wohlwollen des Angestellten, wer wann auf welche Position kommt (Behinderte haben in der Regel einen größeren Anspruch auf einen Platz).

Wichtig für Reisende in moderneren Überlandbussen: Die **Klimaanlagen** sind meist zu kalt gestellt, es ist ratsam eine warme Jacke, Strümpfe und ein Halstuch mitzunehmen, wenn man nicht mit einer Erkältung aussteigen will. Ich habe gute Erfahrung mit einem großen Leinenschal gemacht, der auch andere gute Dienste leistet.

An manchen Ticketschaltern geht es ziemlich chaotisch zu. Fragen Sie nach dem Letzten in der Schlange *(Quién es el último?)* und wofür er ansteht. Es gibt auch professionelle Schlangesteher, die ihren Platz dann verkaufen oder sich für jemanden anstellen. Übrigens sind die Gepäckträger Staatsbedienstete mit Gehalt.

Busgesellschaften

Astrobus ist die staatliche Busgesellschaft, mit ihr reisen Cubaner. Der Tourist darf eigentlich nur **Víazul** benutzen, aber es gibt noch Zubringerbusse der Reisegesellschaften **Cubatur** und **Transgaviota,** deren Fahrer auch Reisende mitnehmen, wenn deren Ziel auf der Strecke liegt – höflich fragen kann man allemal.

Víazul

Hier zahlt man auch in CUC, mit dem Vorteil, dass die Busse von *Víazul* meist superpünktlich und **ohne Pannen** verkehren. Auf den Langstrecken wird einem die (zu) kalte Air Condition schnell unangenehm, also eine Jacke mitnehmen. *Víazul* fährt z.B. von La Habana nach Varadero, Pinar del Río, Viñales, Trinidad, Santiago de Cuba und Baracoa. **Tickets** können in jedem Cubatur-Reisebüro ohne Aufpreis gekauft werden, auch über www.viazul.com ist eine Reservierung möglich; bezahlt wird mit Kreditkarte. Man muss eine Stunde vor Abfahrt am Bahnhof auftauchen.

Leider sind mittlerweile auch die Víazul-Busse überfüllt, sodass es ein Risiko ist, wenn man unterwegs zusteigen will, auch nach Reservierung!

Grundsätzlich sollte man rechtzeitig bzw. früh an der Busstation sein, doch wenn der Bus voll ist, nützt einem das Ticket auch nichts, man muss auf den nächsten warten. Der Ticketkauf erfolgt in La Habana in zwei Glaskabinen für unterschiedliche Ziele. Achten Sie auf den richtigen Schalter, oder fragen Sie nach: *Esta es la cola para XY?* Die Nummer auf dem Ticket ist keine Platznummer, die Platzwahl ist frei. Für das aufgegebene Gepäck erhält man einen Zettel, der am Ziel dem Fahrer zu zeigen ist, damit dieser den Koffer oder Rucksack aus dem Stauraum wühlen kann.

Auf Überlandstrecken halten die Busse in der Regel an einer Raststätte für eine kurze Kaffeepause.

Víazul
- www.viazul.com
- **Zentrales Telefon:** 07 8816954
- **La Habana:** Casa Matríz, Ave. 26 y Zoológico, Calle Habana, Vedado, gegenüber dem Zoo.
- **Varadero:** Calle 36 y Autopista, Varadero, und auf dem Flughafen.
- **Trinidad:** Viro Guirnart 224, e/Antonio Maceo y Gustavo Izquierdo.
- **Santiago de Cuba:** Ave. Los Libertadores, esq. Yarayó.

Guaguas

Guaguas heißen die **Normal-Busse.** Die Fahrt kostet 40 Centavos. Meist gibt es an den Haltestellen eine Warteschlange. Der Einstieg ist vorn. Zu empfehlen ist diese Art der Fortbewegung allerdings nur für Hartgesottene.

Camellos

Diese umgebauten amerikanischen Sattelschlepper waren lange Zeit typisch für die Straßen von La Habana. Doch die Zeit der 300 Personen fassenden Sardinenbüchsen ist vorbei, mittlerweile fahren normale Busse.

Camiones

Eine cubanische Spezialität: Vor allem in ländlicheren Gebieten, aber auch zwischen Städten verkehren private Lastwagen. Man zahlt in Pesos. Eigentlich ist es verboten, Touristen mitzunehmen, aber unter den vielen Cubanern fällt man bei einer Kontrolle nicht so schnell auf, somit ist das Risiko für den Fahrer gering. Eine Fahrt kostet 5 bis 20 Pesos, je nach Entfernung. Leider weiß man nie genau, ob an diesem Tag ein Laster hält.

Wer den Film „Guantanamera" gesehen hat, bekommt eine Vorstellung vom Ablauf eines solchen Unternehmens. In den Zeiten des Treibstoffmangels musste der offizielle Busverkehr zu Gunsten des Lasttransportes eingestellt werden. Für den Personentransport wurde diese Lösung gefunden.

Taxis

Bei kürzeren Strecken sollte man auf ein Taxi zurückgreifen. Die Nahverkehrsbusse sind oft überfüllt, und meist fahren sie zu Wohnsiedlungen und nicht zu den Sehenswürdigkeiten. Man sollte mit

⌄ Der Bus ist endlich da!

dem Taxifahrer die Route und den Preis ausmachen und vereinbaren, ob er einen später dort wieder abholt oder wartet. Dieses Wartenlassen ist eine übliche Methode auf Cuba – viele Fahrer nutzen die Zeit zum Ausruhen, oder sie treffen sich mit Kollegen zu einem Plausch.

Manche Taxis fahren **auch weite Strecken.** Wenn man zu mehreren unterwegs ist, kann eventuell ein Taxi billiger sein als die Tour im Bus. Mir ist es mehrmals passiert, dass plötzlich ein Cubaner auftauchte, der behauptete, den Weg zu kennen, während der Fahrer ihn angeblich nicht kannte. Vermutlich wollten die beiden zusammen einen bezahlten Ausflug machen.

Die **Regierungstaxis** haben festgelegte Preise für ihre Strecken, die man dem Reisenden in der Regel vorher mitteilt.

In den mit einem T gekennzeichneten **Touristen-Taxis** kann man ausschließlich mit CUC zahlen – alle sind mit einem Taxameter ausgerüstet. In diesem Fall sollte man nicht nach dem Preis fragen, sonst wird man als Tourist abgezockt. Das Taxameter einschalten lassen und die Fahrt ist preiswerter. Man sollte übrigens darauf achten, das Geld passend zu haben, da viele Fahrer nicht wechseln können, oder wollen.

Vielfach gibt es auch vorher festgelegte Preise für bestimmte Strecken. Einige einfache Taxis dürfen nur innerhalb eines bestimmten Viertels fahren. Sie haben ein Zeichen an der Windschutzscheibe, das darauf verweist.

Die meisten Peso-Taxis dürfen nach getaner Arbeit auch Touristen fahren. Einer der günstigsten staatlichen Taxianbieter in La Habana ist **Panataxi,** Tel. 07 555555 (1 CUC Grundgebühr plus 0,50 CUC pro Kilometer).

Colectivos

Colectivos, oft alte US-amerikanische Straßenkreuzer (*máquina* oder *almendrón* genannt), sind Taxis, die eine **feste Route** *(ruta fija)* fahren. Oftmals rufen die Fahrer an Bushaltestellen ihre Route aus. Man sollte darauf gefasst sein, dass der Fahrer einen Touristen nicht mitnehmen will oder zumindest CUCs verlangt; nicht mehr als 1 CUC zahlen, üblich sind ca. 20 Pesos. Derjenige, der vorne sitzt, zahlt den dicksten Batzen, die anderen hinten meist nur einen Anteil von 1 Peso.

Wegen der gestiegenen Benzinpreise sind die Colectivos in einer Krise, denn infolge der erhöhten Fahrkosten fahren immer weniger Cubaner Taxi.

Particulares

Diese **Privat-Taxis ohne Lizenz sind offiziell verboten.** Da jedoch die Einkommen in Cuba sehr niedrig sind, versuchen sich viele Cubaner mit ihrem Privatwagen als Taxifahrer – und verlangen manchmal mehr als ein staatliches Taxi, daher unbedingt den Preis aushandeln! Ich habe es auch erlebt, dass der Fahrer das Ziel nur vage kannte und dann im Kreis gefahren ist – oder auch das Benzin ausgegangen ist … Manche Touristen einigen sich mit dem Taxifahrer auf eine legale Begründung der Fahrt; die häufigste Version lautet: „Der Fahrer ist ein Freund von mir, und wir besuchen einen gemeinsamen Bekannten." (Dazu muss man dann Namen und Adresse des Bekannten auswendig lernen, damit man bei einer Polizeikontrolle überzeugend antworten kann.)

Mietwagen

Das Reisen mit einem Leihwagen ist in Cuba ziemlich **problemlos** (siehe auch „Auto fahren"). Es gibt mehrere cubanische Anbieter, doch ist es ratsam (und evtl. günstiger), das Auto schon von zu Hause aus zu buchen.

Man kann über ein Reisebüro in Deutschland, z.B. *AvenTOURa,* den Wagen zu einem Hotel seiner Wahl **bestellen,** das erspart Verhandlungen. Außerdem kann man Pakete mit Übernachtungsgutscheinen für bestimmte Mittelklassehotels buchen *(Flexi-Drive).*

Für den Stadtverkehr in La Habana sollte man kein Auto mieten, in den letzten Jahren häufen sich die **Unfälle mit Leihwagen** in der Millionenstadt.

In vielen Hotels auf dem Lande gibt es **Büros der Autoverleiher.** Folgende Firmen sind cubaweit vertreten: *Cubacar, Havanautos, Via Rent a Car, Transgaviota, Rex, Panautos, Transautos* (über *Cubatur), Micar.*

Um einen Wagen zu mieten, muss man mindestens 21 Jahre alt sein, an Dokumenten benötigt man den Reisepass und mindestens den EU-Führerschein. Es muss eine Kaution bis zu 300 CUC hinterlegt werden, man kann sie in bar zahlen oder einen Kreditkartenabzug hinterlegen. Bargeld wird bei Rückgabe auch in bar zurückgezahlt. Wer den Wagen an einem anderen Ort als dem Mietort abgibt, zahlt eine Rückführungsgebühr, die z.B. zwischen Varadero und La Habana 30 CUC beträgt.

Der Zustand der Autos sollte bei allen Unternehmen vorher geprüft werden. Man sollte nachsehen, ob es Wagenheber, Radmutternschlüssel und ein intaktes Reserverad gibt. Die Reifen auf Cuba

verschleißen schneller. Das Reifenflicken an der Tankstelle kostet etwa 2 CUC. Es kommt vor, dass ihnen „geschäftstüchtige" Jungs die Luft ablassen, um sich anschließend nützlich zu machen.

Wenn man Glück hat, bekommt man einen *Citroën* mit Dieselmotor; *Diesel* ist an den Tankstellen billiger als *Super.* Es kann passieren, dass die preiswerten Wagen ausgebucht sind und Ihnen ein großer Wagen für 95 CUC pro Tag angedreht werden soll – da hilft nur der Gang zum nächsten Büro.

Denken Sie an die häufigen Verspätungen beim Hinflug, ordern Sie den Leihwagen lieber nicht am Ankunftstag zum Flughafen, die Büros schließen in der Regel um 18 Uhr.

Wer sich ganz exklusiv über die Insel bewegen will, kann das auf dem Rücken einer **Harley**-Davidson tun. Die Firma *Edelweiss Bike Travel* bietet achttägige Gruppen-Touren ab 3800 Euro an (Info in Deutschland: Tel. 02681 5904, www. edelweissbike.com).

Bahn

Cuba ist die einzige Karibikinsel mit einer Eisenbahn! Der Aufbau des cubanischen Verkehrswesens im 19. Jahrhundert geht auf die **Zuckerbarone** zurück, denen es um den schnellen Abtransport ihrer Ware von den Zuckermühlen zu den Häfen ging. Die erste englische Zuckermühle mit Dampfmaschine wurde 1792 installiert, seit 1837 gibt es die Zuckerbahn. 1917 richtete der Schokoladenkonzern *Hershey* eine elektrifizierte Strecke von Casablanca in La Habana zum Hafen von Matanzas ein, die heute noch für den Personentransport benutzt wird. Nach der Revolution fehlte es dem jungen Staat am Kapital zum Ausbau der Ost-West-Bahnstrecke. Sie ist bis heute eingleisig geblieben.

Die staatliche Eisenbahngesellschaft ist vor allem eines: langsam, jedenfalls auf Nebenstrecken. Touristen zahlen in CUC, erhalten aber sofort ihren Platz. Ein bis zwei Stunden Verspätung sind normal. Auf der Hauptstrecke La Habana – Santiago de Cuba ist die Eisenbahn die billigste Variante mit 45 CUC im Especial No. 12/No. 14 und die schnellste im Vergleich zum Bus.

Da die **Gleisanlagen** marode sind und nicht erneuert werden, müssen die Züge oft ihre Geschwindigkeit drosseln, was Angaben über Ankunftszeiten hinfällig

Reisen auf Cuba

Wir fahren auf der Verbindungsstraße nach Norden. Der graue Asphalt windet sich zwischen vereinzelten Bananenplantagen und endlosen Zuckerrohrfeldern hindurch. Ladas und einige fernöstliche Mittelklassewagen kreuzen unseren Weg. Nach einer Stunde werden die Felder spärlicher, ab und zu stehen ein paar Königspalmen Spalier. Die ersten Häuser tauchen auf. Ein Ortsschild gibt es nicht. Entweder wird der Reisende mit einer überschwänglichen Zementplastik einer örtlichen Künstlergruppe begrüßt oder gar nicht. Der Verkehr wird dichter, wir kurven zwischen Fahrrädern, Pferdefuhrwerken und Traktoren Richtung Zentrum und halten an.

Es ist eine Kleinstadt, wie es viele auf der Insel gibt. Die Straßen, sind schachbrettartig angeordnet, in eine Richtung laufen die Avenidas, quer dazu die Calles. Der Mittelpunkt ist ein Baum bestandener Park, wie aus dem Bilderbuch. Daran angrenzend liegt die Kirche und das Verwaltungsgebäude. In der Mitte grüßt ein Denkmal – *Martí, Goméz, Marceo* oder *Céspedes* – die Helden werden verehrt, beschattete Bänke laden zum Verweilen ein.

Ich setze mich auf eine grün gestrichene Bank zwischen den Bäumen in die Nachmittagssonne und lasse das Treiben an mir vorüberziehen. Die Geräusche weben einen sanften Klangteppich, der nur aus der Ferne zu mir durchdringt. Hier ein Quieken, und ich denke an ein Schwein. Wird jetzt geschlachtet, was ich heute Abend zu essen bekomme? Ich höre irgendwo Maschinen und Musik, immer abwechselnd drängt sich ein Geräusch in den Vordergrund. Wenn ich mich umschaue, sehe ich alte Holzhäuser mit bunten, verzierten Veranden. Aber alles verfällt. Es wird wild improvisiert, um den Zerfall zu stoppen. Hier ein Stück Blech, dort ein paar Bretter, eine verrostete Regenwassertonne. Die Menschen scheinen auf Ästhetik weniger Wert zu legen. Sind sie so arm, so frustriert, so gleichgültig? Aber es gibt Unterschiede. Zwischen den zerfallenen, verwahrlosten Häusern finden sich immer wieder sorgfältig renovierte Bauten. Wie der sprichwörtliche Fels in der Brandung ragen bunt angestrichene Fassaden hervor. Überall im Land sind liebevoll gepflegte Vorgärten zu sehen, selbst in armen Gegenden.

Diese Widersprüche begleiten einen auf allen Wegen durch Cuba. Sie machen sicherlich auch ein Stück der Faszination der Zuckerinsel aus.

macht, auch Ausfälle sind häufig. Laut der cubanischen Nachrichtenagentur ACN soll die Bahn mit russischer Hilfe saniert, neue diesel-hydraulische Lokomotiven angeschafft und die alten TGM4-Dieselloks überholt werden.

Im Zug kann man ein Sandwich und Getränke *(refresco)* kaufen, bezahlt wird in Pesos. Manchmal gibt es auch Hühnerbeine. Die Qualität des Essens ist ziemlich schlecht. Es empfiehlt sich daher, Essen und genügend Wasser mitzunehmen. Noch weniger empfehlenswert ist die Benutzung der WCs, in denen es oft kein Licht gibt. Achten Sie besonders nachts auf ihr Gepäck, es gibt Taschendiebe.

Auf der Strecke **La Habana – Santiago de Cuba** verkehrt alle drei Tage ein Zug – man erkundige sich am Bahnhof, ob und wann der Zug fährt. *Regular Nr. 13* und *Nr. 14* kosten ca. 10 CUC weniger als der *Especial,* sind aber eine halbe Stunde langsamer, weniger zuverlässig und ohne Air Condition. *Especial Nr. 11* und *Nr. 12* sind klimatisiert, Reisende ohne wärmende Jacke haben nach der Fahrt mit Sicherheit eine Erkältung.

Auf der Strecke **Pinar del Río – La Habana** ist es an den Zwischenstationen möglich, die Karten in Pesos zu kaufen. Leider fallen die Züge nicht selten aus.

Die **Fahrscheine** für weitere Strecken muss man in La Habana beim *Ladis*-Büro kaufen (Abk. für „Langstrecke") und in CUC bezahlen. Am besten, man hat das Geld passend, da es, wie so oft, immer wieder Wechselprobleme gibt. Das Büro liegt in der Nähe der Estación Central. Im Bahnhof La Coubre (gelbes Gebäude zwischen Hauptbahnhof und Hafenbecken) gibt es im Anbau einen Verkauf am Schalter 4. Man kann Tickets 14 Tage im Voraus kaufen, was man auch tun sollte, da es nur ganz wenige Tickets für CUCs gibt und CUP-Tickets nur an Cubaner ausgegeben werden. *Ladis* unterhält Büros in allen großen Städten Cubas. Einige Züge fahren nur alle zwei Tage. Erkundigen Sie sich nach dem genauen Bahnhof, da etliche Züge an der neuen *Estación La Coubre* zwischen altem Hauptbahnhof und Hafen abfahren.

Mit der Bahn kann man auch Teilstrecken zurücklegen, wobei der Kauf der Fahrkarte immer etwas schwierig ist, da man häufig Schlange stehen muss. Es ist in der Regel auch möglich, die Karten im Zug zu kaufen, aber ich rate davon ab, da im Zug die Preise gerne mal steigen.

Inlandsflüge

Am 20. April 1912 hob sich der erste Cubaner in die Lüfte, *Agustín Parlá Orduña.* Monate später flog *Domingo Rosillo del Toro* einen Weltrekord, indem er die 90 Meilen von Key West nach La Habana in 2 Stunden und 40 Min. zurücklegte.

1929 wurde **Cubana de Aviación** gegründet, die damit zu den ältesten Fluglinien der Welt gehört. Heute fliegt die staatliche Fluggesellschaft von La Habana in alle größeren Städte Cubas, z.B. nach Nueva Gerona für 40 CUC, nach Holguín, Santiago de Cuba, Moa und Baracoa für 120 CUC. Am günstigsten ist es, seinen Flug in La Habana oder Santiago zu reservieren, da die kleineren Cubana-Büros nicht sehr zuverlässig sind. Braucht man einen Inlandsflug, um den Flughafen für seinen Heimflug zu erreichen, sollte man unbedingt einen Tag früher fliegen, da es schon mal Verspätungen geben kann.

6

032cu kh

■ **Cubana de Aviación** (Hauptbüro), Calle 23, No. 64, esq. La Infanta, La Habana, Vedado, Tel. 07 8381 039, www.cubana.cu.

Aerotaxi

Aerotaxi verbindet kleinere Orte miteinander, z.B. Nueva Gerona und Pinar del Río. Die Gesellschaft besitzt hauptsächlich Antonow-Doppeldecker mit etwa je acht Plätzen und vier Angestellten. Für Touristen ist es nur mit Glück möglich, ein Ticket zu ergattern.

■ **Aerotaxi,** Calle 27 No. 102, e/M y N, La Habana, Vedado, Tel. 07 8364064.

Aerogaviota

Dies war ursprünglich die Geldbeschaffungsanlage des Militärs, heute nur noch im Charter eingesetzt. Es werden auch Flüge nach Jamaica angeboten, www.aerogaviota.com.

Versicherungen

Egal welche Versicherungen man abschließt, hier ein Tipp: Für alle abgeschlossenen Versicherungen sollte man die **Notfallnummern** notieren und mit der **Policenummer** gut aufheben! Bei Eintreten eines Notfalles sollte die Versicherungsgesellschaft sofort telefonisch verständigt werden!

Der Abschluss einer **Jahresversicherung** ist in der Regel kostengünstiger als mehrere Einzelversicherungen. Günstiger ist auch die **Versicherung als Familie** statt als Einzelpersonen. Hier sollte man nur die Definition von „Familie" genau prüfen.

⌃ Eine Antonow AN 2 von Aerotaxi setzt zur Landung in Baracoa an

Auslandskrankenversicherung

Die Kosten für eine Behandlung auf Cuba werden von den gesetzlichen Krankenversicherungen in Deutschland und Österreich nicht übernommen, daher ist der Abschluss einer privaten **Auslandsreisekrankenversicherung unverzichtbar – und vorgeschrieben:** Bei der Einreise nach Cuba müssen Ausländer diese Versicherung nachweisen können, man muss also eine Bestätigung mit sich führen! Bei Abschluss der Versicherung – die es mit bis zu einem Jahr Gültigkeit gibt – sollte auf einige Punkte geachtet werden. Zunächst sollte ein **Vollschutz ohne Summenbeschränkung** bestehen, im Falle einer schweren Krankheit oder eines Unfalls sollte auch der Rücktransport übernommen werden. Diese Zusatzversicherung bietet sich auch über Automobilclubs an, insbesondere wenn man bereits Mitglied ist. Diese Versicherung bietet den Vorteil billiger Rückholleistungen (Helikopter, Flugzeug) in extremen Notfällen.

Wichtig ist auch, dass im Krankheitsfall der Versicherungsschutz über die vorher festgelegte Zeit hinaus automatisch verlängert wird, wenn die Rückreise nicht möglich ist.

Schweizer sollten bei ihrer Krankenversicherungsgesellschaft nachfragen, ob die Auslandsdeckung auch für Cuba gilt. Bei *Soliswiss* (www.soliswiss.ch) kann man sich kostenlos nach einem Krankenversicherer erkundigen.

Zur Erstattung der Kosten benötigt man grundsätzlich ausführliche **Quittungen** (mit Datum, Namen, Bericht über Art und Umfang der Behandlung sowie Kosten der Behandlung und Medikamente).

Andere Versicherungen

Ob es sich lohnt, weitere Versicherungen abzuschließen wie eine Reiserücktrittsversicherung, Reisegepäckversicherung, Reisehaftpflichtversicherung oder Reiseunfallversicherung, ist individuell abzuklären. Diese Versicherungen **enthalten jedoch viele Ausschlussklauseln,** sodass sie nicht immer Sinn machen.

Die **Reiserücktrittsversicherung** für 35–80 € lohnt sich nur für teure Reisen. Sie greift in dem Fall, dass man vor der Abreise einen schweren Unfall hat, schwer erkrankt, schwanger wird, gekündigt wird oder nach Arbeitslosigkeit einen neuen Arbeitsplatz bekommt, die Wohnung abgebrannt ist o.Ä. Es gelten hingegen nicht: Terroranschlag, Streik, Naturkatastrophe etc.

Die **Reisegepäckversicherung** lohnt sich seltener, da z.B. bei Flugreisen verlorenes Gepäck oft nur nach Kilopreis erstattet wird und auch sonst wird nur der Zeitwert nach Vorlage der Rechnung ersetzt. Wurde eine Wertsache nicht im Safe aufbewahrt, gibt es bei Diebstahl auch keinen Ersatz. Kameraausrüstung und Laptop dürfen beim Flug nicht als Gepäck aufgegeben worden sein. Gepäck im unbeaufsichtigt abgestellten Fahrzeug ist ebenfalls nicht versichert. Die Liste ist endlos ... Für den Fall, dass etwas passiert ist, muss der Versicherung als Schadensnachweis ein Polizeiprotokoll vorgelegt werden.

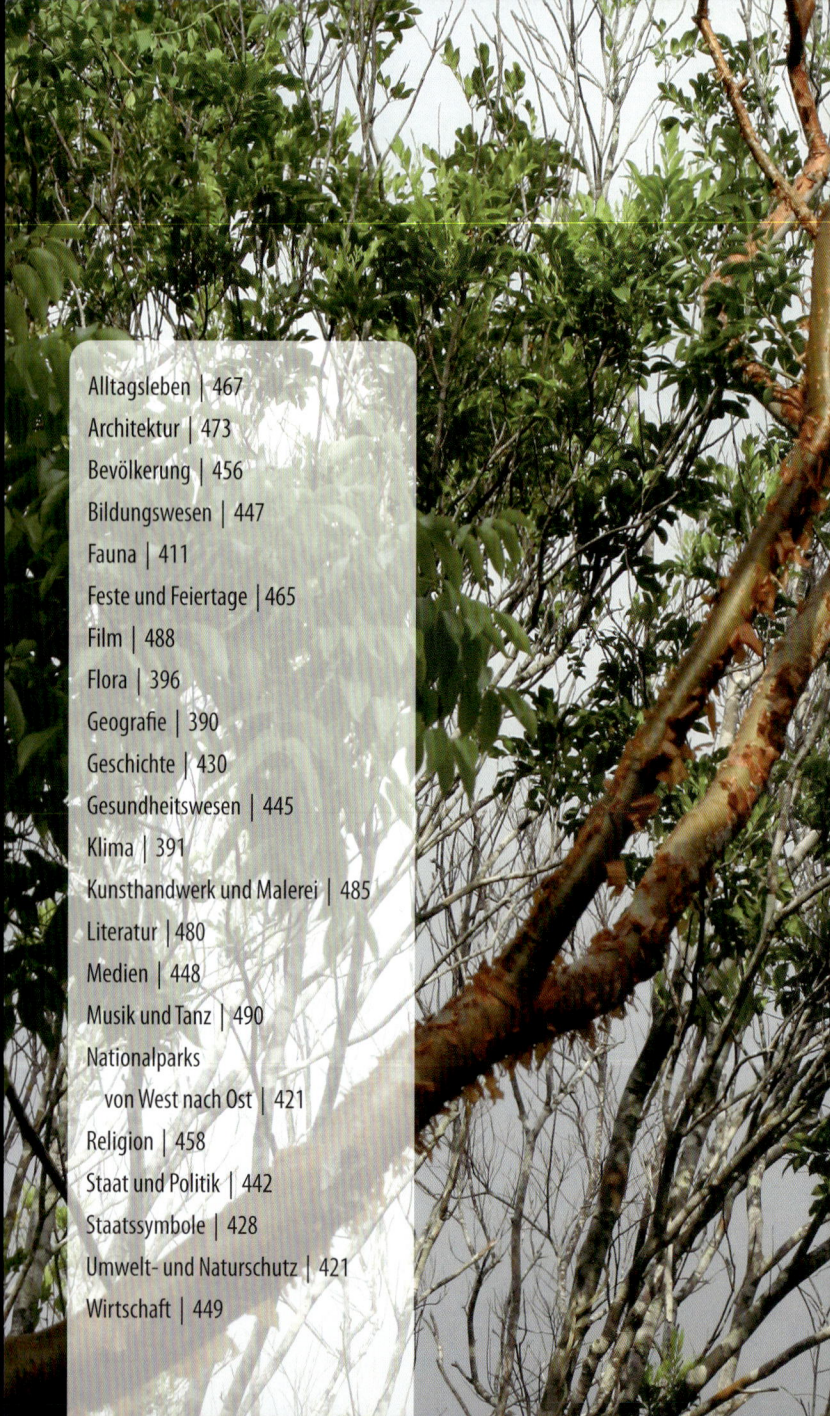

033GukH

7 Land und Leute

Was Sie über die wechselvolle Geschichte und die Bewohner der Zuckerinsel wissen sollten.

◁ „Touristenbaum" (wegen der roten pellenden Rinde) in der Sierra del Rosario

Geografie

„Vor einem Kap der cubanischen Küste, das ich Alpha-Omega nannte, sagte ich eines Tages, dass hier die Welt ende und eine andere beginne."

(Alejo Carpentier)

Cuba ist die **größte Antilleninsel** und liegt zwischen 20° und 23½° nördlicher Breite und zwischen 85° und 74° westlicher Länge auf der Nordhalbkugel. Die Insel trennt das Karibische Meer vom Atlantischen Ozean. Westlich liegt der Golf von Mexiko, die mexikanische Yucatán-Halbinsel ist 210 km entfernt. Im Osten, 77 km entfernt, liegt die Insel *Hispaniola* mit den Staaten Haiti und Dominikanische Republik. Gen Süden, über die Kolumbusstraße, liegt Jamaika rund 140 km entfernt. Der Erzfeind Cubas, die USA, befinden sich 180 km entfernt im Norden der Insel. Key West in Florida ist nur durch den Bahamas-Kanal von Cuba getrennt.

Die Form Cubas wird oft mit einem auf dem Kopf liegenden Alligator verglichen, der immerhin 1200 km lang und im Schnitt 110 km hoch ist. Das ergibt eine Fläche von etwa 105.000 km². Dazu kommt die Isla de la Juventud mit 2200 km² und etwa 1600 kleine, teils unbewohnte Inseln *(cayos).*

Nach der Theorie, dass der amerikanische Kontinent sich von Europa und Afrika abgespalten und westwärts verschoben hat, haben der Physiker *Wegener* und später der Geologe *Ampfer* ein Bild unserer heutigen Erde entworfen. Ihr Gedanke der Plattentektonik besagt, dass es auf unserem Planeten größere Festlandplatten gibt, die überwiegend aus Granit bestehen und in der Erdkruste relativ stabil liegen. Sie sind etwa 100 bis 375 Mio. Jahre alt.

Fünf der relativ großen Platten umgeben nun die **Karibische Platte** und scheuern an den Rändern. Die Nordamerikanische Platte schiebt sich dabei unter die Karibische. Dies führte vor etwa 40 Mio. Jahren zu Auffaltungen. Das Ergebnis dieser Entwicklung sind die großen Antillen, zu denen auch Cuba gehört. Auf Haiti erreichen sie eine Höhe von 3175 Metern, um dann vor Puerto Rico in 9000 Meter Tiefe abzufallen. An eben diesen Berührungsstellen entstehen **Vulkane.**

Solche **Faltengebirge** findet man im Osten Cubas, sie bestehen aus Schiefer, Gneis und Kreidesedimenten. Der Westen der Insel besteht dagegen überwiegend aus Kreide und Karst. Die Kreideschichten wurden im Laufe der Jahrmillionen ausgefurcht und abgetragen. Hier gibt es auch die Kegelkarste, die bis zu 300 Meter aus den Ebenen ragen. In der Gegend von Pinar del Río ist dies eindrucksvoll zu sehen. Im Laufe der Jahrtausende wurden aus diesen bizarren Felsen viele Höhlen ausgewaschen. Die Kreideschichten lassen das Wasser schnell in die unteren Schichten versickern, die Oberfläche trocknet rasch ab (Verkarstung). Die Flusstäler bestehen hier aus rotem Schwemmland, Laterit genannt. Auf ihm wächst der **beste Tabak der Welt.**

In jedem Teil der Insel gibt es ein großes Bergmassiv. Im Osten liegt die **Sierra Maestra** mit dem 1972 m hohen Pico Turquino. Daran schließen die Sierra del Cristal und die kleineren Alturas de Baracoa an.

Land und Leute

In der Mitte erhebt sich die **Sierra del Escambray,** darin liegt, von Wäldern umgeben, der Hanabanilla-Stausee. Niedriger ist die Macizo de Guamuhaya bei Sancti Spíritus im mittleren Süden.

Im Westen, hinter La Habana, erhebt sich die **Sierra de los Órganos,** die Orgelberge. Die niedrigere Sierra Guaniguánico hält in Pinar del Río den Regen von den dortigen Pflanzungen ab. Hier wächst der berühmte Tabak, aus dem die Havanna-Zigarre entsteht.

Die **Nordküste Cubas** ist felsig und besitzt eine Steilküste, die oft unterspült ist. Um La Habana und Varadero liegen einige Buchten aus feinem Muschelsand. Geschützt wird die Küstenregion durch eines der größten Korallenriffe dieser Erde; es ist mehrere Hundert Kilometer lang.

Die **Südküste** dagegen ist flach und oft sumpfig. Hier gedeihen Mangroven und es gibt Stechmücken.

Die See um Cuba ist zu weiten Teilen flach, sie wurde nach der letzten Eiszeit vor etwa 10.000 Jahren überflutet. Allerdings gibt es auch tiefe Stellen, nämlich den Caymangraben, der über 4000 Meter tief ist, und im Norden den Puerto-Rico-Graben mit über 9000 Metern Tiefe. Zwischen Cuba und Haiti verläuft der bis zu 7000 Meter tiefe Foscagraben. An diesen Stellen ist die verbleibende Erdkruste dünn und es kommt häufig zu **Seebeben.**

Als die Spanier nach Cuba kamen, bauten sie aus Angst vor Erdbeben nur einstöckige Häuser. In späteren Jahrhunderten stockte man die Gebäude auf, als sich herausstellte, dass es zwar zu heftigen Seebeben in der Karibik kam, aber die Erdbebengefahr doch nicht so groß war, wie vermutet.

Klima

„Gutes Wetter für gewisse Dinge, murmelte jemand."

(Alejo Carpentier)

Für Mitteleuropäer ist das Wetter das ganze Jahr über angenehm. Natürlich macht vielen die **hohe Luftfeuchtigkeit** zu schaffen. In der deutschen Sommerferienzeit muss man auf Cuba mit Temperaturen um die 30 °C und einer Luftfeuchtigkeit von 90 bis 95 % rechnen. Im Südosten der Insel liegen die Temperaturen im Durchschnitt um 1 bis 2° höher als im Westen. Im „Winter" ist die Luftfeuchtigkeit wesentlich geringer und die Temperaturen bewegen sich um die 25 °C. Aktuelle **Wetterdaten** zu Cuba z.B. unter www.wetteronline.de.

Für das Klima auf Cuba sind die **Meeresströme** verantwortlich. In der Gegend um den Äquator gibt es den Südost-Passat, der einen ziemlich starken Süd-Äquatorialstrom hervorruft, und den Nord-Äquatorialstrom, Ergebnis des Nordost-Passatwindes. Sie schieben warmes Atlantikwasser in die Karibische See. Die stärksten Strömungen gibt es im Winter, wenn die Passatwinde stark sind. Das Wasser bewegt sich mit etwa zwei Stundenkilometern vorwärts, in der Yucátan-Straße verdoppelt sich die Geschwindigkeit des Wassers, und in der Floridastraße schließlich erreicht das Wasser Geschwindigkeiten von etwa 7 km/h. Das befördert nun unaufhörlich warmes Wasser in Richtung Norden. Als Golfstrom erreicht es dann Schottland und Nordskandinavien und hält zum Schluss auch noch Murmansk in Russ-

7

Klima

La Habana
Regenmenge in mm

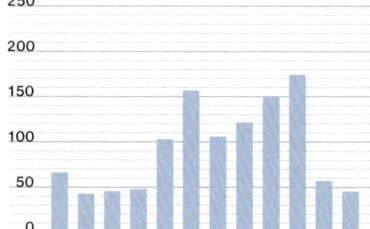

Tägl. Minimum- u. Maximum-Temperatur °c

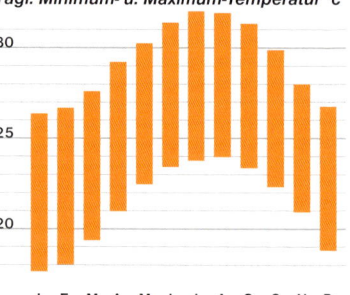

Pinar del Río
Regenmenge in mm

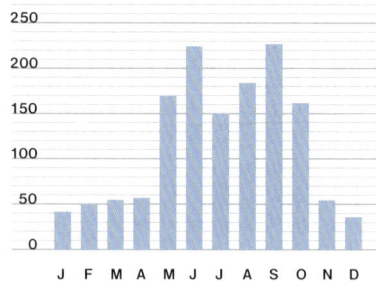

Tägl. Minimum- u. Maximum-Temperatur °c

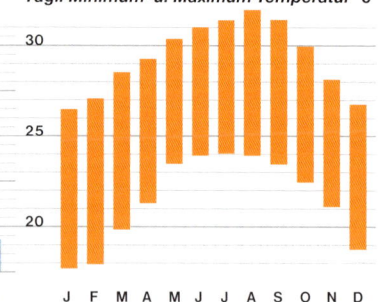

Isla de la Juventud
Regenmenge in mm

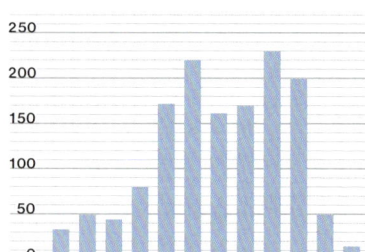

Tägl. Minimum- u. Maximum-Temperatur °c

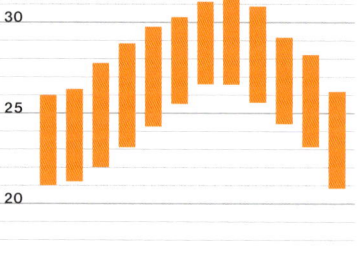

© Reise Know-How 2017

Cuba 01

Sancti Spíritus

Regenmenge in mm

Tägl. Minimum- u. Maximum-Temperatur °c

Santiago de Cuba

Regenmenge in mm

Tägl. Minimum- u. Maximum-Temperatur °c

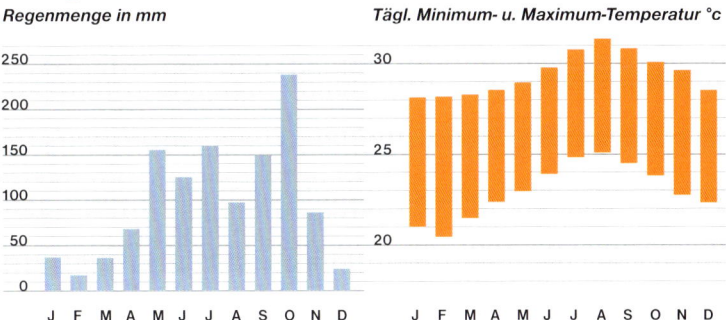

Baracoa

Regenmenge in mm

Tägl. Minimum- u. Maximum-Temperatur °c

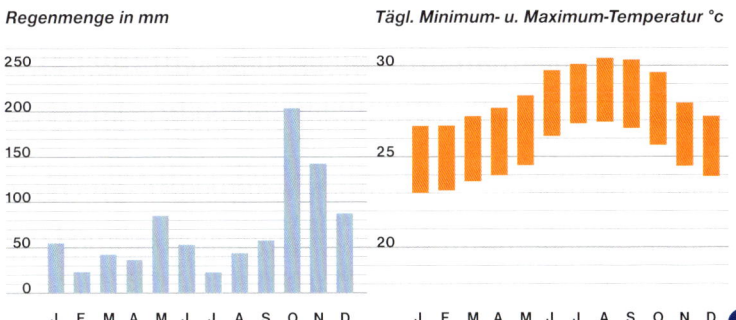

7

land eisfrei. In der Zeit der großen Segelschiffe fuhr man in den Nordost-Passat Richtung Afrika, schwenkte steuerbord in den Südost-Passat ein und erreichte so die Antilleninseln. Zurück ging's dann mit den Westwinden.

Die Winde um die Antillen verursachen ein **ausgewogenes Klima.** Es gibt hier keinen Sommer und keinen Winter. Die Temperaturunterschiede der verschiedenen Jahreszeiten betragen kaum mehr als fünf Grad. Allerdings ist der Unterschied zwischen der Hitze des Tages und der Kühle der Nacht schon beträchtlich. Das ganze Jahr über geht die Sonne etwa um 6 Uhr auf und zwischen 18 und 20 Uhr unter.

Von Mitte Mai bis Mitte Oktober dauert die **Regenzeit.** Dies ist die Zeit, in der die Sonne am heißesten scheint. Sie bewegt sich vom südlichen zum nördlichen Wendekreis und zurück. Aus dem heißen Boden steigt Feuchtigkeit auf und hinterlässt auf der Erde eine Tiefdruckrinne, da die Luftmassen nicht so schnell nachströmen können. Wenn sich

144cu kh

Im Winter ist der Zenit der Sonne am südlichen Wendekreis. Über Cuba herrschen Nordostwinde und bescheren eine **Trockenperiode,** in der viele Pflanzen in eine Trockenstarre verfallen und das Wachsen und Blühen einstellen. Die Blätter werden braun und verwelken. Erst zur Regenzeit zeigen sie dann wieder grüne Triebe.

Von Dezember bis März gibt es **Wechselwinde,** die kühlen *nortes*, welche sich mit warmen Südwinden, den *sures,* abwechseln.

Reisezeit

Cuba kann dem Reisenden zu jeder Jahreszeit Vergnügen oder Verdruss bieten. Wer die Hitze scheut, sollte nicht von Mai bis Oktober fahren. Die Cubaner haben im August Ferien und fallen über ihre Strände her. In den Wintermonaten sind diese dann mit den europäischen und kanadischen Urlaubern voll, da dann viele Menschen dem Schmuddelwetter in der Heimat entfliehen wollen. Um Weihnachten herum erreicht die Touristenwelle ihren Höhepunkt. Zwischen Dezember und Februar weht bisweilen ein unangenehmer Wind, sodass es an den Stränden recht kühl werden kann. So eine Kaltfront *(frente frío)* dauert etwa fünf Tage, und dann wird es tagsüber trotz Sonnenschein kaum wärmer als 20 °C, abends kann das Thermometer durchaus 12 °C oder weniger anzeigen. Baden im Meer ist dann kein wirklicher Spaß mehr.

heiße Luft in den höheren Luftschichten abkühlt, kann sie die Feuchtigkeit nicht mehr speichern und es regnet. Im Südosten der Karibik entstehen **Hurrikans** *(cyclones),* die mit hohen Windgeschwindigkeiten auf Cuba eintreffen können. Man muss Mitte des Jahres im Norden oft mit Regen rechnen. Mit Blick auf La Habana bemerkte *Alejo Carpentier* einst, dass man dort vom Zentrum bis in die Außenbezirke wandern könne, ohne die endlosen Kolonnaden zu verlassen, und somit, ohne nass zu werden.

◁ Tropensturm

Naturkatastrophen

Flora

„Zu den schrecklichsten Stürmen, die es dem Vernehmen nach auf allen Weltmeeren gibt, gehören jene, die auf dem hiesigen Meere sowie auf dem festen Lande regelmäßig zu beobachten sind."

(Bartolomé de las Casas)

Über die Jahrhunderte gab es im Sommer **intensive Niederschläge,** was zu häufigen Missernten führte. Andererseits wurde es im Osten der Insel in der Regenzeit **extrem trocken,** was die Reis- und Zuckerernte behinderte und die Erträge verschlechterte; es musste Reis aus China eingeführt werden.

Dass Cuba bei den alljährlich wiederkehrenden **Hurrikans** meist glimpflich davonkommt, liegt tatsächlich am Sozialismus! Die staatlichen Strukturen funktionieren gut, Evakuierungen gehen reibungslos vonstatten, das Staatsfernsehen warnt die Menschen ununterbrochen und gibt Verhaltenstipps. Touristen werden schnell in Sicherheit gebracht. In der Regel treffen Hurrikans mit Geschwindigkeiten (weit) über 100 km/h auf die Insel, wie zuletzt „Matthew" im Oktober 2016, der den Osten schwer traf. Immer wieder sind Todesopfer zu beklagen, so im Jahr 2012 elf Menschen durch den Sturm „Sandy".

Aktuelle Vorhersagen gibt es unter www.nhc.noaa.gov. Auf der Website der cubanischen Zivilschutzbehörde, www.cubagob.cu/otras_info/minfar/defcivil/defensa_civil.htm, werden bei Naturkatastrophen Informationen für die Bevölkerung veröffentlicht.

> Ananas

„Dies ist das schönste Land, das Menschenaugen je gesehen."

(Christoph Kolumbus)

25 % der Insel sind mit **Pinien- und Mahagoniwäldern** bedeckt. Die einstmals dichten Wälder, von denen *Kolumbus* schwärmte, wurden von den Spaniern für den Schiffbau abgeholzt, der Rest fiel in weiten Teilen Zuckerrohr- und Tabakplantagen zum Opfer.

An den Küsten wuchern mittlerweile Mangroven; Kokospalmen vermitteln ein karibisches Flair. Im Landesinneren winken dem Wanderer die großen Wedel der Bananen zu und die Luftwurzeldickichte des Ceibabaumes erstaunen den Spaziergänger in den Städten. Dazu wachsen ihm Bougainvilleen entgegen und die Frangipaniblüte verströmt ihr süßes Aroma.

Obwohl viele Landstriche mit Zuckerrohr-, Tabak- und Maisfeldern übersät sind, gibt es eine **artenreiche Flora.** Große Flächen mit tropischem Regenwald findet man auf Cuba heute nur noch wenig. Im Kapitel über die Naturschutzgebiete sind einige Gebiete genannt, in denen man eine üppige Dschungelvegetation zu sehen bekommt. Auf der Halbinsel Zapata befinden sich außerdem noch große Sümpfe mit Mangrovendickichten. Der bekannteste Baum Cubas ist die **Königspalme,** der Nationalbaum der Karibikinsel.

Hier folgen die wichtigsten Gewächse in alphabetischer Reihenfolge, zuerst der deutsche Name, dann die botanische Bezeichnung und der spanische Name.

Ananas (Ananas sativus; piña)

Dieses Strauchgewächs ist in der ganzen Karibik vertreten. Die englische Bezeichnung „pineapple" und das spanische *piña* weisen in Speisekarten auf Ananasgerichte hin. Aus dem Strauch, von den stacheligen Blättern geschützt, wächst in der Mitte die Blütendolde heraus, aus der in 15 Monaten die einzige Frucht wird. Das Gewicht reicht von 1 kg bis zur seltenen 10-kg-Variante. Der Strauch trägt in der Natur im 3. und 5. Jahr Früchte. Die Pflanze ist **anspruchslos** und kann lange Trockenperioden überstehen. Aus jedem Blatt kann sich eine neue Pflanze entwickeln. Die Frucht wirkt kräftigend, sie wird bei Entzündungen, Wunden, Menstruationsbeschwerden, Venenerkrankungen, Verstopfung und Geschwüren angewendet. Frischer Ananassaft senkt außerdem Fieber und entwässert. In der Naturheilkunde eroberte sie sich, wegen ihres Enzymreichtums, einen wichtigen Platz.

Die Fasern der Blätter liefern die Ananasseide oder Ananashanf, der zu Batist verarbeitet wird. Noch im 19. Jh. wurden daraus Kleider gewebt.

Avocado (Persea americana; aguacate)

Die cubanische Avocado ist **sehr nahrhaft** und wird vielfältig genutzt, meist aber zu Salat geschnitten. In Südamerika kennt man den Baum seit 10.000 Jahren, er wächst auch in trockeneren Lagen bis zu 15 Meter hoch. Die Frucht fällt unreif vom Baum und reift nach, indem sie ein Gas absondert. Zu Hause kann man das forcieren, indem man sie in Papier einwickelt und liegen lässt. Das Fruchtfleisch hat den höchsten Fettgehalt aller Früchte.

Balsa (Ocroma pyramidalis; balsa, lanero)

Ein „Hochgeschwindigkeitsbaum", was das Wachsen in den ersten fünf Jahren angeht. Er wird bis zu 15 Meter hoch und bietet eines der **leichtesten Hölzer,** das wir kennen. Das junge, weiße Holz

Matten. Der Baum hat eine weit ausladende Krone mit vieleckigen, großen Blättern, die bis zu 30 cm lang werden können. Er wächst in den tieferen Regionen des Regenwaldes und braucht viel Sonne. Zu sehen sind diese Bäume in der Gegend von Baracoa.

Bambus
(Arundinaria gigantea; bambú)

Der Riesenbambus kommt überall vor. Der botanische Garten von Cienfuegos besitzt 200 verschiedene Sorten, die Straße zum Hotel am Zaza-Stausee ist von Bambus gesäumt.

Banane (Musa sapientum; plátano)

Die Familie der Bananen bringt verschiedene Früchte hervor. **Koch- oder Gemüsebananen** schmecken roh nicht. Man verwendet sie wie Kartoffeln, vom Aussehen sind sie etwas kantiger als die Obstbananen. Sie können neben grün und gelb auch rot bis violett aussehen.

Obstbananen sind kleiner und schmecken wesentlich intensiver als die Normbanane der *United Fruit*. Die Staude wird bis zu zehn Metern hoch. Aus der Wurzel entspringen die großen lappigen Blätter. Bei Wind reißen sie ein und bieten so weniger Angriffsfläche. Dadurch wird der Strauch nicht durch einen Sturm umgerissen. Nach zehn Monaten entwickeln sich die überhängenden Blütenstände mit den roten Blättern an der Spitze. Die Früchte wachsen von der Blüte nach oben. Die Banane vermehrt sich unterirdisch durch neue Triebe.

ist leichter als Kork und sehr biegsam. Deshalb wurde das Holz früher zum Flugzeugbau verwendet, heute eher als Bastelmaterial und als Material für Türfüllungen bzw. zum Schalldämmen. Das Gespinst um die Früchte benutzt man zur Herstellung von Seilen, Hüten und

⌃ Bananenstaude

▷ Frangipani

Breiapfel (Níspero; mameysapote)

Die längliche Frucht hat eine harte hellbraune Schale und innen rosa gemasertes Fruchtfleisch. In der Mitte befindet sich ein großer schwarzer Stein. Der Geschmack liegt zwischen Kürbis und Pfirsich. Die Frucht wir roh gegessen.

Flammenbaum (Brachychiton acerifolia; flamboyant)

Der Flammenbaum ist einer der spektakulärsten Regenwald-Bäume. Er blüht an sonnigen Plätzen von Ende Juni bis Anfang September. Im Frühling verliert er die meisten seiner Blätter. Wenige Tage danach beginnen die neuen Blätter zu sprießen und es entwickeln sich die **fünfblättrigen Blüten.** Vier der Blütenblätter sind rot, das fünfte ist weiß oder gelblich. Durch dieses Aussehen kam der Flammenbaum zu seinem Namen und

das ist auch der Grund, weshalb er ein beliebter Zierstrauch wurde.

Der schnell wachsende Baum kommt ursprünglich aus Madagaskar und kann über 10 Meter hoch werden. Er gehört zur Familie der Hülsenfrüchte. Die 60 cm langen Schoten sind nicht essbar, man kann aber damit heizen.

Frangipani (Plumeria roba; frangipani)

Dieser Strauch, der etwa 10 m hoch wird, gehört zu den Hundsgiftgewächsen *(Apocynaceae)*. Der Stamm ist knorrig und die Äste sind dick. Die lanzettförmigen, 30 cm langen Blätter sind auf der Oberseite dunkelgrün und glatt. Auf der Unterseite haben sie feine Härchen, sodass sie wie mit Filz bezogen aussehen. Das Besondere sind die kelchförmigen, krokusartigen Blüten. Sie können von Weiß über Gelb bis Dunkelrot chan-

040cu kh

gieren und verströmen einen betören-
den Duft. Der Name geht auf den Italie-
ner zurück, der als Erster daraus Duftwasser machen ließ.

Guave (Tetrazygia bicolor; guayaba)

Dieser bis zu zehn Meter große Strauch
gehört zu den **Myrtengewächsen,** die alle recht anspruchslos sind. Die glatten,
runden Früchte sind gelb-grün und können Birnengröße erreichen. Das säuerlich-frisch schmeckende Fruchtfleisch
ist reich an Vitamin C. Wenn die Früchte
reif sind, lässt sich die Schale leicht ein-
drücken. Die Kerne sind übrigens essbar.

Güira (Crescentia cujete; güira)

Der Name taucht oft auf Musik-CDs auf.
Die Güira ist der **Kalebassenbaum,** aus
dem die Maracas, die Rasseln, gemacht
werden. Dazu wird die Kürbisfrucht ausgehöhlt und in die holzige Schale Rillen
gesägt. Mit dem Stachel eines Stachel-
schweines oder schlicht mit einem Holzstab reibt man über die Außenseite, was
ein schnarrendes Geräusch ergibt.

Jagüey-Baum (Ficus crassinervia; jagüey)

Dieser große Baum liefert ein leichtes
Bauholz. Mit seinen üppig herunterhän-
genden Luftwurzeln ist er ein beeindruckender Anblick. Alte Exemplare sind
ein undurchdringliches Dickicht aus
Wurzeln, Ästen und Stämmen. Die
Pflanze erinnert an die *Ficus benjamina*
in europäischen Wohnungen.

Kaffee (Coffea arabica)

Auf Cuba wächst guter Kaffee, davon
kann man sich in jeder Bar überzeugen.
Ende des 18. Jh. begannen französische
Flüchtlinge aus Haiti mit dem Anbau im
großen Stil. Die Kaffeepflanze gehört zur
Familie der Krappgewächse *(Rubiaceae).*
Im tropischen Klima gedeiht sie in bis zu
1200 Metern Höhe. Die etwa drei Meter
großen Büsche haben länglich-spitze
Blätter, die das Aussehen von Lorbeer-
blättern haben. Der Baum kann gleichzeitig blühen und Früchte tragen. An
den Blattwurzeln sitzen die weißen, nach
Jasmin duftenden Blüten, aus denen sich
dann die roten Steinfrüchte entwickeln.
Im Inneren dieser Früchte gibt es zwei
Kerne, von einer klebrigen, süßen Masse
umhüllt – die **Kaffeebohnen.** Nach der
Ernte werden sie in der Sonne getrocknet, und bald ist das Fruchtfleisch ver-
dörrt. Man kann die grünlichen Bohnen
dann mit leichtem Druck vom Rest lösen. Anschließend werden sie weiter getrocknet und die Spelze und Häutchen
gelöst. Die Bohnen können dann in
Pfannen über dem Feuer geröstet werden. Man kann die Kaffeefrüchte aber
auch in Tanks gären lassen, das Fruchtfleisch abquetschen und das Ganze wieder in Wassertanks fermentieren lassen.
Nach der Schlusswässerung werden die
Bohnen in einer Schälmaschine von den
Spelzen befreit. Dieses Nassverfahren ist
aromaschonender.

Kakaobaum (Theobroma cacao)

Die weißen Blüten und danach die dun-
kelgrünen Früchte wachsen direkt aus
dem Stamm. Daran ist dieser 10 bis 15

041 cu kh

Meter hohe, immergrüne Baum leicht zu erkennen. Die reifen Früchte sind dunkelbraun und bis zu 20 cm lang. Nach der Ernte nimmt man die Bohnen aus der Schale und lässt sie gären, das baut die Bitterstoffe ab. Das Fertiggetränk, das als Kakao verkauft wird, ist ein Gemisch mit bis zu 50 % Zuckeranteil. Zur Herstellung von **Schokolade** werden die Bohnen durch eine Art Fleischwolf gedreht, und die Masse wird dann mit Zucker zusammen in Blechformen zum Erstarren gebracht. In der Gegend von Baracoa kann man solche Tafeln kaufen.

▱ Kaffee

Königspalme
(Roystonea regia; palma real)

Dies ist der **Nationalbaum Cubas.** Er erhebt sich meist über die anderen Palmen und ist an der Verdickung im oberen Drittel des grauen Stammes zu erkennen. Die Pflanze wird 40 Meter hoch und gehört zu der *Arecaceae*-Familie. Königspalmen lieben die Sonne, trotzdem ist ihr Wasserbedarf hoch. Mit ihren Palmwedeln haben schon die ersten Bewohner Cubas ihre Hütten gedeckt. Das Holz ist ziemlich hart und eignet sich als Möbelholz, wohingegen die frischen Blätter auch vom Vieh nicht verschmäht werden. Da die Palme das ganze Jahr über (weiß) blühen kann, gibt es für die Bienen auch das ganze Jahr über

042cu kh

Nektar. Die zentimetergroßen Nüsse verwendet man als Schweinefutter. Auf Cuba steht die Königspalme unter Naturschutz. In der Krone wacht *Changó*, der Gott des Blitzes und des Donners, über die Geschicke der Menschen.

△ Kakao

Kokospalme (Cocotero; coco)

Diese bekannte, gefiederte Palme wird bis zu 30 Meter hoch. Der Stamm dieser Strandpflanze wächst immer in Richtung Meer. Fallen die Früchte herunter, können sie durch das Wasser weggeschwemmt und an ferne Küsten getrieben werden. Deshalb ist die Pflanze in der gesamten Äquatorregion verbreitet. Manche Cubaner pflanzen sich selbst eine Nuss in den Garten, um im Alter im Schatten sitzen zu können. Die Schalen brennen, die Blätter decken Häuser, der Saft schmeckt, etc. In den Backabteilungen europäischer Kaufhäuser findet man Kokosflocken in Tüten. Das ist geraspeltes Fruchtfleisch, das getrocknet wurde. Daraus kann man auch wieder Kokosmilch machen, indem man es mit kochendem Wasser übergießt und durch ein Sieb schüttet – eine Alternative für den Notfall. Kokosmilch und Kokoscreme gibt es in den asiatischen Lebensmittelläden in Deutschland preisgünstig in Dosen. Der Unterschied in der Konsistenz ist oft „fließend". Die Dosen sollte man vorher schütteln, da sich durch die Lagerung feste und flüssige Bestandteile trennen können.

Kaufen wir hierzulande eine Kokosnuss, ist sie hart und dunkelbraun. Dies ist aber nur der Kern. Die Nuss am Baum ist viel größer und gelblich-grün. Die Cubaner holen die Nüsse von den Palmen, schneiden eine Öffnung in die Frucht und trinken den Saft. Man kann ihn auch mit einem Schluck *Havana Club* verfeinern. Das faserige Gewebe des Mantels schützt den Kern, der die Samen enthält. Wenn die Nuss älter wird, verfestigt sich der Saft zum Fruchtfleisch, das als Nährboden für die Samen dient.

Korkpalme (Microcyca colocoma; palma de corcho)

Der **älteste Baum Cubas.** Wissenschaftler schätzen das Alter dieser Pflanzenart auf 300 Millionen Jahre. Zwischenzeitlich stand die Insel unter Wasser, danach entstand eine neue Vegetationsstufe. Dieser Baum hat alles überlebt, sogar die Korkgewinnung durch die Einheimischen in den letzten Jahrhunderten. Er wird zehn Meter hoch, sein Stamm etwa 30 cm dick. Die Korkpalme kommt insbesondere im Valle de Dos Hermanos im Westen der Insel vor.

Lebensbaum (Guaiacum officiale, Lignum vitae; guayacán)

Der seltene Lebensbaum gehört zur Familie der *Zigofilaceae,* er gedeiht in Küstenregionen und wächst langsam. Durch Kochen des Holzes gewinnt man die Substanz *Guayacol* **für medizinische Zwecke.** Das Holz hat einen angenehmen Geruch und ist zweifarbig, hellbraun mit sehr dunklen olivfarbenen Stellen. Man schnitzt daraus Kunstgegenstände. Es ist schwer zu schneiden und ziemlich hart, aber es lässt sich gut polieren. Früher hat man daraus Propeller und andere, mechanisch beanspruchte Teile hergestellt. Auch Bowlingkugeln wurden aus diesem Holz gedrechselt.

Malanga (Xanthosoma sagittifolium; tanja)

Eine **Knollenfrucht** mit Nussaroma. Der Name ist afrikanischen Ursprungs. Oberirdisch ähnelt der Strauch unserem Aronstab. Die Pflanze hat, wenn sie wild wächst, grün-weiß gefleckte Blätter. Man benutzt nur die kleineren Knollen. Die müssen gut gekocht werden, sonst wirken sie schleimhautreizend.

Mango (Magifera indica; mango)

Wenn in Europa Pfingsten ist, also in der cubanischen Regenzeit, sind die Früchte reif. Im Tal von Viñales kann man sie an den bis zu 25 Meter hohen Bäumen hängen sehen. Das sieht aus, als wenn man kleine grüne Luftballons an Schnüren in die Bäume gehängt hätte. Die bis zu 18 cm großen reifen Früchte können je nach Sorte eine grüne, gelbe oder rötliche Schale haben, die nicht essbar ist. Die kleinen *Manguitas* sind weiß und rund, sie konkurrieren mit eher lang gestreckten *Bizcochuelos,* die trocken und leicht säuerlich sind. Die großen Apfelmangos schmecken sehr süß. Alle **Sorten** haben einen großen Stein und faseriges Fruchtfleisch, das viel Vitamin A und C enthält. Die Blätter sind wechselständig, glatt und lederig. Achtung: Mangosaft hinterlässt Flecken auf der Kleidung, die nur sehr schlecht wieder herausgehen. Außerdem reagieren manche Menschen allergisch auf den Saft.

Auf Cuba wurde die Pflanze erst 1782 heimisch, nachdem reiche Kreolen sie aus Indien mitgebracht hatten. Der berühmte Gärtner *Gervasio Rodríguez* kultivierte sie dann in Centro Habana und verkaufte die Samen für teures Geld. Ihm zu Ehren wurde eine Straße in Centro Habana „Gervasio" getauft. Da die Bedingungen für die Pflanze auf der Insel ideal waren, breitete sie sich rasant aus – heute haben viele Privatpersonen

einen Mangobaum im Garten. Die meisten Sorten sind um Ostern herum reif. Wenn bei uns etwas wie Kraut und Rüben durcheinander ist, ist es in Cuba wie Reis und Mango.

Manchinel-Baum (Hippomane mancinella; manzanilla)

Diese Bäume stehen in Küstennähe und sind an den roten, apfelartigen Früchten zu erkennen. Leider sind sie ziemlich **giftig,** und selbst die Sekrete, die der Regen von den Bäumen abwäscht, verursachen beim Menschen Hautausschlag. Das hat schon *Kolumbus* beschrieben, der die Baumart „Todesapfel" nannte. Sie gehört zu den giftigsten Pflanzen überhaupt: Selbst wenn man den Baum abbrennt, bleibt er bis zum Schluss gefährlich, denn der Rauch kann zu Blindheit führen.

Mangroven (Rhizophora Mangele; mangele rojo und Chrysobalanus icaco; icaco)

Diese interessante Pflanze bevorzugt eine ungemütliche Gegend, nämlich die **sumpfigen Regionen** an der Mündung von Flüssen, die zu allem Ungemach auch noch bei Flut von Salzwasser überspült werden. Um hier überleben zu können, haben die Sträucher zwei Sorten von Wurzeln. Einerseits besitzen sie die Stelzwurzeln, mit der sich die Pflanzen in den schlammigen Untergrund krallen und außerdem Atmungswurzeln, mit denen sie in dem nährstoffarmen Boden überleben können. Die Wurzeln breiten sich im weiten Umkreis um die Pflanze aus und bilden ein Dickicht, das vielen Tierarten zur Heimat wurde. Bei Flut ragen mitunter nur noch die Kronen der Büsche aus dem Wasser. Den Salzüberschuss von unten gleicht diese sukkulente Pflanze durch das Sammeln von Regenwasser oben in den Blättern aus. Die Samen bilden an der Mutterpflanze Wurzeln. Wenn die Stecklinge reif sind, fallen sie ab und ihre Wurzeln finden bei Ebbe innerhalb weniger Stunden festen Halt im Schlamm. Fallen die Stecklinge bei Flut, werden sie weggeschwemmt und verbreiten die Pflanze in anderen Uferregionen. Auf Cuba gibt es an der Südküste und auf der Halbinsel Zapata ausgedehnte Mangrovendickichte mit verschiedenen Arten. Nach und nach verlanden die Dickichte und machen anderen Pflanzen platz.

Maniok (Manihot esculenta; yucca)

Die Knollen sind außen braun und innen weiß. Sie sehen aus wie armdicke Petersilienwurzeln. Der Saft der Wurzel enthält Blausäure, woraus Zyankali gewonnen wird. Deshalb muss man bei der Zubereitung sehr vorsichtig sein. Zuerst müssen die Knollen gewässert werden, anschließend trocknet man sie und schält sie. Dadurch wird das Gift unschädlich gemacht. In Europa sind die Knollen ohne Blausäure im Handel. In Afrika sterben immer wieder Menschen, weil sie das Gemüse unvorbereitet ver-

◁ Mangos

zehren. Die Knollen der drei Meter gro-ßen, sehr alten Kulturpflanze sind zehn-mal stärkehaltiger als Mais. Die Stärke wird ausgewaschen und kommt als **Ta-piokamehl** in den Handel, ebenso wie Sago, das man in Perlform kaufen kann. Unsere Großeltern benutzten es schon zum Soßenbinden, als es die Produkte eines gewissen „Bielefelder Krämers" noch nicht gab. Weitere Namen der Pflanze: Yuca und Kassave.

Ölpalme (Elaes guineensis)

Diese Palme sieht der Kokospalme ähn-lich. Aus den Blüten unterhalb der We-del entwickeln sich Äste mit walnussgro-ßen Früchten. Um das Öl zu gewinnen, werden sie nach der Ernte gepresst und entsteint. **Palmöl** und -fett kommen aus dem Fruchtfleisch, aus den getrockneten Samen stammt das Palmkernöl. Mittler-weile ist die gesundheitsfördernde Wir-kung von Braten mit Palmöl sogar nach-gewiesen. In Baracoa gibt es eine Fabrik für Palmöl.

Oleander (Thevetica peruviana)

Groß ist der tropische Oleander, man kann schon von Bäumen sprechen, die z.B. an der Autopista Sur in Varadero in Höhe der Marina den Straßenrand säu-men. Der immergrüne Strauch hat, wie seine europäischen Vettern, dünne, lan-zettartige Blätter und duftende, trichter-förmige gelbe oder orangefarbene Blü-ten. Der deutsche Name der Pflanzenfa-milie, Hundsgiftgewächse, sagt es schon: Alle Pflanzenteile, aber vor allem der Saft sind **giftig**. Trotzdem ist der Olean-

der in Cuba ein beliebter Zierstrauch, der auf der Insel auch *Lengua de Gato*, Katzenzunge, genannt wird.

Orchidee (Orchidaceae)

Orchideen wachsen meist epiphytisch (zusammenhängendes Wachstum) und bevorzugen sonnige Standorte. Es gibt auf Cuba über 700 Arten, die meisten davon finden sich im **Orchideengarten von Soroa**.

Papaya (Carica papaya; fruta bomba)

In der Karibik heißt sie *Pawpaw*. Auf Cu-ba hat der Name Papaya etwas Anrüchi-ges, denn er bezeichnet das weibliche Geschlechtsteil. Man kann die unreife Papaya kochen und überbacken, die Kerne werden in den Salat gemischt und sollen bei Durchfall helfen. Der Wuchs des Baumes ähnelt dem einer Palme, der schlanke Stamm wird fünf Meter hoch. Die tief eingeschnittenen Blätter der We-del wachsen am Ende längerer Äste; es gibt sie nur an der Spitze der Pflanze, die unteren fallen ab. Die Blüten entstehen an den Blattachsen. Die grüne Frucht wird bis zu 20 cm lang, das Fruchtfleisch ist weich und gelblich. Im Handel sind die Früchte grün, man kann sie in Papier gewickelt reifen lassen. Es ist übrigens das Obst mit den wenigsten Kalorien.

Passionsfrucht (Passiflora edulis; maracujá)

Man lasse sich nicht von der unansehn-lichen braunen Schale täuschen: Der Inhalt **schmeckt köstlich,** irgendwo zwischen Zitrone und Guave. Die innen rötliche Frucht hat viele kleine Kerne. Die Maracuja ist eigentlich eine Unterart der Passionsfrucht, wird aber oft verwechselt. Der Strauch der Passionsblume ist eine verholzte Kletterpflanze.

Puderquastenstrauch (Calliandra grandiflora; cabellito)

Dieser spektakuläre, immergrüne Strauch wird 3 bis 6 Meter hoch. Seine Rinde ist mit kurzen Haaren besetzt. Die Blüten sind ein Blickfang durch die 5 cm langen, leuchtend roten Staubblätter, die ihr das puderquastenartige Aussehen geben. Er blüht meist von Mai bis Oktober und wird als Zierstrauch geschätzt.

Reis (Oryza sativa; arroz)

Diese **uralte Nutzpflanze** kommt weltweit in über tausend Sorten vor. Auf Cuba begann man erst im 19. Jh. mit dem Anbau von Nassreis. Reis braucht sehr viele Nährstoffe, die die Pflanze aus Algen bezieht.

Schwangere Palme (Colpothrinax wrightii; palma embrazada)

Den Namen hat diese etwa zehn Meter hoch werdende Palme durch ihre Verdickung in der Mitte des Stammes. Sie kommt überall auf Cuba vor.

Seidenwollbaum (Ceiba pentandra; ceiba)

Dies ist der **heilige cubanische Baum,** der schon von den Mayas verehrt wurde. Auf Deutsch heißt er Seidenwollbaum und gehört der Familie der *Bombaceae* an. Es ist ein majestätischer Laubbaum, der auf vielen Plätzen Cubas seinen Ehrenplatz gefunden hat, so zum Beispiel in Cienfuegos, wo er den Mittelpunkt der Stadt markiert. Weniger respektvolle Zeitgenossen machen Öl, Seife und Medizin aus den Samen. 30 Meter wird er hoch, die Blätter sind elliptisch, die Blüten pinkfarben und die lederartigen Früchte beherbergen Samen, die mit einer Art Wolle umgeben sind. Diese Wolle wird unter dem Namen *Kapok* für Matratzen verwendet. Das Holz ist nicht sehr wertvoll, cremig-weiß, ziemlich weich und nicht lange haltbar. Der Baum kommt überall auf Cuba vor, in der Re-

043cu kh

> Ein Puderquastenstrauch blüht

gel jedoch eher in bergigen Regionen, wo das Wasser gut ablaufen kann.

Spanisches Mahagoni (Swientenia mahagoni; caoba)

Dies ist die weichere Variante des beliebten Tropenholzes aus der Familie der *Meliaceae.* Die Farbe des Holzes ist ein sattes Rotbraun. Das Holz wurde früher zum Schiffsbau verwendet, weil es nicht nur dekorativ aussieht, sondern sich bei Feuchtigkeit wenig verzieht und sehr verrottungsfest ist. Es ist das Holz, was von allen bekannten Arten am wenigsten schwindet. Auch Insekten mögen es nicht. Die großen Wälder sind im Laufe der Jahrhunderte geschrumpft, sodass der Baum nun auf Cuba unter **Naturschutz** steht. Cuba war einst bedeckt mit diesen herrlichen Bäumen. Doch die Spanier entdeckten seine Eigenschaften und holzten nahezu alles für den Schiffsbau ab. Das Cubamahagoni war in den 50er Jahren des letzten Jahrhunderts neben dem Pyramiden- und dem Moirémahagoni das beliebteste Holz aus dieser Familie. Der Baum selbst ist mit seinen ovalen Blättern eher unauffällig. Während der trockenen Sommer verliert er die Blätter.

Sternfrucht (Averrhoa carambola; carambole)

Die Sternfrucht bekommt man auch bei uns. Sie schmeckt **säuerlich-frisch** und ist rippenförmig. Wenn man sie quer in Scheiben schneidet, bekommt man dekorative fünfzackige Sterne. Die Pflanze gehört zur Familie der *Oxalidaceae,* der Sauerkleegewächse.

045cu kh

Die Sorten, die man in Europa kaufen kann, sind gelb, es gibt noch eine weiße Sorte mit einem besseren Aroma.

Strandwein
(Cocoloba uvifera; uva caleta)

Wie der Name vermuten lässt, wächst dieser Strauch im Sandboden in der Nähe des Meeres. Er kann bis zu 15 Meter hoch werden. Strandwein krallt sich im Boden fest und schützt die Küsten vor dem Auswaschen und Abtragen durch Wind und Wellen. Gleichzeitig absorbiert er die Hälfte des Salzes aus dem Meer, was nachfolgenden Pflanzen zugute kommt. An den geraden Stängeln entstehen handtellergroße, runde Blätter mit einer Einbuchtung am Stängelansatz. Etwa im April sieht man die ersten grünen Trauben an den Ästen. Der Strandwein ist reif, wenn die Früchte violett sind. Die essbaren Trauben schmecken süß und haben einen Kern. Man kann die Früchte zur Weinherstellung verwenden, in Jamaika macht man daraus Medizin.

Süßkartoffel
(Impomoea batatas; bonitatos)

Die stärkehaltigen **Knollen eines Windengewächses** sind bei uns als Süßkartoffel auf dem Markt. Die Zubereitung erfolgt in der Regel wie bei Kartoffeln. Man vermutet, dass *Kolumbus* seiner Königin *Isabella* Boniatos mitbrachte

und keine normalen Kartoffeln, als er aus Amerika zurückkehrte.

Tamarinde
(Tamarindus indica; tamarindo)

Das vielfältig nutzbare Gewächs spendet Schatten, sieht gut aus und hat dicke, länglich-braune Früchte. Die kann man zu einer braunen, breiigen Masse mit frisch-säuerlichem Geschmack pressen. Auch **Tamarindensaft** ist bei uns im Handel, in der Regel bekommt man allerdings nur die gepressten Blöcke. Mit heißem Wasser rührt man sie dann zu einer Würzsoße an, die noch durch ein Sieb passiert werden muss. Die bekannte Worcestershiresauce enthält auch einen hohen Anteil Tamarindensaft.

Westindischer Lorbeer
(Calophyllum antillanum; ocuje)

Dieser bis zu 30 Meter hohe Baum, der auch **Galba** oder **Santa María** genannt wird, ist vor allem für Möbelbauer von Interesse. Sein gelblich-rosafarbenes weiches Holz wird auch für Schnitzereien verwendet. Er wird ähnlich wie bei uns der Kirschlorbeer als Hecke und Sicht- und Windschutz gepflanzt, ebenso zur Gestaltung von Parks.

Yagruma
(Ceropmia peltata; yagruma)

Diese Laubbäume mit ihren großen Blättern sind gut zu erkennen, denn die fingerartigen, großen Blätter sind auf der Oberseite grün und von unten silbrig be-

◁ Strandwein

Rohr gegen Rübe – der Zuckerstreit

Um die **EU-Zuckerverordnung** tobt ein Streit zwischen reichen Rübenländern und armen Rohr-Nationen. Europas Agrarpolitiker halten den Verkaufspreis künstlich hoch und erschweren den Rohr-Ländern den Export preiswerten Rohrzuckers in die EU. Die Rübenpolitik machte teuren europäischen Zucker zu einem Exportschlager – und Zuckerunternehmen und Rübenbauern reich.

Geschichtlicher Hintergrund ist die **Kontinentalsperre** von *Napoleon* gegen England 1806. Dadurch wurde der Zuckernachschub aus den Kolonien abgeschnitten; nun schlug die Stunde der Rübe. Aus der hatte kurz zuvor der deutsche *Franz Carl Achard* Zucker gewonnen. Bis heute wächst sie in Europa unter staatlicher Obhut.

Firmen in Europa dürfen nicht den Übersee-Zucker kaufen, sondern nur den fünfmal so teuren EU-Zucker. Zudem verschleudert die EU den subventionierten Rübenzucker zu einem Drittel des Weltmarktpreises. Das rief **Betrüger** auf den Plan. Es fanden sich z.B. Merkwürdigkeiten in Serbien und Montenegro: Die kauften den billigen EU-Zucker auf dem Weltmarkt ein und verkauften ihn dann zollfrei als teure Eigenproduktion wieder an die EU.

2006 hat die EU-Kommission durch eine Reform der **Zuckermarktordnung** die Subventionen für europäische Erzeuger um zwei Drittel gekürzt. Daraufhin wurde die EU vom bedeutenden Exporteur zum größten Importeur. Das Europäische Parlament hat sich auf ein Auslaufen der Zucker-Quotenregelung zum 30. September 2017 verständigt. Näheres auf www.bmel.de. Cuba liefert nach der sog. CXL-Quote weiterhin Zucker zu ermäßigten Zöllen in die EU.

haart. Wenn es sehr trocken wird, dann rollen sich die Blätter zusammen, und man sieht nur die silbrige Unterseite. Die Cubaner nennen ihn den **Wetterbaum:** Wenn er silberne Blätter hat, kann man den Regenschirm zu Hause lassen. Die Yagrumas kommen nur vereinzelt in der cubanischen Landschaft vor. Wenn die Blätter abfallen, bleiben viele an den Ästen des Baums hängen, weil die Stiele kleine, hakenähnliche Fortsätze haben. Dies nutzten die Freiheitskämpfer der Unabhängigkeitskriege, um Nachrichten auszutauschen; die Papierzettel mit den Nachrichten wurden in den losen Blättern versteckt und diese wieder an die Äste gehängt.

Zeder (Juniperus barbadensis, Cedrela odorata; cedro)

Dies ist ein **recht schnell wachsender Baum,** dessen rötliches Holz wegen seines herb-angenehmen Geruches für die Zigarrenkisten Verwendung findet. Eine cubanische Variante ist die Barbados-Zeder, auch zur Familie der *Meliaceae* gehörend. Früher wurde das Holz auch im Möbelbau eingesetzt, da das gleichmäßige, geradefaserige Holz sich gut bearbeiten lässt und sogar Insekten vertreibt. Die Zeder kommt im Regenwald der Berge und in geschützten Lagen vor und kann 20 Meter hoch werden.

Zuckerrohr (Saccharum officinarum; caña)

Die Pflanze wurde von *Kolumbus* von den Kanarischen Inseln mitgebracht. 1603 wurde die erste Zuckerplantage errichtet und 1850 waren es bereits 14.000. Cuba war somit der **weltgrößte Zuckerproduzent.** Heute liegt das Land mit 1,2 Mio. Tonnen auf Platz 10. Das mehrjährige Gras ist schilfähnlich und hat, wie der Bambus, knotige Verdickungen am Stängel. Die Stängel enthalten etwa 18 % Zucker. Die Ernte **Zafira** geht von Januar bis in den Mai, ein paar Mühlen öffnen schon im Dezember für die sogenannte *kleine Ernte*. Nach der Ernte werden die Blätter entfernt und die Stängel zwischen zwei Walzen ausgepresst. Diese Maschinen standen in den Zuckermühlen und wurden lange mit Dampf betrieben. Die ablaufende Flüssigkeit wird eingekocht und ergibt nach Trocknung und Reinigung den **Rohrzucker.** Ein wichtiges Hilfsmittel hierzu war eine Zentrifuge. Der Melasse genannte Zuckersirup wird auch bei der Rumherstellung benötigt (siehe Exkurs „Rumherstellung").

In den *Cachimbos*, den kleinen Zuckerplantagen, wurde allerdings nur der braune Zucker hergestellt. Zur Zuckergewinnung wurde der Zuckerrohrsaft in einem großen Kupferbottich gekocht. Nach dem Kochen wurde er in einen zweiten Kessel gefüllt, in dem er kräftig durchgerührt wurde. Das was sich absetzte, wurde ans Vieh verfüttert. Im dritten Kessel wurde Sirup hergestellt. Anschließend schüttete man den Sirup zum Erstarren in Holzformen. Der festgewordene Zucker wurde herausgehackt. Für den raffinierten Zucker wurde der Rohzucker in Trichter gefüllt und dann weiter bearbeitet.

Fauna

Auch hier hat Cuba **Einzigartiges** zu bieten. Es gibt eine ganze Reihe von endemischen Arten und sogar solche, von denen man dachte, sie seien längst ausgestorben. So lebt hier der **Almiquí,** der kleine Cuba-Schlitzrüssler, der sich von Insekten ernährt, die er mit seinem langen Rüssel aus Spalten und Ritzen saugt. 2012 entdeckten Forscher sieben der ausgestorben geglaubten Tiere im Alejandro de Humboldt Nationalpark. Es gibt noch weitere Minitiere, eine der kleinsten Fledermäuse und winzige Frösche.

Die 7000 **Insektenarten** können natürlich hier aus Platzgründen nicht näher behandelt werden. Exemplarisch erwähnt seien hier nur jene Plagegeister, mit denen man während seines Aufenthaltes auf Cuba vermutlich in Kontakt kommt – die **Sandfliegen** (*Plehbotomus; chitra*). Es gibt sie an allen tropischen Stränden, auf Cuba hauptsächlich auf den Inseln und in María la Gorda. Varadero scheint ziemlich frei von ihnen zu sein. Sie sehen aus wie 1 mm große, grau-schwarze Mücken und stechen nicht, sondern beißen. Der Biss wird zuerst nicht wahrgenommen, erst nach etwa 10 Minuten setzt der Juckreiz ein, der bis zu vier Tagen andauern kann. Kratzen verschlimmert die Beschwerden, und die betroffenen Hautstellen können sich entzünden. Einheimische sind weniger geplagt. Hauptsächlich brüten sie an den Stellen des Strandes, die nur beim Höchststand des Wassers bedeckt werden. Sie scheuen Wind und Regen und fliegen nicht weit, deshalb sollte man diese Stellen nur nach Vorsorge betreten.

Wer baden geht, sollte sich danach sofort wieder mit **Schutzmitteln** einreiben. Vorsorge bieten die entsprechenden Mittel wie das *Deet*-haltige *Autan* oder *Antibrumm.* Als Notprogramm hilft das Einreiben mit Sonnenmilch und danach eine dicke Schicht Babyöl. Aquacortisonsalbe oder Tigerbalsam lindert den Juckreiz. Die in Europa bekannte Kriebelmücke gehört zur selben Familie. Zwar können Sandfliegen Leishmaniose übertragen, in Cuba jedoch sind keine derartigen Fälle bekannt.

Vögel

Cuba wird von über 100 Vogelarten aus Nordamerika zum Überwintern genutzt; von den heimischen Arten sind über 20 endemisch.

Antillengrackel (Quiscalus niger; grackle antillano)

Dieser Vogel ist auf Cuba **sehr häufig anzutreffen.** Er ist etwa amselgroß und ebenso schwarz, die Weibchen sind etwas kleiner. Man erkennt die Tiere, wenn sie am Boden herumlaufen an ihren senkrecht stehenden Schwanzfedern. Die Grackel ernähren sich von Beeren und Insekten sowie von den Tischen der Hotelanlagen.

Bienenelfe (Mellisuga heleneae; zunzún)

Diese kleinen Vögel sind auf Cuba oft zu beobachten. Obwohl ohnehin eine kleine Vogelart, gibt es den ganz kleinen

Zwerg-Kolibri, den die Cubaner *zunzúncito* nennen, der von Schwanz bis Schnabel etwa 5 cm misst und an manchen Stellen metallisch von grün bis blau schillert. Diese wechselnden Farben werden durch die Hornschichten des Gefieders verursacht, an denen sich das weiße Sonnenlicht bricht und in seine Spektralfarben zerlegt wird, ähnlich wie bei einem Prisma. Die Vögel wiegen nur ca. 1,8 Gramm, sind bis zu 100 km/h schnell und können auf der Stelle fliegen, um den Nektar mit dem langen Schnabel aus den Blüten zu saugen. Der **Hummel-Kolibri,** cubanisch *zunzún,* ist gerade mal etwas größer als eine Hummel. Beide stärken sich bevorzugt am Nektar der Hibiscussträucher und der Malvenbäumchen.

Cuba-Amazone (Amazona I. Leeucocephala, Amazona I. palmarum)

Diesen prächtigen **Papagei** findet man auf der Antilleninsel selbst und auf der vorgelagerten Isla de Pinos (Isla de Juventud). Insgesamt leben noch etwa 5000 Vögel dieser Art auf Cuba.

Es gibt **zwei regionale Unterarten:** die östliche Cuba-Amazone und die westliche Cuba-Amazone. Die Unterschiede betreffen die Färbung des Gefieders im Kopfbereich. Die Grundfärbung des Gefieders ist grün, an den Seiten des Kopfes haben sie rote Flecken.

Cuba-Amazonen leben in festen Paaren und nisten in der Regel in Baumhöhlen. Diese hacken sie nicht selbst, sondern lassen Spechte und Termiten die Arbeit machen.

Die Paarung der farbenprächtigen Vögel beginnt im Februar. Sie besetzen zuerst die Höhlen und suchen dann den Partner. Im April legt das Weibchen drei bis vier Eier und im Mai schlüpfen die Jungen.

Die Vögel ernähren sich von Früchten und Nüssen, die sie auf Bäumen und Sträuchern finden und fallen mitunter in Plantagen ein, was die Besitzer zur Flinte greifen lässt, obwohl die Vögel **unter Schutz** stehen.

Cuba Trogon (Trogon temnurus, Priotelus temnurus; tocororo)

Das ist der **Nationalvogel Cubas.** Dieser Klettervogel hat ein Gefieder, das Cubas Flaggenfarben aufweist. Sein Gesang ist eher klagend. Das Tier wird bis zu 28 cm groß und ernährt sich von Blüten und Früchten.

Fregattvogel (Fregata magnificens; rabihorcado)

Diese großen Vögel leben an den Küsten und jagen anderen Vögeln das Futter ab. Sie sind an ihrem gegabelten Schwanz und den spitz auslaufenden Flügeln gut zu erkennen, wenn sie majestätisch mit langsamen Flügelschlägen im Passatwind dahinsegeln. Die Tiere können bis zu 2,30 Meter Spannweite erreichen. Sie sind schwarz, das Weibchen hat eine weiße, das Männchen eine rote Kehle, die es bei seiner Balz zu einem Sack aufblähen kann. Die Vögel nisten in den unwegsamen Mangrovenwäldern, wo nach etwa 45 Tagen Brutzeit das Jungtier schlüpft.

Karibischer Flamingo (Phoenicopterus ruber ruber; flamenco)

Die rosa Flamingos leben auf den vorgelagerten Inseln der Provinz **Ciego de Ávila.** Ein männliches Tier kann bis zu einen Meter hoch werden, die Flügelspannweite beträgt dann stolze 1,50 m. Die Weibchen sind etwas kleiner. Die rosa Färbung, auf Carotin zurückzuführen, kommt erst im Erwachsenenalter, Jungtiere sind grau. Der karibische Flamingo bevorzugt die flachen Salzwassergebiete der Küsten zwischen den Mangrovendickichten. Sein Gefieder putzt er mit einem körpereigenen Öl, um es gegen Feuchtigkeit zu schützen. Mit den langen Beinen kann er in Regionen auf Nahrungssuche gehen, die einen halben Meter unter Wasser stehen. Seine Beute sind kleine Fische, Insekten und Krustentiere. Er zieht den Schnabel durchs Wasser wie ein Fischer sein Netz und schüttelt dabei den Kopf, um das Wasser ablaufen zu lassen. Das Weibchen legt seine Eier in schlammigen Uferregionen.

Flamingos treten in Schwärmen bis zu 1000 Tieren auf. Vieles erledigen sie synchron: die Suche nach Nahrung, das Putzen, bei Störung fliegen sie alle gemeinsam auf. Touristen und der Autoverkehr haben viele der Kolonien in unwegsame Gebiete verdrängt, wo die Vögel in Ruhe nisten können.

Pelikan (Pelecanus occidentalis occidentalis; pelicano)

Dieser braune Vogel hat eine **Flügelspannweite** von über zwei Metern. Typisch für Pelikane ist ihr breiter Schnabel, mit dem sie durch das Wasser pflügen, um Fische zu fangen. Der **Braune Pelikan** stürzt sich im Fluge ins Wasser, wenn er eine Beute gesichtet hat. Auf dem letzten Meter legt er die Flügel ganz an, um ungebremst einzutauchen; Luftsäcke verhindern das Untergehen. Beim Brüten bekommen die Tiere gelbe Flecken auf Kopf und Brust. Das Weibchen legt zwei bis drei Eier, die nach einem Monat ausgebrütet sind. Auch in La Habana kann man die geselligen Tiere beobachten. Im Winter kurven sie auch an Varaderos Stränden. Die Braunen Pelikane werden 25 bis 30 Jahre alt.

Reiher (Ardea herodias)

Weit verbreitet ist der **Graureiher.** Dieser große Vogel ernährt sich von Kleintieren in den Uferregionen. In seinem grauen Federkleid sind schwarze Streifen. Er hat einen gelben Schnabel und rote Füße. Reiher haben feste Plätze, an denen sie sich aufhalten. Oft sieht man sie bewegungslos in der Gegend herumstehen und auf Beute lauern. Die Tiere ähneln unseren heimischen Ibisarten. So gibt es auch auf Cuba den **Weißen Reiher,** *coco blanco,* der in Symbiose mit Rindern lebt, und den sehr selten gewordenen **Schwarzen Reiher,** *coco negro.*

Spottdrossel (Mimus polyglottus; sinsote)

Dieser beige Singvogel ist überall auf Cuba zu finden. Männchen und Weibchen der etwa 25 cm großen Tiere unterscheiden sich äußerlich nicht, sie haben dunkle Flügel und zwei hellere Streifen. Die Spottdrossel gehört zu den **vielsei-tigsten Singvögeln** und singt das ganze Jahr über, sogar nachts. Der Vogel bekam seinen Namen, weil er in seinem Gesang nicht nur andere Vögel imitiert, sondern sogar Geräusche aus der Umgebung nachahmt. Die Vögel fressen wirbellose Kleintiere und Beeren.

Truthahngeier (Carthartes aura; tiñosa)

Diese Art gibt es überall dort, wo die Landschaft übersichtlich ist. Der riesige schwarze Vogel erreicht eine Flügelspannweite von über 1,50 Metern und hat einen roten Kopf, der an den eines Truthahns erinnert. Die Tiere fressen nicht nur Aas, sondern auch Früchte von den Bäumen. Bei der Beutesuche verlassen sie sich ganz und gar auf ihren **ausgeprägten Geruchssinn.** So fliegen sie morgens von ihren Bäumen auf und segeln in geringer Höhe über ihr Revier. Die Vögel nisten allerdings am Boden. Truthahngeier können lange ohne Nahrung auskommen.

Reptilien

Krokodil (Rhombifer cocodrilio; cocodrilo)

Das Tier aus der Familie der Panzerechsen kommt in letzter Zeit wieder häufiger vor. Man hat die Krokodile wieder eingeführt, auf der **Halbinsel Zapata** werden sie gezüchtet und anschließend ausgesetzt. Sie bewohnen sumpfige Uferregionen und Flussmündungen, wo sie Fische und Kleintiere jagen. Ein ausgewachsenes Krokodil wird nicht selten bis zu vier Meter lang und kann eine halbe Tonne wiegen.

Auf Cuba findet man das **Rauten-** und das **Amerikanische Graukrokodil,** stark vom Aussterben bedroht ist das Spitzkrokodil. Beim Jagen halten die Tiere das Maul geöffnet und schließen den Schlund mit der Zunge, um kein Wasser aufzunehmen. Alle Krokodile sind gute Schwimmer. Auch tauchen können sie lange. Ihre Beute ertränken oder zerreißen sie. Die Krokodile brüten in Höhlen an Uferböschungen. Nach drei Monaten schlüpfen die Jungtiere und werden von den Müttern sofort ins Wasser transportiert, wo sie besser bewacht werden können als an Land. Schon die Taínos fingen die großen Tiere. Auch heute kann man noch Krokodilsteak auf den Zuchtfarmen essen.

Der Verwandte, der **Kaiman** (*Caimanus crocodilius* oder *crocodilius acutus*), kommt ebenfalls auf Cuba vor. Er zeigt bei geschlossenem Maul nur die oberen Zähne, beim Krokodil hingegen sieht man beide Zahnreihen. Der Kaiman hat auch einen gepanzerten Bauch und wird auf Cuba etwa 2,50 Meter lang. Er baut in den Uferzonen von Flüssen unterirdische Höhlen für die Eier. Das Geschlecht der Tiere richtet sich nach der Temperatur, bei der sich die Eier in den Höhlen entwickeln. Die Jungen werden von der Mutter ausgegraben. Kaimane ernähren sich von Fischen, Fröschen und Krabben.

Leguan (Iguanidae; iguana)

„Ein hässliches Gesicht, aber harmlos; ein glitzernder Kamm auf dem Kopf, mit einem Sack unter dem Kinn; ein langer Schwanz und scharfe Knochen auf dem Rücken, die in der Form einer Säge abstehen.“ (Charles Owen) Damit sind die Tiere schon ganz gut beschrieben. Zu der Familie der *Iguanidae* gehören alle Arten der Leguane. Die Familie der Leguane unterteilt sich in acht Unterarten, die sich alle mehr oder weniger ähneln.

Cyclura, der **Fels-Leguan,** ist eine große Echse, die sehr urtümlich aussieht. Sie kommt wiederum in acht verschiedenen Arten auf vielen Inseln vor. Einige Cyclura-Arten haben kräftige Farben, die meisten sind jedoch grau.

Ctenosaura sieht aus wie eine Kreuzung zwischen dem grauen Cyclura und dem Grünen Leguan. Sie heißen wegen ihrem Dorn auf dem Schwanz auch Stachelschwanzleguane. Mit Ausnahme der Cyclura und Brachylophus-Arten sind Leguane nicht vom Aussterben bedroht. Ihr Lebensraum wird jedoch kleiner. Auf den kleinen Cayos vor der Isla de la Juventud kann man noch freilaufende Leguane erleben. Da sie gemerkt haben, dass Zweibeiner freiwillig Essen hergeben, kommen sie neugierig angetrabt, wenn sich ein Boot der Insel nähert. Auch auf der Hotelanlage Buccanero bei Santiago de Cuba lebten Leguanfamilien, die oft auf der Zufahrtsstraße herumlungerten. Was nach dem Hurrican *Ike* aus ihnen geworden ist, kann ich nicht sagen.

Die kleinen **Anolisechsen** werden bis zu 30 cm lang und kommen auf Cuba in unzähligen Arten vor. Die meisten haben besonders intensive Färbungen, die sie je nach Situation ändern können. Manche zeichnen sich durch einen roten Kehlsack aus. Da sie hervorragende Kletterer sind, kann man sie hauptsächlich auf Bäumen und im Unterholz sichten. Auffällig sind die Arten, die beim

Laufen den Schwanz aufrollen *(Leioce-phalus carinatus)*. Sie leben an Stränden und in trockenen Gebieten.

Schildkröte

Auf Cuba gibt es **Leder-, Karett-, und Grüne Meeresschildkröten.** Die „Un-echte Karettschildkröte" ist mit bis zu 2 m Länge die größte ihrer Art und kann bis zu 200 Jahre alt werden. Schon *Kolumbus* hat bei seiner Umsegelung der heutigen Isla de la Juventud von großen Mengen *Careys* (Karettschildkröten) berichtet. Zur Brutzeit, zwischen April und Juni, zieht es die Schildkröten an den Ort ihrer Geburt zurück. Sie buddeln tiefe Löcher in den Sand und vergraben bis zu 200 Eier; anschließend werden die Löcher wieder zugeschüttet. Je nach Temperatur schlüpfen Weibchen oder Männchen, die Damen lieben höhere Temperaturen. Die Brutplätze werden mittlerweile geschützt, z.B. die Westspitze Cubas, Guanahacabibes. An den Seeufern findet man Sumpfschildkröten.

Schlange

Es gibt auf Cuba **keine gefährlichen Schlangenarten.** Die häufigste unter den 14 Arten, die auf Cuba leben, ist die **Majá de Santamaría** *(Epicrates angulifer,* Cubanische Schlankboa). Die Schlange wird etwa zwei Meter lang und ist ziemlich dick, deshalb bewegt sie sich auch sehr träge. Sie lebt in den Wäldern und hat braun-rote Flecken. Die Afrikaner nannten sie *emboba.* Gar nicht träge ist die **Jubo,** die Cubanische Rennnatter, ein friedfertiges Reptil.

Frosch

Die kleinsten Frösche der Welt sind der **Pygmäen-Frosch** *(Noblella pygmaea)* und der *Eleutherodactylus limbatus,* die u.a. im Nationalpark Alejandro Humboldt heimisch sind und nur ca. 12 mm groß werden.

Fische und andere Meeresbewohner

Insgesamt tummeln sich in den Küstengewässern Cubas etwa **800 verschiedene Fischarten.** Die größten Vertreter sind der Tarpon, der Hai und der Sägefisch. Die Schwarzen und Blauen Marline sind durch *Hemingways* „Der alte Mann und das Meer" bekannt geworden. Kleinere Arten sind Makrelen, Doraden, Zackenbarsche, Barrakudas und fliegende Fische. Die Cubaner machen sich nicht viel aus Fisch. So „musste" *Fidel Castro* höchstpersönlich einmal im Fernsehen demonstrieren, dass man diese Tiere auch essen kann.

Drückerfisch (Balistides vetula)

In den Riffen leben diese bunten Wassertiere, die im Englischen *triggerfish* („Auslöserfisch") heißen, was ihre Besonderheit besser bezeichnet. Wird der Fisch verfolgt, oder ruht er, spreizt er seine Stachelflossen in einer Felsspalte auf. Dieses Auseinanderspreizen kann nur durch den Fisch selbst, mit Hilfe eines Beugemuskels wie etwa bei einem Pistolenabzug, wieder gelöst werden. Dank dieses Auseinanderspreizens ist der

Fisch von seinen Feinden nicht aus den Spalten zu ziehen.

Gaukler (Chaetodontidae)

Diese kleinen, flachen Barsche kommen in unglaublich vielen Farb- und Mustervarianten vor. In den Riffen sind hauptsächlich gestreifte zu sehen.

Kofferfisch (Ostracion quadeicornis)

Diese Verwandten der Kugelfische sind stark gepanzert, mit sechseckigen Knochenplatten. Der Kofferfisch hat einen eher eckigen Kopf, aus dem zwei starke Stacheln ragen, die er zur Jagd benutzt. Es gibt noch ein weiteres, nach hinten gerichtetes Paar Stacheln.

Koralle (Anthozoa)

In den Meeresgebieten mit warmem, sauberem und sauerstoffreichem Salzwasser haben sich die Korallenriffe im Laufe der Jahrhunderte gebildet, da die Tiere Kalk absondern. Diese seeanemonenartigen (korallenartigen) Tiere leben fest auf dem Untergrund und sind auch untereinander verbunden. Sie haben einen sackartigen Körper mit Tentakel am oberen Rand. Kommen Kleinlebewesen mit der Tentakel in Berührung, werden sie durch ein Gift gelähmt. Der Schlund saugt sie ins Innere, wo sie zersetzt und anschließend durch den Darmkanal ausgeschieden werden.

Die Tiere leben in **Symbiose** mit einer Algenart. Die Riffe sind bevölkert mit Hunderten Arten bunter Korallenfische, die diese riesigen, wuchernden Gebilde als Versteck nutzen. Was wir als Koralle kennen, sind die Kalkformationen, die sich unter den Tieren bilden.

Diese Lebensgemeinschaft ist bedroht! Nicht durch Bohrmuscheln und Seesterne, die die Korallen fressen, sondern in erster Linie durch die **Umweltverschmutzung,** d.h. durch den Menschen. Sobald der Lichteinfall im Wasser nicht mehr gewährleistet ist, fehlt der lebensnotwendige Sauerstoff. Trotzdem

046cu kh

> ▷ Meeresfische in einem Karsttrichter (cenote)

werden auch heute noch Häuser mit Korallenkalk gebaut. Nicht zuletzt werden oft Andenken aus Koralle angeboten. Je mehr Leute diese Stücke kaufen, desto mehr Menschen sehen darin ein Geschäft und brechen weitere Teile aus den Riffen. Korallenbänke haben eine nicht unerhebliche Schutzwirkung für das dahinter liegende Land. Fehlen diese Wellenbrecher, ist die Küste gefährdet und muss unter erheblichem Aufwand mit Beton gesichert werden.

Vielfach erkennt man die Riffe schon vom Strand aus, da sich das Meer in schäumender Brandung daran bricht. Solche Saumriffe entlang des Strandes sieht man z.B. in Guardalavaca. Der Sand an diesen Stränden besteht aus zermahlenem Korallenkalk, in dem man oft auch größere Korallenstücke findet.

Red Snapper (Lutjanus campechanus)

Dieser Speisefisch ist in der gesamten Karibik verbreitet. Er wiegt etwa 1–2 kg. Das Fleisch ist fest und weiß, und da er nur sehr wenige große Gräten hat, ist er sehr leicht zu essen.

Stachelrochen (Dasyatis americana)

Die US-Amerikaner nennen ihn *Sting Ray.* Die Form dieser Rochen erinnert an einen Drachen aus Kindertagen, viereckig, in einen langen Schwanz auslaufend. An dem sitzt ein Stachel, der von Giftdrüsen umgeben ist. Dieses **Gift** ist auch für Menschen tödlich.

Der Rochen jagt Fische, durch die Bewegung des Schwanzes schlägt er den Stachel in den Leib des Opfers.

Weißer Marlin (Makaira albida; aguja blanca)

Dieser über zweieinhalb Meter lange Raubfisch ist sehr schnell. Unverkennbar sind das spitze, stachelartige Maul, mit dem er andere Fische tötet, und die segelförmige Rückenflosse. Vom **Blauen Marlin,** einem Verwandten, wurde schon eine halbe Tonne schwere Exemplare gefangen.

Weißer Hai (Garcharodon carchainas; tiburón blanco)

Schauergeschichten hin oder her, es gibt ihn in den Karibischen Gewässern, allerdings eher in etwas kühleren Regionen. Er wird dort etwa sechs Meter lang, wie er aussieht, weiß seit *Steven Spielberg* jedes Kind. Meist jagt er Fischschwärme und begnügt sich mit Abfall, der aus Schiffen geworfen wird. Gelegentlich frisst er einen Seehund.

Weich- und Krustentiere

Schnirkelschnecke (Polimita picta; polymita)

Diese kleinen außergewöhnlichen Tiere gibt es **nur auf Cuba.** Sie haben ein bunt gestreiftes Gehäuse in allen Tönen von Weiß über Gelb bis Dunkelrot. Nicht selten werden einem Ketten aus den Gehäusen dieser Schnecken angeboten, allerdings ist die **Ausfuhr streng verboten!** Durch die Sammelwut der Menschen sind die Tiere fast ausgestorben. In Holguín gibt es die größte Sammlung dieser Gehäuse im Naturkundemuseum.

Winkerkrabbe (Uca)

Diese rote Krabbe besitzt eine vergrößerte Schere. Sie dient zum Anlocken des Weibchens. Dazu stellen sich die Männchen auf die hinteren Gliedmaßen und winken mit der roten Schere. Der Lebensraum dieser Tiere sind die Mangrovensümpfe im Süden der Insel.

Säugetiere

Außer **Rindern, Pferden** und **Mauleseln** sind **Schweine** verbreitet, die man überall sieht. Sie sind durch das Unwesen der Piraten hier heimisch geworden, die die Tiere als Proviant mitbrachten und auf Cuba aussetzten.

Almiquí (Solonedon cubanus)

Der nachtaktive Almiquí oder **Cuba-Schlitzrüssler** ist fast ausgerottet. Der Körper ist 28–32 cm lang, der Schwanz misst nochmals 17–25 cm. Mit seinen auffallend großen Krallen reißt der Almiquí vermoderte Baumstämme auf, um an Insekten zu kommen. Die Tiere geben durch Speicheldrüsen ein giftiges Sekret ab, mit dem sie ihre Beutetiere betäuben. Die Schnauze des Schlitzrüsslers ist lang ausgezogen; die Augen sind klein.

Der Almiquí lebt im Gebirge am südwestlichen und südöstlichen Ende von Cuba. Durch die von den Europäern eingeführten Hunde und Katzen sind die Tiere in ihrem Bestand stark bedroht. Bei Gefahr ducken sie sich, sträuben die Haare und grunzen wie Schweine. 2014 sind einige Exemplare in der Gegend von Holguín gesichtet worden.

Baumratte (Capromys melanurus, C. prehensilis, C. pilorides; jutía)

Jutía heißt dieses cubanische Nagetier auf Spanisch; es sieht einer großen Ratte ähnlich und wird etwa 40 cm groß, mit einem 15 cm langen Schwanz. Der borstige, gelblich-braun gesprenkelte Pelz weist auf der Bauchseite einen grauen Streifen auf und an der Schulter ein paar weiße Haare. Dazu kommen schwarze Ohren und Pfoten und ein dickes Hinterteil. Die paarweise lebenden Pflanzenfresser gehen nachts auf Nahrungssuche. Kommt man dem Tier zu nahe, kann es ziemlich ungemütlich werden und zubeißen.

Es gibt auf Cuba drei Arten: **Jutía Andaras** *(Capromys melanurus)* hat ein dunkelbraunes Fell, kleine runde Ohren und klauenähnliche Füße. Das Tier lebt hauptsächlich in den Wäldern der Sierra Maestra. Die Einheimischen essen das Fleisch, es wird mit Honig und Nüssen gekocht. Das Tier selbst ernährt sich von Blättern und Früchten.

Jutía Cazabali *(Capromys prehensilis)* hat eine helle Unterseite und lebt etwa fünf Jahre. Der Schwanz ist länger als beim *Andaras*. Man kann das Fleisch zwar essen, aber es soll unangenehm riechen. Das Tier lebt in hohlen Baumstämmen und ist in Cuba endemisch.

Jutía Conga *(Capromys pilorides)* hat ein leicht gestreiftes Fell und ist mit 40 cm das größte Tier der Art. Das scheue, nachtaktive Tier lebt in Höhlen auf dem Boden.

Auf der Insel Cayo Blanco unweit der Halbinsel Hicacos (Varadero) kann man sich *Jutías* ansehen, eine Großfamilie lebt unter dem dortigen Restaurant und wird von den Touristen gefüttert.

cu007-2016 kh

Fledermaus (Ciroptera)

Die **kleinste Fledermaus der Welt,** *Ma-riposa* (Schmetterling) genannt, soll in den weit verzweigten Höhlen im Osten der Insel heimisch geworden sein. Sie ist ziemlich selten. Häufiger zu beobachten ist da schon das **Große Hasenmaul** *(Noctilio leporinus),* das etwa 10 cm groß wird. Die **Braune Fledermaus** ernährt sich von Insekten, kleinen Kriechtieren und sogar Fischen, die es mit seinen krallenbewehrten Hinterbeinen aus dem Wasser fängt. Diese Fledermaus lebt im Süden der Insel.

Man hat nachgewiesen, dass ein Tier bis zu 40 Fische pro Nacht mit den Krallenfüßen aus dem Wasser holt und verspeist. Man ist sich in der Wissenschaft jedoch noch nicht einig darüber, ob die Flattertiere die Fische anpeilen können, oder nur nach Sicht fischen.

Riesenfaultier (Megalocnus rodens; gran perezoso)

Vor über 6000 Jahren hat es dieses 1,50 Meter große, träge Pelztier in Cubas Wäldern gegeben. Alles, was von ihm übrig blieb, kann man sich im Naturkundemuseum der Hauptstadt anschauen.

Eigentlich ein scheues Tier: Jutia Conga

Umwelt- und Naturschutz

„Es wurde Zuckerrohr angebaut, aber mit der Schönheit des Landes war es vorbei."
(Esteban Montejo)

Die Natur gehört zu den wertvollsten Schätzen der Insel, auch wenn aus finanziellen Gründen der Umweltschutz nicht immer an der ersten Stelle steht. Seit 1978 gibt es das „Komitee zum Schutz und Erhalt nationaler Schätze und der Umwelt". Einige vom Aussterben bedrohte Pflanzen stehen bereits unter Naturschutz, die Krokodile werden wieder gezüchtet. Cuba ist auf dem Wege der Besserung. Seit einigen Jahren gibt es ein Regierungsprogramm zur Förderung des **sanften Tourismus.** Hotelprojekte werden mittlerweile zurückhaltender geplant als noch vor fünf Jahren und es gibt mehr kleine Naturreservate.

Die überaus wichtigen **Korallenriffe** sind mehr als tausend Kilometer lang. Größere Korallenriffe gibt es außer dem Great Barrier Reef vor Australien nur noch vor der Küste von Belize. Man versucht, diese Einmaligkeit zu erhalten. Man sollte grundsätzlich **keine Gegenstände aus Koralle kaufen,** man veranlasst die Leute dadurch nur, noch mehr Korallen abzubrechen.

Cuba beachtet das **Washingtoner Artenschutzabkommen.** So dürfen keine Produkte aus Elfenbein oder Schildkrötenpanzern ausgeführt werden. Das sogenannte CITES-Dokument des Artenschutzabkommens verbietet auch den Export von Schmetterlingen und Artikeln aus Walknochen.

In der Gegend von Baracoa werden die Gehäuse der streng geschützten bunten **Polymita-Schnecke** angeboten. Kaufen sie die auf keinen Fall!

Nationalparks von West nach Ost

Península de Guanahacabibes

Die Westspitze Cubas ist zum **Biosphärenreservat** erklärt worden. In dem flachen Gebiet konnte sich eine reiche Küstenflora und -fauna entwickeln. Die ursprünglichen Bewohner hat man nach El Vallecito umgesiedelt.

Das Reservat mit der wellenumtosten Küste ist abgesperrt, hinein kommt man nur mit Genehmigung. Hier leben 172 Vogelarten, von denen elf endemisch sind. Zum Reservat fährt man hinter La Fé in Richtung María La Gorda bis nach La Bajada, wo es eine meteorologische Station und den Eingangsposten vor dem Abzweig gibt. Am Ende der Sperrzone liegt das Cabo de San Antonio mit dem Roncali-Leuchtturm. Hierher kommen im Sommer die **Seeschildkröten,** um ihre Eier zu vergraben. Außerdem leben hier wilde Papageien und Eulen.

Ein paar Kilometer weiter liegt die **Playa Las Tumbas** mit der Unterkunft *Villa Gaviota Cabo de San Antonio*. Die Straße endet hinter der Nordwestspitze Punta Cajón am Bootshafen Cabo de San Antonio beim Punta Morros de Piedra. Berühmt sind die weit überkragenden

7

„Balkone" aus Kalkstein an der Nordküste. Auch eine Art „Salztorf" ist entstanden. In der Guanahacabibes-Station
kann man versuchen, geführte Touren
zu buchen, aber das ist nicht immer
möglich, da die Gegend noch militärisches Sperrgebiet ist.

Die Tour **„Bosque Al Mar"** führt
durch die Küstenvegetation, vorbei an
Orchideen, zur Höhle Cueva de la Barca,
in der man ein kühles Bad nehmen kann.
Das Ganze dauert etwa 2 Stunden und
kostet 6 CUC (Infos in Sandino oder La
Fé, das Büro der zuständigen Forstbe-
hörde ist in Pinar del Río). Wer motorisiert ist, kann in María la Gorda wohnen
und es von dort aus versuchen.

Sierra del Rosario

Eine wild wuchernde Urwaldregion in
der **Cordillera de Guaniguanico.** Hier
finden sich fast alle cubanischen Vögel
in freier Wildbahn. Die Touristenziele
hier sind Las Terrazas und Soroa.

Valle de Viñales

Der Park ist 21 ha groß und begeistert
besonders durch die vielen **Kalkstein-
höhlen.** Er liegt in der **Sierra de los Órganos,** die zu Pinar del Río gehören.
Führer vermittelt jede *Casa* in Viñales
oder die örtlichen Reisebüros.

Los Indios/San Felipe

Auf der Insel **Juventud** gelegenes Sand-
revier mit endemischen Tierarten. Es ist
abgesperrt und schwer zu besuchen.

Montemar (Ciénaga de Zapata)

Zahllose Wasservögel, Säugetiere, Repti-
lien und Amphibien finden hier noch
ideale Lebensbedingungen. Der Park
umfasst große Teile der Halbinsel Zapata
(„Schuh") in der Provinz Matanzas. *Ciénaga* heißt **Sumpf** und das ist es, was den
Park ausmacht, der als größtes zusammenhängendes Feuchtgebiet der Karibik
gilt. Ein weiter Teil sind Mangrovensümpfe, die zur Heimat vieler Vögel geworden sind. In der Mitte liegt das **größte Höhlensystem Amerikas.** Außerdem
gibt es 30 Reptilienarten und Fische.
Und die Insekten nicht zu vergessen.
Hier scheint das Mutterland der Stechmücke zu sein. Auch seltene Seekühe
und der Tocororo sind mit etwas Glück
zu beobachten. Es leben nur einige Menschen hier, ein paar Köhler arbeiten sich
an dem toten Holz ab. In der letzten Zeit
vermehrt sich der Tourismus. Das Gebiet ist allerdings ohne Führer (10 CUC)
nicht zu betreten. Die Attraktion ist die
Krokodilfarm von La Boca, wo man einige der Panzertiere besichtigen kann.
Eine wesentlich größere Zahl lebt auf einer Farm, die für Touristen nicht zugänglich ist.

Man erreicht das Gebiet von der Au-
tobahnabfahrt Jaguey Grande in Richtung *Bahía de Cochinos* (Schweinebucht). Alles ist recht touristisch und
entsprechend teuer.

Die **Laguna del Tesóro** erreicht man
mit dem Boot von der Anlegestelle, etwa
9 km östlich von La Boca, durch das Ka-
nalsystem – eine eindrucksvolle Fahrt.
Die Schatzlagune hat ihren Namen von
den Taínos, die ihre Schätze aus Furcht
vor den Spaniern angeblich hier versenkt haben sollen. Auf zehn kleinen In-

seln hat man das Taíno-Dorf *Boca de Guamá* rekonstruiert. Guamá war ein Taíno-Häuptling. Die Inseln sind über Holzstege miteinander verbunden. Die Künstlerin *Rita Longa* schuf die 32 berühmten lebensgroßen Holzfiguren, die das damalige Leben der Indianer zeigen. Wer bleiben möchte, kann eine der 44 Hütten mieten. Daneben gibt es eine teure Cafeteria, ein Restaurant, ein kleines Museum und einen Aussichtsturm. Es heißt, dass sich früher häufig Hochzeitspaare hier eingemietet haben, um ihre Hochzeitsnacht dort zu verbringen.

Topes de Collantes

Das Landschaftsschutzgebiet liegt in der Bergregion Sierra del Escambray. Von Trinidad braucht man mit dem Auto für die 20 km lange, serpentinenreiche Strecke etwa eine Stunde. Vorbei am Lungensanatorium „Kurhotel" aus der Batista-Zeit erreicht man eine Höhe von 770 Metern. Dies ist die Region des **Tropischen Nebelwaldes** mit seinen typischen Farnen, Moosen und Orchideenpflanzen. Für den sich anschließenden Parque Represa braucht man einen Führer, den man am Eingang engagieren kann. Weiteres s. unter „Ausflüge" bei Trinidad.

Jardines de la Reina

Der „Garten der Königin" wurde 1996 wegen der Krokodile, Schildkröten, Echsen und Korallen geschützt und zieht vor allem Taucher an die Sandstrände der 160 km langen Inselkette in der Provinz Ciego de Ávila. Der Park umfasst 250 unbewohnte Inseln und weite Teile des vorgelagerten **Korallenriffes,** das eines der größten der Welt ist. Unterkunftsmöglichkeit besteht nur auf dem Hausboot eines italienischen Veranstalters. Der nächste Hafen ist **Jucáro** (s. auch im Kapitel „Inseltouren").

Caguanes

Der Nationalpark liegt an der Küste der **Provinz Ciego de Ávila** und begeistert durch seine Mangrovendickichte und die unter Wasser stehenden Höhlen.

Cayo Guillermo (Santa María)

Dieser relativ kleine Nationalpark gehört auch noch zur Provinz Ciego de Ávila. Auf seinen Inseln überwintern viele Zugvögel. Bekannt ist der Nationalpark für seine **Rosa Flamingos.** Viele Angler zieht er ebenfalls an.

Desembarco de Granma

In dieser **Urwaldregion der Sierra Maestra** begeistern die vielen Schmetterlinge und natürlich der Regenwald. Man erreicht das Gebiet von Media Luna aus. Dazu fährt man nach Südosten Richtung Pilón. Zwölf Kilometer später biegt eine Straße rechts nach Niquero ab. In Bélic gibt es das Landungsdenkmal mit Museum der Revolutionäre um *Fidel Castro.* Die wirkliche Landungsstelle erreicht man nach zwei Kilometern Fußweg. Den Naturliebhaber zieht es nach so viel Geschichte sicher in den Park, dessen **Eingang Portada de la Libertad** in der Nähe ist. Zunächst sind 3 CUC

Nationalpark Sierra Maestra

© Reise Know-How 2017

0 ▬▬▬ 1 km

Cuba 13

	1500
	1000
	500
	200
	0 m

1 **2**
Bartolomé Masó, Yara

3 ★ *Villa Santo Domingo*

P r o v i n z
G r a n m a

S i e r r a
M a e s t r a

★ *Comandancia
de la Plata*
★

★ *Alto del Naranjo*

○ *La Platica*

▲ *Pico
Joachin*

○ *Regino*

) (*Paso de
los Monos*

▲ *Loma Redonda*

Gran Parque

Nacional

▲ *Pico Turquino
1972 m*
▲ *Pico Cuba
1872 m*

Sierra Maestra

▲ *Pico Cardero
1265 m*

P r o v i n z
S a n t i a g o
d e C u b a

▲ *La Esmajagua
600 m*

Ocujal, La Mula
Santiago de Cuba,
Chivirico

○
Las
Cuevas

*Ensenada
de las Cuevas*

■ **Unterkunft**
1 Motel Balcón de la Sierra
2 Campingplatz La Sierrita
3 Villa Santo Domingo

La Plata, Pilón,
Manzanillo

Parkeintritt fällig. Dafür erwartet einen eine **einzigartige Küstenlandschaft.** Tiefe Höhlen sind im Laufe der Jahrtausende in den Kalkstein gewaschen worden, dabei haben sich terrassenartige Hänge herausgebildet. Hier wachsen 400 Jahre alte Kakteen und ein Stück unberührter **tropischer Regenwald.** Man hat zehn endemische Pflanzenarten darin gefunden.

Nach etwa neun Kilometern Weg kommt man zum kleinen Fischereihafen **Cabo Cruz** an der äußersten Spitze der Insel. Hier steht seit 1871 ein 30 Meter hoher Leuchtturm. Dazu gibt eine Ausstellung im dazugehörigen Gebäude Auskunft über den langen Leuchter, der zuerst mit Olivenöl befeuert wurde, danach mit Gas und seit Anfang der 1950er Jahre mit Strom. Wer sich dafür interessiert, kann im Laden nachfragen.

8 km südlich des Parkeingangs an der Teerstraße beginnt links ein **faszinierender Wanderweg** namens *Sendero Arqueológico Natural El Guafe,* den man mit Führer im Museum buchen kann. Auf dem zweistündigen Weg begegnet man Schmetterlingen, Kolibris und vielen anderen Vögeln. Am Wegesrand wachsen in den trockenen Lagen Kakteen, in den Feuchtgebieten sieht man Orchideen. Durch ein unterirdisches Flussbett wurden **20 Höhlen** aus dem Kalkstein gewaschen. Der Höhepunkt sind die **Ídolos del Aqu,** die von den Indios aus kleinen Stalagmiten geformt wurden. Alljährlich am 22.12. scheint die Sonne in diese Höhlen. Alles in allem ein großes Erlebnis für Naturfreunde.

Auf *Castros* Spuren kann man in sieben Stunden nach **Alegía de Pío** wandern, von wo man mit dem Bus wieder zurückgebracht wird (35 km).

Sierra Maestra

Hier ist die **Bergwelt** die Attraktion. Start der Touren ist **Yara.** Hier oben hatte *Fidel* sein Hauptquartier, in der Nähe von Bartolomé Masó. Etwa 5 km südlich dieses Ortes an der Straße nach Santo Domingo gibt es den **2 Campingplatz La Sierrita** und für 20 CUC die Vierer-Hütte. Er liegt recht schön und ein Fluss zum Baden ist auch in der Nähe. Von hier kann man versuchen, eine **geführte Tour** zu bekommen. Am Wochenende ist der Campingplatz oft voll, also sollte man schon von Bayamo aus buchen.

Am Besten nähert man sich dem Nationalpark über das 25 km von Yara entfernte **3 Villa Santo Domingo,** wo es Unterkünfte gibt. Ein Taxi von Bayamo kostet 30 CUC pro Strecke. Es sollte aber ein robustes Fahrzeug sein, das die letzte Steigung vor dem Ziel auch noch schafft. *Villa Santo Domingo* am Río Yara hat 20 Bungalows für 30 CUC (DZ), das Schwimmen im Fluss ist umsonst. Di, Sa und So fährt ein Bus nach Bartolomé Masó. 8 km vorher stehen im Islazúl-**1 Motel Balcón de la Sierra** sechs Doppelzimmer zur Verfügung (25 CUC in der Saison), oder man mietet sich eine der sechs Hütten für 28 CUC; von deren Terrassen hat man einen wunderschönen Blick ins Tal. Von hier bis **Alto del Naranjo** sind es zu Fuß zwei Stunden anstrengender Aufstieg über die steile Straße, die nur von Allradautos zu bewältigen ist. Wenn man mit einem Leihwagen bis Alto gekommen ist, geht man besser zu Fuß weiter, denn normale Autos schaffen diese Steigung nicht mehr!

In Santo Domingo muss man sich einen **Führer** mieten. Hier sollte man sich entscheiden. Wer zu **Castros ehemali-**

7

ger Operationsbasis wandern möchte, läuft von Alto del Naranjo ca. vier Stunden durch den Dschungel (hin und zurück). Am besten startet man bereits am frühen Morgen, da am späten Vormittag die aufziehenden Wolken oft die Sicht behindern. Ab 14 Uhr darf man nicht mehr in den Park, um 16 Uhr wird er geschlossen. 2 km vor der Kommandantur gibt es eine Station der Parkwacht. Wer keine Fotografiererlaubnis bei der Parkwacht bezahlt hat, muss die Kamera hier abgeben. Am Ziel sieht man die Gebäude, die den Rebellen als Quartier, Lazarett, Gericht und Standesamt dienten. Auch *Fidels* Unterkunft ist erhalten.

Alexander Freiherr von Humboldt

Am 14. September 1769 in Berlin geboren, gilt *Humboldt* als einer der letzten **Universalwissenschaftler.** Der Name *Alexander von Humboldt* kommt auf der Weltkarte häufiger vor als der irgendeines anderen Menschen. Tausende von Örtlichkeiten, Institutionen und Phänomene sind nach ihm benannt. Seine wissenschaftliche Mehode der Forschung nannte er den **„begründeten Empirismus".** Dabei verglich er alle seine Beobachtungen der Natur miteinander und versuchte Verbindungen herzustellen und Zusammenhänge sichtbar zu machen.

Sechs Jahre hatte sich *Alexander von Humboldt* auf seine große Reise vorbereitet. Am 5. Juni 1799 brach der 29-Jährige zu einer fünfjährigen **Forschungsexpedition** nach Venezuela, Cuba, Kolumbien, Ecuador, Peru und Mexiko auf. Nie zuvor war ein Forschungsreisender auf eigene Rechnung und ohne politischen Auftrag so lange unterwegs gewesen. Im Dienste der Wissenschaft schonte er sich selbst am wenigsten, immer auf der Suche nach neuen wissenschaftlichen Erkenntnissen. Er sammelte eine enorme Menge an geologischen, botanischen, astronomischen, biologischen, und sozialen Materialien und Erkenntnissen.

Nach seiner Reise durch Lateinamerika lebte *Humboldt* in Paris. 1827 kehrte er aus finanziellen Gründen nach Berlin zurück. Dort kämpfte er gegen die „kulturelle Wüste" der preußischen Hauptstadt. Seine **Vorlesungen** an der Universität wurden berühmt. Er begann die Arbeit an dem fünfbändigen Werk „Kosmos – Entwurf einer physischen Weltbeschreibung". Der zweite Band (1874) wurde den Buchhändlern buchstäblich aus der Hand gerissen.

Humboldts Sicht der Neuen Welt war geprägt vom **Humanismus** und den Idealen der **Aufklärung.** Seine wissenschaftliche Wiederentdeckung des Kontinents wurde zur Quelle des National- und Selbstbewusstseins der Kreolen. Der Name *Humboldt* ist in Lateinamerika bekannter als in Europa, in La Habana wurde die Volksausgabe seines berühmten Cuba-Essays zum Bestseller. Darin klagt er die Sklaverei auf der Zuckerinsel als unmenschlich an.

Der große Gelehrte starb hochbetagt am 6. Mai 1859 in Berlin.

Die Wanderung mit dem Führer zum **Pico Turquino** dauert hin und zurück etwa acht Stunden. Für beide Touren sollte man ausreichend Proviant mitnehmen, da es unterwegs nichts zu kaufen gibt. Es werden auch zweitägige Touren für 20 CUC angeboten; Schlafsack, Pullover und Verpflegung bringt man selbst mit (siehe auch „Umgebung Bayamo").

Baconao

Das riesige Gebiet ist etwa 80.000 ha groß und erstreckt sich von den Ausläufern der Sierra Maestra bei Santiago bis zur Küste. An der Küste befinden sich beliebte **Badestrände**, ein **Aquarium** und **Tauchgründe**. Eine Wanderung durch die **Heimat der Riesenfarne** lohnt sich. Wegen seiner vielfältigen Vegetation wurde der Park von der UNESCO als *Reservat der Biosphäre* eingestuft.

La Mensura

Das Reservat mit seinen Pinienwäldern und den Wasserfällen liegt bei Mayari in der **Provinz Holguín.**

Pico Cristal

In der gleichnamigen Sierra gelegen, ist dieser kleine Nationalpark (16.000 ha) schon in den 1930er Jahren des letzten Jahrhunderts unter Schutz gestellt worden. Hier kann man die **verschiedenen Bergregionen** erwandern und sich so zu Fuß vom Regenwald in die Bergwelt hocharbeiten.

Alejandro de Humboldt

Land und Leute

Der Entdecker *Alexander von Humboldt* hat sein Naturdenkmal in der Gegend von Baracoa bekommen. Der Nationalpark, der sich ganz im Osten über rund 66.000 ha erstreckt, bietet einigen Pflanzen und Tieren Zuflucht, die man nirgendwo sonst findet. Zum Park gehören der **monumentale Tafelberg El Yunque** und der **wasserreichste Fluss Cubas, der Río Toa.** Auf einem Gebiet von rund 1500 ha zieht sich tropischer Regenwald bis zum Meer hin. 2640 ha des Parks sind Wasserfläche. Von einem Bootsanleger an der Straße Baracoa – Moa kann man ein Stück auf dem Río Toa fahren. Da Motorboote sehr viel Krach machen, sind Ruderboote zu empfehlen.

Der schlecht zugängliche Park liegt abseits der Hauptstraßen und lässt sich nur mit einem Jeep bezwingen. Es gibt einfache Übernachtungsmöglichkeiten im Infozentrum (Strohhütten und Restaurant, 10 CUC pro Person). Außer schönen Wanderwegen gibt es abends leider auch jede Menge Stechmücken. Das Besondere jedoch sind die **Seekühe** in der Lagune, zu denen man mit Ruderbooten hinausfahren und dann um die Wette schwimmen kann.

Für den Besuch braucht man eine Anmeldung. Die erteilt als **Tourveranstalter** *Cubatur,* Maceo, esq. Pelayo Cuervo, in Baracoa oder *Ecotur,* Calle Coronel Gardoza 24, e/Maríana Grajales y Primero de Abril in Baracoa. Man kann es auch beim *CITMA* in der Bibliothek in Baracoa, Calle Martí, esq. Frank País, versuchen. Exkursionen sind nur mit Guides erlaubt. Das Nationalparkbüro liegt an der Straße nach Moa, 30 km westlich von Baracoa am Meer.

053cu kh

⌃ Die Nationalflagge des Landes

⌄ Nationalvogel Tocororo

145cu kh

Staatssymbole

Nationalwappen

Das **Wappen** Cubas sieht aus wie ein Schutzschild und ist in drei Teile geteilt. Oben auf dem Wappen weht die rote Mütze, die Phrygische Mütze, mit dem weißen Stern der Pariser Kommune. Am oberen Rand scheint die Sonne über der karibischen See, der goldene Schlüssel darunter weist auf die Schlüsselposition Cubas zwischen Nord- und Südamerika hin. Die linke Hälfte des Wappens nehmen die drei blauen Streifen der cubanischen Flagge ein, Symbol der drei Provinzen Cubas, *Occidente* (Westen), *Centro* (Mitte) und *Oriente* (Osten) und auf der rechten sieht man eine Landschaft und die Palma Real, die Königspalme, der Nationalbaum Cubas. Ein schönes Exemplar dieses Wappens gibt es in La Habana, über dem Tor zur Festung Real Fuerza, zu bestaunen.

Nationalflagge

Die Flagge Cubas zeigt das rote Dreieck mit weißem, fünfzackigem Stern und drei blaue und zwei weiße Streifen. Die blauen Streifen symbolisieren die drei alten Provinzen *(Oriente, Occidente, Centro),* die weißen Streifen die beiden Freiheitsarmeen. Das rote Dreieck steht für Freiheit, Gleichheit, Brüderlichkeit, in Blutrot, als Symbol für das vergossene Blut. Der einzelne weiße Stern schließlich steht für die Freiheit Cubas.

Die erste Fahne, die sich geringfügig vom heutigen Modell unterschied, nähte die Frau von *Manuel de Céspedes* 1898. Heute hängt sie in der Kathedrale von Santiago. Man hat später den weißen Stern etwas verkleinert und alle Streifen gleichgroß gemacht.

Nationalhymne

Die Nationalhymne, von *Pedro Felipe Figueredo y Cisneros* geschrieben, wurde 1868 im Kampf gegen die Spanier in Bayamo zum ersten Mal gesungen. Sie heißt deshalb *La Bayamesa.*

„Auf zum Kampf, Bayameser,
das Vaterland wird stolz auf Euch sein.
Fürchtet nicht den glorreichen Tod,
fürs Vaterland zu sterben heißt leben.
In Ketten zu leben ist ein Leben
in Schande und Unterwerfung.
Hört den Ton der Trompete
Zu den Waffen, ihr Tapferen, lauft!"

„Al combate corred, Bayameses
Que la Patria os contempla orgullosa
No temáis una muerte gloriosa
Que morir por la Patria, es vivir.
En cadenas vivir es vivir
en afrenta y aprobio sumido,
Del clarín escuchad el sonido
A las armas, valientes, corred".

Hörprobe: In Santiago de Cuba auf dem Friedhof alle halbe Stunde am Mausoleum von *José Martí.*

Nationalsymbole

Dann gibt es noch einen **Nationalvogel,** den **Tocororo.** Er ist schwarz und hat die gleichen Farben wie die cubanische Flagge (rot-weiß-blaue Streifen) im Gefieder. Leider sieht man ihn sehr selten (siehe Kapitel „Fauna").

Die **Nationalblume Mariposa** *(Hedychium coronarium Koenig)* ist eine etwa ein Meter hohe Pflanze mit dicken Blättern und eleganten weißen Blüten, die verschwenderisch duften. Die Pflanze steht für die Tugenden der Cubaner und ist ein Symbol für die Schönheit der Cubanerinnen.

▷ Cubas Nationalwappen

Land und Leute

Geschichte

Entdeckung

Am **28. Oktober 1492** erreicht *Kolumbus* Hispaniola (Cuba und Haiti) und segelt 40 Tage die Nordostküste entlang. Er findet eine üppige Vegetation vor und freundliche Einwohner, die ihm Baumwolle und Goldstücke schenken.

Besiedelt war die Insel schon in der **Frühzeit.** Menschen aus dem heutigen Florida kamen von Norden und andere aus dem Orinoco-Delta von Süden über die Antilleninseln. Insgesamt lebten damals, d.h. zu Beginn der spanischen Kolonisation, etwa 100.000 Menschen auf der Insel. Es gab Gruppen von Fischern, die ihre Instrumente aus Muscheln herstellten und andere Gruppen, deren Werkzeuge aus Stein waren, Jäger und Sammler. Die am weitesten entwickelte Gruppe stammte von den *Aruacos* aus Südamerika ab. Diese betrieben Ackerbau; hauptsächlich bauten sie Maniok an, aus dem der Teigfladen *Casaba* hergestellt wurde, der sich lagern und transportieren ließ. Sie lebten meist in Palmhütten, den *bohios,* und fertigten Tongefäße zum Eigenbedarf an. *Kolumbus* sah die ersten Kanus, die wohl ziemlich groß gewesen sein müssen; jedenfalls war ein von 80 Männern gerudertes Kanu ebenso schnell, wie sein Schiff segelte.

Konquista

Die Besiedlung durch die Europäer begann mit der Gründung der Stadt **Baracoa** im Jahr 1511 durch den spanischen Eroberer **Diego Velázquez de Cuéllar** (1465–1524); *Velázquez* hatte an der zweiten Reise von *Kolumbus* teilgenommen. Es folgten die Siedlungen Bayamo, Sancti Spíritus, Trinidad und Puerto Príncipe, das heutige Camagüey. 1514 gründete *Velázquez* Santiago de Cuba und ein Jahr später La Habana.

Eingeschleppte Krankheiten rafften die Urbevölkerung dahin, und die Spanier, getrieben von der Gier nach Gold, begannen mit der **grausamen Eroberung** der Insel. Jeglicher Widerstand wurde mit Gewalt gebrochen, Dörfer niedergebrannt, Frauen vergewaltigt, die Menschen zu Tausenden ermordet. Man schätzt, dass vor der Konquista etwa 100.000 Ureinwohner auf Cuba lebten, doch schon Mitte des 16. Jh. waren es aufgrund von Epidemien und der Vernichtungspolitik der Spanier nur noch 1000 Indígenas.

Der von Haiti über die Meerenge nach Cuba geflohene **Häuptling Hatuey** begann einen aussichtslosen Kampf gegen die Mörder. Er wurde von den Spaniern gefangen genommen. Dann stellte man ihn vor die Wahl, sich taufen zu lassen, oder zu sterben. Daraufhin soll der Häuptling gefragt haben, ob er denn nach seinem Tode in den Himmel käme. Nach der Bejahung durch die Spanier fragte er weiter, ob auch die Spanier nach ihrem Tode in den Himmel kämen. Als das ebenfalls bestätigt wurde, antwortete er, er verspüre kein Verlangen, dorthin zu kommen, wo die Spanier seien. Daraufhin verbrannte man ihn. Auch als der Bischof *Bartolomé de las Casas* dem spanischen König *Phillip II.* als Augenzeuge von den entsetzlichen Gräueltaten seiner Landsleute berichtete, änderte sich die spanische Politik nur marginal.

Wirtschaftlicher Aufschwung

Im 16. Jh. erlebt die Insel einen Aufschwung, vor allem durch den **Anbau von Zuckerrohr seit 1548,** das Kolumbus von den Kanaren mitgebracht hatte, aber auch durch Freibeuterei und Handel. Der Hafen von La Habana wird zur Basis der spanischen Flotten – der König von Spanien, *Phillip II.,* erlaubt nur großen Schiffsverbänden die Fahrt über den Atlantik, denn man fürchtet die Piraten.

Kolumbus gab's nur einmal

Lange haben sich mehrere Städte in Spanien und Italien gestritten, wer den „Weltenbummler" in seinen Mauern geboren hat. Mittlerweile gibt es sogar zwei Gräber von ihm. Santo Domingo in der Dominikanischen Republik und Spanien behaupten gleichermaßen, die sterblichen Überreste des *Christoph Kolumbus* zu ver wahren.

1506, am 31. Mai, stirbt der Entdecker und Abenteurer in Valladolid in Spanien. In seinem Testament wünscht er, in Santo Domingo auf jener von ihm *Hispaniola* getauften Insel bestattet zu werden. Da er zu Lebzeiten Ärger mit den Eingeborenen dort hatte, blieben die sterblichen Überreste zur Sicherheit erst einmal in Spanien.

1509 werden sie von Valladolid in ein Kloster bei Sevilla gebracht und in der Klosterkirche beigesetzt.

1540 kommt der Sarg wirklich nach Santo Domingo, wie er es in seinem Testament gewünscht hatte.

1795 treten die Spanier diesen Teil der Insel an die Franzosen ab. Die Überreste *Kolumbus'* werden daraufhin in die Kathedrale von La Habana auf Cuba geschafft.

1898 ist es mit der Friedhofsruhe wieder vorbei, die Spanier verlieren im Unabhängigkeitskrieg ihre beste Kolonie. Doch *Christoph Kolumbus* nehmen sie mit nach Sevilla, wo man das Grab heute besichtigen kann.

So weit, so gut. Allerdings stieß man bereits 1877 in der dominikanischen Hauptstadt Santo Domingo bei Bauarbeiten in der Kathedrale auf einen Sarg mit der Aufschrift „Cristobal Colón". Diesem wurde ein marmornes Mausoleum gebaut.

1999 wurde ein neues Mausoleum errichtet mit amerikanischen Geldern, was bei den Spaniern auf Verstimmung stieß. Auch wenn offizielle Vertreter Spaniens der großen Einweihung beiwohnten, erkennt der Staat die dominikanischen Gebeine nicht als die echten an. Jetzt streiten sich die Gelehrten, welcher *Kolumbus* der echte ist. Die Dominikaner behaupten, die Spanier hätten seinerzeit bei der Überführung nach Cuba die Särge verwechselt und irrtümlich *Kolumbus'* Sohn *Diego* mitgenommen. Diplomatische Verwicklungen sind die Folge. Der Botschafter der Dominikanischen Republik in Spanien, *Dr. Brache,* ersann einen Ausweg. Sein Vorschlag: Spanien schenkt seinen Kolumbus-Sarg jenem Monument in Santo Domingo.

Im Jahr **2009** fanden Experten im DNA-Vergleich der Knochen mit denen des Bruders heraus, dass er tatsächlich in Sevilla liegt. Allerdings sind nur 15 % des Skeletts dort. Wo sich die übrigen Knochen befinden, bleibt unklar, da die Dominikanische Republik keine Erlaubnis gab, die dortigen Knochen zu untersuchen.

Geschichte im Überblick

■ **10.000 v. Chr.:** Archäologische Funde bei Holguín belegen, dass sich etwa im Jahre 10.000 v. Chr. Menschen auf dem Archipel niederließen.

■ **2000 v. Chr.:** Funde von Werkzeugen aus Stein, Holz und Muscheln weisen auf die Existenz eines Volkes von Jägern und Sammlern hin.

■ **1000 v. Chr. bis 1000 n. Chr.:** Einwanderung der **Siboney** und der **Taïnos** vom Stamm der Arawaken nach Cuba.

■ **28. Oktober 1492:** *Kolumbus* wirft Anker in der Bucht von Bariay.

■ **1512:** Baracoa wird von *Diego Velázquez* gegründet. Man hofft Gold zu finden, da die Ureinwohner Goldschmuck besitzen.

■ **1519: Villa de San Cristóbal de La Habana** wird **gegründet.** Der spanische Konquistador *Cortés* segelt mit einer Armada von Cuba nach Mexiko.

■ **1522:** Die ersten afrikanischen **Arbeitssklaven** treffen ein, um in den Zuckerrohrfeldern den Reichtum der Besitzer zu erarbeiten.

■ **1561:** Ab dem 16. Jh. erlebt die Insel den größten Aufschwung durch den Anbau von Zuckerrohr und durch **Freibeuter und Piraten.** Der Hafen von La Habana wird nach Verfügung des Königs *Phillip II.* von Spanien der Sammelpunkt der „Silberflotten".

■ **1604:** Santiago de Cuba wird Hauptstadt. Im Verlauf des 17. Jh. wird Cuba zum größten Zuckerproduzenten der Welt.

■ **1762:** Die Engländer erobern La Habana, tauschen es aber wenig später gegen das spanische Florida ein.

■ **1789:** Aufschwung der Zuckerwirtschaft durch rund 30.000 wohlhabende französische Farmer, die vor der **Sklavenrevolution** auf Haiti nach Cuba geflüchtet sind.

■ **1837:** Cuba baut als drittes Land der Erde eine Eisenbahnlinie, allerdings nur für den Zuckertransport.

■ **1868:** Beginn des **zehnjährigen Unabhängigkeitskrieges** unter Führung von *Carlos Manuel de Céspedes, Antonio Maceo, Máximo Gómez* und *José Martí.*

■ **1878: Friede von Zanjón.** General *Maceo* verlangt die Unabhängigkeit. Generalamnestie für die Freiheitskämpfer; *José Martí* geht nach New York ins Exil.

■ **1870–1886:** Offizielles **Ende der Sklaverei;** US-Kapital fließt nach Cuba. Zuerst versucht man billige Arbeitskräfte aus Asien mit Versprechungen ins Land zu locken, doch nur mit mäßigem Erfolg.

■ **1895:** Am 23. Februar 1895 beginnt unter Führung von *José Martí* und General *Máximo Gómez y Báez* ein erneuter **Unabhängigkeitskampf.** Drei Jahre später intervenieren die USA auf Seiten der Revolutionäre, was den Spanisch-Amerikanischen Krieg auslöst. *Martí* und *Maceo* sterben.

■ **1898:** Nach der Explosion des US-Kriegsschiffes „Maine" greifen die USA in den Befreiungskampf ein. Mit dem Pariser Frieden am 10. Dezember 1898 wird die **Unabhängigkeit Cubas** festgeschrieben. Die USA setzen eine Militärregierung ein und sichern sich Guantánamo als Stützpunkt für 99 Jahre. Die Politik wird in der Folgezeit maßgeblich von den USA mitbestimmt.

■ **1902:** Erster cubanischer Präsident *Tomás Estrada Palma;* Cuba wird Republik, die USA behalten sich allerdings das Interventionsrecht vor.

■ **1906:** Das **Platt Amendment,** das US-Interventionsrecht, beschert Cuba amerikanische Truppen im Lande.

■ **1925:** General *Machado* wird Präsident und erhält diktatorische Vollmachten.

■ **1929:** Die Weltwirtschaftskrise führt zu sozialen Spannungen; Präsident *Gerardo Machado* unterdrückt sie durch seine Terrortruppe, die *Porra.*

■ **1933:** Die USA greifen ein. *Machado* wird gestürzt, es gibt eine Revolutionsregierung.

■ **1940:** Die Verkündung einer neuen Verfassung. *Fulgencio Batista* wird Präsident und geht nach Ablauf seiner Regierungszeit (1944) nach Mexiko, kehrt zurück (1952) und entmachtet durch einen Staatsstreich die Regierung.

■ **1952:** Der Rechtsanwalt **Fidel Castro** erhebt Anklage gegen *Batista*.

■ **1953:** Am 26. Juli stürmt *Fidel Castro* mit 160 jungen Kampfgefährten die Moncada-Kaserne in Santiago de Cuba; der Putsch scheitert.

■ **1959:** Nach mehrjährigem Guerillakrieg kommt *Castro* am 1. Januar an die Macht, *Batista* flieht. Im Laufe des Jahres Handelsabkommen mit der Sowjetunion und erste Agrarreformen.

■ **1960:** Nach dem Sieg werden Landwirtschaft und Industrie verstaatlicht. Es kommt zum endgültigen Bruch mit den USA, da Cuba US-Vermögenswerte von ca. 1 Mrd. US-$ enteignet. Es folgt das **US-Handelsembargo.** 1961 werden die diplomatischen Beziehungen schließlich komplett abgebrochen.

■ **1961:** Exil-Cubaner landen mit Hilfe der USA in der Bahía de Cochinos (**„Schweinebucht"**), um Cuba zu befreien; die Bevölkerung steht auf der Seite der Revolutionäre und schlägt die Invasion zurück.

■ **1962: Cuba-Krise:** Die UdSSR stationieren Raketen auf Cuba, die USA verlangen den Abbau und verhängen die Seeblockade; die Welt hält den Atem an, ein Atomkrieg droht; der sowjetische Staatspräsident *Chruschtschow* gibt schließlich nach.

■ **1976:** Neue Verfassung und Wahlen zum *poder popular*, der „Volksmacht".

■ **1980:** 100.000 Cubaner flüchten nach Miami.

■ **1991:** Nach dem Zusammenbruch der sozialistischen Staatengemeinschaft in Osteuropa beginnt auf Cuba die „Spezialperiode in Friedenszeiten", was zu Stromsperren und Rationierungen führt.

■ **1995:** Vergabe von Lizenzen für Kleinunternehmer und Lockerungen der sozialistischen Planwirtschaft.

■ **1998: Papst Johannes Paul II.** in Cuba.

■ **Juni 2003:** Die EU beschließt Maßnahmen gegen Menschenrechtsverletzungen. Daraufhin kommt es zum „Einfrieren" der Kontakte zu den Botschaften durch die Cubanische Regierung.

■ **8. November 2004:** Nach elf Jahren wird der US-Dollar als Zahlungsmittel abgeschafft und im Verhältnis 1:1 durch den **Peso Convertible (CUC)** ersetzt.

■ **Januar 2005:** Wiederaufnahme der Kontakte zu EU-Botschaften

■ **2006:** *Fidel Castro* gibt wegen einer Erkrankung die Amtsgeschäfte vorübergehend an seinen Bruder *Raúl* ab.

■ **2009:** Um die Effizienz der Regierung zu erhöhen, werden mehrere Ministerien zusammengelegt. *Raúl Castro* wird zum **Regierungspräsidenten** ernannt.

■ **2011:** *Raúl Castro* verkündet die Entlassung einer halben Million Staatsbediensteter im Laufe der nächsten Jahre zwecks Verschlankung des Beamtenapparates. 250.000 gehen daraufhin und versuchen sich als Privatunternehmer.

■ **2012: Papst Benedikt XVI.** in Cuba.

■ **2014:** Die Regierung erlaubt den uneingeschränkten **Import von Kfz-Neuwagen.** Auch der Kauf ist erlaubt, wobei sich die Angelegenheit relativiert, da die marktüblichen Preise kein normaler Cubaner bezahlen kann.

■ **2015:** Die **USA und Cuba** nehmen diplomatische Beziehungen auf, die US-amerikanische Botschaft in La Habana wird im Beisein von US-Außenminister *Kerry* eröffnet. Im September besucht **Papst Franziskus** die Insel.

■ **2016:** Die **Rolling Stones** geben ein Gratiskonzert in La Habana. Flugverbindungen mit den USA werden eingerichtet. US-Präsident *Barack Obama* kommt zu einem Staatsbesuch. Der Tourismus boomt wie nie zuvor. **Fidel Castro stirbt** am 25. November. Nach der Wahl von *Donald Trump* zum neuen US-Präsidenten bleibt abzuwarten, ob das Tauwetter zwischen Cuba und den USA anhält.

Das den *Azteken* geraubte Silber wird in La Habana eingeschmolzen und dann werden daraus Münzen im Wert von acht Reales geprägt. Die sollen nach Spanien gebracht werden. 1715 verlässt eine große Flotte mit einer solchen Ladung den Hafen von La Habana und sinkt mit 7 Mio. Münzen bei einem Piratenüberfall. Der größte Teil ist im Laufe der Jahre zwischen Florida und Cuba wieder gefunden worden, aber man sucht immer noch nach Silber im Golf.

Sklaverei

Das **Zuckerrohr** wird in der Folgezeit Hauptexportgut der Insel. Um es zu ernten, zu transportieren und zu verarbeiten, brauchte man Menschen. Da die Indios ausgerottet waren, mussten neue Arbeitskräfte her. Also versorgten sich die Plantagenbesitzer mit Arbeitern aus Afrika. In den 20er Jahren des 16. Jh. treffen die ersten Schiffe mit Sklaven ein. *Karl V.* von Spanien hatte den Transport von 4000 Sklaven in die karibischen Kolonien gestattet. In den nächsten 300 Jahren wurden rd. 850.000 (!) Afrikaner verschleppt. Es waren meist Menschen aus Nigeria und Ostbenin. Dazu Bantus, Calabar und Mandingos, um nur die bekanntesten Gruppen zu nennen. Man behandelte sie wie Vieh, und machte sie mit drakonischen Strafen gefügig.

Das Wort **chimarrón** bedeutet so viel wie entlaufener Sklave. Die meisten Sklaven gingen in die Berge und ver-

Piraten

Im 16. Jh. sammelten sich Sträflinge, Abenteurer und Seeleute in der Gegend um Cuba, da ihnen die Inseln Schutz boten. Diese ersten „Piraten" gingen meist noch Beschäftigungen wie etwa Jagen und Fischen nach. Doch als die ersten spanischen Schiffe mit Silber beladen in der Karibik kreuzten, tat sich ein neues „Geschäftsfeld" auf.

Als Piraten bezeichnete man bald alle **Kriminellen zur See.** Es gab Piraten, die auf eigene Rechnung plünderten und Leute wie *Piet Henry Morgan* und *Sir Francis Drake,* die im Auftrag der englischen Krone segelten. Die Engländer hatten es natürlich auch auf die Schiffe der Spanier abgesehen. Bald kamen die Holländer und Franzosen mit *Jaques de Sores* als weitere Feinde Spaniens hinzu. Auch zwei Frauen, *Anne Bonny* und *Mary Reed,* reihten sich in die Liste der Piraten ein.

In Folge dieser Kleinkriege wurden auch fast alle cubanischen Städte von Plünderern verschiedener Nationen heimgesucht. Die tief eingeschnittenen Naturbuchten der Karibik waren ideale Verstecke für die Schiffe der Freibeuter. Deshalb ließen die Spanier die Hafenstädte Cubas mit starken Geschützstellungen versehen und die Piraten suchten sich leichtere Beute, wie etwa die Stadt Camagüey auf dem Festland.

Die Silberschiffe der Spanier waren meist Schoner und Karavellen, große schwerfällige Schiffe mit mehreren Decks. Als Begleitung gab man ihnen wendigere Galeonen mit. Durch diese Aktivitäten wurde *Louis Stevenson* zu seinem Roman „Die Schatzinsel" angeregt. Heute vermutet man, dass er damit die cubanische Insel meinte, die heute Isla de la Juventud heißt. Bis zum Fall des spanischen Handelsmonopols 1762 beteiligten sich viele Hafenstädte Cubas selbst am Schmuggel.

suchten sich dort vor den Sklavenjägern und ihren Hunden zu verstecken. Wurden sie gefunden, unterzog man sie grausamen Strafen. Die Sklaven übten passiven Widerstand, z.B. in der Form, dass die versklavten Frauen sich den Herren sexuell verweigerten.

Nach der Französischen Revolution forderten die Sklaven auf **Haiti** Freiheit und Gleichheit. Sie erheben sich mit solch einer Macht, dass viele Franzosen ihr Heil in der Flucht suchen und nach Cuba entkommen. Sie bringen dabei ihre Kenntnisse der Kaffee- und Tabakpflanzung mit auf die Antilleninsel.

Die spanische Krone erlaubt nun den Handel mit Amerika, um die Einnahmen ihrer Erzfeinde, der Engländer, zu schwächen. Das Geschäft mit dem Zucker auf Cuba boomt.

Etwa um 1812 beginnt sich auch auf Cuba ein Widerstandspotenzial zu entwickeln. Die cubanischen Sklaven bringen trotz Nachrichtensperre in Erfahrung, was auf Haiti passiert war und beginnen ebenfalls mit dem Widerstand.

Gegen die Feuerwaffen ihrer Unterdrücker haben sie jedoch keine Chance. Auch die wenigen, organisierten Aufstände scheitern. Auf die Köpfe der entflohenen Sklaven werden von den wei-ßen Herren Gelder ausgesetzt, was die Sklavenjäger, die *rancheadores* anzieht. Sie verfolgen die Flüchtigen, treiben sie zusammen und ermorden sie. Die Köpfe werden dann auf Lanzen gespießt und an den Straßen ausgestellt.

Der Zehnjährige Krieg (1868–1878)

1868 beginnen die Cubaner einen **Befreiungskampf** gegen die spanische Krone. Viele Sklaven schlagen sich auf die Seite der Aufständischen, weil sie sich nach dem Sieg eine Verbesserung ihrer Lage erhoffen. Die Rebellen werden von den Spaniern *Mambisis* genannt, was etwa soviel wie Banditen bedeutet. **Carlos Manuel de Céspedes** wird zum Anführer der Widerständler. *Céspedes* war ein weitgereister Anwalt und Plantagenbesitzer. Als die Sklavenunruhen die Insel überschwemmen, lässt er als Erster die Sklaven seiner Plantage Demajagua frei und gibt ihnen Waffen. An der Spitze seiner Männer marschiert er am 10. Oktober 1868 gegen die Unterdrücker. Selbst als die Spanier seinen Sohn gefangen nehmen und für seine Freilassung die Kapitulation fordern, gibt er nicht auf und lässt die Unterdrücker wissen, alle Cubaner seine seine Söhne. Daraufhin wird sein Sohn erschossen. *Céspedes* fällt im Februar 1874 in San Lorenzo.

1870 wird von den Spaniern das Ende der Sklaverei in mehreren Schritten verkündet. Es wird allerdings noch Jahre dauern, bis die neue Freiheit überall durchgesetzt werden kann. Als Ersatz werben die Plantagenbesitzer Arbeitskräfte in China an.

Lesetipp

„Der Chimarrón" von *Miguel Barnet* ist ein Zeitzeugnis. Der Autor hat 1963 einen ehemaligen Sklaven ausfindig gemacht. Der 104 Jahre alte Mann erzählte *Barnet* seine Lebensgeschichte, die dieser in einem faszinierenden Buch wiedergibt.

Der **Friede von Zanjón** 1878 beendet die *Guerra de los Diez Años*. **General Maceo** verlangt die Unabhängigkeit von Spanien. Der Rechtsanwalt *Ignacio Agramonte* aus Camagüey, der damals der Befehlshaber der Befreiungsbewegung seiner Heimatstadt war, entwirft 1879 die erste Verfassung der Republik Cuba. Geschafft hatten sie es dennoch nicht. Es gab zwar mehr Rechte für die Cubaner, eine echte Unabhängigkeit jedoch nicht. Das führt zum **Protest von Baraguá.** Die politischen Führer der Bewegung lehnen das Angebot ab. Die Spanier machen kleinere Zugeständnisse und entschließen sich zu einer Generalamnestie für die Freiheitskämpfer.

Der berühmte Dichter **José Martí** geht aus Verbitterung über die nicht erlangte Freiheit seines Volkes nach New York ins Exil – viele andere Kämpfer folgen ihm.

Der Unabhängigkeitskrieg (1895–1898)

Máximo Gómez und **José Martí** landen am 24. Februar 1895 mit 4 weiteren Freiheitskämpfern an der *Playita de Cajobabo* auf Cuba und eröffnen einen zweiten Unabhängigkeitskampf. Diesmal gelingt es den Revolutionären, die gesamte Insel zu mobilisieren. In den Kämpfen kommen *Martí* und *Antonio Maceo* ums Leben. Ihre Grabstätten befinden sich auf dem *Cementerio Santa Ifigenia* in Santiago de Cuba. *Gómez* wird General. Er stirbt 1905.

Am 24. Januar 1898 lassen die Amerikaner das Kriegsschiff „Maine" in den Hafen von La Habana einlaufen, um ihre „Freundschaft" mit dem cubanischen Volk zu demonstrieren. Am 15. Februar explodiert das Schiff aus ungeklärten Gründen. 266 Menschen sterben. Daraufhin interveniert die USA militärisch auf Cuba. Später kommt der Vorwurf auf, dass der amerikanische Geheimdienst die „Maine" gesprengt habe, um den USA einen Vorwand zum Eingreifen zu geben. Inzwischen gibt es jedoch neuere Erkenntnisse, die davon ausgehen, dass es sich um einen Unglücksfall gehandelt hat. Sehr wahrscheinlich ist eine Staubexplosion in einem der Kohlebunker tief im Inneren des Schiffes.

Cuba ruft die Republik aus, die USA behalten sich das Interventionsrecht vor, das im sog. **Platt Amendment** festgeschrieben wird. Bis Mai 1902 regiert eine amerikanische Militärregierung. Cuba wird zum größten Zucker- und Tabaklieferanten der USA.

Die Erste Republik (1902–1933)

1902 wird die Republik ausgerufen, **Tomás Estrada Palma** wird ihr erster Präsident. Mitte 1906 kommt es zu einem Konflikt zwischen den Liberalen und Konservativen, dem sogenannten **August-Krieg.** Die USA intervenieren und besetzen die Insel bis 1909.

Im November 1924 wird **Gerardo Machado y Morales** (1871–1939) zum Präsidenten gewählt. Seine blutige Alleinherrschaft mit 20.000 Ermordeten, die Monokultur in der Landwirtschaft und schließlich die Weltwirtschaftskrise von 1929 haben verheerende Auswirkungen auf die Insel. Die zunehmende

Verschlechterung der wirtschaftlichen Lage führt in den 1920er Jahren zu immer größerer Unzufriedenheit unter weiten Teilen der Bevölkerung. Vor diesem Hintergrund gründen der Studentenführer **Julio Antonio Mella** (1903–1929) und weitere Intellektuelle 1925 den *Partido Comunista Cubano (PCC),* die **Kommunistische Partei Cubas.**

Zur gleichen Zeit wird der **Mafia** in den USA der Boden zu heiß. Die Geschäfte gehen schlecht. Man verlegt seine Zentralen nach Cuba, wo es sich auch sonst gut leben lässt. Von hier wird das Land mit **Drogenhandel, Prostitution** und **Glücksspiel** überzogen. Mit *Fulgencio Batista,* dem Generalstabschef von Staatspräsident *Machado,* einigt man sich 1935 im Hotel *Nacional* auf ein Monopol für das Glücksspiel. Dafür werden der cubanischen Regierung jährlich 3–5 Millionen US-$ garantiert. Das größte Casino lässt der Mafioso *Meyer-Lansky* im Hotel *Nacional* errichten.

Nache dem Sturz *Machados* kommt 1933 *Roman Grau San Martín* an die Macht und von 1936 bis 1940 **Federico Laredo Brú,** der mit Unterstützung *Batistas* wirtschaftliche, politische und soziale Reformen durchsetzt, z.B. die Abschaffung des „Platt Amendment" und die Einführung des Frauenwahlrechts und des Acht-Stunden-Arbeitstages.

1940 gewinnt **Fulgencio Batista y Zaldívar** (1901–1973) die Präsidentschaftswahlen. 1944 übernimmt wieder *Grau San Martín* das Präsidentenamt. *Batista* geht nach Mexiko, putscht aber kurz vor den Wahlen 1952, bei denen er kaum eine Chance gehabt hätte, mit Hilfe des Militärs. Es beginnt eine der schrecklichsten **Caudillo-Herrschaften** in Lateinamerika.

Die Revolution

Am Morgen des 26. Juli 1953 stürmt ein unbekannter Radikaler namens **Fidel Castro** mit 160 Getreuen die **Moncada-Kaserne** in Santiago de Cuba. Der Aufstand misslingt. 68 Gefolgsleute der **Bewegung des 26. Juli** (M-26-7) werden gefoltert und hingerichtet, *Castro* und seine Getreuen werden verhaftet. Bei dem Prozess wegen des Angriffs auf die Moncada-Kaserne hält er seine berühmte Rede „Die Geschichte wird mich freisprechen" *(La historia me absolverá). Fidel,* sein Bruder *Raúl Castro* und die anderen werden verurteilt und kommen ins Modellgefängnis auf der Isla de La Juventud.

Batista kann sich bei den **Wahlen 1954** behaupten, da der Gegenkandidat *Grau San Martín* seine Kandidatur zurückzieht. Nach seinem erneuten Amtsantritt lässt er *Fidel Castro* und andere politische Gefangene frei. Sie emigrieren nach Mexiko. Dort lernen sie **Ernesto „Che" Guevara** kennen und planen einen weiteren Versuch zum Umsturz des verhassten Batista-Regimes.

Am **2. Dezember 1956** landet *Castro* mit der umgebauten **Jacht „Granma"** an der cubanischen Küste. Mit 82 Mann, die in Mexiko ausgebildet worden waren, will er das Regime stürzen. Eigentlich sollten sie sich mit *Crescencio Pérez* und seinen 100 Rebellen am 30. November treffen. Die *Granma* war jedoch völlig überladen und brauchte dadurch einen Tag länger für die Überfahrt. *Pérez* konnten sie nicht erreichen, da ihr Funkgerät ausfiel und einer der Revolutionäre über Bord ging. Das führte zu einem längeren Wendemanöver. Zu allem Überfluss lief die *Granma* auch noch bei

Niquero auf Grund, sodass die schwere Ausrüstung zurückgelassen werden musste. *Pérez* wurde inzwischen von den Regierungstruppen geschlagen. Nach der Landung der *Granma* geht *Castro* seinerseits mit seinen Leuten in die Berge. Die Regierungstruppen verfolgen sie und greifen sie bei Alegría del Pío an. Siebzig Revolutionäre sterben, die restlichen zwölf entkommen. In der **Sierra Maestra** beginnen sie mit dem Anwerben neuer Anhänger und dem Guerillakampf.

Am 1. Juli 1957 erklärt Staatspräsident *Fulgencio Batista* den **Ausnahmezustand.** Immer mehr Cubaner sympathisieren mit der revolutionären Bewegung *Castros*, vor allem die arme Landbevöl-

kerung. Trotz des Sieges der Regierungstruppen nach der Landung war die 30.000 Mann starke cubanische Armee nicht in der Lage, die Revolution von zunächst nur zwölf Rebellen, die kaum Waffen und Munition hatten, zu stoppen. Die Rebellen bringen die Bevölkerung auf ihre Seite: Großgrundbesitzer, die die Landbevölkerung unterdrücken, lassen sie hinrichten. In einem Feldlazarett unter der Leitung von „*Che*" *Guevara* erhalten Arme kostenlose Behandlung, in den Bergen werden Schulen eingerichtet. Nach zwei Jahren ist die Revolution am Ziel und eine Armee von 50.000 Mann auf die Beine gestellt. Diesmal geht man planmäßig vor. *Fidel Castro* marschiert mit seinen Leuten nach Santiago, *Ernesto Guevara* geht nach Santa Clara und *Raúl Castro* stößt mit seinen Anhängern weiter nach Norden vor. Immer größere Teile der Bevölkerung schließen sich der Revolution an.

⌃ Helden der Revolution

Am 12. März 1958 ruft *Castro* von der Sierra Maestra aus zu einem **Generalstreik** für den 1. April auf und fordert die Armee auf, sich der Revolution anzuschließen. Während nur wenige Soldaten desertieren, sind die Streikmaßnahmen verheerend für Wirtschaft und Verwaltung, Grundnahrungsmittel werden knapp.

Daraufhin befiehlt *Batista* am 5. Mai eine **Großoffensive** gegen die Revolutionsbewegung *Fidel Castros*. Rund 12.000 Mann, ausgerüstet mit modernsten US-amerikanischen Waffen, sollen die etwa 300 Rebellen im Berggebiet der Sierra Maestra vernichten. Die Offensive im Dschungel der Sierra Maestra entwickelt sich zu einem Fehlschlag. Es gelingt den Regierungstruppen nicht, *Castro* und seine Mitkämpfer zu stellen. Gleichzeitig schwächen die Revolutionäre die Armee ständig mit Guerillaattacken. Nach drei Monaten sind 3000 Soldaten desertiert, getötet oder verwundet.

Am **Neujahrstag 1959** verhindert ein Generalsstreik eine Machtübernahme der Militärs. Einen Tag später marschiert *Fidel Castro* mit 10.000 Mitstreitern in Santiago de Cuba ein. Diktator *Batista* verkündet, dass er die Regierung an General *Cantillo* übergeben habe und emigrieren werde, um weiteres Blutvergießen zu vermeiden. Er flieht mit vierzig Vertrauten in einem Flugzeug in die Dominikanische Republik, im Gepäck rund 40 Millionen Dollar in bar. Nach Jahren des Exils in Portugal und Spanien stirbt er 1973 in Marbella.

Nach der Flucht *Batistas* schließen sich Regierungstruppen und Polizeikräfte massenhaft den Rebellen um *Castro* an. Zuletzt entzieht auch die USA dem Batista-Regime die Unterstützung.

Während des Einmarsches kommt es in La Habana zu einer Serie berühmter Bilder, die der mit den Rebellen sympatisierende Fotograf *Alberto D. Tierrez*, genannt „Korda", aufnimmt. Am 2. Januar 1959 proklamiert *Castro* die Regierung unter Staatspräsident *Manuel Urrutía*, der zuvor Richter am Obersten Gerichtshof war, und Ministerpräsident *José Miro Cordona*. *Castro* lässt sich zum Oberkommandierenden der Streitkräfte ernennen. Bereits am 8. Februar 1959 wird die Regierung Cordona von den USA anerkannt.

Fidel Castro kündigt im Mai 1960 vor 55.000 Zuhörern im Baseball-Stadion von La Habana an, dass das gesamte Eigentum von US-Unternehmen auf Cuba **verstaatlicht** würde. Der Wert des betroffenen Eigentums wird auf 770 Millionen US-Dollar geschätzt, die wichtigsten Unternehmen sind die Ölgesellschaften *Texaco, Esso* und *Sinclair* sowie die *United Fruit Company.*

Das Programm zur Verstaatlichung großer Bereiche der cubanischen Wirtschaft verschärft die Spannungen mit den **USA** erheblich. *Eisenhower* betrachtet Cuba als Teil des „Hinterhofes Amerikas", in dem es keine Kommunisten geben dürfe. Durch die Importverringerung für Zucker will die USA Cuba in die Knie zwingen.

Zu den wirtschaftlichen Auseinandersetzungen kommen im Verlauf des Jahres 1960/61 konkrete Versuche, die Revolution auf Cuba zu beenden. Rund 1200 Exil-Cubaner gehen am Morgen des 15. April 1961 an der Playa Girón an Land, um das sozialistische Regime *Fidel Castros* zu stürzen. Durch die cubanische Bevölkerung, die innerhalb weniger Stunden den Widerstand organisiert

Korda gewinnt gegen Smirnoff

(Text: *María Helena Capote,* aus der Zeitung „Granma International")

Alberto Korda, Fotograf und Autor eines der am meisten verbreiteten Fotos des 20. Jh. – **Che Guevaras Porträtaufnahme** mit dem langen Haar, der Baskenmütze mit dem Stern und dem „intensiven" Gesichtsausdruck – erhielt von einem britischen Gericht die Anerkennung seines Rechtes als **Urheber des Fotos.** Er hatte die **Firma Smirnoff,** einen Wodka-Produzenten, verklagt, der das Foto auf dem Etikett eines seiner Erzeugnisse abbildete.

„Viele benutzten das Bild in den letzten 40 Jahren, ohne dass ich etwas dagegen unternahm oder meine Rechte einforderte, wenn ich sah, dass es damit in der Welt bekannter wurde. Aber es ist unmoralisch, *Che* mit einem alkoholischen Getränk in Verbindung zu bringen. Das ist meine bisher bitterste Erfahrung. Meines Erachtens wird es endlich Zeit, mit dieser Art kommerzieller Werbung Schluss zu machen", erklärte *Korda.*

Vor Journalisten im Internationalen Pressezentrum in La Habana gab *Korda* bekannt, er habe die Klage über die ihn vertretende cubanische *Agencia de Derechos de Artistas Visuales, ADAVI* (Agentur für die Rechte Visueller Künstler) und die Freundschaftsgesellschaft Cuba-England, in London eingereicht.

Ein vom Gericht anerkannter Vergleich mit der Firma gesteht ihm das intellektuelle Eigentum zu und verbietet die Verwendung des Fotos ohne die Einwilligung des Autors. *Korda,* der äußerte, damit nichts verdienen zu wollen, sagte, die Einnahmen aus der Reproduktion des Bildes würden für den Kauf von Arzneimitteln für cubanische Kinder verwendet. *Korda* starb 2001 in Paris.

und selbst koordiniert, wird die Invasion zurückgeschlagen. Nach nicht einmal 72 Stunden schlagen cubanische Regierungstruppen die von der *CIA* mitvorbereitete **Invasion** in der *Bahía de Cochinos* (**Schweinebucht**) nieder.

Der *CIA* hatte die Konterrevolutionäre ausgebildet und mit Waffen unterstützt. Der Invasion war ein **Bombardement** mehrerer Städte und Flughäfen Cubas durch B-26-Bomber vorangegangen, die zur Tarnung cubanische Hoheitsabzeichen trugen. Es gelang jedoch nicht, die cubanische Luftwaffe auszuschalten. Auch erhob sich das cubanische Volk nicht gegen *Castro.* In Amerika stand schon ein „Revolutionärer Rat" um *José Miro Cardona,* Erzfeind *Fidel Castros* nach seiner Entlassung als Ministerpräsident zu Beginn der Revolution und nun einflussreicher Exil-Cubaner, in den Startlöchern. Amerikanische Kriegsschiffe lagen während der Kämpfe vor der Küste Cubas, griffen aber auf Befehl *Kennedys* nicht ein.

Als Reaktion auf den Überfall werden in Cuba flächendeckend **Comités de Defensa de la Revolución (CDR)** zur Verteidigung der Revolution gegründet; die Nachbarschaftsorganisationen sollen die Küsten und das Land im Auge behalten, um neue Angriffe des „Staatsfeinds" zurückzuschlagen.

Es folgen erste Annäherungen zwischen *Castro* und *Chruschtschow.* Die **Sowjetunion** greift die Entwicklung auf Cuba dankbar auf und bereitet die Installation von atomaren SS-4- und SS-5-Raketen und die Stationierung von sowjetischen Streitkräften vor. Als die neuen Stellungen am 14. Oktober von amerikanischen Spionageflugzeugen entdeckt werden, verhängen die USA eine **See-**

blockade über Cuba. Einen Tag später tritt der UN-Sicherheitsrat zusammen. UN-Generalsekretär *U Thant* nimmt Gespräche mit *Kennedy* über die Bedingungen zur Beilegung der **„Cuba-Krise"** auf, während *Chruschtschow* einem Appell *Thants* zustimmt, alle weiteren Handlungen bezüglich Cubas zu suspendieren. Der sowjetische UNO-Botschafter *Sorin* erklärt am 25. Oktober 1962, dass auf Cuba keine sowjetischen Offensivwaffen stationiert sind. *Chruschtschow* lässt *Kennedy* mitteilen, dass die Sowjetunion auf jeden US-Invasionsversuch auf Cuba reagieren würde.

Am 28. Oktober 1962 erklärt sich *Chruschtschow* dann doch zum **Abbau der Raketenstellungen** bereit. Die USA beenden im Gegenzug die Blockade Cubas. So wurde möglicherweise ein Dritter Weltkrieg verhindert.

Die **CIA** setzt in dieser Zeit etwa 12.000 Agenten gegen Cuba ein. Immer neue Nahrung erhält die Theorie, dass der Mord an *Kennedy* durch Mitwirkung der CIA erfolgte, um eine Annäherung *Kennedys* an Cuba zu verhindern.

Am 3. Januar 1962 erklärt Erzbischof *Staffa* in Rom **Castro** für **exkommuniziert,** da dieser im Herbst 1961 den Weihbischof von La Habana aus Cuba ausgewiesen hatte. Im Anschluss werden staatliche Mittel für katholische Schulen und Kirchen gestrichen und einige katholische Priester wegen Anstiftung zur Aufruhr verhaftet.

1972 wird Cuba Mitglied des **Comecon** (Zusammenschluss der sozialistischen Staaten in einer Wirtschaftsgemeinschaft).

Mitte der 1970er Jahre entsendet Cuba Soldaten nach **Angola,** um dort den revolutionären Bewegungen gegen die neokolonialen Interessen der USA zur Seite zu stehen. 1975 erreicht Angola die Unabhängigkeit von Portugal. Erst 1994 ziehen sich alle cubanischen Streitkräfte aus Angola zurück.

1980 verlassen über 100.000 Cubaner die Insel vom Hafenort Mariel auf allen möglichen Gefährten in Richtung Miami. Viele der eilig zusammengezimmerten Fahrzeuge überstehen die Fahrt nicht und sinken.

Der Zusammenbruch des Ostblocks zu Beginn der 1990er Jahre führt zu einer **schweren Wirtschaftskrise,** die von einer großen Flüchtlingswelle begleitet wird (sog. *balsero*-Krise). Die auf Cuba lebenden Menschen versuchen sich mit dem Lebensnotwendigen zu versorgen. Die Sowjetunion liefert kein Öl und keine Ersatzteile mehr. *El periodo especial,* die **Spezialperiode in Friedenszeiten,** wird ins Leben gerufen.

Die sterblichen Überreste von **Ernesto Guevara** werden im Oktober 1997, dreißig Jahre nach seinem Tod, feierlich in Santa Clara beigesetzt. Eine Viertelmillion Cubaner mit *Fidel Castro* an der Spitze defilieren an dem – eigens zu diesem Zweck in Santa Clara errichteten – Mausoleum mit den Überresten des Revolutionshelden vorbei.

1998 besucht **Papst Johannes Paul II.** La Habana; Weihnachten wird wieder als offizieller Feiertag eingeführt.

2004 wird der **US-Dollar** nach elf Jahren **als Zahlungsmittel wieder abgeschafft.** Der schon existierende Peso Convertible (CUC) ersetzt ihn im Wert von 1:1.

2006 muss sich *Fidel Castro* einer Darmoperation unterziehen und übergibt die Amtsgeschäfte offiziell an seinen Bruder **Raúl Castro.**

Staat und Politik

Im April 2014 treffen sich in Panama City US-Präsident *Barack Obama* und *Raúl Castro* zu einem ersten Gespräch – das Bild ihres historischen Handschlags geht um die Welt. Seitdem gehen die **USA und Cuba** vorsichtig aufeinander zu. Bisheriger Höhepunkt: Nach 54 Jahren diplomatischer Eiszeit öffnen die USA in Anwesenheit ihres Außenministers *John Kerry* im August 2015 wieder ihre Botschaft in La Habana.

Im September 2015 kommt **Papst Franziskus** zu einem umjubelten Besuch auf die Insel. Im Hintergrund hatte der Vatikan schon seit Jahren an einer Versöhnung Cubas und der USA mitgewirkt – bezeichnenderweise flog der Papst von der Insel weiter in die USA.

Im November 2016 stirbt *Fidel Castro*.

„Die Menschen sind wie Gestirne, einige geben Licht ab, und andere leuchten mit dem, was sie bekommen."

(José Martí)

Die einzige zugelassene Partei im Land ist die **Kommunistische Partei Cubas** *(PCC)* mit 500.000 Mitgliedern. Cuba ist gemäß der Verfassung von 1976 ein sozialistischer Staat. Das war nicht seit der Revolution so. Die Revolution von 1959 war keine sozialistische, sondern erst im Verlauf der 1960er Jahre wurde der sozialistische Charakter Cubas von *Fidel Castro* hervorgehoben.

cu008-2016.if

Das oberste Verfassungsorgan ist die **Asamblea Nacional del Poder Popular,** die Nationalversammlung der Volksmacht, die 614 Mitglieder hat. Alle vier Jahre werden die Mitglieder gewählt, alle zwei Jahre wählt die Nationalversammlung die 30 Mitglieder des Staatsrates, des *Consejo de Estado*. Vorsitzender des Staatsrates, und damit Staatsoberhaupt, ist seit 2006 *Raúl Castro*.

Der Parteikongress wählt die 255 Mitglieder des Zentralkomitees, diese ernennen das 24-sitzige-Politbüro.

Verfassung

Nach der Unabhängigkeit wurde im Jahre 1901 eine Verfassung eingeführt, die **post-koloniale Züge** hatte und den Amerikanern jederzeit militärisches Eingreifen gestattete, wenn sie es für notwendig hielten. Die **Reform** 1934 verbesserte die Situation nicht wirklich, da sich nur Wenige um die Durchsetzung scherten. Auch die extrem fortschrittliche 1940er Verfassung schaffte kaum echte Verbesserungen.

1976 endlich gab es die erste **sozialistische Verfassung,** die 1992 reformiert wurde. Wichtige Änderungen waren der Schutz ausländischer Investoren, der Übergang Cubas zum säkulären Staat, also der Trennung von Staat und Kirche, die Einführung der geheimen Direktwahl zur Nationalversammlung und Festschreibung des Umweltschutzes.

◁ Vizepräsident Miguel Mario Díaz-Canel Bermúdez, vielleicht der nächste Präsident

Staatsoberhaupt *Raúl Castro* propagierte 2013 eine Verfassungsänderung, die seine eigene Amtszeit auf maximal 10 Jahre beschränkt und die Bevölkerung stärker an den Entscheidungen beteiligt.

Aktuelle Politik

„Revolutionäre gehen nie in Pension."
(Fidel Castro)

Seit **Raúl Castro** das Sagen in Cuba hat, ist der Wandel erheblich: *Raúl* verkneift sich die ideologischen Kampagnen seines Bruders, spricht über die mangelnde Effizienz der Betriebe und die unzureichenden Löhne der Arbeiter und arbeitet an der Öffnung des Landes. Damit ist der jüngere, so wenig charismatische Bruder viel näher am Volk als *Fidel*. Er ist ein nüchterner, pragmatischer Verwalter und behutsamer Reformer des cubanischen „Socialismo tropical", ohne dessen Kern anzutasten: Im Januar 2012 erteilt *Raúl Castro* allen **Forderungen nach politischen Reformen eine klare Absage.** Er schließt auch ein Mehrparteiensystem aus. Er werde niemals das Konzept von einer einzigen Partei aufgeben, sagt er zum Abschluss der Nationalen Konferenz der Kommunistischen Partei Cubas.

Als Vizepräsidenten des Staatsrates präsentiert *Raúl Castro* **Miguel Díaz-Canel,** der damit auch Kandidat für die Nachfolge als Staatschef ist. Der Elektroingenieur ist seit 30 Jahren in der Politik aktiv und arbeitet nun schrittweise an der Modernisierung des Landes. 29 Jahre jünger als *Raúl Castro,* scheint er frischen Wind in die Administration zu bringen. 2017 wird man wissen, ob er

durchgehalten hat oder der Politik den Rücken kehrt, wie etwa *Carlos Lage,* die einstige Hoffnung vieler Beobachter.

Im Juli **2014** schließen *Raúl Castro* und Russlands Präsident *Putin* in La Habana wichtige Verträge. Unter anderem erlässt Russland Cuba 90 % seiner Schulden, die restliche Summe von etwa 2,3 Milliarden Euro (77,7 Milliarden CUP) soll in Cuba reinvestiert werden.

2014 dürfen erstmals seit 1959 zwei „staatsfeindliche Elemente" in La Habana offiziell zur Wahl antreten. Die beiden verpassen zwar den Einzug ins Parlament, doch allein die Nominierung ist eine Sensation und ein weiteres Zeichen für den **Aufbruch neuer Zeiten,** auch und gerade im Verhältnis zu den USA, zu denen seit August 2015 wieder diplomatische Beziehungen bestehen, was über kurz oder lang auch ein Ende des US-Embargos nach sich ziehen wird.

Auf dem Parteitag der Kommunistischen Partei **2016** wird eine Altersbeschränkung für die Kandidaten für das Zentralkomitee von 60 Jahren, für das Politbüro von 70 Jahren eingeführt. Deshalb tritt *Raúl Castro* im Jahr 2018 von seinem Amt als Präsident ab.

Der deutsche Außenminister *Frank-Walter Steinmeier* ist 2016 zu Besuch in Cuba, es wird ein Kulturabkommen mit Deutschland in Aussicht gestellt.

Um die Kaufkraft des Peso Cubano zu erhöhen, werden 2016 die Preise für eine Reihe von Grundnahrungsmitteln reduziert. Obwohl die Löhne seit 2013 gestiegen sind, räumt *Raúl Castro* ein, dass sie weiterhin unzureichend sind.

◁ Auferstanden aus Ruinen:
Volksheld aus Bauschutt (in Matanzas)

Der **Besuch des US-Präsidenten Barack Obama** 2016 weckt zwar Hoffnungen und Erwartungen, dennoch überwiegt bei den meisten Cubanern eine abwartende Haltung in Bezug auf die zukünftigen Entwicklungen in Politik und Wirtschaft, erst recht nachdem im November 2016 *Donald Trump* zum neuen US-Präsidenten gewählt wird. Im gleichen Monat stirbt *Fidel Castro,* sodass der zukünftige Weg Cubas mehr denn je ungewiss ist.

Gesundheitswesen

Eine Errungenschaft der Revolution ist die **hohe Lebenserwartung** der Cubaner, die heute bei etwa 75 Jahren liegt. Die Säuglings- und Kindersterblichkeit ist eine der niedrigsten weltweit.

Die Ausstattung der cubanischen **Polikliniken** ist ausreichend und die ärztliche Behandlung gut, obwohl ein Mangel an Medikamenten besteht. Pro 1000 Einwohner stehen sechs **Ärzte** zur Verfügung, fast doppelt so viele wie in Deutschland und weltweit nur von Italien übertroffen.

Cuba nimmt eine Spitzenposition in der **Biotechnologie** ein. Über eine Milliarde US-Dollar hat die Regierung in die Biotech- und Medizinforschung investiert. *Castros* Wissenschaftler haben Impfstoffe gegen Meningitis und neue Krebsmittel entwickelt. Nach Ansicht der Wissenschaftler ist ihr Cholera-Impfstoff für die Medizinkonzerne nicht

7

wichtig, da diese Medikamente von den Dritte-Welt-Ländern nicht bezahlt werden können. Aufgrund des guten Rufes der örtlichen Medizin lassen sich jedes Jahr Tausende Ausländer von cubanischen Ärzten behandeln.

Cuba bekommt regelmäßig Auszeichnungen für die Entwicklung neuer Medikamente, 2011 z.B. für einen Wirkstoff zur Therapie von Diabeteserkrankungen und zuletzt für ein Psoriasispräparat.

Zur gesundheitlichen Betreuung von **Frauen** gibt es drei Programme: das Mutter-Kind-Programm, das Früherkennungsprogramm für Gebärmutterkrebs und ein Erkennungsprogramm für Brustkrebs.

Cuba ist auch bei der Behandlung von **Augenkrankheiten** an der Spitze. Es gibt eine internationale Klinik für Nachtblindheit *(Retinopathia pigmentosa).* Seit den 1950er Jahren werden Patienten mit Retinopathia pigmentosa behandelt, aber erst seit 1987 konnten sie mit der Technik von *Prof. Peláez,* dem Leiter der Klinik, operiert werden, die den Verlauf der Krankheit stoppt und somit der Erblindung vorgreift. Dieser chirurgische Eingriff ist eine rein cubanische Technik. Seit 1992 existiert in La Habana das „Centro Internacional de Retinosis Pigmentaria Camilo Cienfuegos", in dem seitdem über 4500 Patienten aus 78 Ländern behandelt wurden.

Der letzte Superlativ betrifft den **HIV-Virus,** der auf Cuba intensiv erforscht wird. Die Zahl der Infizierten ist schwer zu überprüfen. Fest steht jedoch, dass es an den Schulen eine weitreichende Aufklärung zu den Risiken des ungeschützten Geschlechtsverkehrs gibt. Tatsache ist aber auch, dass die Aussicht, das schnelle Geld zu verdienen, junge Frauen extrem gefährdet. **Prostitution** und **Sextourismus** haben in den letzten Jahren rapide zugenommen. Verbote helfen da nur wenig, solange die Frauen keine anderen Perspektiven haben.

Obwohl Cuba kein reiches Land ist und mit wirtschaftlichen Problemen zu kämpfen hat, unterstützt es andere Nationen im medizinischen Bereich. Weltweit stellt Cuba mehr medizinisches Personal zur Verfügung als die Weltgesundheitsorganisation WHO.

Bildungswesen

„Gebildet sein, um frei zu sein."
                                    (José Martí)

Vor der Revolution 1959 gab es Bildung nur für die Kinder reicher Eltern. Eines der bleibenden Verdienste *Fidel Castros* ist die **1961** beschlossene **Alphabetisierung:** Cuba besitzt mit 4 % die niedrigste Analphabetenrate des amerikanischen Kontinents, selbst die USA erreichen keinen besseren Wert. Überall auf der Insel entstanden Kulturhäuser, die *Casas de la Cultura,* die sich großer Beliebtheit erfreuen. 2014 zeichnete die UNESCO das cubanische Bildungssystem als das beste Lateinamerikas aus.

◁ Historische Apotheke in La Habana

Der **Schulbesuch** ist Pflicht, die Unterrichtsmaterialien stellt der Staat gratis zur Verfügung. Alle cubanischen Kinder tragen eine Schuluniform, damit die Unterschiede zwischen Kindern reicher und armer Eltern nicht sichtbar sind.

Es soll nicht verschwiegen werden, dass in Cuba ein **Lehrermangel** besteht. Da die Löhne gering sind, versuchen sich viele Lehrer anders durchzuschlagen. Als Sofortmaßnahme hat die Regierung Studenten der staatlichen Hochschule in Schulen zum Unterrichten geschickt. Auch pensionierte Lehrer hat man wieder eingestellt. 2013 gab es schließlich Lohnerhöhungen.

Cuba verfügt derzeit über 22 **Universitäten.** Im Rahmen einer Hochschulreform soll für jede Provinz eine Strategie entwickelt werden, um eine Zusammenlegung mehrerer Standorte zu erreichen. Die verbleibenden Universitäten sollen saniert und besser ausgestattet werden. Zudem soll das Hochschulpersonal besser geschult werden. Der Deutsche Akademische Austauschdienst vergibt Stipendien an deutsche Studenten, Infos unter www.daad.de.

Seit 2012 versucht man verstärkt, Kinder für künstlerische Tätigkeiten zu begeistern, und schuf eine Initiative zur **Kulturförderung.**

Medien

„Die Republik Cuba macht sich die Prinzipien des proletarischen Internationalismus und der kämpferischen Solidarität zu eigen." (Verfassung, Art. 12.)

Das beste Mittel die Menschen zu erreichen, sind die **Massenmedien.** Das gilt auch für Cuba, und so gibt es im cubanischen Fernsehen jede Menge kämpferische Solidarität.

Fernsehen

Das TV-System gleicht dem amerikanischen *NTSC.* Die „wichtigste" Sendung ist die **Telenovela,** die cubanische Seifenoper. Wenn sie ausgestrahlt wird, hängt halb Cuba vor den Geräten und sieht sich das Drama an. Dann gibt es noch den amerikanischen Fernseh-Piratensender **Tele Martí,** den die Cubaner *Tele Gusano,* Fernsehwurm, nennen. Er überschüttet die Landsleute mit Anti-Castro-Propaganda der übelsten Sorte.

Radio

In Habana kann man auf **Radio Taíno,** FM 93.3, Nachrichten und Konzerttermine in mehreren Sprachen empfangen. **Radio Habana** sendet auf 31m/9550 kHz täglich in Englisch. *Radio Martí* sendet täglich mehrere Stunden akustischen Unrat aus Miami. Es müsse ihnen doch gesagt werden, wie es wirklich ist, behaupten die Castro-Gegner.

▷ Schuluniformen sind für alle Pflicht

059cu kh

Zeitungen

Die wichtigste **Tageszeitung** *(diario)* ist „Granma" (www.granma.cu). Es gibt auch eine deutsche Ausgabe, die monatlich erscheint. „Trabajadores" (www.trabajadores.cu), „Juventud Rebelde" (www.juventudrebelde.cu), „Bohemia" (www.bohemia.cu) und das digitale Magazin www.cubahora.cu sind weitere Informationsquellen.

Seit 2015 erscheint die **Zeitschrift** „Ofertas" (www.ofertas.cu), eine Plattform für Anzeigen und Stellenausschreibungen. Die Zeitschrift soll dem Privatsektor und neu gegründeten Kooperativen auch mit Informationen und Rechtsberatung zu Geschäftsgründungen zur Seite stehen.

Wirtschaft

Cuba ist (noch) eine **sozialistische Planwirtschaft,** in der politische Ziele Vorrang vor ökonomischen Erwägungen haben. Nach der Revolution wurden 90 % der Industrie und über 70 % der Landwirtschaft verstaatlicht, Unterstützung erfuhr Cuba durch die Staaten des früheren Ostblocks, insbesondere der UdSSR. Die Regierung der ehemaligen DDR ließ das größte Zementwerk Lateinamerikas in der Nähe von Cienfuegos bauen. Ebenfalls dort wurde mit dem Bau eines Atomkraftwerks nach sowjetischem Vorbild begonnen. Das Zementwerk arbeitet inzwischen wegen

der hohen Umweltverschmutzung nur noch mit halber Leistung, der Bau des AKWs wurde eingestellt.

Nach dem Zusammenbruch des Ost-blocks endete auch die finanzielle Unterstützung, sehr viele Güter mussten rationiert werden. Bei der Versorgung gilt folgender Leitsatz: zuerst die Touristen, dann die Devisenläden und dann die Bevölkerung. Es gibt Lebensmittel, die jeder Cubaner garantiert erhält, andere nur alle paar Monate, wenn es sie gibt, und andere nur, wenn er oder sie Glück hat. Obst ist auf den Bauernmärkten erhältlich, es wird vermehrt privat angebaut. Bezahlt wird in Pesos. In den offiziellen Devisenläden gibt es auch alle anderen Lebensmittel.

Mit Loks wie dieser wurde der Zucker zum Hafen gefahren

Da die meisten Cubaner in Pesos bezahlt werden, können sie bei einem **Durchschnittseinkommen** von umgerechnet ca. 15 Euro im Monat ihren Bedarf nur mit CUC in den Devisenläden decken, allerdings besitzt weniger als die Hälfte der Bevölkerung CUCs.

Cuba ist Mitglied der **Welthandels-organisation,** nicht aber beim Internationalen Währungsfond (IWF) und der Weltbank.

Zucker und die Wirtschaft

Seit der spanischen Kolonialherrschaft ist Zucker das Hauptexportgut Cubas. Die erste Schneidemaschine für Zuckerrohr wurde auf Cuba erfunden. Mitte des 19. Jh. dienten über zwei Drittel der Anbaufläche von zwei Millionen Hektar dem Zuckerrohranbau. Diese **Monokul-**

tur hatte eine Vernachlässigung der Nahrungsmittelproduktion zur Folge. Die schwankenden Produktionsergebnisse wirkten sich auf den Arbeitsmarkt aus, sodass große Teile der Landbevölkerung nicht genug zum Leben hatten. Daran änderte sich auch in der ersten Hälfte des 20. Jh. nichts, als Großgrundbesitzer und US-amerikanisches Kapital Hand in Hand die Insel ausplünderten. Erst 1959, mit dem Sieg der cubanischen Revolution, wurde durch **einschneidende Landreformen** der Großgrundbesitz beseitigt. Mehr als 100.000 Pächtern und Siedlern wurde der Boden kostenlos übertragen, während die großen Ländereien in Staatsgüter umgewandelt wurden. In der Landwirtschaft entstanden ein staatlicher und ein privater Sektor.

Die *zafra*, die **Zuckerrohrernte**, geschieht nach der Revolution von 1959 zunehmend mit Hilfe von Maschinen, den *combinadas,* nur ein kleiner Rest wird noch mit der Machete von Hand geschlagen; die Erntearbeiter nannte man deshalb *macheteros.* Die Zuckerrohrarbeiter werden heute gut bezahlt und sind das ganze Jahr hindurch beschäftigt. Die sog. tote Zeit, die Zeit zwischen Ernte und Saat des Zuckers, gibt es nicht mehr. Vor der Revolution war das die Zeit, in der die armen *parceros,* die Arbeiter auf gepachtetem Boden, kaum etwas zum Leben verdienten, aber trotzdem an die Großgrundbesitzer zahlen mussten.

Nach dem Umbau der Zuckerindustrie (Schließung der Hälfte der Zuckerfabriken) ist die Bedeutung des Zuckers weiter zurückgegangen. Seit die Zuckerpreise weltweit wieder steigen, zeichnet sich jedoch eine Trendwende ab, allerdings ist die Zuckerproduktion der Insel

weiterhin gering. Inzwischen wird Zucker auch ökologisch angebaut. Die ersten 4200 Tonnen Biozucker wurden in der Zuckerfabrik *Carlos Baliño* in der Provinz Villa Clara hergestellt.

Die **privaten Kleinbauern** werden vom Staat unterstützt und müssen dafür einen Teil ihrer Erzeugnisse zu festgesetzten Preisen an den Staat verkaufen.

Durch den Wegfall des sozialistischen Marktes musste die Regierung neue Wege beschreiten, um die Grundversorgung der Bevölkerung mit Lebensmitteln zu sichern. So kam es 1993 zur Schaffung der **Unidades Básicas de Producción Cooperativa (UBPC).** Dabei wird das sozialistische Prinzip der Vergesellschaftung von Grund und Boden, Maschinen und Arbeitsgeräten verbunden mit dem privatwirtschaftlichen Leistungsgedanken; durch die Kopplung der Einkünfte der Arbeiter an die erzielte Produktion soll eine Steigerung des Ertrags erfolgen.

Cubas **Hauptexportprodukte** waren und sind Rohzucker und Tabak bzw. Zigarren. Andere Produkte der cubanischen Landwirtschaft sind Bohnen, Reis, Ananas, Bananen, Mais, Kartoffeln, Kaffee und Zitrusfrüchte. Exporte im medizinischen Sektor, die Behandlung ausländischer, v.a. zentral- und lateinamerikanischer Patienten und die Entsendung von Ärzten und medizinischem Fachpersonal ins Ausland ist zu einer wichtigen Devisenquelle geworden.

Der größte Teil der auf Cuba verbrauchten **Industriegüter** muss importiert werden. Zuwächse verzeichnen lediglich die Pharmaindustrie und der Biotechnologiesektor, die Getränke- und Tabakproduktion sowie die Raffinierung von Rohöl.

Die wichtigsten **Handelspartner** Cubas sind Venezuela, China und Kanada. Der Tourismussektor liefert nicht mehr so hohe Erträge, da die Versorgung immer kostspieliger wird.

Die cubanische Wirtschaft ist in **Staatsunternehmen** organisiert, die der Aufsicht durch Fachministerien unterstehen. Daneben bestehen über 200 **Joint Ventures,** auch mit deutschen Unternehmen. Seit 2014 dürfen Cubas Staatsunternehmen 50 statt 30 % ihrer Nettoeinnahmen behalten sowie ihr Lohnsystem selbst festlegen; das soll die Produktivität steigern.

Um die Hafenstadt Mariel westlich von La Habana ist **Cubas erste Sonderwirtschaftszone** entstanden. Die *Zona Especial de Desarrollo Mariel* (ZEDM) könnte sich zu einem bedeutenden Logistikzentrum entwickeln: Über 400 Projekte sind geplant, ausländische Investoren aus 30 Ländern haben ihr Interesse bekundet. So plant der Autohersteller *Geely* ein Montagewerk mit einer Kapazität von 10.000 Fahrzeugen jährlich, auch der russische Konzern *GAZ* will in Mariel Laster produzieren.

Alle ausländischen Unternehmen, die in Cuba produzieren wollen, werden von der Regierung überprüft. Cuba will sich nicht ausverkaufen, deshalb untersucht man vorher den volkswirtschaftlichen Nutzen und die Langzeitfolgen jedes einzelnen Projekts.

◁ Bei der Tabakverarbeitung

Tabak

In den Tabakanbaugebieten verdienen die Bauern einen Teil ihres Lohnes in CUC – daran erkennt man schon die Bedeutung dieses Wirtschaftszweiges. Der cubanische Tabak soll **einer der besten der Welt** sein. Auf jeden Fall ist er ein Prestigeprodukt der Antilleninsel.

Schon viele einheimische Indianerstämme praktizierten das **Rauchen** von getrockneten, zusammengerollten Blättern der Tabakpflanze, vor allem bei rituellen Handlungen. Rauchen war nur Männern erlaubt, die Pflanzen wurden von indianischen Schamanen angebaut.

Im 16. Jh. fingen die Spanier und Engländer an, diesem Brauch nachzueifern, doch verhinderten die auftretenden Nebenwirkungen – Rauschzustände und Benommenheit – die Verbreitung, man hielt Tabak für Teufelszeug.

Doch in den folgenden Jahrhunderten verbreitete sich das Rauchen auch in den Adelshäusern in Europa, und man fing an, Tabak anzubauen. In Pinar del Río ist die Zusammensetzung der Böden hervorragend. Außerdem werden die Pflanzen durch die umliegenden Berge geschützt und das dortige Klima sorgt für die optimale Feuchtigkeit.

Der **Tabakanbau** erfordert viel Wissen und Erfahrung, z.B. bezüglich des richtigen Zeitpunkts für die Ernte. Wenn die Trockenheit Ende Oktober in Viñales beginnt, wird der Tabak gesät, drei bis vier Monate später wird geerntet. In den restlichen Monaten des Jahres werden auf den Tabakfeldern Bananen oder Mais angepflanzt. In den letzten Jahren haben Wirbelstürme erheblichen Schaden in den Feldern angerichtet.

Bodenschätze

Nickel ist der wichtigste auf Cuba gewonnene Rohstoff, allerdings schwanken die Preise auf dem Weltmarkt erheblich, sodass selten Grund zum Jubeln besteht. Außerdem werden Chrom, Salz, Kobalt, Erdgas und -öl gefördert. Das onshore geförderte Erdöl ist aber von schlechter Qualität und auch nicht ausreichend vorhanden. Es muss deshalb zum größten Teil importiert werden. Das eigene Öl wird großteils in Kraftwerken zur Stromgewinnung verfeuert.

In den cubanischen Hoheitsgewässern vor der Nordküste liegt ein **Erdöl-** und **Gasfeld** mit einer Ausdehnung von rund 112.000 km². *CUPET (Cuba Petróleo)* ließ in Zusammenarbeit mit ausländischen Konzernen und Spezialisten seit 1999 Probebohrungen durchführen, die zuletzt aber wegen geologischer Probleme suspendiert wurden.

Energie

Die **Stromerzeugung** ist immer noch ein Problem in Cuba. Gerade wird der Bau eines Windparks mit 174 Megawatt Leistung in der Provinz Guantánamo und mit 102 Megawatt in der Provinz Holguín vorangetrieben. Auf dem Gelände von Expocuba im Süden von La Habana wurde der dritte Solarpark der Hauptstadt eröffnet: Die 2500 Solarpaneele können nach Angaben des Netzbetreibers pro Tag 520 Kilowatt erzeugen.

Mitte des 19. Jh. tauchte in der Provinz Camagüey zum ersten Mal an den Straßenrändern der schwer zu beseitigende **Marabú-Strauch** *(Dichrostachys cinerea)* auf. Die aggressive Pflanze hat im Laufe der Zeit weit über 1000 Hektar Fläche in Beschlag genommen; die Samen werden durch Tiere verbreitet. Jetzt hat man begonnen, die Pflanzen in Anlagen zur Stromerzeugung zu verfeuern.

Cuba gilt in der Region als Vorreiter in den Bereichen **Umweltschutz und erneuerbare Energien.** Staatlich gefördert wird z.B. die Produktion von stromsparenden LED-Leuchten, von Solaranlagen und Induktionsherden. Bis 2030 sollen erneuerbare Energien 24 % des Strombedarfs abdecken. Windenergieanlagen werden ausgebaut. Die Stromerzeugung aus Biomasse hat derzeit den stärksten Anteil an den erneuerbaren Energien, hauptsächlich Abfälle aus der Zuckerindustrie liefern den Rohstoff.

Fischerei

Die Fischerei konnte sich auf Cuba nicht recht durchsetzen. Die Cubaner essen wenig Fisch. Selbst als der Staatschef höchstpersönlich seine Landsleute zum Fischessen aufrief und es gleich im Fernsehen praktizierte, änderte sich wenig. Es gibt eine kleine Fischereiflotte, aber in der Regel sind die Hotels die größten Abnehmer.

Wirtschaftliche Daten

2014 wuchs die cubanische Wirtschaft um 1 % (2013: 2,7 %), die **Inflationsrate** betrug gut 2 %. Die **Arbeitslosenquote** wurde von offizieller Seite mit 2,7 % angegeben, das **Haushaltsdefizit** soll gut 4 % des **Bruttoinlandsproduktes** (BIP) von 80,5 Mrd. Pesos betragen haben. Dabei gilt es zu bedenken, dass eine zu-

Land und Leute

verlässige Berechnung des BIP kaum möglich ist, da die beiden Währungen CUC (1:1 zum US-Dollar) und CUP vermischt werden. Einige Staatsausgaben werden in CUP (vor allem Gehälter) und andere in CUC (vor allem Exporte) berechnet. Kuba ist bestrebt, das doppelte Währungssystem abzuschaffen, aber es ist ungeklärt, zu welchen Bedingungen und über welchen Zeitraum hinweg die beiden Währungen zusammengeführt werden sollen.

Die **Devisenreserven** des Landes werden auf 10 Mrd. US-Dollar geschätzt, die **Auslandsschulden** sollen 25 bis 30 Mrd. US-Dollar betragen.

Die absehbare Aufhebung des **US-Handelsembargos** wird die cubanische Wirtschaft komplett transformieren und ganz neue Möglichkeiten internationaler Kooperationen und Geschäfte mit US-amerikanischen und europäischen Firmen eröffnen.

Tourismus

2014 kamen mehr als **drei Millionen Urlauber** nach Cuba, davon 140.000 aus Deutschland. Die Touristenzahlen steigen seit Jahren, auch immer mehr Kreuzfahrtschiffe laufen Cuba an. Sobald die US-Handelsblockade gegen Cuba wegfällt, ist mit einem Ansturm amerikanischer Touristen zu rechnen.

Die spanische Hotelkette *Meliá* war die erste, die ungeachtet US-amerikanischer Drohungen bereits vor Jahren auf Cuba investierte. Um ausländischen Investoren mehr Sicherheit zu bieten, setzte Cubas Regierung die Pachtzeit für Ausländer von 50 auf 99 Jahre herauf.

Die Kapazität der **Hotels** soll bis 2020 von derzeit 61.500 auf 85.000 Betten ausgebaut werden. Priorität genießen die Regionen um Guardalavaca bei Holguín, die Südküste um Cienfuegos und Trinidad, die Playa Santa Lucía bei Camagüey und der Norden von Las Tunas.

Seit 2011 wurden übrigens 16 **Golfplätze** gebaut, was mit Blick auf den Wasserverbrauch ökologisch mehr als bedenklich ist.

▷ Weihnachten auf Cuba

Bevölkerung

„Wir alle sind von den Schiffen herunter-gestiegen."

(Alejo Carpentier)

Siebzig Prozent der elf Millionen Cuba-ner sind Nachfahren der spanischen Einwanderer. 12 % sind Nachfahren der **afrikanischen Sklaven.** Mulatten, Mestizen und ein kleiner Teil Asiaten (vor allem Chinesen) bilden den restlichen Anteil. **Mulatten** sind die Kinder der Spanier und der Afrikaner, **Mestizen** stammen aus der „Mischung" mit den Ureinwohnern, die wiederum aus den umliegenden Ländern kamen. Rassismus zwischen den Bevölkerungsgruppen gibt es offiziell nicht, da *Fidel Castro* dies sofort nach der Revolution „verboten" hat. In der Praxis sieht dies aber doch anders aus. Rassismus existiert; er ist, entgegen den Beteuerungen des Staates, ziemlich weit verbreitet. Je heller die Hautfarbe, desto höher das Ansehen der Menschen. Es wird gerne über Landsleute dunklerer Hautfarbe hergezogen. Die Hellhäutigen versuchen geltend zu machen, dass sie ja mindestens die Mittelschicht repräsentieren und die Dunkelhäutigen klagen diesen unleugbaren Umstand an.

Asiaten

„Heute sieht man einen Chinesen und fragt ihn: Geht es gut?, und er sagt: Ich nicht wissen."

(Esteban Montejo)

Als die Sklaverei abgeschafft wurde, kamen unter unsäglichen Bedingungen Chinesen und Filipinos nach Cuba. Sie waren zwar freiwillig gekommen, mussten dann aber sogar noch ihre „Überfahrt" abarbeiten. Acht Jahre lang stan-

065cu kh

den sie unter Vertrag bei den Zucker-
baronen. Danach ließen sich viele in La
Habana nieder und schufen das **Chine-
senviertel** mit seinen Wäschereien und
Restaurants. Bald kamen auch chinesische Auswanderer aus Amerika nach
Cuba. Gegen Ende des 19. Jh. lebten
40.000 Asiaten in der Stadt, insgesamt
schätzt man die Zahl heute auf etwa
150.000. Sie waren gut organisiert und
sehr diszipliniert. Viele begannen auf
Cuba eine Existenz als Kaufleute aufzu-
bauen. Verkauft wurden: Seide, Papier-
waren und Duftessenzen.

Berühmt waren die **chinesischen
Ärzte,** die von Ort zu Ort zogen und gegen gute Münze ihre Dienste und Heil-
kräuter zur Verfügung stellten. In Sagua
la Grande, im Bezirk Villa Clara, gab es
ein chinesisches Theater und eine ganze
Straße, den Tacón, in dem sich ein chinesisches Geschäft an das andere reihte.
Bei den Befreiungskriegen schlossen
sich viele den *mambises,* den Heeren der
ehemaligen Sklaven an. Heute ist das
Barrio chino eher klein und die Menschen haben viel von der karibischen
Mentalität übernommen.

Haitianer

Als ganz Haiti durch die **Sklavenaufstände** in Flammen aufging, flohen die
Reichen mit all ihrer Habe, teilweise
auch mit den Sklaven, nach Cuba. Sie
brachten das Französische auf die Insel,
Haiti stand lange unter französischer
Herrschaft. Alles Fremde wurde daraufhin mit dem Zusatz „francesa" versehen.
Die *Tumba francesa,* die französische
Trommel, ist in Wahrheit natürlich ein
ur-afrikanisches Instrument.

Juden

Alles bestimmende Religion unter der
spanischen Krone war der Katholizismus. Andersdenkende wurden verfolgt,
so auch Menschen jüdischen Glaubens.
Mit der Unabhängigkeit änderte sich
das. Die jüdischen Freiheitskämpfer bekamen einen eigenen Friedhof in La Habana, und es wurden jüdische Gemeinden gegründet, deren Mitglieder vor allem amerikanische Auswanderer waren.

Im Ersten Weltkrieg kamen **polnische
und russische Juden** auf die Insel. Die
meisten wollten in die USA, wurden
dort aber abgewiesen und versuchten es
dann über Cuba. Viele blieben und fanden Arbeit. Weitere Juden aus Osteuropa
kamen gezielt nach Cuba und etablierten
sich als Handwerker und Kaufleute. Der
Handel und die Produktion von Textilien erlebten unter jüdischer Anleitung
einen ungeahnten Aufschwung. Auch
im Verlags- und Zeitungswesen konnten
sich viele etablieren.

Auf Grund der amerikanisch orien-
tierten Politik der Cubaner wurden nur
wenige verfolgte Juden aus Deutschland
aufgenommen. Besonders tragisch war
der Fall des **Schiffes „St. Louis",** das
1939 mit über 900 Flüchtlingen den Hafen von La Habana anlief. Die Einreise-
papiere hatten sich die Menschen in
Prag von einem cubanischen Beamten
erkauft, der sich das Geld selbst einste-
cken wollte. Als das auf Cuba bekannt
wurde, erklärte man die Papiere für ungültig und verlangte wiederum Geld von
den Flüchtlingen, die aber nicht bezahlen konnten. Auch die USA verweigerten den Flüchtlingen die Einreise. So
musste die St. Louis kehrtmachen und
nach Europa zurückfahren. Verschie-de-

ne Länder nahmen die Juden auf, die meisten wurden allerdings von den vorrückenden Deutschen in Konzentrationslagern ermordet.

Nach der Revolution emigrierten viele Juden aus Angst vor Enteignung nach Amerika, und so leben heute nur noch wenige Menschen jüdischen Glaubens auf Cuba.

Muslime

In Cuba leben etwa 9000 Muslime, davon 3500 in der Hauptstadt La Habana. Deshalb beschloss die Regierung im Mai 2014, dort eine **Moschee** bauen zu lassen. Der Entwurf erinnert an die Ortaköy-Moschee in Istanbul, mit einem quadratischen Grundriss, einer Kuppel und zwei Minaretten. Der Bau wird von einer türkischen Stiftung finanziert.

Exilcubaner

„Die zweitgrößte Stadt Cubas ist Miami", sagen die Cubaner. 1959 flohen viele wohlhabende Cubaner vor der Revolution nach Florida; heute leben dort über zwei Millionen Cubaner. Lange waren sie eine verschworene Gemeinschaft, vereint in ihrem Kampf gegen *Fidel Castro* und das verhasste kommunistische System. Der Piratensender „Radio Martí" überschüttete die Insel mit wüster Propaganda. Eine Wende bewirkte 1998 der Papstbesuch in La Habana. „Der Handschlag mit *Fidel Castro* untergrub die moralische Legitimität der Hardliner", meinte *Thomas Wenski*, Weihbischof in der Diözese Miami. Nach außen geben sich die meisten Exilcubaner

weiterhin als Castro-Feinde, doch haben sich viele mit dem Regime arrangiert. Mit Geld und Lebensmitteln helfen sie Angehörigen, Verwandtenbesuche sind seit Jahren möglich.

Über 50 Jahre lang konnte diese Minderheit ihren **Einfluss** in den USA geltend machen, passend zur antikommunistischen Ausrichtung der US-amerikanischen Außenpolitik. Die Politiker ließen sich mit Wahlzusagen und Geld ködern. Selbst *Bill Clinton* versprach 1992, den *Cuban Democracy Act* durchzusetzen, ein Gesetz, das alle US-Unternehmen, die mit Cuba Handel treiben, mit Geldstrafen belegt. Weil er für seine Wiederwahl 1996 die exilcubanischen Stimmen brauchte, stimmte er sogar dem haarsträubenden **Helms-Burton-Act** zu. Das Gesetz belastet bis heute das Verhältnis zwischen den USA und dem Rest der Welt. Es ist zu einem Symbol für die Arroganz der Weltmacht geworden. Danach riskieren Staaten, die mit Cuba Handel treiben, Sanktionen durch die Vereinigten Staaten.

Religion

„Wie unfassbar bescheiden sind die Menschen, die sich einer einzigen Religion verschreiben!"

(Elias Canetti)

Eine der ersten Maßnahmen der erobernden Spanier war die Installation des Katholizismus auf der Zuckerinsel. Das spanische Mutterland jedoch war weit entfernt, und so entwickelte sich eine **karibische Variante des Christen-**

tums. Die ursprünglichen Religionen der Ureinwohner starben mit ihnen aus. In den folgenden Jahrhunderten prägten die gewaltsam aus ihrer afrikanischen Heimat verschleppten **Sklaven** die religiösen Vorstellungen auf Cuba. Diese hatten keinen einheitlichen Glauben, sondern jede Volksgruppe ihre eigene religiöse Weltanschauung. Gemeinsam war allen Glaubensrichtungen jedoch die zentrale Bedeutung von Trommelrhythmen bei ihren Riten und Festen. Im Laufe der Zeit kristallisierte sich eine Gruppe heraus, die man im Allgemeinen *Santería* nennt. Insgesamt sind heute 56 % der Cubaner **konfessionslos** und 39 % **Katholiken.**

Mit der Unabhängigkeit von Spanien wurde 1901 die **Trennung von Kirche und Staat** beschlossen. Damit entfielen der katholischen Kirche die Einkünfte aus der Besteuerung. Die meisten Revolutionäre sympathisierten mit dem Freimaurergedanken. Unter den zugezogenen Ausländern gab es viele Protestanten, trotzdem blieb der **Katholizismus** eine der Hauptreligionen der Insel.

Heute hat sich die Stellung der einzelnen Religionen auf Cuba gewandelt. In der kommunistischen Partei gibt es keine Christen, in vielen Bereichen sind sie nicht gut angesehen, manche verstecken sogar ihre christliche Gesinnung, weil die sich nicht mit den kommunistischen

Ein Kind als Politikum: der Fall Elián Gonzáles

Ein Fischer hatte den siebenjährigen *Elián* am 26. November **1999** gerettet. Der Junge trieb, an einen Autoschlauch geklammert, auf offener See vor der Küste Floridas. Mutter und Stiefvater waren bei dem Versuch, in die USA zu gelangen, ertrunken. *Elián* kam zu Verwandten in Miami, es begann eine erbitterte Schlacht ums Sorgerecht, die sich für die USA als Politikum erwies, *Castro* einen großen Sieg einbrachte und ansonsten nur ein Polittheater war.

Der Vater, *Miguel González* aus Cárdenas, forderte sein Kind zurück, unterstützt von einem wütenden *Castro,* der Hunderttausende in La Habana auf die Straße schickte, um „Freiheit für Elián" zu fordern. Die Exilcubaner in Miami wetterten dagegen. Das war der Beginn von gewalttätigen Auseinandersetzungen in Miami zwischen rabiaten Castro-Gegnern und den Beamten der US-Einwanderungsbehörde.

Nach US-Gesetzen muss *Elián* bei seinem leiblichen Vater aufwachsen. Die amerikanische Justizministerin *Janet Reno* entschied, den Jungen zurückzuschicken. Aufgebrachte Verwandte und Exilcubaner widersetzten sich sogar den Maßnahmen der Polizei.

Der Vater reiste daraufhin selbst nach Miami, um um seinen Sohn zu kämpfen, indes stilisierten die Miamicubaner das Kind zum Heiligen. Man versuchte, den Vater zu bestechen, damit er mit dem Sohn in Miami bleibe, was er entrüstet zurückwies.

Ein bewaffnetes US-Einsatzkommando stürmte am 22. April 2000 das Haus und übergab den Jungen seinem Vater, der dem amerikanischen Volk und der US-Regierung für ihre Unterstützung dankte und mit ihm zurückflog. Inzwischen studiert *Elián* an einer Militärakademie und wird eine Laufbahn in der Armee einschlagen.

Idealen verträgt. Seit dem Papstbesuch von **Johannes Paul II.** 1998 hat sich das gewandelt, der Heilige Vater legitimierte seine Glaubensschwestern und -brüder.

2012 besuchte Papst *Benedikt XVI.* Cuba zu den Feierlichkeiten zum 400. Jahrestag des Erscheinens der *Virgen de la Caridad del Cobre,* 2015 folgte **Papst Franziskus,** der sowohl mit Staatspräsident *Raúl Castro* als auch mit *Fidel* zusammentraf und von der Bevölkerung freundlich empfangen wurde.

Santería (Regla de Orcha)

Der Name Santería kommt vom spanischen *santo* (heilig). Eine der größten Volksgruppen unter den verschleppten Afrikanern waren die **Niger-** und die **Yoruba-Afrikaner.** Sie brachten ihre animistische Religion mit nach Cuba. Die ihren Alltag bestimmenden Geister passten nicht in die christliche Gesinnung der weißen Herren, und so wurde ihr Glaube, den sie *Santería* nannten, verboten. Die Afrikaner fanden dennoch einen Weg, ihre Religion auszuüben. Sie besahen sich die ihnen aufgezwungenen katholischen Heiligen und fanden für jeden eine Entsprechung in ihrer eigenen Religion. Dadurch konnten sie nach außen hin Christen sein und dennoch ihren eigenen Göttern treu bleiben.

Später, als die „**Vermischung**" nicht mehr zu stoppen war, erlaubte die katholische Kirche auch Opfergaben der Santerías in ihrer Kirche. Dadurch hat sich eine Wandlung in den Kirchenhäusern vollzogen. *Fernando Ortíz* nannte es eine Transkulturation (Kulturübernahme). Heute stößt man überall auf die bunten Gestalten der Santería. Die Revolution von 1959 stand in keinem Widerspruch zur neuen Volksreligion.

Kernstück der Santería ist die rituelle Familie, bei der die Häuser der Mitglieder auch die Kultstätten der Religion sind. Jeder Gott verkörpert einen Teil der Natur. Jeder Mensch ist Sohn oder Tochter eines *Orisha,* eines Gottes.

Orishas

Obbatalá

Androgyner **Gott des Friedens, Erschaffer der Welt.** Kennzeichen ist die Farbe weiß, sein Symbol die Kokosnuss. Er hatte nach der Überlieferung beschlossen, in der *Virgen de las Mercedes* seine moderne Entsprechung zu sehen. Am liebsten isst er *ecrú,* bestehend aus pürierten Caritabohnen, die in Kokosmilch gekocht werden und ihm als Opfergabe gereicht wird.

Odudúa

Seine/ihre Frau, hat dieselbe Entsprechung und gilt als die **Göttin der Unterwelt.**

Changó

Der **Gott des Blitzes und Donners, der Liebe und der Männlichkeit.** Er trägt ein rotes Gewand, manchmal ist es auch rot und weiß. Seine Entsprechung ist die *Virgen de Santa Bárbara,* sein Wohnort sind die Königspalmen. Er ist der Gott des Feuers, seine Anhänger versuchen sein Feuer im Rauch der Zigarre zu kopieren. Seine Lieblingsspeise ist *farina de amalá,* eine in Bananenblätter gewickelte Masse aus gekochtem, gesüßtem Maismehl.

Aggayú Solá

Aggayú Solá ist mit dem heiligen *Christophorus* verbunden und gilt als **Beschützer der Reisenden und des Landes,** also ein Gott, den wir uns merken sollten. Er ist der Großvater *Changós*, gleichzeitig der Gott der Wüste.

Babalú Ayé

Dieser suchte seine moderne Entsprechung im Patron der Krankheiten, in San Lázaro. Am 15. Dezember, dem Tag des heiligen *Lazarus* pilgern Zehntausende Cubaner zu den ihm geweihten Kirchen. Es ist eine der größten Walfahrten des Jahres, bei der die Menschen teilweise auf allen Vieren kriechend zum heiligen Ort ziehen.

Elegguá

Verbunden mit dem heiligen *Antonius* gilt er als **Gott des Schicksals,** ein unruhiger Geist. Seine Farbe ist rot-schwarz. Seine Symbole sind runde Steine mit kleinen weißen Muscheln und die Yagüey-Pflanze. Als Schicksalsgott spielt er mit den Menschen und wacht über ihre Wege. Er wird als rot-schwarz gekleideter Mann mit kurzer, muschelverzierter Jacke und hoher Mütze dargestellt. Sein Tag ist Montag. Er tanzt gerne und ist auch sonst ein spaßiger Geselle.

Ochún

Die **Göttin des Goldes, der Liebe und der Sexualität,** Frau von *Changó* und Schwester von *Yemayá*. Ihre Entsprechung ist die *Vírgen de la Caridad del Cobre* und ihre Farbe gelb. Sie ist auch die Göttin des Trinkwassers und des goldenen Honigs. Sie vereinigt alle Eigenschaften der Aphrodite in sich. Der Pfau und der Geier sind ihre Tiere, die Glocke ihr Symbol. Sie erscheint in der Regel als Mulattin. Am Liebsten isst sie *ochinchin,* eine köstliche Mischung aus gekochtem Krebsfleisch mit Mandelmus, Mangold und Kresse.

Oggún

Der **Gott des Krieges, des Waldes und der Werkzeuge.** Seine Farbe ist grün. In der christlichen Religion entspricht ihm der heilige Johannes. *Oggún Aguanillé* ist der Kriegsgott, *Oggún oké* der Gott des Waldes und *Oggún Arere* der Gott der Schmiede.

Osaín

Osaín ist der **Gott der Medizin und der Heilkunde,** selbst hinkt er und hat nichts mit Frauen. Er gilt als die Gottheit der Schwulen.

Yemayá

Die **Göttin des Ozeans und der Mütterlichkeit** trägt ein blaues Gewand und hat 16 andere Götter als Kinder. Man sagt, sie habe Inzucht mit ihrem Sohn *Changó* gehabt, was bei ihrem Mann *Oggún* auf wenig Verständnis stieß. Die Göttin fand ihre Entsprechung in der *Vírgen de la Regla*. Dargestellt wird sie oft mit sieben Röcken in Blau und etwas Weiß. Ihre Tugenden sind Intelligenz, Versöhnlichkeit und Mütterlichkeit. Ihre Zeichen sind der Halbmond und kleine Muscheln, ein Anker und silbern blitzende Metalle. Sie führt oft ein gefährliches Meerestier mit sich, das Olokún.

Priester, Instrumente und Sänger

Der *Babalao* oder *Babalú* ist der Priester der weit verbreiteten Religion. Es gibt etwa 4100 auf Cuba. Die Götter haben alle menschlichen Eigenschaften und bewegen sich unerkannt unter den Erdenbürgern. Um mit den Menschen sprechen zu können, müssen die Götter in den Körper eines Cubaners schlüpfen. Um dies zu erreichen, veranstalten die Priester eine Zeremonie. Dabei werden die heiligen Batá-Tommeln gespielt und die Gemeindemitglieder tanzen zu dem Rhythmus. Nun nimmt der Babalao den Kontakt mit den Göttern auf und bittet sie, in eins der tanzenden Gemeindemitglieder herabzusteigen.

Eine **Batá-Trommel** besteht aus einer Holzröhre, die auf beiden Seiten bespannt ist. Das heilige Innere ist dicht verschlossen. Sie wird auf beiden Seiten angeschlagen. Die kleinere Trommel für rhythmische Verzierungen heißt *Okónkolo*, die mittlere, die die Grundmuster trommelt, ist die *Shaworos* und die Basstrommel, die den Rhythmus bestimmt, die *Iyá*.

Die Trommler sind angesehene Männer, die ihr Wissen über Generationen weitergereicht haben. Sie bringen den Trommeln Opfer und handhaben sie den Vorschriften gemäß. Zu den Festen werden die Trommeln mit Tüchern in den Farben der Gottheiten geschmückt, die Basstrommel etwa ist *Changós* Instrument. Sie ist mit rotem Tuch versehen, an dem weitere Insignien wie Hahnenkämme befestigt sind. Die mittlere Trommel ist gelb oder weiß bespannt, was sie zu *Ochún* und *Obatalá* gehörig kennzeichnet. Manchmal glänzen kleine Spiegel daran. Die hellste Trommel, grün umwickelt, gehört zu *Oggún*.

Zusätzlich treten **Sänger** in Erscheinung, der Vorsänger bestimmt die Muster je nach Aufgabe des Gesanges, der Chor wiederholt die Phrase des Vorsängers oder intoniert eigene Gegengesänge. Derweil tanzen die Mitglieder zum Klang der Trommel solange, bis sie von den exstatischen Rhythmen in Trance fallen. Wenn die Götter herabsteigen, betreten sie den Körper der Tänzer und sprechen aus ihnen. Das in Trance befindliche Mitglied reagiert plötzlich anders und spricht mit fremder Stimme, später kann sich der Betreffende nicht mehr daran erinnern. Es gibt viele religiöse Feste, die durch persönliche Erlebnisse der Mitglieder bestimmt sind, oder Feiern für bestimmte Gottheiten.

Man kann den *Babalao* auch wie einen Arzt oder Therapeuten konsultieren und seine Ratschläge anhören, vorausgesetzt, man kommt als Ausländer in den Genuss solch einer Konsultation.

In der Praxis des Babalao gibt es einen Schrein mit den heiligen Gegenständen, zum Beispiel einen oder mehrere Töpfe, die mit verzierten Tüchern bedeckt sind, ein Wasserbecken und Steine. In den Töpfen werden die Insignien der einzelnen Oríshas aufbewahrt.

Lucúmis

Lucúmis sind eine Gruppe der Santerías, die der christlichen Religion näher standen. Sie versuchten mit den heiligen Zeichen Weissagungen zu tätigen. Die heiligen Zeichen waren Kokosnüsse und Schneckengehäuse, die *diloggúnes*. Dazu fertigten die Lucúmis Figuren der wichtigsten Götter aus Holz an. Der Schicksalsgott *Elegguá* dagegen wurde aus Zement gegossen. Das Wichtigste für die Lucúmis war es, sich Klarheit über die Zukunft zu verschaffen und danach zu handeln. Es gab eine Menge Anhänger während der Zeit der Sklaverei, die handelten, indem sie flohen.

Regla Conga

Es gibt eine mehr animistische Richtung der Santería, die Regla Conga, auch Regla de Palo genannt. Palo heißt Stock, bei ihren Zeremonien verwendeten die Priester zahlreiche Stöcke. Die Mitglieder hatten den Ruf, alle Hexenmeister zu sein und mit dunklen Mächten zu paktieren. Deshalb nannte man sie auch Hexer *(brujos)*. Um die Götter zu beruhigen, gab es ab und zu ein Fest namens *Makuta*. Hier entstand der Tanz, der später mit **Rumba** bezeichnet wurde.

Für die Zeremonien wird ein *Nganga* genannter Topf benutzt, in dem sich die Manifestationen der Götter befinden sollen. Das sind in der Regel Gräser, Stöcke, Steine, Friedhofserde und Knochen.

Ein zentraler Gedanke dieser Religion ist der Zusammenhang aller Gegenstände in der Natur. Einzelne kleine Teile davon reichen den Priestern aus, um den Menschen oder Gegenstand zu beeinflussen. Diese Teile müssen dann ebenfalls in die Nganga. Für die Zeremonien werden die heiligen **Ngóma**-Trommeln benutzt, immer nur, wenn die Sonne scheint.

Das auffälligste Zeichen im Hause eines Angehörigen der Regla Conga ist ein Kürbis, der meist an der Decke aufgehängt ist. In ihm stecken, wie bei einer Windrose, schwarze und weiße Vogelfedern. Das Objekt heißt **Güiro**. Zu ihren Schreinen gehören magische Zeichen wie die Federn von Schleiereulen und Käfige mit den verehrten Majá-

schlangen. Ein **Literaturtipp** hierzu ist *Matthias Polityckis „Herr der Hörner"*, erschienen bei *Hoffmann und Campe*.

Mayombe

Gruppe der Palo-Sekte. Ein Mayombe ist ein böser Geist. Mayombe spielen heißt zaubern. Die Mitglieder der Gruppe haben sich eher den bösen Geistern verschrieben. Bei manchen Ritualen werden tote Tiere benutzt. Vielen Cubanern sind die Mayombes wegen der Zaubereien unheimlich gewesen, und man erzählte sich allerlei Schauergeschichten.

Abakúa

In der Mitte des 19. Jh. gründeten Sklaven aus der Gegend des Calabar an der Nigermündung in La Habana einen Geheimbund, ähnlich dem ihrer Heimat. Dort waren solche Bünde nichts Besonderes. Die Mitglieder *(ñáñigos)* sind ausschließlich Männer. Es werden die „männlichen" Tugenden gepflegt: Mut, Entschlossenheit, Stärke. Das brauchte man, um sich gegen die weißen Herren zu behaupten.

Früher waren es überwiegend Hafenarbeiter, die nach dem Ende der Sklaverei in der Hafengegend von La Habana lebten und dort dem Abakúa-Bund beitraten. Das beunruhigte die weißen Bewohner der Stadt, aber es gab letztendlich keine Möglichkeit, den Bund zu verbieten. Viele *ñáñigos* wurden auf unbewohnte Inseln deportiert, weil die Weißen glaubten, von ihnen gehe Anarchismus aus. Außer einer Geheimsprache benutzten die Mitglieder auch eine ge-

7

heime Zeichenschrift. Ach hier finden sich besondere, geheime Trommeln bei den Riten. Sie heißen *Ekwé* und bestehen aus einem Zedernholzrohr. Darüber ist mit Schnüren ein Fell gespannt. Durch das Fell geht ein Stock, der beim Spiel mit der Hand gestrichen wird. Dazu kam ein dreieckiges Schlaginstrument aus Blechtafeln.

Es gibt heute unterschiedliche Richtungen dieser Gesellschaft, die einen nehmen auch Weiße auf, andere lehnen das strikt ab. Die *ñáñigos* haben sogar ihre eigenen Gottheiten und religiösen Riten. Die bekanntesten Gestalten sind die *Diabolitos* oder *Íreme*. Als Puppen sind sie beliebte Talismane auf Cuba. Diese kleinen Teufelchen tragen Kleider aus Jute mit bunten Fransen und Glöckchen. Es handelt sich um den Geist eines Verstorbenen, den man nicht erkennen darf.

Deshalb tragen sie über dem Kopf meist eine spitze Kapuze mit aufgemalten Augen. Die Glöckchen sollen die Zuschauer das Fürchten lehren. Bei den Zeremonien werden die rituellen Trommeln vom Herrscher der Geister geschlagen, *Morúa Yánsa* ist leicht zu erkennen, da er meist eine Hose trägt, deren eines Bein nur halb so lang ist wie das andere. Die Diabolitos führen dann einen rituellen Tanz nach genauen Regeln auf. Den kann man zwar auch in der Öffentlichkeit sehen, aber die geheimen Riten werden in den Abakúa-Tempeln durchgeführt. Hier ist nur Mitgliedern der Eintritt gestattet.

Arará

Diese Religionsgruppe kam ursprünglich aus dem Benin. Die Sklaven gehörten dem Königreich der Allada an. Heute leben die Nachkommen im Nordwesten Cubas, in der Provinz Matanzas. Sie benutzten zu ihren Riten eine bestimmte Art von Trommeln, die sich von den anderen Trommeln unterscheiden. In La Habana, in der **Casa de Africa,** kann man solche Trommeln sehen. Sie bestehen aus einem röhrenförmigen Holzkörper, der zweigeteilt ist. Der obere Teil ist mit Schnitzereien verziert und der untere Teil mit bunten Farben bemalt. Es werden, wie bei anderen Völkern auch, stets Dreiersätze gespielt, bei bestimmten Festen kommt noch eine weitere, kleinere Trommel hinzu. Die Gesänge haben einen Vorsänger und einen Chor, der antwortet.

◁ Weihnachten auf Cuba

Feste und Feiertage

„Die Feste der Heiligen musste man mit großem Ernst besuchen. Wenn einer nicht recht glaubte, musste er sich verstellen."

(*Esteban Montejo,* nach *Miguel Barnet*)

Zu unterscheiden sind **kirchliche Feste** und Feiertage sowie **politische Feiertage,** die meist mit der Revolution und deren Helden zu tun haben. Im Kasten auf der nächsten Seite findet sich eine Aufzählung der wichtigsten Feste.

Karneval

Seit 1645 war es den Sklaven erlaubt, an einem Tag in der Woche zu singen und sich auf der Straße zu treffen. Der erste Karneval auf Cuba fand in Santiago statt. Die dort lebenden Sklaven waren zum Teil französisch-sprechend, deshalb wurde alles Merkwürdige an ihnen mit dem Attribut französisch versehen. Ihre großen Trommeln wurden *Tumba francesa* genannt. Später, nach der Unabhängigkeit, blieben viele Einwanderer aus Haiti in der Gegend von Santiago.

Alle 4 Jahre im Januar durften sich die einzelnen Völker, **Cabildos** genannt, einen König wählen. Nach der Wahl zog die ganze Gruppe dann in einem fröhlichen Umzug zum Gouverneurspalast. Man marschierte mit französisch beeinflussten Tänzen, dem *Frente* und dem *Masón.* Dazu kleidete man sich in französisch angehauchte Fantasieuniformen

und Kleider. Die weißen Städter säumten alsbald die Straßen, um dem bunten Treiben zuzuschauen. Der jeweilige Stadtgouverneur ließ milde Gaben, wie Süßigkeiten, aus den Fenstern werfen und empfing die gewählten Könige auf der Treppe, wo er ihnen Geschenke übergab.

Bald wurden von den Ausführenden der Umzüge Vereine gebildet, die **Comparsas.** In Ostcuba bildeten überwiegend Sklaven aus dem Calabargebiet die Mehrheit, deren Religion die Regla de Abakuá war. Beim Karneval finden sich Abwandlungen der Abakuá-Tänze wieder, wie zum Beispiel die Tänze der Íreme, der Teufelchen. Sie tragen Kleider aus fransigem Stoff und lange, spitze Kapuzen, auf die große Augen gemalt sind.

Als **Musikinstrumente** benutzte man zu den Umzügen eine „verweltlichte" Version der heiligen Trommeln, die auf beiden Seiten mit Fellen bespannt waren, Schlagbleche und die Chachá, eine Rassel. Dazu kamen noch kleine Flöten.

Als die chinesischen Kontraktarbeiter an die Stelle der Sklaven traten, brachten sie auch ein Instrument mit, das man eigentlich nur als „Tröte" bezeichnen kann. Korrekt heißt sie heute *corneta china.* Diese einfache Trompete bildet den Widerpart zu den dumpfen Trommelschlägen der Tumba francesa. Am **Karnevalstag in Santiago** ziehen die Comparsas durch die einzelnen Stadtviertel, gefolgt von der ausgelassenen Menge. Außerdem gibt es noch reine Trommlergruppen, die **Congas.** Die ziehen in einer Art Wettstreit durch die Straßen der anderen Stadtviertel, wobei sie versuchen, möglichst viele Anhänger hinter sich zu scharen. Das Ganze nennt sich *Invasion.* Gewonnen hat die Conga, die die meisten Mitläufer hat, am Besten

Land und Leute

7

ist es, wenn sich dann auch noch Musiker anderer Congas einreihen.

In La Habana gab es den **ersten Karneval 1650.** Dieses Fest war anders als das religiöse Fest der Weißen, deshalb strömten viele Weiße herbei, um das fremdartige Treiben zu sehen. Man zog in den *Comparsas* durch die Straßen. An der Spitze wurden die Vereinsfahnen getragen. Jede Comparsa wählt jährlich ein neues Erkennungslied und Motto aus. 1884 wurden die Umzüge aus Furcht vor Übergriffen verboten. Nach der Unabhängigkeit von Spanien versuchten die

---

Januar
- **1. Januar:** *Día de la Revolución,* Tag des Sieges der Revolution (1)
- **2. Januar:** Tag der Siegesfeiern (1)

Februar
- **24. Februar:** Revolutionsbeginn 1895
- **28. Februar:** Geburtstag *José Martí* (2)
- Das Jazzfest in La Habana

März
- **8. März:** Internationaler Frauentag (2)
- **13. März:** Angriff auf den Präsidentenpalast

April
- **19. April:** Sieg in der Schweinebucht. Die karibische Kultur feiert in Santiago.

Mai
- **1. Mai:** Tag der Arbeit (1) mit den üblichen Maiparaden, Festreden etc.

Juni
- Las Tunas feiert sein Cucalumba-Fest.

Juli
- **25.–27. Juli:** Die drei Gedenktage zum Sturm auf die Moncada-Kaserne (1)
- **30. Juli:** Tag der Märtyrer der Revolution (2)

Oktober
- **8. Oktober:** Todestag von *Ernesto „Che" Guevara* 1967 (1)

- **10. Oktober:** Jahrestag des Beginns der Unabhängigkeitskämpfe im Jahr 1868 (1)
- **28. Oktober:** Todestag von Kommandant *Camilo Cienfuegos* 1959 (2)

November
- **27. November:** Tag der studentischen Märtyrer
- Ballettfestival in La Habana
- Musikfestival in Varadero

Dezember
- **2. Dezember:** Landung der *Granma*
- **7. Dezember:** Todestag von *Antonio Maceo*
- Chorfestival in Santiago
- Parrandasfest in Remedios
- Der **25. Dezember** ist wieder ein Feiertag geworden.
- **Silvester** wird mittlerweile auch gefeiert, wegen der Touristen.

Außerdem zu unterschiedlichen Zeitpunkten: **Zafra-Feste,** das Erntedankfest der Cubaner zur Zuckerrohrernte.

Mit **(1)** sind arbeitsfreie Gedenktage bezeichnet. An diesen Tagen bleiben alle Geschäfte geschlossen. Fällt ein Gedenktag auf einen Sonntag, ist der darauffolgende Montag automatisch arbeitsfrei. Die mit **(2)** bezeichneten Tage sind Feiertage, an denen man trotzdem arbeitet.

7

Alltagsleben

diversen Machthaber die Popularität der Comparsas für sich auszunutzen. Sie ließen bestochene Gruppen bei ihren Wahlveranstaltungen auftreten, um so die „Fans" der Comparsa für sich zu gewinnen. Wenn ihnen das Treiben zu gefährlich wurde, verboten sie die Umzüge oder die Tanzgruppen.

Diese Festlichkeiten wollte man im 19. Jh. nicht den Farbigen überlassen, und so gab es bald auch **Gegenumzüge der Weißen,** die von großen Firmen gesponsert waren. Da es zwischen den Teilnehmern der beiden Gruppen zu Handgreiflichkeiten kam, wurden die Festlichkeit der Farbigen verboten.

Das Verbot der afrikanischen Trommeln blieb erhalten und so beschränkten sich die folgenden Umzüge auf andere Instrumente, Blaskapellen gaben bald den Ton an.

1937 wurden die Tanzgruppen auf Betreiben eines Stadthistorikers und eines Ethnologen wieder zugelassen.

Nach der Revolution 1969 verlegte die Regierung den Karneval in den Juli, um die Zuckerrohrernte im Frühjahr nicht zu gefährden. Als die „Spezialperiode in Friedenszeiten" begann und die Versorgung immer schlechter wurde, wurde der Karneval ganz verboten, bzw. die finanzielle Unterstützung des Kulturministeriums eingestellt. 1996 wurde er wieder zugelassen und führte nun über den Malecón. Dadurch wollte man auch den Anreiz für Touristen erhöhen.

Seit 1999 findet er **in La Habana** wieder in seiner ursprünglichen Zeit **im Februar** statt und die Route der Festzüge führt wie früher über den Prado. Hier hat jede Gruppe ihre eigene Comparsa: die Chinesen, die Araber, die Studenten und diverse Stadtteilgruppen.

„Es gibt drei Siege der Revolution: Gleichheit, Bildung, Gesundheit und drei Niederlagen: Frühstück, Mittag- und Abendessen."

(Cubanische Alltagsweisheit)

„No problem" hört man in Cuba allerorten, und tatsächlich: Man improvisiert und organisiert und meistert die Probleme des Alltags – und das seit Jahrzehnten. Es ist bewundernswert, wie die Cubaner alle inneren und von außen bestimmten Katastrophen so fröhlich und leichtfüßig umschiffen. Natürlich bekommt der Ausländer wenig von den Problemen zu spüren.

Libreta heißt das kleine Buch, um das sich das tägliche Leben dreht, denn in ihm sind die monatlichen Lebensmittelzuteilungen verzeichnet. 1962 wurde das Buch erfunden. Pro Monat stehen den Cubanern 30 Produkte zu: 1,5 kg Zucker, 270 g Salz, 2,5 kg Reis, 1 kg Fisch, 0,5 kg Bohnen, 14 Eier, 28 g Kaffee plus regionale Produkte, Öl und Waschmittel. Diese Waren werden alle in bestimmten *Bodegas* der Regierung verkauft, und zwar zu einem Zwanzigstel dessen, was sie auf dem freien Markt kosten. Allerdings reichen die Güter nicht für einen ganzen Monat. Wer nicht zu jenen Cubanern gehört, die Verwandte in den USA haben, selbstständig sind oder in einem Touristikunternehmen arbeiten, dem fehlt es an Alltagsgütern wie Seife oder Milch, und er muss weitgehend auf Fleisch verzichten.

Manch ein Tourist mag sich fragen, wie ein Cubaner mit **35 CUC Durch-**

schnittslohn im Monat (über-)leben kann – hierzu ein paar Anmerkungen: Staatsangestellte zahlen weder Einkommenssteuer noch Sozialversicherungsbeiträge. Bildung und Gesundheit sind in Cuba grundsätzlich kostenlos, auch die Schuluniform der Kinder. Viele Medikamente werden subventioniert. Auch das staatliche Transportwesen erfährt finanzielle Zuwendungen; eine Busfahrt kostet 40 Centavos, für Studenten die Hälfte. Für den Flug von Havanna nach Santiago zahlen Cubaner nur rund 10 CUC. Die Müllentsorgung erfolgt gratis, ein Kubikmeter Trinkwasser kostet 0,25 CUP, Strom gibt es ab 0,09 CUP pro kWh. Auch Kochgas ist unschlagbar billig, ebenso das Telefonieren. Und viele Menschen verdienen sich etwas dazu, indem sie z.B. Taxidienste anbieten, was zwar offiziell verboten, aber kaum zu kontrollieren ist.

Die ersten kommunistischen **Reformen** nach 1959 wirkten sich hauptsächlich für die Landbevölkerung aus. Sie bekam Strom, Wohnraum, Arbeit, Bildung und medizinische Versorgung. Die junge Generation – fast 70 % der Cubaner sind nach 1959 geboren – weiß nichts mehr von den Lebensumständen vor der Revolution, doch ältere Menschen erinnern sich noch an das Elend vor *Castro* und halten die Fahne der Revolution hoch.

Unter *Batista* wurde viel mit **Immobilien** spekuliert, damit war nach der Revolution Schluss. 1960 erklärte man alle Hypothekenbelastungen und alle Mietverträge für ungültig. Die Mieten wurden auf 10 % des Einkommens festgesetzt, der Staat wurde Eigentümer, die Bewohner mussten für die Instandhaltung der Wohnungen und Häuser selbst aufkommen. Seit den 1970er Jahren sind 95 % der Cubaner Eigentümer ihrer Wohnung bzw. ihres Hauses. Die Wenigen, die noch zur Miete wohnen, zahlen etwa 3,50 CUC im Monat.

Viele junge Cubaner suchen heute ihr Heil in der Visa-Abteilung der US-Vertretung in La Habana, die jährlich 20.000 Inselbewohnern die Einreise in das gelobte Land des Kapitalismus erlaubt. Für diejenigen, die bleiben, sind Devisen das Erstrebenswerteste, jeder versucht an Dollars und Euros zu kommen. Seit 1993 darf jeder Cubaner Devisen besitzen, ohne die Herkunft des Geldes nachweisen zu müssen. Das ließ natürlich den Schwarzmarkt aufblühen, in dem es für gute Dollar (fast) alles zu kaufen gibt.

CDR

Die **Komitees zur Verteidigung der Revolution** (*Comités de Defensa de la Revolución, CDR*) gibt es überall im Land. Sie sollen dafür sorgen, dass keine Angriffe staatsfeindlicher Elemente erfolgen. Wie in einem Blockwartsystem überwacht der CDR die Bewohner ganzer Straßenzüge. Die Mitgliedschaft in einem CDR ist zwar nicht Pflicht, es wird aber nicht gern gesehen, wenn sich junge Männer vor der Verantwortung drücken und dort nicht auch für ein paar Stunden Wache stehen. Mit diesen Komitees gelingt es dem Regime, über alle Aktivitäten potenzieller Kritiker Auskunft zu bekommen.

▷ Panadería – Bäckerei

Autos

Als die reichen Cubaner 1959 vor der Revolution flohen, hinterließen sie ihre **US-amerikanischen Prachtkarossen.** Die alten *Buicks, Chevrolets, Cadillacs* und *Pontiacs* fahren heute noch und haben das (verklärte) Bild Cubas in der westlichen Welt mitgeprägt. Leider hat der Zahn der Zeit grausam gewütet; es gibt kaum noch gut erhaltene Oldtimer, zumal sie auch ziemliche Spritfresser sind. In La Habana werden eine ganze Reihe renovierter Nobelkarossen als Taxi eingesetzt.

Die alten Limousinen aus den USA sind alle in Privatbesitz, russische *Ladas* und *Moskwitschs* sind in Privat- und Staatsbesitz. Die neueren Japan- und Korea-Autos sind meist in Staatsbesitz, der Eigner kann sie nicht verkaufen. Nach seinem Tode haben die Verwandten lediglich das Vorkaufsrecht. Bei den Ami-schlitten ist das anders, die sind in der Regel noch in Familienbesitz. Diese Autos bedeuten enormen Reichtum für seinen Besitzer. Deswegen werden die alten Autos so lange gehegt und gepflegt. Auch wenn Kauf und Import von Gebrauchtwagen seit 2014 freigegeben sind, ändert sich wegen der hohen Preise erst einmal nichts am Straßenbild. Sollten jedoch (billige) chinesische Autos in Cuba produziert werden, wird sich wohl was tun.

Die Frau in der Gesellschaft

Zur heutigen Situation der Frau auf der Zuckerinsel hier einige Zitate aus der Verfassung: *„Die Frau und der Mann genießen die gleichen ökonomischen, politischen, kulturellen, sozialen und familiären Rechte."*

069cu kh

„Der Staat garantiert, dass der Frau die gleichen Gelegenheiten und Möglichkeiten angeboten werden, wie dem Mann, um voll an der Entwicklung des Landes teilzunehmen."

„Die Diskriminierung aufgrund von Rasse, Hautfarbe, Geschlecht, nationalem Ursprung, religiösem Glauben und allem anderen, das menschliche Ungleichheit verursacht, ist verboten."

Wie sieht dies nun in der Wirklichkeit aus? Der **Frauenanteil** in der Nationalversammlung liegt bei 36 %, im Staatsrat waren immerhin 18 % Frauen, in den Bezirksparlamenten rund 25 % und in den Kreisparlamenten 17 %. Das ist ein ganz ordentlicher Schnitt für ein Land in der Karibik.

Die Anzahl der Frauen steigt im Richteramt auf 45 %, bei den Staatsanwälten gibt es über 55 % Frauen. Auch in anderen leitenden Positionen ist der Frauenanteil hoch. So gibt es in den Gewerkschaften über 40 % Frauen in leitenden Positionen, in Forschung und Technologieentwicklung sogar 50 %.

Das **Familiengesetzbuch** regelt Ehe, Scheidung, väterliches Mitspracherecht und Adoption. Es stärkt die Rechtsgleichheit von Kindern und verfügt, dass in keinem ihrer Dokumente der Zivilstand ihrer Eltern notiert werden darf.

Wenn die Mutter allein das Kind registrieren lässt und den Namen des Vaters angibt, hat dieser innerhalb von 90 Tagen die Möglichkeit, die Vaterschaft zu akzeptieren oder anzufechten. Wenn er nicht erscheint, wird das Kind als das Seine registriert.

Die **Ehe** ist eine Einrichtung mit wachsendem Vermögen. Bei Scheidung wird zur Hälfte geteilt, was an Vermögen seit dem Datum der Eheschließung hinzugekommen ist. Gibt es Kinder, werden

070cu kh

sie dem Partner zugeteilt, der in der Lage ist, sie zu behüten und über die Mittel zu deren Bildung und Entwicklung verfügt. Bei einer Scheidung wird kein Schuldiger benannt.

Die **Mutter** hat das Recht auf 18 Wochen Freistellung (6 vor und 12 nach der Geburt) bei 100 % Lohnfortzahlung. Im Fall einer Mehrlingsgeburt verlängert sich die Freistellung jeweils um zwei Wochen. Ihr steht eine zusätzliche bezahlte Freistellung von sechs Tagen oder zwölf Halbtagen während der Schwangerschaft zu. Sie kann die Freistellung nach der Entbindung um sechs Monate verlängern und erhält für diese Zeit immerhin noch 60 % ihres Lohnes. Darüber hinaus kann sie eine unbezahlte Freistellung beantragen, bis das Kind ein Jahr und drei Monate alt ist.

Die **Sozialversicherung** unterstützt allein erziehende Mütter mit ökonomischen Schwierigkeiten bei der Betreuung und Pflege ihrer Kinder. Das gilt ebenfalls für weibliche Beschäftigte mit unzureichendem Einkommen.

Abtreibung ist eine kostenlose Leistung des Gesundheitswesens. Mädchen werden mit 14 Jahren „sexuell volljährig".

Hilfsorganisation

Die Kinderhilfsorganisation **Camaquito** in Camagüey ist eine politisch und konfessionell unabhängige Organisation, die lokale Selbsthilfegruppen unterstützt.

⊲ Noch gibt es auf Cuba viele Ami-Schlitten aus den 1940er und 1950er Jahren

Prostitution

Als Cuba 1991 in die Krise schlitterte und die Not immer größer wurde, stieg auch die weibliche und männliche Prostitution an. 1999 verbot die Regierung die Prostitution und führte drastische Strafen wie die Einweisung in Umerziehungslager ein; seitdem wird die Prostitution nur noch **verdeckt** betrieben. (Sex mit minderjährigen Cubanerinnen wird übrigens auch in Deutschland verfolgt.) In Hotels bekommen Touristen in Begleitung einer cubanischen Frau sofort Ärger. Man hat nicht die Ursachen beseitigen können, sondern versucht, den einfacheren Weg über die Kriminalisierung zu gehen. *Jineteras* („Reiterinnen") heißen die Frauen, die als Gelegenheitsprostituierte arbeiten, professionelle Huren werden *putas* genannt. Die meisten Frauen, die eine Beziehung zu Touristen haben, wollen allerdings nur in den Besitz der Segnungen der Konsumwelt kommen.

Die **Gefahr für cubanische Frauen,** nachts von der Polizei aufgegriffen zu werden, ist groß. Es wurden auch schon Cubanerinnen, die mit ihren ausländischen Freunden unterwegs waren, verhaftet und dann in die berüchtigten Gefängnisse gesteckt. Heute sind Diskotheken die Orte, an denen sich Cubanerinnen Ausländer angeln. Wer als Mann allein ist, wird sofort angesprochen oder zum Tanzen aufgefordert. Der Staat versucht dies durch Schließung der Lokale zu stoppen oder es gibt Razzien am Ausgang. Manchmal erhalten auch nur Paare den Zutritt, was natürlich das Problem nicht beseitigt.

Männer, die eine Cubanerin nach Deutschland einladen wollen, sollten gemeinsam zur *Consultoria Jurídica* gehen und eine Einladungserklärung aufsetzen. Das erspart der Frau viel Ärger.

Schlepper

Auch die männlichen Pendants der *jineteras,* die **Jineteros,** sind allgegenwärtig auf Cubas Straßen. Die Männer betätigen sich als Schlepper für Restaurants, Bars und Privatunterkünfte, von denen sie in der Regel einen Prozentsatz als „Lohn" erhalten. Oft werden ausländischen Männern dabei auch die Freundinnen oder Schwestern als „Begleiterinnen" angeboten. Dieses Unwesen hat ein solches Ausmaß erreicht, dass es nicht mehr wegzudiskutieren ist. Schuld sind nicht zuletzt die Touristen und Touristinnen, die die Dienste annehmen und so das schnelle Geldverdienen erst ermöglichen. Das schnell verdiente Geld lockt jeden. Auch die Polizei scheint ab und zu ein Auge zuzudrücken.

Dominospiel

„This is not a game, this is a fight."
(Musiker aus Baracoa
beim Dominospiel)

Domino ist eine Art Volkssport: Überall sieht man Cubaner um eine Holzplatte oder einen Tisch sitzen und erregt den Spielablauf diskutieren. Manchmal hört man schon von Weitem das Klacken der Steine auf der Unterlage.

Was passiert: Es gibt 28 längliche Spielsteine, die meist aus dunklem Holz geschnitzt und zweimal mit Punkten markiert sind. Es sind die Zahlen 0 bis 6.

Die Rückseite ist leer. Die Steine werden mit der Rückseite nach oben gemischt und jeweils fünf Steine an die zwei bis sechs Spieler ausgegeben. Manchmal sieht man vor den Spielern schräge Brettchen stehen, auf denen sie sich ihre Steine für die Gegner unsichtbar aufbauen können.

Der Spieler, der den höchsten Doppel-Stein zieht, legt diesen in die Mitte des Tisches. Ist kein Doppel-Stein im Spiel, wird neu gemischt. Der zweite Spieler muss einen passenden Stein an den Eröffnungsdomino anlegen. Der nächste Spieler muss nun an einer der beiden Enden den passenden Spielstein anlegen. Gesetzt wird immer nur ein Stein. Ist ein Spieler nicht in der Lage einen Stein anzulegen, muss er solange neue Steine ziehen, bis der passende dabei ist. Es muss gesetzt werden. Doppeldominos werden immer quer an ein Ende angelegt. Dadurch hat man Anlegemöglichkeiten in zwei Richtungen. Wer zuerst keine Spielsteine mehr hat, gewinnt. Ist ein Anlegen nicht mehr möglich, weil alle Steine auf dem Tisch liegen, gewinnt derjenige, der auf seinen Reststeinen die wenigsten Punkte hat. Nun zählt man alle Restpunkte zusammen. Der Gewinner zieht seine Fehlpunkte davon ab, sofern er welche hat. Diese Punktzahl ist sein Plus. Wer zuerst 100 erreicht, ist der Sieger. Allerdings gibt es auch noch andere Varianten, Mitspieler sollten sich vorher nach den Regeln erkundigen.

Wer üben möchte, kann **im Anhang** die „Spielsteine" ausschneiden (S. 515). Schöne Steine gibt es in den Kunstgewerbeläden zu kaufen.

▷ Cubaner beim Dominospiel

Architektur

„Die unglaubliche Fülle von Säulen in einer Stadt, die ein wahrer Säulenstapelplatz, ein Säulenurwald, eine endlose Kolonnade geworden ist."

(Alejo Carpentier)

Was ist das, cubanische Architektur? Diese Frage ist nicht leicht zu beantworten. Vor den Spaniern gab es einfache **Behausungen,** die mit Palmwedeln gedeckt waren. Sie gehen auf die *Taínos* zurück, die ihre Häuser *bohío* nannten. Man trieb Baumstämme an den Ecken in den Boden, flocht dünne Äste dazwischen und verputzte das Ganze mit Kalk.

Die Spanier brachten ihren eigenen Stil mit, der von maurischen Elementen geprägt war. Diesen **Mudéjar-Stil** gab es auf der Iberischen Halbinsel schon seit dem 12. Jh. Die Häuser waren wegen der Erdbebengefahr höchstens zweistöckig um einen Innenhof *(patio)* gruppiert, der Schutz vor Einblicken bot und meist in einen Garten verwandelt wurde. In der Mitte des Hofes sprudelte ein Brunnen, wie er zum Beispiel im Restaurant *La Mina* in La Habana noch zu sehen ist. Die Gebäude hatten offene, überdachte Veranden, die sowohl vor der brennenden Sonne als auch den heftigen tropischen Regengüssen Schutz boten. Im rückwärtigen Teil lagen die Räume der Bediensteten. *El entresuelo,* das Mezzanin (Zwischengeschoss), war eine Erfin-

072cu kh

dung aus La Habana. Die hohen Grundstückspreise verhinderten eine Ausbreitung der Häuser, also zog man Zwischendecken ein. In den Innenhof gelangte man durch die Spanische Pforte, die groß genug war, Pferd und Wagen hineinzulassen. Bewacht wurde dieses Tor meist durch einen Erker, der in späterer Zeit verzierte Gitter als Fenster hatte. In der Folgezeit wurde diese Hausform mit Barockelementen modernisiert und die ursprünglich eingeschossigen Gebäude wurden aufgestockt.

Die Städte entstanden um einen zentralen Platz herum. Dort gab es das Rathaus, die Kirche, das Theater und später das Museum und ein Standbild eines wichtigen Cubaners in der Mitte.

Die **zentrale Plaza** war wichtiger Bestandteil des cubanischen Alltagslebens, hier kulminierten die Interessen und hier traf man sich nach der Arbeit oder nach dem Kirchgang.

Auf Cuba hatten 400 Jahre lang die Spanier die Macht. Die zeigten sie in den imposanten öffentlichen Gebäuden. Die Städte wurden **schachbrettartig** angelegt, dadurch waren sie leichter zu kontrollieren, als Orte mit verwinkelten, schmalen Gassen. Außerdem wurden hier die modernsten Befestigungsanlagen geplant und von billigen Sklaven gebaut. Die Militär-Ingenieure erwarben sich durch die Planung einen so hohen Rang, dass ihr Können jahrhundertelang die Architektur der Insel beeinflusste. Danach übernahmen ausgebildete Handwerker die Planung. Die erste Architekturfakultät entstand erst im Jahr 1900 in La Habana.

Im 17. Jh. setzte sich langsam der **Barock** durch, allerdings in einer etwas anderen Form als der spanischen. Zuerst nur als Kirchenarchitektur, doch bald begannen auch reiche Hausbesitzer die verschwenderische Pracht der Bögen und Borten in ihre Häuser zu integrieren, in der Regel nur als angebaute Eingangsportale.

Der Anfang des 19. Jh. in Europa aufkommende **Klassizismus** beeinflusste die cubanische Architektur wesentlich tiefgreifender. Hier dominiert die strenge Gerade, rechwinklig bis in die letzte Kammer, nur bei größeren Ensembles kommt mal ein Kreis vor. Diese Architekturrichtung umfasste alle Elemente des Hauses: Wandflächen, Decken und Eingangsportale unterwarfen sich einer formalen Beziehung, die auf den Gesamteindruck ausgerichtet war. Es kamen die Säulen mit den schlichten dorischen oder den blattgeschmückten korinthischen Kapitellen und Plinthen hinzu. Durch den Reichtum der Zuckerbarone verbreitete sich dieser Stil rasch bis in den letzten Winkel der Insel. Auch in kleineren Städten wie Matanzas und Cienfuegos kann man heute noch prächtige Stadthäuser im klassizistischen Stil bewundern. Um den wuchtigen Säulen etwas Gleichwertiges an die Seite zu stellen, kamen oft noch Scheingiebel hinzu.

Selbst die kleinsten, einstöckigen Häuser in der Provinz bekamen Säulen verpasst. Gefördert und verbreitet wurde dieser französisch angehauchte Klassizismus von der Kunstakademie San Alejandro in La Habana.

Anfang des 20. Jh. kam der **Jugendstil** in Europa auf, ein heiteres Spiel mit floralen, geschwungenen Linien und Bögen. Auf Cuba konnte sich der **Modernismo** genannte Stil nicht so stark durchsetzten. Bei den konservativen Geschäftsleuten stieß das ungezwungene

Spiel mit dem Dekorativen auf wenig Gegenliebe, man bevorzugte eher die imposante Strenge klassizistischer Gebäude. Nur wenige ließen sich ganze Gebäude in der neuen Architekturrichtung bauen, die meisten begnügten sich mit einigen dekorativen Elementen an den Außenwänden.

Auf Cuba sieht man viele Häuser, die mit farbigen Mustern als Fresco- oder Sgraffitotechnik ausgeführt sind. Das war eine Zeit lang eine Art Standessymbol. Manche dieser Wandmalereien wurden als *Trompe-l'œil* ausgeführt, es wurden falsche Mauerfugen oder ganze Säulenverzierungen nur aufgemalt. In einigen Städten, wie etwa Sanctí Spiritus, findet man auch heute noch viele Gebäude mit den bunten Friesen. Ursprünglich waren die Häuser in gedeckten Farben gestrichen, um den sengenden Sonnenstrahlen wenig Reflektionsmöglichkeiten zu geben.

Mit dem Zeitalter der Massenfertigung kamen erstmals Fertighäuser nach Cuba. Es waren in der Regel ein- bis zweistöckige Privathäuser in Holzbauweise, die zu Tausenden in den USA gefertigt wurden und per Schiff die Insel erreichten. Dort verbreiteten sie sich im Umkreis der Hafenstädte. Die Technologie der Fertigung von gusseisernen Bauelementen, wie Säulen, Trägern und Wendeltreppen kam über England in die Vereinigten Staaten, wo schnell große Fabriken entstanden. Die exportierten auch nach Cuba, später entstanden hier eigene Eisengießereien. Die Ergebnisse kann man heute am Molokoff-Markt in Cardenás sehen. Eine schöne Wendeltreppe steht z.B. noch im *Café O'Reilly* in La Habana.

Als der **Historismus** sich auf Cuba etablierte, wurde diese Rückkehr zur ko-

lonialen Architektur wesentlich intensiver aufgenommen. Viele wichtige öffentliche Bauten, z.B. das Capitol, entstanden im ersten Viertel des 20. Jh. Die Estación Central in La Habana wurde zwar von amerikanischen Architekten entworfen, erinnert aber eher an italienische Renaissancekirchen. Als weiteres Beispiel mag das Hotel *Sevilla* dienen. Es entstand 1908 und wurde 1923 umgestaltet. Es ist ein schmuckloser Hochhausklotz (zumindest vom Innenhof aus betrachtet), auf den man ein Restaurant im Historismus-Stil gesetzt hat, mit Säulen und großen Glasfenstern. Die Seitenfront hat eine Mischung aus klassizistischen Säulen mit maurischen Bögen und eher barockem Schmiedeeisen am Eingang, also ein rechtes Stilgemisch.

Mit dem massenhaften Zuzug der Arbeiter in die Hauptstadt wuchs die Platznot, es wurden mehr Mietshäuser gebaut. Ein schönes Beispiel hierfür sind die doppelflügeligen Türen an manchen Altstadthäusern, *puerta compartida* genannt. Durch den einen Flügel gelangte man ins Erdgeschoss und hinter dem zweiten führte eine schmale, steile Treppe in die oben liegende Wohnung. Der Mittelpfosten zwischen den beiden Türflügeln wurde als Trennwand nach hinten geführt.

In den 1930er Jahren gelangte der strengere **Art déco** nach Cuba. Die konservative Mittelschicht sah darin die Möglichkeit ihre Weltoffenheit auszudrücken. Dieser Stil ist auch in Cuba nicht einheitlich, sondern oszilliert auf faszinierende Weise zwischen Neoklassizismus und Streamlinemoderne mit maurischen Versatzstücken. Es gibt keine Stelle auf dem amerikanischen Kontinent, an der mehr Art-déco-Gebäude

stehen, als in La Habana. Das Martí-Monument auf der Plaza de la Revolución des französischen Architekten *Jean Labatut* ist ein gutes Beispiel. Auch die berüchtigte Moncada-Kaserne in Santiago gehört dieser Stilrichtung an. Das Bacardí-Hochhaus in La Habana bekam im Jahr 2000 seine an den tschechischen Künstler *Alfons Mucha* erinnernde keramischen Dekorplatten an der Außenfassade zurück. Die Architekten *Rodríguez Castelle* und *Fernández Ruenes Menéndez* hatten mit dem Gebäude im Jahr 1930 eins der größten Art-déco-Denkmäler auf Cuba geschaffen.

Aus Spanien wurden **Azulejos** importiert, blaue Keramikfliesen mit emaillierten Mustern, die sich schnell über die ganze Insel verbreiteten. Dazu kamen Wand- und Bodenfliesen mit aufgedruckten Mustern aus Steinzeug. Ende der 1920er Jahre hielt auch in Cuba der **schlichte Modernismus** Einzug. Der Edificio FOCSA in Vedado ist ein 35-stöckiges Hochhaus, das als Stadt in der Stadt geplant war, nach der Revolution begann jedoch der schnelle Niedergang des Gebäudes. Auch das Apartmenthaus *Sol y Mar* in Habana Centro und das Hotel *Perla del Mar* in Cienfuegos stammen aus dieser Architekturperiode.

Die **Revolution von 1959** brachte auch in der Architektur neue Impulse. Zuerst versuchte man es, ähnlich wie in der Stalinallee in Ostberlin, mit romantischen Stilen. Das schönste Beispiel ist die unvollendete staatliche Kunstschule in Cubanacán, eine organische Ansammlung von Gewölben und Freiflächen aus Ziegelsteinen. Leider schwenkte man dann auf die rationale Fertigung um und bevorzugte die industrielle Plattenbauweise, die wenig innovative Architektur hervorbrachte. Es gab verschiedene Plattenbaukonstruktionen, deren Ideen hauptsächlich aus den ehemaligen Ostblockländern importiert wurden. Cubanisch daran war nur die Verarbeitung von Abfällen des Zuckerrohrs als Füllmaterial. Der sozialistische Ansatz versuchte zudem, die Klassenunterschiede auch in den Gebäuden zu verwischen. Daraus entstanden die bekannten, schmucklosen Gebäude. Als positives Beispiel neuerer Architektur fallen mir die geschwungenen Bauten in Dünnschalenbeton von *Max Borges* ein: Das *Cabaret Tropicana* und der *Club Naútico* in La Habana. Außerdem gibt es das Restaurant *Las Ruinas* im Lenin-Park, bei dem man über die Ruine einer Zuckermühle eine Halle aus Betonelementen stellte. Der Reiz liegt hier allerdings auch wieder im historischen Gemäuer der Mühle, weniger in den Platten.

Durchstreift man die Altstadt von La Habana oder Santiago, entdeckt man viele **Buntglasfenster,** eine Spezialität der cubanischen Architektur seit der Mitte des 18. Jh. Die *vitrales,* Fenster mit rechteckigen Feldern aus farbigem Glas, sind meist neben den Türen und über den kleineren Fenstern eingelassen. Die Türen selbst waren im Inneren der Häu-

◁ Casa Las Américas

ser als Doppeltüren mit Holzlamellenflächen ausgeführt, den *mamparas.* Die Mauerdurchbrüche hatten im oberen Teil Rundbögen, in die man die typischen Buntglasbögen, die *medio puntos,* einsetzte. Sie sind in solch einem Formenreichtum zu finden, dass man sie unmöglich alle beschreiben kann. Es ist faszinierend, wie das Licht durch die Rosetten in Innenhöfe und Zimmer fällt, auf dem Weg zum Boden durch die farbigen Gläser in blaue, rote, grüne und gelbe Felder zerlegt.

Im **Museo de Arte Colonial** am Platz der Kathedrale in La Habana gibt es eine ganze Ausstellung alter Glasfenster zu bewundern. Zum Schmuck durch die farbigen Lichtspiele kam der praktische Aspekt der Milderung der Sonnenhitze durch das Buntglas.

In der Regel wurden die Fenster offen gehalten, dann kamen die *barrotes,* die Holzgitter davor, um Eindringlinge abzuhalten. Speziell in Trinidad sieht man auch Eisengitter, die mitunter sogar noch kleine Türen haben, damit bei Plausch mit den Nachbarn kein störendes Gitter dazwischen ist. Die heißen *rejas.* Um den Straßenstaub und die Blicke abzuhalten, waren dahinter meist Vorhänge angebracht.

An den Holzdecken entstanden kunstvolle Sternmuster *(aljarjes).* Lange Zeit baute man mit den vorhandenen Materialien wie Kalkstein und dem nicht sehr festen Korallengestein. Als Holz wurden das weiche Zedernholz und das eisenharte Quebracho *(Quibrahacha)* verwendet.

Rettung historischer Zentren

Luis Lápidus ist der Direktor des Centro Nacional de Conservación, Restauración y Museologia. Er hat die schwere Aufgabe übernommen, die Altstadt von La Habana, die 1982 zum **Kulturerbe der Menschheit** erklärt wurde, vor dem Verfall zu retten. Unterstützt wurde er dabei von der Eigenschaft der Cubaner, ihre Geschichte zu lieben, was ja nicht gerade selbstverständlich ist. La Habana ist das größte **Architekturmuseum,** das ich jemals gesehen habe. Ich bin begeistert, mit welcher Energie die Cubaner den Kampf gegen Moder, Zerfall, Termitenfraß und Baufehler aufgenommen haben – und das bei der Materialknappheit. Habanas Altstadt ist die besterhaltenste in der gesamten Karibik, so unglaublich sich das auch anhören mag.

Nach der Revolution von 1959 war die Politik der Regierung auf die Befreiung der Menschen von materieller Not gerichtet. Da mussten die Häuser erst einmal zurückstehen. Später wurde noch ein anderer Faktor von der Castro-Regierung entdeckt: Wenn man kein Geld in die Hauptstadt pumpt, verhindert man den uferlosen Zustrom der Landbevölkerung in die Metropole. Wenn nicht

alle in die Hauptstadt strömen, entsteht keine Wohnungsnot dort und es wuchern keine Slumviertel! Deshalb ist La Habana eine der wenigen Hauptstädte in Mittelamerika ohne Slums. Es wurden stattdessen die ländlichen Regionen gefördert. Lediglich einige bedeutende Kulturdenkmäler konnten damals restauriert werden. In den Außenbezirken entstanden neue Wohnblocks, teilweise durch die Mikrobrigaden, die aus Handwerkern bestanden, die von ihrer normalen Arbeit für einige Stunden am Tag freigestellt wurden. In Habana hat sich der historische Kern ausgeweitet, die Stadt ist lebendig gewachsen. Das Gegenbeispiel ist Trinidad, das nach dem Zuckerboom in einen Dornröschenschlaf verfiel. In Habana verlegte sich das moderne Leben ab 1900 in das aufstrebende Viertel Vedado, man ließ die Altstadt erst mal so stehen.

Heute muss die **Sanierung** nachgeholt werden. Man gründete die Kleinbrigaden, die das Baumaterial von der Regierung erhielten und die Arbeit unter fachkundiger Anleitung selbst verrichteten. In vielen Häusern gab und gibt es keinen Strom und keinen Anschluss an die Kanalisation, an anderen Stellen sind die uralten Kanalrohre völlig marode. Die Stadtplaner versuchen, traditionelle Baumerkmale in den Sanierungsgebieten zu erhalten, z.B. schattige Innenhöfe und Säulengänge.

Die UNESCO hat bislang folgende **Welterbe-Stätten** bestimmt: Trinidad und das Tal der Zuckermühlen (1988), die Festung Morro in Santiago (1997), der Nationalpark Granma (1999), das Tal von Viñales (2000), den Humboldt-Nationalpark (2001), Cienfuegos (2005) und das Zentrum von Camagüey (2008).

Literatur

„Den Poeten – werft ihn hinaus!
Dieser Schlechtgelaunte,
des Sommers mit schwarzer Brille
unter der wachsenden Sonne,
ist ein Spielverderber."
(Herbeto Padilla)

Die cubanische Literatur ist eine **Entdeckungsreise in die karibische Mentalität,** die sich auch in deutscher Sprache durchführen lässt. Alle wichtigen Autoren sind übersetzt. Sie lesen ein Feuerwerk von Gedanken, Sprachwitz und machen die Bekanntschaft einer weitgehend unbekannten Literatur.

Allwöchentlich treffen sich literaturbegeisterte Inselbewohner in ihren örtlichen Kulturhäusern, Fabriken, Schulen oder sonstigen zugänglichen Räumlichkeiten, um sich gegenseitig ihre Werke vorzulesen, Gedichte zu zitieren und vor allem, um danach darüber zu diskutieren. Fast 500 dieser *talleres literarios* gibt es im ganzen Land. Das Besondere ist, dass hier Soldaten, Schüler, Rentner, Verkäuferinnen und Bauern zusammen über Prosa, Novellen und Kurzgeschichten sprechen und dabei keine Berührungsängste haben.

Cubanische Schriftsteller müssen auf ihre Worte achten, denn der Staat liest mit. In der Vergangenheit haben immer wieder kritische Denker das Land verlassen und die Emigration der Repression vorgezogen.

Der bekannteste cubanische Schriftsteller des 20. Jh. ist mit Sicherheit *Alejo Carpentier.*

Alejo Carpentier (1904–1980)

1904 in La Habana geboren, studierte *Alejo Carpentier* Literatur und begann früh zu schreiben. Seine kritischen Essays führten dazu, dass er während der Zeit der Macado-Diktatur 1928 fliehen musste und nach Frankreich ging. Dort lebte er bis 1939, um dann längere Reisen zu unternehmen, die ihn wieder nach Cuba führten. Nach der Revolution brachte er es zum französischen Kulturattaché und Leiter des cubanischen Nationalverlages. Als Romancier schrieb er unzählige Romane, und er war federführend in der literaturtheoretischen Entwicklung des *real maravilloso,* des „Wunderbar Wirklichen", der lateinamerikanischen Literatur. Er starb 1980 in Paris.

Die verlorenen Spuren
■ *Los pasos perdidos,* deutsch, Suhrkamp 1979

Die für Cuba und den gesamten lateinamerikanischen Kontinent wichtige Verbindung von abendländischer Kultur und indianisch-„primitiver" Lebensweise bildet den Faden in diesem bekanntesten Werk des cubanischen Romanciers. Es ist eine Zeitreise eines namenlosen Ich-Erzählers, der über sein Dasein in der Großstadt New York nachsinnt und bei einer Reise in den Dschungel für kurze Zeit der Hektik und Allmacht der Zivilisation entfliehen kann.

Barockkonzert
■ *Concierto barroco,* deutsch, Suhrkamp 1976

Eine Reise durch die Musikgeschichte, bei der in einem kurzen Roman *Vivaldi, Scarlatti, Händel* und *Louis Armstrong* ihren Auftritt haben und einen reichen Mexikaner mit seinem cubanischen Diener treffen und ihnen ihr Musikverständnis erläutern.

Explosion in der Kathedrale
■ *El siglo de las luces,* deutsch, Suhrkamp 1964

Beschreibt das Leben des Freimaurers *Victor Hughes* aus Haiti, der vor der Sklavenrevolte nach Paris flieht und schließlich wieder in die Karibik zurückkehrt. Er vertreibt die Engländer in Guadeloupe und wird zum Boten einer neuen Zeit, nämlich der bürgerlichen.

Miguel Barnet (geb. 1940)

Sein wichtigstes Buch ist der **Cimarrón,** die Geschichte eines entlaufenen Sklaven, die dieser dem Autor in langen Gesprächen erzählt. Heraus kam eine sehr lesenswerte Beschreibung der Zustände gegen Ende des 19. Jh. Merkwürdiges und Alltägliches aus der Sicht eines „Negers".

Ein anderes Buch, „Gallego", erzählt die Geschichte eines galicischen Auswanderers auf Cuba. Beide erschienen bei *Suhrkamp.*

Guillermo Cabrera Infante (1929–2005)

1929 geboren, begann *Cabrera Infante* früh mit dem Schreiben. Eine seiner frühen Erzählungen führte zu seiner Verhaftung durch die Batista-Schergen; es wurde ihm Obszönität vorgeworfen. Er freundete sich mit den Revolutionären um *Castro* an und hatte nach der Revolution einen Posten als Kulturattaché im Ausland, den er allerdings verlor, als er die Kommunisten kritisierte. 1967 ging er endgültig ins Londoner Exil.

Seine wichtigsten Werke sind: **„Ansichten der Tropen im Morgengrauen".** Bei diesem Werk liegt die Betonung auf

7

„Grauen", hier wird die cubanische Geschichte anhand kurzer Streiflichter auf wesentliche Momente vor uns ausgebreitet, dass einem ein Grauen und ein Begreifen gleichermaßen kommen.

„Drei traurige Tiger" *(Tres tristes tigres)* hingegen ist ein ganz anderes Werk. Hier schäumt es über vor Lebensfreude, Gier und Witz. Das Buch ist ein Angriff des großen Sprachverdrehers, Wortartisten und Satzjonglierers auf die bourgeoise, vorrevolutionäre Gesellschaft. Hier wird mit allen Mitteln geulkt. Selbst in der deutschen Übersetzung ist noch viel Witz übrig geblieben. Allerdings bringt erst die Beherrschung des Englischen, Französischen und des Spanischen den vollen Genuss. Das Werk handelt episodenhaft von drei Cubanern der Mittelschicht in den 1950er Jahren, also kurz vor der Revolution. Ein Musiker, ein Fotograf und ein Journalist geistern nachts durch La Habana und lassen es sich gut gehen, frühe Yuppies also. Erschienen bei *Suhrkamp*.

Eliseo Diego (1920–1994)

1920 als Sohn eines Antiquitätenhändlers geboren, arbeitete *Eliseo Diego* als Lehrer und wirkte an der Zeitschrift *Orígenes* mit, für die auch *Lezama Lima* arbeitete. Seine Gedichte und seine Prosa entführen uns nicht in tropische Sehnsuchtswelten, vielmehr wird uns unsere eigene Innenwelt widergespiegelt, und der Autor kommt dabei zu der Schlussfolgerung, dass wir die Lösungen aller Fragen, die uns bewegen, in uns selbst finden müssen. Lesetipp: „In meinem Spiegel".

Nicolás Guillén (1902–1989)

Der Mulatte vereint spanische Gedichtmetrik mit cubanischer Allerweltssprache. Geboren ist er 1902 in Camagüey und in La Habana 1989 gestorben. Seine wichtigsten Publikationen sind „Motivos del Son", „Cantos para soldados y sones para turistas" und „El gran Zoo". Der Kampf für die Gleichberechtigung der Farbigen und der Kampf gegen den Kolonialismus bestimmen seine Werke.

José Lezama Lima (1910–1976)

José Lezama Lima, 1910 als Sohn eines Oberst geboren, studierte Jura und gab später literarische Zeitschriften heraus. Nach der Revolution arbeitete er in der Kulturpolitik.

„Paradiso" gilt als sein wichtigstes Werk. Es ist eine Familiensaga um den Jugendlichen *José Cemi,* die im alten La Habana spielt. Das Buch verlangt ungeteilte Aufmerksamkeit, da es mit Metaphern sehr reich gesegnet ist. *Octavio Paz* soll gesagt haben: „Ein Wortgebäude unglaublichen Reichtums" – das stimmt. Es werden aus Worthäusern Satzstraßen gewoben, zu Stadtteilen getürmt, dass man in allen Gassen und auf allen Plätzen dieser Sprachstadt unrettbar untergehen kann – ein Abenteuer!

Im Zentrum La Habanas ist dem Autor ein **Museum** gewidmet (Calle Trocadero 162, e/Industria y Consulado).

Jesús Díaz (1941–2002)

Geboren 1941 in La Habana, studierte er Philosophie und Literatur. Er war Drehbuchautor und emigrierte Anfang der 1990er Jahre nach Deutschland. Danach lebte er in Madrid, wo er 2002 starb.

Seine Werke fallen durch die scharfe Beobachtung menschlicher Individuen und ihrer Handlungen auf. Sein erfolgreichstes Werk, **„Die Initialen der Erde",** schildert meisterhaft die Geschichte um *Carlos,* der zwischen Voodookult und sozialistischer Fortschrittsideologie hin und her gerissen wird. Wir nehmen Teil an seinen Zweifeln, an Heldenhaftem und Gewöhnlichem – sehr packend und einfühlsam erzählt.

Sein wichtigstes Werk **„Die Haut und die Maske"** besticht durch eine exzellente Sprache. Es geht um ein Filmteam, das in La Habana einen Film über eine Familienzusammenführung drehen will. Die Themen sind: Eifersucht, Begehren, Furcht vor Zensur und Geldmangel.

„Erzähl mir von Kuba" erschien 2001 auf Deutsch beim *Piper Verlag.* Es ist die Geschichte des Zahnarztes *Stalin Martinez* der sich in Miami aus Liebeskummer als Bootsflüchtling ausgibt.

2003 ist sein letztes Buch, **„Die Dolmetscherin",** auf Deutsch erschienen. Diese wahnwitzige Geschichte dreht sich um den impotenten *Bárbaro,* der nach Sibirien geht, um über die Baikal-Amur-Eisenbahn zu schreiben.

Zoé Valdés (geb. 1959)

Zoé Valdés, die seit 1995 in Frankreich lebt, hat auch in Deutschland ein breites Publikum gefunden. Ihr erotisch aufgeladener Roman **„Das tägliche Nichts"** *(La nada cotidiana)* wurde ein internationaler Bestseller. In Cuba dagegen löste er Empörung aus.

Daína Chaviano (geb. 1957)

Seit 1991 in Miami lebend, suggeriert die Autorin Nostalgikern und Cuba-Verklärern, nirgends werde so hingebungsvoll kopuliert wie auf Cuba.

„Havanna Blues" erschien im *Lichtenberg Verlag.* Es geht um den Fleischer *Toño,* der auf Cuba gut angesehen ist, da jeder hinter seiner Ware her ist. So kommt es, dass er sich den Eintritt ins *Tropicana* mit Hackfleisch erkauft. Er kann sich drei Liebschaften gleichzeitig leisten, und auch seinen Freund *Gilberto* umschwärmen die Frauen in der Hoffnung, etwas abzubekommen.

Cristina García (geb. 1958)

1958 in La Habana geboren, wuchs *García* in New York auf. Nach ihrer Tätigkeit als Journalistin für das Time-Magazin ist sie heute Literaturprofessorin.

Was lag vor diesem biografischen Hintergrund näher als eine Geschichte über das Leben in beiden Welten zu schreiben. **„Träumen auf Cubanisch"** (*S. Fischer,* 1992) erzählt die Geschichte von Frauen dreier Generationen. Zwei von ihnen leben in den USA, die Großmutter ist auf Cuba geblieben und schreibt jeden Monat einen Liebesbrief an ihren Ex-Geliebten. Diese Briefe werden allerdings niemals abgeschickt.

Ernest Hemingway (1899–1961)

Auch ein bedeutender US-Amerikaner hat mit der Antilleninsel zu tun: *Ernest Hemingway,* der 1899 geborene Sohn eines Landarztes, begeisterte sich fürs

Jagen und Fischen. Mit 18 Jahren wurde er Reporter. Im 1. Weltkrieg meldete sich *Hemingway* freiwillig und wurde verwundet. Später war er Berichterstatter im Spanischen Bürgerkrieg, dann in China und Cuba sowie bei der Invasion der Alliierten. Im Jahr 1961 beging er Selbstmord.

Sein Thema ist **der Mann, der sich bewähren muss,** bei der Jagd, der Fischerei, im Krieg und bei den Frauen. Seine Werke handeln von selbstgesetzten Normen, von Todesverachtung und inneren Werten. Sein Schreibstil ist geradlinig und kommt weitgehend ohne Pathos aus.

Ernest Hemingway als Spion

1942 verpflichtete der amerikanische Botschafter auf Cuba, *S. Braden,* den berühmten Schriftsteller als Agenten für die USA, angeblich in der Floridita-Bar. Die entsprechenden Dokumente grub der "Spiegel" in amerikanischen Archiven aus. *Hemingway* baute ein eigenes Agentennetz auf Cuba auf und wurde somit für die USA zu einem ihrer wichtigsten Informanten.

Bei Bradens Dienstantritt galt Cuba als Spionagenest. *Hemingway* schien ihm gut geeignet, schon seit Jahren lebte jener in seinem Haus, der Finca Vigía in San Francisco de Paula. Er verkehrte mit der Oberschicht und mit zwielichtigen Gestalten. Hinzu kam seine Kenntnis der politischen Verhältnisse in Spanien und seine Erfahrungen, die er während des spanischen Bürgerkrieges gemacht hatte. Schon 1937 hatte er in Spanien für die Republikaner spioniert, 1941 in China für die Amerikaner.

Hemingway verpflichtete seinerseits 26 Agenten und Zuträger, alles Freunde von ihm. Die Informanten beschafften das Rohmaterial, und *Hemingway* formulierte daraus die Berichte so intensiv und gekonnt wie seine Romane. Seine Frau *Martha Gellhorn* störte das ständige Kommen und Gehen im Hause Hemingway und bezeichnete die Geheimdienstzentrale ihres Mannes verärgert als "Schwindelfabrik".

Schon bald beschränkte sich der eifrige Datensammler nicht mehr nur auf die Bespitzelung von Spaniern und Deutschen, sondern weitete seine Tätigkeit aus, was dem FBI missfiel. *Hemingway* sammelte für den amerikanischen Botschafter Material gegen hohe Regierungsbeamte. Prominentestes Objekt seiner Wissbegierde war der Chef der cubanischen Polizei, General *Manuel*.

Da *Hemingway* die FBI-Agenten für unerfahren und fantasielos hielt und den Geheimdienst für antiliberal und pro-faschistisch, sollte er entlassen werden. Im April 1943, als die amerikanischen Geheimdienste ihre Territorien neu sortierten, musste *Hemingway* sich einen neuen Job suchen. Nun fuhr er im Auftrag des amerikanischen Marineattachés in Habana mit seinem Motorboot "Pilar" unter Kapitän *Gregorio Fuentes* in den Küstengewässern Patrouille, wo er ohne Erfolg nach angreifenden deutschen U-Booten suchte.

Im Frühjahr 1944 ging er als **Kriegskorrespondent** nach England, um über die Invasion der Alliierten zu berichten. Den Dank von Botschafter *Braden* lehnte er bescheiden mit den Worten ab: Seinem Land zu dienen sei einfach eine Verpflichtung. Sie bedürfe keiner Anerkennung und verdiene kein Lob.

Der Schriftsteller lebte 20 Jahre auf Cuba. Im Stadtteil San Francisco de Paula kann man seine Finca Vigía besuchen. Hier schrieb er große Teile seiner Werke: „Haben und Nichthaben" (1937) und „Wem die Stunde schlägt" (1940). Danach 1952 das auf Cuba spielende „Der alte Mann und das Meer". Dafür bekam er den **Literaturnobelpreis.** Das letzte Buch, das 1970 nach seinem Tode von *Mary Hemingway* aus den Manuskripten erstellte „Insel im Strom", spielt wieder teilweise auf Cuba.

Die Yacht *Hemingways,* „Pilar", kann ebenfalls bewundert werden. Mit ihr fuhr er zuletzt 1960 zum Wettangeln mit dem Revolutionsführer. Sieger wurde allerdings *Fidel Castro.*

Mutige können die berühmten Bars **La Bodeguita del Medio** und **Floridita** besuchen, oder sich im Hafenort Cojímar ins Fischlokal **La Terraza** setzen.

Leonardo Padura (geb. 1955)

Der 1955 in La Habana geborene Krimiautor zeichnet in seinen Büchern ein gutes Bild der Hauptstadt. In seiner Jugend wurde er zur Zeitung *Juventud Rebelde* strafversetzt, wo er sich zu Ruhm und Ansehen schrieb. Sein lesenswertes **„Havanna-Quartett"** erschien auf Deutsch als Hardcover, Taschen- und Hörbuch. „Ketzer", sein bislang letztes Buch, handelt von jüdischen Einwanderern und niederländischen Malern.

Kunsthandwerk und Malerei

„Unsere Feinde sind Kapitalismus und Imperialismus, nicht abstrakte Malerei."
(Fidel Castro)

Wenn man heute durch La Habana schlendert, fällt einem sofort die Vielzahl der kleinen Galerien auf, in denen sich die Werke der bildenden Künstler stapeln. Es scheint, als hätten die Cubaner den Verkauf von Kunstwerken als Einnahmequelle entdeckt. Der kleine Kunstmarkt vor der Festung in La Habana wächst. Doch würde man alle Kitschbilder der Bodegita del Medio, alle „Ches" und alle kitschig-bunten Mulattinnen-Porträts eines Tages entfernen, so bliebe nicht mehr übrig, als in anderen Ländern auch auf den Märkten zum Kauf angeboten wird. Die Touristen haben offensichtlich diese Motive gewollt und der Markt hat darauf reagiert. Nicht zuletzt hat auch die Kunstförderung die **„Revolutionskunst"** positiv beurteilt und so die Maler angespornt, Bildnisse von heroischen Kämpfern, nachdenklichen *Castros* und rauchenden *Ches* zu produzieren. Bei genauem Hinsehen lassen sich aber dennoch einige hervorragende Arbeiten finden.

Die **Holzschnitzer** haben ursprünglich die afrocubanischen Götter aus den heimischen Hölzern geschnitzt. Später kamen dann auch profane Skulpturen hinzu. Nach der Revolution wurde die Ausbildung der Künstler auch vom Staat in die Hand genommen. Die vom Staat verordnete Vereinigung der Kunsthandwerker *ACCA* unterhält in La Habana einen Laden, in dem man ausgesuchte Stücke der Mitglieder erwerben kann.

Alle großen Kunstströmungen beeinflussten die Werke der bildenden Kunst. Die Zeit der Pop Art war sehr fruchtbar auf Cuba. Ende der 1970er Jahre entstand ein regelrechter **Pop Cubano.**

Eine legendäre Ausstellung gab es auch 1980 in La Habana: **Volumen uno.** Die treibende Kraft der damaligen Szene, *Flavio Garciandía,* hatte mit Freunden zusammen seine Werke der staunenden Öffentlichkeit präsentiert. In seinen Bildern geisterten alle Symbole des verkitschten Alltagslebens: Plüschtiere, Sonnenuntergänge, gemischt mit Revolutionären in ungewöhnlichen Konstellationen. Alles in allem entstand eine kritische Auseinandersetzung mit dem Alltag und auch mit der Revolution. Das stieß natürlich nur auf geteilte Freude. Die Aufforderung, die in den Werken der jungen Maler steckte, sich nicht nur in Heldenverehrung zu ergehen, sondern selbst zu agieren, wurde vom Kulturministerium 1988 nicht gesehen und die Ausstellung wegen einer „revolutionären Kopulationsszene" geschlossen. *Glexis Novo* bezeichnete sich als der beste schlechte Maler Cubas, und seine Kollegen *Aldito Ménendez* und *Carlos Cardenas* hören nicht auf, in ihren Werken der Frage nach dem Schicksal Cubas in der heutigen Zeit nachzugehen.

Vom Massenangebot in den Städten abgesehen, gibt es eine Reihe spannender Kunstwerke zu entdecken. Zu den berühmten Altmeistern der bildenden Kunst zählen:

José Nicolás de la Escalera, er hatte seine Schaffensperiode in der zweiten Hälfte des 18. Jh. *Vicente Escobar* (1792–1834), begann Alltagsszenen in einer sehr realistischen Art zu malen.

1818 wurde der Franzose *J. B. Vermay* erster Direktor der frisch gegründeten Kunstakademie von San Alejandro. Von hier gingen für die nächsten 100 Jahre die wesentlichen Einflüsse aus. Den **Realismus** gab es immer noch, aber zunehmend gewannen romantische Einflüsse die Oberhand. Man malte Landschaften. Der wichtigste Romantiker war *José Joaquín Tejada.* Eine realistische Landschaftsbetrachtung malten *Valentín Sanz Carta* (1849–1898) und *Guillermo Collazo* (1850–1896).

Anfang des 20. Jh. begann der europäische Einfluss in der cubanischen Kunst. Künstler fuhren nach Europa und lernten ihr Handwerk in Paris. *Eduardo Abela* (1889–1969), *Marcelo Pogolotti* (1902–1988) und *Roberto Diago* arbeiteten sich an ihre Vorbilder Braque, Gris und Picasso heran.

In den Wirren der Revolution der Bärtigen suchte jeder seine eigene Identität und es gab wenig einheitliche Strömungen. Die europäischen Expressionisten waren zeitweise „in". *René Portocrero* schuf eine Reihe bekannter Glasfenster in La Habana.

Der 1902 geborene *Wilfredo Lam* besann sich auf seine afrikanischen Wurzeln, ihm folgte *Mariano Rodríguez* und später *Manuel Mendive.* Der wurde 1944 geboren und gilt als wichtigster Vertreter des **Magischen Realismus.** Seine Werke befassen sich mit dem Alltagsleben und den afro-cubanischen Wurzeln. So tauchen Themen aus den Mythen der *Yoruba* in seinen früheren Werken auf, besonders seine Skulpturen sind abenteuerlich. Darin kann man jede Menge afrikanischen Schmuck, Münzen und andere Gegenstände aus dem Kulturbereich der Yorubas finden. Auf seinen Reisen ging der Künstler auch zu den Stätten der afrikanischen Religion und arbeitete an der Ausgestaltung von Yoruba-Heiligtümern im Benin. Nach Cuba zurückgekehrt, setzte er seine Themen auch in Tanzperformances um.

José López Álvarez (Lopito), 1924 in La Habana geboren, studierte Malerei und Bildhauerei an der Akademie der Künste „San Alejandro", in La Habana. Danach arbeitete er viele Jahre als Kameramann für das cubanische Fernsehen CMQ-TV. *José López* ist einer der wenigen cubanischen Maler, der dem Landschaftsbild treu geblieben ist. Der cubanische *van Gogh,* wie er genannt wird, arbeitet in *Tempera,* die er anschließend mit Öl übermalt. In seinen Landschaftsbildern gibt es keine Menschen. *López Álvarez* war ein Gründungsmitglied der Vereinigung der Grafiker Cubas und gehört der *UNEAC,* dem Verband der Künstler und Schriftsteller Cubas, an. Seine Bilder werden in Kanada, den USA, Italien, Spanien, der Schweiz, Großbritannien, Russland und Deutschland ausgestellt. Ihm wurde die Auszeichnung und Medaille „Für Nationalkultur" vom Staatsrat verliehen.

Salvador González Escalona setzte die religiösen Wurzeln in seinen Fassadenmalereien ein. Sie erinnern an die afrikanischen Malereien. Wer die Rampa in La Habana hinaufläuft, wird in den Gehweg eingelassene Kunstwerke aus der gleichen Tradition entdecken.

Die **Plakatkunst** entlang der Straße entwickelte eine ganz eigene Ästhetik. Manche Ortseingänge sind mit Skulpturen im Stil des **Sozialistischen Realismus** geschmückt, die einer Kunstvorstellung der Landbevölkerung erwachsen sind.

In der **Schnitzkunst** begegnen einem Figuren, die entweder nach afrikanischen Vorbildern oder mit Bezug auf moderne Themen gefertigt sind. Die Qualität ist gut, die Preise vergleichsweise moderat. Die Hölzer sind Ebenholz, Mahagoni und eine aromatisch riechende Art, die *Guayacán* heißt.

078cu kh

▷ Schwarzmaler:
Hier wird für den Kunstmarkt gearbeitet

Wenn man größere Kunstwerke ausführen will, braucht man eine Genehmigung. Den *certificado de exportación* kann die **Registrierstelle für Kulturgüter** ausstellen. Hier kann man alle entsprechenden Auskünfte bekommen. Wenn man in staatlichen Läden oder Galerien kauft, sollte man auf einer offiziellen Rechnung mit Stempel der oben genannten Behörde bestehen. Die Galerien haben Vordrucke, in denen die Nummer und der Name des Verkäufers, der Stempel und alle anderen Daten eingetragen sind. Eine Kopie behält der Galerist, das eigene Exemplar muss man beim Zoll vorzeigen.

■ **Registro Nacional de Bienes Culturales,** Calle 17, No. 1009, e/10 y 12, Vedado, Tel. 07 839658.

Film

„Film ist Kunst."
(Gesetz zum Film, erster Satz)

Zwei Jahre nach der Revolution wird das unabhängige **Instituto Cubano de Arte y Industria Cinematográficos** gegründet (www.cubacine.cult.cu).

Dieses ICAIC machte aus dem cubanischen Film ein Qualitätsprodukt ersten Ranges. Natürlich ist Film auch immer Klassenkampf gewesen; er sollte gegen die Unterentwicklung ankämpfen und den Zufluss von Geld in staatliche Kassen fördern.

Bis zum Ende der Batista-Ära gab es die üblichen Hollywood-Machwerke in den Kinos der Insel, nun sollte das Bewusstsein für die eigene filmische Stärke geweckt werden. Der Cubaner sollte sich wiedererkennen im Film. Das Kino kam mit mobilen Projektoren auch in Kleindörfer, man verlud die Technik auf Kähne, in Autos und Pferdewagen, um das Volk zu erreichen. Natürlich kamen dabei auch ideologische Machwerke heraus, manche kennen vielleicht die cubanisch-sowjetische Produktion „Soy Cuba" von 1959, die bei uns im Fernsehen lief. Da kann man den dicken Amerikaner und den edlen Revolutionär sehen, dazu bombardieren Regierungsflugzeuge rücksichtslose Großgrundbesitzer.

Ende der 1980er Jahre begann für den cubanischen Film eine Phase des Aufschwungs, man lehnte sich gegen den Dogmatismus der Regierung auf und es entstanden bemerkenswerte Filme.

Erdbeer und Schokolade

(Fresa y Chocolate)
Regie: *Tomás Gutiérrez Alea,* 1993

Einer der bekanntesten Cuba-Filme der 1990er. Er hat Homosexualität und das Ausstellungsverbot zum Thema und ist ein schöner, heiterer und tiefgründiger Film.

Der Held, ein junger Pionier, wird in der *Coppelia,* der größten Eisdiele La Habanas von einem offensichtlich schwulen Schönling angesprochen und daraufhin in dessen Wohnung gelockt. Obwohl es sich bei dem Schwulen um ein „subversives Element" handelt – er liest ausländische Bücher, hört ausländische Musik und schert sich auch sonst wenig um die Revolution – findet unser Held den Menschen hinter all dem faszinierend. Er bleibt jedoch standhaft bis zuletzt, wobei die schrullige Nachbarin nicht ganz unbeteiligt ist …

Guantanamera
Regie: *Tomás Gutiérrez Alea,* 1995

Im nächsten Film kommen zwar dieselben Schauspieler zu Wort, der Wahnwitz spitzt sich jedoch noch zu. Der Bürokratismus und die Benzinknappheit zwingen die örtlichen Leichenwagen nur innerhalb ihres Bezirkes zu transportieren. Da nun La Habana und Guantánamo durch ziemlich viele Bezirke voneinander getrennt sind, kann man sich schon einiges denken. Das ganze Ausmaß des Debakels ist in ein flottes „Cuban roadmovie" verpackt, ein Film, der dem Cubareisenden einen Einblick in das tägliche Leben der normalen Leute gestattet. In gut sortierten Videotheken als „OmU" erhältlich.

Das Leben, ein Pfeifen
(La vida es silbar)
Regie: *Fernando Pérez,* 1998

Bester Film, beste Regie, beste Kamera, das waren die Preise, die diesem typisch cubanischen Film auf dem Festival des neuen Lateinamerikanischen Film 1998 verliehen wurden. Wie Recht die Jury hatte, konnte man auch in deutschen Kinos bewundern. Der epd-film bezeichnete ihn als wahres Juwel. Es kommen vor: ein philosophierender Rikscha-Fahrer, ein arbeitsloser Musiker, ein verliebter Balletttänzer, eine harte Greenpeace-Aktivistin, ein „hässlicher" Straßenkehrer, ein hervorragender Therapeut, der allwissende Taxifahrer und das Absurde im täglichen Leben, wenn die Leute allein durch den Ausruf des Wortes „Selbstbestimmung" reihenweise in Ohnmacht fallen.

Pérez wurde 1944 in La Habana geboren und studierte dort Sprach- und Literaturwissenschaften.

Buena Vista Social Club
Regie: *Wim Wenders,* 1999

Da haben wir einen der Auslöser für den Run auf Cuba: ein schlichter Dokumentarfilm mit *Ry Cooder* als Musikproduzent, der Millionen Deutsche für Cuba und die cubanische Musik begeisterte. Mit *Ibrahim Ferrer* und *Ruben Gonzáles.*
Ich habe einige Cubaner getroffen, die nicht gut auf Herrn *Wenders* zu sprechen waren. „Seit diesem Film glauben viele Menschen, bei uns machen nur alte Leute Musik", brachte es mal ein Cubaner auf den Punkt.

Cubanisch reisen
(La lista de espera)
Regie: *Juan Carlos Tablo,* 1999

Emilio will nur nach Hause, *Jaqueline* will heiraten, die Kinder finden alles spannend. Leider strandet die ganze Gesellschaft in einem namenlosen Busbahnhof an irgendeiner Ausfallstraße wegen Havarie des Busses. Die Zeit des Wartens beginnt, aber eben echt cubanisch … Eine schöne und sehr menschliche Geschichte!

Havanna, mi amor
Regie: *Uli Gaulke,* 2000

In diesem deutschen Dokumentarfilm geht es vordergründig um Fernsehen – die Telenovelas. Diese Kitschserien holen jeden Abend Tausende von Cubanern vor ihre altersschwachen Geräte. Da muss manches alte russische Gerät behelfsmäßig repariert werden. Zu sehen sind die Reparateure, außerdem im Programm: die Chefin eines Frisiersalons und weitere liebenswerte, emotionale Cubaner und Cubanerinnen.

Die neue Kunst, Ruinen zu bauen
(Arte nuevo de hacer ruinas)
Regie: Florian Borchmeyer 2005/06

Dieser Dokumentarfilm erzählt Geschichten von Menschen, die versuchen sich mit der zerfallenden Architektur zu arrangieren.

7 Tage in La Habana
Regie: Carlos Quintana 2012

Der Film zeigt sieben Episoden in La Habana, die von sieben internationalen Regisseuren inszeniert wurden, darunter Julio Medem, Benicio del Toro und Elia Suleimann, es spielen z.B. Vladimir Cruz, Daniel Brühl und Emir Kusturica.

Biennale

Auf die Biennale in **Berlin** schaffen es immer wieder cubanische Filme. Im Jahr 2013 war es der Film La Piscina (Das Schwimmbad) über behinderte Jugendliche von Carlos Machado Quintela, der Anerkennung durch das Publikum fand. 2014 waren es Un paraíso (Ein Paradies) und La Casona (Das Große Haus).

Musik und Tanz

„Der Son spiegelt unsere cubanische Seele wider."

(Nicolás Guillén)

Musik auf Cuba ist „Lebensmittel". Wenn auch die Milch knapp ist, **die Musik sprudelt überall unerschöpflich und reißt jeden mit.** Alle großen Tänze Lateinamerikas haben ihre Wurzeln auf der Zuckerinsel und hier leben sie fort oder werden rekonstruiert. Vergessen Sie die sogenannten lateinamerikanischen Tänze Ihrer Tanzschulzeit, folgen Sie mir in einen kleinen Ort:

Es ist Samstagnacht gegen 24 Uhr, ich stehe in einer dieser improvisierten Freiluftbars, die so herrlich cubanisch sind: Die Stühle sind rar und aus Plastik, Gläser sind ebenfalls rar und werden nur auf Verlangen herausgegeben. Die Cubaner sind guter Dinge, eine fünfköpfige Band der hiesigen Lokalgrößen gibt seit einer halben Stunde ihr Bestes. Viele tanzen, obwohl es heiß ist unter freiem Himmel und die Bar eigentlich für die Aufstellung eines Billardtisches schon die Außenmauer niederreißen müsste. Aber hier will sowieso keiner Billard spielen, sondern der Musik lauschen.

Mein Blick fällt zwischen den Tänzern und Touristen vorbei zum Eingang und bleibt an einer jungen Frau haften, die eher missmutig an der weiß gekalkten Mauer lehnt. Sie hat dunkles Haar und trägt eine etwas deplaziert wirkende Armeekleidung. Ein junger Kerl kommt herein und ich sehe sie ein paar Worte wechseln. Plötzlich ergreift er ihren Arm und das Wunder beginnt!

Ein „Faden" verbindet meine Augen mit den Gesichtern der Tänzer. Das Dunkel der Nacht lässt sie mystisch erscheinen. Der linke Arm des Mannes umfasst kurz die Hüfte der Frau, eine schnelle Drehung, die Frau kreist zurück und auf den aussetzenden Takt blicken sie sich kurz unbewegt ins Gesicht. Einen Wimpernschlag später verlieren sie sich in einer langsamen, kraftvollen Bewegungsfolge, die man kaum nachzeichnen könnte. Die starren Blicke werden eins mit dem Steigen und Fallen des Taktes, eine unsichtbare Macht hat die Führung übernommen. Der Wirbel der Körper steigert sich mit der Musik und bringt immer neue, immer andere Bewegungen hervor. Der Mann spielt mit der Frau und sie lässt sich darauf ein, folgt seinem unsichtbaren Händedruck und umkreist ihren Partner. Immer wenn der Takt aussetzt, ist ein Moment wie gefroren, eine Aufnahme zweier einander zugewandter Körper, ausgestreckte Arme, die einen zähen Bruchteil eines Augenblicks zu Skulpturen werden, um sofort wieder in ihrem wahnwitzigen Taumel voneinander gerissen zu werden. Allein der Rhythmus dirigiert, wann die Momente der kristallinen Starre eintreten und wann die Bewegung wieder im Fluss ist. Einmal sind ihre Gesichter voreinander, für einen Moment nur, und da sehe ich sie lächeln. Das Gesicht des Mannes sehe ich nicht. Er umfängt sie mit seinem Arm und sie tanzen ein paar Takte umschlungen nebeneinander. Doch auch diese Figur wird gleich wieder in schnelle Wechseldrehungen aufgelöst. Ich kann meine Augen nicht von dem Paar lösen. Als die Musik schweigt, gehen sie auseinander, als wäre das alles ein Traum gewesen …

Die Sklaven brachten ihre Riten, ihre Musik und die Instrumente mit nach Cuba. Hier liegen viele Wurzeln der Rhythmen und Tänze. An arbeitsfreien Sonntagen wurde Musik gemacht.

Yuka war ein Paartanz, der durch eine Trommlergruppe bestimmt wurde. Ursprünglich waren es drei Trommeln, die den Ton angaben, die helle *Cachimbo,* die melodietreibende *Mula* und die tiefe *Caja,* die den Grundrhythmus schlug. Unterstützt wurde das Ganze durch die *Clave,* zwei handlange, unterschiedlich dicke Stäbe aus Zedernholz. Der große wurde in der linken Hand gehalten, wobei die Hand den Resonanzkörper bildete. Mit dem dünneren Stab schlug man darauf, sodass es den typischen hellen Ton ergab.

Viele der musikbegabten Ex-Sklaven, Freigelassene und Freigekaufte, kamen in der Kirchenmusik unter. Diese war natürlich der spanischen Tradition verpflichtet und brauchte daher Sänger und Instrumentalisten in großer Zahl. Mit Begleitung von Geige und Orgel entstanden die ersten ungewöhnlichen Musikdarbietungen in der Kirche.

Eine ganze Zeit lang beherrschten die Militärkapellen das Musikgeschehen auf der Insel. Sie spielten nicht nur in der Armee selbst, sondern auch zu offiziellen Gelegenheiten. In der Armee gab es keine farbigen Soldaten, in der Militärmusik jedoch konnten auch Farbige unterkommen. Hier lernten sie die typischen Militärinstrumente kennen: die Trommeln, die Blechblasinstrumente und nicht zuletzt das Saxophon, das der Belgier *Sax* für Militärmusiker erfunden hatte. Durch die cubanische, bzw. kreolische Lust am Experimentieren vermengte sich die „privat" gespielte Musik

Land und Leute

7

bald mit dem weit verbreiteten Kontertanz, dem **Danzón.**

Wer sich die **traditionellen cubanischen Musiker** ansehen will, kann sich im Veranstaltungskalender der *EGREM* informieren: http://promociones.egrem.co.cu. Hier sind monatlich alle aktuellen Veranstaltungen aufgelistet.

Son Cubano

Ein Jammer, was dieser Musik passierte. Heute heißt sie in der westlichen Welt bezeichnenderweise **Salsa,** also „Soße". Hier wurden die lebenden Rhythmen zu einem Brei verkocht, sodass kein Gewürz mehr herauszuschmecken ist und alles für westliche Gaumen annehmbar wird.

Begonnen hatte es damit, dass die Musik der **Bantu** mit spanischen Klängen gemischt wurde. Entstanden ist diese Musikform wohl im Osten, im Oriente, in Santiago und Baracoa. Um die vorletzte Jahrhundertwende kam sie in die Hauptstadt, vermischte sich dort mit der Rumba und dem Danzón und zog später in die Bars und Nachtclubs ein. Hier kam der Son in Kontakt mit US-amerikanischen Touristen, Dealern und Prostituierten.

Der Son folgt einem klaren Muster: Es gibt eine Frage- und Antwortphase zwischen dem Vorsänger und den anderen Sängern. Die Lyrik war durch Alltags-

cu010-2016 kh

probleme gekennzeichnet. Später hat *Nicolás Guillén* mit den „Motivos del son" den Texten ein eigenes Denkmal gesetzt. Daneben bot der Son viel Spielraum für Improvisationen, wie wir sie später durch den Jazz kennen gelernt haben.

Die **Musikinstrumente** des Son sind der *Tres,* eine dreisaitige Gitarre, die *Bongó* und die *Maracas.* Dazu gesellte sich oft noch ein Lamellophon, *Marimbula* genannt.

Später kamen statt der Blechbläser Streichinstrumente hinzu, die den Son für ein ausländisches Publikum akzeptabel machten. Die amerikanischen Plattenfirmen ließen alsbald andere die cubanische Musik singen und spielen, den Puerto-Ricaner *Palmieri* zum Beispiel, der später den Begriff Salsa prägte. Man kopierte alles, was brauchbar erschien. Ein drastisches Beispiel ist der Guajira-Son **„Guantanamera",** das Lied vom Mädchen aus Guantánamo. Mit **Guajira** bezeichnete man eine Liedform, die unter einem Refrain Verse vereinte, die alle möglichen Themen beinhalten konnten: Tagesgeschehen, Liebeserklärungen, Klatsch und Tiefsinniges.

Die Guajira brachte einen weiteren Stern zum Leuchten, den des Mulatten *Josenito Fernández.* Der „König der Melodien" schrieb die Musik von Guantanamera. Einige Verse sind von *José Martí* später hinzugefügt worden.

Fernández stammte aus ärmlichen Verhältnissen in La Habana. 1908 geboren, jobbte er als Zeitungsverkäufer und Schuster. Als Straßenmusiker kam er an Auftritte beim Rundfunksender CMQ,

wo er live spielte. Für seine Auftritte dachte er sich eine Guajira aus, hier konnte er nach Herzenslust improvisieren. Seine „Guajira Guantanamera" wurde der Hit und das Lieblingsstück seiner Hörer, die ihm Themen und Anregungen zuschickten. Später wurde sogar die Sendung „Guantanamera" getauft. Zwanzig Jahre lang hat er diese Sendungen besungen. Dazu kamen auch Plattenaufnahmen der besten dieser Verse. Im Zuge dessen hatte er irgendwann einmal Verse von *José Martí* hineingearbeitet. Diese Fassung des Liedes hörte der amerikanische Musiker *Pete Seeger.* Er nahm selbst eine Fassung auf, verkaufte sie als sein Werk und es wurde ein Millionenerfolg. Und das, obwohl es seit

Guantanamera

Yo soy un hombre sincero,
de donde crece la palma
y antes de morirme quiero
echar mis versos del alma.

Mi verso es de un verde claro
y de un carmín encendido.
Mi verso es de un ciervo herido
que busca en el monte amparo.

Ich bin ein einfacher Mann
von dort, wo die Palmen wachsen;
Bevor ich sterbe, möchte meine Seele
das besingen, was sie quält.

Mein Lied ist von hellem Grün,
aber auch blutrot wie die Flamme.
Mein Lied ist wie ein verwundeter Hirsch
der Schutz sucht in den Bergen.

◁ Lokalmatadoren: Juan Formell y los Van Van

1949 ein Copyright darauf gab. *Fernandéz* sah wahrscheinlich kein Geld, als sein Stück in aller Welt verkauft wurde. Allerdings soll *Seeger* immerhin zur Beerdigung von *Fernández* nach Cuba gereist sein. Die Rechte sind dann an den Staat gegangen, der der Familie eine Entschädigung gezahlt hat.

Benny Moré (1919–1963)

Er war **mit Abstand der bekannteste Sonero der Insel.** Seine Kompositionen werden auch heute noch an jeder Ecke gespielt. Seine besondere Technik lag im Gesangssolo, bei dem er das Tempo mehrfach wechselte und so mit den Musikern spielte. Er wurde auch der „Barbar des Rhythmus" genannt, weil er bei seinen Gesangseinlagen auch in einen anderen Rhythmus überging und gegen Ende des Solos erst wieder zum Ursprung zurückkam.

Als *Moré* 1963 starb, versank ganz Cuba für mehrere Tage in Trauer, und das öffentliche Leben kam zum Stillstand. Der Trauerzug mit der Eisenbahn wurde von Zehntausenden von Menschen begleitet. Seinen berühmten Strohhut bekam die Gewerkschaft der Musiker geschenkt.

Der Durchbruch für den Son kam mit der Unabhängigkeit von Spanien, als die USA sich auf der Insel etablierten. Es gab die ersten Schallplattenaufnahmen und der exotische Rhythmus fand schnell Gefallen in Amerika. Es war halt der Hang zur Exotik, der den Musikern der Zuckerinsel zum Durchbruch verhalf. Die Orchester wurden berühmt und das zog immer mehr Cubaner in die Hauptstadt und in die Bands.

Habanera, Bolero

Der Bolero ist etwas romantisches, hier geht es um Gefühle. Der gleichnamige spanische Bolero ist etwas ganz anderes. Zuerst hielt er Einzug in den Salons der Reichen – Ende des 18. Jh. Die Liebe für alles Französische brachte auch die französischen Chansons nach Cuba. Bald wurde daraus etwas Cubanisches. Man vermischte diese ungeraden Taktformen mit spanischen Elementen und heraus kam die **Habanera.** Sie wurde zuerst nur vom Klavier begleitet und kam über Mexiko nach Spanien zurück. Bekanntestes Stück ist „La Paloma", das in allen drei Ländern zum Volksgut gehört. **La Bayamesa,** die heutige Nationalhymne, ist ursprünglich eine von *Céspedes* getextete Habanera, aus der *Pedro Figueredo* dann das Durchhaltelied machte:

„Al combate corred, bayameses
Que la Patria os contempla orgullosa"

„Auf zum Kampf, Bayameser,
Das Vaterland wird stolz auf Euch sein."

Die Wurzeln

Nun muss ich noch eine englische Wurzel ausgraben. Im *Oxford Companion* ist der **„Country dance"** aufgeführt, also der gemeine Volkstanz der um die Mitte des 18. Jh. so populär wurde, dass er sich auf dem Kontinent weit verbreitete. Allerdings wurde er durch französische Elemente erweitert und sein Name francophonisiert. Er hieß jetzt phonetisch transkribiert: **Contredanse,** was sinnloserweise soviel wie „Gegentanz" heißt. Im selben Jahrhundert machte sich diese

Musik mit den französischen Einwanderern in die Karibik auf und gelangte nach Haiti, wo sie durch weiteren Lokalcolorit angereichert wurde. Hier kam der **Merengue** dazu.

Mit den Sklavenaufständen flohen die reichen Franzosen mit ihren Sklaven ins nahe gelegene Cuba, wo sie in Santiago ihren französischen Lebensstil weiterleben konnten. Nun war also der Country dance im Oriente angekommen und wurde einheimisch zum **Contradanza.** Mit afrikanischem Trommelschlag angereichert, nannte man es „cubanischer Tango", von tangere = schlagen. Bald danach machte er sich nach Westen auf und kam in La Habana an. Hier boomte der frühe Figurentanz und wurde bald nur noch **Habanera** genannt. Die Wortwurzel des Contradanza mutierte dann zum *Danzón*, einem kleinen Musikstück gleich einer Einleitung.

In den wüsten Zeiten vor der Revolution galt es in den Bars von La Habana als chic, sich die **Bolerosänger** anzuhören.

Der erste Bolero war „Tristezas" von *Pépe Sánchez,* aus dem Jahre 1883. Ursprünglich ein schneller 2/4-Takt, wurde er im Laufe der Zeit lockerer und langsamer. „Soy como soy" war einer der bekanntesten, er stammte vom früh verstorbenen *Pedro Junco.*

Im 20. Jh. kam für diese Musikrichtung das Wort *Filin* auf, lautmalerisch für das englische Wort *feeling,* Gefühl. Es waren gesungene Erinnerungen. Hier lässt sich die Brücke zu den Trova-Interpreten wie *Teresa Fernández* schlagen. Die Musik meint nicht die sentimentalen Balladen, die es im Deutschen auch gibt, sondern eine Art der Musik, bei der es den Musikern eher auf das Gefühl für die Improvisation ankam, der Gesang

sich in die Musik einfühlt. Natürlich handelten die Texte von Alltäglichem und von verschmähter Liebe. Im *St. Johns Hotel* nannte man die Bar „Rincón del Filin". Hier trat auch einer seiner Erfinder, *Antonio Méndez,* bis zu seinem Tod 1989 auf.

Danzonette

In Matanzas fand 1929 die erste Aufführung einer Danzonette statt. „Rompiendo de la Ruina" hieß das Stück von *Aniceto Diaz* und war eine Mischung aus schnellem Guaracha und langsamem Bolero mit gesungenen Teilen. Dieser Rhythmuswechsel machte die Musik schnell bekannt. Doch ebenso schnell verschwand sie in den 1940ern wieder.

Rumba

Ursprünglich war es ein Fruchtbarkeitstanz der Regla Conga, in der das Balzverhalten der Vögel imitiert wurde. Allerdings versuchte die Frau mit verführerischen Bewegungen, den Mann zu begeistern. Der Mann wird angelockt, zurückgewiesen und antwortet mit einem Machogehabe. Getanzt wurde er auf den **Makuta-Festen.**

Begonnen hatte die Musik als *Rumba de cajón,* als Kistenrumba. Trommeln waren Mangelware in den Sklavenbaracken, da die Obrigkeit sie verboten hatte. Also bespielte man alles, was Klang erzeugte. Später kristallisierten sich Standardinstrumente heraus, die Stockfisch- und die Nagelkisten, die es in großer Zahl auf den Plantagen gab. Diese „Instrumente" wurden verfeinert, indem

7

man sie zerlegte, die einzelnen Holzbretter schliff und anschließend wieder zusammenbaute. Das erzeugte einen reineren Klang.

Mit der Zeit bildeten sich drei Ströme der Rumba heraus: Yambú, Guanguancó und Columbia.

Die **Yambú** ist die älteste Rumbaform. Man tanzt im Kreis, kostümiert als *Diabolito,* und imitiert dessen Sprünge (siehe Kapitel „Religion"). In diesem Tanz kommen pantomimische Elemente und Besessenheitsfantasien zum Ausdruck.

Der **Guanguancó** ist die Form der Rumba, die schließlich verwässert und verwestlicht um die Welt ging. Der Tanz wurde in den städtischen Regionen geboren und war dort anderen Einflüssen ausgesetzt. Man mixte das Ganze mit einem episodenhaften Gesang, der nicht selten im Wechsel von mehreren Sängern vorgetragen wurde.

Die **Columbia** ist der Tanz der Macheteros und Landarbeiter. Es werden Macheten geschwungen und Solotanzeinlagen gegeben. Der Rhythmus heute hat vier Schläge pro Takt, der vierte Schlag ist der betonte.

Der **Komponist Ernesto Lecuona,** 1896 in La Habana geboren, brachte einen Abakuá-Tanz in seine Musik ein, den Tanz der Diabolitos. Das haben ihm seine Religionsbrüder nicht verziehen. *Lecuona* studierte bei *Maurice Ravel* und gründete die *Lecuona Cuban Boys,* ein Rumba-Orchester, das später der Pianist *Armando Orefiche* übernahm.

Danzón

In den Salons der Reichen in Matanzas wurde etwa um 1870 der Danzón geboren. Die Ursprünge dieser **instrumentalen Stücke** lagen in den Kontertänzen, die im Osten und Westen der Insel anders getanzt wurden. Sie kamen schon hundert Jahre früher aus Frankreich auf die Antilleninseln. Im Buch „Buena Vista" von *Maya Roy* wird erzählt, dass die Kontertänze rhythmisch dem Tango ähnelten, der sich später die Mündung des Río de la Plata in Südamerika eroberte. Einige Danzóns kann man auch in Tangosalons spielen, ohne dass jemand misstrauisch wird.

Zum Danzón-Orchester gehörten neben Geigen und Kontrabass auch Klarinetten, später kamen ein Klavier und Trommeln hinzu. Diese Orchester nannte man später **Charangas.** Bald kamen auch Sänger hinzu. Das berühmteste Orchester in den 1920er Jahren war das von *Cheo Belén Puig.* Von diesem Orchester gibt es noch Aufnahmen zu kaufen.

„Barreto sagte, man müsste den zwingenden, geometrischen 2/4 Rhythmus durchbrechen, und ich nannte das Beispiel *Beny,* der bei seinen Sones mit der Stimme diesem rhythmischen Gefängnis ein Schnippchen schlug, die Melodie über den Rhythmus hinausschweben ließ und damit die Band zwang, seinem Flug zu folgen, und sie geschmeidig machte wie ein Saxophon, wie eine legato gespielte Trompete, als wenn der Son beliebig dehnbar wäre".

(Textauszug: *Cabrera Infante,* „Drei traurige Tiger", *Suhrkamp*)

Mambo

Die Danzones waren seine Wegbegleiter. Seinen Namen leitet man aus einem Teil der Einleitung klassischer Danzones ab, bei der ein Trés-Spieler den Grundvers endlos wiederholt und sich die verschiedensten Instrumente nacheinander in dieses Spiel einklinken. Irgendwann bekam diese Einleitung schließlich den Namen Mambo.

Der Name führte zum Streit, ob diese Richtung von *Dámaso Pérez Prado* erfunden wurde oder von *Orestes Lopéz.* Man wird es nie erfahren, was Mitte der 1940er Jahre wirklich in den Bands passierte. *Pérez Prado* ließ sich jedoch als Mambokönig feiern und sein Stück „José y Macamé" wurde später als erster Mambo bezeichnet. Damit wurde der Mambo über die Grenzen Cubas hinaus bekannt. Der Bassist *Orestes Lopéz* schrieb das erste Stück mit diesem Namen, in dem er seinen Bandkollegen mehr Zeit zum improvisieren verschaffte.

An dieser Stelle noch zwei wichtige **Musiker dieser Zeit:**

Rita di Cuba

Rita Montaner Falcenda stammt aus einer farbigen Arztfamilie. Sie wurde 1900 geboren und lernte mit 4 Jahren Klavier spielen. Mit 19 sang sie Opernarien, 1922 trat sie im Theatro Nacional auf und im selben Jahr stand sie vor einem Rundfunkmikrofon. Danach war ihr Aufstieg nicht mehr zu stoppen. Sie sang bei *Lecuona* und verhalf Tangocongas zur Popularität. Die ersten Plattenaufnahmen entstanden 1928 in den USA. Sie kam auf Tourneen nach Spanien, Paris und London. Oft sang sie mit *Bola de Nieve.* Weitere Tourneen durch Südamerika folgten. 1935 kehrte sie nach Cuba zurück und spielte danach in Filmen mit. 1946 bis 1950 war sie dann **Sängerin im legendären Cabaret Tropicana** und hatte nebenbei ihre eigene Radioshow, die sehr populär war. Für Filmaufnahmen und Operetten ging sie nach Mexiko. Sie starb 1958 an einem Krebsleiden in La Habana. Es gibt wenige erhaltene Tonaufnahmen und deshalb auch wenige CDs auf dem Markt.

Bola de Nieve

Der farbige Pianist **Ignacio Jacinto Villa Fernández** hatte seinen ersten Auftritt in einem Kino und wurde schnell an der Seite von *Lecuona* bekannt. Unter seinem Künstlernamen *Bola de Nieve,* Schneekugel, wurde er zum **Symbol für die Befreiung der farbigen Einwohner** von den alles beherrschenden Konventionen der Weißen. Der farbige Pianist spielte in den bekannten Clubs von La Habana vor der Revolution.

Gegen **Ende der 1920er Jahre** wurden immer mehr cubanische Musiker für Schallplattenaufnahmen verpflichtet. Es entstanden immer größere Orchester. Die Mafia schuf die riesigen Spielhöllen, und die vergnügungssüchtigen US-Amerikaner wurden mit eigens gecharterten Maschinen zu den Amüsiermeilen in La Habana gebracht.

Das **Sexteto Habanero** feierte Triumphe und lieferte sich eine Fehde mit dem Sextetto Nacional. Es kam zu gleichzeitigen Plattenaufnahmen, bei denen der Sänger *Abelardo Barroso* dauernd die Seite wechseln musste, da er bei beiden Gruppen unter Vertrag stand. Allerdings hatte das *Nacional* mit ständigem Wechsel der Musiker zu kämpfen, was sich auch nicht änderte, als es zu einem Septeto wurde.

Cha-Cha-Cha

Hervorgegangen ist diese Gattung aus dem Mambo. Als Erfinder gilt der aus Pinar del Río stammende Geiger **Enrique Jorrin.** Er hatte vor seinen Mambos eine Art Zwischenmusik gesetzt, auf die die Tänzer mit bestimmten Schritten reagierten. Diese Schritte ergaben den neuen Tanz. Der Name leitet sich von den rhythmisch schlurfenden Geräuschen der Tänzer ab, die ihre Füße im Saal verursachen, während sie den Rhythmus betont tanzen.

Jorrin gab seine Namensidee 1953 bekannt. Das Stück hieß „La engañadora". Später gab es Streit um die Rechte, da es plötzlich mehrere Erfinder gab. Es ist ein beschwingter, sorgloser Tanz. Er hat vier Schläge pro Takt, wobei die Schritte vier und eins hervorgehobene Achtelschläge sind. Man tanzt drei Schritte auf drei Taktschläge. Die Geschwindigkeit sind etwa 30 Takte pro Minute.

Der Cha-Cha-Cha breitete sich in Windeseile aus und brachte die cubanische Jugend wieder zu den nationalen musikalischen Wurzeln zurück. Bald gab es auch Blechbläser, die eine weitere Attraktion darstellten.

Trova

Dies ist die **cubanische Ballade,** cubanische Träume mit der Gitarre begleitet. Das Wort stammt eigentlich aus dem Provenzalischen in Frankreich und bedeutet „erfinden".

Die **Trovasänger** dichteten Neuigkeiten und Klatsch zu Liedern und trugen sie in den Dörfern vor. Dabei begleiteten sie sich selbst zur Gitarre. Später entstanden feste Spielhäuser, die *Casas de Trova,* in denen man auch heute noch die verschiedenen Stile hören kann. Der Santiaguero *José Sanchéz* gilt als Erfinder der Trova, ein Selfmademan reinsten Wassers, der es um die vorletzte Jahrhundertwende vom Schneider zum anerkannten Komponisten und Musiker brachte. „Rosa No. Uno" und „Me entristeces mujer" sind Zeugnisse seines Schaffens.

Aus dem Osten gelangte diese Liedgattung dann mit den Wanderarbeitern nach La Habana und von dort aus traten sie mit den ersten Tonaufnahmen ihren Siegeszug an. Aus dem Einzelgesang wurden später Duette, wobei die Sänger kein Duett sangen sondern gegeneinander zu Werke gingen.

Nach der Revolution wurden die Leistungen der sozialistischen Wirtschaft oder die Errungenschaften der Technik in den Liedern gepriesen. Man nannte diese Art **Nueva Trova.** In Deutschland heißt diese Gattung „Liedermacher".

> Karneval in Matanzas

Heute sind auch kritische Untertöne in den Gesängen zu hören. *Juan Formell* hatte mit seiner Truppe *Los Van Van* großen Erfolg beim jüngeren Publikum; er starb 2014 im Alter von 71 Jahren. *Silvio Rodríguez* und *Pablo Milanés* sind die Stars der derzeitigen Nueva Trova. Hier finden sich auch Elemente der Rockmusik und des Calypso.

Heute hört man den Vertretern der *Vieja Trova,* der traditionellen Variante, wieder zu. *Sindo Garay* ist ein bekannter Vertreter dieser Gattung, mit seinen Stücken „La tarde" und „Perla Marina" hat er große Erfolge erzielt. Das *Matamoros Trio* von *Miguel Matamoros* landete den Hit „El Son de la Loma", das Lied der Berge. Auch die schwarzen Tränen, „Lágrimas negras", wurden bei uns bekannt. Der gleichnamige Dokumentarfilm begleitete die Musiker der *Vieja Trova Santiaguera.*

Ein Programm an **traditioneller Musik** gibt es beim spanischen Tumbao-Label und bei *MLN* aus Belgien.

Jazz

Hier wird eine faszinierende Mischung aus den alten Elementen mit neuen Improvisationen geboten. Für Laien ist es nicht mehr nachzuvollziehen, wo die Grenzen zwischen einer Improvisation urcubanischer Elemente und eher freier Jazz-Harmonien zu ziehen sind. Tatsache ist, dass in den 1930er Jahren das Klavier seinen Einzug in die Lokale in La Habana und Santiago hielt.

Paquito d'Rivera: Dieser berühmte Saxofonist lebt heute in New York. Er spielte mit vielen internationalen Jazzgrößen zusammen.

Irakere, Chucho Valdés: Hier haben wir die neue Generation der cubanischen Musik. Ende der 60er Jahre des 20. Jahrhunderts gegründet, musizierte sich die Gruppe von *Jésus Chucho Valdés* schnell an die Spitze. Man mixte Rumbas mit Jazzelementen, rührte die Rockmusik ein. Der Begründer studierte die Musik der Yorubas. Daraus entstand die *Misa negra,* die ihnen sogar den amerikanischen *Grammy* einbrachte.

Salsa

„Oye como va" – Salsa goes Rock! Wer kennt ihn nicht, den eingängigen Song von *Santana* aus den 1970er Jahren? Er war eines der ersten international erfolgreichen Salsa-Stücke. Beliebte Salsa-Cubana-Künstler sind *Manolín el Doctor de la Salsa, Charanga Habanera* und immer noch die legendären *Los Van Van* um den 2014 verstorbenen Sänger *Juan Formell.* Er nannte seine Mischung aus Son und Salsa „Timba". Zu den Vertretern dieses Stils zählen auch *Cándido Dupuy y su Son Diamante* und *Paulito y su Elite.*

Man begeistert sich für Bands wie *Adalberto Álvarez y NG La Banda* und *Charanga Habanera.* Mit dem Musikstil Charanga, am ehesten mit „Chanson" zu übersetzen, brillieren das *Orquestra Aragón* und *Candido Fabré y su Banda.* Der Sänger und Komponist *Fabré* stammt aus der Gegend von Santiago und setzt in seiner Band außer seiner Stimme Querflöte und Geige ein. Viele Salsamusiker bedienen sich seiner Werke.

Tango

Musikhistoriker wie *Horacio Ferrer* vermuten eine enge Verbindung der frühen Tangos mit der Habanera. Das Wort „Tango" soll von *tangere* (schlagen, spielen) kommen. Die Versarten der Milongas vom Río de la Plata entsprechen spanischen Gebräuchen. Die Habanera soll angeblich früher als der Tango in Argentinien zu hören gewesen sein.

Es gibt in La Habana einen **Tangosalon**. Hier treffen sich die Anhänger dieser eher ernsten Musik. Auch ausländische Tangotänzer sind herzlich willkommen und können in dem kleinen Saal ein paar Runden drehen:

■ **Habana, Academia de Tango de Cuba,** Justicia, 21 Bajos, La Habana.

Reggaeton

Das ist eine Mischung aus Reggae, Hip-Hop und spanischem Rap, die sich von Puerto Rico aus verbreitete. Nur *Daddy Yankees* Welthit „Gasolina" erreichte Europa. Noch unbekannter ist die cubanische Variante **„Cubaton",** die in den 1990er Jahren in Santiago entstand. In La Habana ist „Cubaton" allgegenwärtig: Auf den Straßen, am Strand – überall dröhnt der Sound aus den Boxen. In den Clubs sind Salsa-Bands längst von Cubaton-Musikern verdrängt. Selbst die Platten von der bekannten *Haila* werden auf Cuba kaum verkauft, die Konzerte sind meist umsonst. Die Texte beschreiben die politische Situation und ihre Folgen.

Man ist zornig über die Vermarktung cubanischer Musik im Ausland.

Einer der bekanntesten Vertreter ist der rappende Arzt aus Santiago, der sich *El Medico* nennt. Sein Hit „Chupa Chupa" schaffte es in die spanischen Top Ten.

Wer sich einhören will, suche nach *Ruben Cuesta Palomo (Candyman),* die Brüder *Carnago* und *Ricardo Casamayor (Pucho Man), Gente de zona* und *Madera Limpia* aus Guantanamo. Die Plattenlabel heißen „Topaz" und „Atena Music".

Aktuelles

Über die Musik wacht heute das Kulturministerium. Es gründete die Plattenfirma *Egrem* und einen Musikverlag, der sich um die Noten kümmert. Auch die Produktion der Musikinstrumente wurde unter staatlicher Regie angekurbelt. Die meisten Kneipenmusiker, die man unterwegs trifft, sind staatlich angestellt. Sie werden an die Etablissements vermietet und verdienen wenig.

Es gibt Auftritte cubanischer Musiker in den USA, doch dürfen sie bei keiner Veranstaltung auftreten, die mit US-Steuergeldern finanziert wird. Die exilcubanische Musikerin **Gloria Estefan** hat dagegen protestiert und sich damit den Zorn der Miami-Cubaner zugezogen.

Rund eine Million Cubaner haben im September 2009 ein **Gratiskonzert** des kolumbianischen Rocksängers *Juanes* in La Habana besucht. Es war als Beitrag zur Verständigung zwischen Cuba und den USA gedacht. Der 17-fache Grammy-Preisträger ist für sein soziales und politisches Engagement bekannt. In

Europa kennt man „A Dios Le Pido" und „La Camisa Negra".

Wenige Tage nach dem Besuch von US-Präsident *Barack Obama* traten die **Rolling Stones** im Frühjahr 2016 in der Ciudad Deportiva in La Habana auf. Das Konzert war kostenlos, die fällige Gage von etwa 8 Millionen US-Dollar spendete die Band, ebenso ihre gesamte Bühnentechnik im Wert von 20 Mio. US-Dollar. Im Stadion hatte sich etwa eine halbe Million Menschen versammelt. Die filmische Dokumentation des Konzerts, *Havana Moon,* erschien im September 2016.

Die Instrumente

Das Wichtigste bei allen cubanischen Rhythmen sind die **Trommeln.** Ursprünglich kamen sie mit den Sklaven aus Afrika und wurden nur zu religiösen Festen und Riten benutzt. In ihnen wohnen die Geister und die Trommeln sprechen mit deren Stimmen. Diese Geister konnten nur speziell geschulte Menschen rufen und das auch nur zu bestimmten Anlässen. Daneben gab es gewissermaßen weltliche Trommeln, die immer gespielt werden konnten. Hier eine kurze Auswahl der gebräuchlichsten cubanischen Instrumente. Die meisten kennt man auch in Europa, nur ihre Namen haben noch nicht den Weg über den Ozean gefunden:

Bembé: Holzkegel, mit Fell bespannt und am schmaleren Ende mit Füßen versehen. Bembés werden im Dreiersatz benutzt und sind für weltliche Musik gedacht.

Botija: Bassinstrument im Son. Man bläst durch ein Loch in der Wand eines Tonkruges.

Catá: Ausgehöhlter Baumstamm, den man mit Stöcken schlägt. Instrument der Tumba francesa.

Chachá: Eine Art Rassel. An einem Holzstiel sind Bänder befestigt, an deren Enden Metallplättchen geknotet sind. Heute nimmt man Kronenkorken dafür.

Claves: Schlaginstrument, das aus zwei Holzstäben besteht. Einen davon hält man in der Hand, die auch als Resonanzkörper dient, mit dem anderen Stab schlägt man darauf.

Corneta China: Die trompetenartige Tröte hat nur fünf Töne und zeichnet sich durch einen hohen, schrillen Klang aus. Nachdem chinesische Kontraktarbeiter sie aus der chinesischen Provinz Kanton mitgebracht hatten, fand sie Eingang in den Karneval in Ostcuba.

Guayo: Eine mit Rillen versehene Metallröhre, über die der Musiker reibt.

Güiro: Ein Flaschenkürbis wird ausgehöhlt und bekommt außen eine Reihe von Rillen eingesägt. Darüber streicht der Musiker mit einer hölzernen Nadel, was einen schnarrenden Klang ergibt.

Kinfuiti: Trommel der Congas. Die Trommel darf kein Außenstehender sehen. Über dem Fell liegt eine Schnur, zwischen Fell und Schnur steckt ein Holzstab. Durch Reiben am Stab entsteht ein heulender Klang.

Llantas: Eine Lastwagenfelge ist an einem Gestell aufgehängt und wird mit einem Stock geschlagen. Ursprünglich nahm man Bremstrommeln, die einen dumpferen Klang ergaben, allerdings auch ein höheres Gewicht hatten.

Maracas: Sie gehören unbedingt zur cubanischen Musik. Es sind getrocknete kleine Kürbisse, die mit einem Griff versehen wurden und mit kleinen Steinen gefüllt sind. Bei uns nennt man dieses Instrument, das immer paarweise verwendet wird, auch Rumbakugeln.

Oggán: Ein kuhglockenähnliches Instrument aus zwei gebogenen, dreieckigen Blechplättchen, die an den Ecken zusammengeschweißt sind. Man benutzt zum Spielen einen Schlegel.

Sártenes: Als die weißen Herren den Sklaven die Trommeln verboten, nahm man stattdessen zwei Bratpfannen. Sie werden an einem hölzernen Gestell befestigt, damit sie frei hängen. Bei Umzügen wird dies Gestell heute um den Hals getragen.

Shekeres: Ein ausgehöhlter Kürbis ist mit einem glasperlenbesetzten Netz umspannt, das beim Schütteln an den Kürbis schlägt. Es gibt Shekeres in verschiedenen Größen und dadurch in unterschiedlichen Tonhöhen.

Timbales criollos: Ein Paar einseitig bespannter Trommeln auf einem Ständer, die der Trommler gleichzeitig mit der Hand und einem Stock spielt. Sie sind in den Danzón-Orchestern seit Anfang des 20. Jahrhunderts vertreten.

Tres: Cubanische Gitarre. Ein Tres besitzt drei Doppelsaiten und wird im Son gespielt.

8 Anhang

◁ Oldtimer – noch prägen sie das Straßenbild

Literaturtipps

Hier ein paar Bücher, die ich allen Cuba-Freunden ans Herz legen möchte:

Belletristik

■ **Miguel Barnet,** *Der Cimarrón,* Suhrkamp. Dies ist die Geschichte eines entlaufenen Sklaven, die er dem Autor in langen Gesprächen erzählte. Heraus kam eine sehr lesenswerte Beschreibung der Zustände gegen Ende des 19. Jh.
– *Gallego,* Suhrkamp 1981, beschreibt das Leben eines galizischen Einwanderers.
– *Das Lied der Rachel,* Aufbau Verlag. Sittengemälde einer Künstlerin in La Habana.
■ **Guillermo Cabrera Infante,** *Ansichten der Tropen im Morgengrauen,* Suhrkamp 1992. Die cubanische Geschichte in Momentaufnahmen.
– *Drei traurige Tiger,* Suhrkamp 1987. Die Nächte La Habanas vor der Revolution, fantastisch beschrieben.
■ **Alejo Carpentier,** *Barockkonzert,* Suhrkamp 1976.
– *Hetzjagd,* erschien 1955 und schilderte die Wirren der Revolution in La Habana.
– *Explosion in der Kathedrale,* Suhrkamp 1964.
– *Das Reich von dieser Welt.* Der Sklavenaufstand in Haiti und seine Folgen, Suhrkamp.
– *Le Sdacre du printemps,* Surkamp 1995. Eine russische Ballettlehrerin versucht im La Habana der 1930er Jahre zu überleben.
■ **Daína Chaviano,** *Havanna Blues,* Lichtenberg Verlag. Eine ergreifende cubanische Alltagsgeschichte über das Doppelleben der Kunstexpertin *Claudia.*
■ **Christina Garcia,** *Träumen auf kubanisch,* S. Fischer. Eine packende Familiengeschichte zwischen Cuba und Amerika.
■ **Zoé Valdés,** *Das tägliche Nichts.* Yocandra schreibt in La Habana ihr Leben nieder. Es handelt von Yocandras Suche nach Liebe, Anerkennung und nach Vorbildern.
■ **José Lezama Lima,** *Paradiso,* Suhrkamp 1979. Die Geschichte des Jungen *Cemi* ist ein großes cubanisches Sittenbild des 19. Jahrhunderts.
■ **Jesús Diaz,** *Die Initialen der Erde*, Piper 1990.
– *Die Haut und die Maske,* Piper 1997.
– *Erzähl mir von Kuba*, Piper 2001. Aus Liebeskummer gaukelt ein cubanischer Zahnarzt den Behörden seine Flucht aus Cuba vor.
– *Die Dolmetscherin,* Piper 2003. Ein Journalist versucht, mit seiner Impotenz fertig zu werden, und nimmt einen Auftrag nach Sibirien an.
■ **Cubaníssimo!,** Suhrkamp Verlag 2000. Neuere cubanische Literatur wird in diesem Buch vorgestellt. Die Schriftsteller und Schriftstellerinnen sind alle nach 1959 geboren und zeichnen eine Alltags- und Gefühlswelt Cubas zur Jahrtausendwende, reflektieren ihre Visionen und Erlebnisse, geprägt von cubanischen Traditionen, der westlichen Welt und dem Tourismus – kurz: der ganzen Realität, die die Perle der Antillen heute ausmacht.
■ **Martin Cruz Smith,** *Nacht in Havanna,* Bertelsmann Verlag 1999. Man kennt *Arkadi Renko* aus dem Krimi *Gorki Park.* In Cuba hat er es mit nicht weniger gefährlichen Gestalten zu tun.
■ **Leonardo Padua,** Das Havanna-Quartett: *Ein perfektes Leben, Handel der Gefühle, Labyrinth der Masken, Das Meer der Illusionen, Der Nebel von gestern.* Regimekritik gut verpackt in Kriminalromanen. Der Band *Ketzer* handelt von Juden in Cuba um das Jahr 1939, von Amsterdam um 1648 und von London, wo ein unbekannter *Rembrandt* für eine Sensation sorgt, und natürlich um La Habana heute. Unionsverlag Zürich.
■ **Matthias Politycki,** *Herr der Hörner,* Hoffmann & Campe, 2005. Ein deutscher Banker sucht in Santiago nach einem Mädchen, das er nur kurz gesehen hat, und gerät dadurch tief in die Welt der afrocubanischen Kulte.
■ **Ernest Hemingway,** *Der alte Mann und das Meer,* Rowohlt. Der Klassiker für Machos und Hochseefischer.

8

Anhang

Sachbücher

■ **Alina Fernandez,** *Ich, Alina,* Rowohlt. Das Leben als Tochter *Fidel Castros* auf über 300 Seiten, mit Familienfotos.

■ **Miguel Barnet,** *Afrocubanische Kulte,* Suhrkamp. Der Meister im Zusammenpuzzeln erläutert hier umfassend die Religion.

■ **Enrique del Risco Rodríguez,** *Cuban Forests,* Editorial José Martí. Über die Natur Cubas, eine ausführliche Beschreibung in englischer Sprache.

■ **Lötschert/Beese,** *Pflanzen der Tropen,* BLV. Dieses kleine Buch enthält alles Wissenswerte über die Pflanzen der Antilleninsel.

■ **Josef Lawrezki,** *Ernesto Che Guevara,* Neues Leben Berlin. Mitte der 1970er Jahre aus dem Russischen übersetzte Biografie.

■ **Sven Creutzmann/Henky Hentschel,** *Salsa einer Revolution,* Zweitausendeins. Hier werden Momentaufnahmen aus dem cubanischen Alltag zusammengetragen.

■ **Volker Skierka,** *Fidel Castro – eine Biografie,* Rowohlt. Gebunden und als Taschenbuch erhältlich.

■ **Alicia Castro,** *Anacaona,* Econ Verlag. Aus dem Leben eines cubanischen Frauenorchesters in den 1930ern.

■ **Eusebio Leal Spengler,** *Para no olvidar (Never to forget),* Band 1–3. Große Bildbände des Stadthistorikers von La Habana über seine Arbeit mit Vorher/Nachher-Bildern. Auf Spanisch oder Englisch.

■ **Maya Roy,** *Buena Vista, die Musik Cubas,* Palmyra Verlag 2000. Meiner Meinung nach das beste Buch über cubanische Musik, das es zurzeit gibt; sachlich und ohne die üblichen Übertreibungen.

■ **Horst Schäfer,** *Im Fadenkreuz: Kuba.* Ein Buch mit Dokumenten zu den Mordplänen der CIA, der Invasion in der Schweinebucht, der Operation Mongoose zum Sturz der Regierung, dem Kennedymord und seiner Verbindung mit Cuba und anderen Aktionen.

■ **Bernd Wulffen,** *Eiszeit in den Tropen.* Erinnerungen des ehemaligen deutschen Botschafters über seine Zeit in La Habana.

Sprachhilfen

■ **Spanisch für Cuba – Wort für Wort**, Kauderwelsch Band 123, REISE KNOW-HOW Verlag. Sprachführer mit wichtigen Begriffen und Redewendungen für den Reisealltag.

■ **Cuba Slang,** Kauderwelsch Band 175, REISE KNOW-HOW Verlag. Sprachführer für Fortgeschrittene, die neben dem Schulspanisch auch die Umgangssprache kennen lernen wollen.

■ **ReiseWortSchatz Spanisch,** REISE KNOW-HOW Verlag. Ein Grundwortschatz mit ca. 6000 Stichwörtern, speziell auf die Bedürfnisse von Reisenden zugeschnitten.

▽ Literatur zur Revolution

Glossar

Wichtige Begriffe aus Musik, Religion und Alltagsleben:

● **abakuá:** Geheimgesellschaft der Carabalí-Bruderschaften
● **arará:** Bezeichnung der Stämme aus dem heutigen Benin
● **ave:** Vogel, sonst *pájaro*
● **Arawaken:** Ureinwohner vieler Karibikinseln
● **babalú:** Priester der Santería
● **batá:** die drei sanduhrförmigen heiligen Trommeln der Yoruba
● **bohio:** traditionelle Strohhütte
● **bolero:** Tanz und Rhythmus in einem geraden Takt
● **bongó:** Trommelpaar der Bantus. Der Spieler hält die beiden Trommeln zwischen den Knien
● **CADECA:** *Casa de Cambio,* Wechselstube
● **campaña:** ein in Santiago gebräuchliches Schlaginstrument aus Metall, das aus Bremstrommeln hergestellt wird
● **casa:** Haus
● **casa particular:** Privatpension
● **cayo:** küstennahe flache Koralleninsel
● **central:** Zuckermühle
● **Cimarrón:** entlaufener Sklave, der sich in den Wäldern versteckt hielt
● **CDR:** Komitee zur Verteidigung der Revolution
● **changó:** Gott des Feuers, der Musik und des Geschlechts, seine Farbe ist Rot
● **charanga:** Danzón-Orchester, löste um 1900 das *orquestra típica* ab. Die charanga umfasste Klavier, Flöte, Geigen, Kontrabass, Pauken und das Rhythmusinstrument *güiro*

● **CMN:** Nationales Amt für Denkmalschutz
● **CIGET:** *Centro de Información y Gesión Tecnológica,* Internetzugang
● **clave:** Grundrhythmus der cubanischen Tanzmusik
● **comparsa:** Karnevalstruppe mit Musikern, Sängern und Tänzern
● **conga:** Musikgruppe in den *comparsas.* Sie zieht schon vor dem Karnevalsumzug ohne die Tänzer, von der Menge begleitet, durch die Straßen
● **congo:** Bezeichnung für die Bantu-Sklaven
● **contradanza:** Figurentanz und Musikgattung, die aus den europäischen Salontänzen hervorgegangen ist
● **criollo:** ein auf Cuba geborener Nachfahre der spanischen Eroberer mit weißer Hautfarbe, auch Kreole genannt
● **CUC:** *Peso Convertible,* die Hauptwährung des Landes
● **danzón:** Cuba-Tanzrhythmus im Zweivierteltakt, langsamer als der Kontertanz, besteht aus drei Teilen. Der *danzón* war ursprünglich rein instrumental, ab den dreißiger Jahren des vorigen Jahrhunderts auch mit Gesang
● **danzón nuevo ritmo:** Neue Spielart des *danzón,* die vom Orchester *Arcaño* erfunden wurde. Den stark synkopischen und schwungvollen Teil dieses *danzón* nannte man *Arcaño mambo.*
● **Daiquirí:** Fluss und Strand östlich von Santiago, hier wurde der gleichnamige Rumcocktail von Landvermessern erfunden
● **EGREM:** *Empresa de Grabaciones y Ediciones Musicales,* staatliches Schallplattenlabel
● **ETECSA:** *Empresa de Telecomunicaciones de Cuba,* staatliche Telefongesellschaft

■ **Granma:** Name der Jacht, mit der *Castro* und seine Getreuen 1956 die Insel erreichten

■ **Grau San Martin, Ramón:** 1944–48 Präsident Cubas und Vorsitzender der Authentischen Revolutionären Partei

■ **Guantanamera:** Mädchen aus Guantánamo in Ost-Cuba, berühmtes cubanisches Lied

■ **guagua:** cubanische Omnibusse

■ **guajiro:** Bauer

■ **guaracha:** Musikgattung mit Gesang und satirischen Texten, wird in lebhaftem Tempo gespielt. Sie geht auf die Tradition des Singspiels zurück und hat sich zu einem vom *son* beeinflussten Tanzrhythmus entwickelt

■ **guarapa:** Zuckerrohrsaft. Die Stengel werden zwischen zwei Walzen ausgequetscht

■ **guayabera:** eine kurzes Männerhemd aus leichtem Stoff zum Knöpfen mit vielen Taschen. Der Begriff taucht des Öfteren in der cubanischen Literatur auf

■ **habanera:** *contradanza habanera,* außerhalb Cubas wurde so der kreolische Kontertanz genannt, um ihn von den spanischen Arten zu unterscheiden

■ **ICAIC:** *Instituto Cubano de Arte e Industria Cinematográficos,* cubanisches Institut für Filmkunst und Filmindustrie

■ **íreme:** Figur aus den abakuá-Riten, die in den Karnevals-Comparsas zu sehen ist, wegen ihrer übermütigen Gesten auch *diablito* genannt

■ **iyesá:** Yorubas aus Nigeria

■ **ingenios:** Zuckermühlen

■ **jinetera:** Gelegenheitsprostituierte

■ **jinetero:** Schlepper für Privatunterkünfte, Restaurants oder andere Einrichtungen

■ **libreta:** Zuteilungsheft für die monatlichen Lebensmittelrationen

■ **lista de esperar:** reale oder imaginäre Warteliste für Busse und andere Verkehrsmittel, jeder will möglichst in vorderer Position darauf stehen

■ **malecón:** Uferpromenade

■ **mambo:** So nannte der Musiker Arcaño seinen Schlusspart im *danzón*

■ **Máximo Líder:** *Fidel Castro*

■ **Mella, Antonio Julio:** Studentenführer, gründete 1925 die kommunistische Partei, 1929 in Mexiko ermordet

■ **MINREX:** Ministerio de Relaciones Exteriores (Außenministerium)

■ **Mogote:** bizarre, kegelförmige Kalksteinfelsen im Tal von Viñales

■ **mojito:** Cocktail aus Rum, Minze, Limettensaft und Zucker

■ **nuevo ritmo:** Eine Phrase, die immer wiederholt als Überleitung dient

■ **orísha:** Oberbegriff für die Gottheiten des Kultsystems der Iucumí/yoruba

■ **orquesta típica:** Danzón-Orchester mit Blasinstrumenten, Kontrabass, Geigen, Pauken und dem Flaschenkürbis mit Rillen, *güiro*

■ **paladar:** Privatrestaurant

■ **parada:** Haltestelle

■ **patio:** Schattiger Innenhof cubanischer Häuser, meist von zweistöckigen offenen Galerien umgeben

■ **periodo especial:** Spezialperiode in Friedenszeiten, von *Fidel Castro* ausgerufen, um „den Gürtel enger zu schnallen"

■ **piropos:** cubanische Komplimente

■ **puta:** Prostituierte, Hure, in der Regel als Schimpfwort gebraucht

■ **regla de ochá:** Bezeichnung für das Kultsystem der lucumí (Yoruba-Sklaven)

■ **regla de palo:** Oberbegriff für die Kulte der Congo bzw. Bantu

■ **Rumbos:** *Viajes Rumbos,* Reiseagentur, die auch Busse und Schnellimbisse betreibt

- **santería:** christianisierte Bezeichnung für die *regla de ochá*
- **santero:** Priester der Santería
- **SIDA:** AIDS
- **Socarrás, Carlos Prío:** Der korrupte cubanische Präsident (1948–52) beging Selbstmord in Miami
- **solar:** Wohnhaus mit einem großen Innenhof und durch einen überdachten Gang verbundenen Wohnungen
- **son:** In den ostcubanischen Provinzen entstandene, erst ländliche, danach städtische Musik mit Gesang und Tanz. In La Habana wurde sie weiterentwickelt. Sie ist heute das Synonym für cubanische Volksmusik geworden
- **Taíno:** Ureinwohner Cubas
- **tamales:** Maultaschen aus Maismehl
- **trova:** Volksmusik von Liedermachern mit Gitarrenbegleitung
- **tumba francesa:** ostcubanisches Fest der Haiti-Sklaven, später Bezeichnung für ihre Festgesellschaften
- **UNEAC:** *Unión Nacional de Escritores y Artistas,* der Verband der Schriftsteller und Künstler
- **vega:** Hütte zum Tabak trocknen
- **¡Venceremos!:** Wir werden siegen! Häufige Wandparole
- **zapateo:** Tanz aus den ländlichen Gegenden im Westen, der vom spanischen *zapateado* abstammt
- **zafra:** Zuckerrohrernte
- **Zayas, Alfredo:** General im Unabhängigkeitskrieg. Der Intellektuelle war 1921–24 Präsident
- **ZEDEM** *(Zona Especial de Desarrollo Mariel):* Sonderwirtschaftszone von Mariel bei La Habana
- **zunzúncito:** kleinster Vogel der Welt

Kleine Sprachhilfe

Aussprache

- **ie, eu, ei** – jeden Selbstlaut einzeln sprechen
- **b, v** – Laut zwischen deutschem „b" und „w"
- **c** vor e und i wie „ß", sonst wie „k"
- **cc** wie „kß"
- **ch** wie „tsch" in „Matsch"
- **g** vor e und i wie „ch" in „ich", sonst wie „g"
- **gue, gui** wie „ge" bzw. „gi"
- **güe, güi** wie „gue" bzw. „gui"
- **gua** wie „gua"
- **h** wird nicht gesprochen
- **j** wie „ch" in „Bach"
- **ll** wie „j" in „Junge"
- **ñ** wie „nj" in „Anja"
- **qu** wie „k" (nie „kw"!), das u ist stumm
- **r** – Zungenspitzen-r mit einfachem „Schlag", nur am Wortanfang stark gerollt
- **rr** wird immer stark gerollt
- **s** wie „ß" bzw. „ss" (immer stimmlos)
- **y** vor Selbstlauten wie „j" in „Junge", alleinstehend oder am Wortende wie „i"
- **z** wie „ß" bzw. „ss" (immer stimmlos)

Zahlen

0	cero
1	uno
2	dos
3	tres
4	cuatro
5	cinco
6	seis
7	siete
8	ocho
9	nueve
10	diez
11	once

12	doce
13	trece
14	catorce
15	quince
16	dieciséis
17	diecisiete
18	dieciocho
19	diecinueve
20	veinte
21	veintiuno
22	veintidós
23	veintitrés
30	treinta
40	cuarenta
50	cincuenta
60	sesenta
70	setenta
80	ochenta
90	noventa
100	cien
200	doscientos
1000	mil

Wichtige Fragen und Floskeln

Ja. – sí
Nein. – no
Bitte. – por favor
Danke. – ¡(Muchas) gracias!
Guten Tag. – ¡Buenos días! (vormittags),
    ¡Buenas tardes! (nachmittags)
Guten Abend. – ¡Buenas noches!
Auf Wiedersehen. – Adiós.
Hallo! – ¡Hola!
Tschüß. – ¡Chau!
Herzlich willkommen! – ¡Bienvenidos!
Wie geht's? – ¿Qué tal?
(Sehr) gut. – (Muy) bien.
Einverstanden. – Muy bien.
Entschuldigung. – ¡Perdón!

Vielen Dank. – Muchas gracias.
Ich heiße … – Me llamo …
Ich bin aus … – Soy de …
    … Deutschland. – … Alemania.
    … Österreich. – … Austria.
    … der Schweiz. – … Suiza.
Spricht hier jemand Deutsch/Englisch? –
    ¿Hay alguien quien hable alemán/inglés?
Ich habe nicht verstanden. – No entiendo.
Könnten Sie das wiederholen? –
    ¿Puede repetirlo, por favor?
Sprechen Sie bitte langsamer. –
    ¿Por favor, podría hablar más despacio?
Haben Sie …? – ¿Tiene usted …?
Wann? – ¿Cuándo?
Wo? – ¿Dónde?
Wie viel? – ¿Cuánto?

Wochentage und Zeitangaben

Montag	lunes
Dienstag	martes
Mittwoch	miércoles
Donnerstag	jueves
Freitag	viernes
Samstag	sábado
Sonntag	domingo
Minute	minuto
Stunde	hora
Wie spät ist es?	¿Qué hora es?
gestern	ayer
heute	hoy
morgen	mañana
morgens	por la mañana
mittags	al mediodía
nachmittags	por la tarde
abends/nachts	por la noche
jetzt	ahora
täglich	diariamente
früher	más temprano
später	más tarde

Unterwegs

Straße	calle
Kreuzung	cruce
Ampel	semáforo
Platz	plaza
Fluss	río
Brücke	puente
Kirche	iglesia
Museum	museo
Taxi	taxi
Bus	(auto)bús
Busbahnhof	terminal
Haltestelle	parada
nahe	cerca
weit/fern	lejos
geradeaus	derecho
gegenüber	enfrente de
(nach) rechts	a la derecha
(nach) links	a la izquierda
neben, bei	al lado de
zurück	atrás
parken	parquear
Tankstelle	bomba (de gasolinera)
Flughafen	aeropuerto
Bahnhof	estación de ferrocarril
Schiff	barco
Hafen	puerto
Toilette	sanitario

Einkaufen

Laden	tienda, bodega
Markt	mercado
Supermarkt	supermercado
Postamt	oficina de correos
Briefmarke	sello
Telefon	teléfono
Kreditkarte	tarjeta de crédito
Ich suche …	Estoy buscando …
Wie viel kostet es?	¿Cuánto cuesta?
geöffnet/geschlossen	abierto/cerrado

Essen

Restaurant	restaurante
Frühstück	desayuno
Mittagessen	almuerzo
Abendessen	comida
Speisekarte	carta, menú
Reis mit Rindfleisch	arroz a la cubana
Reis mit Bohnen	arroz con frijoles
Rindfleisch	carne de vaca
Lende	lomo
Schwein	cerdo
Fleisch mit Wurzelknollen	ajiaco
Kotelett	costeleta
Spanferkel	cochinillo
Kaninchen	conejo
Hähnchen	pollo
Aufschnitt	emburido
frittierte Schweineschwarte	chicharrón
Dessert aus Guayaba	casco de guayaba
Karamelpudding	flan
Cremespeise	natillas
frittierte Bananen	chatines
fett gebackene Hefekringel	churros
„Christen und Mauren" (Reis mit roten Bohnen, cuban. Nationalgericht)	cristianos y moros
Avocado-Salat	ensalada de aguacate
Ananas	piña
Fisch	pezcado
Meeresfrüchte	frutas del mar
Hummer	lobster
Garnelen	camarones
Krake	pulpo
Kabeljau, Stockfisch	bacalao
Seehecht	merluza
kaltes Büffet	mesa sueca
Gemüse	verduras
Kartoffeln	papas
Pommes Frites	papas fritas

Oliven	aceitunas
Bohnen	judías
süße Kartoffel	boniato
Suppe	sopa
Maispastete	tamales
Omelette	tortilla
Rührei	huevos revueltos
Yucca und gegrilltes Schweinefleisch	yuca y lechón asado
Zucker	azúcar
Salz	sal
Pfeffer	pimienta
vegetarisch	vegetariano

Getränke

Mineralwasser	agua mineral
mit/ohne Kohlensäure	con/sin gas
Milchkaffee	café con leche
Espresso	café solo
Kaffee mit wenig Milch	cortado
Tee	té
Kräutertee	infusión
Zuckerrohrsaft	jugo de caña
Fruchtsaft	jugo de fruta
Erfrischungsgetränk	refresco
Bier	cerveza
Rum	ron
Weißwein	vino blanco
Rotwein	vino tinto

Ich würde gern einen Saft trinken, bitte. –
    Me gustaría beber un jugo, por favor.
Was empfehlen Sie uns? –
    ¿Qué nos recomienda?
Ich möchte einen Tisch für 2 Pers. reservieren. –
    Me gustaría reservar una mesa
    para dos personas, por favor.
Die Rechnung bitte! – ¡La cuenta, por favor!
Guten Appetit! – ¡Buen provecho!
Zum Wohl! Prost! – ¡Salud!

Unterkunft

Hotel	hotel
billig	barato
ruhig	tranquilo
zentral gelegen	central
Einzelzimmer	cuarto sencillo
eigenes Bad	baño privado
warmes Wasser	agua caliente
fließend Wasser	agua corriente
(Doppel-)Bett	cama (matrimonial)
Bettdecke	cubrecama
Stockwerk	piso
Klimaanlage	aire acondicionado
Schlüssel	llave
Handtuch	toalla

Gibt es hier in der Nähe ein Hotel? –
    ¿Hay un hotel por aquí cerca?
Haben Sie ein freies Zimmer mit Dusche
    für zwei Personen? – ¿Tiene una habitación
    libre para dos personas con ducha?
Wie viel kostet das Zimmer mit Frühstück? –
    ¿Cuánto cuesta la habitación con desayuno?

Notfall

Hilfe!	¡Ayuda!
Polizei	policía
Arzt	médico
Krankenwagen/Ambulanz	ambulancia
Krankenhaus	hospital
Apotheke	farmacia

■ **Buchtipp:** Ausführlichere Informationen und vielfältige praktische Beispiele für den Reisealltag enthält der kompakte Sprachführer „**Spanisch für Cuba – Wort für Wort**" (Band 123 der Kauderwelsch-Reihe) aus dem REISE KNOW-HOW Verlag. Begleitend ist zudem ein AusspracheTrainer auf Audio-CD erhältlich.

8

Diskografie

Unmöglich, alle Musikkonserven aus dem Boom zu nennen, den es bei cubanischer Musik gibt. Täglich kommen neue auf den Markt. Meist handelt es sich jedoch um Sampler der Sorte „Das ist Cuba". Deshalb nur stellvertretend aus jeder Sparte ein paar Titel, die, wie ich finde, hörenswert sind.

Rumba

- **Ernesto Lecuona & the Lecuona Cuban Boys:** Rumba *(ABCD 105)*
- **Orquestra Casino de la Playa Canta Miguelito Valdéz:** Rumba Rumbero *(IMC Music MLN 55004)*
- **Xavier Cugat a. h. Orq.:** Rumba Rumbero *(TCD 023)*

Mambo

- **Mambo crazy** *(CDHOT 639)*
- **Perez Prado Cuba-Mambo** *(TCD 006)*
- **Tito Puente & Machito:** The Mambo Kings *(CDHOT 612)*
- **Joe Loco:** Mambo Loco *(TCD 049)*

Son

- **Benny Moré:** Rise *(LM 8285)*
- **Miquelito Valdéz:** Mr. Babalú *(TCD 025)*
- **Bola de Nieve:** Babalú Rise *(LM 82057)*
- **Rita Montaner:** Rita di Cuba *(Tumbao TCD 046)*
- **Eliades Ochoa y Cuartetto Patria:** Sublime Illusion *(yerba buena)*

Trova & Nueva Trova

- **Trio Matamoros:** Beso discreto *(Discomedia)*
- **Vieja Trova Santiaguera:** Gusto *(Intuition Music/SMD – INT 3182 2)*
- **Compay Segundo:** Antología *(East West)*
- **Pablo Milanés,** Aniversario *(BMG)*
- **Silvio Rodríguez,** El hombre extraño *(IMP)*
- **María Tereza Vera y Rafael Zequerito:** Me Parece Mentira *(MLN 55014)*

Cha-Cha-Cha

- **Cheo Belén Puig:** Me han dicho … *(Tumbao)*
- **Enrique Jorrín y su Orchestra:** Chachacha *(Egrem)*
- **Orquesta cosmopolita:** Ritmando Cha-Cha-Cha *(TCD 101)*

Orchester

- **Sexteto Habanero:** Son Cubano *(TCD 001)*
- **Arsenio Rodrígues:** Montuneando *(Tumbao)*
- **Sexteto y Septeto Habanero:** Grabaciones Completas (4 CDs, *TCD 300*)

Salsa

- **La Sonora Matancera con Celia Cruz** *(Rise LM 82078)*
- **Joe Cuba Sextet:** Salsa y Bembe *(CDHOT 606)*
- **Gloria Estefan:** Abriendo Puertas *(Sony/Epic)*

Jazz, Modernes

- **Irakere:** En vivo *(Son 616)*, Babalú Ayé *(Egrem)*
- **Juan Formell y Los Van Van:** Liégo *(Havanna Caliente)*
- **Havana, The next Generation** *(Timba 59772-2)*

■ Einfach ausschneiden
(Erklärung auf S. 472)

Reisegesundheitsinformation Cuba

Stand: Januar 2017
© Centrum für Reisemedizin 2017

Die nachstehenden Angaben dienen der Orientierung, was für eine geplante Reise in das Land an Gesundheitsvorsorgemaßnahmen zu berücksichtigen ist. Die Informationen wurden uns freundlicherweise vom *Centrum für Reisemedizin* zur Verfügung gestellt. Auf **www.crm.de** werden diese Informationen stetig aktualisiert.

Klima

Tropisches, wechselfeuchtes Klima mit Trockenzeit im Winter; Hauptniederschläge von Mai bis Oktober; durchschnittliche Temperatur in La Habana im Januar 22° C, im August 27° C.

Einreise-Impfvorschriften

Für die Einreise besteht zurzeit **keine Impfpflicht.**

Empfohlener Impfschutz

Standardimpfschutz überprüfen und ggf. ergänzen bzw. auffrischen.

Je nach Reisestil und Aufenthaltsbedingungen im Land ist außerdem ein Impfschutz zu erwägen gegen Hepatitis A (grundsätzlich), Cholera (Reisebedingungen 1 und 2, s.u.), Hepatitis B (Reisebedingung 1 bzw. vor allem bei Langzeitaufenthalten und engerem Kontakt zur einheimischen Bevölkerung), Tollwut (Reisebedingung 1 bzw. bei vorhersehbarem Umgang mit Tieren) und Typhus (Reisebedingung 1).

Reisebedingung 1

Reise durch das Landesinnere unter einfachen Bedingungen (Rucksack-/Trecking-/Individualreise) mit einfachen Quartieren/Hotels; Camping-Reisen, Langzeitaufenthalte, praktische Tätigkeit im Gesundheits- oder Sozialwesen, enger Kontakt zur einheimischen Bevölkerung wahrscheinlich.

Reisebedingung 2

Aufenthalt in Städten oder touristischen Zentren mit (organisierten) Ausflügen ins Landesinnere (Pauschalreise, Unterkunft und Verpflegung in Hotels bzw. Restaurants mittleren bis gehobenen Standards).

Wichtiger Hinweis

Welche Impfungen letztendlich vorzunehmen sind, ist abhängig vom aktuellen Infektionsrisiko vor Ort, von der Art und Dauer der geplanten Reise, vom Gesundheitszustand sowie dem evtl. noch vorhandenen Impfschutz des Reisenden.

Da im Einzelfall unterschiedlichste Aspekte zu berücksichtigen sind, empfiehlt es sich immer, rechtzeitig (etwa 4 bis 6 Wochen) vor der Reise eine persönliche Reise-Gesundheits-Beratung bei einem reisemedizinisch erfahrenen Arzt oder Apotheker in Anspruch zu nehmen.

Malaria

Die Insel ist malariafrei.

Aktuelle Meldungen und allgemeine Hinweise

Siehe dazu auf www.crm.de.

TARUK

GROSSE REISE. KLEINE GRUPPE.

GRATIS REISEKATALOG + DVDs

AFRIKA AMERIKA ASIEN AUSTRALIEN

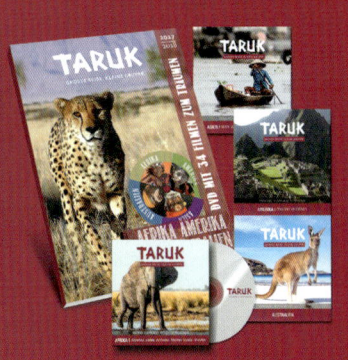

Erleben Sie außergewöhnliche Reisen mit dem Fernreise-Spezialisten TARUK: Reisen Sie dorthin, wo wir zu Hause sind.

› Deutschsprachige, engagierte Reiseleiter
› Handverlesene Unterkünfte
› Begegnungen mit Menschen und Natur
› über 50 persönlich konzipierte Reiserouten, z.B.

14 Tage Kuba: Cha-Cha Che	ab 3.099 €
18 Tage Kuba: Rumba Libre	ab 4.099 €

Information: 033209 21740 | www.taruk.com

TARUK International GmbH | Str. der Einheit 54 | 14548 Caputh

DEUTSCH GEFÜHRTE REISEN MIT 2 – 12 PERSONEN

Das komplette Programm zum Reisen und Entdecken von
REISE KNOW-HOW

- **Reiseführer** – alle praktischen Reisetipps von kompetenten Landeskennern

- **CityTrip** – kompakte Informationen für Städtekurztrips

- **CityTrip^{PLUS}** – umfangreiche Informationen für ausgedehnte Städtetouren

- **InselTrip** – kompakte Informationen für den Kurztrip auf beliebte Urlaubsinseln

- **Wohnmobil-Tourguides** – alle praktischen Reisetipps für Wohnmobil-Reisende

- **Wanderführer** – exakte Tourenbeschreibungen mit Karten und Anforderungsprofilen

- **KulturSchock** – Orientierungshilfe im Reisealltag

- **Kauderwelsch Sprachführer** – vermitteln schnell und einfach die Landessprache

- **Kauderwelsch plus** – Sprachführer mit umfangreichem Wörterbuch

- **world mapping project™** – aktuelle Landkarten, wasserfest und unzerreißbar

- **Edition REISE KNOW-HOW** – Geschichten, Reportagen und Abenteuerberichte

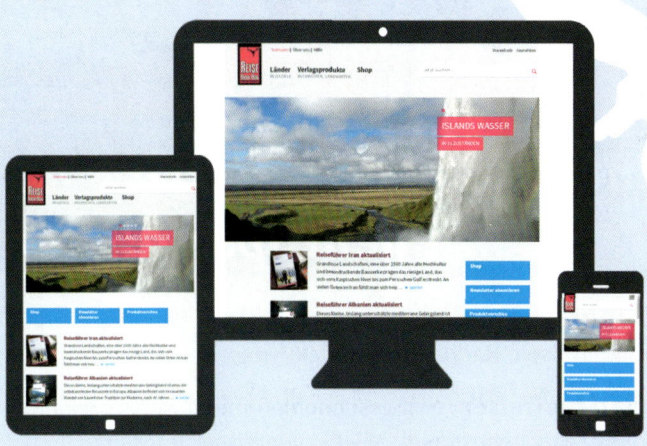

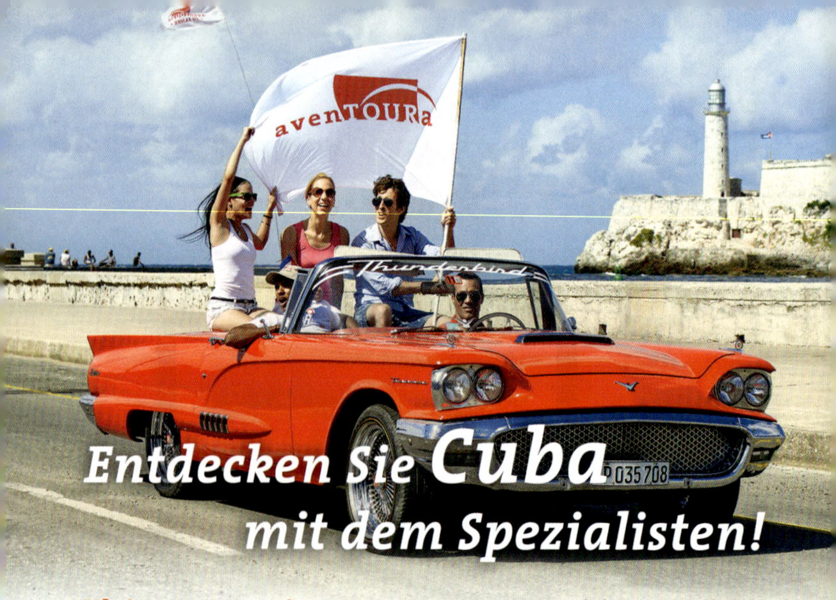
aventOURa
Thunderbird
P035708
Entdecken Sie Cuba
mit dem Spezialisten!

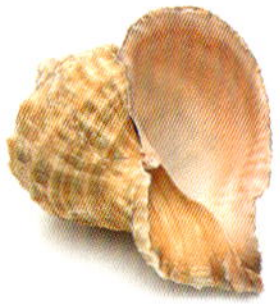

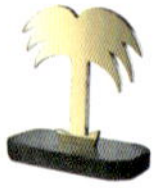

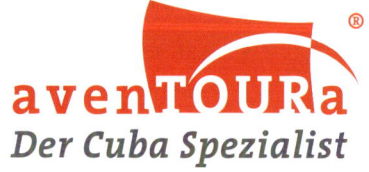

Papaya Tours
leidenschaftlich reisen

Natur & Kultur
aktiv erleben

Ihr Spezialist für Kuba

- Kleingruppenreisen bis 15 Teilnehmer
- maßgeschneiderte Reisen ab 1 Person
- begegnungsorientiert & naturnah
- persönliche & umfassende Beratung

+49 (0) 221 35 55 770   www.papayatours.de

8

Register

8

> Geliebter Rum: Mojito

Anhang

Der Autor

Frank-Peter Herbst lebt in Berlin und arbeitet als Dozent für Grafikdesign sowie als Möbel- und Beleuchtungsdesigner. Die zunehmende Computerarbeit brauchte einen Ausgleich, etwas weniger Berechenbares. Die Lust am Reisen brachte ihn an den nördlichen Rand Europas. In der menschenleeren Tundra konnte er kreative Gedanken fassen. Einer davon war, alle Eindrücke zu notieren. Daraus entstanden in den 1980er Jahren der Reiseführer „Skandinavien, der Norden" und das „Routenbuch Nordkap", beide erschienen bei REISE KNOW-HOW, ebenso der Reiseführer „Südschweden" (1. Aufl. 2014).

Im Laufe der Jahre wuchs die Lust, auch einmal wärmere Gefilde zu bereisen. Nach mehreren Asienaufenthalten wurde er auf das sagenumwobene La Habana aufmerksam. Die Literatur Cubas machte ihn neugierig auf die Menschen, und er machte sich auf, „die schönste Stadt der Karibik" selbst zu erleben. Die Tänze, die Musik und die Lebensfreude zogen ihn derart in den Bann, dass er begann, alles über dieses widersprüchliche Land zu sammeln. Je mehr er versuchte, die Zusammenhänge zu begreifen, desto größer wurde dann der Wunsch, diese antagonistischen Eindrücke zu beschreiben. Im Laufe der letzten Jahre reiste er regelmäßig und ausgiebig auf diese wunderschöne karibische Insel.

cu013-2017 kh

Golf von Mexico

Habana
(La Boca)

La Habana

16

76

78

84

Cojímar

Santa Cruz
del Norte

131

Matanzas

ARTEMISA

Bauta

Guanajay

Artemisa

MAYABEQUE

107

Viñales

Alquízar

Batabanó

Minas

San
Cristóbal

Los
Palacios

CORDILLERA DE GUANIGUANICO

100

Pinar del Río

**Ensenada
de la Broa**

Bahía de
Cortés

**Península
de Zapata**

GOLFO DE
GUANAHACABIBES

San Juan y
Martínez

**PINAR
DEL RÍO**

307

Nueva
Gerona

ISLA DE LA JUVENTUD

La Fé

316

Cayo Largo
del Sur

306

Isla de la
Juventud

Maria La Gorda

Isla de la Juventud
(Hotel Colony)

Cayo Largo

94

KARIBISCHES

MEER